Erziehungspsychologie

Erziehungs-Psychologie

Begegnung von Person zu Person

Prof. Dr. Reinhard Tausch
und Prof. Dr. Anne-Marie Tausch †

11., korrigierte Auflage

Hogrefe · Verlag für Psychologie
Göttingen · Bern · Toronto · Seattle

Die Deutsche Bibliothek - CIP-Einheitsaufnahme

Tausch, Reinhard:
Erziehungspsychologie : Begegnung von Person zu Person / von Reinhard Tausch und Anne-Marie Tausch. - 11., korrigierte Aufl. - Göttingen ; Bern ; Toronto ; Seattle : Hogrefe, Verl. für Psychologie, 1998
ISBN 3-8017-1000-9

Druck: AZ Druck und Datentechnik GmbH, 87435 Kempten/Allgäu
Printed in Germany
Auf säurefreiem Papier gedruckt

ISBN 3-8017-1000-9

Inhalt

Fragestellungen, Beantwortungsmethoden und Wertauffassungen 9

Wahrnehmungslernen – ein wesentlicher Vorgang in Erziehung und Unterricht . 31

Selbstachtung und Selbstkonzept – wesentlich für die persönliche Entwicklung . . 51

Offenes Auseinandersetzen mit dem eigenen Erleben – ein wesentlicher Vorgang . 68

Überblick über förderliche Dimensionen (Haltungen, Verhaltensformen) von Erwachsenen 99

Achtung–Wärme–Rücksichtnahme: Eine förderliche Haltung 118

Einfühlendes Verstehen – ein förderliches Verhalten 178

Echtheit–Aufrichtigkeit 214

Fördernde nicht-dirigierende Einzeltätigkeiten 243

Dirigierung–Lenkung, ein wenig förderliches Verhalten 332

Humane Haltungen und Persönlichkeitsförderung von Erwachsenen 374

Förderlicher Umgang mit Streß-Belastungen 399

Literatur- und Namenverzeichnis 417

Sachverzeichnis 441

Vorwort

Wie können wir als Erwachsene mit Kindern und Jugendlichen in Schulen und Familien in befriedigender Weise so zusammenleben, daß hierdurch ihr persönliches und fachliches Lernen wesentlich gefördert wird?

Die wissenschaftlichen Antworten zu dieser Frage haben wir in diesem Buch zusammengestellt. Zusammen mit den Prüfungen durch empirische Untersuchungen. Es ist das Ergebnis von fast drei Jahrzehnten intensiver Arbeit.

Wir haben uns bemüht, das Buch so zu gestalten, daß es sowohl von Lesern ohne psychologische Vorkenntnisse verstanden und verwertet werden kann, aber auch für Leser mit wissenschaftlichem Interesse nutzbringend ist. Wir möchten die Leser bitten, die Einzelheiten der Praxis oder der wissenschaftlichen Untersuchungsbefunde nur in dem Ausmaß zu beachten, wie es für ihre Zwecke wichtig ist.

Dieses Buch wurde nur möglich durch die vielfältige Hilfe anderer Menschen, die sich öffneten und uns teilnehmen ließen an ihrer persönlichen Welt: Lehrer, Erzieher, Eltern, Studierende, Kinder und Jugendliche sowie unsere eigenen Kinder Angelika, Cornelia und Daniela. Bei der Herstellung des Buchmanuskriptes halfen uns besonders Frau Hanna Werntgen und Frau Erika Bednarczyk. Ferner danken wir Herrn Dr. Hogrefe, Herrn Dr. Lundberg und Herrn Otto vom Verlag für Psychologie, Göttingen, für ihre hilfreiche Förderung des Buches.

Das Vorwort und die Ergänzungen zur 10. Auflage schreibe ich allein. Meine Lebensgefährtin Anne-Marie starb 1983 an den Folgen einer Krebserkrankung. In ihrem Buch „Gespräche gegen die Angst“ hat sie ihre persönlichen Erfahrungen sowie die anderer Krebserkrankter beschrieben. Bis kurz vor ihrem Tod war sie sehr aktiv tätig, so an psychologischen Möglichkeiten der Verminderung der Angst vor Sterben und Tod. Diese Befunde habe ich in einem letzten gemeinsamen Buch „Sanftes Sterben“ veröffentlicht, zusammen mit unseren persönlichen Erfahrungen im Umgang mit Krankheit und Sterben sowie den Ergebnissen der Befragung von zweihundert Personen über ihre Erfahrungen bei der Begleitung sterbender Angehöriger und Patienten.

Ich habe die „Erziehungs-Psychologie“ ergänzt durch ein Kapitel am Schluß, das ich als sehr wichtig ansehe. Es handelt von den Streßbelastungen, die Lehrer, Eltern und Jugendliche erleben. Es ist mir in den letzten Jahren klar geworden: viele Lehrer scheitern mit einem partnerschaftlichen Unterricht, weil sie mit den alltäglichen Streßbelastungen nicht angemessen umgehen können. Und auch für Jugendliche ist dieser Umgang sehr wichtig. Auch sie erleben Ängste, Ärger, Enttäuschungen, Verluste. Wenn wir fähig sind, ihnen bei einer angemessenen Bewältigung zu helfen, dann lernen sie etwas sehr Wichtiges. Denn kaum einer wird im späteren Leben verschont von schweren Verlusten, persönlichen Einschränkungen, Erkrankungen. So sehe ich es als sehr wichtig an, wenn erziehende Erwachsene und Jugendliche gleichsam gemeinsam lernen, mit den Belastungen des Lebens in förderlicher Weise umzugehen.

Ferner habe ich die Einführungen zu jedem Kapitel – dargestellt in einem grauen Kasten – neu gefaßt.

Ich wünsche dem Leser, daß das Buch ihr/ihm hilft, das seelische Geschehen in Erziehung und Unterrichtung klarer zu sehen. Und die eigenen Auffassungen und das Verhalten so zu klären und zu verbessern, daß in einem befriedigenden Zusammenleben das persönliche und fachliche Lernen junger Menschen gefördert wird.

Ich danke Ihnen für Ihr Interesse an diesem Buch!

Hamburg, März 1991 Reinhard Tausch

Fragestellungen, Beantwortungsmethoden und Wertauffassungen

Die Hauptfragestellungen der Erziehungs-Psychologie sind: Wie können Lehrer, Erzieher und Eltern wichtige seelische Vorgänge der persönlichen Entwicklung und des fachlichen Lernens von Kindern und Jugendlichen fördern?

Diese Fragestellungen hängen teilweise mit Wertauffassungen zusammen: Welche persönliche Entwicklung wird angestrebt? Welche seelischen Vorgänge werden als bedeutungsvoll angesehen? Welche sollen durch die Begegnung mit dem Lehrer und Erzieher gefördert werden?

Unsere Wertauffassungen hierzu sind:

▷ Selbstbestimmung, Achtung der Person, Förderung der seelischen und körperlichen Leistungsfähigkeit sowie soziale Ordnung sind psychosoziale Grundwerte eines humanen Zusammenlebens von Menschen, in der Partnerschaft, in Betrieben, in der Politik und auch im befriedigenden Zusammenleben von Erwachsenen mit Jugendlichen.

▷ Als sehr wertvoll für die persönliche Entwicklung sehen wir u. a folgende seelische Vorgänge an: Wahrnehmungslernen, Selbstachtung und günstiges Selbstbild, klärende Auseinandersetzung mit dem eigenen Erleben einschließlich der ethisch-religiösen Wertauffassungen sowie die Bewältigung von Streß-Belastungen.

Sodann haben wir dargelegt, welche wissenschaftlichen Methoden zur Beantwortung von Fragestellungen in der Erziehungs-Psychologie angemessen sind. Empirische Untersuchungen ermöglichen die Prüfung und Klärung von Vermutungen und Behauptungen (Hypothesen), die Forscher oder Praktiker äußern. So werden theoretische Annahmen möglich, d. h. Aussagen über das seelische Geschehen, die mit größerer Wahrscheinlichkeit zutreffen.

Gegenstand und Fragestellungen des Buches. Alle heranwachsenden Menschen erfahren tagtäglich in Familien, Kindergärten, Schulen, Betrieben und zum Teil Hochschulen in vielfältiger Weise Erziehung und Unterrichtung. In der Bundesrepublik Deutschland zum Beispiel werden an jedem Schultag über 9 Millionen Schüler von mehr als 400 000 Lehrern unterrichtet, davon 6 Millionen Schüler an Grund- und Hauptschulen. Jeder Heranwachsende erfährt eine derartige Unterrichtung und Erziehung wenigstens 10 Jahre lang.

Die wesentlichen seelischen Vorgänge in dieser Erziehung und Unterrichtung sind Gegenstand dieses Buches, mit folgenden *Hauptfragestellungen:*

▷ Welche Haltungen und Aktivitäten von Erziehern–Lehrern fördern und erleichtern das bedeutsame Lernen, die seelische Funktionsfähigkeit und seelische Gesundheit, die angestrebten seelischen Vorgänge und Erfahrungen sowie die kon-

*) Dieses Kapitel kann auch später gelesen werden.

struktive Persönlichkeitsentwicklung der Kinder–Jugendlichen? Welche Haltungen und Aktivitäten von Erziehern sind hierfür notwendig und weitgehend hinreichend?

▷ Sind die gegenwärtig überwiegenden Haltungen und Aktivitäten von Erziehern–Lehrern hinreichend förderlich für das bedeutsame Lernen, die seelische Funktionsfähigkeit und die angestrebte Persönlichkeitsentwicklung von Kindern–Jugendlichen? Welche Haltungen und Aktivitäten von Erziehern–Lehrern beeinträchtigen die seelischen Vorgänge von Kindern–Jugendlichen und ihre Persönlichkeitsentwicklung? Wie können Erzieher–Lehrer sich so ändern, daß ihre Haltungen und Aktivitäten in größerem Umfang förderlich und erleichternd für das bedeutsame Lernen und die konstruktive Persönlichkeitsentwicklung von Jugendlichen sind?

▷ Welche seelischen Vorgänge und Erfahrungen von Kindern–Jugendlichen sind sehr bedeutsam und notwendig für ihre konstruktive Persönlichkeitsentwicklung und ihre seelische Gesundheit? Welche Vorgänge und Erfahrungen sind notwendig, damit Kinder–Jugendliche jetzt und später zu einem reichen befriedigenden Leben fähig sind, bei größerer innerer Freiheit und Selbstbestimmung? Welche Vorgänge und Erfahrungen sind notwendig für ihr Leben in einer nicht-diktatorischen Gesellschaft, welche Haltungen sind notwendig, damit nicht-diktatorische Lebens- und Regierungsformen auch in Krisenzeiten funktionieren können?

Wie kamen wir zu diesen Fragestellungen? Nach dem zweiten Weltkrieg und nach unserem Studium beschäftigten wir uns mit folgenden Fragen, die für uns sehr bedeutungsvoll waren: ▷ Hing die Diktatur in unserem Lande von 1933–1945, die Vernichtung von Millionen von Menschen, hingen die vielen inhumanen Akte durch unser Volk mit den gefühlsmäßigen und sozialen Haltungen der Bevölkerung zusammen? Mit Haltungen, die sie in ihrer Erziehung und Schule gelernt hatte bzw. die sie n i c h t gelernt hatte? Kann Erziehung und Unterricht dazu beitragen, daß sich derartige Vorgänge auch unter anderen Bedingungen möglichst nicht wieder ereignen? ▷ Durch welche Art von Erziehung wird das humane Zusammenleben von Menschen, ein Zusammenleben auf der Basis von Selbstbestimmung, Achtung der Person und sozialer Ordnung wesentlich gefördert? ▷ Welche sozialen Haltungen und Lebensformen, von der Mehrheit der Bevölkerung während ihres Aufwachsens in Familie und Schule gelernt, sind für das Funktionieren nicht-diktatorischer Lebens- und Regierungsformen notwendig? – Diese Fragen beschäftigten uns sehr, und ihnen wandten wir uns in Forschung, Lehre und Praxis zu.

Nachdem einer von uns 1954 eine Dozentur an einer Pädagogischen Hochschule übernahm, wurden wir persönlich sehr tief in folgende Fragen verwickelt: Ist das Verhalten, das Lehrer überwiegend in Schulen leben, ferner auch Eltern in ihren Familien, nicht im Hinblick auf eine konstruktive Persönlichkeitsentwicklung und seelische Gesundheit häufig unangemessen? Ist es nicht ebenfalls unangemessen für ein späteres Leben in einer nicht-diktatorischen Gesellschaft? Besonders irritierend war für uns, daß die Art des Verhaltens von Lehrern und Erziehern oft so erheblich unterschiedlich war von dem Verhalten, das sie als wünschenswert angaben und das sie anstrebten. Waren die Auffassungen vieler Lehrer und Eltern richtig, daß eine Erziehung in Schulen und Familien ohne deutliche Dirigierung und ohne Zwang nicht möglich sei? Oder waren unsere hierzu gegensätzlichen Auffassungen richtig? Heftige Diskussionen mit Dozenten und Lehrern sowie manche Konflikte mit ihnen veranlaßten uns, intensiv empirische Forschungsuntersuchungen in Schulen und Familien durchzuführen. Wir wollten damit unsere Standpunkte und Auffassungen klären. Diese häufigen Diskussionen und Konfrontationen über die praktische Erziehungs- und Unterrichtstätigkeit mit Lehrern und Dozenten waren mühsam und belastend für uns, vor allem in zeitlicher Hinsicht. Wir nahmen an Hunderten von Unterrichtsstunden von Lehrern und Studierenden teil. Und wir diskutierten mit Hunderten von Lehrern unsere eigene Unterrichtstätigkeit, sei es direkt im Klassenraum oder anhand von Video- und Filmaufnahmen. Aber trotz dieser Belastungen sind wir dankbar für die Konfrontationen mit der alltäglichen Praxis. Sie ließen uns die Bedeutsamkeit oder Bedeutungslosigkeit von Fragestellungen sehen.

In den letzten 10 Jahren wurde dann für uns folgende Fragestellung immer bedeutsamer: Wie kann die Persönlichkeitsentwicklung von Millionen von Kindern–Jugendlichen durch Erziehung und Unterrichtung so gefördert werden, daß sie später als Erwachsene und auch als alte Menschen ein reiches, erfülltes seelisches Leben haben, mit tief befriedigenden zwischenmenschlichen Erfahrungen? Wie können Kinder und Jugendliche so gefördert werden, daß sie später auch in einer technisierten und zivilisierten Umwelt befriedigend und seelisch gesund leben können? Daß sie nicht zur Selbstzerstörung neigen? Wie können Lehrer und Erzieher Jugendliche fördern, damit sie sich selbst verwirklichen können, damit sie ein hohes Ausmaß innerer Freiheit sowie Selbstbestimmung leben?

Der Schwerpunkt der Fragestellungen dieses Buches und der Antworten liegt in der konkreten zwischenmenschlichen Begegnung von Person zu Person und den hierbei gegebenen seelischen Vorgängen. Es ist eine personenzentrierte Psychologie: Fragestellungen und Antworten sind zentriert in der Person der Erzieher–Lehrer, in ihren förderlichen Haltungen und Aktivitäten und in der Person der Kinder–Jugendlichen, in ihrer Persönlichkeitsentwicklung und ihren bedeutsamen seelischen Vorgängen. Diesen personenzentrierten Schwerpunkt wählten wir aus folgenden Gründen:

▷ Bei unserer Tätigkeit an Pädagogischen Hochschulen, bei vielen Vorträgen und Kursen wurden wir fortlaufend konfrontiert mit den Fragen von Lehrern und Studierenden: „Wie soll ich mich Schülern gegenüber verhalten?" „Was soll ich im Klassenraum tun, um Schüler zu fördern?" „Wie können wir als Lehrer und Eltern mit Jugendlichen befriedigender zusammenleben, wie können wir ihre Persönlichkeit fördern und für ihr Lernen hilfreicher sein?" Dies alles waren Fragen, die die konkrete Begegnung der Person von Lehrern und Erziehern mit der Person der Kinder und Jugendlichen betraf.

▷ Mit fortschreitender Forschung erhielten wir zunehmend wissenschaftliche Informationen über die große Bedeutung der zwischenmenschlichen Begegnung für die Persönlichkeitsentwicklung von Kindern–Jugendlichen. Wir erfuhren, daß bestimmte Qualitäten in der Person von Erziehern und Lehrern die entscheidend förderlichen Bedingungen für die konstruktive Persönlichkeitsentwicklung und das bedeutsame Lernen von Kindern und Jugendlichen sind. Hinzu kamen Befunde, die die Bedeutung der zwischenmenschlichen persönlichen Begegnung auch in anderen Bereichen aufwiesen, so zwischen Ehepartnern, zwischen Mitarbeitern in Betrieben, in der Beziehung Psychotherapeut und Klient sowie Arzt und Patient.

▷ Auch bei unserer eigenen Unterrichts- und Forschungstätigkeit an Hochschulen und Universitäten sowie im Zusammenleben mit unseren 3 Kindern erfuhren wir zunehmend: Die Art unseres persönlichen Verhaltens, unser zwischenmenschliches Beziehungsverhältnis zu Kindern, Schülern und Studierenden war von großer Bedeutung für die Persönlichkeitsentwicklung und das bedeutsame Lernen unserer Partner. Wir schätzen fachliche Kompetenz, Fachwissen nicht gering ein. Aber auch in den Jahrzehnten unserer Forschungstätigkeit an Universitäten erfuhren wir deutlich: Fachliches Wissen und fachliche Kompetenz sind bei unbefriedigenden zwischenmenschlichen Beziehungen zwischen Professor und Student und bei unbefriedigender Förderung der Persönlichkeit von Studierenden wenig nutzbringend für die Studierenden selbst und ihre spätere Berufstätigkeit. Auch unsere eigene wissenschaftliche Forschung wurde erheblich gefördert durch zwischenmenschliche Beziehungen zu manchen Personen, zu Studierenden, Doktoranden und Kollegen. Ferner dadurch, wie offen und ehrlich wir gegenüber uns selbst waren.

▷ In intensiver praktischer Tätigkeit und Forschung in den letzten 20 Jahren mit Hunderten von seelisch beeinträchtigten Personen in Gesprächspsychotherapie und Encountergruppen erfuhren wir deutlich: Die seelische und zum Teil körperliche Funktionsfähigkeit von Personen wird entscheidend gefördert – und unglücklicherweise auch beeinträchtigt – durch zwischenmenschliche Beziehungen zu anderen Personen.

Diese Erfahrungen und vielfältige Untersuchungsbefunde ließen uns zu der Auffassung kommen: *Der Mitmensch ist die wesentlichste Umweltbedingung für den Menschen.* Eltern, Lehrer, Kindergärtnerinnen und Spielgefährten sind die wesentlichste Umwelt, die bedeutungsvollsten Mitmenschen der Kinder und Jugendlichen. Sie können die Quelle größter Befriedigung und seelischer Bereicherung sein, aber auch die Quelle großer Beeinträchtigung und großen Leidens.

Günstige äußere Bedingungen, wie vielfältige Lehrmittel, geeignete Gebäude, Schulorganisation und Lehrpläne sind wichtig. Aber häufig wirken sie sich erst dann günstig aus, wenn die mitmenschlichen Beziehungen in einer Schule, in einem Kindergarten oder in einer Gruppe befriedigend sind, wenn die Begegnung von Person zu Person, zwischen Lehrern und Schülern und Eltern und Jugendlichen förderlich ist. Bemühen sich Lehrer und Erzieher in erster Linie um die Förderung der Persönlichkeitsentwicklung der Jugendlichen und Studenten und um eine hilfreiche zwischenmenschliche Beziehung zu ihnen, dann wird im allgemeinen die Wahl äußerer Bedingungen, die Verwendung von Geldern oder Organisationsformen sinnvoller ausfallen als bei fehlender Zentrierung in den Personen, bei Vernachlässigung zwischenmenschlicher Beziehungen und der Persönlichkeitsentwicklung.

Zur Bedeutsamkeit der Fragestellungen. Wir sehen sie unter anderem in folgendem:

▷ In Diskussionen und Vorträgen mit Hunderten von Lehrern, Eltern, Kindergärtnerinnen und Studierenden für soziale Berufe stellten wir häufig fest: Diese Fragestellungen – Förderung der Persönlichkeitsentwicklung durch Begegnung von

Person zu Person und befriedigendes Zusammenleben – bewegten sie in tiefer persönlicher Weise und wurden von ihnen als sehr bedeutungsvoll angesehen.

▷ Unsere Antworten zu den Fragestellungen wurden von vielen Lehrern, Eltern, Erziehern und Studierenden als hilfreich und wesentlich für ihre eigene Person und für ihre Tätigkeit empfunden.

▷ In unserer eigenen praktischen Unterrichts- und Erziehungstätigkeit waren und sind diese Fragen und ihre Beantwortung sehr wesentlich.

▷ Lehrer, Eltern und Erzieher beeinträchtigen des öfteren erheblich die Persönlichkeitsentwicklung von Kindern und Jugendlichen statt sie zu fördern. So nannten Erwachsene als die negativsten, ihre Kindheit und Jugendzeit am meisten beeinträchtigenden Erfahrungen am häufigsten Erfahrungen in zwischenmenschlichen Beziehungen. Sehr oft standen dabei an erster Stelle negative Erfahrungen mit Eltern und Lehrern. Erfahrungen etwa der Erniedrigung vor der Klasse, Zerstörung von Selbstvertrauen, Unfairneß in der Bewertung u. a. (Branan, 1972). Oder: Bei einer Befragung von über 600 12- bis 14jährigen Jugendlichen über ihre Sorgen und Nöte standen an erster Stelle Sorgen über die Familie, über soziale Beziehungen und Sorgen mit der Schule. Ökonomische Sorgen dagegen oder persönlich-gesundheitliche Probleme waren demgegenüber erheblich seltener (Simon u. Ward, 1974).

▷ Vielen Lehrern und Erziehern gelingt trotz ihres Wunsches häufig nicht ein befriedigendes Zusammenleben mit Jugendlichen. Viele Lehrer und Erzieher kämpfen täglich mit größeren Schwierigkeiten in ihren Schulklassen und sind häufig enttäuscht. 75 % der Angaben von Lehrern über besonders häufig belastende Schwierigkeiten für ihre Person und für die Unterrichtsdurchführung betrafen ihren Umgang mit Schülern. Dieser war in hohem Maße spannungs- und konfliktreich (Belschner u. a., 1973, S. 19).

▷ Das praktische Verhalten von Lehrern und Erziehern ist nach Untersuchungsbefunden häufig deutlich unterschiedlich von dem Verhalten, das sie anstreben und das sie für die Persönlichkeitsentwicklung der Jugendlichen als förderlich ansehen (A. Tausch, 1958a).

▷ Die psychische Lebensqualität der Bevölkerung kann durch frühzeitige Förderung der Persönlichkeit von Menschen, insbesondere durch Förderung ihres humanen, prosozialen Zusammenlebens, ihrer gegenseitigen Anteilnahme, Rücksichtnahme und Hilfe deutlich verbessert werden. In unseren Augen ist die wichtigste Umweltbedingung der andere Mensch. Die persönliche Beziehung zum Mitmenschen *ist* die entscheidende Umwelt.

▷ Ein größerer Prozentsatz der Bevölkerung ist zumindest in gewissen Zeiten und Bereichen seiner Person seelisch beeinträchtigt. Angemessene Erziehung, die die seelische Funktionsfähigkeit, die seelische Gesundheit und die Persönlichkeitsentwicklung fördert, ist die beste Prophylaxe hierfür.

▷ Nicht-diktatorische Lebens- und Gesellschaftsformen sind unserer Auffassung nach auf die Dauer nur dann funktionsfähig, wenn die Mehrheit der Bevölkerung während des Aufwachsens in den ersten 2 Jahrzehnten in ihren gefühlsmäßigen und prosozialen persönlichen Haltungen erheblich gefördert wurde.

▷ Die Bevölkerung bringt jährlich Milliardenbeträge für die Unterrichtung und Erziehung von Kindern, Jugendlichen und Studierenden auf. Die Unterrichtung und Ausbildung eines Schülers kostet jährlich etwa die Steuerabgaben von 4 Familien, die Ausbildung eines Universitätsstudenten die Abgaben von ca. 8 Familien. Werden durch diese enormen finanziellen Mittel die angestrebten seelischen Vorgänge und die Persönlichkeitsentwicklung bei Kindern, Jugendlichen und Studierenden wirklich erreicht? Sind die finanziellen Mittel hierfür sinnvoll eingesetzt? Oder wo werden destruktive, beeinträchtigende Erfahrungen bewirkt? Wie können die angestrebten gefühlsmäßigen, sozialen und intellektuellen Vorgänge bei Kindern, Jugendlichen und Studierenden mit den gleichen Mitteln in größerem Umfang gefördert werden?

Diese obigen Gesichtspunkte werden in ihrer Bedeutung besonders klar, wenn wir berücksichtigen: Allein in der Bundesrepublik Deutschland leben Millionen von Eltern tagtäglich über 1½ Jahrzehnte lang mit ihren Kindern zusammen. An jedem Schultag werden von fast einer halben Million Lehrer über 9 Millionen Schüler unterrichtet und erzogen, jeder Schüler fast 10 Jahre lang.

Die wissenschaftliche Beantwortung von Fragestellungen.

Durch die Konfrontation mit Fragen von Lehrern, Eltern, Erziehern und von uns selbst, durch viele Diskussionen, Überlegungen und Erfahrungen, die bedeutsam für unsere Erziehungs- und Unterrichtstätigkeit waren, gelangten wir zu Vermutungen und ungeprüften Hypothesen. Hier gingen auch die Untersuchungsbefunde anderer als Informationen mit ein. Wir hatten etwa folgende Vermutungen: Der alltägliche Schulunterricht ist durch ein großes Ausmaß von Dirigierung durch Lehrer charakterisiert, den Schülern wird hierdurch nur in geringem Umfang selbstbestimmtes Verhalten ermöglicht. Oder: Selbstachtung ist für das Erleben und Verhalten einer Person sehr bedeutsam, ebenfalls Echtheit–Fassadenfreiheit gegenüber anderen.

Zur Prüfung der Richtigkeit von Vermutungen und Hypothesen im Bereich der Erziehungspsychologie sehen wir folgende Stufen des wissenschaftlichen Vorgehens als angemessen an: ▷ Kontrollierte, planmäßige Beobachtung der psychischen Vorgänge ▷ Prüfung der Befunde unter dem Gesichtspunkt der statistischen Wahrscheinlichkeit ▷ Prüfung der Befunde im Hinblick auf die Richtigkeit der Voraussage von Erscheinungen und auf ihre Gültigkeit für die eigene Person und für andere.

Mehrere derart bestätigte Hypothesen faßten wir zu theoretischen Annahmen über wesentliche Bereiche und Vorgänge zusammen. In weiteren Untersuchungen überprüften wir die Richtigkeit dieser theoretischen Annahmen, etwa auch auf das Ausmaß ihrer Verallgemeinerung in weiteren Bereichen.

Im folgenden möchten wir die 3 Stufen der wissenschaftlichen Prüfung von Vermutungen und Hypothesen kurz darstellen:

Kontrollierte planmäßige Beobachtung der psychischen Vorgänge im realen Geschehen. So wie in der Medizin die Auswirkungen von Medikamenten oder Behandlungen bei Patienten beobachtet und geprüft werden, so können auch in der Erziehung und Psychologie Vermutungen und hypothetische Antworten auf Fragen geprüft werden. Etwa Vermutungen, daß ein bestimmtes Erziehungsverhalten von Lehrern die psychische Gesundheit bei Jugendlichen fördere. Oder daß Selbstachtung der Jugendlichen entscheidend ist für ihr prosoziales Verhalten. Oder daß die Ermöglichung von Kleingruppenarbeit durch den Lehrer die intellektuelle Leistungsfähigkeit der Schüler stärker fördere als Einzelarbeit oder sog. Frontalunterricht.

Kontrollierte Beobachtung beinhaltet u. a.: ▷ Angemessene Beschreibung seelischer Vorgänge, so daß sie wahrgenommen und beobachtet werden können. ▷ Kontrolle der verschiedenen, gleichzeitig noch vorhandenen Bedingungen. Dies ist nötig für den Nachweis, daß die Effekte oder Auswirkungen durch die vermutete Bedingung und nicht durch andere Bedingungen verursacht werden. ▷ Einschränkung der Fehlerhaftigkeit von Beobachtungen, etwa durch quantitative Registrierung von Vorgängen und/oder durch den Einsatz von mehreren unabhängigen Beobachtern, die in der Wahrnehmung der Vorgänge trainiert wurden. ▷ Bildung von Kontrollgruppen. Die Auswirkung etwa von bestimmten Unterrichts- oder Erziehungsformen auf Jugendliche wird ebenfalls bei anderen Gruppen von Jugendlichen beobachtet, die keine derartigen Unterrichtsformen oder andere erhielten. ▷ Ermöglichung der Wiederholbarkeit der Beobachtungen durch andere Untersucher mit anderen Personengruppen.

Zunehmend häufiger wird in der zukünftigen Forschung folgendes sein: Die Forscher müssen erst eine bestimmte Realität schaffen, ehe sie sie beobachten. Wenn also Forscher vermuten, daß bestimmte Formen der Zuwendung von Erwachsenen zu Kindern deren Persönlichkeit stark fördern, und wenn diese Formen der Zuwendung wenig in der Erziehung gelebt werden, dann müssen sich Forscher zuvor bemühen, ein derartiges Verhalten zu fördern, um es in seinen Auswirkungen beobachten zu können.

Prüfung der Befunde unter dem Gesichtspunkt der statistischen Wahrscheinlichkeit. Befunde z. B., daß bestimmte Haltungen und Aktivitäten von Lehrern bestimmte seelische Vorgänge bei Jugendlichen fördern oder daß sich unterschiedlich unterrichtete Schüler in ihren seelischen Vorgängen unterscheiden, müssen darauf geprüft werden, ob sie als zufällig entstanden anzusehen sind.

Entsprechend den Vereinbarungen bedeutet der Ausdruck statistisch signifikant oder statistisch gesichert: Gegen die Annahme z. B. eines Zusammenhanges zwischen zwei Merkmalen oder gegen die Annahme eines Unterschiedes zwischen zwei Mittelwerten spricht eine Zufallswahrscheinlichkeit von höchstens 5 Prozent. Jedoch sollten die Methoden der statistischen Prüfung und die Methoden der experimentellen Kontrolle nicht überbewertet werden. In vielen Untersuchungen werden diese Methoden sehr herausgestellt. Aber oft sind die statistisch signifikanten Unterschiede, Zusammenhänge oder Veränderungen so gering, daß sie für das reale Leben von Menschen in den komplexen Alltagsbedingungen und damit häufig auch für den Fortschritt der Wissenschaft weitgehend bedeutungslos sind. Im allgemeinen werden die Befunde für die alltägliche reale Begegnung von Person zu Person in Erziehung und Unterricht nur dann von Bedeutung sein, wenn die Zusammenhänge oder Mittelwertunterschiede deutlich sind. Diese deutlichen Unterschiede sind aber oft bereits mit einfachen statistischen Methoden zu sichern. Statistik ist ein formales Werkzeug bei der Prüfung von Aussagen. Wenn Statistik ein Ziel in sich selbst hat, wozu manche sie machen, dann wird der wissenschaftliche Fortschritt eher gehindert.

Prüfung von Befunden im Hinblick auf die Richtigkeit der Voraussage von Erscheinungen. Die Richtigkeit von Voraussagen ist ein deutliches Gütekriterium für wissenschaftliche Aussagen. Richtige Voraussagen erwarten wir in der Medizin bei Antworten auf Fragen nach der Wirksamkeit von Behandlungsmethoden und Medikamenten. Richtige Voraussagen durch wissenschaftliche Kenntnisse erwarten wir beim Bau eines Hochhauses oder der Errichtung einer Brücke, etwa hinsichtlich der

Belastbarkeit von tragenden Elementen. In ähnlicher Weise kann eine wissenschaftliche Aussage oder theoretische Annahme in der Erziehungspsychologie dann geprüft und als brauchbar bezeichnet werden, wenn die durch die theoretische Annahme vorausgesagten seelischen Vorgänge, etwa die Auswirkung von bestimmten Haltungen und Aktivitäten Erwachsener auf Jugendliche tatsächlich eintreten.

Diese Wahrscheinlichkeit richtiger Voraussagen aufgrund wissenschaftlicher Befunde und theoretischer Annahmen kann in überprüfenden Untersuchungen festgestellt werden. Derartige Überprüfungen der Voraussagbarkeit seelischer Erscheinungen sind um so notwendiger, je bedeutsamer eine wissenschaftliche Aussage oder theoretische Annahme für das alltägliche Verhalten etwa vieler Lehrer, Eltern und Erzieher ist. Diese Voraussagbarkeit ist ohne Zweifel ein harter Gütemaßstab. Aber in der Medizin und in den Naturwissenschaften sehen wir ihn weitgehend als selbstverständlich an und fordern ihn für unser körperliches Wohlergehen. Wir sollten den gleichen Gütemaßstab für die seelische Wohlfahrt von Kindern und Jugendlichen und unser Zusammenleben mit ihnen fordern.

Zur Brauchbarkeit und praktischen Gültigkeit wissenschaftlicher Aussagen. Mit diesem Problem haben wir uns sehr oft beschäftigt. Wir möchten drei relativ einfache Möglichkeiten zur Einschätzung der praktischen Gültigkeit wissenschaftlicher Aussagen nennen: ▷ Die Wissenschaftler selbst sehen ihre wissenschaftlichen Aussagen für ihr eigenes alltägliches Leben als zutreffend und gültig an, als verbindlich für ihr eigenes Verhalten. Wenn z. B. ein Mediziner eine Behandlungsmethode oder ein Präparat entwickelt hat und diese in verantwortlicher Weise als richtig zur Heilung einer Krankheit ansieht und empfiehlt, so wird er dieses Präparat oder diese Behandlungsmethode auch im eigenen Krankheitsfalle bei sich selbst einsetzen. Wir halten wenig von psychologischen und pädagogischen Aussagen und Empfehlungen, die die betreffenden Wissenschaftler und Autoren nicht in ihrem eigenen Leben für sich ebenfalls als gültig und maßgeblich ansehen. Anderen Personen Antworten auf ihre Fragen zu geben und sie zu einem entsprechenden Handeln zu veranlassen, aber diese Antworten für sich selbst aus Mangel an Vertrauen in die Güte nicht zu verwenden, empfinden wir nicht als verantwortungsvoll. ▷ Wissenschaftliche Aussagen ermöglichen persönlich bedeutsame Entscheidungen: Eltern und Lehrer können damit ihr eigenes Erziehungs- und Unterrichtsverhalten und ihre Erfahrungen hierbei sinnvoller und geordneter sehen. Sie werden sinnvollere Entscheidungen treffen, etwa welche Aktivitäten von ihnen in der Begegnung mit Jugendlichen welche wünschenswerten Vorgänge fördern. ▷ Die wissenschaftlichen Aussagen ermöglichen auf Fragen nach förderlichen oder beeinträchtigenden Haltungen und Aktivitäten von Erziehern in den vielfältigen Lebenssituationen konkrete Antworten. Ist dieses nicht möglich, dann erfassen diese wissenschaftlichen Untersuchungen häufig nicht bedeutsame Sachverhalte der alltäglichen Begegnung von Person zu Person in Erziehung und Unterricht.

Wertauffassungen beeinflussen Fragestellungen und Inhalte der Forschung. In Erziehung und Unterrichtung erfolgt eine Förderung der Persönlichkeit von Kindern und Jugendlichen, eine Förderung ihres Erlebens und Verhaltens. Welche seelischen Vorgänge werden als bedeutsam und fördernswert angesehen? Welche Persönlichkeitsentwicklung wird angestrebt? Sollen Jugendliche unempfindsamer und härter gegenüber ihrem Fühlen werden oder eher empfindsamer und offener? Dies sind unzweifelhaft Wertauffassungen. Und sie beeinflussen in gewisser Weise den Gegenstand der Forschung und die Fragestellungen. Diese Wertauffassungen können nicht in ihrer Richtigkeit durch empirische Untersuchungen „bewiesen" werden. Empirische Untersuchungen können lediglich helfen, unsere Wertauffassungen zu klären und unsere Vermutungen über die Auswirkung von Werten zu prüfen.

Die einfachste Form der Fragestellungen ist noch wenig beeinflußt von Wertauffassungen: „Was geschieht seelisch in der Erziehung?" „Welche seelischen Vorgänge ereignen sich überwiegend in Schulen?" Hier handelt es sich meistens um Feststellungen des Ist-Zustandes. Allerdings können Forscher nicht jede der millionenfachen Erscheinungen erfassen. Sie müssen eine Auswahl vornehmen. Und diese Auswahl erfolgt im allgemeinen danach, was nach allgemeiner Wertauffassung oder nach Wertauffassung des Forschers in Erziehung und Unterricht wertvoll, bedeutsam ist. Wenn z. B. in Unterrichtsstunden die Häufigkeit von Dirigierungen der Schüler durch Lehrerbefehle und Lehrerfragen ermittelt werden oder Art und Häufigkeit der Bestrafung von Kindern durch ihre Eltern, so liegt dem zugrunde: Dieses Verhalten von Lehrern und Eltern wird für die seelischen Vorgänge der Kinder und Jugendlichen als bedeutsam angesehen.

Folgende Hauptfragen werden in größerem Umfang durch Wertvorstellungen beeinflußt: Welche Haltungen und Aktivitäten von Lehrern und Erziehern sind bedeutsam in der Unterrichtung und Erziehung? Der Forscher könnte Wertauffassungen unberücksichtigt lassen. Er könnte lediglich eine Vielzahl von Zusammenhängen zwischen den verschiedensten Merkmalen des Lehrerverhaltens und den Vorgängen Jugendlicher feststellen. Diese Untersuchungsergebnisse ermöglichen kaum Antworten auf die Frage, welche Haltungen und Aktivitäten von Lehrern und Erziehern bedeutsam förderlich für die Werte und Ziele der Erziehung sind. Untersuchungsbefunde, die die Werte und Ziele der Erziehung unberücksichtigt lassen, sind für die Praxis von Erziehern und Lehrern meist wertlos.

In starkem Maße liegen Wertauffassungen folgenden wesentlichen Fragen zugrunde: „Welche Haltungen und Aktivitäten von Personen sind notwendig und hinreichend für die konstruktive Persönlichkeitsentwicklung von Jugendlichen?" „Welche seelischen Vorgänge sind bedeutsam für eine seelisch annähernd optimal funktionsfähige Persönlichkeit?" Hier sind Wertauffassungen bedeutsam, was als konstruktive Persönlichkeitsentwicklung anzusehen ist, welche seelischen Vorgänge als wertvoll und bedeutsam betrachtet werden.

Fragestellungen der Forschung, die durch Wertauffassungen beeinflußt werden, sind nicht „unwissenschaftlich", aus folgenden Gründen:

▷ Eine Forschung o h n e Zielvorstellung, o h n e Ausrichtung der Forschung auf das, was in Erziehung und Unterrichtung vom Forscher oder von anderen als bedeutsam, als erstrebenswert, als wert-voll angesehen wird, erscheint uns als eine Zufalls-Forschung, als eine Forschung ins Blaue.

Auch in der Medizin z. B. werden die Fragestellungen der Forschung und die Tätigkeit der Ärzte durch Werte beeinflußt. Und zwar überwiegend durch die Wertauffassung: Gesunderhaltung des menschlichen Körpers und Erhaltung menschlichen Lebens ist wertvoll und wünschenswerter als Krankheit, Leiden oder Sterben. Auch diese Werte sind in ihrer Richtigkeit wissenschaftlich nicht „beweisbar".

Vielleicht mag mancher entgegnen: Die Forscher können gewisse Gesetzmäßigkeiten in der Erziehung feststellen, und dies sei weitgehend wertfrei. Aber welche Gesetzmäßigkeiten sollen die Forscher feststellen? Irgendwelche? Die Häufung von Zahlen, Daten und Gesetzmäßigkeiten als solche ist noch keine Wissenschaft. Welche Kriterien, welche Werte haben die Forscher für die Auswahl ihrer Fragestellungen? Ihr persönliches Belieben oder der Zufall? Was sehen sie als bedeutsam an? Das hängt von Wertvorstellungen ab, insbesondere von Wertvorstellungen über Erziehung und Unterrichtung. Diese Wertvorstellungen sind dort besonders wichtig, wo die Forschung nicht nur den jetzigen Ist-Zustand untersucht, sondern neue zukünftige Möglichkeiten entwickelt und prüft.

Wir sehen es dabei als selbstverständlich an, daß jedem Forscher gelegentlich Forschungen ohne deutliches Ziel und Zweck zugebilligt werden, ohne daß er weiß, wozu er forscht, was aus seinen Forschungen wird. Aber dies kann kein allgemeines verantwortliches Charakteristikum aller Forschungen sein.

Auch die Auffassung eines Forschers, wissenschaftliche Fragestellungen sollten von Wertauffassungen unbeeinflußt sein, ist eine entscheidende Wertauffassung. Sie beeinflußt seine Fragestellungen und Gegenstände der Forschung erheblich. Sie stellt alle Wertentscheidungen in das Belieben des Forschers.

▷ Die Art, w i e Antworten auf Fragestellungen, Hypothesen und Vermutungen wissenschaftlich geprüft werden, ist weitgehend unbeeinflußt von den Wertauffassungen in Erziehung und Unterricht. Ein Gütekriterium für die Zuverlässigkeit der Prüfung von Antworten, Vermutungen und Hypothesen auf Fragestellungen ist die richtige Voraussage von Erscheinungen. So sind in der Medizin z. B. die Grundwerte „Gesundheit und Lebenserhaltung sind besser als Krankheit und Tod" wissenschaftlich nicht „beweisbar". Aber Aussagen, Vermutungen und Hypothesen auf Fragen, wie Krankheiten vermindert werden können, durch welche Methoden Leben erhalten wird, können in einem wissenschaftlichen Vorgehen geprüft werden, das von diesen Grundwerten direkt nicht beeinflußt wird.

Der Standpunkt, daß die Richtigkeit von Wertauffassungen in Erziehung und Unterricht wissenschaftlich nicht „beweisbar" ist, hat unserer Auffassung nach folgende Konsequenzen: ▷ Eine gewisse gegenseitige Toleranz gegenüber unterschiedlichen Wertauffassungen in der Erziehung, soweit diese die Grundwerte menschlichen Zusammenlebens berücksichtigen. ▷ Bereitschaft zur Klärung von Differenzen durch Diskussion. ▷ Intensives Bemühen um wissenschaftliche Prüfung von Vermutungen und Hypothesen auf Fragestellungen. Hierdurch können sich neue Gesichtspunkte für die Wertauffassungen ergeben.

Wertauffassungen, die unsere erziehungspsychologischen Fragestellungen beeinflussen. Gegenstand und Fragen unserer Forschung sind hauptsächlich: Durch welche Bedingungen, insbesondere durch welche Haltungen und Aktivitäten von Erziehern und Lehrern können die psychischen Vorgänge, das Lernen und diejenige Persönlichkeitsentwicklung bei Kindern und Jugendlichen deutlich gefördert werden, die wir als wertvoll für ein seelisch reiches Leben ansehen und die in der Erziehung überwiegend angestrebt werden? So hängen unsere Fragestellungen mit den Werten und Zielen der Erziehung zusammen, werden von ihnen beeinflußt. Ohne diese Wertauffassungen wäre unsere Forschung von nur geringem Wert für Personen, die erziehen und unterrichten. Denn deren Tätigkeit ist deutlich beeinflußt von Wertauffassungen.

Unsere Werte über humanes Zusammenleben und über die Förderung seelischer Vorgänge von Personen in Erziehung und Unterricht, die unsere Fragestellungen beeinflussen, haben wir in 3 sich z. T. überschneidenden Bereichen dargestellt: *I. Persönlichkeitscharakteristika* als Ziele der Erziehung *II. Psychosoziale Grundwerte* des allgemeinen, zwischenmenschlichen Zusammenlebens als Werte und Leitlinien der Tätigkeit von Erziehern *III. Seelische Grundvorgänge* (Prozeßqualitäten) bei Kindern und Jugendlichen als Werte der Erziehung und des Zusammenlebens.

In diesem Buch gebrauchen wir gelegentlich die Ausdrücke „konstruktive Persönlichkeitsentwicklung" sowie „bedeutsames Lernen". Dies bezieht sich immer auf eine Person, der weitgehend die nachfolgend dargelegten Persönlichkeitscharakteristika zu eigen sind und die die psychosozialen Grundwerte zwischenmenschlichen Zusammenlebens und die seelischen Grundvorgänge lebt. Ferner: Der gelegentlich gebrauchte Ausdruck „angemessenes" Erziehungsverhalten meint immer eine Erziehung, die diese Werte in einer Person fördert.

I. Persönlichkeitscharakteristika als Ziele der Erziehung. Die Literatur ist reich an der Auflistung von Zielen und Eigenschaften, zu denen Menschen hin erzogen werden sollen. Aus folgenden Gründen halten wir die Auflistung wünschenswerter Eigenschaften einer Person als wenig hilfreich und oft unbefriedigend:

▷ Erzieher und Lehrer, die hohe Erziehungsideale anerkennen oder aufstellen, handeln in ihrer Praxis häufig im Widerspruch hierzu. Es besteht kaum ein Zusammenhang zwischen der Anerkennung hoher Erziehungsideale und dem praktischen Handeln von Personen (z. B. Bierhoff-Alfermann u. Höcke, 1974).
▷ Erziehungsziele in Form von Eigenschaften einer Person sagen nichts aus, *wie* und durch welches Verhalten von Erziehern, durch welche Vorgänge und Erfahrungen sie bei Jugendlichen erreicht werden.
▷ Manche Erzieher rechtfertigen ihr inhumanes oder beeinträchtigendes Verhalten mit der Aussage, daß sie hohe Erziehungsziele zu erreichen suchen. Auch in der Geschichte haben hohe Ideale, vertreten durch rigide und dogmatische Personen, häufig zu großem Unglück und seelischer Beeinträchtigung vieler Menschen geführt. Hohe Ideale waren des öfteren ein Grund, Menschen zu Tausenden zu töten.
▷ Persönlichkeitseigenschaften oder Erziehungsziele stellen oft ein ideales, fernes Endstadium dar. Es wird meist nicht erreicht. Es ist vor allem meist auch nicht deutlich wahrnehmbar, ob Personen auf dem Wege hin zu diesem Endstadium sind, und wie weit davon entfernt sie noch sind. Es ist nicht oder kaum wahrnehmbar, ob z. B. Lehrer die Schüler einer Klasse in einem Jahr Schulunterricht diesen Zielen nähergebracht oder entfernt haben. Und ferner: Lehrer werden selten damit konfrontiert, ob ihre Schüler im späteren Leben wirklich diesem Endstadium nähergekommen sind.

Trotz dieser Skepsis stellen wir sie für diejenigen, die die Auflistung von Persönlichkeitscharakteristika und Handlungseigenschaften als bedeutsam für die Ziele in Erziehung und Unterricht ansehen, nachfolgend dar, teilweise in engem Anschluß an Rogers (1951, S. 387):

▷ Eine Person strebt intelligent und selbständig die Ziele an, die ihrer persönlichen Befriedigung dienen, aber den Interessen der Gemeinschaft nicht zuwiderlaufen, sondern diese häufig fördern.
▷ Eine Person übernimmt die Verantwortung für die eigenen Handlungen.
▷ Eine Person handelt sozial reversibel gegenüber anderen. Sie handelt so, als ob sie selbst der andere wäre, der von ihren Handlungen und Maßnahmen betroffen wird.
▷ Eine Person arbeitet mit anderen Menschen kooperativ und effektiv in der Bewältigung von Problemen zusammen, nicht in erster Linie um den Beifall und die Anerkennung anderer zu erlangen, sondern aufgrund der eigenen sozial akzeptierbaren Motive und Ziele.
▷ Das Erleben und Verhalten einer Person ermöglicht anderen Personen häufig ein angemessen prosoziales, gefühlsmäßiges und intellektuelles Wahrnehmungslernen.
▷ Eine Person nimmt die wesentlichen Beeinträchtigungen des eigenen Lebens und des Lebens anderer wahr sowie die verursachenden Bedingungen (verursacht durch sie selbst, durch andere Personen, durch Institutionen oder durch äußere Sachverhalte). Sie schafft gerechtere, befriedigendere Bedingungen für andere und für sich selbst.
▷ Eine Person erwirbt Kenntnisse, die für die Lösung der im menschlichen Leben auftretenden Probleme relevant sind.
▷ Bei den Problembewältigungen einer Person wird die Vielzahl ihrer vorhandenen Erfahrungen frei und schöpferisch wirksam.

▷ Eine Person verzichtet beim Anstreben der eigenen Ziele und der Ziele der eigenen Gruppe auf psychische und physische Gewalt sowie auf Manipulation.
▷ Eine Person kann in kritischer Weise lernen und zu den Beiträgen anderer Personen in angemessener Weise Stellung nehmen.
▷ Eine Person kann ihre eigenen Erfahrungen, Gedanken und Kenntnisse in einer für andere einfach verständlichen Form mitteilen.
▷ Eine Person kann sich flexibel und intelligent auf neue Situationen und Probleme einstellen.
▷ Eine Person plant das eigene Leben unter dem Gesichtspunkt der Vergänglichkeit durch den Tod.

II. Psychosoziale Grundwerte menschlichen Zusammenlebens als Werte und Leitlinien der Tätigkeit von Erziehern. In den vergangenen Jahren haben wir uns oft damit beschäftigt: Gibt es Werte oder Merkmale, ▷ die ein befriedigendes Zusammenleben von Menschen hinreichend charakterisieren ▷ die fortlaufend fast in jedem Augenblick sehr konkret und einfach wahrnehmbar und erfahrbar sind ▷ die inhumane Akte zur angeblichen Erreichung humaner Ziele bei Menschen ausschließen ▷ die jederzeit gültige und notfalls „meßbare" Prozeßqualitäten menschlichen Zusammenlebens sind? Zu dieser Suche nach Grundwerten menschlichen Zusammenlebens wurden wir besonders durch folgendes veranlaßt: Die Herausstellung und Anerkennung hoher Ideale, Werte und Ziele verhindert oft nicht inhumanes Verhalten. Hunderttausende von Menschen wurden zu vielen Zeiten verfolgt, gequält und getötet, unter Berufung auf hohe politische, religiöse oder ethische Ideale. Wie viele Revolutionen begannen mit der Proklamierung und Anerkennung hoher Werte und Ziele. Wie oft folgten ihnen inhumanes Quälen, Morden und Töten vieler Menschen, oft mit der Begründung, hierdurch würden die Werte und Ideale erreicht. Auch in der Erziehung mißachten Erzieher und Lehrer Kinder–Jugendliche, demütigen sie, beeinträchtigen ihre Selbstachtung, oft mit der Begründung, nur so könnten sie die hohen Werte und Ziele der Erziehung erreichen.

Die folgenden 4 psychosozialen Grundwerte menschlichen Zusammenlebens sehen wir als bedeutsamer an als hohe Erziehungsziele und ideale Persönlichkeitsmerkmale: ▷ Selbstbestimmung einer Person ▷ Achtung der Person ▷ Förderung der seelischen und körperlichen Funktionsfähigkeit einer Person ▷ Soziale Ordnung. Diese 4 Grundwerte charakterisieren deutlich und überschaubar die allgemeinen psychosozialen Qualitäten menschlichen Zusammenlebens. Ferner: Sie sind fortlaufend konkret lebbar, von anderen wahrnehmbar und unmittelbar gefühlsmäßig erfahrbar. Sie schließen, wenn sie gelebt werden, inhumanes Verhalten weitgehend aus. Diese 4 Grundwerte sehen wir als Werte des Zusammenlebens in der Erziehung und Unterrichtung an. Sie beeinflußten unsere Fragestellungen und Forschungen.

In fast jeder Situation der Erziehung und Unterrichtung kann festgestellt werden, inwieweit Erwachsene gegenüber Jugendlichen entsprechend diesen Grundwerten handeln. Erwachsene haben keine Ausrede mehr, daß sie inhuman, dirigistisch und mißachtend sein müßten, um hochwertige, ferne Erziehungsziele zu erreichen. Ferner wird der Begriff „Erziehung" weitgehend entbehrlich. An seine Stelle treten die Grundwerte menschlichen Zusammenlebens. Diese Grundwerte sind ebenfalls gültig in anderen zwischenmenschlichen Bereichen, so zwischen Ehepartnern, zwischen Personen in Betrieben oder zwischen Freunden. Das Zusammenleben von Erwachsenen mit Jugendlichen ist so nicht mehr wesentlich unterschiedlich von den Grundwerten des Zusammenlebens anderer Erwachsener. Diese Grundwerte verhindern, daß Erziehungsziele und Werte anderen mit Gewalt aufgezwungen werden. Und letztlich: Wenn Jugendliche durch das Verhalten ihrer Erzieher fast fortlaufend über $1^1/_2$ Jahrzehnte diese Grundwerte erfahren und wahrnehmen, so werden sie ihrerseits später in anderen zwischenmenschlichen Beziehungen diese Grundwerte in größerem Ausmaß leben und anderen ermöglichen.

Wichtig ist folgendes: Für ein befriedigendes Zusammenleben von Menschen ist das g l e i c h z e i t i g e und f o r t l a u f e n d e Vorhandensein der 4 psychosozialen Grundwerte entscheidend. Das Zusammenleben wird beeinträchtigt, wenn Personen Partnern nur ein oder zwei Grundwerte gewähren oder für sich in Anspruch nehmen, andere aber vernachlässigen. Wenn also z. B. Erwachsene den Jugendlichen Selbstbestimmung gewähren, aber bei ihnen nicht den Grundwert der seelischen Funktionsfähigkeit fördern. Oder wenn Jugendliche ihrerseits Selbstbestimmung für sich fordern, und dabei den Grundwert Achtung der Person bei anderen verletzen oder keine sozialen Ordnungen respektieren oder sich nicht um die Förderung ihrer eigenen Leistungsfähigkeit bemühen.

Grundwert Selbstbestimmung. Es ist ein bedeutsamer Wunsch von Menschen: ▷ Das eigene Leben selbst in größerem Ausmaß zu bestimmen und entsprechend handeln zu können ▷ Frei zu sein von Zwang und Dirigierung ihres Verhaltens durch andere ▷ Frei zu sein von Angst und Unterdrückung durch andere ▷ Frei zu sein von erheblichen inneren und äußeren Beeinträchtigungen.

Dieser Grundwert Selbstbestimmung ist ein entscheidender Wert bei allen denen, die nicht-diktatorische Lebensformen wünschen. Wenn dieser Grundwert und diese Lebensform von Kindern und Jugendlichen fortlaufend erfahren und langfristig gelernt werden, dann ist dies sehr bedeutsam für das spätere Zusammenleben von Menschen. So kann jede heranwachsende Person lernen, persönliche Freiheit verantwortlich und sinnvoll ohne Beeinträchtigung der Achtung und Rechte anderer zu nutzen sowie über sich und sein Leben selbst zu bestimmen.

In Schulen und Familien besteht Selbstbestimmung für Jugendliche etwa in: ▷ Weitgehender Freiheit von fortlaufender Dirigierung und Fremdbestimmung ihrer Tätigkeit durch Lehrer und Eltern ▷ Freiheit der Äußerung eigenen Fühlens und Denkens, sofern andere hierdurch nicht gedemütigt und in ihrer seelischen Funktionsfähigkeit beeinträchtigt werden ▷ Freiheit von Angst, Furcht, Demütigung und Mißachtung der eigenen Person durch andere ▷ Förderung der inneren Freiheit von Kindern und Jugendlichen durch geeignete Bedingungen ihrer Erzieher.

Selbstbestimmung bedeutet nicht Freiheit für eine Person, alles zu tun. Die Freiheit wird eingeschränkt durch die 3 anderen psychosozialen Grundwerte. Aber dennoch führt die Anerkennung des Grundwertes Selbstbestimmung zu unmittelbar bedeutsamen Konsequenzen für Lehrer und Erzieher, etwa folgender Art: ▷ Erhebliche Einschränkung der fortlaufenden Dirigierung–Lenkung von Jugendlichen durch Befehle, Anordnungen, Vorschriften ▷ Erhebliche Einschränkung des jetzt noch fast ständig vorherrschenden Frontalunterrichts in Schulen und statt dessen häufige Ermöglichung von Kleingruppenarbeit und selbstgewählter Einzelarbeit ▷ Erhebliche nicht-dirigierende Tätigkeit der Erwachsenen zur Förderung der für die Selbstbestimmung wichtigen seelischen Vorgänge, so Selbstachtung, Offensein für das eigene Erleben und Auseinandersetzen damit, selbständige Wertebildung u. a.

Grundwert Achtung der Person. Dieser Wert betrifft die Achtung der seelischen und körperlichen Unversehrtheit einer Person, die Achtung der weitgehend grundsätzlichen Gleichwertigkeit von Personen, unabhängig von Alter, sog. sozialem Status, Beruf oder Rasse sowie die Achtung der Rechte von Personen zur Befriedigung ihrer wesentlichen seelischen und materiellen Bedürfnisse. – Auch dieser Grundwert hat zahlreiche unmittelbare Konsequenzen, z. B. hinsichtlich der grundsätzlichen Gleichwertigkeit von Personen und ihrer seelischen Unversehrtheit: ▷ Keine psychische Beeinträchtigung von Personen durch Demütigung oder Mißachtung, etwa von Kindern–Jugendlichen durch Erwachsene. Derzeit sind jedoch ca. ein Drittel aller Äußerungen von Lehrern und Kindergärtnerinnen gegenüber Kindern und Jugendlichen eher achtungslos und sozial irreversibel. Jugendliche können diese Äußerungen gegenüber Erwachsenen nicht verwenden, da sie gegen die Achtung der Person des Erwachsenen verstoßen würden. ▷ Achtung der seelischen Unversehrtheit von Erwachsenen durch Kinder–Jugendliche, unter der Voraussetzung, daß die Erwachsenen ihrerseits Kinder und Jugendliche nicht mißachten. ▷ Ungefähr gleiche Bezahlung für alle Arbeitenden. Es widerspricht der grundsätzlichen Gleichwertigkeit, wenn sog. Akademiker, die weitgehend auf Kosten der Bevölkerung studiert haben, ein wesentlich höheres Einkommen erhalten als Personen ohne Hochschulausbildung, jedoch mit ähnlicher körperlicher oder seelischer Belastung und gleicher Arbeitszeit, z. B. Maurer, Straßenbauarbeiter oder Elektriker. Diese Berufstätigkeiten sind unbedingt notwendig zum Wohle der Bevölkerung. Es erscheint uns unangemessen, sie wesentlich geringer einzuschätzen und zu bezahlen als Arbeiten am Schreibtisch, die häufig keinen größeren körperlichen Verschleiß zur Folge haben. Daß besondere Arbeitserschwernisse, besondere körperliche oder seelisch beeinträchtigende Tätigkeiten, Mehrarbeit oder Überstunden gesondert entschädigt werden und daß jeder sein Entgelt entsprechend seinen Vorstellungen verwenden kann, ist selbstverständlich.

Grundwert Förderung der seelischen und körperlichen Funktions- und Leistungsfähigkeit. Warum ist dies ein notwendiger Grundwert? ▷ Nur wenn der einzelne seelisch und körperlich weitgehend funktionsfähig ist, wenn er zu einigen qualifizierten Arbeiten und Leistungen fähig ist, kann er die Befriedigung seiner Lebensbedürfnisse und Wünsche durch eigene Arbeit sicherstellen sowie angemessene Beiträge zur Befriedigung der Lebensbedürfnisse von Kranken, Alten, sozial Schwachen und zur Förderung von gemeinnützigen Einrichtungen leisten. ▷ Nur bei größerer gefühlsmäßiger, sozialer und intellektueller Funktionsfähigkeit hat der einzelne innere Freiheit, ist er zu wirklicher Selbstbestimmung fähig und kann dann sinnvoll bei technischen, wirtschaftlichen, kulturellen und finanziellen Fragen in Betrieben, Institutionen, Schulen und Parlamenten mitbestimmen, ohne deutliche Fehlentscheidungen und negative Auswirkungen auf andere.

Welche Funktions- und Leistungsfähigkeit sollte gefördert werden? Wir sehen folgende Vorgänge als notwendig und bedeutsam an. ▷ Selbstachtung und günstiges Selbstkonzept, Offensein für das eigene Erleben und aktive Auseinandersetzung damit. ▷ Funktionsfähigkeit zu befriedigenden förderlichen zwischenmenschlichen Beziehungen, charakterisiert durch Achtung–Wärme, einfühlendes Verstehen sowie Echtheit. ▷ Beruflich-fachliche Kompetenz, also relevante Kenntnisse und Fertigkeiten in dem ausgeübten Beruf.

Was wir **nicht** unter Leistungs- und Funktionsfähigkeit verstehen: Viele Arbeiten und Leistungen, die Schüler in Schulen und Studierende in Hochschulen erbringen müssen oder erbringen, sehen wir nicht als bedeutsam oder sogar als beeinträchtigend für die Förderung ihrer Leistungsfähigkeit an, später brauchbare Beiträge zum Wohle anderer und zur Befriedigung ihrer eigenen Bedürfnisse zu leisten. Einige Gesichtspunkte:

▷ Unserer Einschätzung nach sind ca. 40–60 % der auf der Schule gelernten Unterrichtsinhalte und erbrachten Leistungen für die spätere Berufstätigkeit und die Persönlichkeitsentwicklung der meisten Schüler nicht bedeutsam förderlich. Ähnliches gilt vermutlich für manche Fachbereiche der Universität. Manche Unterrichtsinhalte werden gelehrt, weil eine geringe Wahrscheinlichkeit besteht, daß einige wenige Schüler und Studenten später derartige Kenntnisse benötigen. So wird die überwiegende Mehrheit gezwungen, vieles vorsorglich zu lernen, obwohl die wenigen Schüler und Studenten, die es später benötigen, dies zu einem späteren Zeitpunkt lernen könnten.

Der Sachverhalt, daß zahlreiche für die spätere Berufstätigkeit und Persönlichkeitsentwicklung irrelevante Unterrichtsinhalte als hochbedeutsam angesehen werden und daß alle Schüler kollektiv gezwungen werden, entsprechende Leistungen zu erbringen, führt zu grotesken Einzelerscheinungen: Schüler werden gezwungen, ein Jahr lang alle Unterrichtsinhalte und Leistungen in allen Fächern noch einmal zu erbringen, weil sie etwa in 2 Fächern unbefriedigende Leistungen hatten, unabhängig davon, ob diese Kenntnisse und Fertigkeiten für ihren späteren Beruf und ihre Persönlichkeitsentwicklung notwendig und verwendbar sind. Oder: Leistungen in Fächern, die für die spätere Tätigkeit nicht bedeutsam sind, entscheiden, ob ein Schüler zum Medizin-Studium zugelassen wird oder nicht. Eine Operationsschwester, die sich 10 Jahre lang in ihrer Arbeit hoch bewährt hat und über vielfältige Kenntnisse verfügt, wird nicht zu einem Medizin-Studium – etwa nach einem Einführungsjahr – zugelassen, weil sie Leistungen in Schulfächern nicht erbracht hat, die für die Tätigkeit eines Arztes weitgehend irrelevant sind.

▷ Die Art, wie in Schule und Hochschule Leistungen erbracht werden, ist oft wenig förderlich oder sogar beeinträchtigend für die spätere Funktionsfähigkeit der Schüler und Studierenden. Viele Leistungen in Schulen werden erbracht unter fortlaufendem Dirigismus, Zwang, unter Förderung des individuellen egozentrischen Ehrgeizes und Vernachlässigung prosozialen Verhaltens, bei geringer Selbstbestimmung und geringer Förderung der Persönlichkeitsentwicklung. Schüler und Studierende werden gezwungen, Leistungen auf Gebieten zu erbringen, deren Bedeutung und deren Sinn sie weder wahrnehmen noch verspüren können und der ihnen von ihren Lehrern meist auch nicht einsehbar gemacht werden kann. – Viele Leistungen bestehen im Auswendiglernen von Namen, Begriffen und Zahlen, von Sätzen, Formeln oder Fakten. Meist sind sie jederzeit in einem Buch nachschlagbar, und die Schüler haben sie in einigen Jahren vergessen. Diese Art von Leistungen sind deutlich unterschiedlich von Denkvorgängen, von der kognitiven Bewältigung komplexer Aufgaben, wie dies auch das Kapitel über Denkvorgänge demonstriert. Wir können auch keinerlei Zusammenhang derartiger Leistungen mit „Bildung“ sehen, mit der Förderung der Persönlichkeitsentwicklung von Schülern und Studierenden. – Nehmen wir den Sportunterricht in Schulen: Leistungen dort können den Sinn haben, die körperliche und damit zusammenhängend die seelische Funktionsfähigkeit des Jugendlichen derzeit und später zu fördern. Körperliche Leistungsfähigkeit ermöglicht es dem Schüler später, zur Befriedigung seiner Bedürfnisse und der Bedürfnisse anderer Leistungen zu erbringen, und der Gemeinschaft nicht frühzeitig durch Wiederherstellungskuren, Arbeitsunfähigkeit u. a. zur Last zu fallen. Häufig aber ist der Sportunterricht so gestaltet, daß ein größerer Prozentsatz der Schüler die Freude an sportlicher Betätigung verliert. Und im späteren Leben weniger Sport betreibt und somit ihre Leistungsfähigkeit einschränkt. Welchen Sinn haben Beurteilungsnoten von 1 bis 5 für die Bewegungen eines Schülers etwa an der Reckstange?

Warum geben wir den Schülern nicht größere Selbstbestimmung in der Art ihrer sportlichen Betätigung und körperlichen Ertüchtigung? Und warum ist nicht das entscheidende Kriterium der Beurteilung für befriedigende oder unbefriedigende Leistungen, ob der Schüler durch seine Betätigung seine körperlich-seelische Funktionsfähigkeit erhalten und gefördert hat oder nicht?

▷ In starkem Kontrast zu diesen zahlreichen irrelevanten unnötigen Leistungsanforderungen wird die Funktions- und Leistungsfähigkeit von Schülern und Studenten in vielen Bereichen nicht gefördert, obwohl dies für ihre Persönlichkeitsentwicklung, für ihre spätere Berufstätigkeit und für das Gemeinwohl von großer Wichtigkeit ist. Es ist dies vor allem folgende Leistungs- und Funktionsfähigkeit: Selbständiges Denken, Schaffung kreativer Produkte, kooperative Arbeit mit anderen, Kenntnisse der seelischen und körperlichen Gesunderhaltung, Selbstachtung und günstiges Selbstkonzept, Echtheit–Fassadenfreiheit sowie Offensein gegenüber dem eigenen Erleben und Auseinandersetzung damit.

Prüfung der Unterrichtsinhalte unter dem Gesichtspunkt der Förderung der seelischen Funktionsfähigkeit von Schülern. Unterrichtsinhalte in Schulen und Hochschulen sind zum Teil irrelevant für die spätere Berufstätigkeit und die Persönlichkeitsentwicklung. Sie werden im allgemeinen festgelegt von den Personen der Schulverwaltung, von Lehrern und Professoren, teilweise von Eltern und anderen Erwachsenen. Es sind Wertentscheidungen. Bestimmte Unterrichtsinhalte werden als wertvoll für das gegenwärtige und spätere Leben der Jugendlichen und Studierenden angesehen.

Bei manchen Unterrichtsinhalten gründen sich die Wertentscheidungen auf deutliche Lebensnotwendigkeiten. Schreiben, Lesen, bestimmte sozialkundliche Kenntnisse, die Beherrschung gewisser mathematischer Kenntnisse sowie Verstehen und Sprechen etwa der englischen Sprache sind für das persönliche Leben der meisten Schüler, für ihren Beruf sowie für ihre politischen Tätigkeiten notwendig.

Bei manchen anderen Unterrichtsinhalten sind die Wertentscheidungen kaum begründet. Latein-Unterricht z. B. solle das Denken besonders fördern, Griechisch-Unterricht die „humanistischen Haltungen und die humanistische Bildung" der Schüler. Das sind Vermutungen, für die es keine wissenschaftlichen Prüfungen gibt. Auch eine jahrhundertealte Tradition ist keine Begründung und Prüfung einer Vermutung. Auf der anderen Seite erfolgen Wertentscheidungen, wonach die Schüler so gut wie gar keinen Unterricht über die wichtigsten Vorgänge ihres Lebens, über die eigenen seelischen Vorgänge erhalten. Warum erfahren Schüler oft mehr über die Biologie bestimmter Pflanzen und Tiere als über die Gesunderhaltung des eigenen Körpers?

Wir sehen folgende Möglichkeiten zur Klärung der Unterrichtsinhalte unter dem Gesichtspunkt der Persönlichkeitsentwicklung und der späteren Berufstätigkeit: ▷ Lehrer und Professoren, Eltern und Berufsverbände sowie Vertreter der Schulbehörden stellen die von ihnen gewünschten, als notwendig erachteten Unterrichtsinhalte transparent dar. Sie begründen klar ihre Vermutungen über die Notwendigkeit für das derzeitige und spätere Leben. Hinweise auf bisherige Tradition oder auf Einzelfälle sind dabei keine Begründung. ▷ Die angegebenen Notwendigkeiten der gewünschten Unterrichtsinhalte werden von Eltern, Lehrern, Berufsverbänden und Schülern diskutiert. Bei manchen Unterrichtsinhalten werden sich leicht Übereinstimmungen ergeben, z. B. beim Erlernen der englischen oder russischen Sprache, da hierdurch das Lesen von Zeitungen, Broschüren und Gespräche möglich wird. Wenn keine Übereinstimmungen erreicht werden können, werden von den Beteiligten weitere Beobachtungen angestellt, Erfahrungen in Berufen und von ehemaligen Schülern und Hochschulabsolventen ermittelt, Befragungen durchgeführt und wissenschaftliche Prüfungen angeregt. Sehr entscheidend ist jedoch, wie ehrlich und offen hierbei Lehrer und Professoren gegenüber ihrem eigenen Erleben sind. Daß sie sich damit auseinandersetzen, ob sie bestimmte Unterrichtsinhalte nur deswegen als sinnvoll ansehen und fordern, weil es ihren eigenen Interessen entspricht, weil sie diese Fächer studiert haben und weil hier der Schwerpunkt ihrer Qualifikation liegt. ▷ Bei Unterrichtsinhalten, deren notwendige Bedeutung nicht geklärt ist, wird Schülern die Möglichkeit der Selbstbestimmung gegeben. Sie entscheiden für sich selbst, ob sie etwa zusätzliche Kurse in Englisch und eine Kurzunterweisung in alter Geschichte haben wollen anstelle eines eingehenden Unterrichts in alter Geschichte, ob sie statt einer zweiten Fremdsprache vermehrten technischen Unterricht wünschen oder praktisch-technische Arbeit, ob sie bei einer Einschränkung des Deutschunterrichtes vermehrte Beschäftigung mit biologischen oder psychologischen Gebieten wünschen.

Grundwert soziale Ordnung. Auch eine Gemeinschaft, die die Selbstbestimmung des einzelnen weitgehend fördert, benötigt eine gewisse Ordnung und Regelung ihres sozialen Zusammenlebens: ▷ Zur Gewährleistung der Grundwerte Selbstbestimmung sowie Achtung der Person jedes einzelnen ▷ Zur Verhinderung von Beeinträchtigungen der seelischen und körperlichen Funktionsfähigkeit des einzelnen durch Mißbrauch der persönlichen Freiheit durch andere in Form von Gewalt oder verantwortungslosem, rücksichtslosem Handeln, z. B. im Straßenverkehr oder in der Wirtschaft ▷ Zur Durchführung von Aufgaben, die dem Nutzen vieler dienen und die die Zusammenarbeit vieler erfordern ▷ Zur Förderung der verantwortungsvollen sozialen Kooperation zwischen Menschen. – Was wir nicht unter sozialer Ordnung verstehen: ▷ Irgendeine Form von sog. Autorität oder ein Schutzwall für Erwachsene ▷ Die Erweiterung ihrer Macht über andere ▷ Die Erschwerung oder Verhinderung sinnvollerer Formen unseres zwischenmenschlichen Zusammenlebens. – Soziale Ordnungen können um so selbstverständlicher und einsichtsvoller gelebt werden und werden in Form behördlicher Anordnungen um so überflüssiger, je mehr die Mehrheit der Bevölkerung als Kind und Jugendlicher, also vom Kindergarten an, Selbstbestimmung und notwendige soziale Kooperation mit anderen erfahren und gelernt hat. Diese tagtägliche Erfahrung von persönlicher Freiheit, aber auch von Akzeptierung sozialer Regelungen ist sehr wichtig für das spätere befriedigende Zusammenleben von Gruppen.

Einschätzung der 4 Grundwerte menschlichen Zusammenlebens. Wenn Erwachsene diese Grundwerte als bedeutsam ansehen, wenn sie sie für ihre eigene Person wünschen und wenn sie sie anderen Personen zubilligen, dann werden sie an der Information interessiert sein, in welchem Ausmaß diese 4 Lebenswerte in Schulklassen, Familien und sonstigen Gruppen vorhanden sind. Selbstbestimmung, Achtung der Person, Förderung der Funktionsfähigkeit sowie soziale Ordnung können von Beobachtern oder von den Betroffenen selbst eingeschätzt werden. Die Einschätzung jedes Wertes kann in 5 Stufen erfolgen: gar nicht vorhanden, etwas, teilweise, weitgehend, vollständig vorhanden. Entscheidend ist, daß die 4 Lebenswerte möglichst *gleichzeitig* ausgeprägt sind. Daß also z. B. ein größeres Ausmaß von Selbstbestimmung vorhanden ist bei gleichzeitiger Achtung der Person, Förderung ihrer Leistungsfähigkeit und Einhaltung einer sozialen Ordnung. Entscheidend ist auch, daß diese 4 Lebenswerte nicht nur gelegentlich, sondern möglichst fortwährend deutlich vorhanden sind.

Mit den psychosozialen Grundwerten zusammenhängende philosophische Auffassungen. In Diskussionen fragten uns manche Studenten und Lehrer, mit welchen philosophischen, ethischen Auffassungen unsere Grundwerte des Zusammenlebens und unsere Wertauffassungen in der Erziehung in Zusammenhang ständen. Wir möchten dies kurz darstellen:

▷ Unsere Wertauffassungen gründen sich wesentlich auf die Ethik der sozialen Reversibilität, der sozialen Umkehrbarkeit: Ein befriedigendes Zusammenleben von Menschen ist häufig dann gegeben, wenn jede Person so gegenüber anderen Personen handelt, als wäre sie die andere Person, die von ihrem Verhalten betroffen wird. Wenn also jemand für sich selbst eine sehr gute Krankenversorgung, gute Wohnverhältnisse und eine befriedigende Arbeitsentlohnung wünscht, so entspricht es der Ethik der sozialen Umkehrbarkeit, daß er die gleichen Wünsche bei anderen als berechtigt ansieht, sie nicht beeinträchtigt, sondern sich für sie einsetzt und deutlich fördert.

▷ Die Ethik der „Ehrfurcht vor dem Leben" von Albert Schweitzer hat uns in unseren Wertauffassungen beeinflußt.

▷ Die existentiellen Rechte von Menschen sehen wir als weitgehend gleichwertig an, so die Befriedigung ihrer existentiellen Bedürfnisse nach Selbstachtung, Sicherung ihrer materiellen Existenz, nach Selbstbestimmung u. a., ungeachtet ihres Alters, ihrer Schulbildung oder Rasse. Erhebliche Unterschiede zwischen Menschen in ihren grundsätzlichen Rechten sehen wir nur dann als berechtigt an, wenn diese ihren überdurchschnittlichen oder zusätzlichen Arbeitsleistungen für andere entsprechen und/oder wenn die Unterschiede für die Mehrheit einen größeren Nutzen ermöglichen, als es bei völlig gleichen Rechten der Fall wäre.

▷ Die grundsätzlichen Pflichten aller Personen, für die Befriedigung wesentlicher Lebensbedürfnisse von Hilflosen, Kranken, Alten, Schwachen oder Unselbständigen wesentliche Leistungen zu erbringen und ihre eigenen Lebensbedürfnisse durch eigene Arbeitsleistungen zu befriedigen, sehen wir als annähernd gleich an. Die Befriedigung eigener Bedürfnisse kann nicht ohne hinreichende eigene Arbeitsleistungen erfolgen.

III. Seelische Grundvorgänge (Prozeßqualitäten) als Werte in der täglichen Erziehung. Welches sind diejenigen seelischen Vorgänge, die fortlaufend sehr bedeutsam für das alltägliche Leben einer Person und für ihre Persönlichkeitsentwicklung sind? Vorgänge oder Prozesse, die sehr bedeutsam für das jeweilige Hier und Jetzt in der Erziehung und Unterrichtung sind, aber auch im späteren Leben von Personen. Prozeßvorgänge, die gleichsam fortwährend bei Kindern–Jugendlichen stattfinden und in Art und Ausmaß deutlich wahrnehmbar sind. Derartige Grundvorgänge oder Prozeßqualitäten sehen wir als sehr bedeutsam an. Viele Erwachsene denken bei der Erziehung und Unterrichtung von Jugendlichen an einen Endzustand, z. B. an das Zeugnis der Reife, an ein Abschlußexamen, an die Erreichung einer beruflichen „Position". Häufig sind es Fernziele, die nur zum Teil erreicht werden. Entscheidenderweise aber sind es statische Ziele. Erzieher setzen gleichsam junge Läufer auf ferne Endziele an, die diese in Jahren oder Jahrzehnten erreichen sollen. Ihre Erziehung dient weitgehend diesen Endzielen. Was aber, wenn die Läufer diese Endziele erreicht haben? Oder wenn sie diese nicht erreichen? Um in diesem Beispiel zu bleiben: Wir sehen es als viel wesentlicher an, wenn Erzieher großes Gewicht legen würden auf die Art des Laufens ihrer jungen Läufer, etwa ob diese entspannt, unverkrampft, ökonomisch laufen und dabei offen für ihre Erfahrungen sind. Im Schulunterricht bedeutet dies etwa: Es ist nicht nur entscheidend, ob Endziele, etwa die Beherrschung gewisser mathematischer Aufgaben erreicht werden, sondern vor allem: Welche gefühlsmäßigen, kognitiven und sozialen Erfahrungen machten hierbei die Schüler? Wie wurde gelernt, gearbeitet und gedacht? Sehr häufig aber werden derartige sog. Prozeßqualitäten – also das, was Schüler im Unterricht erleben und tun – dem Erziehungs- und Unterrichtsziel geopfert! Wie selten fragen Lehrer und Eltern: Welche Vorgänge und Prozesse habe ich für die Persönlichkeitsentwicklung in dem Kinde oder Jugendlichen in dieser Woche, heute, in dieser Stunde durch meine Tätigkeit gefördert oder zerstört?

Wir sehen folgende seelische Grundvorgänge (Prozeßqualitäten) in einer Person als sehr bedeutsam an; wir haben sie in späteren Kapiteln eingehend dargestellt: ▷ Selbstachtung einer Person und günstiges Selbstkonzept ▷ Offensein einer Person für das eigene Erleben und Auseinandersetzen damit ▷ Förderliches Wahrnehmungslernen einer Person.

Darüber hinaus sehen wir folgende förderliche Haltungen und Tätigkeiten einer Person gegenüber anderen als sehr bedeutsam an: ▷ Achtung–Wärme–Rücksichtnahme ▷ Einfühlendes Verstehen der inneren Welt des anderen ▷ Echtheit–Fassadenfreiheit ▷ Fördernde nicht-dirigierende Tätigkeiten.

Diese Vorgänge und Prozesse in einer Person sind von großem Wert für ihr Umgehen mit sich selbst sowie für ihre befriedigenden zwischenmenschlich förderlichen Beziehungen zu anderen. Wir sehen sowohl die Vorgänge in einer Person als auch die förderlichen Haltungen und Tätigkeiten gegenüber anderen als weitgehend notwendige Bedingungen für die seelische Funktionsfähigkeit und für hilfreiche zwischenmenschliche Beziehungen von Personen an. Werden diese inneren Vorgänge, Haltungen und Tätigkeiten bei Kindern und Jugendlichen fortwährend, gleichsam in jeder Stunde ihres Kindergartens, ihrer Schule und ihrer Ausbildung gelebt, so werden hierdurch erheblich die psychosozialen Lebenswerte Selbstbestimmung, Achtung der Person, Förderung der Funktionsfähigkeit und soziale Ordnung ermöglicht und gefördert.

Die psychosozialen Lebenswerte und die seelischen Grundvorgänge der Erziehung in ihrer Beziehung zu Gesellschaftsformen. Die psychosozialen Lebenswerte und die als wertvoll angesehenen seelischen Grundvorgänge werden in diktatorischen Gesellschaftsformen unerwünscht sein und als falsch und gefährlich angesehen werden. In Gesellschaftsformen also, ▷ die bei Personen der Bevölkerung keine weitgehende Selbstbestimmung wünschen, keine eigenständige Wertebildung, keine innere Freiheit, keine selbständige Auseinandersetzung mit den Erfahrungen ▷ in denen manche Menschen deutliche und fortwährende Macht über das Leben und die Gedanken und die Selbstbestimmung anderer haben ▷ die nicht in den Bedürfnissen der Bevölkerung, ihrer inneren Welt und ihren Wünschen zentriert sind.

Gesellschaften, Staaten oder Gruppen dagegen, die ein Zusammenleben auf der Basis der Selbstbestimmung, der Übereignung der Macht an jede Person für sich selbst, der Achtung der Person und der weitgehenden Gleichwertigkeit sowie der Förderung der psychischen Funktionsfähigkeit intensiv anstreben und fortwährend konkret zu fördern suchen, werden die obengenannten Werte der Erziehung und der Persönlichkeitsentwicklung weitgehend bejahen und als günstig und förderlich für das Zusammenleben ihrer Gruppenmitglieder ansehen. Gesellschaften also, die eine weitgehende Selbstregulierung und Eigeninitiative von Gruppen begrüßen, ohne daß dadurch andere Gruppen beeinträchtigt, sondern eher gefördert werden. Die als ihre Hauptaufgabe nicht die Machtausübung, Kontrolle und das „Regieren“ über andere ansehen, sondern die Förderung der Selbstbestimmung ihrer Mitglieder.

Darüber hinaus haben wir folgende Annahme: Eine Erziehung nach den obengenannten Erziehungswerten ist eine notwendige Vorbedingung für das Funktionieren nicht-diktatorischer Gesellschaftsformen. Wir möchten dies kurz begründen:

▷ Schwierige wirtschaftliche und politische Krisenzeiten begünstigen – bei gleichzeitiger Passivität und geringem prosozialem Verhalten großer Bevölkerungsteile – die Entwicklung von Extremismus, von dogmatisch totalitären Heilslehren, den Ruf nach Personen mit diktatorischen Führerqualitäten, oder sie begünstigen anarchistische Tendenzen. Die äußere Institutionalisierung sog. demokratischer Einrichtungen allein gibt keine Sicherheit für das Fortbestehen sog. demokratischer Lebens- und Regierungsformen. Dies wird etwa ersichtlich an dem Zusammenbruch demokratischer Institutionen in vielen Ländern und ihre Ablösung durch Diktatur.

▷ Nicht-diktatorische Lebensformen im menschlichen Zusammenleben erfordern, daß die Mehrheit der Bevölkerung fähig ist zur Selbstbestimmung, zur eigenständigen Wertebildung, zu freiwilliger sozialer Arbeit und engagiertem Einsatz für Gruppenziele, zu freiwilliger sozialer Einordnung, zur freiwilligen Übernahme von Verantwortung, zur Bereitschaft, eigene Interessen zugunsten Benachteiligter zurückzustellen. Sie verlangen von der Mehrheit der Bevölkerung ein Nicht-Angewiesensein auf häufige äußere Führung und auf straffe Organisation. Ferner die Fähigkeit zur fairen Regelung sozialer Konflikte ohne die Anwendung von physischer oder psychischer Gewalt, die Fähigkeit zum Ertragen von Mißerfolgen und Ungewißheiten, die Fähigkeit zu Toleranz gegenüber Andersdenkenden und Minderheiten, den aktiven Einsatz gegen Unrecht, das andere erleiden, die Fähigkeit zu konstruktiven, kreativen, realisierbaren Vorschlägen zur Beseitigung von Fehlern und Mißständen.

Wenn die Annahme zutrifft, daß das dauerhafte befriedigende Funktionieren nicht-diktatorischer Gesellschaftsformen bei der Mehrheit der Bevölkerung bestimmte prosoziale Haltungen und eine bestimmte Persönlichkeit erfordert, dann kommt der Förderung der sozialen zwischenmenschlichen Grundhaltungen und der konstruktiven Persönlichkeitsentwicklung in der Erziehung und Unterrichtung in Kindergärten, Familien und Schulen eine große, kaum zu überschätzende Bedeutung zu. Vor Jahrhunderten war es für Menschen lebenswichtig, Kenntnisse und Fertigkeiten im Fischen, Jagen, Weben oder Pflügen zu haben. Ebenso lebensnotwendig für Menschen in nicht-diktatorischen Gesellschaftsformen erscheinen uns heute bestimmte prosoziale Grundhaltungen und Persönlichkeitsentwicklungen. Diese können in jedem Heranwachsenden durch fortlaufende entsprechende Erfahrungen im sozialen Zusammenleben mit Erziehern und anderen der Gruppe, etwa im Kindergarten, in der Schule, in der Familie, während der ersten 1½ Lebensjahrzehnte wesentlich gefördert werden. Geschieht dies nicht oder in zu geringem Umfang, dann sehen wir das Fortbestehen nicht-diktatorischer Gesellschaftsformen als gefährdet an. Wir sind in Sorge, daß häufig Erziehung und Unterrichtung vieler Heranwachsender noch nicht derart ist, daß sie später aktive, prosoziale, stützende Mitglieder in nicht-diktatorischen Gesellschaften sind. Gesetze können gelegentlich ein prosoziales humanes Zusammenleben erleichtern, so z. B. Gesetze zur Gleichberechtigung und Gleichwertigkeit der Frau. Aber ob Frauen etwa in der Ehe, in der Ausbildung oder am Arbeitsplatz wirklich gleich„wertig" behandelt werden, hängt entscheidend von den humanen Haltungen und der Persönlichkeit der Mehrheit der Bevölkerung ab.

Definitionen zum Gegenstand und den Fragestellungen des Buches. Um den hieran interessierten Leser zu informieren, möchten wir diese in kurzer Form geben:

Erziehung ist ein gegenseitig befriedigendes, das bedeutsame Lernen und die Persönlichkeitsentwicklung förderndes Zusammenleben von Menschen. Personen mit vielfältigen Erfahrungen, gewissen Fähigkeiten, mit Zeit und Interesse sind bemüht, durch ihre eigene Person jüngere oder andere Personen zu fördern und ihnen zu helfen, zu lernen und sich fortzuentwickeln. Und zwar in Richtung der psychosozialen Lebenswerte und in Richtung wesentlicher psychischer Grundvorgänge. Den konkret gelebten zwischenmenschlichen Beziehungen kommt hierbei eine hohe Bedeutung zu. Sie s i n d zu einem wesentlichen Teil Erziehung.

Bei dieser Charakterisierung tritt der Begriff „Erziehung" weitgehend in den Hintergrund oder kann ganz fortfallen zugunsten des Aspektes eines gegenseitig befriedigenden humanen Zusammenlebens und der Förderung von Personen. Es ist also eine helfende, erleichternde und fördernde Beziehung von Erwachsenen zu Jugendlichen. Und möglichst auch umgekehrt: Je offener, gleichwertiger, echter und gegenseitig verstehend sowohl Erwachsene als auch Jugendliche sind, um so mehr wird auch die Persönlichkeit von Erziehern und Lehrern durch ihr Zusammensein mit Jugendlichen gefördert.

Unter psychischen (seelischen) Vorgängen oder Prozessen verstehen wir: ▷ Bewußte Erlebnisinhalte, so Empfinden, Wahrnehmen, Fühlen und Denken ▷ Verhalten, das in engem Zusammenhang mit seelischen Vorgängen steht. – Seelische Vorgänge sind im Leben von Menschen von zentraler Bedeutung. Was Menschen fühlen, erleben und wie sie sich verhalten, sehen die meisten von ihnen als das Wesentlichste ihres Lebens an. Diese seelischen Vorgänge werden entscheidend durch die Mitmenschen beeinflußt, d. h. durch soziale Handlungen und zwischenmenschliche Beziehungen. Ohne Zweifel sind physiologische (körperliche) Vorgänge oder materielle Lebensbedingungen (Besitz- und Wohnverhältnisse, Ernährung u. a.) von großer Wichtigkeit für das Leben von Menschen. Ihre Bedeutung sehen wir jedoch weitgehend unter dem Gesichtspunkt: In welchem Ausmaß fördern oder beeinträchtigen sie die seelischen Vorgänge von Personen.

Unterricht ist ein Geschehen oder eine Situation, in der bestimmte seelische Vorgänge durch besondere Bedingungen erleichtert und gefördert werden, meist im Rahmen der zwischenmenschlichen Begegnung von zwei oder mehreren Personen. Während bei der Erziehung der Schwerpunkt häufig auf der Förderung gefühlsmäßiger oder sozialer Vorgänge von Personen liegt, liegt der Schwerpunkt beim Unterricht häufig auf der Förderung kognitiver Vorgänge (z. B. kreatives, kombinierendes oder abstrahierendes Denken), auf dem Lernen von Fertigkeiten (z. B. Schreiben, Rechnen, sportliche oder handwerkliche Fertigkeiten) und auf dem Aneignen von Wissensinformationen. – Von großer Auswirkung auf das Lernen der Schüler ist die Begegnung mit der Person des Lehrers. Er ist oft die wesentlichste fördernde oder beeinträchtigende Bedingung des Unterrichts, und zwar: ▷ Durch die Art seiner Unterrichtsgestaltung wird er etwa entweder intuitives, kreatives oder konformistisches Denken und das Erlernen von Gedächtnisinhalten fördern. ▷ Durch das gefühlsmäßige und soziale Verhalten des Lehrers im Unterricht werden die Lernvorgänge bei den Schülern und Studenten sowie ihre Persönlichkeitsentwicklung bedeutsam gefördert oder beeinträchtigt. Jeder Lehrer und Professor verhält sich während des Unterrichts in bestimmter sozialer und gefühlsmäßiger Weise. Dies löst unmittelbar bestimmte soziale und gefühlsmäßige Vorgänge bei Schülern und Studenten aus, wie dies die späteren Kapitel zeigen.

Unterricht und Erziehung haben viel Gemeinsames: ▷ Das Lernen wird gefördert oder beeinträchtigt durch die Person eines Helfers, durch Erzieher oder

Lehrer. ▷ Den Erfahrungen bei der Begegnung von Person zu Person zwischen den Lernenden und dem Helfer kommt eine große Bedeutung zu. ▷ Das Lernen wird wesentlich gefördert durch die gleichen Haltungen und Aktivitäten des Helfers, durch Achtung–Anteilnahme, einfühlendes Verstehen und Echtheit. Diese Haltungen sind bedeutsam bei Müttern gegenüber ihren Kleinkindern, bei Lehrern gegenüber Schülern, bei Professoren gegenüber Studierenden. Sowohl im Unterricht als auch in der Erziehung findet eine bedeutsame Persönlichkeitsentwicklung statt. Auch Mathematik- oder Sprachlehrer z. B. sind Personen mit emotionalem und sozialem Verhalten. Sie sind nicht wie sterile Tuben, aus denen Wissensstoff herauskommt. Ihre Beziehung zur Person der Schüler oder Studierenden fördert oder beeinträchtigt deren Persönlichkeitsentwicklung. Schüler lernen als ganze Personen, nicht nur vom Kopf bis zum Hals. Ebenso wie sie später auch als Arbeiter, Ärzte, Techniker oder Angestellte als ganze Personen handeln.

Häufig klagen Lehrer, daß der Unterricht sich nicht zugleich auch zur Erziehung eigne. Wir teilen diese Meinung nicht. Eine angemessene Unterrichtung *ist* häufig eine günstige Erziehung. Unterricht ist ein Zusammenleben und gemeinsames Arbeiten von Erwachsenen mit Jugendlichen. Wahrscheinlich kann Erziehung kaum außerhalb gemeinsamer Tätigkeiten oder gemeinsamer Aufgaben der Erwachsenen mit Kindern und Jugendlichen stattfinden. Die nachfolgende Untersuchung demonstriert dies (Tausch u. Tausch, 1956):

Lehrern wurde Gelegenheit gegeben, sich eine Stunde lang in einem kinderpsychotherapeutischen Spielraum um ein schwieriges Kind ihrer Klasse zu kümmern, ohne eine Aufgabe oder Belastung. Die Lehrer hatten wie viele darüber geklagt, sie hätten in der Schule infolge der Unterrichtung zu wenig Zeit für die Erziehung derartiger Kinder. Das Ergebnis: Die meisten Lehrer wußten nicht, wie sie die reichliche Zeit erzieherisch angemessen nutzen sollten und wie sie durch ihre eigene Person die Person der Kinder fördern konnten, wie sie die gewünschten und notwendigen seelischen Vorgänge erleichtern konnten. – Auch in Familien wird sog. Erziehung oft bei gemeinsamen Tätigkeiten und Arbeiten in günstiger Weise erfolgen, z. B. bei der gemeinschaftlichen Reinigung der Wohnung, der Zubereitung des Essens oder der sportlichen Betätigung. Gleichzeitig lernen die Kinder hierbei bestimmte Fertigkeiten wie Kochen oder Schwimmen.

Wahrnehmungslernen – ein wesentlicher Vorgang in Erziehung und Unterrichtung

In diesem Kapitel sowie in den beiden folgenden stellen wir seelische Vorgänge dar, die besonders bedeutsam für das Erleben und Verhalten sowie die persönliche Entwicklung von Jugendlichen sind und die durch die Art der persönlichen Begegnung mit ihnen in Familien, Schulen und Betrieben deutlich gefördert werden können. Es sind dies: Selbstachtung und günstiges Selbstbild, klärende Auseinandersetzung mit dem eigenen Erleben sowie günstiges Wahrnehmungslernen.

Das Kapitel über das Wahrnehmungslernen bringen wir als erstes; es scheint uns für den Leser am verständlichsten.

Die Art des gegenwärtigen und zukünftigen Erlebens und Verhaltens von Kindern und Jugendlichen wird dadurch beeinflußt, was sie bei anderen Personen wahrnehmen. Für Erzieher folgt daraus: Wenn sie sich selbst sowie andere Personen der Umwelt so verhalten, wie sie dies bei Kindern und Jugendlichen anstreben, dann können sie bedeutsam das persönliche und fachliche Lernen von Kindern und Jugendlichen fördern.

Allgemeine Charakterisierung. Das Erleben und Verhalten von Personen wird bedeutsam beeinflußt und ändert sich dadurch, daß sie das Verhalten anderer Personen wahrnehmen. Hierdurch wird ihr Erleben und Verhalten dem wahrgenommenen Verhalten anderer Personen teilweise ähnlicher. Die Art, wie Menschen sich sozial, gefühlsmäßig und intellektuell verhalten sowie die Art ihres Erlebens ist wesentlich beeinflußt durch das Wahrnehmungslernen. Sie nahmen vorher bei anderen Personen deren Erleben und Verhalten wahr oder stellten sich dieses anhand sprachlicher Beschreibungen in Lesestücken, Büchern oder Gesprächen vor.

Für die Erziehung und Unterrichtung ist bedeutsam: ▷ Kinder und Jugendliche werden deutlich durch das Verhalten beeinflußt, das sie bei ihren Mitmenschen, insbesondere bei ihren Erziehern wahrnehmen. Sie tendieren aufgrund des Wahrnehmungslernens dazu, sich ähnlich wie ihre Erzieher zu verhalten. ▷ Wenn Erwachsene bei Kindern und Jugendlichen die bedeutsamen seelischen Grundvorgänge und die Grundwerte zwischenmenschlichen Zusammenlebens fördern wollen, so ist hierzu der sicherste Weg: Erzieher selbst leben dieses Verhalten. Kinder–Jugendliche können es dann bei den Erwachsenen wahrnehmen und lernen es hierdurch. Allerdings entspricht derzeit das von den Erziehern gelebte Verhalten häufig nicht denjenigen Grundwerten menschlichen Zusammenlebens, die sie bei ihren Kindern und Jugendlichen fördern möchten.

Weitere Charakterisierung des Wahrnehmungslernens. ▷ Wahrnehmungslernen erstreckt sich auf das Lernen von komplexem sozialem, gefühlsmäßigem, sprachlichem und motorischem Verhalten. ▷ Wahrnehmungslernen erfolgt auch, wenn das Verhalten anderer Personen aufgrund sprachlicher Beschreibung nur vorgestellt wird. ▷ Wahrnehmungslernen findet ohne direkte Anweisung oder Unterrichtung statt. ▷ Wahrnehmungslernen erfolgt verhältnismäßig schnell. ▷ Dem Wahrnehmenden wird oft nicht bewußt, daß er etwas lernt. ▷ Positive Folgen, die eine wahrgenommene Person für ihr Verhalten erfährt, fördern beim Wahrnehmenden das Lernen; negative Folgen können es vermindern. Kinder etwa, die in einem Film eine aggressive Person mit nachfolgender Belohnung sahen, waren anschließend aggressiver als Kinder, die eine aggressive Person mit Bestrafung sahen oder als Kinder mit der Wahrnehmung von Personen ohne aggressives Verhalten (Bandura, Ross u. Ross, 1963 c). ▷ Unter Wahrnehmungslernen ist kein bewußtes Nachahmen zu verstehen, auch kein sog. Reflektieren über das wahrgenommene Verhalten. Es ist kein bewußtes willentliches Anstreben eines Vorbildes oder das Kopieren einer Rolle. Deshalb ist der Begriff Wahrnehmungslernen angemessener als die Begriffe Imitationslernen, Identifikationslernen, Nachahmungslernen. ▷ Wahrnehmungslernen beruht wesentlich darauf: Der Organismus hat häufig die Tendenz, wahrgenommenes Verhalten zumindest ansatzweise auszuführen. Ein einfaches Beispiel: Zuschauer, die einen Sportler beim Hochsprung beobachten, zeigen häufig Arm- und Beinbewegungen, die denen des Sportlers im Ansatz ähnlich sind. ▷ Durch die Wahrnehmung des Verhaltens anderer können beim Wahrnehmenden gewisse physiologische, körperliche Erregungsvorgänge ausgelöst werden. Diese neurochemischen Änderungen im Zentralnervensystem des Beobachters können denen ähnlich sein, die auftreten, wenn der Beobachter selbst das wahrgenommene Verhalten ausführt. So sahen bisher isoliert gehaltene Mäuse den aggressiven Kämpfen anderer Mäuse im Nachbarkäfig zu. Im Gehirn der anschließend getöteten Tiere wurde eine bedeutsame Verminderung des Stoffes Noradrenalin im Vergleich zu Kontrolltieren ohne diese Wahrnehmung festgestellt. Die Verminderung von Noradrenalin entsprach derjenigen der direkt kämpfenden Tiere (Welch u. Welch, 1968). ▷ Wahrnehmungslernen hat auch noch längere Zeit danach Auswirkungen auf Verhalten und Erleben. Das wahrgenommene Verhalten ist wahrscheinlich in Vorstellungen und in zentralen physiologischen Vorgängen des Beobachters repräsentiert. ▷ Folgende allgemeine Lernvorgänge können durch Wahrnehmungslernen ausgelöst werden und treten häufig miteinander verbunden auf: 1. Neue Verhaltensweisen werden gelernt, die bisher beim Wahrnehmenden noch nicht vorhanden waren. 2. Vorhandene Verhaltensweisen werden verstärkt oder vermindert. 3. Ein bereits früher gelerntes Verhalten wird ausgelöst.

Fördernde und hindernde Bedingungen des Wahrnehmungslernens: Als förderlich haben sich in Untersuchungen die folgenden Bedingungen erwiesen; sind sie nicht vorhanden, so vermindert sich die Wahrscheinlichkeit des Lernens von wahrgenommenem Verhalten:

▷ Die wahrgenommene Person (Wahrnehmungsmodell) ist der eigenen Person sowie Personen in der Umwelt des Wahrnehmenden ähnlich. ▷ Das Wahrnehmungsmodell hat ein freundliches, zugewandtes Beziehungsverhältnis zur wahrnehmenden Person. ▷ Das Wahrnehmungsmodell erhält für sein Verhalten positive Bestätigungen. ▷ Das Wahrnehmungsmodell hat hohe Kompetenz und soziales Prestige.

▷ Der Wahrnehmende kann das wahrgenommene Verhalten in seiner Umgebung leben und ausprobieren. ▷ Der Wahrnehmende erhält bei der Ausführung des gelernten Verhaltens positive Bestätigungen aus der Umwelt. ▷ Der Wahrnehmende hat entsprechende Vorerfahrungen, Einstellungen, Wünsche und Interessen. ▷ Gleichzeitige sprachliche Beschreibung des wahrgenommenen Verhaltens durch den Wahrnehmenden. ▷ Geringe Wahrnehmung gegensätzlicher Verhaltensmodelle. So wird das Wahrnehmungslernen von unsozialem aggressivem Verhalten gefördert durch die Seltenheit der Wahrnehmbarkeit prosozialen Verhaltens.

Prosoziales Verhalten wird gefördert durch Wahrnehmungslernen. Diese Annahme sehen wir aufgrund zahlreicher Untersuchungen als begründet an. Personen, die prosoziales Verhalten bei anderen wahrnehmen, verhalten sich in größerem Ausmaß prosozial als Personen ohne derartige Wahrnehmungen. Unter prosozialem Verhalten ist ein hilfreiches Verhalten für und zum Nutzen anderer zu verstehen, ein Verhalten mit der Absicht, anderen Personen Erleichterung und Besserung ihrer Lebenssituation zu verschaffen. – Im folgenden einige Befunde:

Personen gaben eher Spenden, wenn sie zuvor gesehen hatten, wie eine andere Person Geld in eine Sammelbüchse gab (Bryan u. Test, 1967). Autofahrer hielten an einem Wagen mit Reifenpanne zwecks Hilfeleistung in größerem Prozentsatz, wenn sie gemäß Anordnung des Experimentes 500 Meter vorher gesehen hatten, wie jemand dem Fahrer eines Wagens mit Reifenpanne behilflich war (Bryan u. Test, 1967).

Über 90 Vorschulkinder sahen mehrere Wochen lang täglich prosoziale oder aggressive oder neutrale Fernsehprogramme. Ergebnis: ▷ Kinder mit Wahrnehmung prosozialer Fernsehprogramme beachteten in der Vorschule mehr die sozialen Regeln und waren ausdauernder bei Aufgaben, verglichen mit den Kindern neutraler Programme. Kinder aus Familien mit geringem sozioökonomischem Status wiesen zusätzlich ein Anwachsen ihres prosozialen und zwischenmenschlichen Verhaltens auf. ▷ Kinder mit Wahrnehmung aggressiver Fernsehprogramme zeigten eine Abnahme an Toleranz und an Beachtung von sozialen Regeln. Ferner ergab sich ein Anstieg an Aggression im zwischenmenschlichen Verhalten bei denjenigen Kindern, die vor der Fernsehdarbietung als mehr aggressiv eingeschätzt worden waren (Friedrich u. a., 1973).

Schüler des 1. Schuljahres, deren Klassenlehrerinnen sich in hohem Ausmaß ermutigend und belobigend äußerten, ermutigten und lobten ihre Mitschüler bei der Kleingruppenarbeit bedeutsam häufiger als Schüler von Lehrerinnen mit seltener Ermutigung und Belobigung (Friedman, 1973).

Die Auswirkungen der Wahrnehmung *sprachlicher* Darstellungen des Verhaltens legt die nachfolgende Untersuchung nahe. Sie zeigt ferner die Abhängigkeit des Wahrnehmungslernens davon, ob das wahrgenommene prosoziale Verhalten einer Person erfolgreich oder erfolglos ist. Kinder hörten ein Radioprogramm über die Verhinderung von Meutereien in einer Weltraumrakete durch einen Leiter. Eine Gruppe hörte eine Version, in welcher der gruppenorientierte sozialintegrative Leiter erfolgreich war und der autoritäre Führer erfolglos. Andere Kinder hörten die entgegengesetzte Version: Der gruppenorientierte sozialintegrative Leiter versagte und der autoritäre machtorientierte Leiter meisterte das Problem. Bei der Befragung bevorzugten Kinder jeweils den erfolgreichen Leiter.

Sie begründeten dies mit seinen Charaktereigenschaften. Kooperativ-sozialintegratives oder autoritär-machtorientiertes Verhalten wurde als erstrebenswert und positiv angegeben, wenn sie einen Führer mit derartigen Eigenschaften als erfolgreich wahrgenommen hatten (Zajonc, 1959).

Die Wahrnehmung prosozialen Verhaltens kann strafendes brutales Verhalten verhindern, das etwa durch sog. Autoritäten angeordnet wird. Versuchspersonen wurde befohlen, im Laboratorium einen Erwachsenen durch elektrische Schocks bei Lernfehlern zu bestrafen. Bei jedem Fehler sollte die Versuchsperson die Stärke des elektrischen Stromes erhöhen. Der lernende Erwachsene war eine verbündete Person des Versuchsleiters und täuschte falsche Antworten sowie Schmerzensschreie bei zunehmender Stromstärke vor. Ein großer Teil der Versuchspersonen strafte auf Befehl des Versuchsleiters „Sie müssen dieses Experiment weitermachen!" mit immer höheren Stromstärken, obwohl der Erwachsene laut vor Schmerzen schrie. War jedoch eine andere Person anwesend, die gemäß geheimer Absprache mit dem Versuchsleiter gegen die Brutalität des Experimentes protestierte (prosoziales Verhalten), so folgten 90 % der Versuchspersonen diesem Verhalten und verweigerten dem Versuchsleiter den Gehorsam bei der Ausführung brutal strafenden Verhaltens (Milgram, 1966).

Sehr aggressive Kindergartenkinder sahen Puppenspiele, bei denen eine Puppe mit prosozialem kooperativem Verhalten, eine andere mit aggressivem Verhalten auf alltägliche Problemsituationen reagierte. Anschließend besprach ein Erwachsener mit den Kindern die Angemessenheit der Reaktionen der beiden Puppen. Aufgrund dieses Wahrnehmungslernens und der anschließenden Diskussion verminderte sich die Aggression der Kinder unmittelbar danach sowie einen Monat später, festgestellt durch Beobachter (Chittenden, 1942).

In der Erziehung kann prosoziales Verhalten wesentlich durch Wahrnehmungslernen gefördert werden, und zwar in folgender Weise: ▷ Erzieher und Lehrer verhalten sich gegenüber Kindern und Jugendlichen überwiegend prosozial. Leben sie die förderlichen zwischenmenschlichen Dimensionen und die Grundwerte menschlichen Zusammenlebens ihnen gegenüber, dann fördern sie erheblich das prosoziale Wahrnehmungslernen der Kinder. Erzieher und Lehrer behandeln also Kinder mit Achtung–Wärme–Anteilnahme. Sie bemühen sich, die innere Welt der Kinder zu verstehen und ihnen zuzuhören. Sie sind echt und fassadenfrei. Sie gewähren den Jugendlichen weitgehend Selbstbestimmung, engen sie nicht durch Dirigismus, Kontrolle und Lenkung ein. Sie fördern die psychische und körperliche Leistungsfähigkeit der Kinder und Jugendlichen. So können Kinder und Jugendliche häufig prosoziales Verhalten ihrer Lehrer und Erzieher wahrnehmen und lernen. Zugleich erfahren sie unmittelbar die befriedigenden Auswirkungen eines solchen Verhaltens.

▷ Erzieher und Lehrer behandeln dritte Personen häufig prosozial und werden dabei von den Kindern wahrgenommen. Kinder sehen etwa ihre Eltern oder Lehrer im häufigen Einsatz für andere benachteiligte beeinträchtigte Personen, für Hilfesuchende oder Kranke. Sie sehen sie bei der Tätigkeit *für* andere Menschen, in der Ehe, in Gruppen, in Institutionen. Sie sehen sie bei der Hilfe für intellektuell, emotional oder sozial benachteiligte Kinder. Kinder nehmen dann Erwachsene mit geringer Egozentrik, geringem Luxus, geringem Profitstreben sowie geringem Prestigeverhalten wahr. Bedeutsam sind auch die wahrnehmbaren Lebensziele der Erwachsenen: Bestehen diese in fast ausschließlicher egozentrischer Fürsorge für das eigene Wohlergehen oder bestehen diese in deutlichen prosozialen Tätigkeiten f ü r andere?

▷ Erzieher bemühen sich, daß Kinder und Jugendliche häufig andere Personen mit prosozialem Verhalten wahrnehmen. Sie ermöglichen ihnen Kontakt mit derartigen Personen, sie ermöglichen ihnen den leichten Zugang zu entsprechenden Büchern, Filmen oder Fernsehsendungen.

▷ Erzieher ermöglichen Jugendlichen häufig Situationen, in denen diese prosoziales Verhalten leben können. Dies geschieht etwa durch die Ermöglichung häufiger Kleingruppenarbeit in und außerhalb der Schule, Ermöglichung der Tutortätigkeit älterer Schüler für jüngere oder für intellektuell benachteiligte Schüler.

▷ Erzieher bemühen sich um die Bekanntmachung prosozialen Verhaltens. Denn oft ist prosoziales Verhalten von Menschen wenig auffällig. Meist wird darüber weit weniger berichtet als über unsoziales aggressives Verhalten. Von zehntausenden prosozialen Hilfeleistungen und Aktivitäten wird in Zeitungen und im Fernsehen weniger berichtet als über eine einzige Gewalttätigkeit.

Unsoziales aggressives Verhalten wird gefördert durch Wahrnehmungslernen. Unter unsozialem aggressivem Verhalten verstehen wir ein Verhalten, das bei anderen Personen die Lebenswerte Selbstbestimmung, Achtung der Person sowie Förderung der seelischen und körperlichen Funktionsfähigkeit deutlich beeinträchtigt, etwa durch Kälte–Geringschätzung, Verständnislosigkeit, Unechtheit–Täuschung oder durch starke Lenkung–Dirigierung. Der unsozial Handelnde mißachtet die Rechte anderer, die er aber oftmals für sich selbst beansprucht. Es ist ein Übertreten von sozialen Ordnungen, die auf Selbstbestimmung, Achtung der Person und der grundsätzlichen Gleichwertigkeit aller beruhen. Unsoziales aggressives Verhalten kann sich äußern in: Anwendung von körperlicher Gewalt wie schlagen, stoßen, prügeln, verletzen, töten oder in Demütigung, Kälte, Abweisung, Geringschätzung, kein Helfen bei Bitten um Hilfe in Schwierigkeiten.

Ein derartiges Verhalten und entsprechende Haltungen werden dadurch gefördert oder ausgelöst, daß Personen das unsoziale aggressive Verhalten anderer wahrnehmen, insbesondere dann, wenn prosoziales Verhalten anderer nur gering oder gar nicht wahrnehmbar ist.

Die Kenntnisse über die Förderung unsozialen aggressiven Verhaltens durch Wahrnehmungen ermöglichen auch eine Änderung folgender Auffassungen: ▷ Aggressionen seien entscheidend die Folgen von Aggressions„trieben". Gemäß den vorliegenden Befunden ist vielmehr aggressives Verhalten häufig die Folge vorausgegangener Wahrnehmung aggressiven Verhaltens anderer Personen. ▷ Aggressionen führten zur Abreaktion und zur Verminderung aggressiver Tendenzen. Die vorliegenden Befunde sprechen vielmehr nicht für diese sog. Katharsis-Hypothese. ▷ Aggressionen seien eine notwendige Folge vorausgegangener Frustrationen, Vereitelungen. Nach den Befunden lösen vielmehr Frustrationen mit größerer Wahrscheinlichkeit dasjenige Verhalten bei Menschen aus, das sie früher bei anderen Personen wahrgenommen haben. Wurde also nicht-aggressives Verhalten bei anderen in Frustrationssituationen beobachtet, so lösen mit größerer Wahrscheinlichkeit Frustrationen keine Aggressionen aus.

Einige Untersuchungsbefunde über das Wahrnehmungslernen von unsozialem aggressivem Verhalten:

Kindergartenkinder sahen 10 Minuten lang einen aggressiven Erwachsenen. Er war feindselig gegenüber einer großen Spielpuppe, z. B. setzte er sich auf die Puppe und verprügelte sie mit einem Stock, warf sie in die Luft, stieß sie mit dem Fuß durch das Zimmer, begleitet von aggressiven Ausdrücken wie „Hau' sie nieder!“ Kinder der Kontrollgruppe sahen keine aggressive Person. Nach dieser Darbietung sowie nach einer leichten Frustrationssituation durch Wegnehmen von Spielzeug zeigten die Kinder mit der Wahrnehmung aggressiven Verhaltens fast doppelt so viel aggressive Akte mit der großen Spielpuppe wie die Kinder der Kontrollgruppe. Dabei glich ihr aggressives Verhalten häufig dem des wahrgenommenen Modells. Es war kein bedeutsamer Unterschied, ob die Kinder eine aggressive Person unmittelbar oder nur im Film oder ein ähnlich aggressives Tier in einem Zeichentrickfilm gesehen hatten (Bandura, Ross u. Ross, 1963 a). – Bei einer Wiederholung des Experimentes in leicht abgewandelter Form durch das I. Deutsche Fernsehen im März 1975 zeigten Kindergartenkinder auch ohne Frustrationssituation die aggressiven Akte des vorher wahrgenommenen Erwachsenen. Wie in dem Fernsehfilm überzeugend zu beobachten war, richtete sich die Aggression der Kinder nicht nur gegen die Spielpuppe, sondern auch gegen andere Kinder ihrer Gruppe. Das prosoziale Wahrnehmungsmodell dagegen, ein liebevoll und zärtlich mit der Spielpuppe umgehender Erwachsener, förderte bei Kindergartenkindern das prosoziale Verhalten: Die Kinder trugen gemeinschaftlich die große Spielpuppe wiegend und singend im Raum umher, bemüht, ihr nichts zuleide zu tun.

Kindergartenkinder sahen in einem kurzen Film eine Person mit verschiedenen aggressiven Tätigkeiten. Nach dem Film und einer eingeschobenen Frustrationssituation waren die Kinder im Vergleich zu Kontrollkindern ohne das Wahrnehmungsmodell aggressiver. 6 Monate nach der Darbietung des Films erinnerten sich die Kinder noch an zahlreiche Aggressionen der Person in dem Film (Hicks, 1965).

Die Wahrnehmung einer aggressiven Messerstecherei im Film führte bei Jugendlichen und Erwachsenen zu einem bedeutsamen Anstieg von aggressivem, schmerzzufügendem Verhalten gegenüber anderen Personen, verglichen mit einer Kontrollgruppe, die im Film eine Person mit konstruktiver Aktivität sah (Walters u. Thomas, 1963). Dies war auch der Fall bei Personen, die den Film ohne Ton gesehen hatten.

Aggressive oder kooperative Filmszenen aus einem amerikanischen Wildwestfilm des Deutschen Fernsehens wurden Schülern des 3. Schuljahres dargeboten (Charlton, Liebelt, Sültz u. Tausch, 1974). Vor und nach der Darbietung der Kurzfilme wurden die Schüler bei einer Arbeitsaufgabe in Kleingruppen beobachtet, ferner ihre Aggressionsbereitschaft in einem Fragebogen ermittelt. Es zeigte sich folgendes: ▷ Zunahme der Aggressionsbereitschaft der Schüler nach dem Kurzfilm „Unbestraftes aggressives Verhalten“. ▷ Verminderung der Aggressionsbereitschaft nach dem Kurzfilm „Kooperatives Verhalten“ und „Bestraftes aggressives Verhalten“. ▷ Bei sozial beeinträchtigten Schülern nahm die Aggressionsbereitschaft auch nach dem Kurzfilm „Bestraftes aggressives Verhalten“ zu. ▷ Nach dem Film „Kooperatives Verhalten“ waren die Schüler bei ihrer Gruppenarbeit deutlich gelöster und dirigierten sich gegenseitig weniger als Schüler nach dem Kurzfilm „Bestraftes aggressives Verhalten“.

5jährige spielten nach dem Ansehen eines Kriegsfilmes – im Vergleich zu Kindern, die einen Puppenfilm gesehen hatten – in größerem Ausmaß mit Kriegsspielzeug, verhielten sich bedeutsam weniger konstruktiv und hatten geringere zwischenmenschliche Kontakte (Noble, 1970).

Über 100 Kinder im Alter von 5–9 Jahren sahen Auszüge aus dem Fernsehprogramm entweder mit aggressiven oder nicht-aggressiven Szenen. Kinder, die die aggressiven Programmteile gesehen hatten, verhielten sich danach in der Freispielsituation aggressiver gegenüber anderen Kindern und bevorzugten aggressivere Spiele (Liebert u. Baron, 1972).

Die Annahme der Förderung aggressiven Verhaltens durch Wahrnehmung von Fernsehprogrammen mit aggressivem Inhalt wird auch durch folgende Untersuchung gestützt (Eron u. a., 1972): 9jährige Schüler, die gewalttätige Fernsehprogramme bevorzugten, wurden als mehr aggressiv in der Schule von ihren Kameraden eingeschätzt. 10 Jahre später wurde die Hälfte der ursprünglich über 800 Schüler über ihre Fernsehgewohnheiten wiederum befragt. Ferner wurden sie wiederum von ihren Kameraden in ihrem aggressiven Verhalten eingeschätzt. Dabei zeigte sich eine noch engere Beziehung zwischen der Bevorzugung von gewalttätigen Fernsehprogrammen und aggressivem Verhalten als 10 Jahre zuvor. Aufgrund statistischer Prozeduren schließen die Autoren: Das Sehen gewalttätiger Fernsehprogramme in frühen Jahren hat einen gleichsam verursachenden Einfluß auf die spätere Aggression. Obwohl das Sehen von Gewalttätigkeit im Fernsehen nicht der einzige Grund aggressiven Verhaltens war, erklärt er einen größeren Anteil der Unterschiede im aggressiven Verhalten der Kinder als irgendein anderer untersuchter Faktor, so z. B. sozialer Status, geringe Intelligenz, Zugehörigkeit zu einer ethnischen Gruppe oder elterliche Disharmonie.

Schüler des 1. Schuljahres, die einen Zeichentrickfilm mit sehr aggressivem Inhalt gesehen hatten, waren danach in der Schulklasse aggressiver als Schüler, die einen Film mit neutralem Inhalt gesehen hatten oder als Kontrollschüler ohne einen Film. Ihr aggressives Verhalten ähnelte dem der aggressiven Filmfiguren (Ellis u. Sekyra, 1972).

Die Wahrnehmung von Gewalttätigkeiten auf Bildern erhöhte bei Schülern des 1. Schuljahres aggressives Verhalten sowie Ärger und Spannungen in einer Spielsituation, im Vergleich zu Schülern mit der Wahrnehmung nicht-aggressiver Bilder oder ohne Bilder (Mussen u. Rutherford, 1961). Die Kinder hatten Bilder mit aggressiven Inhalten gesehen, z. B. ein Unkraut erwürgt eine Blume oder ein Bär zerstört Unkraut, oder Bilder mit nicht-aggressiven Inhalten, z. B. ein kooperatives Spiel zwischen Frosch und Ente. Durch besondere Bedingungen frustrierte Kinder zeigten im Vergleich zu nicht-frustrierten Kindern kein unterschiedlich aggressives Verhalten. Entscheidend für das Ausmaß aggressiven Verhaltens war die Wahrnehmung der Bilder mit aggressiven Inhalten.

Das in Büchern, Zeitschriften und Flugblättern sprachlich dargestellte aggressive Verhalten wirkt sich vermutlich ähnlich aus wie die optische Wahrnehmung aggressiven Verhaltens. Kinder, die eine Erzählung mit aggressivem Inhalt von einer freundlichen Stimme gesprochen gehört hatten, beschäftigten sich danach häufiger mit aggressiven Spielzeugen, verglichen mit ihrem Spiel vor der Geschichte und mit dem Spiel von Kindern, die eine nicht-aggressive Geschichte gehört hatten (Larder, 1962).

Eine gewisse Stützung der Annahme des Wahrnehmungslernens von aggressivem unsozialem Verhalten ergibt sich aus folgendem: ▷ Aggressive Jungen hatten mehr lieblose Väter, die ihre Söhne zu Hause häufiger straften als die Väter nichtaggressiver Jungen (Bandura u. Walters, 1959). ▷ Antisoziales Verhalten von männlichen Jugendlichen und Erwachsenen hing mit dem aggressiven und antisozialen Verhalten ihrer Eltern zusammen (McCord, McCord u. Howard, 1963).

Nicht-helfendes Verhalten gegenüber anderen Personen in Notsituationen ist häufig eine Form unsozialen Verhaltens. Die Annahme, daß das Unterlassen von Hilfeleistung durch Wahrnehmung gelernt wird, wird durch zahlreiche Untersuchungsbefunde gestützt (s. Lück, 1975).

Das Übertreten von Regeln und Anordnungen kann eine Form unsozialen Verhaltens sein, wenn die Regelungen und Anordnungen wesentlich fördernd für das soziale Zusammenleben und die gesundheitliche Sicherheit sind. Da Personen bei der Übertretung von Anordnungen und Regeln meist äußerlich auffallen und so von Personen der Umwelt leicht wahrgenommen werden, wird ein derartiges Wahrnehmungslernen begünstigt. – Die beiden folgenden Untersuchungen demonstrieren diesen Tatbestand der Übertretung relativ einfacher Regeln:

Das Verhalten von Fußgängern an einer Straßenkreuzung mit Ampeln wurde registriert. 99 % der Fußgänger beachteten die Signale „Warten" und „Gehen". Der Untersuchungsleiter führte dann ein männliches Verhaltensmodell mit Beachtung der Verkehrsregeln ein. Es ergab sich erwartungsgemäß kein Unterschied im Verhalten der Fußgänger. Ging jedoch das Verhaltensmodell bei „Warten" über die Kreuzung, so warteten nur 86 % auf das Umschalten der Ampel, 13 % änderten ihr Verhalten (Lefkowitz u. a., 1955). Das regelwidrige Verhalten einer Person wurde wegen seiner Auffälligkeit von anderen Personen deutlich wahrgenommen und beeinflußte einige von ihnen. Das Einhalten dagegen von sozialen Regelungen fällt weniger auf und wirkt sich somit geringer aus.

Einhaltung oder Übertretung von Anordnungen wird auch durch die Wahrnehmung von Personen im Film beeinflußt. Kindergartenkindern, die einzeln in einem Raum waren, wurde verboten, mit den Spielsachen zu spielen. Danach wurde den Kindern ein kurzer Film gezeigt, in dem ein Junge in demselben Raum mit den Spielsachen spielte, deren Berührung den Kindern zuvor verboten worden war; für das Spielen mit den Spielsachen wurde das Kind im Film von seiner Mutter belohnt. Andere Kinder sahen einen ähnlichen Film, jedoch wurde hier das Kind für sein Verhalten von seiner Mutter milde „gestraft". Ergebnis: Kinder mit Wahrnehmung des belohnten Film-Kindes übertraten das Verbot häufiger, Kinder mit Wahrnehmung des bestraften Film-Kindes dagegen seltener. Sie berührten das verbotene Spielzeug auch weniger als Kinder ohne Film (Walter, Leat u. Mezei, 1963). Übertretungshäufigkeiten von Schülern sind wahrscheinlich dann besonders hoch, wenn eine Person zwar gestraft wird, sich aber dadurch nicht beeindrucken läßt und weiterhin Übertretungen begeht (Montada u. Thirion, 1972).

Auch in Tierexperimenten wurde das Wahrnehmungslernen von aggressivem Verhalten untersucht: Isoliert aufgewachsene junge Katzen töteten zu 45 % in Testsituationen Mäuse oder Ratten. Offenbar handelt es sich um ein erbmäßig mitbedingtes Verhalten. Katzen dagegen, die häufig das Muttertier beim Töten einer Maus oder Ratte beobachtet hatten, töteten zu 86 %. Fast die gleiche Häufigkeit ergab sich bei Katzen, die 4 Monate lang isoliert aufgewachsen waren, bisher nicht getötet hatten und die dann mit einem tötenden Muttertier zusammengebracht wurden und dabei zusahen. Sehr frühe andersartige Erfahrungen von Katzen dagegen, nämlich das Zusammenaufwachsen mit Mäusen oder Ratten, verminderten die Effekte des Wahrnehmungslernens von tötendem Verhalten. Lediglich 7 % derart aufgewachsener Katzen töteten, wenn sie im Alter von 4 Monaten mit einem tötenden Muttertier zusammengebracht wurden (Kuo, 1930).

Förderliche und hinderliche Bedingungen für das Wahrnehmungslernen von unsozialem aggressivem Verhalten: ▷ Wird eine Person mit aggressivem, gewalttätigem, unsozialem Verhalten dafür belohnt oder hat sie damit Erfolg, so fördert dies erheblich das Wahrnehmungslernen von aggressivem Verhalten bei anderen Personen. Deutlicher Mißerfolg dagegen vermindert es. ▷ Die bei anderen Personen wahrgenommenen Bestätigungen oder Bestrafungen für aggressives Verhalten wirken zum Teil, als ob der Beobachter selbst bekräftigt oder gestraft würde. So sahen Kindergartenkinder einen Film mit Belohnung des unsozialen Verhaltens einer Person, die eine andere aggressiv behandelte, beschimpfte, ihr Spielzeug wegnahm und als Sieger erklärt wurde. Andere Kinder sahen einen Film mit dem gleichen Verhalten; als jedoch die Person der anderen die Spielsachen wegnehmen will, wird sie besiegt. Dies wird als Strafe für den Angriff kommentiert (Bandura, Ross u. Ross, 1963 c). Ergebnis: Kinder mit der Wahrnehmung der belohnten aggressiven Person waren anschließend bedeutsam aggressiver als Kinder mit der Wahrnehmung der bestraften Person. Interessanterweise bewerteten die Kinder, die die erfolgreiche aggressive Person gesehen hatten und die sich danach selbst aggressiver verhielten, das Verhalten dieser Modellperson während des Films stark negativ, z. B. „schlimm", „böse". Die Ablehnung oder negative Bewertung eines wahrgenommenen Verhaltens verhinderte nicht das Wahrnehmungslernen von aggressivem Verhalten. ▷ Bisherige Erfahrungen und Einstellungen des Wahrnehmenden beeinflussen die Effekte des Wahrnehmungslernens. Personen mit unsozialem Verhalten werden wahrscheinlich durch unsoziale Wahrnehmungsmodelle stärker beeinflußt. So ergab sich bei Schülern mit ungünstigem häuslichem Erziehungseinfluß eine größere aggressive Auswirkung der Wahrnehmung aggressiver Filme (Charlton u. a., 1974). Oder: Aggressive Jugendliche und aggressive Autofahrer bevorzugten häufiger Fernsehsendungen mit aggressivem Inhalt als weniger aggressive Personen. Dagegen werden wahrscheinlich Personen mit deutlich prosozialem Verhalten weniger durch aggressive Verhaltensmodelle beeinflußt bzw. suchen weniger derartige Wahrnehmungen im Fernsehen oder Film. ▷ Die Anwesenheit gewährender oder erlaubender Erwachsener fördert das Lernen aggressiven Verhaltens (Martin u. Hoppe, 1972).

Erziehung und Wahrnehmungslernen von aggressivem unsozialem Verhalten. Die Annahme, unsoziales aggressives Verhalten von Kindern und von Erwachsenen wird gefördert oder ausgelöst durch die Wahrnehmung von aggressivem Verhalten bei anderen Personen, führt unserer Auffassung nach zu folgenden Konsequenzen für das alltägliche Verhalten von Erwachsenen:

▷ Erwachsene verhalten sich Kindern gegenüber gar nicht oder möglichst selten aggressiv und unsozial, da Kinder dieses Verhalten wahrnehmen und lernen, abgesehen von den direkt erfahrenen ungünstigen Auswirkungen. Selbst wenn Erwachsene meinen sollten, Geringschätzung, Gewalt, Mißachtung, Härte oder Verständnislosigkeit seien unmittelbarer „wirksam", sie fördern dadurch bei Jugendlichen Härte, Mißachtung und Egoismus. Erwachsene selbst sind so eine nicht versiegende Quelle des Lernens von unerwünschtem aggressivem Verhalten für Kinder und Jugendliche.

▷ Erziehende Erwachsene verhalten sich nicht oder selten anderen Personen gegenüber aggressiv und unsozial. Dadurch vermeiden sie, daß Jugendliche dieses Verhalten aufgrund der Wahrnehmung lernen. Häufig jedoch sehen Kinder und Jugendliche, wie ihre Eltern, Lehrer und Erzieher andere Kinder, Erwachsene oder Tiere schlagen, Kinder beschimpfen und demütigen, sich rücksichtslos im Straßenverkehr verhalten, sozial anerkannte und notwendige Regeln übertreten und aggressiv sind gegenüber Andersdenkenden. Wir halten es auch für wichtig, daß Kinder wissen und überzeugt sind: Ihre Eltern–Erzieher–Lehrer sind auch dann nicht aggressiv oder unsozial, wenn sie es nicht sehen können.

▷ Erwachsene leisten Hilfe bei Situationen, in denen sie von anderen in Not um Hilfe gebeten werden. Verhalten sich Erwachsene in derartigen Situationen inaktiv, schweigend und passiv, so lernen Kinder ein derart unsoziales Verhalten. Sie lernen die passive Duldung von Not und Beeinträchtigung anderer. Wenn heute beklagt wird, daß eine sog. schweigende Mehrheit bei Aggressionen oder unsozialen Akten anderer nichts unternimmt, so ist dies teilweise die Folge davon: Diese Personen haben bisher wenig andere Personen wahrgenommen, die aus der Menge heraustraten und sich gegen Unrecht, Aggression und unsoziales Verhalten einsetzten.

▷ Erwachsene bemühen sich um eine erhebliche Verminderung von unsozialem aggressivem Verhalten in Fernsehen, Filmen, Zeitungen, Büchern, Plakaten. Die häufige und oft ausführliche Darbietung von aggressiven und kriminellen Akten in amerikanischen und zum Teil in deutschen Filmen und im Fernsehen, aus naiver Unkenntnis der Auswirkungen, aus Profitstreben oder aus Gleichgültigkeit, fördert in starkem Maße das Wahrnehmungslernen von aggressivem, unsozialem und kriminellem Verhalten. So ergaben sich bei einer Untersuchung sämtlicher Spielfilme einer Woche im I. Deutschen Fernsehen im Jahre 1968 folgende Durchschnittswerte für 1 Stunde Sendezeit im Erwachsenenprogramm: 10 Morde bzw. Tote, 4 kriminelle Aggressionen und 3 Aktionen Lächerlichmachen. Die Hauptpersonen zeigten geringe Achtung–Wärme–Rücksichtnahme sowie größere Dirigierung–Lenkung gegenüber anderen. Offensichtlich bieten die Fernsehprogramme für Erwachsene, die häufig abends von den Kindern mitgesehen werden, oft wenig prosoziales Verhalten der Hauptdarsteller. In den Kinder- und Jugendsendungen ergaben sich dagegen doppelt so viele prosoziale Aktionen sowie erheblich weniger kriminelle Aggressionen und kaum Mord bzw. Tote (A. Tausch u. a., 1972). Ein wesentlicher Gesichtspunkt für Eignung oder Nicht-Eignung von Filmen und Fernsehsendungen ist das Ausmaß des Wahrnehmungslernens durch Darbietung von unsozialen, aggressiven und gewalttätigen Verhaltensmodellen. Auch in manchen Büchern und Broschüren, etwa in manchen Kriminalromanen, wird aggressives unsoziales Verhalten über viele Seiten hinweg konkret in Einzelheiten dargestellt. Häufig erfahren die aggressiven unsozialen Personen dabei Erfolg und Bestätigung. Negative Konsequenzen werden meist erst vor dem Ende kurz dargestellt. Auch Kinderbücher zeigen ein gewisses Ausmaß von aggressivem unsozialem Verhalten, etwa

Märchen. So wurden 30 % aller Sätze des Märchens „Schneewittchen" von Kindergärtnerinnen, Lehrern und Kindern weitgehend übereinstimmend als unethisch und falsch eingestuft, wenn ein Kind selbst ein solches Verhalten zeigen würde (A. Tausch, 1967). Textbeispiele: „Da rief sie einen Jäger und sprach: Bringt das Kind hinaus in den Wald, ich will es nicht mehr vor meinen Augen sehen" „Du sollst es töten und mir Lunge und Leber zum Wahrzeichen mitbringen" „Schneewittchen soll sterben, rief die Königin, und wenn es mein eigenes Leben kostet." Der mögliche Einwand, durch den glücklichen Ausgang vieler Märchen würden die ungünstigen Szenen gleichsam überdeckt, erwies sich in der gleichen Untersuchung als wenig zutreffend: 140 Personen im Alter bis zu 60 Jahren sollten sich spontan an eine Situation der 4 Märchen „Schneewittchen", „Rotkäppchen", „Hänsel und Gretel", „Der Wolf und die sieben Geißlein" erinnern. In 51 % beinhalteten die spontan vorgestellten Szenen ein Verhalten, das als unethisch und falsch angesehen wurde. Mit diesem Sachverhalt unsozialer, aggressiver und unethischer Verhaltensmodelle in den Märchen ist naturgemäß nichts über den sog. geistig-sprachlichen Wert von Märchen ausgesagt.

▷ Keine Förderung kindlicher Aggressionen aufgrund falscher „Theorien". Einige Erzieher werden von Auffassungen geleitet: Aggressionen entspringen einem konstitutionellen Trieb. Triebenergien funktionierten nach einem hydraulischen Ausgleichsmodell, so daß eine Abreaktion, eine Katharsis von Aggressionen notwendig sei. Deshalb gestatten sie den Kindern Aggressionen, bekräftigen sie hierin und geben anderen Kindern die Möglichkeit des Wahrnehmungslernens aggressiven Verhaltens. Eine Zusammenstellung der Kritik dieses menschlichen Energie- und Aggressionsmodells von Freud, Lorenz u. a. haben Selg (1974), Berkowitz (1970) und Megargee u. Hokanson (1970) gegeben. So z. B. verminderten sich bei empirischer Überprüfung die aggressiven Tendenzen von Personen nicht, die zuvor andere Personen kämpfen sahen. Dabei ist eine gefühlsmäßige Entspannung nach der Wahrnehmung von Aggressionen durchaus möglich.

▷ Verzicht auf die Auffassung, Frustrationen von Kindern und Jugendlichen führten zwangsläufig zu Aggressionen. In Frustrationssituationen leben Kinder, Jugendliche sowie Erwachsene überwiegend das Verhalten, das sie durch Wahrnehmung des Verhaltens anderer Personen in ähnlichen und sonstigen Spannungssituationen lernten. So wurden Gruppen 7–9jähriger Kinder durch Wegnahme von Süßigkeiten und Unterbrechen eines Filmes im dramatischen Augenblick beeinträchtigt. Kinder mit einem vorangegangenen Training in konstruktivem und kooperativem Verhalten reagierten auf diese Beeinträchtigung und in der nachfolgenden freien Spielsituation in stärkerem Maße konstruktiv als Kinder mit einem vorausgegangenen Training in aggressivem Verhalten (Davitz, 1952). In einer anderen Untersuchung reagierten Kinder, die durch Abbruch einer interessanten Filmvorführung und Entzug von Süßigkeiten beeinträchtigt worden waren, gegenüber Spielgefährten nicht aggressiver als Kinder ohne diese Beeinträchtigungen (Walters u. Brown, 1963).

Wird nicht bei einer derartigen Erziehung Kindern eine „heile Welt" dargestellt, die es in der Realität nicht gibt? Unsere Antwort: ▷ In der Welt vieler Kinder gibt es häufig Leid, Beeinträchtigungen, schmerzvolle Erfahrungen oder Krankheit. ▷ Der Prozeß des Heranwachsens ist ebenfalls mit manchen Schwierigkeiten und bitteren Erfahrungen verbunden. ▷ Wenn wir die Wahrnehmung aggressiven und unsozialen Verhaltens bei Kindern vermindern, so wird dadurch Kindern keine heile Welt vermittelt. In ihrer realen Umwelt, in ihrem Wohnviertel, miterleben Kinder etwa bei ihren helfenden prosozialen Aktionen Not, Leid und Unglück vieler Menschen. Durch die Nachrichtenmedien wie Zeitungen und Fernsehen erfahren sie von aggressiven und unsozialen Akten. ▷ In manchen Ländern werden im Fernsehen und in Filmen nur selten aggressive Akte gezeigt, ohne daß durch diese „heile Welt" Nachteile für Kinder oder Erwachsene zu beobachten sind. ▷ Wir glauben nicht, daß aufgrund der Verminderung und der gänzlichen Ausschaltung der Wahrnehmung aggressiver Akte in Filmen, Fernsehen oder Büchern Menschen unfähig werden, sich für ihre berechtigten Interessen und vor allem für die anderer einzusetzen. Die Förderung und Erreichung wesentlicher prosozialer Interessen von Gruppen wird in einer hochzivilisierten und technisierten demokratischen Gesellschaftsordnung eher gemindert durch das Wahrnehmungslernen aggressiven, unsozialen und gewalttätigen Verhaltens. Sie ist abhängig von der häufigen Wahrnehmung engagierter prosozialer kreativer Tätigkeiten und vom Ausmaß der Selbstachtung.

Gefühlsmäßige Reaktionen werden beeinflußt durch Wahrnehmungslernen. Gefühlsmäßige Einstellungen zu Personen oder Gegenständen, etwa Nahrungsmitteln, zum unbekleideten Körper, gegenüber sexuellem Verhalten oder ungerechtem unsozialem Verhalten werden wesentlich durch Wahrnehmung des gefühlsmäßigen Verhaltens anderer Personen beeinflußt. So beobachteten wir vielfach bei Kindern zuwendendes und ablehnendes gefühlsmäßiges Verhalten, z. B. gegenüber bestimmten Tieren, sportlichen Aktivitäten, Luxus, Konsumgütern, Ungerechtigkeit bei der Behandlung anderer Menschen, die sie vermutlich wesentlich aufgrund der Wahrnehmung des Verhaltens ihrer Eltern gelernt hatten. – Die folgenden Untersuchungen erstrecken sich nur wenig über die Breite des alltäglichen gefühlsmäßigen Verhaltens von Menschen. Sie sind deshalb als eine Demonstration der grundsätzlichen Beeinflussung des gefühlsmäßigen Verhaltens durch das Wahrnehmungslernen anzusehen.

Ängste von Kindern gegenüber Tieren können durch Wahrnehmungslernen vermindert werden. So wurde das Ausmaß der Angst vor Hunden bei 3–4jährigen festgestellt (Bandura, Grusec u. Menlove, 1967). Danach sahen die Kinder 4 Tage hintereinander das furchtlose Verhalten eines 4jährigen Kindes (Wahrnehmungsmodell). Das Kind demonstrierte einen zunehmend engeren Kontakt mit einem Hund, fütterte ihn und spielte mit ihm. Die Kinder der Kontrollgruppe nahmen an fröhlichen Aktivitäten in gleichlangen Sitzungen teil, ohne einen Hund. Am Ende des Experimentes sowie einen Monat später waren die Kinder mit Wahrnehmung eines furchtlosen Kindes deutlich weniger furchtsam gegenüber Hunden im Vergleich zu den Kindern der Kontrollgruppe oder Kindern, die das Tier ohne ein kindliches Verhaltensmodell gesehen hatten. 55 % der Kinder mit vorher starker Angst vor Hunden konnten jetzt mit einem Hund allein im Zimmer spielen, jedoch nur 13 % der Kinder der Kontrollgruppe. Ähnliche Untersuchungen wurden von Jones (1924) durchgeführt. Sie verminderte das Furchtverhalten von Kindern, indem sie sie mit anderen Kindern zusammenbrachte, die vor dem gleichen Objekt keine Angst hatten.

Verminderung von Furchtreaktionen bei Erwachsenen mit Schlangenphobie durch Wahrnehmungslernen: Erwachsene mit extrem starker Schlangenfurcht, deren Berufs- und Freizeitleben in Kalifornien dadurch erheblich beeinflußt wurde, sahen im Rahmen einer insgesamt 5 Stunden langen Behandlung zuerst den furchtlosen Umgang eines Erwachsenen mit einer Schlange durch ein Fenster und kamen danach selber in den Raum, mit gewisser aktiver Teilnahme. Einen Monat später waren sie erheblich weniger ängstlich vor Schlangen. Ferner hatten sie geringere Furchtreaktionen vor anderen Tieren und vor körperlichen Verletzungen. Bei der Entwicklung der Schlangenphobie erwiesen sich frühere Wahrnehmungen als bedeutsam: 2/3 der Personen hatten negative Erfahrungen in ihrer Kindheit mit Schlangen gemacht. Sie hatten z. B. gesehen, wie andere Personen Schlangen zu Tode schlugen. Über die Hälfte hatte dramatische Erfahrungen im Film oder Fernsehen, z. B. wie sich Schlangen schlafenden Personen näherten (Bandura, Blanchard u. Ritter, 1969).

Eine Änderung der Bevorzugung sofortiger Belohnungen zugunsten späterer größerer Belohnungen und umgekehrt kann durch Wahrnehmungslernen erfolgen. Die Bevorzugungen 10jähriger Schüler wurden ermittelt, z. B. Belohnung mit 25 Cents am gleichen Tag gegenüber 35 Cents in einer Woche oder einem kleinen Gummiball sofort oder einem größeren in 2 Wochen (Bandura u. Mischel, 1965). Die Jugendlichen änderten ihre Bevorzugungen, wenn sie einen Erwachsenen mit entgegengesetzter Bevorzugung wahrnahmen. Der Erwachsene etwa äußerte: „Ich will 2 Wochen auf das Holz-Schachspiel warten, es ist von besserer Qualität als das aus Plastik und wird länger halten“ oder „Ich bin jemand, der auf weniger wertvolle Dinge, die er sofort erhält, verzichten kann zugunsten größerer und wertvollerer später“. Diese Fähigkeit zum Aufschub von Belohnungen im Vergleich zu der Bevorzugung sofortiger Belohnungen kann bedeutungsvoll sein, z. B. bei der Teilnahme an Ausbildungslehrgängen oder medizinischen Gesundheitsprogrammen. Die Bereitschaft eines größeren Teils der Bevölkerung, sich in einer demokratischen Gesellschaft für langfristige Ziele zu interessieren und dafür zu arbeiten, obwohl die „Belohnung“ durch die Verwirklichung oft erst spät erfolgt, ist unseres Erachtens von großer Bedeutung.

Die Änderung gefühlsmäßiger Einstellungen gegenüber Nahrungsmitteln durch Wahrnehmungslernen zeigt die folgende Untersuchung: Kindergartenkinder bevorzugten eine Schokolade mit Zitronengeschmack gegenüber einem süßen Saft (Duncker, 1938). Später wurde den Kindern eine Geschichte vorgelesen, also eine sprachliche Darstellung eines Verhaltensmodelles gegeben. Der Held der Geschichte bevorzugte begeistert eine süße Substanz und verabscheute ein säuerliches Nahrungsmittel, ähnlich der Schokolade mit Zitronengeschmack. Das Hören dieser sprachlichen Darstellung der gefühlsmäßigen Reaktion einer Person veränderte bei 2/3 der Kinder die anfängliche Bevorzugung. Die Kinder wählten häufiger den süßen Saft anstelle der Schokolade mit Zitronengeschmack. Dies verminderte sich mit der Zeit. Durch eine wiederholte Darbietung der Geschichte verstärkte sich der Wandel in der Essensvorliebe der Kinder.

Einstellungen und Gebrauch von Drogen, Alkohol und Nikotin werden wahrscheinlich durch Wahrnehmungslernen beeinflußt: ▷ Bei einer Befragung von über 8000 Studenten ergab sich ein Zusammenhang zwischen dem Gebrauch von Drogen, Schlafmitteln, Anregungsmitteln, Alkohol und Nikotin der Studenten und ihrer Eltern in der Auffassung der Studenten (Smart u. Fejer, 1972). ▷ Personen, die einen Video-Film mit rauchenden Personen sahen, rauchten mehr Zigaretten im Vergleich zu Personen, die den gleichen Film ohne rauchende Personen sahen (Bieber, 1974). ▷ Dozenten rauchten entsprechend der Untersuchungsanweisung entweder in der ersten oder zweiten Zeithälfte ihrer üblichen Lehrveranstaltungen an der Universität stark oder gar nicht. Gemäß den Befunden rauchten die Studierenden mehr Zigaretten, wenn der Dozent rauchte (Bieber, 1974). ▷ Durch den Gebrauch oder Nicht-Gebrauch von Drogen, Nikotin und Alkohol ihrer Schul- und Umweltkameraden wird wahrscheinlich erheblich das Verhalten von Jugendlichen beeinflußt. Dies demonstriert eine Äußerung eines Jugendlichen, der dem Heroingebrauch verfallen war. Auf die Frage des Interviewers, was ihn zum Rauschgiftgenuß getrieben habe, sagte er: „Niemand hat mich gedrängt. Fast alle meine Freunde nahmen Drogen. Ich wollte einfach so sein wie die anderen."

Zufriedenheit oder Unzufriedenheit mit der eigenen Tätigkeit und das Ausmaß der Selbstbestätigungen können durch Wahrnehmungslernen beeinflußt werden. So sahen Jugendliche Erwachsenen beim Miniatur-Bowlingspiel zu. Einige Erwachsene belohnten sich nur bei sehr guten Spielleistungen mit Bonbons und Äußerungen wie „Großartig, dieser Wurf ist ein Bonbon wert!", „Ich verdiene für diesen guten Wurf ein Bonbon!" Bei schlechten Leistungen kritisierten sie sich selbst mit „Ach nein, hierfür verdiene ich kein Bonbon!" Andere Kinder sahen Erwachsene, die nachsichtig mit sich selbst waren und sich schon bei mäßigen Wurfleistungen belohnten und lobten. Anschließend spielte jedes Kind selbst einige Bowlingrunden. Die Zufriedenheit der Jugendlichen mit ihrem Spiel, ihre Selbstbestätigungen und das Ausmaß ihrer eigenen Belohnung durch Bonbons wurde wesentlich beeinflußt, welches Erwachsenenverhalten sie zuvor wahrgenommen hatten (Bandura u. Whalen, 1966; Bandura u. Kupers, 1964).

Gefühlsmäßige Einstellungen und das Verhalten von Personen im Bereich von Erotik und Sexualität werden wahrscheinlich durch optische und sprachliche Wahrnehmungen des gefühlsmäßigen erotisch-sexuellen Verhaltens anderer Personen bedeutsam beeinflußt, so von Eltern, Freunden, Personen im Film oder in Broschüren. Circa 60 % von befragten Personen gaben an, daß sie durch Lektüre erotisch-sexuellen Inhalts geschlechtlich erregt wurden. 25 % von befragten Studenten hatten nach der Lektüre des Kinsey-Reports, eines wissenschaftlichen Berichtes über das Sexualverhalten von Menschen, ihre eigenen sexuellen Einstellungen geändert, ferner änderten circa 5 % auch ihr Verhalten. Bedeutsam scheint uns: Personen, deren Sexualverhalten von Jugendlichen wahrgenommen werden kann, etwa in Filmen oder im Fernsehen, sollten zugleich längerdauernde liebevolle Zuwendung sowie Verantwortung für den anderen Partner zeigen.

In der Erziehung können gefühlsmäßige Reaktionen durch Wahrnehmungslernen gefördert werden. Die Annahme, daß das gefühlsmäßige Erleben und Verhalten durch die Wahrnehmung des gefühlsmäßigen Verhaltens anderer Personen deutlich beeinflußt wird, legt für die Erziehung folgende Konsequenzen nahe: ▷ Erziehende Erwachsene leben möglichst häufig dasjenige gefühlsmäßige Verhalten im Umgang mit sich selbst, mit ihren Kindern und im Umgang mit anderen Menschen oder Gegenständen oder Ereignissen, das sie bei ihren Kindern und den späteren Erwachsenen als wertvoll wünschen. Wenn Erwachsene bei ihren Kindern jetzt und später Achtung, Wärme, Anteilnahme, einfühlendes Verstehen, Echtheit sowie Offenheit gegenüber ihrem eigenen Erleben wünschen, so ist eine der besten Bedingungen der Förderung dieser Vorgänge, daß sie diese selbst leben und von Kindern hierbei wahrgenommen werden. Nehmen dagegen Kinder und Jugendliche häufig bei Erwachsenen Mißachtung, Kälte, Härte, Verständnislosigkeit, Fassadenhaftigkeit und geringe Offenheit gegenüber ihrem eigenen Erleben wahr, so werden sie diese gefühlsmäßigen Vorgänge vermehrt lernen. ▷ Erziehende Erwachsene bemühen sich durch entsprechende Aktionen um gefühlsmäßig angemessenes Verhalten von Personen in Fernsehen, Filmen, auf Werbeplakaten. Heute nehmen Kinder und Jugendliche in diesen Medien häufig Profitstreben, Prestigedenken, Luxus u. ä. wahr. In Zeitschriften oder auf Plakaten wird für Nikotin- und Alkoholgebrauch geworben. Mit einem hohen Aufwand werden hier Millionen von Menschen zu einem gefühlsmäßig unangemessenen Verhalten beeinflußt. Wir sollten dies nicht schweigend hinnehmen. ▷ Erwachsene bemühen sich, daß Jugendliche gefühlsmäßig angemessenes Verhalten bei anderen wahrnehmen können, so etwa Personen, die Beeinträchtigten, Hilfsbedürftigen, Notleidenden, Kranken und Sterbenden helfen.

Das Denken, Urteilen und Werten einer Person wird beeinflußt durch das Wahrnehmungslernen aufgrund des Urteilens und Wertens anderer Personen oder Gruppen. Dies wird teilweise durch die nachfolgenden Befunde demonstriert: ▷ Ein kleiner feststehender Lichtpunkt leuchtet in einem dunklen Raum kurzzeitig hintereinander auf. Der Betrachter nimmt hierbei eine scheinbare Bewegung des Punktes wahr. In Wirklichkeit bewegt sich der Punkt nicht. Danach werden mehrere Betrachter, die in Einzelversuchen jeder für sich eine unterschiedliche Bewegung sahen, in einer Gruppe zusammengebracht. Sie äußern laut ihre Beobachtungen über die Bewegung des Lichtpunktes. Hierbei gleichen sich allmählich die Urteile über die wahrgenommene Bewegung bei den Betrachtern an, ohne daß ihnen dies bewußt wird. Die in der Gruppe wahrgenommenen Bewegungen bleiben auch bei späteren Einzeluntersuchungen bei den Betrachtern bestehen (Sherif, 1936). ▷ Das persönliche Urteil von Untersuchungspersonen zu Fragen des allgemeinen Interesses, das in Einzelgesprächen ermittelt worden war, wurde durch Informationen über Urteile anderer erheblich beeinflußt. Je jünger die Untersuchungspersonen waren, um so stärker war die Beeinflußbarkeit (Marple, 1933). ▷ Sog. konservative und radikale Gesichtspunkte werden wahrscheinlich zu einem Teil auch durch Wahrnehmung gelernt. So verstärkte sich deutlich die in Tests ermittelte Einstellung „radikal" von Schülern der Oberstufe nach 4 Monaten Unterricht bei Lehrern mit „radikalen" Einstellungen, festgestellt durch Tests und Einschätzung von Kollegen. Auch „konservative" Einstellungen der Schüler wurden durch „konservative" Einstellungen ihrer Lehrer geändert, jedoch war hier das Ausmaß der Änderung geringer (Kroll, 1934).

Das alltägliche Verhalten von Erwachsenen als Modell für das Wahrnehmungslernen von Kindern–Jugendlichen. Die dargelegten Untersuchungen stützen die Annahme: ▷ Das soziale, gefühlsmäßige und intellektuelle Verhalten von Jugendlichen und Erwachsenen wird bedeutsam durch das von ihnen bei anderen wahrgenommene Verhalten beeinflußt. Das Wahrnehmungslernen ist deutlich vorhanden, z. B. beim Sprechenlernen des Kleinkindes, bei sozialen Verhaltensweisen, bei erotischen und sexuellen Einstellungen, bei politischen Auffassungen. ▷ Je nach der Art des wahrgenommenen Verhaltens sind die Beeinflussungen förderlich oder beeinträchtigend im Sinne der Erziehungs- und Lebenswerte. ▷ Angemessenes soziales, gefühlsmäßiges und intellektuelles Verhalten der Erwachsenen ist eine entscheidende Möglichkeit, damit Jugendliche dasjenige soziale, gefühlsmäßige und intellektuelle Verhalten aufgrund der Wahrnehmung lernen, das die Erwachsenen bei ihnen entsprechend den Erziehungs- und Lebenswerten anstreben.

Lehrerverhalten und Wahrnehmungslernen der Schüler. Lehrer sind besonders bedeutsame Personen für das Wahrnehmungslernen von Schülern. Sie sind täglich 4–5 Stunden mindestens 9 Jahre lang mit Schülern zusammen. Sie werden von den Schülern aufgrund ihrer Position in der Klasse, ihrer Befugnisse und ihrer Wissenskenntnisse sehr deutlich wahrgenommen. Lehrer können durch die Art ihres Verhaltens entscheidend das soziale, gefühlsmäßige und intellektuelle Verhalten der Schüler beeinflussen.

Lehrer sind allerdings noch häufig ungünstige Wahrnehmungsmodelle für das Lernen der Schüler. Diese Annahme ergibt sich aus zahlreichen Beobachtungen und Befunden. In vieler Hinsicht zeigen wir Lehrer noch kein günstiges Verhalten für das Wahrnehmungslernen. So sind die Effekte für das Wahrnehmungslernen der Schüler eher destruktiv. Große Möglichkeiten der Erziehung sind nicht genutzt. Im Gegenteil: Sie erfolgen in destruktiver Weise. Wenn zahlreiche Erziehungswerte in der Schule nicht erreicht werden, so liegt hier eine bedeutsame Quelle. Die förderlichen Dimensionen menschlichen Zusammenlebens Achtung–Wärme, nicht-wertendes Verstehen, Echtheit sowie nicht-dirigierende fördernde Tätigkeiten werden von Lehrern häufig noch in zu geringem Ausmaß gelebt. Dadurch machen die Schüler nicht nur unmittelbar ungünstige Erfahrungen, sondern mittelbar und langfristig lernen sie diesen wenig förderlichen Stil des Verhaltens ihrer Lehrer. Lehrer vermeiden häufig eine schlechte Tafelschrift, weil sie einen ungünstigen Einfluß auf die Schreibweise der Schüler befürchten. Weitaus bedeutsamer ist ihr Einfluß durch ihr soziales, gefühlsmäßiges und intellektuelles Verhalten. Dieses wird viel stärker als die Tafelschrift fortlaufend von den Schülern wahrgenommen und gelernt. Teilweise müssen wir geradezu hoffen, daß Schüler manche Lehrer ablehnen und aufgrund dieser Ablehnung das ungünstige Verhalten dieser Lehrer weniger lernen. Einige nähere Gesichtspunkte:

Häufig mißachten Lehrer Schüler, sie behandeln sie des öfteren geringschätzig, demütigend, mit geringem Respekt, in sozial irreversibler Weise. Sie sind intolerant gegenüber Andersdenkenden oder auch gegenüber dem Fühlen der Schüler. Sie dirigieren die Jugendlichen in hohem Ausmaß, gestatten ihnen wenig Selbstbestimmung und wenden in kritischen Situationen psychische und manchmal körperliche Gewalt an.

Lehrer zeigen selten ein einfühlendes Verstehen der inneren Welt der Schüler, auch dann nicht, wenn sie mit ihnen keine Konflikte haben und Zeit für ein persönliches Gespräch zur Verfügung steht. Ihre Maßnahmen und Tätigkeiten berücksichtigen häufig nicht die innere Welt der Schüler, deren Schwierigkeiten und Wünsche.

Lehrer sind des öfteren wenig echt, wenig in Kontakt mit ihrem Fühlen, zeigen ein größeres Ausmaß an Rollen- und Routineverhalten, eine Fassade von Perfektionismus und Fehlerlosigkeit. Häufig sind sie wenig offen für ihr eigenes Erleben. Sie sehen etwa ihre Gefühle des Ärgers oder der Spannung wenig als i h r e Gefühle an, für die sie verantwortlich sind. Sondern sie machen andere dafür verantwortlich und verurteilen sie.

Fördernde nicht-dirigierende Tätigkeiten von Lehrern sind selten. Lehrer sind oft nicht intensiv bemüht, für Schüler günstige Lernbedingungen zu schaffen. Sie fördern wenig das selbständige selbstverantwortliche Lernen ihrer Schüler. Sie befassen sich oft nicht intensiv damit, günstige Materialien bereitzustellen, einfache verständliche Lehrtexte herzustellen, neue Verfahren zu entwickeln, ihren Schülern Kleingruppenarbeit in Schule und zu Hause zu ermöglichen. Auch das Informationsverhalten von Lehrern ist oft wenig günstig: weitschweifig, langatmig, kompliziert, umständlich im Sprachausdruck, wenig gegliedert. Schüler lernen hierdurch eine wenig günstige Art des Gedankenausdruckes, nämlich Kompliziertheit, Ungeordnetheit, Weitschweifigkeit. – Häufig lernen Schüler von ihren Lehrern Inaktivität in schwierigen Situationen in der Art: „Es liegt an der Behörde, man kann nichts tun." „Es gibt kein Geld." Sie lernen Passivität bei gleichzeitiger Nörgelei, Pessimismus, Katastrophenstimmung, Klagen und Anklagen statt kreativer konstruktiver Vorschläge und Alternativen. Sie lernen häufig von ihren Lehrern, Probleme und Schwierigkeiten zu sehen, zu kritisieren und sie anderen anzulasten, aber nichts zu ihrer Änderung zu tun als anderen dafür die Schuld zuzuschieben. Selten zeigen Lehrer die große Breite von Lösungen, die es für sehr viele Probleme gibt. Sie sind eher Modelle dafür, daß sie selbst häufig nur e i n e n Ausweg wissen, etwa die Anforderung von finanziellen Mitteln bei Behörden. So mögen manche Lehrer im Sozialkundeunterricht sich zwar sprachlich für politisch aktives Verhalten einsetzen. Aber sie selbst sind in ihrer Berufstätigkeit vor der Klasse Verhaltensmodelle von gewisser Handlungsunfähigkeit und beruflicher Inaktivität in schwierigen Situationen.

Die lenkende dirigierende Aktivität von Lehrern dagegen ist sehr groß. Die Tätigkeit von Schülern im Unterricht wird von Minute zu Minute in Inhalt und Art durch Befehle, Anordnungen und Fragen bestimmt. Lehrer sind hier ungünstige Wahrnehmungsmodelle für ein Lernen befriedigender zwischenmenschlicher Beziehungen bei der Arbeit, für größere Selbstbestimmung sowie Freiheit von Zwang und Druck.

Die Möglichkeiten günstigen Wahrnehmungslernens der Schüler von ihren Lehrern sind noch weitgehend ungenutzt. Diese Möglichkeiten sind enorm. Ein günstiges emotionales, verständnisvolles, achtungsvolles, echtes und aktiv förderndes Verhalten des Lehrers ist eine bedeutsame Möglichkeit, durch die Lehrer ihre Schüler fördern können, sich zu selbstbestimmten, selbstverantwortlichen, zwischenmenschlich hilfreichen Persönlichkeiten zu entwickeln. Diese Möglichkeiten sind in den späteren Kapiteln näher dargestellt. Entscheidend ist auch: Schüler und Studierende können ihre Lehrer und Professoren bei der Arbeit in ihren Zimmern durch offene Türen oder Glastüren wahrnehmen. Sie können ihre Lehrer und Professoren häufig wahrnehmen als intensiv Lernende, im Unterricht, in der gemeinsamen Bücherei oder außerhalb des Unterrichts. Günstige Möglichkeiten geben auch Arbeitsgruppen, bestehend aus einem Professor, mehreren Doktoranden, Diplomanden und Anfangssemestern. Hier können Studierende unmittelbar wahrnehmen und lernen, wie Professoren mit Schwierigkeiten und Fehlern fertig werden, wie sie durch hohen Einsatz an Arbeit und Engagement Fortschritte in der Forschung erzielen.

Elternverhalten und Wahrnehmungslernen ihrer Kinder. Eltern sind in den ersten 10 Jahren des Aufwachsens tagtäglich mehrere Stunden lang in engem Kontakt mit ihren Kindern. Sie sind die bedeutungsvollsten Personen der Kinder und werden in ihrem Verhalten von diesen fortlaufend wahrgenommen. Das wirkt sich unzweifelhaft auf das Wahrnehmungslernen ihrer Kinder aus. Und das von den älteren Kindern gelernte Verhalten beeinflußt wiederum über das Wahrnehmungslernen die nachfolgenden Geschwister.

Entsprechend den Befunden sind Eltern jedoch häufig keine günstigen Wahrnehmungspersonen für das angestrebte soziale, gefühlsmäßige und intellektuelle Verhalten ihrer Kinder. Sie leben des öfteren geringe Achtung–Wärme, einfühlendes Verstehen, Echtheit gegenüber ihren Kindern, und sie sind selten nicht-dirigierend fördernd tätig. Statt dessen dirigieren und lenken sie ihre Kinder häufig in größerem Ausmaß und ermöglichen ihnen wenig selbstbestimmtes selbstverantwortliches Lernen. Einige Fragen demonstrieren die derzeitige Situation:

Respektieren Eltern die Würde und Selbstbestimmung ihrer Kinder und ihres Ehepartners? Nehmen sie Rücksicht auf Interessen und Wünsche ihrer Kinder und ihres Ehepartners? Nehmen sie Rücksicht bei der Erledigung der Hausarbeit? Verzichten sie auf psychische und physische Gewalt, wenn sie Änderungen bei anderen durchsetzen wollen und sich beeinträchtigt fühlen? Sind sie fähig, ihr Fühlen zu leben und sich selber in ihrem gefühlsmäßigen Erleben anderen zu öffnen? Reagieren sie verwirrt auf Probleme der Sexualität oder Erotik? Sind sie Modelle für Zärtlichkeit gegenüber den Kindern und dem Ehepartner? Sind sie Modelle für gefühlsmäßig entwickelte Persönlichkeiten, für Interesse und Anteilnahme an Sorgen und Problemen anderer?

Bemühen Eltern sich zu erfahren, wie die innere Welt ihrer Kinder aussieht? Versuchen sie aktiv zu hören, was in Kindern und Jugendlichen vorgeht?

Sind Eltern angemessene Modelle für fördernde nicht-dirigierende Tätigkeiten? Sind sie offen für neue Erfahrungen, bereit, sich über neue Bereiche zu informieren? Sind sie Lernende? Sind Mütter zu Diskussionen in technischen und politischen Fragen mit ihren Kindern bereit? Sind Eltern Wahrnehmungspersonen für angemessenes Freizeitverhalten, etwa für häufige sportliche Betätigung?

Weitere Gesichtspunkte zum Wahrnehmungslernen in der Erziehung. ▷ Geschwister, Mitschüler und Freunde sind bedeutsame Personen für das soziale, gefühlsmäßige und kognitive Wahrnehmungslernen von Kindern und Jugendlichen. Auch in der Bevorzugung von Kleidung, Musikstücken oder Modeerscheinungen wird dies deutlich.

▷ Unserer Erfahrung nach benötigen insbesondere sog. unterprivilegierte Personen fortlaufenden Kontakt und somit Wahrnehmung von Personen mit befriedigendem Lebensstil in Ehe, Freizeit, Kindererziehung, Geldverwendung u. a. Eine lediglich materielle Verbesserung ist bei diesem Personenkreis oft nicht hinreichend. Ein Teil ihrer Probleme wurde dadurch bedingt, daß sie in ihrem bisherigen Leben keinen engen Kontakt zu Personen mit mehr psychischer Lebensqualität hatten und nicht durch Wahrnehmung lernen konnten.

▷ Personen des öffentlichen Lebens werden unmittelbar oder durch das Fernsehen von Millionen von Kindern und Jugendlichen wahrgenommen. Sind z. B. Politiker Wahrnehmungspersonen für Fairneß, für Fähigkeit zu konstruktiven Lösungen sozialer und wirtschaftlicher Probleme, für Kompromißbereitschaft, für Kooperation, für Zurückstellung eigener Wünsche und Ideen zugunsten des größeren Gesamtzieles? Oder sind sie Modelle für Egoismus, für unsoziales Verhalten, Streit- und Oppositionssucht und für fehlende Selbstdisziplin? Sind Personen mit relativ öffentlicher Tätigkeit, Manager, Professoren, Ärzte, Journalisten, Künstler u. a. Wahrnehmungsmodelle für angemessen soziales, emotionales und intellektuelles Verhalten? Sind diejenigen, die reale oder vermeintliche Mißstände in unserer Gesellschaft ändern wollen, Studenten, Professoren und Politiker, sozial angemessene Modelle für das Erreichen von langfristigen Zielen, für das Ertragen von Frustrationen? Oder sind sie Modelle für den Gebrauch von Gewalt und Zwang, für Aggression, für Manipulation, für die Verwendung demagogischer Parolen? Jeder, der ein Amt innehat, das in großem Umfang anderen Wahrnehmungsmöglichkeiten gibt, sollte sich der Auswirkungen, die durch die Wahrnehmung seines Verhaltens in der Öffentlichkeit bei anderen Personen eintreten, bewußt sein und darauf Rücksicht nehmen.

▷ Werbung im Fernsehen und in Zeitschriften ist eine erhebliche Quelle des Wahrnehmungslernens. Millionen Zuschauer und Leser werden tagtäglich entsprechend der Absicht der Auftraggeber der Werbung zu größerem Genuß von Alkohol, Nikotin oder Luxusverhalten beeinflußt. Werbespots des Fernsehens der BRD zeigten gemäß einer Untersuchung (Schulz von Thun u. a., 1974) überwiegend gepflegte junge „Luxusgeschöpfe". Durch den Kauf von Konsumartikeln, oft Luxusartikeln, steigerten sie ihr körperliches und vor allem seelisches Wohlbefinden. Diese Vorteile für den Käufer wurden übertrieben und unrealistisch dargestellt. Besonders unrealistisch war die Befriedigung seelischer und zwischenmenschlicher Bedürfnisse durch den Kauf von Konsumartikeln. Überwiegend unrealistisch war auch der gezeigte Umwelthintergrund für die Artikel. Sachliche Informationen waren selten. Unseres Erachtens endet die persönliche Freiheit dort, wo das Wohlergehen anderer Personen erheblich beeinträchtigt wird, wie in der Fernsehwerbung bei großen Teilen der Bevölkerung durch die Art der Werbung. Die ungünstigen Auswirkungen des Fernsehens durch häufige Darstellung aggressiver Akte, von Härte, Rücksichtslosigkeit, gefühlsmäßiger Kälte hatten wir schon geschildert. Darüber hinaus vermuten wir: Die große Häufigkeit unechten, fassadenhaften Verhaltens von Personen im Fernsehen, sei es bei den Ansagen oder bei der Darstellung menschlichen Verhaltens in den Sendungen, ist aufgrund des Wahrnehmungslernens wenig förderlich für ein humanes Zusammenleben von Menschen.

▷ Aufgrund der Isoliertheit der Schulen vom übrigen Leben haben Schüler selten Wahrnehmungen über das Arbeitsverhalten der übrigen Bevölkerung. Sie sehen selten, wie andere Personen etwa in Betrieben die Kenntnisse verwerten, die sie derzeit mühsam lernen. Leider können auch die meisten Jugendlichen ihre Eltern nicht bei ihrer Arbeit wahrnehmen. Sie sehen sie häufig nur erschöpft nach der Arbeit beim Entspannungs- und Freizeitverhalten.

Was können Erwachsene tun, wenn sie derzeit noch nicht zu einem förderlichen Verhalten fähig sind? Folgende Möglichkeiten sehen wir: ▷ Erwachsene leben ein Verhalten, wie sie mit ihren eigenen Fehlern fertig werden, wie sie offen und echt zu ihren Fehlern und Schwächen stehen, wie sie sich um Änderungen bemühen. Sie teilen anderen mit, daß sie in bestimmten Bereichen nicht oder noch nicht ein hinreichendes Verhalten haben. ▷ Sie halten sich im Kontakt mit Jugendlichen in

Zeiten oder Situationen weitgehend zurück, in denen sie aus gewissen Gründen keine angemessenen Wahrnehmungsmodelle sein können bzw. sich unfähig fühlen zu einer angemessenen Verarbeitung. ▷ Sie weisen deutlich auf Personen mit geeignetem Wahrnehmungsverhalten hin.

Wenn sich Erwachsene der großen Bedeutung des Wahrnehmungslernens bewußt sind, so kann für sie selbst eine gelegentliche Einschätzung dieser Qualität ihres Verhaltens hilfreich sein. Lehrer oder Erzieher können durch ihre Kollegen, durch Beobachter oder durch Jugendliche einschätzen lassen, in welchem Ausmaß ihr soziales, gefühlsmäßiges und intellektuelles Verhalten ein günstiges Wahrnehmungslernen der Jugendlichen fördert oder beeinträchtigt.

Selbstachtung und Selbstkonzept – wesentlich für die persönliche Entwicklung

Die Achtung, die jemand für sich selbst empfindet, ist sehr bedeutsam für sein Erleben und Verhalten gegenüber sich selbst und anderen, für das persönliche und fachliche Lernen sowie seine seelische Gesundheit.

Wie entwickelt sich diese Achtung für sich selbst? Wesentlich dadurch, daß Kinder – Jugendliche während ihres Heranwachsens erfahren, daß sie von ihren Eltern, Kindergärtnerinnen, Lehrern, Erziehern, Mitschülern und Geschwistern achtungsvoll behandelt werden. Für das erzieherische Zusammenleben bedeutet das: Die Selbstachtung von Kindern – Jugendlichen möglichst zu fördern, nicht zu beeinträchtigen.

Ferner haben wir die Bedeutung des Selbstkonzeptes (= Selbstbildes) beschrieben. Das Selbstkonzept hängt mit der Selbstachtung eines Menschen zusammen; aber es ist nicht so unmittelbar erfahrbar wie die Selbstachtung.

Das Selbstkonzept ist das unbewußte und bewußte Bild (Konzept), das wir von uns selbst, von unserer eigenen Person haben. Es bildet sich aus den Erfahrungen, die wir mit uns machen. Jemand mit häufigen Mißerfolgen wird eher das Konzept (Bild) einer erfolglosen Person von sich haben und wird entsprechend diesem Bild zukünftig handeln. Das Selbstkonzept von Kindern/Jugendlichen wird wesentlich durch die Erfahrungen mitbestimmt, die sie in der Begegnung mit den Personen ihrer Umwelt machen.

Neuerdings stellte sich die sog. Selbstwirksamkeit als wesentlicher Teil des Selbstbildes heraus. Machen Kinder bzw. Erwachsene häufig die Erfahrung, daß sie belastende Situationen selbstwirksam bewältigen können, dann ist dies von großer Bedeutung bei zukünftigen Streßbelastungen.

Selbstachtung ist die gefühlsmäßige wertende Einstellung einer Person zu sich selbst, zu ihrer eigenen Person. Es ist die Achtung und Wertschätzung, die eine Person für sich selbst, für ihr Selbst empfindet. Selbstachtung ist weitgehend gleichbedeutend mit Selbstwertgefühl, mit positiven Empfindungen, Gefühlen und Einstellungen zu sich selbst.

Selbstachtung ist sehr bedeutsam für die seelische Funktionsfähigkeit von Kindern und Erwachsenen, für ihre konstruktive Persönlichkeitsentwicklung und für das soziale Zusammenleben von Menschen. In vielen Untersuchungen ergab sich die große Bedeutung der Selbstachtung einer Person für ihr soziales, gefühlsmäßiges und intellektuelles Verhalten. Die Selbstachtung einer Person wird wesentlich gefördert oder beeinträchtigt durch das Ausmaß an Achtung oder Mißachtung, das sie von anderen, für sie bedeutsamen Personen erfährt, so Kinder und Jugendliche von ihren Eltern, Lehrern, Erziehern, Mitschülern oder Geschwistern.

Charakterisierung der Selbstachtung einer Person durch Erlebnisaussagen unter Verwendung der Untersuchungen von Coopersmith (1967), Rosenberg (1965) und Shostrom (1966):

Selbstachtung einer Person

Geringe Selbstachtung

Eine Person fühlt und denkt:

- ich wünschte, ich hätte mehr Achtung vor mir selbst
- des öfteren fühle ich mich wirklich nutzlos
- ich mag mich selbst nicht leiden
- ich wünschte oft, ich wäre jemand anderes
- ich schäme mich über mich
- ich bin ein Versager
- ich sehe keinen Grund, warum mich jemand gerne haben sollte
- ich bin mir meiner eigenen Ideen und Fähigkeiten nicht sicher
- ich habe eine negative Einstellung zu mir selbst
- ich habe öfters Angst, daß ich mich nicht richtig verhalten könnte
- ich fühle mich nur wohl, wenn ich anderen gefalle
- ich fühle mich unwohl, wenn ich etwas nicht perfekt gemacht habe

Starke Selbstachtung

Eine Person fühlt und denkt:

- ich fühle, daß ich eine Person von Wert bin
- ich fühle, daß ich eine Anzahl guter Eigenschaften habe
- ich kann mich selbst gut leiden
- im allgemeinen kann ich für mich selbst sorgen
- ich fühle mich frei und habe keine Furcht, ich selbst zu sein und die Konsequenzen dafür zu tragen
- ich fühle mich sicher in meinen Beziehungen zu anderen
- ich fühle mich wohl, auch wenn ich nicht perfekt bin
- wenn ich etwas tue, muß es nicht immer perfekt sein
- ich glaube, ich habe die Fähigkeit, mit meinem Leben fertig zu werden
- es ist nicht notwendig, daß andere meine Gesichtspunkte teilen
- ich verstehe mich selbst
- ich fühle mich auch wohl, wenn ich anderen nicht immer gefalle

Stellen wir uns vor: Wir wären die Person, die die linksstehenden Äußerungen als für sich überwiegend zutreffend empfindet. Wie beeinträchtigend, bedrohlich und wenig hoffnungsvoll wäre unsere persönliche Welt! Wie elend, gequält, unsicher und erniedrigt würden wir uns häufig fühlen. Wie sehr würden wir uns wünschen, eine Person mit hoher Selbstachtung zu sein. Wie gefühlsmäßig sicherer, spannungsfreier und innerlich ruhiger würden wir uns dann fühlen! Unsere persönliche Welt wäre lebenswerter und weniger bedrohlich. – Wie wenig nützen uns bei geringer Selbstachtung Geld, Besitztümer, eine berufliche „Karriere" oder äußere Ehrungen! Vielleicht würden wir hoffen und versuchen, unsere geringe Selbstachtung durch äußere Erfolge und Ehrungen aufzubessern oder zu überdecken. Aber wir würden meist feststellen, daß uns dies wenig hilft. Was würden wir als

Personen mit geringer Selbstachtung von Erwachsenen denken, die die Schule überwiegend unter den Gesichtspunkten von Stoffplänen und der Schulorganisation sehen? Würden wir nicht dringend wünschen, insbesondere wenn wir sog. unterprivilegierte Personen wären, Lehrer gehabt zu haben, die in Schulen unsere Selbstachtung stärker gefördert hätten, statt sie häufig zu beeinträchtigen?

Die nachfolgenden wörtlichen Äußerungen demonstrieren, wie unterschiedlich die Welt von Personen mit geringer oder starker Selbstachtung ist:

„Dann sind wieder diese Schuldgefühle da, dieses Sich-Mies-Fühlen, dieses Sich-als-Versager-Fühlen, dieses Gefühl: Was bist Du eigentlich? Was leistest Du eigentlich? Du machst ja gar nicht viel! Du lebst ja doch nur so vor Dich her! Was hast Du eigentlich für ein mieses Leben zu erwarten!"

„Was ich auch so gut finde: Daß ich mit mir zufrieden bin, obgleich auch diese Gefühle stärker in mir durchgekommen sind, die ich gar nicht will. Ich glaub', das ist der größte Erfolg, wenn ich mal Zwischenbilanz machen soll: Daß ich mich im Moment eben auch so mag, wie ich bin, im großen und ganzen. Ich empfinde eher die Leute als oberflächlich, die, wenn sie mich kennen, sagen würden: ‚Du bist eben ein ziemlich minderwertiger Typ.'"

„So reden mit Menschen, da habe ich immer viel Kontakt mit. Dann denk' ich: Ich muß ja gut sein. Überall auf dem Campingplatz und so. Kinder kommen zu mir und auch Erwachsene. Dann denke ich: Die müssen Dich ja leiden können, sonst würden sie ja nicht zu Dir kommen."

Bettlägerige, fast 90jährige: „Daß ich hier in meinem Bett heute am Sonntag in Bluse und Jacke liege und eben nicht im Nachthemd, das tue ich aus Achtung vor meinem Ich."

Selbstachtung einer Person kann sich in ihren Gesprächen mit sich selbst ausdrücken. Wie achtungsvoll behandeln Personen sich selbst? Können sie sich selbst leiden, sind sie sich selbst gut? Mögen sie sich selbst als ihren ständigen Partner? Einen Einblick erhalten wir durch die Art, wie Menchen zu sich selber sprechen, durch die sog. Selbstkommunikation. Darunter sind alle Gedanken zu verstehen, die eine Person halblaut oder leise zu sich selbst äußert und die wesentlich ihre eigene Person betreffen (Tausch u. Tausch, 1974). Beispiele für achtungsvolle, optimistische Selbstäußerungen einer Person: Ich kann zufrieden sein. Wird schon noch werden. Das ist gut, das ist sogar ausgezeichnet. Du wirst das schon machen. Das werd' ich schon schaffen. Na, wie hast Du das wieder mal hingekriegt. Viele Menschen jedoch sprechen zu sich selbst und behandeln sich selbst eher in geringschätziger, bestrafender und pessimistischer Form: Was ich mache, ist sowieso alles verkehrt. Ich bin einfach unfähig. Mich mag keiner. Ich glaube, ich schaffe es nicht. Bei mir klappt es einfach nicht. Das kann ich doch nicht. Was ich auch mache, ist verkehrt.

Die Bedeutung der Selbstachtung einer Person für sie selbst. Hinreichende oder fehlende Selbstachtung beeinflußt erheblich unser seelisches Wohlbefinden, unsere Zufriedenheit, unsere seelische Gesundheit und Funktionsfähigkeit, das Ausmaß unserer Angst und unsere Lebensqualität. Einige Befunde:

Selbstachtung/Selbstgeringschätzung von Studenten hing deutlich mit dem Ausmaß ihrer gefühlsmäßigen Sicherheit/Unsicherheit zusammen. Unter gefühlsmäßiger Sicherheit war zu verstehen: Geringe Entmutigung durch erniedrigende Erfahrungen, geringe Enttäuschung über sich selbst, Seltenheit schlechter Stimmungen, geringes Selbstbemitleiden, Selbstbedauern und Argwohn, seltene Gefühle von Bedrohung, von Furcht und Feindseligkeit, weniger zentriert in der Machtausübung über andere (Jourard u. Remy, 1955).

Kinder mit geringer Selbstachtung, die zugleich auch von anderen Kindern abgelehnt wurden, waren deutlich gefühlsmäßig beeinträchtigt und ängstlich (Felker, 1969).

Personen mit geringer Selbstachtung hatten deutliche seelische Beeinträchtigungen in Form von sozialer Introversion, Psychasthenie und Depression (Shostrom, 1966).

Schüler und Studierende mit mittlerer und hoher Selbstachtung neigten im Experiment weniger zum Lügen und unehrenhaftem Verhalten als Personen mit geringer Selbstachtung (Graf, 1971; Eisen, 1972).

12jährige, die von ihren Lehrern als möglicherweise später straffällig eingeschätzt wurden, hatten deutlich geringere Selbstachtung (Schwartz u. Tongri, 1965). Wahrscheinlich könnte Straffälligkeit von Jugendlichen vermindert werden durch die Förderung ihrer Selbstachtung. Allerdings wird häufig durch die Art der gerichtlichen Untersuchung und Verurteilung, durch die Art des Aufenthaltes in Vollzugsanstalten und durch die Einstellung der Bevölkerung ehemaligen Gefängnisinsassen gegenüber die Selbstachtung dieser Personen weiter verringert.

Bei amerikanischen Jugendlichen wurde das Ausmaß ihrer Selbstachtung und die Art ihres Selbstkonzeptes im Alter von 12 Jahren ermittelt. Jugendliche mit hoher Selbstachtung waren im Alter von 16 noch in erheblich größerem Prozentsatz in der Schule, hatten günstigere Beziehungen zur Familie und zu ihren Lehrern sowie erheblich geringere Kontakte zur Polizei und Gerichten als Jugendliche mit geringer Selbstachtung (Scarpitti u. a., 1960).

Häufige geringschätzige pessimistische Selbstäußerungen und Selbstbehandlung (z. B. „Mir gelingt doch nichts.") hingen bei Jugendlichen und Erwachsenen zusammen mit seelischen Beeinträchtigungen wie Neurotizismus, Depression, Nervosität, Gehemmtheit, Selbstaggression, Erregbarkeit und Aggressivität (Quitmann, Tausch u. Tausch, 1974). Psychiatrische Patienten mit deutlichen seelischen Beeinträchtigungen sprachen zu sich selbst häufiger in selbsterniedrigender-pessimistischer als in positiv-optimistischer Form. Seelisch nicht beeinträchtigte Personen oder nur körperlich erkrankte Patienten sprachen zu sich etwa doppelt so viel in selbstwertschätzender-optimistischer wie in selbsterniedrigender-pessimistischer Weise. Psychiatrische Patienten mit mindestens einem Selbstmordversuch sprachen zu sich selbst häufiger in selbsterniedrigender, pessimistischer, dirigierender Art als psychiatrische Patienten ohne Selbstmordversuch (Böllner, Tausch u. Tausch, 1975).

Studenten mit höherer Selbstachtung wurden von Gruppenmitgliedern in Diskussionen ohne Leiter als ideenreicher, origineller, aktiver, von größerer Kontaktbereitschaft gegenüber anderen und als effektiver in Lebenssituationen eingeschätzt (Mussen u. Porter, 1959).

Personen mit geringer Selbstachtung paßten sich eher konformistisch an Gruppen und Normen an. Sie hatten ein starkes Bedürfnis, Achtung und soziale Akzeptierung von den Gruppenmitgliedern zu erhalten (Dittes, 1959).

Jugendliche mit geringer Selbstachtung erwarteten von ihrem Arbeitsplatz in hohem Ausmaß Prestige, Unabhängigkeit und intellektuelle Stimulation. Sie sahen die Arbeit als ein Mittel der Förderung ihrer Selbstachtung an. Jugendliche mit größerer Selbstachtung dagegen sahen in der Arbeit ein geringeres Mittel zur Erlangung von Prestige, Unabhängigkeit, Belohnung und Befriedigung. Dies ergab sich bei über 500 Jugendlichen schwarzer und weißer Hautfarbe in den USA (Pallone u. a., 1970).

Geringe Selbstachtung von Personen, ferner geringe Selbständigkeit, Gefühle der Inkompetenz, der Unklarheit und des Zweifelns über das eigene Verhalten begünstigen wahrscheinlich das Wahrnehmungslernen von unsozialem und aggressivem Verhalten (Bandura u. Walters, 1963).

Diese Untersuchungen demonstrieren die Bedeutung der Selbstachtung für das Erleben und Verhalten einer Person, insbesondere für ihre seelische Gesundheit.

Einige weitere Gesichtspunkte: ▷ Ohne Selbstachtung kann eine Person wahrscheinlich schwer offen sein für ihr eigenes gefühltes Erleben, insbesondere für ungünstige Aspekte ihrer Person. Sie wird wenig bereit sein zu einer intensiven Auseinandersetzung damit. ▷ Eine Person mit geringer Selbstachtung wird eher dazu neigen, vor anderen eine Fassade zu errichten und Rollen zu spielen. ▷ Aufgrund dieser Vorgänge und ihrer Gefühle der Beeinträchtigung ist so die Selbstbestimmung einer Person erheblich vermindert. ▷ Manche Personen mit geringer Selbstachtung werden verzweifelt Aktivitäten unternehmen, etwa sich konformistisch Gruppen mit totalitären Ideologien anschließen, in der Hoffnung, daß sie hierdurch als Person eine Aufwertung erfahren und Bedeutung erlangen würden. ▷ Nur Personen mit großer Selbstachtung werden es wagen, in einer manipulierten Versammlung sich nonkonformistisch zu verhalten, aufzustehen, auf die Manipulation hinzuweisen und sinnvolle, intelligente Alternativen vorzuschlagen. ▷ Unzweifelhaft leidet ein größerer Prozentsatz der Bevölkerung an geringer Selbstachtung, fühlt einen geringen Kurswert ihrer eigenen Person.

Die Selbstachtung einer Person wird entscheidend durch andere Personen gefördert oder beeinträchtigt. Die Förderung und Beeinträchtigung erfolgt durch die Achtung oder Mißachtung, mit der eine Person von anderen behandelt wird. Aus Äußerungen und Maßnahmen ihrer Eltern und Lehrer erfahren Kinder und Jugendliche, daß sie achtenswerte oder zu verachtende Personen sind. Etwa aus folgenden Äußerungen: „Ich bin gern mit Dir zusammen!" „Ihr habt das wirklich toll hingekriegt!" oder „Geh weg, Du bist ein böses Kind!" „Dauernd muß ich mich bloß mit Dir rumärgern." „Du bist einfach zu allem zu blöd!" Auch in den Maßnahmen der Erwachsenen, aus ihrer Sorge, ihrem Bemühtsein, ihren hilfreichen Unterstützungen oder aber aus ihren Vernachlässigungen, Ignorierungen und Rücksichtslosigkeiten spüren Kinder und Jugendliche die Achtung oder Mißachtung ihrer Person. Entsprechend dieser von anderen erfahrenen Achtung oder Mißachtung sehen Kinder oder Jugendliche sich selbst: Als eine Person von Achtung und Wert oder als eine Person von geringer Achtung. Wie sollten auch Jugendliche, die häufig von ihren Eltern oder Lehrern als wenig achtenswert angesehen und fortlaufend in dieser Weise behandelt werden, hohe Achtung für sich selbst entwickeln! Auch ein Erwachsener kann kaum Selbstachtung entwickeln, wenn er jahrelang durch seinen Ehepartner mißachtet und erniedrigt wird. – Im folgenden einige Untersuchungsbefunde über die Förderung oder „Zerstörung" der Selbstachtung von Kindern–Jugendlichen:

Die Selbstachtung 10–13jähriger hing in einer umfangreichen Untersuchung deutlich mit dem Verhalten ihrer Eltern zusammen (Coopersmith, 1967). Jugendliche mit Selbstachtung hatten im Vergleich zu Jugendlichen mit geringer Selbstachtung Eltern, die ihre Kinder weitgehend achteten und akzeptierten sowie von positivem Wert ansahen. Ferner: Die Eltern bestimmten wesentliche Grenzen für das Verhalten der Jugendlichen und bestanden auf Einhaltung der Grenzen. Sie taten es allerdings in einer toleranten, partnerschaftlichen Weise und mit einer gewissen Duldung einiger Überschreitungen. In den Familien herrschte nicht nur Frieden und Ruhe. Es gab auch Kollisionen, zumal Eltern und Kinder sozial deutlich engagiert waren, ausgeprägte Meinungen hatten und sich gegenseitig keine Mißachtung erlaubten. Jedoch waren Kinder und Eltern ihrer selbst sicher. Nach Auffassung des Autors wird Selbstachtung von Jugendlichen am meisten gefördert durch: Respekt der Eltern für den Jugendlichen, Akzeptierung des Jugendlichen durch die Eltern, Selbstachtung der Eltern sowie Setzen gewisser Grenzen durch die Eltern. Des öfteren sind weniger als diese vier Bedingungen notwendig, aber immer mehr als eine dieser Bedingungen. Zurückweisung der Eltern, Mißachtung der Jugendlichen sowie doppeldeutige unklare Auffassungen waren beeinträchtigend für die Selbstachtung der Jugendlichen.

Das Selbstwertgefühl bei über hundert deutschen Vorschulkindern wurde durch mündliche Einzelbefragung der Kinder festgestellt. Zum Beispiel: „Gefällt es Dir, so zu sein, wie Du bist?" „Glaubst Du, daß man Dich gernhaben kann?" „Wärst Du lieber ein anderes Kind?" „Hast Du oft Angst, daß Du etwas falsch machen könntest?" Ferner wurde ermittelt, wie die Kinder das Erziehungsverhalten ihrer Mütter wahrnahmen. Zum Beispiel: „Sagt Deine Mutter, daß Du Dich bei vielen Dingen noch zu dumm anstellst?" „Verlangt Deine Mutter von Dir, daß Du immer das tust, was sie Dir sagt?" „Schimpft Deine Mutter oft mit Dir?" „Sagt Deine Mutter, daß sie es besser weiß als Du, was für Dich gut ist?" „Sagt sie oft, daß Du etwas falsch gemacht hast?" Hauptergebnis: Kinder, die ihre Mütter als unterstützend erlebten, hatten bedeutsam mehr Selbstwertgefühl und Selbstvertrauen und waren bedeutsam weniger gefühlsmäßig verunsichert als Kinder, die ihre Mutter als streng wahrnahmen (Graudenz, 1974). Ferner: Kinder, deren Mütter im Fragebogen einen sog. repressionsarmen Erziehungsstil befürworteten, erlebten ihre Mutter bedeutsam mehr unterstützend als Kinder, deren Mütter einen sog. repressiven Stil befürworteten.

Die Häufigkeit geringschätzender-pessimistischer-negativer Äußerungen zur eigenen Person (Selbstkommunikation) von Jugendlichen hing bedeutsam zusammen mit geringer Wärme der Eltern ihnen gegenüber. Ferner auch mit der Häufigkeit von geringschätzender-negativer Selbstkommunikation der Väter und Mütter. Dagegen hing negative Selbstkommunikation der Jugendlichen nicht zusammen mit sprachlicher Intelligenz, sozioökonomischem Milieu, Art der besuchten Schule sowie Geschlecht (Quitmann, Tausch u. Tausch, 1974).

Kinder von emotional warmen und positiv zugewandten Eltern hatten größere Selbstachtung als Kinder von zurückweisenden, emotional kalten Eltern. Überbeschützende Eltern beeinträchtigten ebenfalls die Selbstachtung der Kinder. Zur Feststellung dieses Befundes hatten mehr als 250 Eltern einen Fragebogen über ihre elterlichen Einstellungen ausgefüllt. Die Kinder gaben in einem Fragebogen ihre Selbstachtung und ihr Selbstkonzept an (Quadri u. Kaleem, 1971).

Kinder mit günstigem Selbstkonzept hatten häufiger Eltern, von denen sie größere Achtung–Wärme erfuhren. Die Art, wie Kinder sich selbst wahrnahmen, hing zusammen mit der Art, wie Eltern die Person des Kindes ansahen (Helper, 1958).

15jährige mit geringer Selbstachtung sahen die zwischenmenschliche Beziehung zu ihren Eltern als weniger förderlich an als Jugendliche mit hoher Selbstachtung. Ferner: Die Eltern der Jugendlichen mit geringer Selbstachtung sahen ihre zwischenmenschliche Beziehung mit ihrem Ehepartner als weniger förderlich an und schätzten ihre Ehe als weniger befriedigend ein, verglichen mit Eltern der Jugendlichen mit hoher Selbstachtung (Matteson, 1974).

Achtung und Wärme von Eltern hingen bei über 600 Jugendlichen im Alter von 16–17 zusammen mit ihrem Selbstwertgefühl und der positiven Einschätzung der eigenen Leistungsfähigkeit. Dagegen beeinflußte Kontrolle–Dirigierung der Eltern nicht bedeutsam die Selbstachtung der Jugendlichen (Gecas, 1971).

Studenten mit geringer Selbstachtung und innerer Unsicherheit nahmen ihre Eltern eher als Personen wahr, durch die sie wenig Achtung und Wertschätzung erfuhren (Jourard u. Remy, 1955).

Das Ausmaß der Wärme und Akzeptierung gegenüber ihren 5jährigen Kindern wurde bei über 300 Müttern festgestellt. 7 Jahre später wurde bei den dann 12jährigen die Selbstachtung untersucht. Wärme und Akzeptierung der Mutter für das Kind erwies sich als sehr bedeutsam für die Selbstachtung des Jugendlichen (Sears, 1970).

Selbstkonzept einer Person, was ist das? Jede Person nimmt fortlaufend wahr, empfindet und macht Erfahrungen. Ein Teil dieser Wahrnehmungen und Erfahrungen betrifft die eigene Person, ihre Fähigkeiten und Eigenschaften. So erfährt sich eine Person als leicht ermüdbar, als unternehmungslustig, als zu oft mutlos, als gut kontaktfähig zu anderen.

Die fortlaufenden Erfahrungen mit und über die eigene Person verdichten sich zum „Ich", zum „Selbst", zum Konzept oder Schema der eigenen Person, zum Selbstkonzept. Die Erfahrungen speisen und verändern es fortwährend. Jeder von uns hat ein derartiges Bild, Schema oder Konzept seines Ichs, seines Selbst. Es beinhaltet, wie wir uns selbst in der Vergangenheit mit unseren Eigenschaften und Qualitäten erfahren haben und wie wir uns jetzt selbst sehen. Es sind die verschiedenen Aspekte unserer Person. Es ist gleichsam: „So sehe ich mich". Es ist die zusammengefaßte, konzentrierte, aber änderbare Summe der tausendfachen Erfahrungen eines Menschen mit sich selbst und über sich selbst: Wie er ist, wie er lebt, was er kann und was er nicht kann.

Das Konzept „Ich selbst" ist also ein erworbenes, gelerntes Konzept, aus den Erfahrungen und Wahrnehmungen eines Menschen über und mit sich selbst. Alle wesentlichen Charakteristika, die ein Mensch mit sich und über sich selbst erfahren hat, wie er sich selbst empfindet und selbst sieht, sind gleichsam konzentriert im Konzept von der eigenen Person. Das Selbstkonzept ist eine Summe von abstrahierten wesentlichen Charakteristika eines Menschen, gleichsam von theoretischen Annahmen eines Menschen über sich selbst (z. B. „Mich mag niemand!"). – Das Konzept von der eigenen Person ist in den verschiedenen Bereichen der Person selbst oft unterschiedlich bewußt und klar.

Die Wahrnehmungen und Erfahrungen, die unser Selbstkonzept begründen und verändern, kommen zu einem wesentlichen Teil durch die Erfahrungen und Reaktionen mit anderen Personen, die für uns bedeutungsvoll sind. Direkte wertende Äußerungen und Urteile anderer über unsere Person können unser Bild von uns selbst beeinflussen, z. B. „Du bist ein glückliches Kind." „Du bist zu nichts nutze." In dem Maße, wie Menschen derartige Urteile anderer in ihr Bild von sich selbst aufnehmen, wird ihr Selbstkonzept beeinflußt. Zum Beispiel: „Man hat mir früher immer gesagt: Klein, aber oho! Und nach diesem Bild der anderen von mir habe ich 20 Jahre lang gelebt." – Auch Erfahrungen direkt mit uns selbst, unserer eigenen Person speisen unser Selbstkonzept, z. B.: Ich arbeite gerne! Ich habe häufig keinen Erfolg. Ich bin zu ungeschickt zum Basteln. Ich bin zu schüchtern und wage nicht, andere anzureden. Schließlich kann unser Bild von uns selbst auch durch Vergleiche mit anderen Personen, durch Nachdenken über uns selbst und durch das, was wir uns möglicherweise einreden, beeinflußt werden. Zum Beispiel: Ich mag nicht, wie ich aussehe, andere sehen besser aus. Ich habe eine viel zu große Nase und zu dicke Beine. Ich bin nicht so tüchtig wie andere.

Das Selbstkonzept einer Person ist keine „schöngeistige Spekulation", es ist erfahrbar und feststellbar. Daß wir ein Konzept von uns selbst haben, ist uns meist nicht bewußt. Es ist die Summe von Qualitäten, die hinter dem Wort „Ich" oder „Ich selbst" stehen. Diese Qualitäten unseres Selbst sind grundsätzlich dem Bewußtsein zugänglich. Sie können festgestellt, „gemessen" werden. Eine einfache Möglichkeit der Feststellung ist: Eine Person gibt in einem vertrauensvollen, offenen und verständnisvollen Gespräch an, wie sie sich selbst sieht, wie sie sich selbst erlebt. Sie kann das auch niederschreiben. Für einen genaueren Vergleich des Selbstkonzeptes verschiedener Personen eignen sich folgende Erfassungsmöglichkeiten: ▷ Die Selbstkonzept-Skala von Fits (1963). Sie besteht aus zahlreichen Feststellungen über die Qualitäten einer Person, z. B. Es ist schwer, mit mir auszukommen. Ich mag mein Aussehen gerad so wie es ist. Ich fühle mich meistens gut. Mir fällt es schwer, mit Fremden zu sprechen. Die befragte Person gibt an, wieweit diese Feststellungen für ihr eigenes Selbst zutreffen oder nicht zutreffen. ▷ Die Selbst-Sortierungs-Methode (Butler u. Haigh, 1954). Der befragten Person werden zahlreiche Kärtchen mit Beschreibung des Selbst vorgelegt, z. B.: Ich habe warme Beziehungen zu anderen. Ich kann meine Gefühle frei ausdrücken. Ich zweifle an meinen sexuellen Qualitäten. Ich fühle mich oft hilflos. Die Person legt diese Kärtchen in die Kategorien von „sehr zutreffend" bis „nicht zutreffend", je nachdem, wie sie sich selbst sieht. – In gleicher Weise wie das „reale" erlebte Selbst kann eine Person auch ihr ideales Selbst beschreiben. Sie sortiert dann die gleichen Kärtchen neu, entsprechend der (idealen) Person, die sie gerne sein möchte. Der Unterschied zwischen dem realen Selbst, wie eine Person ist, und dem idealen Selbst, wie sie sein möchte, kann berechnet werden.

Demonstration des Selbstkonzeptes von Personen. Die folgenden Feststellungen aus der Selbstkonzept-Skala von Fits wurden von einer Person sämtlich verneint, von einer anderen Person sämtlich bejaht: Ich verachte mich selbst. Ich bin ungeschickt. Es ist schwer, mit mir auszukommen. Ich bin zu empfindlich gegenüber dem, was meine Familie sagt. Ich sollte meine Familie mehr lieben. Mein Verhalten ist unsozial. Ich bin hassenswert. Ich bin mit mir unzufrieden. Ich bin ein Nichts. Ich bin unruhig und unverträglich. Dies veranschaulicht die sehr unterschiedlichen inneren Welten, in denen Personen leben.

Im folgenden einige Äußerungen, die Personen in personenzentrierten Gesprächen oder in der Gesprächspsychotherapie von sich machten: „Ich habe keine gute Meinung von mir." „Ich fühle mich als Trümmerhaufen." „Aber Achtung vor mir hab' ich, das muß ich sagen." „Mein ältester Bruder, der hat mir immer unter die Nase gehalten, daß ich nichts tauge." „Ich habe mich dauernd mit meinen Schwestern verglichen. Die waren schön und die waren klug und die waren gewandt. Und was waren sie noch alles! Alle waren sie mehr als ich!" „Mein Mann, der ist wirklich klug! Der kann gut Kreuzworträtsel raten und Quiz. Da weiß er alles. Ich hab' noch nie was geraten. Da merk' ich doch, wie doof ich bin. Auch wenn sich Leute Witze erzählen, ich kann nie darüber lachen, weil ich da nicht richtig mitkomme!" „Über mich selber, da denke ich nicht sehr gut." „Ich denke immer, ich hab' ja nie was richtig gelernt. Dann denke ich immer: Ich hab' ja auch viele Fehler. Wenn das nicht wäre, würde ich vielleicht mehr ruhiger sein." „Irgendwie habe ich mich verloren. Und da suche ich eben. Ich bin kein Finder. Ich muß noch rumlaufen, um diese Stücke meines Ichs wieder zusammenzufinden." „Das kann ich nicht machen: Ich kriege Ärger mit mir selbst!"

Auswirkungen des Selbstkonzeptes einer Person auf sie selbst. Die große Bedeutung des Selbstkonzeptes hat Carl Rogers (1951) deutlich dargelegt. Das Selbst ist das Zentrum der inneren Welt einer Person. Das Selbst ist das Zentrum der Wahrnehmungen und Empfindungen einer Person. Das Selbstkonzept beeinflußt entscheidend, ob und vor allem *wie* eine Person Ereignisse, Dinge und Personen ihrer Umwelt sieht, welche Bedeutung die Wahrnehmung für sie hat. Das Selbstkonzept beeinflußt erheblich das Verhalten und Erleben einer Person. Einige Erläuterungen:

Das Selbstkonzept einer Person wirkt sich deutlich auf ihr Verhalten aus. Menschen verhalten sich meist so, wie es dem Konzept ihrer eigenen Person entspricht. Ein Jugendlicher mit dem Selbstkonzept „Ich bin nicht viel wert" „Mich mag doch keiner" „Ich bin so häßlich und ungelenk" „Ich bin schüchtern" „Ich kann nicht gut reden" wird weniger wagen, etwa in einer Schulklasse, einem Seminar oder in einer Versammlung seine von der Mehrheit abweichende Meinung zu äußern. Er wird auch kaum wagen, etwa ein Mädchen anzusprechen, das ihm sehr wertvoll erscheint und das er kennenlernen möchte. Oder ein Mädchen mit einem ungünstigen Selbstkonzept wird es seltener wagen, den Kontakt mit einem Jungen zu beenden, den sie nicht mag oder der sie ausnutzt.

In jede Situation, in der wir handeln, bringen wir gleichsam das Konzept von uns selbst mit. Wir bringen die Annahmen und Erwartungen über unsere Qualitäten, Fähigkeiten, Wünsche und Fehler mit. Und entsprechend diesem Konzept von uns selbst verhalten wir uns. Auszubildende, Schüler, Studenten oder Erwachsene mit dem Konzept „Ich bin viel dümmer als andere" werden sich weniger zutrauen. Sie werden so meist eher verzagen und ermüden. Das Selbstkonzept wirkt sich oft auf ihr Verhalten aus wie eine sich selbst erfüllende Prophezeiung. Eine Person mit einem ungünstigen Selbstkonzept wird mit weniger Energie, Zähigkeit, Durchsetzung und mit größerer Ängstlichkeit und verminderter Kreativität an Aufgaben herangehen. Zeigen sich erste Anzeichen von Mißerfolg, so fühlt sich diese Person in ihren Annahmen und Vermutungen über ihre Qualitäten bestätigt. Sie laßt dann mit ihren Aktivitaten eher nach und wird entmutigt. Derartige entmutigende Erfahrungen bestätigen wiederum ihr Selbstkonzept von einer Person, die in diesem Bereich wenig erfolgreich und qualifiziert ist. Mit einem bestätigten ungünstigen Selbstkonzept geht diese Person in die nächste Situation hinein. Bei einer Person mit günstigem Selbstkonzept ist es eher entgegengesetzt: Sie traut sich mehr zu, sie ist weniger ängstlich, freier und kreativer. Und aufgrund der ersten Erfahrungen und Erfolge gewinnt sie mehr Mut. Diese erfolgreiche Tätigkeit bestätigt in ihr das Konzept: tüchtig zu sein und ihre Ziele bei intensivem Einsatz erreichen zu können. Unglücklicherweise tragen Lehrer, Ausbilder, Eltern und Professoren viel dazu bei, daß Schüler, Auszubildende und Studenten ein ungünstiges Konzept von ihren Qualitäten haben.

Insgesamt: Das Konzept einer Person wirkt sich deutlich auf ihr alltägliches Verhalten aus. Und wenn wir wissen, wie eine Person sich selbst sieht, wie ihr Selbstkonzept ist, dann können wir vieles von ihrem Verhalten eher verstehen. Wir werden weniger versuchen, sie durch Dirigierung, Strafen, Zwang und Überredung ändern zu wollen. Wir werden uns mehr darum bemühen, für sie Bedingungen zu schaffen, ihr Selbst zu verstehen und so zu ändern, daß sie mehr Selbstachtung empfindet.

Das Selbstkonzept einer Person wirkt sich auf ihr Wahrnehmen aus. Es ist, als ob eine Person wie durch einen Filter oder ein Gitter alles sieht, hört und wertet. Entsprechend ihrem Selbstkonzept nimmt sie bestimmte Umweltreize wahr oder ignoriert sie. Bestimmte Reize wirken auf ihre Sinnesorgane ein, aber sie werden ihr nicht bewußt. Wir ignorieren etwa häufig die akustischen Reize des Straßenlärms, das Ticken der Uhr, taktile Reize der Kleidung auf dem Körper, optische Reize von Reklameplakaten. Diese Reize haben in der jeweiligen Situation für unser Selbst, für unsere Bedürfnisse und unser Verhalten keine wesentliche Bedeutung. Diese Reize befinden sich gleichsam an der Wahrnehmungsperipherie. Sie können wahrgenommen werden, wenn sie für unser Selbst bedeutungsvoll sind. Etwa werden wir das Geräusch eines Autos eher beachten, wenn wir einen Freund erwarten. Bücher oder Personen können für uns bedeutungsvoll werden, die wir vorher kaum bewußt wahrgenommen haben. Viele Reize und Erfahrungen werden unwillkürlich ignoriert. Sie stehen in keiner Beziehung zum Konzept unserer Person. Ein Kind mag etwa sexuelle Reize bei einer anderen Person nicht wahrnehmen, da diese für es keine Bedeutung haben. Die gleichen Reize können jedoch für eine andere Person hoch bedeutsam sein.

Das Selbstkonzept einer Person wirkt sich auch auf ihre Bedeutungswahrnehmung aus. Reize oder Erfahrungen werden als solche wahrgenommen. Aber deren Bedeutung für eine Person ist abhängig von dem Selbstkonzept dieser Person. Das Selbstkonzept einer Person ist gleichsam der Bezugspunkt dafür, welche Bedeutung verschiedene Wahrnehmungen, Empfindungen und Erfahrungen für die eigene Person haben. Ob jemand einen Gegenstand, eine Person oder ein Ereignis als hilfreich, bedrohlich, als wichtig oder unwichtig wahrnimmt, hängt wesentlich von dem Konzept der eigenen Person ab. Wir reagieren zwar auf die Reize der Umwelt. Aber wir reagieren auf unsere eigenen Wahrnehmungen von diesen Reizen der Umwelt. Der gleiche objektive Reiz kann bei verschiedenen Menschen oder bei gleichen Personen zu verschiedenen Zeiten zu sehr verschiedenen Wahrnehmungen und Bedeutungen führen. Unser Selbstkonzept ist ein entscheidender Grund dafür: ▷ daß wir jeder in einer weitgehend anderen Welt leben, da wir bei sog. objektiven gleichen Außenreizen sehr unterschiedliche Empfindungen und Wahrnehmungen haben können; ▷ daß wir zu verschiedenen Zeiten in sehr unterschiedlichen Welten leben, da Personen und Dinge für uns zu verschiedenen Zeiten eine sehr unterschiedliche Bedeutung haben.

Ein unangemessenes, nicht mit den Erfahrungen einer Person übereinstimmendes Selbstkonzept kann die Quelle erheblicher seelischer Beeinträchtigungen sein. Im allgemeinen werden alle Erfahrungen, die eine Person mit sich selbst und über sich selbst macht, angenommen und eingegliedert in die fortlaufende Gestaltung ihres Selbstkonzeptes. Es besteht so Übereinstimmung zwischen den fortlaufenden Erfahrungen einer Person und der Art, wie sie sich selbst sieht, also mit ihrem Selbstkonzept. Bei manchen Personen tritt jedoch etwa in Krisenzeiten folgendes ein: Eine Person hält ein bestimmtes Selbstkonzept starr und rigide aufrecht, obwohl die Erfahrungen andersartig sind. Sie ist beispielsweise von sich überzeugt, hoch intelligent zu sein, obwohl sie etwa im Studium oder Beruf andersartige Erfahrungen macht. Normalerweise ändert sich bei Menschen entsprechend ihren Erfahrungen das Selbstkonzept. Manche Menschen jedoch halten das Selbstkonzept starr aufrecht, sie ignorieren Erfahrungen oder entstellen sie in ihrer Bedeutung. Es findet dann eine Abwehr oder Verzerrung von Wahrnehmungsbedeutungen statt. Dies ist eine Quelle erheblicher Spannungen und Beeinträchtigungen. Die realen Erfahrungen des Organismus und das Konzept der eigenen Person stimmen nicht mehr überein. Eine Person fühlt sich gleichsam nicht mehr eins mit sich selbst. Sie ist nicht integriert und fühlt Angst und Unsicherheit. Sie ist häufig um Abwehr und

Verzerrung ihrer Bedeutungswahrnehmungen bemüht. In der personenzentrierten Gesprächspsychotherapie (Rogers, 1951; s. a. Tausch 1974) erfolgt in der sicheren und verständnisvollen Atmosphäre eine Auseinandersetzung der Person mit ihrem eigenen Selbst. Eine Person akzeptiert mehr ihr Selbst und läßt die fortlaufenden Erfahrungen darin eingehen. Dies führt zu einem erheblichen Fortfall der Spannungen, zu einer erheblichen Verbesserung der seelischen Funktionsfähigkeit und zu einer Annäherung des Selbstkonzeptes an das erwünschte Selbst.

Untersuchungsbefunde zur Auswirkung eines ungünstigen Selbstkonzeptes einer Person auf ihr Erleben und Verhalten:

Kindergartenkinder mit einem deutlich ungünstigen Selbstkonzept hatten später im 1.–3. Schuljahr geringe Leseleistungen. Anhand des Selbstkonzeptes im Kindergarten konnten die späteren Leseleistungen der Kinder besser vorausgesagt werden als mit ihren Intelligenztestwerten im Kindergarten (Wattenberg u. Clifford, 1964). Ihr günstiges Selbstkonzept war also bedeutsam für die späteren Leseleistungen. Hoffentlich berücksichtigen dies diejenigen, die sog. unterprivilegierten Kindergartenkindern durch kognitive Intelligenz-Trainingsprogramme helfen wollen. Möglicherweise beeinträchtigen sie sogar das Selbstkonzept mancher Kinder durch ungünstige Trainingserfahrungen.

Ein ungünstiges Selbstkonzept von Schülern und geringe Schulleistungen beeinflussen sich wahrscheinlich wechselseitig. Geringe Schulleistungen und die damit oft verbundenen ungünstigen Erfahrungen führen zu einem ungünstigen Selbstkonzept. Und ein ungünstiges Selbstkonzept kann geringe schulische Leistungen mitbedingen. So war das Selbstkonzept bei 12jährigen am ungünstigsten, die zweimal sitzengeblieben waren, am nächstungünstigsten bei einmal Sitzengebliebenen und am günstigsten bei Schülern ohne Sitzenbleiben. Interessanterweise zeigten sich in dem körperlichen Selbst – wie Schüler ihren Körper wahrnahmen – keine Unterschiede bei diesen Schülergruppen (White u. Howard, 1973).

Schüler, deren Schulleistungen geringer waren als es ihren Intelligenztestwerten entsprach, hatten ein ungünstiges Selbstkonzept. Sie nahmen sich selbst als weniger akzeptierbar für andere wahr. Sie fühlten sich kritisiert, zurückgewiesen und isoliert, im Vergleich zu Schülern, deren Leistungen in Übereinstimmung mit ihren Intelligenztestwerten waren (Combs, 1964; Hamachek, 1971; Walsh, 1956).

Ein ungünstiges Selbstkonzept von Jugendlichen hing deutlich mit gefühlsmäßigen Störungen und größerer Ängstlichkeit zusammen (Lipsitt, 1958; Davids u. Lawton, 1961; Felker, 1969).

Personen mit ungünstigem Selbstkonzept und somit mit erheblicher Diskrepanz zwischen realem und idealem Selbst hatten erhebliche Persönlichkeitsschwierigkeiten und seelische Beeinträchtigungen (Rogers, 1951).

Das Selbstkonzept von Kindern Jugendlichen wird entscheidend durch ihre Eltern und Lehrer beeinflußt. Diese Annahme ergibt sich aus vielen Untersuchungen. Das Selbstkonzept einer Person wird ebenso wie die Selbstachtung wesentlich bestimmt durch die Art, wie andere Menschen die Person wahrnehmen und behandeln. Insbesondere sind entscheidend Achtung–Wärme oder Mißachtung–Kälte von Eltern, Kindergärtnerinnen und Lehrern. Einige Befunde:

Günstiges oder ungünstiges Selbstkonzept von über 300 Grundschulkindern hing zusammen mit günstigem oder ungünstigem Selbstkonzept ihrer Mütter (Tocco u. Bridges, 1973).

Ein günstiges Selbstkonzept bei 12jährigen hing bedeutsam zusammen mit größerer Wärme von Vater und Mutter (Sears, 1970).

Ein günstigeres Selbstkonzept und ein größeres Selbstwertgefühl hatten Schüler von Lehrern mit günstigem Selbstkonzept, verglichen mit Schülern von Lehrern mit ungünstigem Selbstkonzept (Trowbridge, 1972).

Grundschulkinder von sog. sozialintegrativen und Schüler unterstützenden Klassenlehrern hatten ein günstigeres Selbstkonzept als Grundschulkinder von Klassenlehrern mit eher gegenteiligem Verhalten (Spaulding, 1963).

Das anfänglich günstige Selbstkonzept wurde bei denjenigen Psychotherapie-Studierenden ungünstiger bei gleichzeitiger Zunahme ihrer seelischen Beeinträchtigungen, die von Dozenten mit ungünstigem Selbstkonzept eine eingehende längere Betreuung erhielten (Abramowitz u. a., 1974).

Das Selbstkonzept von Studenten änderte sich während eines 5wöchentlichen Zusammenlebens im Wohnheim entsprechend der Wahrnehmung, die die anderen Mitbewohner von jedem einzelnen hatten. War das anfängliche Selbstkonzept eines Studenten von sich selbst deutlich ungünstiger als die Wahrnehmung der Mitstudenten über ihn, so ergaben sich die größten Änderungen. Es erfolgte dann eine Änderung in Richtung eines günstigeren Selbstkonzeptes entsprechend der Wahrnehmung und dem Verhalten der Mitbewohner (Manis, 1955).

Die Auswirkung des Selbstkonzepts einer Person auf andere Personen ist nach den bisherigen Ausführungen naheliegend: Eine Person mit einem günstigen Selbstkonzept, in das alle wesentlichen bedeutsamen Erfahrungen eingehen, die ihre Wahrnehmungen nicht ignoriert oder verzerrt, und bei der nur geringe Diskrepanz zwischen ihrem realen und idealen Selbstkonzept besteht, ist für andere Personen ein funktionsfähigerer, hilfreicherer und prosozialer Partner. Diese Person wird weniger Verteidigungshaltungen haben, offener sein, angemessener wahrnehmen, andere Personen häufiger akzeptieren. Auf der anderen Seite: Personen mit ungünstigem Selbstkonzept und mit verzerrten Bedeutungswahrnehmungen werden für andere schwierige Partner sein. Sie werden sich häufig verteidigen, ihre inneren Spannungen werden das Zusammensein mit anderen häufig spannungsvoll machen. Sie werden häufiger zu unkontrollierten Reaktionen gegenüber anderen neigen, etwa weil sie andere in verzerrten Bedeutungen wahrnehmen. Sie werden andere weniger akzeptieren. Sie werden sich des öfteren minderwertig fühlen, verachtet und zum Teil hintergangen. Sie werden sich eher abschließen gegenüber anderen Menschen. Und wenn sie aktiv werden, werden sie häufiger andere Menschen beeinträchtigen. Sie werden andere Menschen schwerer hören und deren innere Welt verstehen.

Selbstakzeptierung einer Person. Darunter ist die Zufriedenheit einer Person mit sich selbst zu verstehen, mit ihrem Selbst, das Sich-selbst-Annehmen einer Person, so wie sie ist, mit ihren Eigenarten, Wünschen, mit ihrem Fühlen und ihren Fehlern. Dieser in der Fachliteratur gelegentlich gebrauchte Begriff Selbstakzeptierung ist weitgehend ähnlich der Selbstachtung, dem Wert, den jemand für sich selbst empfindet. Ferner ist Selbstakzeptierung ähnlich einem günstigen Selbstkonzept. Häufig werden die Begriffe Selbstakzeptierung und günstiges Selbstkonzept einander gleichgesetzt. Geringe Akzeptierung des Selbst bedeutet erhebliche Unzufriedenheit mit der eigenen Person, teilweise Ablehnung der eigenen Person, hohe innere Spannungen und damit erheblich eingeschränkte seelische Funktionsfähigkeit. Beispiele: „Ich kann mich nicht so akzeptieren! Da sträubt sich alles in mir! Aber es läßt sich ja auch nicht mehr verdrängen! Es ist ja aufgedeckt, es ist jetzt da. Es ist praktisch mit dem Reißverschluß geöffnet worden, das Gefühl." Oder Feststellungen für geringe Selbstakzeptierung aus Skalen von Shostrom (1966) u. Berger (1952): Ich bin häufig geplagt vom Gefühl der Minderwertigkeit und Unterlegenheit. Ich zwinge mich in allem, was ich tue, zur Perfektion. Ich sage nicht viel in sozialen Angelegenheiten, weil ich fürchte, daß die Leute mich kritisieren oder auslachen werden, wenn ich etwas Falsches sage.

Einige Untersuchungsbefunde über den Zusammenhang zwischen Selbstakzeptierung einer Person und ihrem Erleben und Verhalten. Die Befunde sind ähnlich denen über die Bedeutung der Selbstachtung und des Selbstkonzeptes.

Schüler des 6. Schuljahres mit geringer Selbstakzeptierung waren in Tests bedeutsam ängstlicher sowie dem Eindruck von Beobachtern nach unsicherer im Vergleich zu Schülern mit größerer Selbstakzeptierung (Bruce, 1958).

Personen mit geringer Selbstakzeptierung waren seelisch erheblich beeinträchtigt, z. B. depressiver (Berger, 1955).

Personen mit größerer Selbstakzeptierung und günstigem Selbstkonzept waren nicht nur seelisch gesünder, sondern auch prosozialer in Verhalten und Einstellungen gegenüber anderen Personen. So akzeptierten Personen mit größerer Selbstakzeptierung ebenfalls mehr andere Personen. Möglicherweise fühlen sich Personen mit größerer Selbstakzeptierung sicherer und können das Verhalten anderer angemessener wahrnehmen und verstehen. Personen mit geringer Selbstakzeptierung dagegen reagierten gegenüber anderen Personen häufig mit Ablehnung, Verteidigung oder Feindseligkeit. So fand Berger (1952) bei Jugendlichen, Studenten und Gefängnisinsassen einen deutlichen Zusammenhang zwischen dem Ausmaß der Akzeptierung der eigenen Person und der Akzeptierung anderer Personen. Bei Schülern und Studenten hingen positive Einstellungen zur eigenen Person deutlich mit positiven Einstellungen zu anderen Personen zusammen (Phillips, 1951).

Kinder schwarzer Hautfarbe mit Selbstakzeptierung hatten positivere Einstellungen zu ihrer eigenen Bevölkerungsgruppe und zur Gruppe der Weißen als Kinder mit geringer Selbstakzeptierung (Trent, 1957).

Schüler mit größerer Selbstakzeptierung akzeptierten häufiger das Verhalten ihrer Väter und Mütter (Suinn, 1961).

Förderung von Selbstachtung, günstigem Selbstkonzept und Selbstakzeptierung in Erziehung und Unterricht. Selbstachtung und günstiges Selbstkonzept einer Person sind von existentieller Bedeutung für ihre seelische Gesundheit, für ihre seelische Funktionsfähigkeit, für ihr gefühlsmäßiges und soziales Verhalten, insgesamt für eine konstruktive Persönlichkeitsentwicklung. Diese seelischen Prozesse werden entscheidend gefördert oder beeinträchtigt durch das Verhalten anderer. Wenn Erwachsene Kinder, Jugendliche und andere Menschen sowie sich selbst achtungsvoll behandeln, dann fördern sie bei diesen und sich selbst entscheidend die Selbstachtung und ein günstiges Selbstkonzept. Durch Mißachtung–Geringschätzung–Kälte dagegen beeinträchtigen sie die Selbstachtung und das Selbstkonzept. Diese Förderung oder Beeinträchtigung der entscheidenden seelischen Vorgänge bei Kindern und Jugendlichen durch ihre Eltern, Kindergärtnerinnen, Lehrer und andere Partner erfolgt ohne all das, was häufig im Vordergrund der Betrachtung des Erziehungsgeschehens, etwa in Schulen steht: Organisationsformen, Lehrapparate, Lehrpläne usw. Wollen wir Kindern und Jugendlichen ein seelisch gesundes gegenwärtiges und zukünftiges Leben ermöglichen, so ist hierfür entscheidend, daß sie ein günstiges realistisches Selbstkonzept von ihrer Person sowie Selbstachtung gewinnen. Wir sind der Meinung, daß hohe Ehren, größere äußere Leistungen, großer materieller Besitz, hohes Prestige, herausragende berufliche Position ein ungünstiges Selbstkonzept und geringe Selbstachtung nicht aufwiegen.

Unglücklicherweise sehen viele Kindergärtnerinnen, Lehrer und Eltern nicht die große Bedeutung eines günstigen Selbstkonzeptes und der Selbstachtung für eine Person. Manche beeinträchtigen tagtäglich die Selbstachtung von Kindern und Jugendlichen durch ihr geringschätziges, gefühlskaltes Verhalten, auch durch Maßnahmen wie sehr langer Schulbesuch, Vermeidung handwerklicher Berufsausbildung und Druck zur Wahl von Berufen mit hohem Prestigewert. Manche beeinträchtigen die Selbstachtung von Kleinkindern, indem sie diese einem starken Training einseitig intellektueller Fertigkeiten aussetzen, die bei den Kindern anhaltende Mißerfolgserlebnisse auslösen. Mit großer Wahrscheinlichkeit kann sich Selbstachtung und ein günstiges Selbstkonzept nur dort bei Kindern und Jugendlichen herausbilden, wo Mitmenschen ihnen und anderen gegenüber Achtung–Rücksichtnahme, Verstehen der inneren Welt des anderen und Echtheit sowie Offensein leben, wo sie dies unmittelbar wahrnehmen und erfahren können.

Wie können Erzieher konkret Selbstachtung und ein günstiges Selbstkonzept bei Kindern und Jugendlichen fördern? Einige Vorschläge:

▷ Lehrer und Erzieher schränken all das ein oder unterlassen es, was die Selbstachtung und das Selbstkonzept der Jugendlichen ungünstig beeinflußt. Etwa mißachtende Äußerungen wie: „Dummkopf, wievielmal soll ich es Dir noch erklären!“ „Habt Ihr denn keine Augen im Kopf?“ „Du hör mal, was fällt Dir denn eigentlich ein?“ „Guck mich gefälligst an!“ Derartige Demütigungen, Beschimpfungen, aber auch Drohungen und Bestrafungen beeinträchtigen die Selbstachtung von Personen. Lehrerin: „Ich hab' ja selber eine so schreckliche Schulzeit gehabt. Und ich habe immer davon geträumt, daß die Kinder keine Angst mehr haben vor dem Unterrichtsstoff, vor der Wandtafel und auch vor den anderen Kindern und auch vor mir.“ Entscheidend scheinen auch die Erwartungshaltungen von Lehrern und Erziehern zu sein. Haben sie echte Erwartungen, daß ihre Schüler achtenswerte Personen sind, intelligent und einsatzbereit, dann wird sich das auch eher in ihrem Verhalten gegenüber den Schülern ausprägen und deren Selbstkonzept beeinflussen. In der Experimentalpsychologie sind viele Untersuchungen über die Auswirkungen von Erwartungshaltungen durchgeführt worden (Rosenthal, 1963). Für die unterschiedlichen Auswirkungen war vermutlich wichtig, ob die Erwartungshaltungen der Lehrer echt und ausgeprägt waren, so daß sie sich auf das Selbstkonzept ihrer Schüler auswirken konnten.

▷ Lehrer vermeiden schulische Arbeitssituationen und Bedingungen, die die Selbstachtung der Schüler beeinträchtigen. Manche Lehrer behandeln Schüler mit mangelhaften Leistungen, etwa in Rechtschreibung oder in Rechnen oder auch in Sport, als ob sie schwere Defekte hätten. Dabei sind diese Fertigkeiten weitgehend unabhängig von dem Wert, der Würde und der Achtung ihrer Person. Viele Personen leben Jahrzehnte mit einem Gefühl geringeren Wertes und geringer Selbstachtung, weil sie in ihrer Schulzeit insbesondere von Lehrern, aber auch von Mitschülern und Eltern wegen ihrer nicht hinreichenden „Leistungen“ oft tief gedemütigt wurden. Ein größerer Prozentsatz von Schülern muß mindestens einmal ein Schuljahr wiederholen, oft nur wegen unzureichender Leistungen in zwei Fächern. Diese Schüler werden gleichsam öffentlich gebrandmarkt. Sie müssen ihre Klasse wechseln, persönliche Bindungen zwischen den Schülern werden zerrissen. Verzweiflungstaten und Selbstmordversuche zeigen an, wie stark durch solche Maßnahmen die Selbstachtung von Schülern gemindert werden kann. Mancher von uns erinnert sich auch noch an das Vorlesen der Noten von Klassenarbeiten durch den Lehrer vor der ganzen Klasse und die dabei in ihm aufsteigende Angst, „versagt“ zu haben und bloßgestellt zu werden. Das Ausmaß der Selbstachtung und des Selbstwertgefühls hängt zu einem wesentlichen Teil mit der Möglichkeit erfolgreicher Tätigkeit von Personen in den Bereichen zusammen, die für sie bedeutungsvoll sind. Wollen wir als Lehrer die Selbstachtung der Schüler nicht erniedrigen, so müssen wir für diejenigen organisatorischen Bedingungen sorgen, die Schülern in Kursen oder Klassen ein erfolgreiches Arbeiten mit mindestens durchschnittlichen Leistungen ermöglichen. Wir müssen auch um polytechnische, handwerkliche Tätigkeiten bemüht sein. Viele der heutigen „Leistungen“ in der Schule, derentwegen Kinder bloßgestellt werden und „sitzenbleiben“, sind häufig in Inhalt und Form irrelevant für die spätere berufliche und sonstige Lebenstüchtigkeit von Personen. Das einzige: Diese geben oder verweigern Menschen Zertifikate zum weiteren Zugang auf andere „Bildungs“stationen. Die folgenden Äußerungen zweier Frauen mit Volksschulbildung zeigen, wie tief die Selbstachtung von Menschen durch das Hochspielen mancher schulischer Fertigkeiten lebenslang beeinträchtigt ist:

„Mein Mann ist schlau, ja! Der ist in Rechtschreibung toll. Er sagt mir auch, wie doof ich bin: ‚Nicht mal Deutsch kannst Du, was kannst Du überhaupt? Sowas Doofes wie Dich gibt’s nicht nochmal!‘ Sie würden ja nie sowas sagen. Sie denken sich vielleicht schon manchmal Ihren Teil, wenn ich so doof bin. Aber Sie würden das nie sagen ... Ach nein, Sie denken nicht so: Die ist doof. Aber *ich* denke: Sie müßten das doch denken! ... Auch so manchmal mit Ihrem Mann, den mag ich gar nicht was fragen. Denn ich denk: Mein Gott, nachher denkt er, wie doof ich bin! Bei Ihnen hab’ ich lange nicht so’ne Hemmungen wie vor Ihrem Mann. Dem mag ich auch nicht gerne was aufschreiben. Oft denke ich: O Gott, wenn da Fehler drin sind. Da hab’ ich Angst!“

„Daß man richtig schreiben kann, davon hängt die Welt heute ab. Es wird ja alles so hochgetrimmt. Im Moment ist es doch so, das müssen Sie doch zugeben, daß nur solche Menschen in die Welt passen. Ehrlich!“

▷ Durch komplizierte, schwerverständliche, unklare Ausdrucksweise von Lehrern sowie durch das Unterlassen der Herstellung einfacher, verständlicher, gutgegliederter Arbeitspapiere und Schulbuchtexte wird die Selbstachtung und das Selbstwertgefühl vieler Schüler erheblich gemindert. Denn sie können den Unterrichtsstoff nicht verstehen und beziehen ihr Versagen wesentlich auf ihre Person, während häufig der Grund in den mangelhaft verständlich gestalteten Informationen liegt.

▷ Lehrer und Erzieher können sich durch ihre Kollegen und ihre Schüler einschätzen lassen, inwieweit sie die Selbstachtung und das günstige Selbstkonzept bei diesen oder anderen fördern oder beeinträchtigen. Auch das Abhören eigener auf Tonband aufgenommener Unterrichtsstunden unter diesem Gesichtspunkt kann förderlich sein.

▷ Förderlich ist auch: Erziehende Erwachsene kümmern sich um ihre eigene Selbstachtung. Sie suchen den Wert ihrer Person in sich selbst und sind nicht abhängig von ihren Einzelleistungen, ihrer Gehaltsklasse, von ihrem Auto, u. a. Eine Mutter mit geringer Selbstachtung, die sich keine berufliche Tätigkeit zutraut, ist ein ungünstiges Wahrnehmungsmodell für die Selbstachtung ihrer Kinder, aber auch eine Mutter, die krampfhaft eine Selbstbestätigung und Aufwertung ihrer Person durch Berufstätigkeit sucht, weil sie selbst keine hinreichende Achtung für sich direkt empfindet. Auch ein Lehrer oder Dozent, der von seinen Schülern oder Studenten hinnimmt, daß sie ihn geringschätzig behandeln, ist kein günstiges Wahrnehmungsmodell für Selbstachtung. Im folgenden einige Sätze aus dem Flugblatt eines Professors, das er an Studenten in seinem Seminar verteilte:

„Ich kann nicht produktiv arbeiten, wenn in Seminaren und Gruppen Kälte, Geringschätzung, Unechtheit, Fassadenhaftigkeit und Feindseligkeit herrschen. Ich akzeptiere, wenn auch oft mit Schmerzen, daß es Spannungen, Mißverständnisse oder auch Ausdruck heftiger spontaner echter negativer Gefühle gibt. Was ich aber nicht ertragen kann: Daß man anderen die Worte im Munde umdreht, ihre Person diffamiert, belügt, manipuliert." Und eine Woche später in einem Flugblatt: „Bitte, überlegt Euch und teilt es mir mit, ob und womit und wie ich für Euer persönliches Lernen förderlich sein kann. Ich selbst kann nur unter zwei Voraussetzungen förderlich sein: ▷ Ich werde behandelt etwa wie ein Facharbeiter, den Ihr zur Mitarbeit bei der Reparatur Eures Autos holt. ▷ Jeder Teilnehmer übernimmt selbst die Verantwortung für sein Lernen und seine Tätigkeit im Seminar. ... Ich kann nur die Verantwortung für meine Tätigkeit übernehmen."

▷ Erwachsene sind nicht-dirigierend und fördernd aktiv in Maßnahmen für geeignete Situationen, die Kindern und Jugendlichen günstige Erfahrungen für ihre Selbstachtung und Selbstkonzept ermöglichen. Ein Erzieher wird diese Maßnahmen in großer Anzahl finden, wenn er sensitiv für das Selbstkonzept seiner jugendlichen Partner ist und seine Handlungen darin häufig zentriert sind. Ein Beispiel für eine einfache Maßnahme einer Grundschullehrerin: „Jeder Geburtstag wird so gefeiert, daß jeder Bescheid weiß: Morgen hat der von uns Geburtstag. Und dann bringen wir anderen ihm was mit. Jeder schenkt diesem Kind eine Kleinigkeit. Du bist wichtig, das ist die Erfahrung."

▷ *Erwachsene fördern die sportliche Betätigung von Kindern–Jugendlichen.* Dies sehen wir als sehr bedeutsam an. So hing ein günstiges Selbstkonzept bei Jungen des 7.–9. Schuljahres mit ihrem Interesse und ihren Leistungen im Sport zusammen, sowie teilweise mit dem Interesse ihrer Eltern am Sport (Kay u. a., 1972). Schüler des 7. Schuljahres mit geringer Selbstachtung hatten nach einem viermonatigen Trainingsprogramm im Sport, insbesondere einem Lauftraining, neben besseren Herz-Kreislaufwerten ein günstigeres Selbstkonzept als eine Kontrollgruppe Jugendlicher ohne derartiges Sportprogramm (McGowan u. a., 1974). Erwachsene Rehabilitationsklienten erhielten vier Wochen lang täglich eine Stunde lang ein körperliches Trainingsprogramm. Neben verbesserter Leistungsfähigkeit wiesen sie danach ein günstigeres Selbstkonzept, größere Selbstakzeptierung, günstigere Einstellung zum eigenen Körper und ein besseres Funktionieren im intellektuellen, gefühlsmäßigen und sozialen Bereich auf, verglichen mit Kontrollpersonen ohne ein derartiges Training (Collingwood, 1972). Jedoch: Wie häufig werden Turn- oder Sportstunden in Schulen so gestaltet, daß die Jugendlichen voller Unlust daran teilnehmen oder sie deutlich Mißerfolge und ihre Ungeschicklichkeit erfahren. Es scheint uns wenig bedeutungsvoll, ob eine Person bestimmte Körperbewegungen um eine Stahl- oder Holzstange in vollendeter Form machen kann oder einen 100-Meter-Lauf in einer bestimmten Zeit von Zehntelsekunden schafft. Unserer Auffassung nach sollte die körperliche sportliche Aktivität entscheidend der seelischen und körperlichen Gesunderhaltung dienen, der Förderung der vegetativen Stabilisierung und der Selbstachtung einer Person.

▷ Hilfreiche Gespräche von kurzer Dauer (sog. Minutengespräche), längere Gespräche oder insbesondere die Teilnahme an personenzentrierten Encountergruppen

(Rogers, 1974b) ermöglichen Personen ein günstigeres Selbstkonzept in einem Ausmaß, das Außenstehenden kaum vorstellbar erscheint. Es kommt zu Änderungen der Wahrnehmung des Selbst, zur Änderung von Bedeutungswahrnehmungen, neue Aspekte der Person werden gesehen. Erfahrungen und Wahrnehmungen werden differenziert und neu integriert. So fühlen sich Mitglieder von 2½tägigen personenzentrierten Encountergruppen im Vergleich zu Kontrollpersonen 6 Wochen danach weniger durch Selbstwertprobleme beeinträchtigt. Ihre Unzufriedenheit mit sich selbst machte ihnen weniger zu schaffen und sie fühlten sich weniger beeinträchtigt durch Eigenschaften ihres Selbst wie Unselbständigkeit, Überempfindlichkeit, Schüchternheit oder Gehemmtheit. Jeder zweite gab in der Nachbefragung an, „besser mit sich selbst leben zu können", „mehr Vertrauen zu sich selbst gewonnen zu haben", „sich besser in seinen Schwächen akzeptieren zu können" (A. Tausch u. a., 1975). Encountergruppenmitglieder mit einem Durchschnittsalter von 72 Jahren waren nach ihrer Teilnahme an altersgemischten Encountergruppen weniger unzufrieden mit ihren störenden Verhaltensweisen, z. B. „Daß ich so schnell kritisiere" „Zu verletzlich" „Bin ohne Grund oft stur". Sie fühlten sich 6 Monate später gefühlsmäßig weniger beeinträchtigt. Die jüngeren Teilnehmer mit Durchschnittsalter 32 Jahre erlebten sich selbst weniger resignierend, mißmutig, depressiv, schwach und nutzlos. Einige weitere Äußerungen, 3 Monate später: „Als ich zurückkam, hatte ich wieder Lust zu leben." „Ich bin jetzt ein Mensch geworden, ich hatte mich schon aufgegeben." „Ich lasse jetzt alles gelassener an mich herankommen." „Für uns alle war es eine seelische Aufrüstung." (Bergeest, Steinbach u. Tausch, 1976.) Oder ein Klient im 6. Gesprächskontakt: „Irgendwie fühle ich mich sicherer, ich meine selbstsicherer. Ich fühle mich nicht mehr so klein oder so als so etwas besonders Nichtshaftes. Ich fühle mich ganz wohl wieder und fühle mich auch als vollwertiger Mensch stärker. Natürlich schwankt das noch."

Viele andere Aktivitäten von Erziehern zur Förderung der Selbstachtung auf der Basis von Achtung, sensiblem Verstehen sowie Echtheit haben wir in dem Kapitel Fördernde nicht-dirigierende Einzeltätigkeiten dargestellt. Hierzu gehören etwa: ▷ Aktivität des Erziehers–Lehrers für ein günstiges soziales Gruppenklima. Denn wie soll ein Jugendlicher, der von der Mehrheit seiner Mitschüler abgelehnt wird, hinreichende Selbstachtung entwickeln? ▷ Vermittlung von Heimkindern in Pflegefamilien mit liebe- und achtungsvollem Verhalten der Pflegeeltern. Denn mit größerer Wahrscheinlichkeit haben Jugendliche, die im Heim aufwachsen, bedeutsam geringere Selbstachtung als Jugendliche, die in einer Familie aufwachsen (Youngleson, 1973). ▷ Umgestaltung von Gefängnissen in Institutionen zur sozialen und emotionalen Resozialisierung, also zur Persönlichkeitsentwicklung. Heute dagegen scheint die Art des Gefängnisaufenthaltes die Selbstachtung vieler Insassen erheblich zu beeinträchtigen (Fichtler u. a., 1973).

Wenn wir Erwachsene die Selbstachtung und das günstige Selbstkonzept unserer Partner fördern, dann werden wir häufig tief belohnt werden. So sagte etwa ein Student, ein Jahr nach Verlassen der Universität zu seinem Dozenten: „Sie waren damals einer der wenigen, die an mich glaubten. Ich glaube, das gab mir wieder Halt." Oder ein Mitglied in einer Encountergruppe: „Über all' die Jahre glaubte ich, mich mag keiner. Aber hier in dieser Gruppe, da fühlte ich, daß ich doch nicht wertlos war. Daß ich wieder Hoffnung haben konnte. Wahrscheinlich gab mir das meine Aktivität wieder zurück."

Offenes Auseinandersetzen mit dem eigenen Erleben – ein wesentlicher Vorgang

Wenn Menschen sich mit dem eigenen Erleben, den Erfahrungen und dem Verhalten auseinandersetzen, dann kommen sie meist zur Klärung, Bestätigung oder Korrektur ihrer Wertungen und ihres Verhaltens. Hierdurch wird eine angemessene persönliche Entwicklung sowie ein selbstbestimmtes verantwortliches Handeln sehr gefördert. Ein zutreffender Ausdruck für diesen Vorgang wäre auch: ehrliche Selbstklärung.

Dieser Vorgang kann bei Kindern und Jugendlichen durch das Verhalten der Erwachsenen wesentlich gefördert werden. Allerdings: diese Förderung ist heute oft noch gering.

Offenes Auseinandersetzen mit dem eigenen Erleben (= ehrliche Selbstklärung) wurde erstmals durch den amerikanischen Psychologen Carl Rogers charakterisiert. Die Bedeutung seiner Annahmen und Befunde haben wir in den vergangenen Jahren bei uns selbst, bei unserer Tätigkeit in Erziehung und Unterricht sowie in psychotherapeutischen Einzel- und Gruppengesprächen erfahren und empirisch geprüft.

In dem Kapitel haben wir aus Gründen der Verständlichkeit zuerst das sensible Offensein einer Person für ihr Erleben dargestellt. Und davon getrennt das Auseinandersetzen mit diesem Erleben, die aufrichtige Selbstklärung. Beide Vorgänge überschneiden sich und finden oft vermischt statt.

Noch nicht dargestellt sind in diesem Kapitel neuere Befunde. Danach könnte ein sensibles Offensein für das eigene Erleben beim Vorherrschen von Gefühlen größerer Angst, Verzweiflung und Trauer ungünstig sein und sie eventuell verstärken. Sinnvoll ist dann: ▷ Selbstklärung nur im Zusammenhang mit verständnisvollen ermutigenden Gesprächen. ▷ Zeitweilige Ablenkung von grübelnden Gedanken, bes. während des Alleinseins, s. S. 411. ▷ Formen der körperlich-seelischen Entspannung, s. S. 408.

Am Schluß haben wir die Bedeutung der klärenden Auseinandersetzung für die politische Tätigkeit herausgearbeitet. Viele Menschen tragen schmerzlich die Folgen davon, daß politisch Tätige oft erst wenig offen für ihr Erleben und Fühlen sind und sich um ehrliche Selbstklärung bemühen.

Was ist Offensein einer Person für ihr eigenes Erleben? Eine Person ist offen für mögliche Reize, Empfindungen, Wahrnehmungen aus ihrer Umwelt und aus ihrem eigenen Organismus, die bedeutsam die eigene Person betreffen. Sie ist ferner offen für ihr Fühlen, für die Fülle ihrer Erinnerungen, Erfahrungen und Vorstellungen. Viele der unzähligen Reize, Wahrnehmungen, Empfindungen, Vorstellungen und Gedanken können grundsätzlich dem Bewußtsein einer Person ohne Behinderung oder Verleugnung zugänglich sein und zu einer Information für sie werden. Es findet keine Abwehr, Verteidigung, Ignorierung oder Verzerrung des möglichen Erlebens und Fühlens statt. Vielmehr besteht ein offener, enger Kontakt zu dem eigenen Erlebensfluß, insbesondere dem Fühlen. Eine Person ist offen auch für ungünstige Erfahrungen, gefühlsmäßige Empfindungen, Vorstellungen und Gedanken, die ihr Selbst betreffen, etwa: ‚Bekomme ich nicht eigentlich zuviel Geld für meine Tätigkeit?' ‚Ich hab' ein mieses Gefühl, so wie ich ihn behandelt habe.' ‚Vergeude ich nicht wichtige Tage und Wochen meines Lebens?'

Einige Charakterisierungen für den Vorgang des Offenseins einer Person für ihr Erleben: Sie läßt innere und äußere Erfahrungen ohne Abwehrhaltungen auf sich wirken. Sie wehrt ihre Erfahrungen und ihr Fühlen nicht ab. Sie ist sich selbst und anderen gegenüber aufgeschlossen. Sie horcht in sich hinein auf ihr Fühlen. Sie hält ihr Denken *und* Fühlen für wichtig. Sie sucht zu erfühlen, was das Erleben, was eine Erfahrung für sie bedeutet. Sie zieht ihr Fühlen und die gefühlten Bedeutungen als „Referenz" heran, als etwas, auf das sie sich hilfreich beziehen kann, als ein hilfreiches Mittel bei der Suche nach Klärung. Sie zieht ihr gegenwärtiges Fühlen, das unmittelbar gefühlsmäßig Gespürte für die Auseinandersetzung mit ihrem Erleben und ihren Erfahrungen heran.

Beispiele für Offensein einer Person für ihr Erleben. Dieses Offensein und die Auseinandersetzung damit vollzieht sich meist *in* einer Person allein. Geschieht es jedoch in einem hilfreichen Gespräch mit anderen oder berichtet uns jemand nachträglich darüber, so können wir dieses Vorganges mehr teilhaftig werden. Wir können erfahren, wie eine Person in engem Kontakt mit ihrem Fühlen, mit dem Fühlen zu ihrer Person ist, wie sie offen ist für Empfindungen und Erfahrungen ihrer eigenen Person. In den Beispielen ist das Offensein für das eigene Erleben meist verbunden mit einem Auseinandersetzen mit diesem Erleben, das erst einige Seiten später dargestellt ist.

Gary, ein Mitglied in einer gefilmten Encountergruppe von Carl Rogers: „Es ist sehr schwer, zumindest ist das mein Problem. Ich kann mir in dieser Gruppe niemanden – außer Beth – vorstellen, der mich wirklich berührt. Und sie berührt mich, weil sie mir so gleicht. Ich sehe mich mit Befremden an, weil ich keinen Freund habe. Und es scheint mir, als brauche ich keine Freunde. Hier nicht und sonst auch nicht. Ich meine wirklich: Freunde. Und ich habe keinen Freund. Anscheinend brauche ich keinen. Dennoch bin ich in meiner Gegend ziemlich beliebt, wenigstens habe ich nichts Gegenteiliges gehört. Dies hier ist für mich schockierend, weil ich feststellen muß, ich habe völlig unrecht. Ich stelle fest, daß ich doch Menschen brauche und doch bis jetzt niemanden von Euch brauchte. ... Ich habe das Gefühl, daß meine Haltung falsch ist. Aber ich versuche, hierin ehrlich zu sein. Ich fühle das nicht nur in dieser Gruppe hier, sondern zu jeder Zeit. Es ist mir ein Rätsel. Aber Menschen brauchen anscheinend Menschen. Es scheint nicht nur so, sondern es ist so. Mir wird es jetzt langsam klar, nein, ich fühle es wirklich hier. Ich gewinne hier langsam den Eindruck, daß etwas mit diesem meinem Gefühl falsch ist."

Eine 20jährige schreibt über ihre Trennung von ihrem Freund: „Du, Ulla, ich hab sehr viel erlebt. Freundschaft, Probleme, plötzliche Trennung und dann die Verlassenheit. Wie sich alles so schnell geändert hat, ist für mich immer noch unfaßbar. Ich kann sein verändertes Verhalten noch nicht mit dem Bild vereinen, das ich von ihm habe. Oder besser gesagt, hatte. Irgendwie glaube ich es nicht. Manchmal will ich es nicht wahrhaben. Trotzdem bin ich froh, daß es so früh rauskam. Später wäre es mir schwerer gefallen. Außerdem habe ich neue Seiten von mir kennengelernt. Und bin gewachsen durch das, was wir erlebt haben und was ich von ihm in mir aufgenommen habe. Deswegen ist es natürlich sehr schwer, daß er weg ist. Aber irgendwie bin ich froh, auch diese schmerzliche Erfahrung gemacht zu haben. Ich weiß nun etwas mehr, was ich will." – Ein Dreivierteljahr später schreibt sie: „Durch die Gruppen hier komme ich immer mehr dazu, meine Fehler zu sehen. Manches, was ein Problem war, ist es nicht mehr. Ich stelle immer mehr meine ehemaligen Werte in Frage. Ich bin noch nicht so frei, wie ich sein will. Aber ich genieße mich teilweise und die anderen. Ich habe mehr innere Freiheit gewonnen und mehr Freiheit, mir Risiko zu gewähren."

Eine Studentin schreibt nach dem Diplom-Examen: „Ich hatte Angst vor Prüfungen, obwohl ich bisher alle Prüfungen bestanden habe. Ich war bisher noch zu unsicher, ob ich so viel weiß, wie verlangt wird. Ob ich das produzieren kann. Genau das, was der Prüfer hören und lesen möchte. In letzter Zeit ist mir ein Licht aufgegangen, daß ich wohl immer danach gestrebt habe, das zu erfüllen, was andere von mir erwarteten. Das, was ich selber wußte, war mir nicht wertvoll und wichtig genug, um es zu sagen. Es erscheint mir oft heute noch sinnvoller, mich auf Fachwissen zurückzuziehen. Jedoch bin ich mir zunehmend mehr bewußt, daß ich es aus Verzagtheit tue. Ich bin immer wieder erstaunt, doch was zu wissen. Ich wurde allmählich offen dafür, daß andere mir immer beigebracht haben, daß meine Gedankengänge nicht logisch, nicht durchdacht usw. waren. Mir wird klar: Wenn ich eine Prüfung bestanden hatte, daß ich eher an einen Irrtum oder an ungewöhnlich milde Prüfer geglaubt habe als an meine Fähigkeit, an mich selbst."

Ein Jugendlicher mit homosexuellen Neigungen, der beginnt, hierfür offener zu werden und sich zu akzeptieren, äußert in einem psychotherapeutischen Gespräch: „Ich merke auch, also wenn ich mich nicht mehr so dagegen sträube, auch jetzt im Moment, dann finde ich das irgendwie schön und entspannend. Ich merke so, meine Gefühle können ja durchkommen, ich kann meinen Gefühlen nachgeben. Ich brauche da nichts abzudrängen und die Augen zu verschließen. Das finde ich schon so ganz schön, daß das so in mir durchkommt. Auf der anderen Seite ist es auch wieder erschreckend, daß das so durchkommt. Aber gut ist es doch, daß ich endlich einmal festgestellt habe, was in mir ist."

„Offen gesagt, ich kann manchmal über andere Leute unheimlich herziehen. Ich kann dann so 'n Typ richtig hochnehmen und ihn ziemlich kalt fertigmachen. Nachher, dann finde ich mich selbst widerwärtig, und ich mag das nicht bei mir."

„Ich hatte irgendwie das Gefühl, da stimmt was nicht zwischen ihm und mir. Aber ich wußte nicht, was es war. Erst allmählich wurde mir dann klar: Ich wurde von ihm ausgenutzt."

Eine Mutter in einem Gespräch mit einem psychologischen Helfer (Carl Rogers): „Wissen Sie, ich sehe das von zwei Seiten: Ich sehe mich selbst gern als jemand, der ehrlich den Kindern gegenüber ist. Und ich bin gern stolz auf mich selbst, daß ich ehrlich war, was auch immer ich meinen Kindern erzählt habe. Und dennoch werde ich eifersüchtig, wenn sie bei ihrem Vater sind. Ich spüre, er ist oberflächlich, er ist nicht so aufrichtig, er ist nicht ganz so ehrlich. Aber trotzdem sehen die Kinder ein gutes Bild in ihrem Vater. Er ist nur Güte und Freundlichkeit, und ich bin auch darauf neidisch. Ich möchte, daß sie mich auch so sehen. ... Aber ich weiß, sie können kein solch' sauberes Bild von mir haben, wenn ich ehrlich bin. Ich spüre, daß ich irgendwie etwas gewöhnlicher bin als ihr Vater. Ich tue Dinge, die sie nicht gutheißen würden."

Was Offensein einer Person für ihr Erleben n i c h t ist: ▷ Kein Sich-Analysieren, kein Erklären oder Interpretieren der eigenen Person. ▷ Kein häufiges Sich-Beobachten, kein häufiges gleichsam Neben-sich-selbst-Stehen und Sich-selbst-fortlaufend-Betrachten. ▷ Kein Intellektualisieren über die eigene Person. Personen, die sich derart behandeln, sind kaum offen für die Vielzahl ihrer Erfahrungen, Wahrnehmungen und ihr Fühlen. ▷ Keine eingeschränkte Spontaneität. Im Gegenteil, das Erleben wird unmittelbar und voll erfahren. ▷ Kein Äußern von Urteilen, Kritiken, Aggressionen oder sog. Frustrationen. Eher das Gegenteil. Denn eine für ihr eigenes Erleben offene Person wird sich für ihre Gefühle verantwortlich fühlen. Sie wird diese eher äußern als andere verurteilen und kritisieren. Sie wird also kaum sagen: ‚Du bist so blöd', mit Dir kann man nichts anfangen!', sondern eher: ‚Es fällt mir schwer, mit Dir Kontakt zu bekommen.'

Geringes Offensein einer Person für ihr Erleben bedeutet: Eine Person ist nur begrenzt offen und sensitiv für ihr Selbst, für die Art, wie sie ist. Sie ist nur offen für Teile ihres Erlebens und Erfahrens, ihres Fühlens und für sonstige für sie bedeutsame Informationen von innen und außen. Sie wehrt für sie unangenehme Empfindungen, Wahrnehmungen und Bedeutungen ab. Sie ignoriert oder verzerrt die Bedeutungen. Eine derartige Person hört nicht oder nur mit Abwehr in sich hinein. 25jähriger: „Ich möchte jetzt nichts mehr an mich herankommen lassen. Sondern immer, wenn's schwierig wird, dann stehe ich auf, mache Schluß, mache nicht mehr weiter. Das ist alles, was ich noch kann." Eine Person verschließt sich gegenüber ihren inneren und äußeren Erfahrungen und gegenüber ihrem Fühlen. Sie wünscht z. B. keine Informationen über unangenehme Seiten ihres Selbst. Eine Person ist wenig offen dafür, daß sie in der Vergangenheit Fehler gemacht hat, daß sie in absehbarer Zeit sterben muß. Lehrer sind oft wenig offen dafür, daß sie zu der Langeweile ihrer Schüler beitragen und diese vermindern könnten. Manche Völker oder Gruppen sind wenig offen, daß sie an anderen Völkern oder an ihrem eigenen Volk millionenfachen Mord begangen haben oder andere Völker stark kontrollieren und Macht über sie ausüben aus Motiven, die sie sich nicht einzugestehen wagen. Personen preisen politische oder wirtschaftliche Gesellschaftssysteme an, aber sie vermeiden intensive eigene konkrete Erfahrungen mit diesen Gesellschaftssystemen in anderen Ländern. Manche Personen, die über bestehende soziale Ungerechtigkeiten reden, gestehen sich kaum offen ein, daß sie selbst ihre Ausbildung von Steuerzahlern bezahlt bekommen, aber daß sie letzlich wenig effektiv dafür arbeiten.

Ohne Zweifel sind wir alle für eine Vielzahl von Reizen außerhalb und in uns nicht offen, etwa für Geräusche auf der Straße oder für unsere Müdigkeit, wenn wir engagiert arbeiten. Es ist unmöglich, daß unser bewußtes Erleben die Vielzahl von Reizen, Wahrnehmungen und Vorstellungen aufnimmt. Vielmehr erfolgt eine Auswahl in unserem Organismus. Entscheidend ist, daß grundsätzlich jeder für unser Selbst bedeutsame Reiz, jede derartige Empfindung und Vorstellung und jedes Fühlen bewußt werden kann. Nicht-offene Personen aber ignorieren, wehren ab, vermeiden Gedanken und das gefühlsmäßig Gespürte über Bedeutsames ihrer eigenen Person. Sie wünschen keine Selbstkonfrontation, es ist ihnen unangenehm, die Erfahrungen sind widersprüchlich zu ihrem Selbstkonzept.

Die Folgen von geringem Offensein einer Person für ihr Erleben sind teilweise auch äußerlich wahrnehmbar: Defensive, intellektualisierende, akademische, abstrahierende, weitgefaßte verallgemeinernde Äußerungen. Diese Personen sprechen eher von Sachen oder von ihrem Wissen als von ihrem gefühlten Erleben. Sie machen kaum Aussagen über ihr gegenwärtiges Fühlen. Ihre Urteile und Wertebildungen sind rigide. In ihrem Verhalten, in ihrem Urteilen und Werten sowie in ihrem Fühlen sind sie oft wenig echt. Eine Person, die für Jahre hindurch wenig offen für ihr Erleben ist, viele Bedeutungen verzerrt wahrnimmt, die wenig über sich selbst zu anderen sagt, wird zunehmend funktionsunfähiger. Sie handelt, ohne daß ihr wichtige Informationen aus der Umwelt und aus ihrem Organismus zugänglich sind. Viele dieser Personen leben in Angst, mit sich selbst konfrontiert zu werden.

Enger Kontakt einer Person zum eigenen Fühlen, ein Hauptmerkmal des sensiblen Offenseins. Das Fühlen ist ein bedeutsamer Teil unseres Erlebnisstromes. Alles, was an Empfindungen oder Wahrnehmungen für uns von Bedeutung ist, ist von Fühlen begleitet. Das Fühlen ist gleichsam ein Gesamtanzeiger in unserem Organismus, ein Meßfühler, ein Kompaß. Nicht-bewußte Reize wirken sich auf unseren Organismus aus; wir können sie teilweise durch unser Fühlen erfahren. Durch unser Fühlen von Unwohlsein erfahren wir, wenn Viren unsere Gesundheit bedrohen. Viele dieser Reize, z. B. Viren, können wir nicht direkt wahrnehmen. Aber wir können gleichsam in uns hineinhorchen und deutlich zu erfahren suchen, was wir fühlen, was mit uns los ist, was bei uns nicht stimmt. – Ereignisse, Erfahrungen oder Personen lösen ein bestimmtes Fühlen in uns aus. Dieses Fühlen steht im Zusammenhang mit der Bedeutung, die die Wahrnehmungen und Empfindungen über Personen und Ereignisse für uns haben. Wir können unser Fühlen und unser gefühlsmäßiges Spüren gleichsam als Referenz, als Signal oder auch als Kompaß in unserem Organismus in hilfreicher Weise heranziehen.

Einige charakteristische Erlebnisaussagen für geringen Kontakt zum eigenen Fühlen: „Über mein Fühlen weiß ich nicht genau Bescheid“ „Ich kann mich auf mein Fühlen nicht verlassen“ „Ich glaube nicht, daß ich in meinem Denken dadurch klarer sehe, daß ich mehr auf mein Fühlen und meine Empfindungen achte“ „Mein Fühlen ist für mich zu unzulänglich, als daß ich es als Maßstab für mein Handeln heranziehe“ „Mein Bewußtsein ist meist ausgefüllt von Denken, Wissen und wenig von meinem Fühlen“ „Ich lasse mir meine Sachlichkeit nicht durch Gefühle vernebeln“ „Ich halte mein Fühlen bei meiner Arbeit heraus“ „Meine Gefühle verstecke ich“ „Bei meinen Entscheidungen spielt mein Fühlen ganz selten eine Rolle“.

Eine häufige Folge von geringem Kontakt mit dem eigenen Fühlen ist innere Leere, ein Gefühl von Öde, von mangelndem Sinn und mangelndem Ausgefülltsein. Student: „Vor allem möchte ich mich mitteilen können. Und das kann ich nicht mehr. Ich hab' das so weitgehend verlernt. Gerade durch das lange Studium und die Beschäftigung mit den geistigen Sachen hat sich das so verschärft in mir. Und ich habe Angst natürlich. Ich weiß, ich merk' das einfach, wie ich allmählich erstarre. Ich tue alles fast rein mechanisch, wie ich lerne und so. Das fällt mir alles schwer, das macht keine Freude mehr. ... Ich glaube, daß ich – also ich fühle mich sehr tot im Moment. Ich halte mich nur noch dadurch am Leben, daß ich mir immer sage: ‚Du mußt durchhalten!‘ Aber das kann nicht mehr lange gehen, nicht ein ganzes Leben lang.“ – Das folgende Beispiel demonstriert, wie schwierig der Umgang mit Menschen ist, die wenig engen Kontakt zum eigenen Fühlen haben und es nicht zum Ausdruck bringen. Jugendliche über Mitschülerin: „Die Britta aus unserer Klasse, die kann nicht richtig fühlen, hab' ich den Eindruck. So von außen, da kommt sie mit allen gut aus. Niemandem sagt sie ein böses Wort. Mit allen kommt sie zurecht. Ich weiß nicht, die lacht auch gar nicht mal so laut, so aus voller Kehle oder zeigt mal ihren Ärger. Ich glaub', die fühlt auch keinen. Mir ist einer, der so richtig mal so seine Wut zeigt, ganz recht. Dann weiß ich, was mit ihm los ist. Aber mit der Britta weiß ich das nicht. Bestimmt, die kann nicht richtig fühlen, sonst wär' die anders."

Einige charakteristische Erlebnisaussagen für engen Kontakt zum eigenen Fühlen: „Ich suche häufig in mich hineinzuhören, was ich fühle" „Ich achte auf das, was ich fühle" „Ich versuche oft zu erfahren, was mein Fühlen mir sagt, ob es mich warnt, was es bedeutet" „Oft spüre ich etwas ganz allgemein und undeutlich, bevor es mir vom Verstand her klar wird" „Ich höre häufig in mich hinein, um herauszufinden, wie mein Fühlen zu einer bestimmten Sache ist, und was für mich wichtig ist" „Bei meinen Entscheidungen spielt mein Fühlen eine Rolle" „In meinem Denken und Handeln sehe ich klarer, wenn ich auf mein Fühlen achte" „Ich wehre mich nicht gegen ungünstige gefühlsmäßige Erfahrungen mit mir selbst" „Ich spreche oft von meinem Fühlen und gefühlsmäßigen Erfahrungen" „Häufig fühle ich zuerst, ob etwas für mich bedeutungsvoll ist oder nicht" „Mein Fühlen ist mir oft ein wertvoller Kompaß für mein Handeln". – Nicht gemeint ist mit engem Kontakt zum eigenen Fühlen: Eine Person vertraut blindlings einem Gefühl, etwa dem Gefühl von Furcht oder Sympathie und sieht ihr Fühlen jeweils als „richtig" an. Vielmehr ist gemeint: Eine Person spürt fortwährend die jeweiligen gefühlten Inhalte des Erlebens, sie spürt die wechselnden Gefühlsreaktionen in ihrem Organismus. – Zwei Beispiele für engen Kontakt einer Person mit dem eigenen Fühlen in den Erlebnisberichten von Encountergruppenmitgliedern:

„Ich hör' jetzt schon manchmal in mich hinein. Früher hörte ich nur irgend so ein Gemurmel in mir. Aber jetzt, in der letzten Zeit, hör' ich deutlicher. Ich spür' irgendwie, ich bin auf dem richtigen Pfad. Aber wo der nun so genau hinführt, das weiß ich nicht. Manchmal spür' ich: Ich bin vollkommen eins mit mir. Auch heute so im Betrieb. Da dachte ich plötzlich: Sieh' mal, so beschissen ist deine Arbeit gar nicht. Du kannst dich sogar hier wohlfühlen."

20jährige im Rollstuhl: „Ich muß Euch etwas sagen, ich weiß nicht, ob Ihr es versteht. Aber ich habe jetzt eine Katze. Und da merke ich, daß ich meinen Hunger nach Zärtlichkeit bei ihr loswerden kann. Ja, ich werd' da was los bei ihr. Wenn sie sich so an mich schmiegt und zufrieden schnurrt, ich bin dann richtig glücklich. Ich kann Euch gar nicht sagen, wie. Und manchmal sitzt sie auch hier hinten in der Ecke in meinem Stuhl. Und dann spüre ich ihre Wärme in meinem Rücken. Ach, das ist so, ja wie soll ich sagen, so schön. Dann fühl' ich mich so wohl mit mir, wie noch selten in meinem Leben. Und noch eins: Ich erleb' bei meinem Kätzchen: Ich bin gefragt. Die braucht mich. Sie kommt dann an und schwubs ist sie auf meinem Schoß. Und daß mich jemand braucht, das habe ich, ja – das habe ich noch nie so richtig in meinem Leben gemerkt. Seitdem ich mein Kätzchen habe, geht es mir besser. Ich hab' eben so'n dolles Bedürfnis nach Zärtlichkeit, und sie gibt mir diese Zärtlichkeit."

Die Folgen eines engen Kontaktes mit dem eigenen Fühlen: ▷ Die Handlungen einer Person sind angemessener. Die verschiedenen Seiten ihrer Person werden mehr berücksichtigt und miteinander integriert. Sie handelt mehr von der Innenseite ihres Erlebens heraus. Sie ist weniger getrennt in eine Person vom Kopf bis zum Hals und in eine Person unterhalb des Halses. Die verstandesmäßigen Vorgänge sind integrierter mit den gefühlsmäßigen. Die Person kann anderen mehr von dem Reichtum ihres inneren Erlebens mitteilen. Sie wird so für andere Personen bedeutungsvoller. Ein wesentlicher Teil ihres Erlebens ist nicht vernachlässigt. Viele Bedeutungen von Wahrnehmungen, Erfahrungen oder Ereignissen werden ihr bewußter. Sie verschenkt nicht wesentliche Informationen, sondern sie hört in sich selbst hinein und spürt die gefühlten Bedeutungen.

Auseinandersetzen mit dem eigenen Erleben und mit dem Selbst. Wenn eine Person offen ist für ihr Fühlen, für ihre bedeutsamen, ihr Selbst betreffenden Wahrnehmungen, Empfindungen und Gedanken und wenn sie sich damit intensiv auseinandersetzt, abwägend, gewichtend, denkend, vergleichend, dann ist sie in hohem Maße seelisch funktionsfähig. Doch was ist aktives Auseinandersetzen mit dem eigenen Erleben und der eigenen Person?

Einige charakteristische Erlebnisaussagen für fehlendes oder geringes Auseinandersetzen einer Person mit ihrem Erleben und ihrem Selbst: „Ich vermeide Unangenehmes, indem ich davor ausweiche“ „Ich scheue eine Auseinandersetzung mit meinen jetzigen und vergangenen Erfahrungen“ „Über manche Sachen bei mir selbst mag ich gar nicht nachdenken, sie sind mir so unangenehm“ „Manche meiner Gefühle und Gedanken will ich nicht wahrhaben“ „Ich vermeide es oft, über unangenehme Seiten von mir selbst nachzudenken und mich damit ernsthaft auseinanderzusetzen“.

Hierbei also vermeidet eine Person aktiv eine Auseinandersetzung mit ihrem eigenen Erleben. Eine andere Möglichkeit ist: Eine Person ist ein passiver Empfänger der Reize, Wahrnehmungen und ihres Erlebens. Sie läßt sich gleichsam davon treiben, ohne ihr Erleben auszuwerten, ohne sich mit dem eigenen Erleben, mit ihrem Selbst auseinanderzusetzen. Sie verarbeitet die Informationen nicht in ihrem Organismus. Sie rückt wichtige Dinge nicht ins Zentrum ihres Erlebens. Sie stellt verschiedenartige Informationen über die eigene Person nicht einander gegenüber. Sie fragt sich nicht, was diese Informationen für ihre eigene Person bedeuten.

Der Vorgang des Auseinandersetzens–Konfrontierens mit dem eigenen Erleben einer Person und mit sich selbst kann etwa folgenderweise beschrieben werden:

▷ Eine Person konfrontiert sich selbst mit bedeutsamen Wahrnehmungen, Erlebnissen, Erfahrungen und mit dem Fühlen über ihre eigene Person.

▷ Sie denkt über Erlebnisse und Erfahrungen ihrer eigenen Person nach, stellt sie in Frage, wägt ab, vergleicht, gewichtet und bewertet sie.

▷ Sie klopft gleichsam ihre Wahrnehmungen und Erlebnisse auf die für sie selbst enthaltenen Bedeutungen ab.

▷ Sie ist ein aktiver Empfänger ihrer Erlebnisse, Erfahrungen und ihres Fühlens.

▷ Sie bemüht sich um Klärung und versucht herauszufinden, was die Erlebnisse, Erfahrungen und das Fühlen für sie selbst bedeuten.

▷ Sie erwägt und diskutiert für sich die Richtigkeit verschiedener Möglichkeiten ihres Handelns oder die Bedeutungen ihrer Erfahrungen und Erlebnisse.

▷ Sie horcht in sich hinein, was das Erleben und die Erfahrungen für sie bedeuten und was sie jetzt darüber fühlt. Ihr Fühlen dient ihr als ein hilfreiches Mittel auf ihrer Suche nach Klärung ihres Erlebens.

▷ Sie zieht ihr Fühlen und ihre gespürten Bedeutungen für ihre Auseinandersetzung mit dem Erleben und Erfahren heran, als Referenz für ihr Denken und Handeln.

▷ Sie exploriert und differenziert ihre bedeutsamen Erlebnisse und Erfahrungen.

▷ Sie stellt ihre verschiedenen Erlebnisse, Erfahrungen, Wissenskenntnisse, ihr Fühlen und ihre Wahrnehmungen gegeneinander und zieht Schlüsse.

▷ Sie integriert ihre bisherigen Erfahrungen, sucht nach neuen Erfahrungen im inneren Erleben und setzt sich mit neuen Perspektiven ihres Selbst auseinander.

Eine Person rückt also Wahrnehmungen, Gedanken und Erfahrungen ins Zentrum ihres Erlebens, die sie für ihre Person, für ihr Selbst als bedeutungsvoll, wichtig oder unklar und notwendig zu klären empfindet. Sie setzt sich tief, echt und offen damit auseinander. Die folgenden Fragen einer Person an sich selbst mögen das demonstrieren: ‚Wie fühle ich wirklich darüber?' ‚Wenn ich das tue, fühle ich mich dann besser?' ‚Wie werde ich mich fühlen, wenn ich es nicht mache?' ‚War ich nicht früher anders zu ihr/ihm als heute? Womit hängt das zusammen, was habe ich dazu getan?' ‚Was wird die Folge davon sein? Wie stehe ich dann da?' ‚Ist es nicht egoistisch, mich so zu entscheiden?' ‚Haben die anderen nicht auch ein Recht auf mich? Warum fühle ich mich so hin- und hergerissen?' ‚Was fühle ich wirklich ihr/ihm gegenüber?' ‚Warum bin ich eigentlich so?' ‚Ich fühle, da muß noch etwas anderes dabei sein, was ist das, was ich noch nicht kenne?' Es ist keine Auseinandersetzung einer Person, die für sie unverbindlich bleibt. Es ist auch kein dauerndes Sich-im-Kreis-Herumdrehen, kein Grübeln und Hervorbringen immer derselben Gedanken. Es sind nicht Erklärungen und Interpretationen oder Analysen des eigenen Verhaltens.

Bei dieser offenen Auseinandersetzung läßt eine Person nichts aus, beschönigt nichts, ist echt und aufrichtig mit sich selbst. Es ist das, was sich manchmal in uns in ruhigen oder besinnlichen Stunden abspielt, wenn wir alleine mit uns sind. Oder wenn wir ein tief befriedigendes gutes Gespräch mit einem Partner über uns selbst haben, von dem wir fühlen, daß es uns „vorangebracht" hat. Oder was Stunden nach einem lohnenden Gespräch in uns manchmal auftaucht, worüber wir nachdenken und was uns mit uns selbst weiterbringt.

Selbstexploration (Exploration des Selbst) einer Person, ein Hauptmerkmal des Auseinandersetzens mit dem eigenen Erleben und der eigenen Person. Dieses aktive, suchende Klären des eigenen Erlebens und Fühlens, des unmittelbar gegenwärtigen gefühlsmäßigen Erfahrens und der Wahrnehmung der eigenen Person und des Selbst wird in der Gesprächspsychotherapie Selbstexploration genannt. Eine Person konfrontiert sich hierbei mit sich selbst. Sie spricht über die für ihr Selbst bedeutsamen Erlebnisinhalte mit gefühlsmäßiger Nähe und ist aktiv bemüht, ihr Erleben zu klären und neue Bedeutungen und Gefühle wahrzunehmen und zu erleben. Eine Person ist voll und tief auf sich selbst gerichtet. Diese Selbstexploration wird erheblich durch einen Helfer oder Partner gefördert, der eine Person durch sein sensibles Verstehen ihrer inneren Welt mit ihrem Selbst konfrontiert. Auf Seite 76 oben haben wir das Wesentliche der Skala für Selbstexploration von Carkhuff (1969, S. 327) in übersichtlicher Form dargestellt.

Beispiele für das Auseinandersetzen einer Person mit sich selbst, meist im Gespräch mit einem psychologischen Helfer:

Randy, in einer gefilmten Encountergruppe von Carl Rogers: „Deshalb kam ich ins Gefängnis. Laßt Euch sagen, was mir Spaß gemacht hat: Ich war ein Verbrecher, ein kaltblütiger Verbrecher. Und sie knieten und sie bettelten um ihr Leben. Das gefiel mir ungeheuer! Es kümmerte mich nicht, wer jene waren: Meine eigenen Leute oder Weiße. Ich brauchte das, versteht Ihr? Ich glaube, die Gesellschaft hat mich dazu gebracht, daß ich das brauchte. ... Und ich dachte, ich könnte auch töten. Und einmal geschah es dann auch. Aber nachdem es geschehen war, dachte ich, ich sei ein Tier. Was haben sie aus mir gemacht? Kann ich zulassen, daß sie das aus mir machen? Warum brauche ich Revolver und Messer? Um mir zu beweisen, daß ich ein Mann bin? Warum muß ich einen unschuldigen Mitmenschen, einen, der mir nichts getan hat, dazu bringen, mich anzuflehen und um sein Leben zu bet-

Selbstexploration und Selbstkonfrontation einer Person

Keine Selbstexploration	Aktive, vollständige Selbstexploration
• Eine Person zeigt keine Anzeichen von Selbstexploration. Sie äußert keine für ihr Selbst bedeutsamen Inhalte. Entweder weil sie keine Gelegenheit dazu hat oder weil sie aktiv das Gespräch darüber vermeidet, auch wenn ihr das von anderen nahegelegt wird. • Eine Person vermeidet jede bedeutsame Selbstbeschreibung oder direkte Äußerung von Gefühlen, die sie dazu bringen könnten, daß sie mit ihrem Selbst und der Bedeutung ihrer Person konfrontiert wird.	• Eine Person ist voll und aktiv auf sich selbst gerichtet. Sie exploriert ihr Selbst, ihre persönliche innere Welt, ihre bedeutsamen Erfahrungen und Wahrnehmungen. • Eine Person sucht in ihren nach innen gerichteten aktiven und spontanen Bemühungen neue Gefühle und Erfahrungen über sich selbst und ihre persönliche Welt zu entdecken. Sie sucht nach neuen Gefühlen, Erfahrungen und Bedeutungen, die sie selbst und ihre persönliche Welt betreffen.

teln? Um mein Ich aufzublasen? Das frage ich Euch alle. Ich fühlte in mir, daß ich krank war. Ich brauchte Hilfe. ... Ich weiß, ich wurde nicht mit so viel Haß geboren. Aber aus zweifachem Unrecht wird nicht Recht. ... Dies ist es, was ich sagen wollte: Werde ich stark genug sein, daß mich das nicht zerstört? Bin ich stark genug, daß ich das überwinde?"

Turnlehrerin über ihre Beurteilung einer körperbehinderten Schülerin: „Ich mußte einfach eine Note geben. Und ich habe dann selbst, als ich mit dem Klassenlehrer über Claudia gesprochen habe, selbst ein ungutes Gefühl dabei empfunden, sie so zu benoten. Ich steh' da ja in einer Zwickmühle. Und ich hab' mich nachher gefragt: „Hast du das richtig gemacht? Ist das förderlich für die Claudia und wie ist das für die Schulleitung? Und wie kann ich da helfen und wie kann ich das in ein richtiges Lot bringen, daß der einen Seite wie der anderen damit geholfen ist?"

Gloria, eine junge Frau, berichtet dem psychologischen Helfer, Carl Rogers, in einem Einzelgespräch: „Ich war meiner Tochter gegenüber überhaupt nicht befangen, bis sie mich fragte, ob ich jemals mit einem anderen Mann geschlafen hätte, seit ich ihren Vater verlassen habe. Und ich habe sie belogen. Und seither kommt mir das immer wieder in den Sinn. Denn ich fühle mich so schuldig, weil ich sie belogen habe. Ich habe sie sonst noch nie belogen, und ich möchte, daß sie mir vertraut. Aber das ist es: Ich weiß nicht, ob sie mich akzeptieren würde, so wie ich bin. Ich möchte nicht, daß sie sich von mir abwendet. Ich weiß nicht einmal, wie ich darüber denke. Denn es gibt Zeiten, da fühle ich mich so schuldig, z. B. wenn ich einen Mann zu Besuch habe. Ich fühle mich oft so schuldig, ja, und ich mag das nicht. Ich möchte zufrieden sein mit allem, was ich tue. Aber ich bin nicht zufrieden. Ich möchte aufrichtig sein. Und doch fühle ich, daß es Bereiche gibt, die nicht einmal ich selbst akzeptiere. ... Wenn ich meine Schuldgefühle los werden könnte wegen des Lügens und weil ich mit einem Mann ins Bett gehe, mit dem ich nicht verheiratet bin, dann fühlte ich mich einfach besser. ... Aber ich weiß nicht, wohin ich gehen soll. Ich fange noch nicht einmal an zu wissen, wohin ich gehen soll. Ich dachte, ich hätte meine Schuldgefühle ziemlich gut bewältigt. Aber jetzt bin ich über mich selbst enttäuscht. Das bin ich wirklich. Ich mag es, wenn ich fühle, ganz gleich was ich tue, selbst wenn es gegen meine eigene Moral oder gegen meine Erziehung geht, daß ich mit mir selbst im Einklang bin.

... Ich fühle, daß ich beispielsweise mit meinen sexuellen Bedürfnissen einverstanden sein kann, das ist wichtig. Wenn ich wirklich einen Mann lieben und ihn respektieren und ihn sehr gern haben würde, dann würde ich mich nicht schuldig fühlen, mit ihm ins Bett zu gehen. Und ich glaube auch nicht, daß ich mir Entschuldigungen für die Kinder ausdenken müßte, weil sie meine natürliche Achtung ihm gegenüber sehen könnten. Aber wenn ich das körperliche Verlangen habe und mir sage: ‚Also gut, warum nicht?' Und irgendwie tue ich es dann auch. Dann fühle ich mich hinterher dennoch schuldig. Und ich hasse es dann, den Kindern gegenüberzutreten. Ich mag mich dann selbst nicht ansehen. Und es macht mir selten Spaß. Ich glaube, ich würde mich nicht so schuldig fühlen, wenn ich spürte, ich handelte richtig. ... Ich hab' das auch versucht, meine Wünsche aufzuhalten. Ich hab' zu sagen versucht: O. K. Ich mag mich selbst nicht, wenn ich das tue, also tu ich es nicht mehr. Aber dann bin ich ärgerlich auf die Kinder. Ich denke, warum sollten sie mich daran hindern zu tun, was ich will. Und es ist wirklich nicht so schlecht. Es ist der Konflikt, weil ich nicht sicher weiß, was ich tun will. Wenn ich einen Mann mit nach Hause bringe, bin ich sicher, ich will das tun. Aber wenn ich hinterher Schuldgefühle habe, muß ich es doch nicht wirklich gewollt haben. ... Wenn ich sehe, daß ich etwas tue, wobei ich mich nicht wohlfühle, sage ich automatisch: Wenn du kein gutes Gefühl dabei hast, Gloria, dann ist es nicht richtig. Irgend etwas stimmt nicht."

In folgendem Beispiel setzt sich eine Lehrerin zwar nicht direkt mit ihrem Selbst, aber doch damit auseinander, was für sie selbst im Unterricht bedeutsam ist: „Im Moment geht mir eine Sache immer noch durch den Kopf. Und zwar diese Sache, daß vier von Euch Sechsen haben. (Die Klasse und die Lehrerin hatten am Vortag beschlossen, den 4 Kindern eine 6 zu geben, die ihre Zeichnungen nicht vorzeigen konnten.) Ich wüßte gerne mal eines, ob wir das nicht doch etwas verbessern können. Denn wenn ich mir vorstelle, Ihr werdet Euch jetzt wieder 10 Minuten lang mit dem Geben von Zensuren beschäftigen, und da sitzen Leute dabei, die haben eine 6 gekriegt! Welchen Erfolg und welchen Sinn hat das? Und daran denke ich die ganze Zeit. ... Mir fällt das jetzt so unsagbar schwer. Ich wüßte jetzt gerne, weil mir das wirklich nicht aus dem Sinn geht: Haben wir noch irgendwelche anderen Möglichkeiten?"

Auswirkungen des sensiblen Offenseins und des Auseinandersetzens einer Person mit ihrem Erleben und mit ihrem Selbst. Eine derartige Person ist offen für ein breites Spektrum innerer und äußerer Wahrnehmungen und für ihr Fühlen. Sie setzt sich damit aktiv und flexibel auseinander. Ihr Erleben ist gleichsam voll ausgenutzt. Durch das Auseinandersetzen mit ihrem Selbst kann sie Änderungen in ihrem Erlebnisfeld vornehmen. Sie ist nicht nur der passive Empfänger von Reizen. Eine derartige Person ist in ihrem Selbst voll aktualisiert. Ihr Selbst ist in hohem Maße aktiviert. Es ist das, was viele unter Selbstaktualisierung verstehen. Im folgenden einige Einzelaspekte dieser Person im Überblick:

▷ Ihr Fühlen, Denken, Wissen, ihre Vorstellungen sind nicht isoliert voneinander, sondern aufeinander bezogen und beeinflussen sich gegenseitig.

▷ Sie sieht Widersprüche ihrer Person unter verschiedenen Gesichtspunkten, sie bringt diese mit anderen Erlebnissen und Erfahrungen zusammen, differenziert und integriert diese.

▷ Sie sieht Personen, Erfahrungen, Ereignisse und sich selbst in geänderten Bedeutungen. Diese neuen Bedeutungswahrnehmungen führen zu einem geänderten Fühlen. Und aufgrund des neuen Fühlens kommt es zu weiteren geänderten Wahrnehmungen. Ein wenig ist dies an den sog. Reversionsfiguren der Experimentellen Wahrnehmungspsychologie zu demonstrieren: Bei eingehender Betrachtung und bei einigem Bemühen springen die Bedeutungen plötzlich um. Einzelne Teile werden in gänzlich neuen Bedeutungen gesehen.

▷ Die Person assimiliert die Erfahrungen, die ihr Selbst betreffen, in das Konzept ihrer Person. Es gibt keine bedeutsamen Unterschiede zwischen ihrem Bild von sich selbst und ihren fortlaufenden Erfahrungen und Empfindungen mit sich selbst.

▷ Die Person wird durch offenes Auseinandersetzen mit ihrem Erleben und ihrem Selbst fähig zu selbständigen Wertungen, zu einem angemessenen Sich-selbst-Bestimmen, zu Selbstverantwortung und innerer Freiheit. Sie wird fähig, fortlaufend aus den Erfahrungen mit ihrer Person zu lernen.

▷ Diese Person wird innerlich reicher, weniger angewiesen auf äußere Erlebnisaktivierungen durch Konsum, Drogen oder Exzesse. Sie kann gut mit sich alleine sein, sie braucht nicht vor sich selbst zu fliehen. Sie ist sich selbst genug.

▷ Eine offene, sich mit sich selbst auseinandersetzende Person ist fähiger zu reicherer, tieferer, befriedigender Kommunikation mit anderen. Sie kann anderen bedeutungsvollere, wichtigere innere Erlebnisse ihres eigenen Selbst mitteilen.

▷ Sie ist zu einem kreativeren, flexibleren Verhalten, zu angemesseneren Problemlösungen fähig. Eine Vielzahl von Informationen, Wahrnehmungen, gefühlten Bedeutungen, Erinnerungen und Erfahrungen steht ihr zur Verfügung. Sie hat die Fähigkeit, diese miteinander in Beziehung zu bringen und in unterschiedlichen Bedeutungen zu sehen.

▷ Die Äußerungen dieser Person über ihre Erlebnisse, Wahrnehmungen und Erfahrungen sind mit ihrem Fühlen verbunden. Sie ist echter, übereinstimmender.

▷ Eine derartige Person wird des öfteren nach außen wenig resolut und definitiv erscheinen. Ihre Urteile werden weniger schnell und eingleisig sein, weniger rigide. So mag jemand sagen: „Was ich tun werde, ist noch unbestimmt. Ich werde etwas in dieser Richtung unternehmen, das spüre ich deutlich. Aber ich weiß jetzt noch nicht genau, was." Ein Außenstehender könnte dieses Hineinhorchen in das eigene Selbst und in das eigene Fühlen, diesen Vorgang der selbständigen Bildung von Werten und Entscheidungen fälschlicherweise als mangelnde Entschlossenheit ansehen.

▷ Eine derartige Person wird mehr selbstbestimmt sein, mehr selbststeuernd, wird einen sinnvolleren Gebrauch der äußeren Freiheiten machen können, wird selbständiger Werte finden, wird weniger konformistisch sein, weniger abhängig von den Auffassungen anderer Personen. Sie wird aus Erfahrungen mehr lernen. Sie wird weniger zu unvermuteten, willkürlichen, sinnwidrigen Handlungen fähig sein, zu unsozialem Verhalten. Sie wird weniger in Extremen leben, wie extremer Rigidität, Erstarrtheit und Unveränderbarkeit oder extremer Labilität, Veränderlichkeit und Unkontrolliertheit. Diese Personen mit offener Auseinandersetzung mit sich selbst werden zwar lebendige Schwankungen durchmachen und sich fortlaufend in Grenzen ändern, aber sie werden in konstanter Weise mehr sie selbst sein.

▷ Eine derartige Person wird gefühlsmäßig mehr ansprechbar und weicher sein, während Personen mit geringerer Öffnung für das eigene Erleben eher in einer gefühlsmäßig verdünnten Atmosphäre leben.

▷ Derartige Personen werden wenig gewünscht sein in einer Gesellschaft, die die konformistische Übernahme von Werten anstrebt, die Fremdbestimmung wünscht und wenig Selbstbestimmung, bei der Unechtheit und Fassadenhaftigkeit die Regel und enger Kontakt mit dem Fühlen unerwünscht ist. In der vielmehr Härte, blindes, begeistertes Vorgehen gefördert werden. Eine Person mit offener Auseinandersetzung mit dem eigenen Erleben wird hier häufig Konflikte haben, sie wird in einer derartigen Gesellschaft unbequem sein. Wir für uns selbst haben jedoch erfahren, daß diese häufigen, zum Teil sehr starken Belastungen oft aufgewogen werden durch die erlebte Befriedigung, die eine offene Auseinandersetzung mit dem Selbst, größere Selbstbestimmung und selbständige Wertebildung und größerer gefühlsmäßiger Reichtum mit sich bringen.

Wir sehen keine negativen Auswirkungen bei einer Person, die für ihr eigenes Erleben offen ist und sich damit auseinandersetzt. Nur bei Mißverständnissen können negative Auswirkungen eintreten, etwa: ▷ Personen sind nur für einen Teil des eigenen Erlebens, nur für die eigenen Bedürfnisse offen, aber nicht offen für die Wahrnehmung des Leides und der Beeinträchtigungen anderer. ▷ Selbständige Wertebildung wird verwechselt mit willkürlicher Wertebildung. ▷ Wenn gemeint wird, Offensein für das eigene Erleben kann erreicht werden durch die häufige Verwendung des Begriffes „emanzipatorisch“. ▷ Wenn Offensein überwiegend in einer Selbstbeschäftigung mit dem eigenen Ich, mit einem Selbstanalysieren und Beobachten verwechselt wird, unter Vernachlässigung des sensiblen Hinhörens auf gefühlsmäßige Vorgänge in Mitmenschen.

Im folgenden möchten wir einige der Auswirkungen von sensiblem Offensein und Auseinandersetzen mit dem Selbst und dem eigenen Erleben eingehender darstellen.

Selbständige Wertebildung einer Person als Folge ihres Offenseins und Auseinandersetzens mit ihrem Selbst und ihrem Erleben. Unsere Annahme ist: Selbständige Wertebildung wird möglich, wenn eine Person offen für ihr Erleben ist und sich damit intensiv auseinandersetzt, insbesondere mit den das Selbst betreffenden Inhalten. Ohne diese Vorgänge ist eine bedeutsame, selbständige Wertebildung kaum möglich.

Ist eine Person aufgeschlossen für ihr Erleben, so wird sie sehr vieler Informationen in unverzerrter Bedeutung teilhaftig werden, die für ihre Person von Bedeutung sind. In ihr Erleben gehen dann wie in einen Computer das Fühlen, Erfahrungen, Wissensinformationen, Gedanken, Erinnerungen, äußere Wahrnehmungen, eigene und fremde Rückmeldungen ein. Mit dieser Vielzahl von Informationen, die für ihre Person und ihr Selbst bedeutsam sind, setzt sich eine Person offen auseinander. Sie wird aufgrund der Vielzahl der Daten und Auseinandersetzungen so zu Wertauffassungen und Entscheidungen kommen, die umfassender und angemessener sind, als wenn sie sich bedeutsamen Teilen ihres Erlebens und Fühlens verschließt und sich nicht intensiv damit auseinandersetzt. Eine derartige Person wird auch bei neuen Erfahrungen, Informationen und Wahrnehmungen, bei Fehlern oder Unvollständigkeiten ihre Auffassungen und Werte entsprechend revidieren.

Wie kommen heute Jugendliche oder Erwachsene zu ihren Wertauffassungen, nach denen sie handeln, etwa über Lebensziele, Sexualität, Religion, Politik, Verteilung von Besitz, Kleidung und Wohnung? Häufig übernehmen Kinder und Jugendliche wenig selbständig die Wertauffassungen ihrer Eltern, Lehrer, Erzieher, Geschwister, Partner. Das Kleinkind etwa übernimmt viele Werte aufgrund der

Äußerungen seiner Eltern, z. B. „Das ist schlecht!" „Das ist etwas Gutes!" „Wenn Du das machst, das ist böse!" Schüler übernehmen – falls sie nicht dagegen rebellieren – Wertauffassungen ihrer Lehrer, etwa zu politischen Fragen, zu historischen Ereignissen, ob Härte oder Weichheit im Leben von Menschen wichtig sind.

Kinder und Jugendliche, aber auch Erwachsene übernehmen Werte so von anderen. Dem einzelnen wird oft eindringlich gesagt, was die „richtigen", „wahren" Werte sind. Ihm werden Werte und entsprechendes Handeln nahegelegt, oft befohlen. Oder oft schließen sich Kinder und Erwachsene den Wertauffassungen der Mehrheit anderer an, weil sie sich nicht für fähig halten oder weil sie nicht wagen, selber zu eigenen Wertauffassungen zu kommen. Eine derartige Übernahme von Wertauffassungen wird entscheidend durch manche Mitmenschen in Form von Lob oder Gewährung von Vorteil gefördert.

Diese Übernahme von Werten führt jedoch zunehmend zu starken Schwierigkeiten in einer Gesellschaft, die dem einzelnen große Selbstbestimmung, große persönliche Freiheiten, eine Vielfalt von Meinungen gestattet, und bei der sich die Umweltsituationen und mit ihnen gewisse Wertauffassungen wandeln. Die von Eltern, Lehrern oder Partnern übernommenen Wertauffassungen sind des öfteren weder geeignet für die andere Person noch für die jeweilige Lebenssituation. Manche der übernommenen Werthaltungen oder der eigenen Wünsche werden widersprüchlich und teilweise miteinander unvereinbar sein, etwa Christ zu sein und erhebliche finanzielle Gewinne aus der Arbeitskraft anderer und nicht nur aus der eigenen Arbeit zu erzielen. In schwierigen „führerlosen" Zeiten sind manche Menschen hilflos im Strudel des Lebens und der Vielzahl pluralistischer Wertungen. Sie sind dann häufig verzagt, werden inaktiv und sind leicht beeinflußbar für die konformistische Übernahme von totalitären Ideologien. Oder sie verharren im Protest und in der Negation gegen diejenigen, von denen sie ihre bisherigen Werte konformistisch übernommen haben. Die Zeit des Nationalsozialismus in Deutschland hat demonstriert: Wie wenige Personen hatten sich selbständige Wertauffassungen gebildet aufgrund des Offenseins für ihr Fühlen und der Auseinandersetzung damit. Wie wenig waren die Wertauffassungen bei der Mehrheit der Menschen miteinander integriert, etwa die christliche Wertauffassung und das Dulden von physischer und psychischer Vernichtung andersdenkender Menschen. Wie viele sehnten sich nach Wertauffassungen, die eine hochstehende Person, ein „Führer" ihnen anbot. Welch großes soziales Sicherheitsrisiko sind Personen, die nicht selbständig zu Wertauffassungen kommen, sondern die Werte anderer konformistisch übernehmen.

So bitter es ist: Die Erfahrungen einer Generation können schwer an die andere weitergegeben werden, etwa die Erfahrungen der älteren Generation mit Krieg und Diktatur. Auch wenn unsere Wertauffassungen darüber von den Jugendlichen „übernommen" werden können: Es ist nichts, was in ihnen entwickelt wurde und so in ihnen lebt. Auf der anderen Seite ist es zu bitter, daß jede Generation von neuem die schmerzlichen Erfahrungen etwa von Diktatur und Krieg macht. Wir sehen nur einen Weg: Jugendliche wachsen heran, die von frühauf weitgehend offen für ihr Erleben sind und sich damit auseinandersetzen und so selbst frühzeitig zu erlebten Wertauffassungen kommen. Und die ihre Wertauffassungen an ihrem eigenen Erleben und Erfahren und an den Erfahrungen anderer fortwährend prüfen. In diese Wertauffassungen gehen dann die Erfahrungen der älteren Generation als eine Information mit ein.

Die Förderung von selbständiger Wertebildung bei Kindern, Jugendlichen und Partnern kann nach Carl Rogers (1974a, S. 230 ff.) und aufgrund unserer persönlichen Erfahrungen durch folgende Art erfolgen:

▷ Personen, etwa Eltern oder Lehrer leben Achtung–Wärme–Zuwendung gegenüber Kindern und jugendlichen Partnern. Diese spüren aus den Äußerungen und Handlungen, daß ihre Person geachtet und anerkannt wird, ohne daß dies an enge Bedingungen gebunden ist. Hierdurch wird ihre Selbstachtung, ihr günstiges Selbstkonzept sowie ihre gefühlsmäßige Sicherheit gefördert. Dies ermöglicht es ihnen, offen gegenüber ihrem Erleben zu sein, sich auch mit unangenehmen Aspekten ihrer Person auseinanderzusetzen, zu selbständigen Wertauffassungen zu kommen und unter Umständen nicht konformistisch zu sein.

▷ Personen sagen Kindern und jugendlichen Partnern möglichst wenig, was sie tun sollen und was nicht, was einen Wert hat und was nicht. Sie ermöglichen ihren Partnern viele Informationen und Erfahrungen über sich selbst und ihre Umwelt. Sie geben ihnen Freiheit in der eigenen Erfahrungsbildung mit anderen Personen, Gegenständen, Situationen und anderen Wertauffassungen. Wenn etwa ein Kind sein Zimmer mehrere Tage nicht aufräumt, so lassen sie das Kind möglichst diese Erfahrung machen und fördern sein Offensein für dieses Erleben. So kommen Kinder aufgrund von Erfahrungen zu eigenen Wertauffassungen, etwa: Unordnung ist in manchen Situationen für sie von Wert, es erspart Aufräumen, es ist sehr stimulierend, da sie sich nicht durch den Gedanken des Aufräumens in ihrer spontanen Aktivität behindert fühlen. Aber ihre Erfahrung ist auch: Bei großer Unordnung fühlen sie sich nicht wohl, sie können viele Dinge nicht finden. Oder ein Kleinkind, das unbedingt mit Kleidern abends schlafen gehen will, erfährt: Dies ist günstig und praktisch, da es sich nicht auszuziehen braucht. Aber auch: Das Aufwachen in den Kleidern mitten in der Nacht oder am frühen Morgen ist wenig lustvoll. So gelangt ein Kind oder Jugendlicher aufgrund von Erfahrungen mit den verschiedenen Aspekten seiner Person schrittweise zu bestimmten eigenen Wertauffassungen. Dieser Weg ist nicht immer einfach. Er ist nicht bequem. Und manchmal ist er mit gewissen augenblicklichen Nachteilen auch für Eltern verbunden. Aber: Hierdurch kann eine Person zu für sie erfahrenen gültigen Wertauffassungen kommen.

▷ Erwachsene ermöglichen jugendlichen Partnern durch ein sensibles Verstehen ihrer inneren Welt und entsprechende Äußerungen darüber, daß diese mit ihrem Erleben, insbesondere mit ihrem Fühlen und der Wahrnehmung ihres Selbst in engeren Kontakt kommen und sich damit auseinandersetzen. Sie sagen nicht einem Kinde, das ein anderes schlagen will oder schlägt: „Du bist ein böses Kind!“ Sondern etwa: „Du bist sehr wütend. Du magst ihn nicht leiden und möchtest ihm weh tun!“ Und etwas später: „Es bedrückt Dich, daß er jetzt weint.“ Das Kind wird so offener für sein eigenes Fühlen, für die Wahrnehmung der Schmerzen des anderen Kindes und für seine eigenen Handlungen.

▷ Erwachsene äußern ihre eigenen Wertauffassungen gegenüber dem jugendlichen Partner, ihre politischen oder religiösen Auffassungen, Auffassungen über Besitzverteilung oder Sexualität. Aber sie betonen, daß es ihre eigenen persönlichen Werte sind. Sie äußern, aufgrund welcher Erfahrungen und Auseinandersetzungen sie dazu in selbständiger Weise kamen. Sie fordern nicht, daß der Partner diese Wertauffassungen einfach übernimmt. Ihre Wertauffassungen und ihr Auseinandersetzen mit ihrem Selbst sind gleichsam Informationen für den Partner und für sein Erleben, mit denen er sich nun selbständig auseinandersetzt. Der Jugendliche erlebt so Erwachsene, die deutlich eigenständige Wertauffassungen fortwährend bilden, die diese Auffassungen leben und die sie fortlaufend an eigenen Erfahrungen prüfen. Er erlebt so den Erwachsenen weder als einen konformistischen Werteträger noch als eine „wertneutrale“ Person. Zugleich erlebt er diese Person als akzeptierend gegenüber einer anderen Person mit unterschiedlichen persönlich begründeten Wertauffassungen.

▷ Erwachsene ermöglichen ihren jugendlichen Partnern zahlreiche Informationen über bedeutsame Lebensgebiete.

Sie ermöglichen ihnen etwa breite Informationen über Sexualität und eheliches Zusammenleben, über das Ausmaß von Befriedigungen, aber auch von gegenseitigen Enttäuschungen, von Trennungen und Scheidungen. So können Jugendliche allmählich selbst zu der Auffassung kommen, daß für sie eine Eheschließung in höchstem Maße befriedigend sein kann, aber auch sehr unbefriedigend, und daß dies von den beiden Partnern abhängt. Sie werden zu der Auffassung kommen, daß eine realistische Kenntnis des Ehepartners und eine gewisse Gemeinsamkeit von Lebensvorstellungen und Wertauffassungen notwendig ist. Und daß es keine Garantie für eine gut funktionierende Ehe geben kann, ausgenommen vielleicht das fortlaufende aufrichtige gegenseitige Bemühen um das Offensein für das Erleben und das Sich-damit-Auseinandersetzen, um das Verstehen der inneren Welt des Partners und um Anteilnahme–Wärme. Wenn der Jugendliche eines Tages einen Partner kennenlernt und mit ihm zusammenleben oder eine Ehe schließen möchte, so wird er aufgeschlossener sein für seine vielfältigen Erfahrungen und gefühlten Bedeutungen. Er wird sich etwa fragen: Was bedeute ich für den Partner? Will ich ihn heiraten? Wünsche ich nur einen Sexualpartner? Möchte ich nur mit ihm zusammensein, um eine augenblickliche Einsamkeit zu überwinden? Was gebe ich dem andern? Was erhalte ich von ihm? Er wird so offen sein für die Beeinträchtigungen, die das Zusammenleben für ihn und für den Partner mit sich bringen kann und offen sein für seine eigenen Fehler, die das Zusammenleben belasten können.

Erwachsene ermöglichen Jugendlichen breite Informationen über politische Wertauffassungen. Sie ermöglichen ihnen das konkrete Kennenlernen möglichst unterschiedlicher politischer und gesellschaftlicher Systeme mit ihren unterschiedlichen Auswirkungen. Jugendliche können sich so aufgrund konkreter Erfahrungen, etwa aufgrund des Aufenthaltes in anderen Ländern, ein Werturteil bilden über nützliche und schädliche Auswirkungen bestimmter politischer Auffassungen und Gesellschaftsordnungen.

Bei dieser Erziehung sieht der Jugendliche den Bezugspunkt seiner Wertebildung in sich, in seiner Person und seinen Erfahrungen. Er ist es, der sich seine Wertauffassungen bildet und dafür verantwortlich ist. Er erlebt sich als das Zentrum des Urteilens und Wertens für seine Person. Er wird so weniger in Versuchung kommen, anderen seine Wertauffassungen und seine Urteile als einzige Wahrheit aufzuzwingen. Er weiß, daß es s e i n e Werte sind, zunächst nur für ihn gültig, er hat sie geprüft. Er wird es eher anderen Menschen ermöglichen, ebenfalls ihre Werte selbständig zu bilden und zu prüfen. Er wird keine Person sein, die die politischen Auffassungen anderer dogmatisch übernimmt und andere zu den gleichen Auffassungen zwingt. Personen mit derartiger Erziehung werden „Vor“-Urteile als ihre eigenen vorläufigen ungeprüften Urteile ansehen, als versuchsweise Auffassungen und Vermutungen und nicht als endgültige rigide Urteile. Sie werden bereit sein, ihre Urteile bei neuen Erfahrungen und Informationen auf Fehler zu prüfen und notfalls zu ändern. Sie werden vermutlich auch weniger zu einer Schwarz-Weiß-

Wahrnehmung und zu einspurigem Denken neigen, sondern eher in Wirkungsnetzen denken.

Selbstbestimmung und innere Freiheit einer Person als Folge ihres Offenseins und Auseinandersetzens mit dem eigenen Erleben. Eltern, Lehrer, Professoren, Betriebsleiter oder Beamte fürchten häufig folgendes, wenn sie Kindern, Schülern, Studierenden oder Angestellten größere Selbstbestimmung geben: Werden diese die gewährten Freiheiten sinnvoll nutzen? Werden sie sie nicht mißbrauchen und unsozial handeln? Wird nicht ein Chaos entstehen, eine weitgehende Funktionsunfähigkeit, mangelnde Produktivität und mangelnde soziale Dienstleistungen für andere? Unsere Erfahrung ist: Wurden Jugendliche und Erwachsene durch Lernbedingungen befähigt, offen zu sein für ihr Erleben, insbesondere für ihr Selbst, und befähigt sich intensiv damit auseinanderzusetzen, erhielten sie breite Informationen aus ihrer Umwelt und erfuhren sie hinreichend die Folgen ihres Tuns durch Rückmeldung von Personen oder durch Sachverhalte, dann werden sie zu selbständigen Wertauffassungen kommen und prosozialer und mit mehr Rücksicht auf andere handeln als dies jetzt im allgemeinen der Fall ist.

Eine Person, die offen ist für die Fülle der Informationen über sich selbst, aus ihrer äußeren Umwelt, ihrer Erinnerung und ihrem Organismus einschließlich des Fühlens, und die sich damit intensiv auseinandersetzt, mit den verschiedenartigen Auffassungen, mit den eigenen Bedürfnissen und den Bedürfnissen anderer sowie mit den Effekten ihres Verhaltens: Sie wird nicht blind und triebhaft handeln. Sie wird kein blinder Vollstrecker von Normen oder Weltanschauungen anderer sein. Sie ist eine voll funktionierende Person, die über sich selbst bestimmen kann, die innere Freiheit lebt. Offensein und aktives Auseinandersetzen mit dem Selbst und dem eigenen Erleben *ist* wesentlich Bestimmung über das Selbst und Leben von innerer Freiheit.

Eine für ihre inneren Erfahrungen und von außen kommenden Wahrnehmungen offene Person kann sich selbst besser regulieren. Die Vielzahl ihrer Informationen von außen und von innen aus dem Organismus sind Signale und Informationen für ihre Entscheidungen und Handlungen. Je mehr eine Person die Bedeutung der Wahrnehmungen und Empfindungen spürt, fühlt, etwa auch die Reaktionen des eigenen Körpers zu hören sucht, je mehr das Fühlen für sie eine Art Meßfühler ist, um so eher wird sie angemessener entscheiden und handeln.

Personen, die nicht offen sind für ihr Erleben und sich nicht damit auseinandersetzen und von anderen keine deutlichen Informationen und Rückmeldungen erhalten, werden statt selbstbestimmt eher planlos, häufiger willkürlich, mißverständlich und weniger sozial für andere handeln. Sie sind ein soziales Risiko für ihre Mitmenschen. Sie sind eher wie ein Amokläufer, der mit einem gezückten Messer in der Hand ohne Kontrolle durch die Straßen läuft. Personen ohne größere Selbstbestimmung sind weniger fähig zu angemessener Mitbestimmung. Sie stellen unserer Auffassung nach eine soziale Bedrohung dar, wenn sie über andere mitentscheiden. Daß die sog. Mitbestimmung etwa in Hochschulgremien oder Schulgremien oft wenig funktioniert, sehen wir zu einem bedeutsamen Teil begründet in zu geringer Selbstbestimmtheit von manchen Professoren, Studenten und Schülern. Personen, die nicht offen sind für ihr Erleben und sich damit nicht intensiv auseinandersetzen, sind wie Radfahrer, die nicht offen sind für die Fülle der Informationen aus ihrem Organismus, etwa über ihre Körperlage. Sie können nicht angemessen reagieren, wie etwa auch ein Pilot in einem Sportflugzeug, der nicht offen ist für die Empfindungen seines Körpers hinsichtlich Seitenlage, Höhen- und Tiefenbewegung. Es sind Personen, die etwa sagen: „Bei manchen Sachen mag ich gar nicht daran denken, wie sie ausgehen." Oder wie Autofahrer, die mit überhöhter Geschwindigkeit dahinrasen, nicht offen für das Fühlen von Gefahr und Risiko für sich und andere. Es sind Personen, die häufig entscheidungsrelevante Informationen nicht wahrnehmen wollen oder die die Suche danach vorzeitig abbrechen und keine Alternativen sehen bzw. sehen wollen. Es sind Personen, die häufig durch ein einzelnes Bedürfnis ihres Organismus oder durch eine von anderen übernommene Wertauffassung zu Handlungen gleichsam hingetrieben werden. Es ist erschreckend, wie selten Personen in ihrem persönlichen und politischen Handeln Alternativen sehen, wie selten sie Kompromisse eingehen können und wie wenig Informationen sie für ihr Handeln beachten.

Im folgenden einige weitere Gesichtspunkte und Beispiele. Dabei ist zu bedenken: Offensein für das eigene Erleben und das Auseinandersetzen damit ereignet sich *in* einer Person. Diese Vorgänge können aus Äußerungen oder Handlungen anderer nur erschlossen werden:

▷ Offene Personen werden sich auch mit der „Rückseite" ihrer Person auseinandersetzen, mit den unangenehmen und ihnen zum Teil selbst wenig bekannten Aspekten ihrer Person. Es sind Aspekte, die sie nicht gerne zeigen oder die sie nicht sehen mögen oder schwer sehen können. Ein Mitglied in einer Encountergruppe: „Ich hasse ihn so wahnsinnig. Dabei weiß ich nicht genau, warum. Aber ich spüre auch, daß ich diesen Haß nicht gut finde!" Werden Personen fähiger, auch diese Teile ihrer Person wahrzunehmen und durch Auseinandersetzen und Integrieren mit ihrer übrigen Person zu ändern, so können sie mehr über sich selbst bestimmen, über größere Teile ihrer Person.

▷ Eine für ihr eigenes Erleben und Fühlen offene und sich damit auseinandersetzende Person versteht sich selbst eher. Was sie ist und was sie möchte. Sie kann besser mit sich umgehen und ist so anderen auch ein besserer Partner. Beispiel:

Nach einer einwöchigen Encountergruppe schreibt eine Frau: „Ich habe mich erstmals selbst gesehen und in mich hineingehört. Ich will jetzt meine Bedürfnisse sehen und mich von ihnen aus orientieren. Ich will mit mir selbst in Kontakt bleiben, in mich hören und von dort nach außen gehen. Nicht wie bisher, daß ich mich wie ein Ball verhalten habe, der sich überall hinwerfen ließ. Jetzt bestimme ich über mich, was für mich wichtig ist, und wende mich dem zu. Jetzt kann ich auch akzeptieren, was andere für sich beanspruchen. ... Ich erkenne jetzt, daß ich mich besser auf eine Sache einstellen kann, weil ich es will, weil es mein Bedürfnis ist, das ich akzeptiere. ... Ich spüre jetzt in mir Gefühl und kann mit ihm Kontakt aufnehmen und darüber sprechen. Daß ich froh bin oder traurig oder aufgeregt oder ängstlich oder hilflos oder neidisch. Ich fühle mich nicht mehr schuldig, wenn ich nicht das tue, was andere von mir erwarten, weil es für mich in dem Augenblick nicht wichtig ist. ... Die Erfahrung, die ich in der Encountergruppe gemacht habe, vermittelt mir ein neues Lebensgefühl. Ich kann jetzt wieder fröhlich sein, aktiv, weil ich in mich hineinhören kann."

Auch der folgende Ausschnitt aus einem Gespräch zwischen zwei 15jährigen legt nahe, daß eine für sich selbst offene Person sich selbst besser verstehen und sich so selbst besser bestimmen kann: „Ich hab' in letzter Zeit irgendwie mehr gelernt, mich mit mir selbst zu beschäftigen. ..." Freundin: „Ja, das fällt mir jetzt auch leichter. Es geht mir auch so, daß ich mich gut mit mir selber beschäftigen kann." „Ja, und ich bin auch mit mir selbst zufriedener gewesen. Ich freue mich richtig, daß ich das gelernt habe, also selbst etwas machen zu können. ... Ich sehe nicht ein, wenn ich mit mir selbst alleine einen zufriedenen Nachmittag haben kann, warum ich mich dann durch die anderen der Klasse demütigen lassen soll. Die sind doch wirklich manchmal sehr gemein."

▷ Eine offene und mit sich selbst sich auseinandersetzende Person sieht ihr eigenes Fühlen – etwa ihre Unzufriedenheit, Ärger oder Freude – als ihr eigenes Fühlen an, dessen Schöpfer sie ist, für das sie verantwortlich ist. Sie wird nicht etwa unangenehme Gefühle in andere hineinprojizieren. Indem sie ihr Fühlen als ihr eigenes ansieht und es als ihr eigenes spürt, wird sie fähiger, dieses Fühlen bei sich zu ändern, wenn sie es wünscht.

▷ Eine offene, mit sich selbst sich auseinandersetzende und mehr selbstbestimmte Person sieht die positiven und negativen Ereignisse ihres Lebens eher als Konsequenz des eigenen Verhaltens – sog. internale Kontrolle – und weniger als durch äußere Kräfte verursacht, sog. externale Kontrolle. Personen mit internaler Kontrolle bejahten eher etwa folgende Erlebnisbeschreibungen: „Was sich bei mir ereignet, hängt mehr von mir selbst ab und ist die Folge meiner eigenen Tätigkeit." Sie verneinten eher etwa folgendes: „Ich fühle, daß ich keine Kontrolle über die Richtung habe, die mein Leben nimmt." Internale Kontrolle hing in zahlreichen Untersuchungen zusammen mit größerer seelischer Gesundheit, geringem Konformismus, größerer innerer Freiheit und angemesseneren Problemlösungen, auch in schwierigen Situationen (s. Sammeldarstellung von Lefkourt, 1966). Hohe externale Kontrolle hing mit gefühlsmäßiger Entfremdung einer Person zusammen und mit seelischen Beeinträchtigungen (LeBlanc u. Tolor, 1972).

▷ Eine offene und sich mit sich selbst auseinandersetzende Person wird sich seltener dem Urteil von Experten ausgeliefert fühlen und meinen, nur diese seien für ihre Lebensentscheidungen kompetent. In unserer Gesellschaft leben Millionen von Menschen, die ihre eigene Person, die Qualität ihrer Auseinandersetzung und ihre Kompetenz im Bereich ihres persönlichen Lebens, im Vergleich zu Experten oder Funktionären, zu gering einschätzen.

▷ Offene und sich mit sich selbst auseinandersetzende Personen werden weniger aufgrund von vorgeschobenen Gründen, etwa aufgrund von Prestige handeln. Sie werden mehr so handeln, wie es ihrem Selbst entspricht. Sie werden sich weniger konformistisch nach den Wertauffassungen anderer ausrichten. Student im 3. Semester: „Ich werde mit Mathematik aufhören. Ich glaube, ich hab's zu einem großen Teil studiert, weil sich das so toll anhörte, und die Leute sagten: ‚Oh, Sie machen Mathematik!' Ich muß ein Stück von meinem eigenen Prestige abschneiden. Wenn ich ehrlich bin, interessiert mich Grundschulpädagogik eigentlich viel mehr. Ich habe mich geändert. Vielleicht ist das auch eine gute Entwicklung bei mir selber. Ich sehe erst jetzt, wo mein Weg hingeht." – Jugendliche: „Ich hab' gleich zugesagt, als man mich bat, noch eine Gruppe zu machen. Ich fühlte mich geschmeichelt. So konnte ich im Augenblick gar nicht klarsehen, daß mir das viel zu viel wurde."

▷ Offenes Auseinandersetzen einer Person mit ihrem Erleben und ihrem Selbst vermindert Machtmißbrauch und unangemessenen Machteinsatz oder macht diese unmöglich. Diese Person fühlt dann deutlicher und setzt sich damit intensiv auseinander, daß und wie sie andere benachteiligt. Lehrer zu einer 17jährigen: „Also ich hab' Ihre Arbeit noch mit einer 4 bewertet. In meinen Augen ist es eine völlige 5. Aber ich fühle mich durch Sie immer so provoziert. Und ich wollte auf keinen

Fall Sie selbst und mich damit belasten. Ich möchte nicht, daß ich da ungerecht bin und es Sie vergelten lasse." Eine offene und sich mit sich selbst auseinandersetzende und innerlich übereinstimmende Person ist nicht gespalten in eine Person, die etwa an der Hochschule philosophische Wertideale vertritt und zu Hause ein gefürchteter Tyrann ist. Sie kann nicht auf der einen Seite nett zu Kindern und Schäferhunden sein und auf der anderen Seite Tausende von Menschen in Gaskammern vernichten lassen. Offensein und Auseinandersetzen einer Person mit sich selbst bedeutet eine größere Übereinstimmung des Fühlens, Denkens und Handelns sowie eine größere Übereinstimmung der verschiedensten Aspekte der eigenen Person, auch im Bereich ihrer „Schattenseiten".

▷ Eine sich selbst gegenüber offene Person wird sich auch mit vergangenen Erfahrungen und somit mit ihren Fehlern auseinandersetzen und daraus für ihre gegenwärtigen Entscheidungen lernen. Dies demonstrieren die nachfolgenden Äußerungen einer 20jährigen:

„Ich bin froh, daß Ihr mich damals das mit der Puppe alleine habt machen lassen. Ich hab' mich jetzt genau daran erinnert, wie das mit der Puppe war: Ich *mußte* sie kaufen. Ich bin – ich glaub, ich war im 1. oder 2. Schuljahr – alleine mit dem Bus in die Stadt gefahren. Nachher hatte ich kein Geld mehr für die Rückfahrt. Ich mußte zu Fuß laufen, eine halbe Stunde. Es war endlos, dieser Weg. Und am nächsten Tag, ja, da haben wir sie wieder umgetauscht. Sie gefiel mir gar nicht mehr so. Aber, wenn ich das mit der Puppe nicht erfahren hätte, wäre es mir vielleicht unmöglich gewesen, solange auf meine Musikanlage zu warten. Jeden Menschen, den ich heute treffe oder der mich besucht, frage ich um Rat wegen meiner Musikanlage. Ich will mich nicht damit verkaufen. Und ich weiß, das wird mir auch nicht passieren."

▷ Eine offene, sich mit sich selbst auseinandersetzende Person hat weniger absolute, rigide, starre Werturteile, macht weniger absolute verallgemeinernde Aussagen. Sie sieht ihre Urteile und ihre Wertungen als von sich selbst geschaffen an, als vorläufig gebildet und durch weitere Erfahrungen änderbar.

▷ Eine offene Person sieht ihre eigenen Unzulänglichkeiten und Schwierigkeiten bei sich selbst, sie fühlt sich eher verantwortlich hierfür und sieht sie weniger als äußere, von sich selbst unabhängige Sachverhalte an. Sie prüft eher, inwieweit sie selbst dazu beigetragen hat. Eine offene Person sieht eher, daß sie selbst ein Teil ihrer Schwierigkeiten und Unzulänglichkeiten *ist*.

▷ Eine für ihr eigenes Erleben offene und sich damit auseinandersetzende Person wird mehr für ihre Person Bedeutungsvolles lernen und günstige Lernbedingungen herausfinden. Sie wird nicht etwa wie ein Fußballspieler sich verhalten, der bei Niederlagen nur der Unfairneß des Gegners oder widrigen Umständen die Schuld gibt und sich nicht offen auseinandersetzt mit seiner Person, mit seinem unzulänglichen Verhalten während und nach dem Spiel. Ein offener und sich mit sich selbst auseinandersetzender Lehrer wird nicht ausschließlich den Grund für seine Unzufriedenheit mit dem Unterricht in anderen Personen sehen und etwa sagen „Ein dusseliges Volk seid Ihr!" „Total unbegabter Typ!" „Schlechtes Schülermaterial!" Vielmehr werden offene Personen in sich hineinhorchen, wo und wann sie unbefriedigt sind und wo und wann sie befriedigende Erfahrungen machen. Wann und unter welchen Bedingungen sie besser und schlechter funktionieren. – Die nachfolgenden Beispiele zeigen, daß Jugendliche durch Hineinhorchen in sich selbst günstige Lernbedingungen und ausgleichende Freizeitaktivitäten herausfinden können. Lernbedingungen, die für sie wahrscheinlich besser sind als das Aneignen und Befolgen von Lerngesetzen der Psychologie:

Jugendliche beim Mittagessen: „Zum Kotzen diese Schule! Ich kann jetzt sowieso nicht gleich weiterlernen. Ich muß mich erstmal ausruhen. Auf die Couch schmeißen und einfach nur so – Musik hören, nichts tun müssen, nur so daliegen. Ich hab's ausprobiert. Dann kapier' ich nachher alles in der halben Zeit, dann läuft es. Es gibt dann einen Augenblick, dann lern' ich das Schwerste in ganz kurzer Zeit. Ich weiß auch nicht, wie das kommt. Aber ich hab's dann drauf. Jetzt gleich, das würde sowieso nichts werden!"

„Ein Glück ist nur, daß wir wenigstens in der Deutschstunde stricken dürfen. Dann kann ich wirklich zuhören, wenn ich was zu tun habe. Sonst schwatze ich nur herum, geh' aus der Stunde und weiß von nichts. So höre ich doch zu und hab' nachher zu Hause nicht die doppelte Arbeit."

„Komisch, ich hab' jetzt schon Chemie und Geschichte gemacht. Dabei sind noch 2 Wochen Ferien. Und es hat mir sogar Spaß gebracht. Chemie sowieso, aber in Geschichte, wo ich so viele Lücken habe. Ich merke, je mehr ich lerne, desto mehr Spaß bringt mir das. Machen muß ich ja das alles, aber jetzt schon, komisch! Ohne Zeitdruck! Und daß mir Geschichte sogar Spaß bringt!"

„Ich weiß nicht, ich hab's bei mir entdeckt: Es gibt Augenblicke, da kann ich ganz schnell lernen. Da bin ich selber überrascht, wie schnell ich so'n schweres Zeug begreifen kann. Ein andermal, da muß ich vor der gleichen Seite sitzen und sitzen und sitzen, stundenlang und behalt' überhaupt nichts davon."

„Ich brauch das, ab und an ein Orgelkonzert oder sowas, jetzt wo ich so hart für's Examen lernen muß. Ich leg' mich dann dabei hin. Ich hab' gemerkt: Es muß nicht lange sein, es hängt davon ab, wie intensiv ich zuhören kann. Manchmal gehe ich auch zwischendurch schwimmen. Aber dann bin ich echt geschafft, wenn ich so meine 20 Bahnen gemacht habe. Da ist Musikhören doch entspannender."

„Ich schreib jetzt nicht mehr von anderen ab. Ich will lieber meine eigenen Fehler machen, nicht die der anderen. Wenn ich die Fehler von anderen abgeschrieben habe, da ärgere ich mich maßlos. Meine eigenen Fehler, na gut, ich hab's nicht besser gewußt. Aber die von anderen! Das macht mich wahnsinnig, wenn ich mir damit meine Note verpatze!"

Selbstöffnung einer Person und reicheres seelisches Leben mit anderen als Folge ihres Offenseins für das eigene Erleben. Personen, die offen sind für die eigenen seelischen Vorgänge, sind für ihre Partner mehr bereichernd und bedeutungsvoller. Sie geben dem anderen Einblick in ihre innere seelische Welt, in ihr Wesen, in ihre Art zu fühlen und zu erleben. Sie gestatten dem anderen, ihre innere private Welt zu sehen. Sie teilen dem anderen freier und offener ihr Fühlen und ihr Denken mit, soweit dies für sie selbst und den anderen bedeutsam ist. Sie bleiben der anderen Person kein Fremder, kein Unbekannter. Sie öffnen sich ihm. Jugendliche über ihre ältere Schwester: „Heidi hat sich irgendwie verändert, finde ich. Ich weiß nicht, sie ist irgendwie freizügiger geworden. Sie gibt jetzt mehr von sich preis. Ich verstehe mich in letzter Zeit wieder besser mit ihr."

Unter Selbstöffnung ist zu verstehen: Eine Person teilt einer anderen mit, was sie fühlt und wie sie empfindet, was für eine Person sie ist, wie ihr Selbst ist. Ist diese Person zugleich voll offen und sensitiv für die ihr mitgeteilte innere Welt des Partners, dann kann sie diese wesentlich bereichern, indem sie dem Partner jeweils mitteilt, welche Bedeutungen sie fühlt und wie sie dessen innere Welt wahrnimmt. Einige Beispiele:

Jugendliche übergibt ihrem Vater zusammen mit ihrem Weihnachtsgeschenk einen Brief. Darin heißt es unter anderem: „Sicherlich wirst Du heute abend besonders doll merken, daß Oma nicht mehr da ist. Ich vermisse sie zumindest sehr. Mir ist es so richtig zum Weinen zumute. Wenn ich jetzt hier so sitze und Musik höre, wird mir so richtig bewußt, daß sie mir fehlt, auch wenn ich mich letzten Weihnachten mit ihr gestritten hatte. Ich möchte so gern noch einmal die Möglichkeit haben, ihr etwas zu sagen. Ich wollte Dir das nur schreiben, weil ich's denke und Du Dich vielleicht freust, daß auch jemand heute da ist, der Oma sehr vermißt."

Lehrer unter einem Aufsatz: „Wenn Du so schmierst, das macht mich ärgerlich. Ich bin wirklich ehrlich an Deiner Stellungnahme interessiert und an Deinen Ideen. Aber wie soll ich sie erfahren! Zugegeben: Ich kann Handschriften schlecht entziffern. Aber mutest Du mir nicht zuviel zu?"

Eine Frau schreibt in einem Beileidsbrief: „Sie werden mich gar nicht kennen, auch Ihre Mutter kannte mich nicht. Ich habe sie immer sehr bewundert, wenn sie im Schwimmbad ihre Runden schwamm. Ich freute mich immer, wenn ich sie sah. Ich hätte sie gerne mal angesprochen, und ihr das gesagt, aber ich bin zu scheu dazu. Jetzt vermisse ich sie sehr und bin traurig, daß ich nie mehr Gelegenheit habe, mich von weitem an ihr zu freuen."

Selbstöffnung kann durch die nachfolgende Einschätzungsskala von Carkhuff (1969, S. 321) charakterisiert werden. Erwachsene können feststellen, inwieweit sie in Gesprächen oder Diskussionen mit Kindern, Jugendlichen oder Erwachsenen von sich selbst berichten, frei und offen ihr Fühlen und Erleben aussprechen, in einer für die andere Person hilfreichen Form:

Einschätzungsskala für hilfreiche Selbstöffnung einer Person gegenüber einem anderen

Stufe 1: Eine Person ist angestrengt bemüht, dem anderen gegenüber gleichgültig zu bleiben. Sie zeigt nichts von ihren eigenen Gefühlen oder ihrer Persönlichkeit. Beispielsweise versucht sie mehr oder weniger geschickt, die Aufmerksamkeit des anderen von persönlichen Fragen, die sie betreffen, abzulenken. Oder wenn sie sich öffnet, so geschieht dies in einer Weise, die nicht auf den anderen abgestimmt ist. Ihre Selbstöffnung überwältigt möglicherweise den anderen und führt letztlich dazu, daß dieser ihr nicht mehr vertraut. – Die Person ist angestrengt bemüht, für den anderen Menschen eine unbekannte Größe im Dunkeln zu bleiben. Oder wenn sie sich öffnet, so einzig und allein aufgrund ihrer eigenen Bedürfnisse, wobei sie blind ist gegenüber den Bedürfnissen des anderen.

Stufe 2: Eine Person gibt nicht freiwillig Informationen über sich selbst, obwohl sie nicht immer angestrengt bemüht ist, Selbstöffnung zu vermeiden. Beispielsweise geht sie kurz auf direkte Fragen über sich selbst ein, die vom anderen an sie gerichtet werden. Jedoch tut sie das nur sehr zögernd und gibt nie mehr Informationen über sich selbst, als der andere von ihr unbedingt erwartet. – Der andere erfragt entweder nichts über die Persönlichkeit dieser Person oder aber, wenn er es tut, erhält er nur ein Minimum an kurzen, vagen, seichten Antworten.

Stufe 3: Eine Person gibt freiwillig persönliche Informationen über sich selbst, die das Interesse des anderen finden. Aber die Information ist oft vage und zeigt wenig von der Einmaligkeit ihrer Persönlichkeit. Obwohl sie freiwillig persönliche Informationen gibt und nie den Eindruck erweckt, als wolle sie sich nicht öffnen, ist der Inhalt ihrer Äußerungen trotzdem im allgemeinen zentriert in ihren Reaktionen auf den anderen Menschen; und ihre Gedanken beschäftigen sich mit dieser Interaktion. – Sie mag tiefsinnige persönliche Vorstellungen einführen, die mit den Interessen des anderen Menschen übereinstimmen. Dennoch kennzeichnen sie diese Ideen nicht als einen einmaligen Menschen. – Stufe 3 bildet das Minimum für eine helfende zwischenmenschliche Beziehung.

Stufe 4: Eine Person teilt unaufgefordert ihre persönlichen Gedanken, ihr Verhalten und ihre Erfahrungen mit, die im Einklang stehen mit den Interessen und Sorgen des anderen Menschen. Die Person diskutiert ihre persönlichen Vorstellungen in Tiefe und Breite. Ihre Äußerungen enthüllen sie als ein einmaliges Individuum. – Die Person kann frei und spontan persönliche Informationen über sich selbst geben und dabei auf konstruktive Art ganz vertrauliche Dinge über ihre eigenen Empfindungen und Gedanken enthüllen.

Stufe 5: Eine Person gibt unaufgefordert vertrauliche und oft detaillierte Schilderungen über ihre eigene Persönlichkeit. Sie hat die Bedürfnisse des anderen dabei im Auge und bringt Gedanken zum Ausdruck, die unter anderen Umständen verwirrend wirken könnten, etwa wenn der andere diese dritten Personen zugänglich machen würde. Eine Person erweckt den Eindruck, mit nichts zurückzuhalten, ihre Empfindungen und Gedanken voll und ganz dem anderen Menschen zu offenbaren. – Sind einige ihrer Gefühle, die den anderen Menschen betreffen, negativ, so benutzt sie sie konstruktiv als Basis für eine Äußerung und Erforschung mit offenem Ausgang. Sie arbeitet konstruktiv auf sehr vertraulicher Ebene der Selbstöffnung.

Kreatives, flexibles Verhalten einer Person als Folge ihres Offenseins für das eigene Erleben. Personen, die offen sind für ihr eigenes Fühlen und Erfahren und sich damit auseinandersetzen, werden vielfältige, sich ändernde Bedeutungen wahrnehmen, wenig starre Meinungen haben, sich eher als ein Werdender und Wachsender denn als ein fertiges gleichbleibendes Endprodukt erfahren. Sie werden eine Vielzahl von Möglichkeiten und Alternativen sehen, weil sie sensitiv für ihre eigenen Möglichkeiten sind und für die innere Welt von anderen. Sie werden des öfteren sagen, daß sie das richtige „fühlen“. Sie werden häufig zu besseren Problemlösungen kommen als Personen, die nur vom Kopf bis zum Hals an Problemlösungen arbeiten. Auch Wissenschaftler mit bedeutsamen kreativen Leistungen sagten des öfteren, sie hätten den richtigen Weg ihres Arbeitens „gefühlt“, lange bevor sie logisch bewußt das Warum und Was angeben konnten. Für ihr Erleben offene Personen werden auch dem sozialen Wandel besser begegnen können, mit besseren Beiträgen und geringerer Verteidigung gegenüber notwendigen Änderungen. Gewiß werden die für das eigene Erleben offenen Personen Irrtümer und Fehler machen. Aber entscheidenderweise werden sie offen für ihre Irrtümer und Fehler sein, diese eher wahrnehmen und eher und besser wieder korrigieren.

Auch in den Definitionen über Kreativität werden kreative Personen oft bezeichnet als Personen, die ihrem eigenen Fühlen geöffnet sind, die Gegensätzlichkeiten und Komplexitäten mehr ihrem Bewußtsein zulassen und die sich geringere Einschränkungen durch Traditionen oder Normen in ihrem Denken auferlegen. So hing Originalität und Einfallsfülle bei Schülern zusammen mit ihrer Gefühlsbetontheit, ihrer Unkonventionalität und ihren nicht-konformistischen Einstellungen. Beeinträchtigend für Kreativität dagegen waren starke Willenskontrolle und Argwohn (Lohmann u. Brandtstädter, 1976).

Echtheit und günstiges Selbstkonzept als Folge des Offenseins einer Person für ihr Erleben. ▷ Eine Person, die in sensibler Weise fortlaufend offen ist für das eigene Erleben, in engem Kontakt zu ihrem Fühlen steht und weitgehend übereinstimmend in ihrem Fühlen und Verhalten ist, wird kaum zu Fassadenhaftigkeit und Rollenverhalten neigen. Eine Person kann kaum nach außen hin eine Fassade oder Rolle leben und innerlich fortlaufend deutlich offen für ein anderes Fühlen sein. Eine für das eigene Erleben offene Person wird sich selten äußern ohne Beziehung zu dem, was sie im Augenblick fühlt. Dieser Vorgang der Echtheit/Fassadenhaftigkeit ist in einem späteren Kapitel dargestellt. ▷ Ist eine Person offen für ihre bedeutsamen Erfahrungen und die gefühlten Bedeutungen ihrer Person, so wird sie sich in der Regel so sehen, wie es ihren unmittelbaren fortlaufenden Erfahrungen entspricht. Das Selbstkonzept einer derartigen Person wird dann im allgemeinen übereinstimmen mit der Mehrzahl ihrer Erfahrungen und gefühlten Bedeutungen über ihre Person. Sie hat keine Abwehr- und Verteidigungshaltungen notwendig zur Aufrechterhaltung eines Selbstkonzeptes, das sie entgegen ihren Erfahrungen rigide aufrecht erhält. Eine offene Person wird wenig innere Spannung spüren, sie wird in ihrer seelischen Gesundheit nicht wesentlich beeinträchtigt sein. Sie läßt die Erfahrungen, die ihre eigene Person betreffen, voll ihrem Bewußtsein zu, auch wenn diese ungünstig sind. Sie verzerrt sie nicht in ihrer Bedeutung. Sie kann sie akzeptieren. Und so verlieren auch die ungünstigen Erfahrungen zur eigenen Person die Bedrohung für ihr Selbst. Ein Beispiel aus einem Brief einer 25jährigen:

„Alleinsein, Traurigsein: Ich wollte das nicht als ein Teil von mir annehmen. Ich war zuviel allein als Kind. Ich habe zuviel geweint. Das wollte ich nicht mehr! Jetzt habe ich gelernt, da hindurchzugehen, es mit mir auszuhalten. Ich glaube, ich bin oft vor meiner Einsamkeit weggelaufen. Ich konnte das nicht akzeptieren. Endlich habe ich keine Angst mehr davor. Ich bin einsam. Ich habe zu mir gefunden, und das ist ein unheimlich schönes Gefühl. Und mehr noch: Es gibt Menschen, die mich mögen, die genauso traurig sind, so einsam wie ich. Die mich echt mögen und mich ganz in Ordnung finden mit meiner Unfähigkeit."

Gründe für geringes Offensein und Auseinandersetzen einer Person mit dem eigenen Erleben. Sie liegen des öfteren wesentlich in der Art, wie Personen erzogen und unterrichtet werden. Ferner erschweren einige Vorgänge und Bedingungen in Personen ein Offensein gegenüber dem eigenen Erleben. Einige Gesichtspunkte:

▷ Manche Personen in Familien, Schulen und Hochschulen beeinflussen andere deutlich, ihr Fühlen nicht zu beachten, ihrem Fühlen zu mißtrauen und es zu vernachlässigen. Dem Kleinkind etwa wird wenig empfohlen, auf sein Fühlen zu achten, eher es zu mißachten, sich „zusammenzunehmen". In der Schule, etwa schon in der Grundschule, ist das Hinhorchen auf das eigene Fühlen nicht gefragt und eher unerwünscht. Wenn etwa in einer Hauptschule ein Schüler im Chemieunterricht sagen würde: ‚Ich fühle, dieser Stoff ist irgendwie massiger und innerlich reiner als der andere' oder ‚Ich fühle, bei dieser Lösung ist etwas nicht ganz richtig', so mögen manche Lehrer reagieren mit: ‚Laß' Deine Gefühle zu Hause, hier hast Du zu denken!' Oder dieser Schüler erfährt ein geringschätziges Lächeln von seiten des Lehrers und einiger Mitschüler.

Eine Erzieherin berichtet über ihre Kindheit: „Ich weiß von mir selbst: Ich durfte nie weinen. Mein Vater konnte das nicht ertragen. Er konnte das nicht sehen. Also, es war der Teufel los, wenn wir weinten. Ich habe das ganze Weinen runterschlucken müssen. Ich hab's alles nachgeholt in meiner Ehe. Wirklich eine ganze Zeit. Aber nun ist es vorbei. Nun bin ich das los. Aber es hat mich doch eine lange Zeit geschafft. Mein Mann war sehr geduldig. Er hat alles hingenommen. Ich war traurig als Kind, aber wehe, mein Vater sah Tränen, dann sah er rot!"

75jährige Sozialrentnerin, 3 Monate nach ihrer Teilnahme an einer Encountergruppe: „Einfach aussprechen. Das habe ich auch im Elternhaus nie dürfen. Bei uns waren Gefühle, na ja: wenn einem nach heulen zumute war, mußte man lachen. Und wenn man das sein ganzes Leben übt, ist es sehr schwer, anders zu sein. Und das ist mir heute leichter. Es ist mir eigentlich nicht mehr so wichtig, ob die Leute das schön finden oder nicht schön finden. Früher hab' ich Wert darauf gelegt, daß nur der Eindruck nach außen richtig war. Heute weiß ich: Leg' das doch ab, dann lebst Du doch leichter!"

▷ Schüler und Studierende unterdrücken über Jahre hindurch ihr Fühlen beim Lernen: Ihre Langeweile, ihren Ärger, ihre Gefühle von Angst oder Unsicherheit vor dem Lehrer, vor Benotungen, vor ihrer eigenen Unzulänglichkeit. Häufig fühlen sie beim Lernen nur Sinnlosigkeit, Müdigkeit oder innere Spannung. Viele suchen dann dieses Fühlen zu vernachlässigen, zu ignorieren, sich nicht damit auseinanderzusetzen. Wenn sie innerlich gefühllos sind, können sie eher mit diesem Lernmaterial und ihrem eigenen Lernen fertig werden. Durch eine derartige Mißachtung des Fühlens über Jahre hindurch werden Personen gefühlsmäßig amputiert, etwa manche Akademiker, bei denen ein Teil ihres Erlebens, das Fühlen und das Auseinandersetzen mit dem eigenen Erleben unterentwickelt sind. Diese Personen leben gleichsam nur vom Kopf bis zum Hals. Sie sind gefühlsmäßig verödet, leer und tot.

Jeder kann das kurzzeitig bei sich selbst beobachten, z. B.: Wir sitzen nachts am Steuer eines Wagens auf schwieriger Fahrt bei regennasser, glatter Straße. Wir versuchen, die in uns aufsteigende Angst, Unsicherheit und Müdigkeit nicht zu fühlen. Wir vermeiden es, uns am Gespräch der Mitreisenden zu beteiligen, um uns nicht abzulenken. Wir schränken unser Erleben und Fühlen möglichst weitgehend ein, konzentriert nur auf die Wahrnehmung der gefährlichen Straße. Am Ende einer solchen Fahrt sind wir oft sehr erschöpft, „gestreßt". Wir können merken, daß es uns in den nächsten Stunden schwer fällt, von dieser Einengung unseres Erlebens wieder freizukommen. Wir fühlen uns innerlich unruhig, „desorganisiert", unbefriedigt. In ähnlicher Weise verleugnen z. B. auch Lehrer über lange Stunden des Unterrichts ihr Fühlen, etwa von Langeweile, von Desinteresse, von Enttäuschung oder Anspannung. Sie bemühen sich intensiv um äußere Kontrolle und Ignorierung dieses unangenehmen Fühlens.

25jähriger: „Ich hab' auch in letzter Zeit so gemerkt: Ich zeig' so'n Lächeln und innerlich bin ich eigentlich ganz traurig und ernst. Es ist mir so bewußt geworden. Dabei zeig' ich gar nicht bewußt dieses Lächeln. Und im letzten Sommer, da ist mir aufgefallen: Ich war so traurig, ich hätte am liebsten geweint. Aber ich konnte nicht weinen. Ich kann das nicht so zeigen, was in mir ist. Dann ist mir eingefallen, es stimmt, du hast seit 10 Jahren nicht mehr geweint. Irgendwie hab' ich das verlernt. Wie kommt das nur, hab' ich mich gefragt. Wieso kann ich nicht mehr weinen. Warum kann ich das nicht ausdrücken, was ich fühle, so diese Traurigkeit. Ich hab' dann lange darüber nachgedacht und dann hab' ich gedacht: Vielleicht liegt es daran, daß ich schon so lange mir meine Gefühle nicht gestatte, daß ich sie so habe unterdrücken müssen, daß ich einfach verlernt habe, diese Gefühle zu leben? Verlernt habe zu weinen. Und ich weiß auch gar nicht, warum ich so zu Ihnen von meinen Schwierigkeiten oft so sprach, so leicht hin, so als ob das mir gar nicht so bitterernst ist und mir so viel Kummer macht. Warum geb' ich mich nach außen so anders als wie ich innerlich empfinde? Mir ist ja gar nicht nach Lächeln zumute. Warum hab' ich mir so'ne Fassade aufgesetzt? Ich hab' das früher gar nicht so gemerkt. Aber mir haben die das auch in der Gruppe gesagt: ‚Warum lächelst Du eigentlich so, wo Du doch so traurige Sachen von Dir erzählst? Und wir spüren, daß Du traurig bist?' Da ist mir das richtig bewußt geworden. Aber ich will ja dieses Lächeln gar nicht."

▷ Vielen Eltern, Erziehern, Lehrern und Hochschullehrern fehlt die Erfahrung, das eigene Fühlen, das Offensein für das Erleben und Auseinandersetzen damit als vertrauenswürdiges Mittel zu betrachten, etwa zur selbständigen Wertebildung. Für viele gibt es nur die Übernahme der Werte von anderen und evtl. die intellektuelle Diskussion darüber. Viele Erwachsene verwechseln häufig selbständige Wertebildung aufgrund des offenen Auseinandersetzens mit dem eigenen Erleben mit eigenwilliger, egozentrischer Wertebildung.

▷ Das dogmatische Vertreten von Ideologien, das Einnehmen von Rollenhaltungen im Beruf oder in der Politik fördert, daß Personen gegenüber ihrem eigenen Erleben weniger offen sind, es eher vernachlässigen und sich sich selbst entfremden. Auch manche Psychologen sind der Auffassung, zu ihrem Beruf gehöre die schweigende Zurückhaltung und das Nicht-Öffnen ihrer Person mit dem eigenen Fühlen und Denken oder den eigenen Schwierigkeiten. Wir selbst erleben dies eher als fassaden- und maskenhaft. Dieses Nicht-Offensein mag es bedingen, daß Psychologen von manchen – z. B. von Carl Rogers (1976, S. 25) – als eine sehr defensive Berufsgruppe wahrgenommen werden.

▷ Manche Erfahrungen und Wahrnehmungen zur eigenen Person sind unangenehm und angsterregend. Sie bedrohen die Selbstachtung einer Person und ihr Selbst. Es ist ein Vorgang und eine Bedingung *in* einer Person, dieses als bedrohlich zu erleben, unangenehme Aspekte ihrer Person offen zu sehen und sich damit auseinanderzusetzen. So kommt es bei manchen Personen zu einem Vermeidungslernen der Konfrontierung mit dem eigenen Selbst. Manche Personen fürchten, sie könnten ihr durch die unangenehmen Erfahrungen geändertes Selbstbild nicht akzeptieren. Sie weichen lieber dem Auseinandersetzen mit diesen Aspekten der eigenen Person aus. Sie haben Angst, dem Ungewissen in ihnen selbst zu begegnen. Sie wünschen nicht den Kontakt mit diesen Teilen ihres Selbst. Ein 18jähriger aus einer unserer Encountergruppen und ein etwa 50jähriger Lehrer schrieben uns:

„Es fällt mir sehr schwer, über mich und meine Probleme zu sprechen. Es ist alles so diffus. Ich habe Angst vor mir selbst, vor dem Unberechenbaren in mir. Ich weiß gar nicht, wie ich mir das erklären soll. Vielleicht war ich auch deswegen gestern so sauer auf Dich, weil Du mich aus meinem oberflächlichen Glück herausgerissen hast. Du sagtest, Du erlebtest mich so nach Macht in der Gruppe strebend und Du hättest Angst vor mir. Zuerst war ich so wütend auf Dich. Jetzt muß ich – nein, ich will es Dir schreiben, ich habe Angst, Du könntest recht haben."

„Ich habe mich so sicher unter Euch gefühlt, daß ich es zum erstenmal schaffte, offen und ehrlich zu mir selbst zu sein. Eure Reaktion darauf hat mich sehr ermutigt und darin bestätigt, die Veränderung anzustreben. Dabei wurde mir so erschreckend mein Eingeengtsein klar. Ein wenig engt mich die Angst bei dem Wunsch zur Veränderung ein, ich könnte über das Ziel hinausschießen, ich könnte damit einen Keil zwischen Gisela und mich treiben. Ich könnte vielleicht auch zu stark nur mich im Auge haben. Ich könnte vielleicht sogar erkennen, daß andere Gefühle zu Gisela in mir sind, als ich es bisher geglaubt habe."

Förderung des Offenseins und Auseinandersetzens einer Person mit dem eigenen Erleben durch Erzieher. Wir sehen folgende wesentliche Möglichkeiten: ▷ Erwachsene sind offen und setzen sich mit ihrem eigenen Selbst intensiv auseinander. Sie ermöglichen so ihren jugendlichen Partnern ein entsprechendes Wahrnehmungslernen. Jugendliche erfahren Personen, die in der Familie, im Unterricht und bei der Arbeit ihr Fühlen und ihr persönliches Denken nicht verbergen, Menschen, die sich häufig öffnen, und die zu erkennen geben, daß sie im Kontakt mit ihrem Fühlen leben und sich mit dem für ihr Selbst bedeutungsvollen Erleben auseinandersetzen. Oft jedoch ist derzeit eher noch das Gegenteil der Fall: Erwachsene und Erzieher sind häufig keine günstigen Wahrnehmungsmodelle: Sie vermeiden es, sich mit unangenehmen Aspekten ihres Selbst auseinanderzusetzen, sie öffnen sich selten gegenüber ihren jugendlichen Partnern. Zum Beispiel sind Eltern oft wenig offen; aus persönlichen Gründen, z. B. aus Prestige vor Nachbarn, Freunden usw., wünschen sie den Besuch der höheren Schule für ihre Kinder. Dozenten sind manchmal wenig offen dafür, inwieweit sie für die steuerzahlende Bevölkerung durch ihre wissenschaftliche Lehr- und Forschungstätigkeit entsprechende Gegenleistungen erbringen. Viele Personen sind nicht offen gegenüber ihren Gedanken und ihrem Fühlen, daß sie in absehbarer Zeit sterben müssen. Manche Personen wagen sich nicht damit auseinanderzusetzen, daß sie unheilbar krank sein könnten. Sie vermeiden derartige Gedanken und Auseinandersetzungen. Personen sind des öfteren wenig offen dafür, daß durch ihr eigenes Verhalten und durch ihre Bevorteilung andere Personen erheblich benachteiligt werden. ▷ Durch Achtung–Wärme–Akzeptierung des Partners, Vermeidung der Verurteilung seiner Person und Vermeidung von Geringschätzung wird seine Selbstachtung und seine gefühlsmäßige Sicherheit gefördert. Er wird so fähiger, sich selbst zu öffnen und die Angst vor ungünstigen Aspekten seiner Person und vor möglichen Änderungen eher zu ertragen. ▷ Durch Gewährung von Selbstbestimmung kann ein jugendlicher Partner sich selbst, seine Möglichkeiten, Unzulänglichkeiten und Grenzen erfahren, und sich in größerem Umfang mit sich selbst auseinandersetzen. Günstig sind hierbei Rückmeldungen von anderen Personen, wie das Verhalten der Jugendlichen auf sie wirkt, was sie dabei fühlen. So kommt der Jugendliche in größeren Kontakt mit seinem Selbst, mit seinem Fühlen und Erfahren, und er kann sich stärker damit auseinandersetzen. ▷ Eine weitere Möglichkeit möchten wir im folgenden näher schildern:

Erleben-aktivierende Maßnahmen und Handlungen von Erwachsenen zur Förderung des Offenseins und des Auseinandersetzens einer Person mit dem eigenen Erleben. Hierdurch werden innere Erlebensvorgänge beim Partner aktiviert, er erhält gleichsam seelische Nahrung für sein Ich, er kann sich auf sich selbst besinnen, wird für sich selbst sensitiv, sein Erleben wird aktiviert und angereichert. Diese Aktivierung des Erlebens und Fühlens, insbesondere durch Gespräche und zwischenmenschliche Begegnungen, ist deutlich unterschiedlich von der intensiven gefühlsmäßigen Erregung aufgrund äußerer Reize und Situationen. Manche Personen suchen die durch Unterdrückung ihres Fühlens in sich entstandene Leere auszufüllen durch Gebrauch von Drogen, übermäßigen Alkoholgenuß, Aufsuchen risikoreicher Aktionen, Geschwindigkeitsrausch beim Autofahren, durch sog. solidarische Aktionen mit anderen oder durch schnelles Wechseln von Sexpartnern. Hierdurch betäuben, „narkotisieren“ sie gleichsam ihr Ich, sie führen sich selbst von ihrem Ich weg, das sich auch dadurch ausdrückt, daß ihr Hunger nach Abwechslung zunimmt. Unzweifelhaft erleben diese Personen zwar des öfteren intensive gefühlsmäßige Erregung in den Situationen. Aber sie kommen hierdurch kaum fortlaufend in Kontakt zu ihrem Fühlen. Sie sprechen auch kaum über ihr Fühlen. Fallen die intensiven Außenreize fort, so ist der Strom ihres Erlebens wieder stark eingeschränkt. Sie fühlen sich leer. Sie haben keine engere bereichernde Art des Kontaktes zu ihrem Fühlen gelernt. – Im folgenden einige wesentliche Möglichkeiten für Erzieher zur Aktivierung des inneren Erlebens von Kindern–Jugendlichen:

▷ Hilfreiche zwischenmenschliche Gespräche. Die Erwachsenen suchen die innere Welt des Kindes–Jugendlichen, sein Selbst, im Gespräch sensibel zu verstehen. Sie konfrontieren den Jugendlichen jeweils damit, inwieweit sie anhand seiner Äußerungen die für sein Selbst bedeutsamen Erlebnisinhalte verstanden haben. Dies führt zu größerer Selbstexploration beim Jugendlichen, d. h. zu einem Aussprechen und

Suchen des jugendlichen Partners, wie er sich selbst in Beziehung zu von ihm bedeutsam erlebten anderen Personen und Ereignissen sieht. Jugendlicher: „Mit guten Gesprächen guckt man tief in sich hinein, man baut da soviel auf."

▷ Tiefe menschliche Begegnungen in personenzentrierten Encountergruppen ermöglichen Personen eine Aktivierung ihres Erlebens, großes Ausmaß der Selbstöffnung, engeren Kontakt zum eigenen Fühlen, intensive Auseinandersetzung mit sich selbst, Mitfühlen mit anderen, sensibles Aufgeschlossensein für die innere Welt anderer. Die Teilnehmer werden intensiv mit sich selbst und mit dem Selbst anderer Personen konfrontiert. Sie erhalten Rückmeldungen, wie andere sie wahrnehmen, in einer Atmosphäre von Verstehen, Wärme und Echtheit. Sie lernen sich deutlicher verstehen. Ein großer Prozentsatz der Mitglieder gibt an, daß sie fast völlig neu ihr Fühlen erlebt hätten, daß sie in tiefen Kontakt zu ihrem Fühlen gekommen seien. Dies ist zum Teil bedingt dadurch, daß sie in den Gruppen überwiegend über ihr gefühlsmäßiges Erleben und ihre unmittelbaren Erfahrungen sprechen. Ferner fühlten sich Teilnehmer von Encountergruppen mit größerer Selbstöffnung deutlich psychisch gebessert, waren zufriedener mit den Gruppengesprächen und erfuhren selbst stärkere Förderung durch gegenseitiges Helfen, verglichen mit Mitgliedern mit geringerer Selbstöffnung. Als hilfreiches Verhalten nannte jedes zweite Gruppenmitglied „Offenheit" sowie „Selbstöffnung" (A. Tausch u. a., 1975).

▷ Echtheit–Fassadenfreiheit des Erziehers im Aussprechen, welche Gefühle in ihm durch den jugendlichen Partner ausgelöst werden. Eine derartige Konfrontation durch die Mitteilung der eigenen Wahrnehmungen und Empfindungen, deutlich charakterisiert als persönliche Eindrücke, stimulieren die Auseinandersetzung einer Person mit sich selbst. Dozent zu einem Studenten: „Das Zusammensein mit Dir ist für mich sehr unangenehm. Ich habe häufig darüber nachgedacht, was es ist. Um ganz aufrichtig zu sein: Diese Härte von Dir, diese geringe Rücksichtnahme von Dir anderen und mir gegenüber, die flößt mir Angst ein. Ich habe Angst, Dir zu begegnen, wenn ich Dir ausgeliefert wäre." So erfährt der andere, welche Gefühle er in einer Person auslöst. Je mehr das anschließende Gespräch offen, achtungsvoll und wenn möglich verständnisvoll ist, um so eher kann sich der andere verteidigungsfrei mit derartigen Informationen auseinandersetzen.

▷ Intensive sportliche Aktivitäten, intensive gemeinschaftliche Arbeitseinsätze, Besuch anderer Länder, Erfahrungen von Krankheit und Todesnähe, existentielle Erlebnisse oder sehr bedeutsame Bücher oder Fernsehstücke können das Erleben einer Person und ihre Auseinandersetzung damit erheblich aktivieren. Jugendlicher nach einer Reise in ein Land mit anderer Gesellschaftsordnung: „Wie ich das so gesehen habe, wie sie da so leben, so wie in einer Hypnose, apathisch, keiner wagt, was zu sagen, dann seh' und weiß ich doch mehr die Vorteile hier. Und ich denke, die hab' ich lange nicht gesehen oder nicht wahrhaben wollen." Auch die Durchführung von zeitweise andersgearteten Tätigkeiten, etwa Lehrer arbeiten als Arbeiter in einem Betrieb, können das Erleben dieser Person und damit indirekt ihrer Partner erheblich aktivieren. – Ein Pädagogikstudent, nachdem er in einer Fernsehaufnahme Mitglieder einer Encountergruppe gesehen hatte: „Also dieser B. hat mich beunruhigt. Ich hab' da so eine Art Übereinstimmung mit ihm erlebt. Und ich war so erschreckt, daß ich auch so funktioniere. Möglicherweise noch viel schlimmer als der B. Und so im Moment fühle ich so'n starkes Bedürfnis, nichts mehr an mich herankommen zu lassen. Der B., der hatte einen Charakter, wo ich dachte: Das bin ich. Und ich bin ziemlich entsetzt."

▷ Selbstkonfrontation in Form von Videoaufnahmen der eigenen Person können einer Person intensive neue gefühlsmäßige Erfahrungen über sich selbst vermitteln.

▷ Lehrer können die Aktivierung des Erlebens und die Integration kognitiver und gefühlsmäßiger Vorgänge ihrer Schüler im Unterricht deutlich fördern. Etwa indem sie ihnen gestatten, offen über ihr Fühlen im Unterricht zu sprechen, über ihr Interesse, Langeweile, Neugierde oder Verzweiflung. Diese Äußerungen des Fühlens von Schülern sind nicht zu verwechseln mit Urteilen, Anklagen oder Anschuldigungen. Über sich selbst zu sprechen, über das eigene Fühlen, ist meist viel schwerer als Kritik an anderen zu üben. Schüler: „Wieso, es ist doch viel schwieriger, über meine Gefühle zu sprechen, und über das, was ich so erlebe, als andere im Unterricht zu kritisieren und zu beschuldigen." Lehrer und Dozenten erreichen dieses größere Offensein von Schülern und Studenten, indem sie eher in Personen, in deren Erleben und Lernen zentriert sind als in einer sog. Sache oder im sog. Fach. Und indem sie zentriert sind in ihrer eigenen Person, offen für ihr gefühlsmäßiges Erleben sind und sich damit auseinandersetzen. Anhand der nachfolgenden Skala können Lehrer und Dozenten Tonaufnahmen ihres Unterrichts einschätzen und feststellen, ob die Schüler oder Studenten persönlich bedeutsame Erfahrungen machen oder nicht:

Stufe 1: Die Schüler–Studenten machen keine persönlich bedeutsamen Erfahrungen. Sie äußern nichts persönlich Bedeutsames. Sie äußern etwa Wissenskenntnisse, ohne dabei einen bedeutsamen Bezug zu ihrer Person zu äußern. Oder sie äußern persönliche Erfahrungen, ohne daß sie von Bedeutung für sie sind, etwa welche Nahrungsmittel sie bevorzugen, welche Fahrrad- oder Automarke sie fahren.

Stufe 5: Die Schüler äußern häufig für ihr Selbst bedeutsame Erfahrungen. Sie berichten z. B., daß sie gestern verzweifelt waren und keinen Weg sahen, die Aufgaben zu lösen. Daß es ihnen nach längerem Suchen endlich gelungen sei, das von ihnen Gewünschte zu entdecken. Oder sie äußern Abneigung oder Vorliebe–Freude für ein Unterrichtsfach, für den Lehrer oder die Mitschüler. Man spürt, daß diese Äußerungen bedeutsam mit ihrem Selbst zusammenhängen. Sie äußern gefühlsmäßige Anmutungserlebnisse, etwa: „Ich spürte es genau, daß man den Versuch so machen mußte" „Der Aufsatz hat mich sehr beeindruckt" „Ich war so richtig wütend über das Buch und den Mann, der es geschrieben hat".

Auswirkung von Nicht-Offensein für das eigene Erleben im Bereich der Politik. Wir glauben, daß offenes Auseinandersetzen mit dem eigenen Erleben bei Personen in Regierung, Verwaltung, Parteien und bei der Bevölkerung von entscheidender Bedeutung ist.

Wir haben uns immer wieder in den letzten 2 Jahrzehnten die Fragen gestellt: Wie konnte unser Volk während des Nationalsozialismus derartigen Führern folgen? Wie konnte es bereitwillig andere Völker quälen, Millionen von Menschen morden und beeinträchtigen? Was können wir in der Erziehung tun, um eine Wiederholung zu verhindern? Eine unserer Antworten ist: Möglich wurde das Verhalten großer Bevölkerungsteile im Nationalsozialismus, weil viele Personen, vor allem die politisch handelnden Personen, nicht offen waren für ihr Erleben, insbesondere ihr Fühlen, und sich damit nicht intensiv auseinandersetzten. Ermöglichen wir dagegen Offensein und Auseinandersetzung mit dem eigenen Erleben sehr vielen Menschen eines Volkes, so ist eine Garantie gegen einen derartigen unheilvollen Machtmißbrauch eher gegeben. Wir möchten das im folgenden näher in der politischen Vergangenheit unseres Volkes begründen:

Viele Nationalsozialisten waren in geringer Weise offen für ihr eigenes Erleben. Sie erzogen sich und andere bewußt zur Härte, zur Nichtbeachtung ihres Fühlens und zur Nichtbeachtung von Erfahrungen, Auffassungen und Informationen, die der eigenen Partei-Ideologie widersprochen hätten. Widersprüchliche Nachrichten und Informationen wurden verboten, das Hören ausländischer Sender bei Strafe untersagt. Konformistisches Denken wurde bewußt verstärkt. Wir meinen: Hätten Hunderttausende von Nationalsozialisten in engerem Kontakt zu ihrem Fühlen gelebt, so hätten sie andere Menschen nicht in Lagern gequält, gefoltert und „kaltblütig" vergast. Und das auch nicht schweigend zugelassen. Das grausame Geschehen hätte sich, wenn überhaupt, in weit geringerem Ausmaß ereignet. Die Mehrheit der Menschen war nicht in größerem Umfang sensitiv für das Leid von Millionen anderer, für deren Hunger oder Todesqualen.

Ein großer Prozentsatz der Bevölkerung war zu keiner selbständigen Wertebildung auf der Basis ihrer eigenen persönlichen Erfahrungen und der Auseinandersetzung damit fähig. Viele waren nicht offen für ihr Fühlen von Mitleid und Anteilnahme mit dem Schicksal von Juden, der Vernichtung von Kindern und Hunderttausenden von Gefangenen. Personen mit sensiblem Offensein für ihr eigenes Erleben, etwa für die aufkommenden Gefühle von Mitleid, Trauer und Anteilnahme, hätten sich niemals in einem solchen Umfange zu gefühllosen Handlangern gemacht und ihren Mitmenschen so tiefes Leid zugefügt. Die Unterdrückung ihres eigenen Fühlens und Wertens, etwa wie sie anstelle der Bedrohten und Geächteten fühlen würden, machte ihr unmenschliches Verhalten möglich. Eine Erziehung zur Härte, zum Nicht-Offensein für das eigene innere Erleben unterdrückte die in jedem Organismus vorhandene gefühlsmäßige Ansprechbarkeit für das Leid anderer und das Sich-dagegen-zur-Wehr-Setzen. Unsere Vermutung ist: Es ist nicht nur der Effekt des Hitler-„Systems", daß so viele politisch Andersdenkende oder Kriegsgefangene oder Gefangene in Konzentrationslagern gequält und vernichtet wurden. Vielmehr machten sich viele Menschen zum Träger einer Rolle, zu Funktionären. Sie ließen ihr eigenes Empfinden und Fühlen bei Quälereien anderer nicht wirksam werden, sie unterdrückten es. Sie handelten nicht als Personen, die in engem Kontakt mit ihrem Fühlen standen. Sie übernahmen nicht die Verantwortung für sich selbst. Sie werteten nicht selbst ihre Handlungen. Sondern sie handelten so, wie andere es von ihnen wollten, wie es dem politischen Dogma oder der politischen Ideologie entsprach.

In unserem *gegenwärtigen und zukünftigen* politischen Leben ermöglicht unserer Auffassung nach Offensein der Menschen für ihr eigenes Erleben und aktive Auseinandersetzung damit die Aufrechterhaltung der Grundrechte der Menschen. Nicht-Offensein gefährdet diese und stellt ein erhebliches Sicherheitsrisiko für das physische und soziale Leben vieler Menschen dar. Einige Gesichtspunkte hierzu:

▷ Leitende Personen in Parteien oder Regierung, die weitgehend systemorientiert denken und rigide gemäß politischen Dogmen handeln, ohne Beachtung ihres eigenen Erlebens, insbesondere ihres Fühlens, sind nicht frei in ihrer Wahrnehmung. Ihr Wertesystem funkioniert nur ausgerichtet auf ihre politischen Dogmen. Sie werden häufig Dinge so wahrnehmen, so manipulieren und so gestalten, daß sie ihren eigenen rigiden Auffassungen entsprechen. Sie hören nicht die Bedürfnisse der Mehrheit der Bevölkerung und helfen ihr wenig, sie zu verwirklichen. In Reden machen sie der Bevölkerung Versprechungen, obgleich sie innerlich spüren, daß ihre Aussagen unaufrichtig sind. Wir sehen es als große Gefahr an: Personen bestimmen über andere, lenken sie durch Regierung und Verwaltung, obwohl sie selbst in bedeutsamen Bereichen ihres Erlebens funktionsunfähig sind. Obwohl sie keinen bedeutsamen Kontakt zu ihrem Fühlen haben, obwohl sie keine innere Freiheit und Selbstbestimmung haben, obwohl es ihnen unmöglich ist, sich anderen Menschen in ihrer inneren Welt zu öffnen.

▷ Personen mit geringem Offensein für ihr Erleben und Erfahren werden eher zu externaler Betrachtung sowie zu Manipulation neigen, zu totalitären ideologischen Konzepten. In Mitbestimmungsgremien erschweren derartige Personen mit geringem Offensein für ihr eigenes Erleben, insbesondere für ihr Fühlen, das Funktionieren dieser Gremien durch ihre starren Einstellungen und Handlungen.

Wir beobachteten häufig in Mitbestimmungsgremien der Hochschule, daß diese Personen nur „sachlich" zu diskutieren wünschten, unter strikter Vermeidung ihres gefühlsmäßigen Erlebens. Sie lehnten es ab, die persönlichen Standpunkte anderer kennenzulernen und ihre eigenen zu offenbaren, obgleich offensichtlich die bestehenden Differenzen deutlich hierauf beruhten. Häufig wurden Anträge eingebracht, die die eigentlichen Ziele verschleierten und eine Manipulation des Gremiums bezweckten. Stundenlang wurde „um den heißen Brei herumgeredet", also ohne das eigene bedeutsame Fühlen zu äußern. Personen, die ihr Fühlen und ihre persönlichen Wertauffassungen äußerten, wurden lächerlich gemacht und als „subjektiv" angeprangert. „Sachlichkeit", die eigene gefühlsmäßige Entfremdung, wurde von ihnen als erstrebenswert angepriesen.

▷ Personen mit unechten, fassadenhaften, eine Rolle einnehmenden Haltungen handeln als Rollenträger. Sie nehmen z. B. großen Einfluß auf andere, ohne sich als Person verantwortlich dafür zu fühlen. Ihre Handlungen erfolgen ohne engen Kontakt zu ihrem Fühlen und persönlichen Werten. Diese Personen vertreten Interessen, Ideen und Aufgaben, ohne ihr gefühlsmäßiges Erleben als weiteren Wertungsgesichtspunkt heranzuziehen. Eine solche Person kann sich nicht aufgrund fortlaufender Erfahrungen korrigieren, da sie nicht sich selbst als das Zentrum der Erfahrungen und Wertungen sieht. Für uns war es häufig schockierend, mitzuerleben, wie Personen sich in ihrem Verhalten änderten, sobald sie in eine „Position" kamen. Sie meinten, sie müßten nun eine Rolle einnehmen. Jüngere Wissenschaftler, die Professoren wurden, glaubten nun, sie müßten sich anders verhalten, z. B. sich besser kleiden, keine Irrtümer zugeben. Studenten meinten nach ihrer Wahl zu studentischen Vertretern, daß es nicht zu ihrer Rolle passe, wenn sie weiterhin persönliche Kontakte zu Professoren aufrechterhielten. Aus der eigenen Schulzeit werden sich viele von uns noch an einzelne Schüler erinnern, die sich in der ihnen vom Lehrer zugewiesenen Rolle als Aufpasser vor der Schulklasse stark wandelten, und zwar in die Rolle einer harten, strengen Person gegenüber ihren Mitschülern. Wir können ähnliches bei manchen Polizisten oder Grenzposten erleben. Diese Personen sind kaum in Kontakt mit irgendwelchem Fühlen. Sie sind vollkommen „Amtsperson". Was und wie sie handeln, wird von ihrer Rolle als sog. offizielle Repräsentanten von Staat, Gesellschaft oder einer Gruppe bestimmt. Ihr persönliches Fühlen unterdrücken sie, bis sie schließlich kaum noch gefühlsmäßige Regungen spüren.

In einer gefilmten Encountergruppe von Carl Rogers wird aus einem Polizisten eines Rauschgift-Dezernates, der mit Härte unnachgiebig für Ordnungen eintritt, ein Mitmensch, der sensitiv wird für sein Fühlen und das Fühlen anderer. Zu Beginn der Encountergruppe sagt er: „Ich bedaure jeden Süchtigen in der Welt. Aber mein Beruf ist nun einmal: Festnehmen, einsperren und manchmal muß man sie ins Gefängnis bringen. ... Wir alle kennen die Rolle der Polizei: Für die Durchführung des Gesetzes zu sorgen. Das ist mein Beruf. Ich glaube nicht, jemand sollte 5 oder 10 Jahre ins Gefängnis gehen, weil er 1 oder 2 Marihuana-Zigaretten hatte. Aber solange das Gesetz nicht geändert ist, richten wir uns nach dem Gesetz." Gegen Ende der Encountergruppe äußert er: „Vor einigen Tagen bin ich im Gefängnis gewesen, um einen der Inhaftierten vor Gericht zu bringen. Ich stand da und sah mir die 3 Etagen an und kam mir vor wie im Zoo, wo man die Affen beim Herumklettern beobachtet. Und ich sah mir die Leute an, die ich festgenommen hatte, sah mir an, wie sie auf und ab gingen und sagte mir: ‚Schon nach einem Tag würde ich hier sterben!' Als Du eben sprachst, hatte ich das gleiche Gefühl wie Du. Ich fühlte, wie Dir zumute ist. Du warst darin und sahst eine Menge Dinge, die nicht richtig waren. Ich fühle, es ist, wie wenn einem der Schädel eingeschlagen wird. Ich fühle, was Du tun möchtest und Deine große Verzweiflung über die Ereignisse. Es ist – wir hören einander nicht zu."

Wir meinen nicht, daß eine Person die Aufgaben ihres Berufes leicht nehmen oder vernachlässigen sollte. Entscheidend ist, daß sie dabei offen bleibt für ihr eigenes Fühlen und das Fühlen anderer. Und sie sich intensiv bemüht, ihre Aufgaben in Einklang zu bringen mit dem, was sie persönlich fühlt und verantworten kann. Wir sehen darin, daß Personen nicht sie selbst sind, sondern Vertreter eines „Systems", eine der größten politischen Gefährdungen. Diese Personen sind willige Werkzeuge für „Führer", wie diese sich auch immer geben mögen.

Unsere Annahme ist: Im politischen Leben wird eine Person um so hilfreicher für die Mehrheit der Menschen handeln, je mehr sie ▷ sich offen mit dem eigenen gefühlsmäßigen Erleben auseinandersetzt ▷ in engem Kontakt mit ihrem Fühlen steht ▷ echt sowie selbstgeöffnet gegenüber anderen ist ▷ sich selbst akzeptiert, Selbstachtung empfindet und in ihrem Fühlen und Denken integriert ist ▷ Verantwortung für ihr Fühlen und Handeln übernimmt. – Wachsen Kinder und Jugendliche durch Erziehung und Umgang mit Erwachsenen zu derartigen Personen heran, dann bedeutet dies politisch eine Revolution. Diese neuen Menschen s i n d die Revolution.

Überblick über förderliche Dimensionen (Haltungen, Verhaltensformen)

von Erwachsenen

Durch welches Verhalten können wir als Lehrer – Eltern – Erzieher das persönliche und fachliche Lernen junger Menschen deutlich fördern? Bei einem gleichzeitig befriedigenden Zusammenleben, mit den Werten Selbstbestimmung, soziale Ordnung und gegenseitiger Achtung? Durch die geniale Konzeption von Carl Rogers sowie Untersuchungen anderer wurde es möglich, hierauf die Antwort zu geben.

Das Verhalten von vielen Lehrern, Erziehern, Kindergärtnerinnen und Dozenten wurde beobachtet und wissenschaftlich registriert sowie ebenfalls das Verhalten und Lernen ihrer Kinder, Schüler und Studenten. Dabei ergab sich: Bei Erwachsenen, die deutlich einfühlsam, achtungsvoll–sorgend, echt–aufrichtig sowie nicht-dirigierend aktiv waren und so auch von ihren jugendlichen Partnern wahrgenommen wurden, lernten Kinder, Schüler oder Studenten gemäß Beobachtungen und Tests persönlich und fachlich mehr, hatten größere Selbstachtung und verhielten sich sozialer, im Vergleich zu Kindern – Studenten von Lehrern mit geringerer Einfühlung, Achtung, Aufrichtigkeit.

Diese 4 Verhaltensformen (methodisch als Dimensionen bezeichnet), beeinflussen sämtliche Aktivitäten der Erwachsenen gegenüber Jugendlichen.

Die Dimensionen sind nicht schöngeistige Begriffe. Jede ist definiert durch Einschätzungsskalen. So können sie im alltäglichen Verhalten von Personen deutlich wahrgenommen und notfalls gemessen werden.

Viele Erwachsene machen zunächst die Erfahrung, daß sie trotz ihres Bemühens diese Haltungen im Alltag oft nur begrenzt leben können. Hierzu ist wichtig: ▷ Die Haltungen erfordern ein Lernen über längere Zeit, Unterstützung durch andere, ferner ein Lernen des Umgangs mit Streßbelastungen sowie eine persönliche Entwicklung. ▷ Kaum jemand kann in jeder Situation immer diese Haltungen leben. ▷ Schuldgefühle und Entmutigung sind eher hinderlich für weiteres Lernen. ▷ Das Lernen wird erschwert, wenn Jugendliche – zumindest zunächst – diese Haltungen des Erwachsenen nur wenig erwidern. ▷ Diese Verhaltensformen Erwachsener sind sehr günstige Bedingungen, jedoch keine Garantie für die angemessene Entwicklung junger Menschen. Denn das Verhalten von Jugendlichen wird noch durch andere Bedingungen mit beeinflußt, so durch genetische (erbmäßige) Bedingungen, durch Umweltbedingungen (z. B. andere Jugendliche in Schule und Freizeit, Medien u. a.).

Diese Verhaltensformen und Haltungen von Menschen, die empirisch-wissenschaftlich untersucht und als förderlich nachgewiesen wurden, entsprechen ethischen Wertauffassungen über die Beziehungen zwischen Menschen, so den ethischen Botschaften der großen Religionsbegründer Jesus und Buddha. Das mag manche skeptisch machen; anderen mag es helfen, in dieser Art der Begegnung mit jungen Menschen auch einen Teil ihres spirituellen-religiösen-philosophischen Lebens zu sehen.

Die zentrale Frage vieler Erzieher, Lehrer, Eltern, Kindergärtnerinnen und Dozenten ist: Durch welches Verhalten unserer Person fördern wir in der alltäglichen Erziehung diejenigen seelischen Grundvorgänge und geeigneten Erfahrungen bei Kindern–Jugendlichen und Studenten, die sehr bedeutsam für ihre Persönlichkeitsentwicklung und für ihr bedeutsames Lernen sind? Durch welche komplexen Haltungen und alltäglichen Aktivitäten von uns fördern wir Selbstachtung, offene Auseinandersetzung mit dem eigenen Erleben sowie günstiges Wahrnehmungslernen bei anderen? Wie können wir diese Vorgänge fördern und befriedigend mit ihnen zusammenleben, mit den Grundwerten Selbstbestimmung, Achtung der Person, soziale Ordnung sowie seelische und körperliche Funktionsfähigkeit? Womit befähigen wir andere, später als Erwachsene einen sinnvollen Gebrauch ihrer Freiheiten zu machen und soziales Verhalten, Engagement und Selbstdisziplin zu leben, die bei der Mehrheit der Bürger vorhanden sein müssen, damit nicht-diktatorische Gesellschaften lebensfähig sind?

Die Suche nach wissenschaftlich geprüften Antworten auf diese Fragen war in den vergangenen 20 Jahren Hauptinhalt unserer Forschungsarbeit. Wir können heute, insbesondere auch aufgrund der Forschungen von Carl Rogers, hierauf geordnete, geprüfte und zuversichtliche Antworten geben.

Die 4 wesentlichen Dimensionen in zwischenmenschlichen Beziehungen zeigt die folgende Darstellung.

beeinträchtigend	***förderlich***
Mißachtung – Kälte – Härte	**Achtung – Wärme – Rücksichtnahme**
Kein einfühlendes Verstehen	**Vollständiges einfühlendes Verstehen**
Fassadenhaftigkeit – Nichtübereinstimmung – Unechtheit	**Echtheit – Übereinstimmung – Aufrichtigkeit**
Keine fördernden nichtdirigierenden Tätigkeiten	**Viele fördernde nichtdirigierende Tätigkeiten**

Was sind Dimensionen in der Begegnung von Person zu Person, wie wurden sie gewonnen? Hierzu einige Informationen:

▷ Eine Dimension ist eine Zusammenfassung ähnlicher, einander entsprechender Haltungen, Reaktionsweisen und komplexer Aktivitäten. Sie unterscheidet sich von den Haltungen, Reaktionsweisen und Aktivitäten anderer Dimensionen.

▷ Jede Dimension ist definiert durch die Angabe von Haltungen, Reaktionsweisen und Aktivitäten. Mit Hilfe von Skalen können diese im alltäglichen Leben von Personen wahrgenommen werden und – wenn gewünscht – eingeschätzt, „gemessen" werden.

▷ Die Dimensionen wurden unter dem beherrschenden Gesichtspunkt (Konzept) entwickelt: Welche Haltungen und Aktivitäten von Personen fördern und erleichtern in zwischenmenschlichen Beziehungen bei anderen bedeutsame seelische Vorgänge und ihre konstruktive Persönlichkeitsentwicklung? Es sind sog. konzeptorientierte Dimensionen. Das Konzept ist: Haltungen und komplexe Aktivitäten in zwischenmenschlichen Beziehungen, die bedeutsam die seelischen Grundvorgänge beim anderen, seine konstruktive Persönlichkeitsentwicklung fördern und ein gemeinsames befriedigendes Zusammenleben mit den Lebenswerten Selbstbestimmung, Achtung der Person, soziale Ordnung und Förderung der Funktionsfähigkeit ermöglichen.

▷ Die 3 Dimensionen Achtung–Wärme, einfühlendes Verstehen der inneren Welt des anderen sowie Echtheit wurden von Carl Rogers (1957) entwickelt und als notwendige und weitgehend hinreichende Bedingungen für die Förderung der konstruktiven Persönlichkeitsentwicklung in zwischenmenschlichen Beziehungen angesehen. Truax u. Carkhuff (1967), Aspy u. Roebuck (1974) und wir haben die von Carl Rogers konzipierten Dimensionen in Form von Einschätzungsskalen näher definiert. Dies ermöglicht eine gewisse Überschaubarkeit und „Meßbarkeit" für Forschungsuntersuchungen. Die vierte Dimension fördernde nicht-dirigierende Einzeltätigkeiten haben wir entwickelt. Werden die 3 Dimensionen Achtung, Verstehen und Echtheit sehr weitgefaßt und gleichzeitig gelebt, dann schließen sie die fördernden nicht-dirigierenden Einzeltätigkeiten mit ein. Wenn eine Person diese 3 Haltungen und Aktivitäten lebt, dann ist im allgemeinen jede weitere Einzelaktivität von ihr nicht-dirigierend und fördernd für den Partner.

▷ In empirischen Untersuchungen wurde die Annahme geprüft: Die Haltungen und Aktivitäten dieser 4 Dimensionen, wenn sie von Personen weitgehend gleichzeitig intensiv gelebt und von den anderen wahrgenommen werden, fördern die seelischen Grundvorgänge und die konstruktive Persönlichkeitsentwicklung bei andern deutlich. Das trifft zu für das Zusammenleben in Schulklassen, in Kindergärten, in Familien, in der Psychotherapie und in Gruppen.

Zur Theorie förderlicher zwischenmenschlicher Beziehungen. Im folgenden haben wir eine Anzahl wesentlicher theoretischer Annahmen dargestellt:

▷ Die 4 Dimensionen Achtung, Verstehen, Echtheit sowie fördernde nicht-dirigierende Einzeltätigkeiten sind – wenn sie von einer Person weitgehend gleichzeitig deutlich gelebt und zumindest teilweise vom anderen so wahrgenommen werden – die entscheidend fördernden und erleichternden Bedingungen für die wesentlichen seelischen Grundvorgänge des anderen, z. B. für seine Selbstachtung und offene Auseinandersetzung mit seinem Erleben, für sein bedeutsames Lernen und die konstruktive Persönlichkeitsentwicklung. Die Dimensionen fördern und erleichtern entscheidend ein humanes Zusammenleben mit den Grundwerten Selbstbestimmung, Achtung der Person, soziale Ordnung und seelische und körperliche Funktionsfähigkeit.

▷ Werden die 4 Dimensionen in zwischenmenschlichen Beziehungen von einer Person weitgehend gleichzeitig gelebt, so lösen sie im allgemeinen keine unerwünschten, destruktiven Effekte im anderen aus.

▷ Die 4 förderlichen Dimensionen der Begegnung von Person zu Person sind weitgehend allgemeingültig. Sie gelten für die zwischenmenschlichen Beziehungen vom Lehrer zu Grundschülern und Oberschülern, von der Kindergärtnerin zu Kleinkindern, von Eltern zu Kindern, vom Hochschullehrer zu Studenten, vom Psychotherapeuten zu Klienten, vom Ehepartner zum Ehepartner, vom Freund zum Freund, vom Kind zum Kind, vom Jugendlichen zum Erwachsenen. Es sind die Dimensionen förderlicher Beziehungen von Person zu Person, es sind die humanen Dimensionen.

▷ Die Haltungen und Aktivitäten der 4 Dimensionen sind im allgemeinen *notwendige Bedingungen* zur kontinuierlichen Förderung und Erleichterung der wesentlichen Grundvorgänge und der konstruktiven Persönlichkeitsentwicklung von Personen. Ohne diese von ihren Partnern erfahrenen Haltungen und Aktivitäten werden Personen hierin nicht deutlich gefördert werden. Erfährt eine Person die 4 Dimensionen von anderen für ihn bedeutungsvollen Menschen in zu geringem Ausmaß, erfährt sie also Mißachtung–Kälte–Härte, Mißverstehen ihrer inneren Welt, Unechtheit und Fehlen von förderlichen nicht-dirigierenden Einzeltätigkeiten, so beeinträchtigt dies im allgemeinen ihre seelischen Grundvorgänge, ihre seelische und körperliche Funktionsfähigkeit und ihr zwischenmenschliches Zusammenleben. Insgesamt: Die Auswirkungen sind im allgemeinen destruktiv.

▷ Die 4 Dimensionen sind im allgemeinen weitgehend *hinreichende Bedingungen* für eine humane Begegnung von Person zu Person, in der die seelischen Grundvorgänge und die seelische Funktionsfähigkeit des Partners gefördert und erleichtert werden und in der die Grundwerte menschlichen Zusammenlebens deutlich vorhanden sind. Werden von der Mehrzahl der Bevölkerung die 4 förderlichen Dimensionen in hinreichendem Ausmaß gleichzeitig gelebt, so bedeutet dies eine hohe humane Lebensqualität. Es sind dann vermutlich auch nicht mehr die Hindernisse in Menschen vorhanden, die eine Lösung vieler heute noch ungelöster Probleme, wie Beseitigung von Ungerechtigkeiten, beeinträchtigen oder unmöglich machen.

▷ Millionen von erziehenden Erwachsenen, Eltern, Lehrer und Erzieher, leben die Haltungen und Aktivitäten der 4 Dimensionen in so geringem Ausmaß, daß hierdurch häufig die konstruktive Persönlichkeitsentwicklung ihrer jugendlichen Partner und das befriedigende Zusammenleben mit ihnen erheblich beeinträchtigt wird. Auf der anderen Seite: Die Haltungen und Aktivitäten dieser 4 Dimensionen können bei Lehrern, Erziehern und anderen Personen durch bestimmte Erfahrungen, etwa in der Ausbildung oder Fortbildung, deutlich gefördert werden. Die Haltungen sind oft nur wenig oder gar nicht abhängig von besonderen äußeren Bedingungen, so von besonderen Räumlichkeiten.

▷ Bei deutlichem gleichzeitigem Ausmaß der 4 Dimensionen bei Erziehern ist im allgemeinen keine bedeutsame Dirigierung in Familien und Schulen für die konstruktive Persönlichkeitsentwicklung, das bedeutungsvolle Lernen und das befriedigende zwischenmenschliche Zusammenleben notwendig. Nur in sehr geringem Maße werden Dirigierung–Lenkung gelegentlich notwendig in Grenz- und Konfliktsituationen zum Schutz des Kindes–Jugendlichen oder des Erwachsenen.

▷ Die 4 Dimensionen entsprechen wesentlich dem Verhalten, das sich Kinder und Jugendliche von ihren Eltern, Lehrern und Erziehern wünschen und das sich ebenfalls Erwachsene von ihren erwachsenen Partnern wünschen. Die Haltungen und Aktivitäten der 4 Dimensionen entsprechen weitgehend der von vielen Menschen erstrebten humanen Lebensqualität.

Stützung und Prüfung der theoretischen Annahmen über die 4 Dimensionen. Sind bei der Begegnung von Person zu Person die Dimensionen bei deutlicher Ausprägung wirklich wesentlich förderlich für die seelischen Grundvorgänge und die Persönlichkeitsentwicklung? Lösen die Dimensionen etwa auch ungünstige Vorgänge in anderen aus? Die Beantwortung dieser Fragen kann durch empirische Untersuchungen erfolgen. Diese Untersuchungen sind jeweils ausführlich bei den Kapiteln der einzelnen Dimensionen dargestellt. Allerdings sind dort die Untersuchungen nur in den Aspekten dargestellt, die für die jeweilige Dimension bedeutsam sind. Deshalb möchten wir im folgenden einen *kurzen Gesamtüberblick über einige Untersuchungsbefunde* geben.

Die förderlichen Dimensionen bei Lehrern und ihr Zusammenhang mit den Vorgängen der Schüler. Für alle Untersuchungen ist charakteristisch, daß das Verhalten der Lehrer in den Dimensionen, aber etwa auch die kognitiven Prozesse der Schüler im Unterricht durch neutrale Beurteilergruppen anhand der Tonaufnahmen eingeschätzt wurden:

Der Unterricht von 96 Lehrern an Hauptschulen, Realschulen und Gymnasien mit den Fächern Deutsch–Sozialkunde sowie Mathematik–Naturwissenschaften im 5.–9. Schuljahr wurde untersucht. Die Schüler gaben ferner auf einem Fragebogen nach der Unterrichtsstunde ihre Empfindungen an. Einige Befunde: ▷ Bei Lehrern mit hohen Werten in den 4 Dimensionen – im Vergleich zu Lehrern mit niedrigen Werten – hatten die Schüler ein bedeutsam höheres Niveau kognitiver Prozesse, waren spontaner, hatten am Unterricht mehr Interesse. Sie zeigten dem Lehrer, nach ihren eigenen Angaben, offener, wie sie fühlten und dachten. ▷ Nicht-dirigierende fördernde Aktivität der Lehrer hing – abgesehen von den anderen Dimensionen – deutlich zusammen mit dem Niveau geistiger Prozesse der Schüler. ▷ Alle Unterrichtsstunden wurden durch Beurteiler eingeordnet in die Kategorien 1. interessierte, engagierte und aktive Schüler 2. ängstliche und angespannte Schüler 3. lahme und gleichgültige Schüler 4. unruhige und unaufmerksame Schüler. Die 30 Lehrer der Klassen mit überwiegend interessierten, engagierten und aktiven Schülern waren bedeutsam verstehender, nicht-dirigierend fördernder sowie echter (Joost, 1976).

36 Hauptschullehrer unterrichteten in ihrem 7.–9. Schuljahr über ein gleiches Deutschthema insgesamt mehr als 1000 Schüler. Die Schüler von Lehrern mit hohen Werten in den 4 Dimensionen hatten eine größere inhaltliche Güte ihrer Unterrichtsbeiträge, größeres Ausmaß selbständigen Denkens, größere Selbständigkeit–Spontaneität, mehr unterrichtsbezogene Kommunikation der Schüler untereinander. Die 4 Dimensionen hingen deutlich mit der inhaltlichen Güte kognitiver Prozesse der Schüler zusammen. Dirigierung–Lenkung dagegen korrelierte negativ mit der Güte kognitiver Prozesse. Einfühlendes Verstehen, Echtheit und fördernde nicht-dirigierende Aktivitäten waren bei den Lehrern gering ausgeprägt, Dirigierung–Lenkung dagegen in hohem Ausmaß. Nur 14 % der Lehrer hatten ein höheres Ausmaß in mindestens 3 Dimensionen (Höder, Tausch u. Weber, 1976).

Bei einer Untersuchung von 65 Lehrern in Berufsschulen, Realschulen und Gymnasien mit insgesamt über 1000 Schülern im Alter von mindestens 16 Jahren ergab sich bei beliebigem Unterrichtsfach und Unterrichtsgegenstand: ▷ Lehrer, die ihren Schülern in den 4 Dimensionen deutlich günstige Bedingungen boten (11 %), hatten Schüler mit deutlich höherem Niveau kognitiver Prozesse und günstigeren Empfindungen und Wahrnehmungen. Diese Schüler gaben an, in der Unterrichtsstunde persönlich und fachlich vorangekommen zu sein, offen im Unterricht die eigenen Gedanken und Gefühle aussprechen zu können, sie hatten eine günstige Wahrnehmung des Lehrerverhaltens, im Vergleich zu Lehrern mit weniger günstigen oder ungünstigen Bedingungen. ▷ 15 % der Lehrer boten in allen 4 Dimensionen deutlich destruktive Bedingungen. ▷ Die meisten Lehrer, die in den Einschätzungsskalen anhand der Tonaufnahmen des Unterrichts von Beurteilern als günstig in den 4 Dimensionen eingeschätzt wurden, wurden ebenfalls von ihren Schülern in diesen Dimensionen günstig wahrgenommen. 80 % der Lehrer mit ungünstigen Dimensionswerten wurden auch von den Schülern ungünstig wahrgenommen. ▷ Lehrer mit günstigen Dimensionswerten gaben zu über 70 % an, sich im Unterricht positiv gefühlt zu haben. Lehrer mit ungünstigen Dimensionswerten erlebten zu über 70 % negatives Fühlen im Unterricht (Klyne, 1976).

Die Dimensionen Achtung–Wärme, Verstehen sowie Echtheit wurden bei 6 Klassenlehrern in ihrem Unterricht im 3. Schuljahr 2 Wochen lang mehrmals kurz anhand von Tonaufnahmen eingeschätzt. Die Schüler wurden am Beginn und Ende des Schuljahres mit dem Stanford-Leistungstest untersucht. Ergebnis: Die Schüler der 3 Klassen, deren Lehrer günstigere Werte in den 3 Dimensionen hatten, wiesen in fast allen Testskalen sowie im Gesamttestwert günstigere Leistungen auf als die Schüler von Lehrern mit geringem Ausmaß in den 3 Dimensionen (Aspy u. Roebuck, 1974).

40 Grundschullehrerinnen wurden bei der Unterrichtung von Schülern in Lesegruppen anhand der Tonaufnahmen einer Unterrichtsstunde nach den 3 Dimensionen Achtung, Verstehen sowie Echtheit eingeschätzt. Das Schülerverhalten wurde von den Beurteilern nach der Güte kognitiver Prozesse eingeschätzt. Achtung der Lehrerinnen hing deutlich mit der Güte der kognitiven Prozesse der Schüler zusammen (Aspy u. Roebuck, 1974).

Von 21 Studienreferendaren wurde eine Unterrichtsstunde in ihren Klassen des 5.–9. Schuljahres aufgenommen. Lehrer mit höheren Werten in den 3 Dimensionen Verstehen, Echtheit und Achtung–Wärme hatten im Vergleich zu Lehrern mit geringeren Werten Schüler mit höherem Niveau geistiger Prozesse und mit günstigeren Empfindungen der Schüler im Unterricht gemäß ihren eigenen Aussagen, z. B. „Der Unterricht war nicht zu schwer für mich." „Einen solchen Unterricht habe ich gern." Lehrer mit größerem Ausmaß in den Dimensionen hatten fast immer eine entspannte, gelöste, ungezwungene, unbeschwerte Atmosphäre im Unterricht. Ebenfalls richteten die Schüler häufiger Fragen an den Lehrer, und die spontanen Äußerungen der Schüler waren häufiger aufgabenbezogen. Dirigierung–Lenkung der Lehrer stand dagegen in gegensätzlichem Zusammenhang zu den förderlichen Lehrerdimensionen und hing mit ungünstigen Empfindungen der Schüler sowie mit geringem Niveau der geistigen Prozesse der Schüler zusammen (Höder, Joost, Klyne u. Tausch, 1976; Höder u. a., 1975).

Deutliche Achtung–Wärme sowie geringe Dirigierung–Lenkung bei 18 Lehrern in 41 Unterrichtsstunden in Grund- und Hauptschulen in 7 Unterrichtsfächern hing bedeutsam zusammen mit folgenden Vorgängen bei Schülern: Güte der Unterrichtsbeiträge, selbständiges produktives Denken und Urteilen, selbständiges spontanes Verhalten und größeres Ausmaß der Schülerentscheidungen und Eigeninitiative (Spanhel, Tausch u. Tönnies, 1975).

Achtung–Wärme – die anderen Dimensionen waren nicht erfaßt worden – bei 10 Lehrern im 3. Schuljahr hing bedeutsam zusammen mit der Güte und Häufigkeit der Unterrichtsbeiträge der Schüler, mit der Anzahl der Gefühlsäußerungen der Schüler und mit dem Ausmaß ihrer Selbstbestimmung. Dirigierung–Lenkung der Lehrer hing dagegen mit ungünstigen Vorgängen der Schüler zusammen: Mit geringer Qualität ihrer Unterrichtsbeiträge, mit geringem selbständigem spontanem Verhalten, mit geringer Selbstbestimmung, mit geringer Häufigkeit des Sprechens und Fragens, mit geringer Häufigkeit vollständiger Sätze sowie mit Seltenheit gefühlsmäßiger Äußerungen (R. Tausch, Köhler, Bommert u. Schultz v. Thun, 1972).

Lehrer wurden aufgrund ihrer Angaben der für sie dringlichsten Probleme in 2 Gruppen eingeteilt: ▷ Offene positiv orientierte Lehrer. Ihre ernstesten Schwierigkeiten waren z. B. folgender Art: „Den Kindern zu helfen, für sich zu denken und unabhängig zu sein.“ „Den Schülern zu helfen, ihre Interessen und Bedürfnisse zu verstehen und auszudrücken.“ „Schülern Aktivität und die Entwicklung ihrer Kräfte zu ermöglichen.“ ▷ Lehrer, die ihre dringlichsten Probleme in negativen Begriffen und in Form von Schwächen und Unfähigkeiten der Schüler ausdrückten, z. B. „Schüler zu unterrichten, denen der Wunsch zum Lernen fehlt.“ „Schüler zum Zuhören anzuhalten.“ „Unfähige Schüler zu unterrichten, die nicht die für die Noten erforderlichen Arbeiten leisten.“ Sämtliche Lehrer wurden von den Schülern, die sie unterrichteten, anhand eines Fragebogens eingeschätzt. Lehrer mit offener und positiver Orientierung wurden von den Schülern bedeutsam verstehender, achtungsvoll-warm und echter wahrgenommen als Lehrer der anderen Gruppe (Emmerling, 1961).

Erwachsene gaben an, durch welche Lehrer sie sich in ihrer eigenen Schulzeit gefördert und beeinträchtigt gefühlt hätten. Die förderlich empfundenen Lehrer wurden bedeutsam mehr als echt, achtungsvoll-warm sowie nicht-dirigierend fördernd aktiv wahrgenommen, im Vergleich zu den als beeinträchtigend empfundenen Lehrern (Tönnies u. Tausch, 1976).

Für alle obigen Untersuchungen trifft ferner zu: Ein geringes oder ungünstiges Ausmaß in den Dimensionen, z. B. Geringschätzung–Kälte–Härte, Verständnislosigkeit, Unechtheit–Fassadenhaftigkeit sowie geringe fördernde nicht-dirigierende Aktivität hing zusammen mit ungünstigen Vorgängen und Empfindungen bei den Schülern.

Die förderlichen Dimensionen bei Kindergärtnerinnen und ihr Zusammenhang mit Vorgängen bei 3–6jährigen:

Achtung–Wärme von 13 Kindergärtnerinnen in Stimme, Mimik, Gestik, Sprachäußerungen und ihrem Gesamtverhalten hingen mit ausgeprägtem Selbständigkeitsverhalten der Kinder ihrer Gruppe zusammen. Ferner: Eher achtungsvolle–wertschätzende Beurteilungen der Kinder durch die Kindergärtnerinnen hingen mit freiem, ungezwungenem Spielverhalten der Kinder zusammen. Dirigierung–Lenkung der Kindergärtnerinnen während des Freispieles dagegen hing mit starkem Bewegungsdrang der Kinder zusammen (A. Tausch u. a., 1968 a).

Achtung–Wertschätzung von Kindergärtnerinnen hing in verschiedenen Situationen im Kindergarten mit konstruktiver Mitarbeit und Interessiertheit der Kinder zusammen; fördernde nicht-dirigierende Aktivität sowie geringe Lenkung mit entspannter, ungezwungener Gruppenstimmung der Kinder und der Erzieherin (Meffert, Steinbach u. Tausch, 1976).

Einfühlendes Verstehen von Kindergärtnerinnen in Gesprächssituationen mit ihren Kindergruppen hing mit Selbstexploration der Kinder zusammen; ferner einfühlende Reaktionen der Kindergärtnerinnen auf persönliche Mitteilungen der Kinder während einer Vorschul-Lernaufgabe mit aktivem Interesse und konstruktivem Bemühen der Kinder (A. Tausch, Wittern u. Albus, 1976; Meffert u. a., 1976).

Die förderlichen Dimensionen bei Eltern und ihr Zusammenhang mit Vorgängen bei ihren Kindern:

Erwachsene mit einem Durchschnittsalter von 25 Jahren, die Vater und Mutter als deutlich achtungsvoll-warm, echt, nicht-dirigierend fördernd sowie wenig dirigierend wahrnahmen, unterschieden sich von Erwachsenen, die Vater und Mutter eher als geringschätzigkalt, unecht, nicht-fördernd sowie stark lenkend wahrnahmen, erheblich in bedeutsamen

Merkmalen der seelischen Gesundheit in mehreren Tests. Erstere hatten bedeutsam günstigere Werte in Nervosität, Gehemmtheit, Gelassenheit, Aggression, Erregbarkeit, emotionaler Labilität, in psychischer Befindlichkeit. Ferner behandelten sie sich selbst bedeutsam selbstzufriedener. Sehr deutlich unterschieden sich auch die beiden Gruppen in ihrer Selbstachtung. Insgesamt zeigte sich ein linearer Trend: Personen, die ihre Eltern in den 4 Dimensionen weniger günstig wahrnahmen, wiesen ungünstigere Merkmale der seelischen Gesundheit auf (Tönnies u. Tausch, 1976).

Achtung–Wärme, fördernde nicht-dirigierende Tätigkeiten sowie gleichzeitig geringe Dirigierung–Lenkung von 90 Müttern im Umgang mit ihren Kindern in Verkehrsmitteln, Wartezimmern, Warenhäusern u. a. standen im Zusammenhang mit einem harmonischen, entspannten, gelösten Beziehungsverhältnis Mutter–Kind sowie mit selbständigem spontanem Verhalten der Kinder (Langer u. a., 1973). Ähnliche Zusammenhänge ergaben sich bei über 90 Müttern und ihren Kindern in häuslichen Situationen, z. B. beim gemeinsamen Abendbrot (Rieckhof u. a., 1976; A. Tausch u. a., 1975).

Bei Vergleichen der Eltern von straffälligen und nicht-straffälligen Jugendlichen ergab sich in mehreren Untersuchungen: Die Eltern straffälliger Jugendlicher waren gegenüber ihren Kindern eher geringschätzend–kalt–hart und entweder sehr stark dirigierend–lenkend oder weitgehend passiv (z. B. Glueck u. Glueck, 1950; McCord, McCord u. Zola, 1959; McCord, McCord u. Howard, 1963). Allerdings erwiesen sich auch andere als diese zwischenmenschlichen Beziehungen als bedeutungsvoll, z. B. Lage der Wohnung in der Nachbarschaft von Bars, Vergnügungslokalen und in Bezirken mit wenigen gesunden Erholungsmöglichkeiten.

Die förderlichen Dimensionen bei psychotherapeutischen Helfern und ihr Zusammenhang mit Vorgängen bei ihren Klienten und Gruppenmitgliedern:

Personenzentrierte Gesprächspsychotherapeuten mit gleichzeitigem deutlichem Ausmaß in den Dimensionen Achtung–Wärme, einfühlendes Verstehen sowie Echtheit (über Stufe 3,5 der 5stufigen Skalen) – eingeschätzt anhand der Tonaufnahmen durch Beurteiler und entsprechend wahrgenommen durch ihre Klienten – hatten im allgemeinen Klienten bzw. Gruppenmitglieder mit konstruktiven Persönlichkeitsänderungen am Ende der Gesprächspsychotherapie bzw. nach Teilnahme an personenzentrierten Encountergruppen. Die Psychotherapeuten von Klienten mit geringen oder destruktiven Änderungen lebten die Dimensionen in geringerem Ausmaß. Dies ist das Fazit zahlreicher Untersuchungen in den USA (Truax u. Carkhuff, 1967) und in der BRD bei über 500 Klienten (R. Tausch, 1975). Die Grundannahmen von Carl Rogers, dem Begründer der personenzentrierten Gesprächspsychotherapie, wurden in diesen Untersuchungen bestätigt bzw. konnten nicht zurückgewiesen werden: Die 3 Dimensionen sind bei psychotherapeutischen Helfern die im allgemeinen notwendigen und hinreichenden Bedingungen für konstruktive Persönlichkeitsänderungen von psychoneurotischen Klienten. Wir möchten dies an neueren Untersuchungen aus 3 Bereichen belegen: Über 100 Klienten erhielten innerhalb von 4 Monaten durchschnittlich 11 psychotherapeutische *Einzelgespräche*. Die recht unterschiedlichen Änderungen der Klienten hingen zusammen mit dem Verhalten des Psychotherapeuten, wie die Klienten ihn wahrnahmen. Klienten mit geringen oder keinen Änderungen nahmen ihre Psychotherapeuten signifikant weniger verständnisvoll, wertschätzend-warm sowie echt wahr. Das Ausbleiben psychotherapeutischer Effekte war gleichsam gekoppelt mit geringem Verstehen, geringer Achtung–Wärme sowie Echtheit des Psychotherapeuten in der Wahrnehmung der Klienten. Ferner: Nur wenn mindestens 2 der 3 Dimensionen beim Psychotherapeuten sehr ausgeprägt waren, fanden deutlich konstruktive Änderungen bei den Klienten in der Psychotherapie statt. So reichte ein hohes Ausmaß von einfühlendem Verstehen des Psychotherapeuten allein oder Achtung–Wärme allein nicht aus, positive Änderungen beim Klienten zu ermöglichen. Personen, die die Psychotherapie nach 4 Kontakten abbrachen, nahmen im Vergleich zu den Klienten, die blieben, ihre Psychotherapeuten weniger wertschätzend–

warm, geringer einfühlend verstehend, geringer echt sowie mehr passiv wahr (Rudolph, 1975; Rudolph u. a., 1976).

Über 130 Klienten mit deutlichen seelischen Beeinträchtigungen wie Kontaktschwierigkeiten, Verkrampfungen, psychosomatischen Erkrankungen sowie sexuellen Problemen nahmen an 2½tägigen *personenzentrierten Encountergruppen* teil. Jede Gruppe bestand aus einem Gesprächspsychotherapeuten und ca. 10–12 Klienten. 6 Wochen nach den Gruppengesprächen wurden die Änderungen der Klienten erfaßt. Einige Ergebnisse: ▷ 78 % der Klienten hatten sich in ihren Hauptproblemen und seelischen Schwierigkeiten positiv geändert. ▷ 85 % der Klienten sahen die Erfahrung der personenzentrierten Encountergruppe und ihre Auswirkungen als positiv und befriedigend an. ▷ In den freien Stellungnahmen und Interviews wurden häufig 2 Änderungsvorgänge berichtet: 1. Zunahme von Echtheit–Offenheit gegenüber sich selbst und anderen Personen. 2. Erhebliche Zunahme des Kontaktes mit dem eigenen Fühlen. ▷ In den Monaten und z. T. Jahren nach der Encountergruppe fanden in den Personen wesentliche konstruktive Änderungen statt, z. T. im Zusammenhang mit weiteren freiwilligen Treffen der Mitglieder ohne psychologischen Helfer (Bruhn, Tausch u. Westermann, 1976). Ferner: Mitglieder von Encountergruppen mit konstruktiven Änderungen nahmen ihre Gruppenhelfer als mehr achtungsvoll–warm, mehr einfühlend verstehend und echter wahr als Mitglieder mit geringen oder keinen Änderungen. Zugleich gaben sie an, sich gegenüber der Gruppe und dem Helfer mehr geöffnet zu haben (Westermann, Kremer u. Tausch, 1976).

Auch in der *Kinderpsychotherapie* wurden die Annahmen von Carl Rogers geprüft: Psychotherapeuten mit deutlicher Achtung–Wärme und einfühlendem Verstehen waren im allgemeinen förderlich für seelisch beeinträchtigte Kinder (Axline, 1947; Schmidtchen, 1971; A. Tausch u. a., 1973). Ein Beispiel: 16 Kinder mit Lernschwierigkeiten erhielten personenzentrierte spieltherapeutische Kontakte. Kinder, die von dem Kinderpsychotherapeuten Achtung–Wärme, einfühlendes Verstehen sowie Echtheit in deutlichem Ausmaß erfuhren, festgestellt anhand von Tonaufnahmen, machten im Vergleich zu Kindern, deren Therapeut ein geringes Ausmaß der 3 Dimensionen zeigte, im Verlauf der Kontakte mehr selbstexplorative sowie einsichtsvolle Äußerungen; sie nahmen sich am Ende der Psychotherapie selbst positiver wahr (Siegel, 1972). Ferner: Psychisch beeinträchtigte 11- bis 12jährige, die personenzentrierte Einzel- und Gruppengespräche mit deutlich einfühlsamen psychologischen Helfern geführt hatten, zeigten im Vergleich zu denen, die Gespräche mit Helfern mit geringem einfühlenden Verstehen geführt hatten, stärkere Selbstexploration in den Einzelgesprächen sowie stärkeres soziales Interaktionsverhalten zu anderen Gruppenmitgliedern (A. Tausch, 1976). Die Förderung beeinträchtigter Kinder ist also abhängig davon, in welchem Ausmaß der psychologische Helfer die 3 Dimensionen lebt und hierin von den Kindern wahrgenommen wird. Dabei ergab sich bei Erwachsenen und Kindern: Ein psychologischer Helfer kann von Mitgliedern der gleichen Gruppe unterschiedlich in den 3 Dimensionen wahrgenommen werden.

Gibt es andere wesentlich förderliche, weitgehend notwendige Haltungen und Aktivitäten in der Begegnung von Person zu Person, die nicht in den 4 Dimensionen enthalten sind? Es gibt eine sehr große Anzahl von Untersuchungen, in denen Zusammenhänge zwischen dem Verhalten von Eltern und Lehrern mit den Vorgängen bei Kindern und Jugendlichen festgestellt wurden. Unserer Auffassung nach sind die wesentlichen förderlichen zwischenmenschlichen Haltungen und Aktivitäten, die in Untersuchungen aufgewiesen wurden, in den 4 Dimensionen enthalten. Die entsprechenden Untersuchungsbefunde sind bei den Kapiteln der jeweiligen Dimensionen dargestellt. Im folgenden möchten wir einen kurzen Gesamtüberblick über diese Untersuchungen geben. Entsprechend dem methodischen Untersuchungskonzept teilen wir sie auf in: ▷ Förderliche bzw. beeinträchtigende

Einzelmerkmale ▷ Förderliche bzw. beeinträchtigende Faktoren des Verhaltens ▷ Förderliche bzw. beeinträchtigende Typen und Stile des Verhaltens.

Förderliche vs. beeinträchtigende Einzelmerkmale. In vielen Untersuchungen wurden Einzelmerkmale des Lehrer- und Erzieherverhaltens erfaßt, z. B. freundlich vs. unfreundlich, wertschätzend vs. geringschätzend, befehlend vs. bittend-vorschlagend, dirigierend vs. Selbstbestimmung gewährend. Diese Einzelmerkmale hingen mit einzelnen Vorgängen der Jugendlichen und Schüler zusammen. Die meisten dieser förderlichen Einzelmerkmale sind Merkmale der Dimension Achtung–Wärme sowie der Dimension Dirigierung–Lenkung. Einige dieser Untersuchungsbefunde sind in den späteren Kapiteln dargestellt.

Die Untersuchungen über Einzelmerkmale haben wegen methodischer Nachteile nur recht begrenzte Aussagekraft. Etwa Untersuchungen über das Ausmaß von Freundlichkeit von Kindergärtnerinnen oder über das Fragen und Befehlen von Lehrern im Unterricht und ihr Zusammenhang mit Vorgängen der Schüler. Wir haben derartige Untersuchungen früher des öfteren durchgeführt, sie jedoch dann wegen folgender Nachteile eingestellt:

▷ Das einzelne Merkmal wirkt sich im allgemeinen nicht isoliert von anderen Merkmalen des Verhaltens von Lehrern oder Erziehern auf Kinder–Jugendliche aus.

▷ Viele Einzelmerkmale hängen miteinander zusammen, z. B. die Merkmale freundlich, ermutigend, geduldig, höflich, wertschätzend, häufiges Ansprechen innerer Vorgänge bei Jugendlichen (R. Tausch, Köhler u. Fittkau, 1966; Fenner, 1972). Eine Zusammenfassung aufgrund der inhaltlichen Ähnlichkeit der Merkmale ist sinnvoll.

▷ Zur umfassenden Charakterisierung der Tätigkeit von Erwachsenen und ihrer Auswirkungen auf Jugendliche ist eine große Anzahl von Einzelmerkmalen notwendig. Diese sind einzeln aber schwer zu überschauen. Die Fülle ist verwirrend. Eine gewisse zusammenfassende Ordnung ist für die Verwendung in Praxis und Forschung hilfreich.

▷ Bei Untersuchungen mit nur einzelnen Merkmalen können unmittelbar fördernde und mehr begleitende Merkmale nur schwer unterschieden werden.

▷ Lehrer und Erzieher leben nicht voneinander isolierte Einzelmerkmale in Unterricht und Erziehung, sondern Haltungen und komplexe Aktivitäten. Diese werden für den Forscher zwar als Einzelmerkmale beobachtbar. Aber es ist nicht sinnvoll, etwa Lehrern zu empfehlen, eine Fülle von Einzelmerkmalen zu „verwirklichen". Dieses kann auch leicht zu einzelnen antrainierten Verhaltensweisen oder angelernten Techniken führen.

▷ Das Ausmaß mancher Einzelmerkmale bei Personen ist von der jeweils speziellen Situation abhängig. Dies ist bei komplexen Haltungen und Aktivitäten weniger der Fall.

▷ Unterschiedliche Einzelmerkmale, z. B. große Häufigkeit von Fragen sowie von Befehlen der Lehrer an Schüler sind Ausdruck der Haltung des Dirigierens anderer Personen. Dies zeigt sich auch in ihrem statistischen Häufigkeitszusammenhang. Und: Diese Einzelmerkmale haben eine ähnliche Auswirkung auf den anderen: nämlich die Einschränkung seiner Selbstbestimmung. Bei der konzeptorientierten Dimension Dirigierung–Lenkung sind diese unterschiedlichen Einzelmerkmale zusammengefaßt.

Förderliche vs. beeinträchtigende Faktoren (Merkmalsverbände). In sog. faktorenanalytischen Untersuchungen wurde das Verhalten von Lehrern, Erziehern oder Dozenten nach vielen Einzelmerkmalen eingeschätzt. Durch die statistische Prozedur der Faktorenanalyse wurden die vielen Einzelmerkmale zu Faktoren, zu Merkmalsbündeln zusammengefaßt. Die Zusammenfassung erfolgt aufgrund des Zusammenhanges der Einzelmerkmale miteinander (entsprechend ihrer gemeinsamen Ausprägung bei den Personen). Mit dieser Methode wurden viele Untersuchungen durchgeführt. Auch wir haben sie in den vergangenen Jahren mehrfach verwendet. Es ist im wesentlichen eine Prozedur zur ordnenden überschaubaren Zusammenfassung von Einzelmerkmalen zu Merkmalsbündeln, zu Faktoren. Es ist eine Ordnung von Einzelmerkmalen, die die Forscher vorher auswählten. Oft wurden die Einzelmerkmale allerdings wenig unter dem Konzept der Förderung der Persönlichkeitsentwicklung und des bedeutsamen Lernens ausgewählt. So wurden in die meisten Untersuchungen die Merkmale des einfühlenden Verstehens und der Echtheit nicht hineingegeben. Vermutlich, weil sie nicht als bedeutsam angesehen wurden und/oder von Lehrern gegenüber Schülern erst in geringem Maße gelebt werden. Ein gewisser Nachteil von Faktorenanalysen ist: Die Zusammenfassung der Einzelmerkmale zu Faktoren erfolgt aufgrund der gemeinsamen Ausprägung der Merkmale bei den verschiedenen Personen, aufgrund der gemeinsamen Variation. Dies ist des öfteren nicht gleichbedeutend mit der Zusammenfassung von Merkmalen aufgrund ihrer inhaltlichen Ähnlichkeit oder aufgrund ihrer Gemeinsamkeit im Auslösen von Vorgängen beim Partner.

Im folgenden haben wir kurz diejenigen Faktoren dargestellt, die sich in Untersuchungen häufig als wesentlich fördernd oder beeinträchtigend in zwischenmenschlichen Beziehungen ergaben. Diese Faktoren sind weitgehend in den 4 Dimensionen enthalten. Bei den jeweiligen Kapiteln sind die Untersuchungsbefunde näher dargestellt. – Insgesamt ergaben sich in den Untersuchungen überwiegend folgende Faktoren:

▷ *Emotionaler Faktor.* Er ergab sich in den meisten Untersuchungen, und zwar bei Lehrern (z. B. Ryans, 1961 a, 1961 b; R. Tausch u. a., 1966, 1972; A. Tausch u. a., 1967), bei Kindergärtnerinnen (A. Tausch u. a., 1968 a), bei Eltern (Minsel u. Fittkau, 1971), bei Psychotherapeuten (z. B. Strupp u. a., 1964) und bei Arbeitsleitern (Fleishman u. Harris, 1962; Fittkau-Garthe u. Fittkau, 1971). Dieser emotionale Faktor ist meist ein Bündel der Merkmale freundlich, warm, wertschätzend, akzeptierend, tolerant, geduldig, helfend, partnerschaftlich vs. gegenteilige Merkmale. Wurden die Auswirkungen dieses Faktors von Person zu Person miterfaßt, so ergaben sich im günstigen Bereich des Faktors förderliche Auswirkungen, insbesondere auf positive gefühlsmäßige Vorgänge, auf die Güte des Beziehungsverhältnisses und die Förderung der Selbstachtung. Dieser emotionale Faktor ist weitgehend oder vollständig enthalten in der konzeptorientierten förderlichen Dimension Achtung–Wärme–Rücksichtnahme von Person zu Person.

▷ *Faktor Dirigierung–Lenkung.* Er ergab sich in zahlreichen Untersuchungen, insbesondere in Untersuchungen des Lehrerverhaltens (z. B. R. Tausch, Köhler u. a., 1966, 1972; A. Tausch u. a., 1967; s. a. 1968 a). Dies entspricht der großen Häufigkeit von Dirigierung–Lenkung in Schulen. Der Faktor Dirigierung–Lenkung hatte im allgemeinen keine förderlichen Auswirkungen auf die Persönlichkeitsentwicklung von Schülern. Er ist weitgehend ähnlich mit der konzeptorientierten Dimension Dirigierung–Lenkung. Diese Dimension ist als letzte in diesem Buch dargestellt, weil sie meist keine günstigen Auswirkungen auf andere hat, jedoch derzeit in Schulen und Familien den häufig anzutreffenden Ist-Zustand charakterisiert. – Der Faktor Strenge bei Eltern, entwickelt von Stapf, Herrmann, Stapf u. Stäcker (1972), ist wahrscheinlich eine Kombination von Dirigierung–Lenkung mit dem ungünstigen Bereich der emotionalen Dimension, mit Geringschätzung–Kälte–Härte.

▷ *Faktor Engagierte Aktivität.* Er ergab sich in einigen Untersuchungen, z. B. bei Lehrern (Fittkau, 1969 a, 1969 b). Der Faktor ist ein Bündel von Eigenschaftsmerkmalen wie dynamisch, entschlußfreudig, stimulierend vs. gegenteilige Merkmale. Der Faktor hatte bei gleichzeitig günstigem emotionalem Faktor förderliche Auswirkungen auf andere. Er ist ähnlich dem Faktor Unterstützung von Stapf, Herrmann, Stapf u. Stäcker (1972). Bei gleichzeitig ungünstigem emotionalem Faktor, etwa verständnislos, kühl, unfreundlich, ergaben sich negative Auswirkungen. Der Faktor Engagierte Aktivität bei gleichzeitig günstigem emotionalem Faktor geht weitgehend ein in die Dimension fördernde nicht-dirigierende Einzeltätigkeiten.

▷ *Faktor Fachliche Kompetenz.* Er ergab sich vereinzelt in einigen Untersuchungen. Großes Fachwissen und fachliches Können bei Professoren und Dozenten hing teilweise zusammen mit dem Lernen fachlichen Wissens und bei manchen Teilnehmern mit der Zufriedenheit mit dem Kurs.

Es ist fraglich, ob sog. fachliche Kompetenz als eine Qualität in zwischenmenschlichen Beziehungen angesehen werden kann. Fachliche Kompetenz z. B. bei einem Piloten ist sicherlich keine Qualität zwischenmenschlicher Beziehungen. Aber fachliche Kompetenz kann sich auf das Zusammenleben von Person zu Person auswirken. Unserer Auffassung nach sind fachliche Kenntnisse bei Professoren, Dozenten und Lehrern für ihren Unterricht und ihre Forschung notwendig und bedeutsam. Sind sie aber in einem hinreichenden Ausmaß vorhanden, dann sind die zwischenmenschlichen Dimensionen für das Lernen der Studenten und ihre Persönlichkeitsentwicklung sehr entscheidend. Wir haben es häufig beobachtet: Professoren mit hoher fachlicher Kompetenz, z. B. enormer Literaturkenntnis, oder Gymnasiallehrer mit Doktorgrad in dem betreffenden Fachgebiet, waren bei geringem Ausmaß in einer oder mehreren der 4 förderlichen zwischenmenschlichen Dimensionen für Studierende oder Schüler oft wenig hilfreich. Meist weniger hilfreich als Lehrer, Dozenten und Professoren mit begrenztem fachlichem Wissen, aber mit hohem Ausmaß in den zwischenmenschlichen Dimensionen. Ist z. B. ein Dozent oder Lehrer an einem Gymnasium aufrichtig gegenüber seinen fehlenden Fachkenntnissen, teilt er dies seinen Studierenden und Schülern mit, zieht er für sich selbst für sein Lernen die Konsequenzen und lebt er die 4 förderlichen zwischenmenschlichen Dimensionen, so wird dieser Professor, Dozent oder Lehrer wahrscheinlich hilfreicher auch für das fachliche Lernen der Studenten und Schüler sein als ein Fachexperte ohne deutliches Ausmaß in den 4 Dimensionen. Ein solcher Fachexperte etwa wird eigene Unzulänglichkeiten und Fehler selten echt offenbaren können. Er wird des öfteren durch seinen nach außen getragenen unechten Perfektionismus erstickend für das Lernen seiner Studenten sein. Er wird häufig sein Wissen gebrauchen, um Studierende oder Schüler von seiner Person zu beeindrucken. Er wird viel reden und Vorlesungen halten. Demgegenüber wird ein fachlich weniger qualifizierter Professor, Dozent und Lehrer, der echt, offen, verstehend und nicht-dirigierend förderlich ist, eher dazu neigen, das Textbuch eines qualifizierten Kollegen zu nutzen.

Nicht zu dem Faktor Fachliche Kompetenz rechnen wir sog. didaktische, unterrichtsmethodische Tätigkeiten, etwa einfacher, verständlicher Sprachausdruck sowie günstige Strukturierung der Unterrichtssituation von Lehrern und Professoren. Diese sind weitgehend eine Folge der 3 förderlichen Dimensionen Achtung–Wärme, einfühlendes Verstehen und Echtheit. Wir haben sie deshalb eingehend in dem Kapitel förderliche nicht-dirigierende Einzeltätigkeiten dargestellt.

Förderliche vs. beeinträchtigende Typen und Stile des Verhaltens. In früheren Jahrzehnten wurde eine Anzahl derartiger Typen und Stile erarbeitet. Am meisten Bedeutung und Verwendung erlangte das Typenkonzept sozialintegrativ (sog. demokratisch) und das Typenkonzept autokratisch (sog. autoritär, dominant), ferner das Typenkonzept Laissez-Faire. Der sozialintegrative Verhaltensstil hatte meist förderliche Auswirkungen, der autokratische und der Laissez-Faire-Verhaltensstil überwiegend ungünstige Auswirkungen auf Kinder–Jugendliche. Auch wir haben derartige Untersuchungen in den Jahren 1955–1965 durchgeführt. Mit Hilfe der Typenkonzepte wurden früher wertvolle Forschungsergebnisse erzielt. So ergaben sich deutliche Zusammenhänge zwischen bestimmten komplexen Verhaltensstilen der Erwachsenen und dem Verhalten von Kindern–Jugendlichen. Die Untersuchungen des deutsch-amerikanischen Psychologen Kurt Lewin vor fast 40 Jahren sind hierbei wissenschaftliche Pionierleistungen gewesen (Lewin u. a., 1939). Diese Untersuchungen sowie unsere eigenen haben wir ausführlich in früheren Auflagen der Erziehungspsychologie dargelegt. Die Typenkonzepte ermöglichen komplexe anschauliche Demonstrationen günstiger und ungünstiger Verhaltensstile.

Die Verwendung von Typenkonzepten hat jedoch gegenüber der Verwendung der 4 förderlichen Dimensionen folgende deutliche Nachteile, so daß wir sie heute nicht mehr zur Charakterisierung des Lehrer- und Erzieherverhaltens in Praxis und Forschung verwenden: ▷ Das Verhalten von Erziehern und Lehrern wird durch eine Zuordnung zu 2 oder 3 Typenkonzepten oder Verhaltensstilen zu ungenau charakterisiert. Die Typen sind meist Extremausprägungen der emotionalen Dimension und der Lenkungs-Dimension. Es ist bei den beiden Typen nicht möglich, das emotionale Verhalten, das Lenkungsverhalten und das Ausmaß fördernder nicht-dirigierender Tätigkeiten gesondert zu charakterisieren, in abgestufter meßbarer Form. ▷ Es fehlen bei den Typenkonzepten die bedeutsamen Haltungen und Aktivitäten von einfühlendem nicht-wertendem Verstehen sowie Echtheit in der Begegnung von Person zu Person.

Das sozialintegrative und das autokratische Typenkonzept kann in die Dimensionen eingeordnet und durch diese charakterisiert werden: Danach ist *sozialintegratives Verhalten* charakterisiert durch ein deutliches Ausmaß des günstigen Bereiches der emotionalen Dimension (Achtung–Wärme–Rücksichtnahme) sowie ein geringes bis mittleres Ausmaß in der Dimension Dirigierung–Lenkung. Dies ergab sich in empirischen Untersuchungen (z. B. Tausch, Tausch u. Fittkau, 1967). Wir haben sie in den früheren Auflagen dieses Buches näher dargestellt. *Autokratisches Verhalten* ist weitgehend charakterisiert durch den ungünstigen Bereich der emotionalen Dimension (Geringschätzung–Kälte–Härte) sowie durch ein hohes Ausmaß in der Dimension Dirigierung–Lenkung.

Gesamtüberblick über die förderlichen Auswirkungen der 4 Dimensionen. Die Auswirkungen sind in den späteren Kapiteln bei den jeweiligen Dimensionen eingehend dargestellt. Im zusammenfassenden Überblick gesehen fördern die 4 gleichzeitig gelebten Dimensionen in der Begegnung von Person zu Person die seelische Funktionsfähigkeit des anderen erheblich, insbesondere seine Selbstachtung, sein günstiges Selbstkonzept, seine offene Auseinandersetzung mit dem eigenen Erleben und dem Selbst sowie seine selbständige Wertbildung. Ferner fördern sie ein Zusammenleben mit den psychosozialen Grundwerten Selbstbestimmung, Achtung der Person, soziale Ordnung und ein Lernen von hilfreichem zwischenmenschlichem Verhalten durch häufige Wahrnehmung. – Im folgenden möchten wir einzelne Gesichtspunkte zu den Auswirkungen der 4 Dimensionen mitteilen:

▷ Die förderlichen Auswirkungen ergeben sich, wenn Personen möglichst alle 4 Dimensionen gleichzeitig deutlich und häufig leben.

▷ Je mehr Personen, die für ein Kind oder Jugendlichen von Bedeutung sind, häufig gleichzeitig und deutlich diese 4 Dimensionen leben, um so mehr werden die seelische Funktionsfähigkeit und die seelischen Grundvorgänge von Kindern und Jugendlichen wie Selbstachtung, günstiges Selbstkonzept u. a. gefördert.

▷ In den Untersuchungen wurden meist Zusammenhänge zwischen den 4 Dimensionen im Verhalten von Lehrern, Dozenten und Eltern mit bedeutsamen Vorgängen ihrer jugendlichen Partner festgestellt. Diese festgestellten Zusammenhänge erlauben meist noch nicht die direkte Aussage eines unmittelbaren kausalen Zusammenhanges. Mit dieser Einschränkung ist auch der Ausdruck „Auswirkung" zu sehen, den wir aus Gründen der Kürze des öfteren gewählt haben. Auf der anderen Seite stützen alltägliche Beobachtungen die Annahme: Die Vorgänge bei Kindern–Jugendlichen sind im allgemeinen eher durch das Lehrer- und Elternverhalten bedingt, als daß das Lehrer- und Elternverhalten durch Kinder–Jugendliche bedingt ist. Die Annahme wird auch durch Untersuchungen gestützt, etwa: ▷ Psychologische Helfer verminderten in experimentellen Untersuchungen planmäßig in Gesprächen mit Klienten ihr einfühlendes Verstehen. Diese Änderung hatte unmittelbar eine Verminderung der Auseinandersetzung der Klienten mit ihrem Selbst zur Folge (Truax u. Carkhuff, 1967; Sander u. a., 1969). ▷ Das Verhalten von Lehrern blieb ähnlich, auch wenn sie in sehr unterschiedlichen Klassen unterrichteten. Und: Das Verhalten mehrerer Lehrer in einer einzigen Schulklasse war erheblich unterschiedlich, obwohl es sich jeweils um die gleichen Schüler handelte (Tausch, Tausch u. Fenner, 1969). Insgesamt: Im allgemeinen können Lehrer, Eltern und Erzieher durch ihre Person die Person ihrer jugendlichen Partner deutlich fördern oder – wie es leider des öfteren der Fall ist – beeinträchtigen. Dabei ist eine gewisse begrenzte Wechselwirkung eingeschlossen. Insbesondere Erwachsene mit geringem oder schwankendem Ausmaß in den 4 Dimensionen werden in gewisser Weise beeinflußt durch ihre jugendlichen Partner, etwa durch deren Wärme oder Kälte, deren Echtheit oder Fassadenhaftigkeit, deren einfühlendes Verstehen oder Verständnislosigkeit.

▷ Die förderlichen, erleichternden Auswirkungen der 4 Dimensionen hängen davon ab, daß eine Person nicht nur entsprechend lebt, sondern auch vom anderen als achtungsvoll–warm, einfühlend verstehend, echt und nicht-dirigierend förderlich wahrgenommen wird. Gewiß gibt es im allgemeinen eine gewisse Übereinstimmung zwischen dem Verhalten einer Person und der Art, wie sie von anderen wahrgenommen wird. Aber es gibt auch Ausnahmen. So kann ein Lehrer oder Dozent von verschiedenen Schülern oder Studierenden unterschiedlich wahrgenommen werden, auch wenn er sich allen gegenüber, etwa bei einem einmaligen Vortrag, gleich verhielt. Dies hängt mit den Einstellungen und Haltungen der wahrnehmenden Schüler und Studierenden zusammen, auch mit ihrem Selbstkonzept. Ein Lehrer oder Dozent kann aufgrund günstiger oder diffamierender Vorinformationen günstiger oder ungünstiger durch Schüler und Studierende wahrgenommen werden. Oder Studierende mit größerer Unechtheit–Fassadenhaftigkeit können sich durch echtes fassadenloses Verhalten eines Dozenten irritiert und verunsichert fühlen. Schüler oder Studierende mit erheblichen seelischen Beeinträchtigungen können mißtrauisch und argwöhnisch gegenüber dem Wunsch des Lehrers–Dozenten nach mehr menschlicher Nähe und einfühlendem Verstehen sein. Bei längerdauernden Begegnungen von Person zu Person werden jedoch Lehrer, Eltern, Psychotherapeuten und Dozenten – wenn sie echt und offen sind – zunehmend angemessener und umfassender von ihren jugendlichen Partnern wahrgenommen werden. Ihr einfühlendes Verstehen, ihre Achtung und ihre Offenheit in einer Diskussion erleichtern es Jugendlichen, sich mit ihren eigenen Vorurteilen und Wahrnehmungen und ihrem eigenen Fühlen in der Beziehung zum anderen auseinanderzusetzen.

▷ Wenn eine Person die 4 Dimensionen lebt, so fördert sie nicht nur andere. Sie selber wird in vielerlei Hinsicht funktionsfähiger. Durch ihre Fassadenfreiheit ist sie integrierter, spannungsfreier sowie origineller. Durch ihre Anteilnahme und ihr einfühlendes Verstehen für andere und die Erfahrung, eine hilfreiche Person für andere zu sein, wird ihre eigene Selbstachtung und ihr günstiges Selbstkonzept gefördert. Durch günstige Beziehungen zu anderen Personen erfährt sie selber für ihre innere Welt mehr einfühlendes Verstehen von anderen, mehr Anteilnahme und größere Förderung. Lehrer und Erzieher, die diese Dimensionen leben, werden so deutlich selbst gefördert und können so wiederum für andere in größerem Ausmaß förderlich sein. So fühlten sich z. B. Lehrer mit größerem Ausmaß in den 4 Dimensionen in ihrem Unterricht mit sich selbst wohler (Klyne, 1976). Mitglieder von Gruppengesprächen mit größerem einfühlendem Verstehen und warmer Anteilnahme für die Probleme anderer waren 6 Wochen später mit ihrer eigenen Person zufriedener und akzeptierten sich mehr selbst (A. Tausch, Schiefelbein, Schwab und Doßmann, 1975). Eine Person, die diese Dimensionen lebt, erfährt gleichsam von der Gegenseite mehr Förderung ihrer eigenen Funktionsfähigkeit. Es ist dann also eine wechselseitige Förderung von Personen. Diese derart geförderte größere Funktionsfähigkeit eines Lehrers etwa trägt wahrscheinlich dazu bei, daß seine Schüler im Unterricht durch ihn in vielerlei Hinsicht gefördert werden, so hinsichtlich der Güte ihrer kognitiven Leistungen, ihrer positiven gefühlsmäßigen Empfindungen, ihres Selbstkonzeptes, ihrer Fragen an den Lehrer usw. So mögen sich diese Dimensionen gelegentlich nicht nur direkt auswirken, sondern gleichsam auch indirekt durch gewisse Tätigkeiten, Aktivitäten und Qualitäten einer hoch funktionsfähigen Person.

▷ Der Zusammenhang zwischen den 4 Dimensionen und den günstigen seelischen Vorgängen bei Kindern–Jugendlichen sollte nicht linear gesehen werden. Also nicht derart, daß in gleichbleibender Weise ein bestimmtes größeres Ausmaß in den 4 Dimensionen jeweils zu entsprechend günstigeren seelischen Vorgängen bei Kindern–Jugendlichen führt. Möglicherweise besteht häufig dieser lineare Zusammenhang. Jedoch ist für die Praxis entscheidend: Ein geringes Ausmaß in den 4 Dimensionen (in den späteren Kapiteln die jeweils linken Skalenbereiche) ist meist von beeinträchtigender, destruktiver Auswirkung. Ein deutliches Ausmaß in den Dimensionen ist förderlich. Wesentlicher als eine hierüber hinausgehende noch feinere Differenzierung ist vielmehr die Gleichzeitigkeit der 4 gelebten Dimensionen, ferner die Häufigkeit der Begegnung von Kindern–Jugendlichen mit derartigen für sie bedeutsamen Personen – und daß sie diese Personen auch als achtungsvoll-warm, einfühlend verstehend und echt wahrnehmen.

▷ Jede Dimension hat gewisse spezifische Auswirkungen. Diese sind zum Teil schwer von den anderen Dimensionen zu isolieren. Die Auswirkungen sind abhängig von dem gleichzeitig förderlichen Ausmaß der anderen Dimensionen. So fördert Achtung–Wärme einer Person insbesondere die Selbstachtung des Partners, einfühlendes nicht-wertendes Verstehen die Auseinandersetzung einer Person mit ihrem eigenen Erleben. Aber diese spezifischen Auswirkungen ergeben sich nur, wenn eine Person zugleich echt und in gewissem Ausmaß fördernd nicht-dirigierend aktiv ist und auch entsprechend von der anderen Person wahrgenommen wird.

▷ Achtung–Wärme, Verstehen, Echtheit und nicht-dirigierende Einzeltätigkeiten einer Person drücken sich aus in ihren Äußerungen, in ihrem sozialen und gefühlsmäßigen Verhalten, in ihrer Mimik und Gestik. Dies führt – über Reize auf die

Sinnesorgane des Partners – zu Erfahrungen. Also zu bewußten Erlebnisinhalten, etwa Wahrnehmungen und gefühlsmäßigen Empfindungen oder zu nicht-bewußten Vorgängen, etwa Vorgängen im vegetativen Bereich oder unwillkürlichen Reaktionen. Erfahrungen und Vorgänge, die das Selbstkonzept einer Person beeinflussen, sind besonders bedeutsam.

▷ Das Ausmaß der 4 Dimensionen bei einer Person kann durch äußere Bedingungen beeinflußt werden. Allerdings ist z. B. Echtheit eines Lehrers kaum abhängig von der Anzahl der Schüler in der Klasse, ebenfalls seine nicht-dirigierende fördernde Aktivität. Viel entscheidender werden die 4 Dimensionen einer Person gefördert oder beeinträchtigt durch gewisse Erfahrungen und Bedingungen *in* ihr selbst, etwa durch Erfahrungen mit bedeutungsvollen Mitmenschen in der eigenen Erziehung in Familie, Schule oder Ausbildung.

Große Allgemeingültigkeit der 4 Dimensionen und gleichzeitig große individuelle Förderung jeder einzelnen Person. Die 4 Dimensionen erwiesen sich als förderliche erleichternde Bedingungen bei Lehrern gegenüber Schülern verschiedenen Alters, bei Eltern und Kindergärtnerinnen gegenüber Kindern, bei psychotherapeutischen Helfern gegenüber seelisch beeinträchtigten Klienten, bei Dozenten–Professoren gegenüber Studenten. Dies ist eine große Allgemeingültigkeit in mitmenschlichen Beziehungen zwischen Personen. Hinzu kommt die große Breite der durch diese 4 Dimensionen bei anderen geförderten Vorgänge: Qualitativ bessere kognitive Prozesse bei Schülern im Unterricht, gefühlsmäßig positive Empfindungen sowie persönliches Vorankommen von Schülern und Studenten im Unterricht und in Seminaren, größere Selbstachtung von Kindern und Jugendlichen, Verminderung neurotischer Beeinträchtigungen bei Klienten und bei Mitgliedern von personenzentrierten Gruppen, größerer Kontakt zum eigenen Fühlen, Bereicherung des eigenen Erlebens und größere Leichtigkeit, mit sich selbst zu leben. Zu dieser großen Allgemeingültigkeit und breiten Auswirkung sowie gleichzeitig individuellen Förderung der einzelnen Person trägt folgendes bei:

▷ Die Förderung erstreckt sich auf die allgemeine seelische Funktionsfähigkeit und auf entscheidende Grundvorgänge einer Person wie Selbstachtung, günstiges Selbstkonzept, sensibles Offensein und Sich-Auseinandersetzen mit dem eigenen Erleben. Ferner fördert ein Klima mit diesen 4 Dimensionen etwa im Klassenraum das allgemeine seelische Funktionieren von Personen. Diese Vorgänge sind tief bedeutsam für jede Person, ob Kindergartenkind, Schüler, Student, Ehepartner, Arbeitnehmer, Rentner, Gruppenmitglied.

▷ Jede Person entnimmt gleichsam aus den 4 Dimensionen ihres Gegenüber – so ein Schüler von seinem Lehrer – die für ihn derzeit notwendigen und wichtigen Erfahrungen. Aus dem enormen Breitbandangebot der günstigen Bedingungen und Erfahrungen, die ihm ein achtungsvoller–warmer, einfühlend verstehender, echter und nicht-dirigierend aktiver Lehrer bietet, entnimmt ein Schüler für seine Person und in seiner Situation das von ihm Benötigte und Erwünschte. Ein Schüler mag insbesondere bereichert werden durch Achtung–Wärme, ein anderer durch tiefgreifendes Verstehen, wiederum ein anderer durch fördernde nicht-dirigierende Einzeltätigkeiten, jeweils zu unterschiedlichen Zeiten. So ist eine Person mit diesen 4 humanen Dimensionen, etwa ein Lehrer in der Schulklasse, gleichzeitig förderlich für recht unterschiedliche Vorgänge in seinen verschiedenen Schülern, je nach deren seelischer Befindlichkeit und seelischen Bedürfnissen. Ein Schüler mag etwa an einem Tag besonders gefördert werden durch die Echtheit seines Lehrers, etwa weil der Schüler über seine Person Rückmeldungen erhält, welches Fühlen er bei dem anderen auslöst, in einer anderen Stunde mag er in einer schwierigen persönlichen Situation sehr gefördert werden durch das tiefgreifende Verstehen seines inneren Erlebens durch den Lehrer.

Die große Allgemeingültigkeit und gleichzeitig individuelle Förderung des einzelnen möchten wir an einigen Beispielen näher erläutern: Die Haltung des einfühlenden nicht-wertenden Verstehens einer Person gegenüber der inneren Welt ihrer jeweiligen Partner ist weitgehend ähnlich bei einer Kindergärtnerin gegenüber Kindern, bei einer Grundschullehrerin gegenüber ihren Schülern, bei einem psychotherapeutischen Helfer gegenüber Klienten oder bei einem Dozenten gegenüber Studenten. Jedoch: Leben diese Personen in der jeweiligen Situation gegenüber ihrem jeweiligen Partner diese Haltung und Aktivität des einfühlenden Verstehens, so gehen sie hierdurch hochgradig individuell auf den anderen ein. Sie sind nämlich jeweils zentriert in der inneren individuellen Welt des anderen. Und diese Welt ist bei jeder Person einzigartig und ändert sich von Stunde zu Stunde und von Tag zu Tag. So sind also die Äußerungen des einfühlenden Verstehens eines Lehrers bei jedem seiner Schüler inhaltlich unterschiedlich.

Oder: Die Haltung von Achtung–Wärme einer Person äußert sich unterschiedlich, für den jeweiligen Partner in einmaliger individueller Form. Gegenüber einem Säugling drückt sich Achtung–Wärme eines Erwachsenen etwa in Streicheln oder Anlächeln aus, gegenüber einem Schüler in geduldiger Hilfe beim Arbeiten und Lernen, gegenüber einem Studierenden in sorgender Anteilnahme an seiner Entwicklung.

Oder: Die fördernden nicht-dirigierenden Einzeltätigkeiten einer Person, die sich aus ihren gelebten Haltungen von Achtung–Wärme, Verstehen sowie Echtheit ergeben, werden ebenfalls individuell sein, also personen- und situationsspezifisch. Versteht ein Lehrer z. B. die Langeweile seiner Schüler, etwa daß sie durch den Unterrichtsgegenstand und die Darbietung unterfordert sind, so wird er seine Wissensinformationen schneller vortragen und eher zu einem neuen Gebiet übergehen. Kommt er jedoch zur Einsicht, daß die Langeweile seiner Schüler zusammenhängt mit ihrem Gefühl der Überforderung, so wird er langsamer vorangehen, etwa einen leicht verständlichen Lehrtext herstellen. Jede dieser fördernden nicht-dirigierenden Einzeltätigkeiten ist unterschiedlich. Ihnen liegt jeweils die Berücksichtigung der inneren Welt des anderen zugrunde, die je nach der Situation unterschiedlich ist. Deshalb wird etwa auch ein Lehrer oder Dozent seinen Schülern und Studenten gleichzeitig mehrere verschiedene fördernde Angebote machen. Er handelt individuell und einzigartig gegenüber seinen Partnern, in hoher Weise spezifisch und individuell für die Personen in ihren jeweiligen Situationen.

Verwendung der Einschätzungsskalen der 4 Dimensionen in der Erziehung und im Unterricht. Diese Skalen können Lehrern und Erziehern Informationen geben, inwieweit sie Kindern–Jugendlichen förderliche oder beeinträchtigende Bedingungen für deren Persönlichkeitsentwicklung und bedeutsames Lernen geben. Die Einschätzungen können durch Kollegen, Beobachter, durch Jugendliche etwa vom 12. Lebensjahr an oder anhand von Tonaufnahmen durch den Lehrer oder Erzieher selbst erfolgen.

Die Dimensionen mit ihren Skalen erstrecken sich auf komplexe Haltungen und Aktivitäten einer Person. Entscheidenderweise schränken die Einschätzungsskalen Lehrer und Erzieher nicht auf einzelne isolierte Verhaltensweisen ein. Sie engen sie nicht ein auf starre Formen, auf die Anwendung bestimmter Techniken. Lehrer und Erzieher werden nicht beeinflußt, ein bestimmtes Verhaltensrepertoire zu „verwirklichen". Jeder Lehrer und Erzieher kann je nach der Situation, je nach seiner Person und der Person des Kindes–Jugendlichen etwa die Dimension Achtung–Wärme oder einfühlendes Verstehen oder Echtheit in einer Vielzahl von Aktivitäten, sprachlichen Äußerungen oder förderlichen Tätigkeiten leben. Wärme eines Erziehers für ein Kind kann sich ausdrücken durch Auflegen der Hand auf die Schulter des Kindes, durch ein warmes Lächeln, durch Worte des Trostes, durch Worte des einfühlenden Verstehens der inneren Welt des Kindes, durch fördernde nicht-dirigierende Tätigkeiten und Maßnahmen oder durch Ausdruck des Mitfühlens und Mitempfindens des Erziehers oder Lehrers. Erziehende Erwachsene sind also frei darin, diese Haltungen in großer Vielfalt und Einzigartigkeit zu leben, je nach der anderen Person und je nachdem, wie sie sich in der Situation und in dem Augenblick selbst fühlen.

Wir möchten, daß die Einschätzungen von Lehrern–Erziehern–Dozenten nach den 4 Dimensionen und die Informationen darüber zur Förderung und Verbesserung der zwischenmenschlichen Begegnung von Person zu Person führen und nicht zu einer Verurteilung. Wir halten auch eine Diskussion um Bruchteile von Skalenstufen oder um technische Einzelheiten für wenig sinnvoll. Entscheidender Gesichtspunkt der Einschätzung sollte sein: Lehrer–Erzieher erhalten Informationen, ob sie in den bedeutsamen zwischenmenschlichen Dimensionen Kindern–Jugendlichen günstige hinreichende oder nicht-hinreichende ungünstige Bedingungen geben. Ferner: Diskussionen über ein hinreichendes oder nicht-hinreichendes Ausmaß werden meist nur fruchtbar sein, wenn sich die Personen während der Diskussionen zumindest deutlich bemühen, echt–aufrichtig, achtungsvoll, nicht-dirigierend fördernd und verstehend für den anderen zu sein.

Einige Einzelheiten zu den Einschätzungen in der Praxis: ▷ Nach kurzer Einweisung können Lehrer, Erzieher, Psychologen oder Beobachter die Einschätzungen vornehmen. Bei stark unterschiedlichen Einschätzungen ist eine Diskussion der Wahrnehmungen der Beurteiler notwendig, möglichst an Hand von Videoaufnahmen, Tonaufnahmen oder Transkripten. ▷ In den folgenden Kapiteln sind bei den meisten Dimensionen mehrere Einschätzungsskalen zur freien Auswahl angeführt. ▷ Die Einschätzungen können direkt im Unterricht und der Erziehungssituation erfolgen oder anhand von Video- oder Tonaufnahmen. Hierdurch ergeben sich im allgemeinen keine wesentlich anderen Einschätzungswerte. ▷ Die verkleinerte Darstellung der 4 Dimensionsskalen auf einer einzigen Seite und die Vervielfältigung in größeren Mengen erleichtert die Verwendung an Schulen und anderen Institutionen. ▷ Lehrer und Erzieher können in den 4 Dimensionen durch Jugendliche von ca. 12 Jahren ab eingeschätzt werden, und zwar: 1. Durch die Dimensionsskalen, unter Fortlassung einiger Merkmale sowie ohne die 5 Stufen. Unter dem linken und rechten Kasten jeder Dimension steht: Mein Lehrer (mein Vater/meine Mutter) ist deutlich von dieser Art / Ist etwas mehr von dieser Art als von der Art im Kasten nebenan. Die Jugendlichen kreuzen eine dieser 4 Möglichkeiten an (s. Tönnies u. Tausch, 1976). 2. Anhand von Fragebogenfeststellungen, die von Barrett-Lennard (1962) entwickelt wurden und die bei den jeweiligen Dimensionen mit angeführt sind.

Die Verwendung der Einschätzungsskalen der 4 Dimensionen in der Forschung. Sie eignen sich zur weitgehend zuverlässigen, konzeptgemäßen Einschätzung von Lehrern, Erziehern, Eltern, Psychotherapeuten und anderen Personen. Einige Einzelheiten:

▷ Eine vorhergehende Einweisung und eine gewisse Erfahrung der Beobachter an anderem Beobachtungsmaterial, etwa Video- oder Tonaufnahmen, ist wünschenswert.

▷ Die Einschätzungen können direkt oder anhand von Videoaufnahmen, Tonaufnahmen oder Abschriften erfolgen. Hierdurch ergaben sich in einigen Untersuchungen keine wesentlichen Abweichungen (z. B. R. Tausch, Köhler u. Fittkau, 1966; Rieckhof, Steinbach u. Tausch, 1976). Dies ist verständlich: Im allgemeinen leben Lehrer, Eltern und Dozenten als relativ integrierte Personen. Ihre verschiedenen Ausdrucksbereiche sind nicht isoliert voneinander. So entsprechen Tonfall, Mimik und Gesten häufig dem Inhalt ihrer sprachlichen Äußerungen. Nur dann, wenn Personen unecht, masken- und fassadenhaft sind, werden ihre verschiedenen Ausdrucksbereiche deutlich unterschiedlich sein. Jedoch: Unechtheit–Fassadenhaftigkeit ist auch einschätzbar.

▷ Über die methodischen Fragen der Zuverlässigkeit und Konzeptgemäßheit von Einschätzungen informiert das Buch von Langer u. Schulz v. Thun (1974).

▷ Sind längere Einschätzungen schwer möglich, können kürzere Stichproben eingeschätzt werden, so bei einer Unterrichtsstunde etwa 3 Ausschnitte von je 4–5 Minuten Länge.

▷ Personen können ihr sonst übliches Verhalten in Richtung eines angemessenen erwünschten Verhaltens meist nur für kürzere Zeitdauer verstellen (z. B. Stephan, 1973). Eine derartige bewußte Abänderung wird sich wahrscheinlich in größerer Unechtheit–Fassadenhaftigkeit auswirken. Soll die Möglichkeit eines bewußt geänderten Verhaltens ausgeschaltet werden, so können mit Einverständnis der Betreffenden Mikrophone oder Videokameras über längere Zeit installiert werden. Die Betreffenden haben dann keine Information, wann die Aufnahmen erfolgen.

▷ Einschätzungen von Lehrern, Erziehern oder psychologischen Helfern können auch durch die Betroffenen selbst erfolgen, also etwa durch Jugendliche, Studierende oder Klienten. Dies ist einfach und ökonomisch. Zu beachten ist allerdings: Es sind Wahrnehmungen der Jugendlichen, Studierenden oder Klienten. Sie können durch bestimmte Bedingungen in ihnen beeinflußt sein, z. B. bei Schülern durch gute oder schlechte Schulleistungen, Sympathie oder Antipathie gegenüber dem Unterrichtsfach des Lehrers. Diese Wahrnehmungen, wie förderlich oder beeinträchtigend eine Person in den Dimensionen erlebt wird, sind für die wahrnehmende Person Realität. Und damit wirken sie sich auf ihr seelisches Funktionieren deutlich aus. Davon k a n n jedoch unterschiedlich sein, wie förderlich oder beeinträchtigend die Person sich wirklich verhalten hat. Sollen die Auswirkungen für den anderen förderlich sein, so wird häufig sowohl ein entsprechendes Verhalten einer Person als auch eine entsprechende Wahrnehmung durch den Partner notwendig sein. Oft jedoch wird das durch Beobachter eingeschätzte Verhalten von Lehrern mit den Wahrnehmungen der Schüler in den Grundzügen übereinstimmen (z. B. Joost, 1976; Klyne, 1976). – Ferner: Die Wahrnehmungsurteile etwa von Schülern können dadurch erschwert werden, daß ihnen bei der Einschätzung ein Vergleichsmaßstab fehlt. Hier kann es nützlich sein, daß Schüler jeweils 2 Lehrer vergleichend einschätzen (Fittkau, 1969 b).

Achtung – Wärme – Rücksichtnahme: Eine förderliche Haltung

Die Merkmale dieser Haltung (Dimension) haben wir durch Beschreibungen und Beispiele möglichst konkret wahrnehmbar dargestellt. Sie sind weitgehend gültig für alle zwischenmenschlichen Beziehungen, nicht nur zwischen Erwachsenen und Kindern/Jugendlichen, sondern auch in der Partnerschaft oder in der Arzt-Patient-Beziehung. Zum Schluß des Kapitels haben wir zwei Einzelmerkmale näher dargestellt: Soziale Reversibilität/Irreversibilität und Ermutigung/Entmutigung.

Das Ausmaß von Wärme–Achtung der Erwachsenen gegenüber Kindern und Jugendlichen in Schulen, Kindergärten und Familien ist des öfteren noch gering. Jedoch ist in den letzten zwei Jahrzehnten ein günstiger Wandel eingetreten. Allerdings werden viele feststellen, daß sie von ihren Zielen und Wünschen noch entfernt sind, etwa wenn sie sich die Fragen stellen: „Empfinde ich als Lehrer Achtung für meine Schüler?" „Sehe ich sie als Personen grundsätzlich gleicher menschlicher Würde an?" „Behandle ich sie so, wie ich von ihnen behandelt zu werden wünsche?" „Gebe ich ihnen Nähe–menschliche Wärme–Geborgenheit?" „Bin ich intensiv bemüht, für sie zu sorgen und ihr persönliches und fachliches Lernen zu erleichtern?"

Die Auswirkungen dieser Haltung (Dimension) sind in zahlreichen Untersuchungen erforscht worden. Wenn Jugendliche und Erwachsene die Erfahrung machen: „Der Erwachsene achtet mich wirklich und mag mich gern." „Sie/er kümmert sich wirklich um mich", dann werden wesentliche Vorgänge gefördert: Die seelische Gesundheit, die Selbstachtung, ein günstiges Selbstbild, das prosoziale Verhalten und kognitive Prozesse beim fachlichen Lernen. Auch für die persönliche Entwicklung und seelische Gesundheit der Erwachsenen ist die Achtung–Wärme, die sie gegenüber Kindern und Jugendlichen leben, förderlich.

Wir bitten den Leser, diese Haltung (Dimension) nicht losgelöst zu sehen von den anderen förderlichen Haltungen in zwischenmenschlichen Beziehungen: von einfühlendem Verstehen, Echtheit–Aufrichtigkeit und förderlichen Tätigkeiten. Durch ihr Ausmaß wird die günstige Auswirkung von Achtung–Wärme gefördert oder beeinträchtigt.

Die gefühlsmäßigen Haltungen, Einstellungen und Reaktionen von Person zu Person in allen Lebensbereichen, zwischen Lehrern und Schülern in Schulen, zwischen Eltern und Kindern in Familien, zwischen Angestellten in Betrieben, zwischen Partnern in Ehe oder Freundschaft, zwischen Psychotherapeut und Klient, zwischen Arzt und Patient sowie zwischen Jugendlichen untereinander sind Inhalt dieser Dimension. Achtung–Wärme–Rücksichtnahme ist von entscheidender hilfreicher Bedeutung in zwischenmenschlichen Beziehungen von einer Person zur anderen. Hier zeigt sich, daß der Mitmensch häufig die wichtigste Umweltbedingung für eine andere Person ist. Nach Achtung–Wärme haben wir fast alle ein großes Bedürfnis, nach sorgender, zärtlicher Zuwendung durch einen anderen. Achtung–Wärme führt im allgemeinen zu konstruktiven Erfahrungen beim anderen, Mißachtung–Kälte–Härte dagegen fast immer zu destruktiven Auswirkungen. Achtung–Wärme in gefühlsmäßigen zwischenmenschlichen Beziehungen gegenüber Mitmenschen ist nicht oder nur zu einem geringen Teil durch Gegenstände oder Geld zu ersetzen, die dem anderen gegeben werden. Es ist nötig, daß wir uns selbst als Mensch dem anderen Menschen geben, unsere Gefühle, unsere Gedanken und unsere Zeit. Wir selbst mit unseren Gefühlen sind nicht durch Gegenstände zu ersetzen.

Die Bedeutung dieser Dimension gilt auch für die zwischenmenschliche Beziehung von Fachlehrern an höheren Schulen oder Professoren an Universitäten gegenüber Schülern und Studenten. Gewiß ist es eine Hauptaufgabe mancher Lehrer oder Professoren, ihre Fachwissenschaft im Unterricht zu vertreten. Jeder Lehrer oder Professor beeinflußt jedoch, auch wenn er sein Fach nur wissenschaftlich unterrichten möchte, die gefühlsmäßigen und sozialen Vorgänge bei Jugendlichen und Studenten, fördert oder hindert ihre Persönlichkeitsentwicklung und ihr bedeutsames Lernen. Diese Beeinflussung kann konstruktiv oder destruktiv sein. Selbst wenn Fachlehrer oder Professoren sich weitgehend der gefühlsmäßigen Beziehungen zu ihren Schülern–Studierenden entziehen: Sie schaffen hierdurch keine konstruktiven Bedingungen für das bedeutungsvolle Lernen und die Persönlichkeitsentwicklung ihrer Schüler–Studenten.

Die emotionale Dimension, diese gefühlsmäßigen Grundhaltungen, Einstellungen und Reaktionen von Person zu Person sind schwer darzustellen. Sie sind meist nur aufgrund der Äußerungsformen in Sprache, Mimik, Gestik, Maßnahmen und sonstigem Verhalten erschließbar. Und wir können sie zumindest derzeit konkret nur durch wahrnehmbares Verhalten beschreiben.

Die Einschätzungsskalen geben eine Definition und Demonstration und somit eine Wahrnehmbarkeit dieser emotionalen Dimension. Wir möchten den Leser bei den Einschätzungsskalen, Merkmalen und Beispielen bitten, immer die dahinterstehende *Haltung* einer Person zu sehen. Das ist etwa wichtig bei der Ausbildung von Erziehern–Lehrern: Durch ein sog. Training können diese inneren Haltungen einer Person nur wenig geändert werden, sondern überwiegend nur einige äußere Formen des Verhaltens.

Allgemeine Übersichts- und Einschätzungsskala zur emotionalen Dimension. Diese Skala gibt einen Kurzüberblick über die gesamte emotionale Dimension. Zusammen mit den nachfolgenden Beispielen charakterisiert und definiert sie die emotionale Dimension und macht sie so der Wahrnehmbarkeit und Diskussion besser zugänglich. Mit dieser Skala können jederzeit Beobachter das zwischenmenschliche Geschehen auf das Ausmaß dieser Dimension einschätzen. Die feinen bedeutsamen zwischenmenschlichen Vorgänge können so für denjenigen meßbar gemacht werden, der ihre existentielle Bedeutung bestreitet und als schöngeistiges Gerede abtun möchte. Es hat uns in Diskussionen mit Lehrern, Studierenden und Akademikern früher sehr getroffen, wenn unsere Worte „Wärme“ und „positive Zuwendung“ bei manchen ein mitleidiges Lächeln oder abwertende Reaktionen wie „romantische Gefühlsduselei“ oder „weiche Welle“ hervorriefen. Mit Hilfe der

Einschätzungsskalen gelang in Forschungsuntersuchungen der klare Nachweis der Bedeutsamkeit dieser Dimension. Schüler etwa, deren Lehrer ein größeres Ausmaß an Achtung–Wärme lebten, festgestellt durch Beurteiler anhand von Tonaufnahmen des Unterrichts, hatten gemäß der Einschätzung von anderen Beurteilern originellere, produktivere Beiträge in diesen Unterrichtsstunden, die Güte ihrer Unterrichtsbeiträge wurde höher eingeschätzt, sie erlebten den Unterricht befriedigender und hatten weniger Schulangst.

Diese Skala der emotionalen Dimension ist verwendbar zur Einschätzung des gefühlsmäßigen Verhaltens von Eltern gegenüber Kindern, zur Einschätzung des Verhaltens von Jugendlichen gegenüber Erwachsenen oder gegenüber anderen Jugendlichen. Sie kann ferner von Personen verwendet werden, die anhand der Einschätzung anderer prüfen möchten, ob sie selbst diese emotionale Dimension in dem Ausmaß leben, wie sie es von sich wünschen und von sich selbst annehmen.

Achtung–Wärme–Rücksichtnahme von Person zu Person

Mißachtung–Kälte–Härte	Achtung–Wärme–Rücksichtnahme
• den anderen geringachten, ihn teilnahmslos behandeln	• den anderen wertschätzen, an ihm anteilnehmen
• ihn abwerten, ihn abweisen, ihn ablehnen, ihn mißbrauchen	• ihm Geltung schenken, ihn anerkennen, ihn willkommen heißen, ihm zugeneigt sein
• mit ihm unfreundlich, herzlos umgehen, mit ihm unnachsichtig sein, ihn demütigen	• mit ihm freundlich, herzlich umgehen, mit ihm nachsichtig sein
• ihn grob, verächtlich, lieblos behandeln	• ihn rücksichtsvoll, zärtlich, liebevoll behandeln
• ihn entmutigen, ihn mißgünstig behandeln	• ihn ermutigen, ihn wohlwollend behandeln
• ihm mißtrauen	• ihm vertrauen
• ihn fallenlassen, ihn kaltstellen, ihm Angst einjagen, ihm drohen, ihn strafen, ihn verletzen	• zu ihm halten, ihm beistehen, ihn beschützen, ihn umsorgen, ihm helfen, ihn trösten
• ihm gegenüber distanziert, verschlossen bleiben	• sich ihm gegenüber öffnen, ihm nahe sein

↑						↑
Mißachtung–Kälte–Härte	1	2	3	4	5	Achtung–Wärme–Rücksichtnahme *)

Charakterisierung der emotionalen Dimension durch Merkmalsbündel. Achtung–Wärme–Rücksichtnahme ist gemäß den später dargestellten Forschungsuntersuchungen erheblich förderlich für die Persönlichkeitsentwicklung, für die seelische Gesundheit und für das bedeutungsvolle Lernen von Personen (s. heller Skalenbereich). Mißachtung–Kälte–Härte sind erheblich beeinträchtigend dafür.

*) Stufe 1 und 5 = deutliche Ausprägung   Stufe 2 und 4 = schwächere Ausprägung   Stufe 3 = etwa gleich viel Mißachtung–Kälte–Härte wie Achtung–Wärme–Rücksichtnahme.

Diese Schätzskala wurde – zum Teil in Vorformen – in mehreren Forschungsuntersuchungen verwendet (z. B. Höder u. a., 1975; Spanhel u. a., 1975; Tausch, Tausch u. Fenner, 1969; Höder u. a., 1976). Beobachter konnten z. B. 4-Minuten-Stichproben des Unterrichts oder ca. 20 an Schüler gerichtete, zufällig aus einer Unterrichtsstunde ausgewählte Lehreräußerungen weitgehend übereinstimmend und zuverlässig mit der Skala einschätzen.

Die gefühlsmäßigen Haltungen einer Person zu einer anderen äußern sich vielfältig, so in Achtung, in Wärme, in Fürsorge, in Ermutigung oder in sozialer Reversibilität (sozialer Umkehrbarkeit). Sie können sich sprachlich äußern, ferner in Gestik, Mimik oder Maßnahmen. Dies hängt zum Teil von der Person ab, von dem Partner und der Situation. Die emotionale Dimension wird sich gegenüber einem Kleinkind eher in Wärme und Zärtlichkeit ausdrücken, gegenüber einem Studenten eher in Achtung, Unterstützung und Fürsorge. Die Einschätzungsskalen samt Beschreibungen lassen einen breiten Raum für die mannigfachen Äußerungsformen der emotionalen Dimension einer Person gegenüber einer anderen. Es findet keine Einengung auf bestimmte Merkmale oder Handlungen statt.

Nähere Charakterisierung von Mißachtung–Kälte–Härte von Person zu Person: Aktivitäten, Maßnahmen, Gesten, Mimik oder Sprachäußerungen einer Person enthalten Mißachtung–Kälte–Härte gegenüber einem anderen. Dies kann sich etwa äußern in: Demütigungen, Beleidigungen, abwertenden Urteilen, absichtlichem Ignorieren, harter, kalter Stimme, strafendem Ansehen, Belächeln von Fehlern, resignierendem Achselzucken bei Versagen, verächtlichem Lachen, keiner Sorge und Hilfe für den anderen, deutlichem Mißtrauen gegenüber dem anderen und seinen Fähigkeiten und Möglichkeiten, in entmutigenden, zynischen oder verletzenden Bemerkungen direkt zu einer Person oder über sie im Gespräch mit anderen. Diese Aktivitäten, Maßnahmen und Äußerungen sind Ausdruck ungünstiger Gefühle, gefühlsmäßiger Einstellungen und Haltungen einer Person zu einer anderen und verletzen häufig das Fühlen des anderen und beeinträchtigen ihn. Der andere spürt: Er wird als Person von geringem allgemeinem Wert, von geringen allgemeinen grundsätzlichen Rechten und geringer menschlicher Würde angesehen und behandelt.

Mißachtung–Kälte–Härte in Aktivitäten und Maßnahmen:

▷ Dem anderen keine Hilfe–Unterstützung geben, obwohl er sie dringend benötigt; seine Hilflosigkeit ignorieren oder ausnutzen, z. B. Fußgänger geht gleichgültig an hingestürztem Passanten vorbei; Arzthelferin hilft einer von der Untersuchungsbahre gefallenen alten Frau nicht; Ehemann oder Kinder bieten berufstätiger Mutter keine regelmäßige Mithilfe im Haushalt an; sich um das Wohlergehen des anderen nicht kümmern und ihn vernachlässigen, z. B. Vater schickt weinendes Kind aus dem Zimmer; Vater rollt das Kinderbett mit dem weinenden Baby nachts schimpfend in die Küche; Nachtschwester betreut lieblos, ungeduldig und grob eine Kranke; Mutter stopft Kleinkind gehetzt das Essen in den Mund; Lehrer reagieren nicht auf sorgendes Fragen von Schülern nach der Zensur; dem anderen nicht zuhören, keine Zeit für ihn haben, ihn nicht beachten; Schwierigkeiten des anderen vergrößern statt zu vermindern, z. B. Lehrer bereitet sich ungenügend vor, gibt zu schwierige Hausaufgaben; keine Sorge um Verbesserung schlechter Lebensbedingungen, etwa bei unzumutbaren Wohnverhältnissen.

▷ Den anderen strafen, quälen, mißhandeln, z. B. Eltern prügeln ihre Kinder, sperren sie ein, geben ihnen kein Essen; Lehrer stellen Kinder in die Ecke; Eheleute ohrfeigen einander; Kinder schlagen sich gegenseitig.

▷ Den anderen verächtlich von oben herab behandeln und sich von ihm abwenden, z. B. Ehepartner wird nicht zu Freunden mitgenommen; Kind läßt anderes Kind wortlos stehen.

▷ Gemeinsame (Freizeit-)Aktivitäten ablehnen; Personen ausschließen, wegstoßen, z. B. Kinder lehnen das Mitspielen von anderen Kindern ab; Eltern verweigern sich ihren Kindern bei sportlichen Betätigungen, die sie nicht gut beherrschen; Eltern schließen ihr Kind von ihrem Freundeskreis aus und umgekehrt; ältere Geschwister schließen ihre jüngeren Geschwister vom Freundeskreis aus.

▷ Dem anderen mißtrauen, ihn beargwöhnen, ihm nachspionieren, z. B. Eltern überwachen Telefonanrufe oder Briefe ihrer Kinder; Eheleute kontrollieren gegenseitig ihre Post oder überwachen die Freundschaften des anderen.

Mißachtung–Kälte–Härte in Mimik, Gestik, Tonfall:

▷ Dem anderen gegenüber seinen Ekel, seine Abneigung, seinen Ärger, seinen Haß ausdrücken, z. B. sich vor Ekel schütteln, ihm die Zunge herausstrecken, die Nase rümpfen, ihm den Vogel zeigen, mit der Faust auf den Tisch schlagen, mit dem Fuß aufstampfen, ihn an den Schultern schütteln.

▷ Den anderen unfreundlich ansehen, ihm feindselige, geringschätzige, finstere, drohende Blicke zuwerfen; ihn nicht ansehen, an ihm vorbeisehen, ihn übersehen.

▷ Dem anderen gegenüber Verachtung ausdrücken durch mißbilligendes Achselzucken, durch ungeduldiges tiefes Seufzen oder Stöhnen.

▷ Den anderen mitleidig oder hämisch belächeln, ihn schallend auslachen.

▷ Den anderen verwarnen, drohen, z. B. durch erhobenen Zeigefinger, geballte Fäuste.

▷ Den anderen im gereizten Tonfall ansprechen, ihm mit kalter, zorniger Stimme antworten, ihn anschreien, anbrüllen, niederschreien, niederreden.

Mißachtung–Kälte–Härte in Sprachäußerungen:

Den anderen demütigen, bedrohen, ihn beleidigen, ihn lächerlich machen, über ihn sarkastische oder ironische Bemerkungen machen, ihn herabwürdigen, ihn abqualifizieren, über ihn herziehen, ihn entmutigen, ihn beschimpfen, ihn verspotten, ihm Grobheiten sagen, ihm grobe Vorwürfe machen, seine Person stark kritisieren, an ihm herumnörgeln, ihm Angst einjagen und mit dieser Angst gegen ihn arbeiten, seine Schwächen gegen ihn verwenden, ihn ausnutzen, ihm etwas anhängen, ihn provozieren, ihn „anmachen". Beispiele in Form wörtlicher Äußerungen:

Erzieher: „Wenn ich Dich schon sehe, wird's mir schon schlecht!" Kind zum Kind: „Oh, Du bist so gemein, Du bist der gemeinste Mensch auf der ganzen Welt!" Pfleger zum Patienten: „Na, Du alter Bettscheißer!" Mutter: „Euch tue ich in den Sack und dann kommt Ihr in die Gaskammer, dann bin ich Euch endlich los!" Richter zum Angeklagten: „Bei Ihrer Persönlichkeit ist das nicht drin, daß Sie sich genauere Pläne machen!" Kindergärtnerin über einen 5jährigen: „Der kriegt mal einen Hang zum Klauen." Zahnarzt: „Stellen Sie sich doch nicht so an!" Arbeiter zum Arbeitskollegen: „Du hast wohl Eier auf Deinem Kopf, was!" Jugendlicher über seine Großmutter: „Wenn ich die auf der Straße seh', spuck' ich die höchstens an!" Kindergärtnerin: „Der ist heute toll geladen, geh' lieber nicht spielen, wo der ist. Der hat da heute einen bösen Tag erwischt!" Kinderschwester: „Der kriegt heute nichts mehr zu essen, der nörgelt sowieso nur herum!" Richter zum Angeklagten: „Was glauben Sie, mit wem Sie reden!?" Pfleger zum psychiatrischen Patienten: „Los, bewegen Sie sich mal 'n bißchen schneller!" Strafvollzugsbeamter: „Wir haben bei uns jetzt den hinterletzten Schrott, Zuhälter und so'n Quaddelkram!" Lehrer: „Jetzt blamier' ich Dich bis auf die Knochen!" Vater: „Das kann auch nur von Dir kommen, Mensch!" Kinderarzt zur 11jährigen: „Na, wirst wohl jetzt auch ein Mensch!" Kind über ein Kind: „Ist sie nicht ekelhaft?" Ehemann: „Quatsch, was redest Du für'n Unsinn!" Vater: „Noch nie gehört, daß man sich mit Wasser wäscht!?" Schulleiter: „Die Klasse ist eine richtige Meute, und die Schüler sind total verschlampt!"

Lehrer: „Quatsch, was redest Du heute nur für einen Blödsinn!" Vater: „Du mußt eben sehen, wie Du allein zurecht kommst. Das ist Deine Sache." Lehrer: „Du bist auch so ein Würstchen!" Bundestagsabgeordneter in der Diskussion: „Hören Sie zu, das stimmt einfach nicht! Das ist absolut lächerlich!" Heimerzieher: „Das ist ein hoffnungsloser Fall, ein labiler Typ!" Kindergärtnerin: „Ein triebhaftes, sprunghaftes Kind!" Sporttrainer: „So dusselig habt Ihr Euch lange nicht angestellt!" Strafvollzugsbeamter: „Gehen Sie in die Zelle und machen Sie hier keinen Wind! Den Rest hören Sie morgen!" Professor zu Student im Fachbereichsrat: „Das halte ich für einen ziemlich albernen Antrag von Ihnen." Lehrer: „Machst Du jetzt endlich zu, Dummkopf!" Lehrer: „Zeig' mal, daß Du ausnahmsweise auch mal etwas verstanden hast." Krankenschwester: „Was schreit die Alte da schon wieder? Halten Sie ihr die Schnauze zu! Sie weiß ja, daß sie nichts zu trinken bekommt." Ehefrau: „Du machst mal lieber eine Diätkur! Dann bist Du nicht mehr so fett und kannst nicht mehr soviel herumkeifen!" Student zum Professor: „Das ist völliger Unsinn, was Sie da sagen."

Schüler über Mitschülerin: „Eine dusselige Kuh ist das!" Vater, seinen 20jährigen Sohn ohrfeigend: „Du Lügner!" Strafvollzugsbeamter: „Das sind doch alles abgrundtiefe Strolche mit Schlitzohrigkeiten!" Mutter, den Schwiegersohn ohrfeigend: „Das gibt es nicht, meine Tochter schlagen! Dazu habe ich sie nicht großgezogen!" Ehemann: „Du und Deine Drecksfamilie! Nichts wie Pollacken und Analphabeten!" Vater: „Obstinate Gören, die aufmucken!" Lehrer: „Stell' Dich mal hin, dann rutscht es vielleicht besser in Dein Gehirn!" Oma zur 4jährigen Enkeltochter: „Wenn Du nicht schön machst, was Oma Dir sagt, hat Oma Dich nicht mehr lieb, hast Du verstanden?" Arzthelferin zu einer fast 80jährigen, die beim Heruntersteigen von der Bestrahlungsliege hinstürzt: „Na, wenn Sie da so dumm runterkrabbeln! Sie hätten sich ja umdrehen können!"

Lehrer: „Du Idiot, wenn Du nochmal so'n Quatsch redest, scheuer' ich Dir eine!" Grundschullehrerin: „Du hast ein ‚Vierer'-Gesicht – mehr ist für Dich nicht drin!" Ehefrau: „Du kannst noch was erleben!" 20jähriger zum Vater: „Du bist auch zu doof, das Auto wieder flottzukriegen!" Ehefrau: „Du kannst auch nichts anderes als immer nur meckern!" Jugendlicher: „Wäre ich nur nicht mehr so abhängig von meinen ‚Scheiß'-Eltern!" Vater: „Ein beknackter Kerl bist Du!"

Nähere Charakterisierung von Achtung–Wärme–Rücksichtnahme von Person zu Person. Aktivitäten, Maßnahmen, Gesten, Mimik und Sprachäußerungen einer Person enthalten Achtung–Wärme–Rücksichtnahme gegenüber einem anderen. Das kann sich äußern: In Anerkennung des anderen, in warmer Zuwendung, im Zeigen positiver Gefühle, in einem Sorgen für den anderen, in Herzlichkeit, in Anteilnahme, in Geduld, in Mitleiden, in Ermutigungen, in Achtung vor den Fähigkeiten und Möglichkeiten des anderen, in Vermeidung erniedrigender, demütigender und entmutigender Erlebnisse, in Vertrauen zu der anderen Person, in Akzeptierung (nicht Billigung) der Gefühle und der Person des anderen. Dies kann sich auch ausdrücken in Gesprächen *über* eine andere Person. Aktivitäten, Maßnahmen und Äußerungen sind Ausdruck günstiger Gefühle, gefühlsmäßiger Einstellungen und Haltungen einer Person zu einer anderen und lösen in dieser häufig angenehme gefühlsmäßige Reaktionen aus. Der andere spürt: Er wird als eine Person von grundsätzlich gleichem allgemeinem Wert und von grundsätzlich gleichem Recht wahrgenommen und behandelt. Die Würde seiner Person wird geachtet.

Achtung–Wärme–Rücksichtnahme in Aktivitäten und Maßnahmen:

▷ Sich dem anderen zuwenden, ihn beachten, ihm zuhören, sich um sein Wohlergehen kümmern, z. B. Mutter macht älteren Kindern das Bett, wenn diese spät abends nach Hause kommen; Kind streicht den Eltern ein Brot, wenn diese müde nach Hause kommen; Lehrer, Eltern, Ehepartner führen hilfreiche Gespräche miteinander.

▷ Dem anderen Hilfe und Unterstützung geben, seine Hilflosigkeit bemerken, z. B. Lehrer bittet Schüler, einem Mitschüler eine Aufgabe noch einmal zu erklären; Passant hilft Kind über den Zebrastreifen; Polizist repariert das Licht am Rad eines Kindes; Lehrer ruft kranke Schülerin zu Hause an.

▷ Hören der „Klopfzeichen“ von anderen nach positiver Zuwendung, nach Wärme, nach Zärtlichkeit, nach Nicht-alleinsein-Wollen, z. B. mit alleinwohnenden, einsamen oder kranken Menschen telefonieren, ihnen schreiben, sie besuchen; Kontakt zu fremden Menschen aufnehmen, sie ansprechen, mit ihnen reden; einem Baby im Kinderwagen vor einem Einkaufsladen gut zusprechen; Kindern ein gemeinsames Spiel anbieten; auf den anderen in Geduld warten und ihn nicht erzürnen.

▷ Den anderen umsorgen, ihn sich wohlfühlen lassen, z. B. für ihn ein schwieriges Telefongespräch übernehmen; mit ihm einen schwierigen Weg zum Arzt, zur Prüfung oder zur beruflichen Vorstellung gehen; ihm etwas leihen, was für ihn bedeutungsvoll ist; ihm etwas schenken; ihm eine Freude machen.

▷ Dem anderen vertrauen, z. B. Lehrer erzählt Schülern persönlich bedeutsame Ereignisse aus seinem Leben; Eltern lassen Sohn oder Tochter trotz geringer Fahrerfahrung mit ihrem fast neuen Auto fahren; die Nachbarin vertraut dem Nachbarkind ihr Baby für kurze Zeit an; Eltern bitten Kinder um Mithilfe bei der Arbeit; Eltern lassen zu, daß sie von ihrem Kind getröstet werden.

Achtung–Wärme–Rücksichtnahme in Mimik, Gestik, Tonfall:

▷ Dem anderen gegenüber Gefühle der Zuneigung, der Sympathie und der Zärtlichkeit zeigen, z. B. ihm die Hand auf die Schulter legen, ihm über sein Haar streichen, seinen Kopf in die Hände nehmen, ihm sanft auf den Rücken klopfen, ihn streicheln, ihn umarmen, ihn zärtlich drücken, mit ihm schmusen, sich an ihn kuscheln, ihn küssen; Kleinkinder herumtragen, wiegen, an die Hand nehmen, mit ihnen herumbalgen, sich an sie schmiegen; dem anderen zuwinken, ihn heranwinken; dem anderen zuprosten, auf sein Wohl trinken; auf den anderen zugehen, ihn begrüßen, sich von ihm verabschieden.

▷ Den anderen anerkennend, freundlich anblicken, ihn anlächeln, ihm zunicken, ihm mit geöffneten Armen entgegentreten, ihm durch Händeklatschen zujubeln, ihn mit wohlwollendem Blick willkommen heißen, ihn durch einladende Geste zum Hinsetzen bewegen, ihm in interessierter und aufmerksamer Haltung zuhören.

▷ Mit dem anderen in ruhigem, geduldigem Ton sprechen, ihn mit behutsamer Stimme trösten, ihm gut zusprechen, ihm etwas Liebes, etwas Zärtliches sagen, miteinander fröhlich, vergnügt sein, ausgelassen lachen, singen.

▷ Dem anderen danken, z. B. seine Hände schütteln, ihn streicheln, ihm einen dankbaren Blick zuwerfen, ihm in annehmender Geste entgegentreten.

Achtung–Wärme–Rücksichtnahme in Sprachäußerungen:

Lehrer: „Sie hilft mir sehr, die Klasse zusammenzubringen!“ Lehrer: „Sagt mir bitte, wenn ich euch helfen soll!“ Kindergärtnerin: „Sie hat Kräfte in sich, also, das bewundern wir manchmal!“ Strafvollzugsbeamter: „Es ist gut, daß Sie mir das sagen. Wir sollten nachher in Ruhe darüber sprechen.“ Lehrer: „Ich unterrichte gerne in Eurer Klasse!“ Kind zum Kind: „Oh, wie hast Du das nur so schön hingekriegt!“ Arbeiter zum Arbeitskollegen: „Es ist doch ganz klar, daß ich Dir dabei helfe!“ Schüler zum Lehrer: „Können wir nicht noch ein bißchen länger mit Ihnen diskutieren?“ Kind über eine Verkäuferin: „Sie war wenigstens nicht unfreundlich. Das ist schon viel wert, auch für sie – finde ich.“ Meister über den Auszubildenden: „Der Junge setzt sich wirklich toll ein!“ Ehepartner: „Du siehst heute blaß und müde aus. Laß alles stehen. Ich mache es für Dich!“ Richter zum Angeklagten: „Entschuldigen Sie, wollten Sie noch etwas dazu sagen, dann bitte sehr!“

Jugendliche zum Vater: „Oh, ich dank' Dir, daß ich nicht so einen Vater wie Jutta habe." Tante über ihren leistungsschwachen 16jährigen Neffen: „Er schreibt ja schlecht, aber ich kann es doch entziffern. Er schreibt eben so, wie er sich das denkt. Er hat Vertrauen, und das finde ich so gut." Richter zum Angeklagten: „Sie nehmen es mir bitte nicht übel, daß ich noch einmal danach frage." Arbeiter zum Arbeitskollegen: „Ja, Benno, mach's gut, ich denk' an Dich!" Lehrer: „Meine Meinung ist ganz anders als Eure. Können wir bitte darüber diskutieren?" Professor zum Studenten: „Ich danke Ihnen für Ihren Diskussionsbeitrag. Das hilft uns jetzt weiter." Polizist zum Kind: „Ich will Dich nicht gleich beim erstenmal aufschreiben. Das ist zu hart für Dich. Es hilft Dir mehr, wenn ich Dich laufen lasse und Du sorgst gleich für Dein Licht am Rad, wenn Du nach Hause kommst!" Lehrer: „Ich schätze ihre Hilfsbereitschaft und Offenheit!" Älteres Kind über ein 3jähriges: „Wie kann sie nur in ihrem Alter schon bis 40 zählen – das ist doch ganz erstaunlich!" Kind zur Mutter: „Mama – ich lieb Dich so, ich lieb Dich so!" (Mutter: „Oh – ich dank' Dir so!") „Brauchst Dich nicht zu bedanken, ist doch mein Instinkt!" Pfleger zum psychiatrischen Patienten: „Ich will Dir gern beim Reinsetzen in die Wanne helfen." Richter zum Angeklagten: „Wenn Sie bitte solange da Platz nehmen möchten!" Strafvollzugsbeamter: „Nicht jeder ist ein Versager, der hier reinkommt. Daß einer hierher gehört, das muß er mir erstmal beweisen. Das kann schließlich jedem ganz schnell mal passieren, daß er straffällig wird." 15jähriger Sohn: „Ich komme mit Euch in die Stadt. Ich will Euch beraten!" Arbeiter zur Arbeitskollegin: „Was denkst Du denn? Kannst Du uns helfen?" Lehrer: „Ich wünschte, meine eigenen Kinder würden später auch so sachlich diskutieren können, wie Ihr es gerade getan habt." Kind zum Kind: „Ich helf' Dir gerne." Kind zur Mutter: „Komisch, Du bist doch ein gewöhnlicher Mensch. Wie kommt es, daß ich Dich so liebe? Ich müßte dann doch alle Menschen lieben. Wie kommt es, daß Menschen sich so lieben?" Patient zur Schwester: „Ich danke Ihnen für Ihre Hilfe!" Lehrer: „Könntet Ihr mir hierbei helfen, ich schaff' das nicht alleine?" Kind stellt sich der Mutter in den Weg und kuschelt sich an sie: „Ich mag Dich so gerne. Ich muß Dich küssen. Magst Du mich auch?" (Mutter: „Ja", und sie drücken und küssen sich.) 20jährige: „Sag Papa, daß ich ihn unterstütze!"

Krankenschwester: „Oh, entschuldige, habe ich glatt vergessen! Ich hol' Dir gleich ein neues Taschentuch!" Jugendliche auf dem Schoß der Mutter sitzend: „Ach, laß uns hier so miteinander liegen und schwätzen, steh noch nicht auf!" Ehepartner: „Ich hab' Dich wirklich schon sehr vermißt. Du hast mir sehr gefehlt!" Schwester zur psychiatrischen Patientin: „Wenn Sie noch einen dringenden Wunsch haben, dann rufen Sie mich, ich bin doch für Sie da." Kind zur Mutter: „Mach' Deine Zimmertür nicht zu. Ich sehn' mich so nach Dir!" Richter zum Angeklagten: „Wenn irgend etwas nicht stimmt, dann sagen Sie es bitte!" Studentin über eine Mitstudentin: „Das wäre doch mein höchstes Glück, mit Claudia zusammenzuarbeiten!" 15jährige über 20jährige: „Da ist sie schon zu bewundern, so frei wie sie ist. Sie kümmert sich nicht darum, was die anderen Leute über sie denken." Jugendliche zur berufstätigen Mutter: „Du bist in letzter Zeit so richtig „mutterhaft", machst uns die Betten abends und alles so richtig ‚schmatzig'!" Arbeiter zum Arbeitskollegen: „Danke, lieber Wilhelm!"

Achtung–Wärme und Mißachtung–Kälte einer Person in der Erfahrung des Partners. Mit den nachfolgenden Feststellungen von Barrett-Lennard können Klienten ihre psychotherapeutischen Helfer, aber auch Schüler ihre Lehrer einschätzen. Dabei ergab sich z. B.: Klienten von achtungsvollen–warmen Psychotherapeuten hatten überwiegend konstruktive Änderungen am Ende der Gesprächspsychotherapie; Klienten von eher geringschätzigen–kalten Psychotherapeuten wiesen überwiegend keine oder destruktive Änderungen auf (Barrett-Lennard, 1962; Rudolph, Langer u. Tausch, 1976).

Achtungsvolles–warmes Verhalten eines Lehrers oder psychotherapeutischen Helfers: Er/sie achtet mich als Person. Er empfindet echte Zuneigung zu mir. Er ist besorgt um mich. Er ist freundlich und voller Wärme zu mir. Ich fühle, daß er mich wirklich schätzt. Er ist ehrlich an mir interessiert.

Eher geringschätziges–kaltes Verhalten eines Lehrers oder psychotherapeutischen Helfers: Er ist gleichgültig mir gegenüber. Ich fühle, daß er mich geringschätzt. Er ist ungeduldig mit mir. Er findet mich ziemlich langweilig und uninteressant. Er toleriert mich gerade so. Er mag mich nicht wegen der Art, wie ich bin. Ich scheine ihn zu reizen und ihm lästig zu sein. Manchmal empfindet er Geringschätzung und Verachtung für mich.

Die nachfolgenden Fragebogenfeststellungen zur Einschätzung sog. unterstützenden und sog. strengen Elternverhaltens durch ihre Kinder entwickelten Stapf, Herrmann, Stapf u. Stäcker (1972):

Unterstützendes Elternverhalten: Wenn ich mich über etwas freue, merke ich, daß sie sich mit mir freuen. Wenn ich etwas erzähle, hört meine Mutter aufmerksam zu. Sie tröstet mich und hilft mir, wenn etwas schief gegangen ist. Meine Mutter spricht mit mir über meine Freunde und sagt mir, wenn sie sie nett findet. Sie ermuntert mich, das, was ich noch nicht kann, selbst auszuprobieren.

Strenges Elternverhalten: Wenn ich nicht sofort tue, was meine Mutter sagt, wird sie böse. Wenn ich etwas ausgefressen habe, sagt sie, ich sei ein böser Junge (Mädchen) und sollte mich schämen. Wenn ich etwas Vorlautes sage, schlägt sie mir auf den Mund. Sie zwingt mich, etwas zu erzählen, was ich lieber für mich behalten würde. Meine Mutter hat schlechte Laune, wenn sie meinetwegen zu Hause bleiben muß. Sie sagt, ich bekomme Schläge, wenn ich mich nicht bessere.

Achtung–Respekt eines psychologischen Helfers für den Partner wird auch durch die Skala von Carkhuff (1969, Bd. II, S. 317) charakterisiert und einschätzbar. Größere Achtung–Wärme von Gesprächspsychotherapeuten (ab Stufe 3.5), anhand von Tonaufnahmen durch Beurteiler mit dieser Einschätzungsskala ermittelt, hing neben den Dimensionen tiefgreifendes Verstehen sowie Echtheit des Psychotherapeuten mit konstruktiven Änderungen der Klienten am Ende der Psychotherapie zusammen. Im folgenden die beiden Endstufen der Skala:

Einschätzungsskala für Achtung–Respekt in zwischenmenschlichen Prozessen

Stufe 1: Der sprachliche und sonstige Verhaltensausdruck einer Person (z. B. eines psychologischen Helfers, eines Lehrers oder Erziehers) zeigt einen klaren Mangel an Achtung und Respekt für den anderen, für dessen Gefühle, Erfahrungen und Möglichkeiten. Z. B.: Die Person vermittelt dem anderen, daß dessen Gefühle und Erfahrungen nicht der Beachtung und Anteilnahme wert sind oder daß der andere nicht fähig ist, sich konstruktiv zu verhalten. Die Person selbst ist der einzige Bezugspunkt der Bewertung.

Stufe 5: Eine Person zeigt hohe Achtung und hohen Respekt für den anderen, und zwar für dessen Wert als Mensch und für dessen Möglichkeiten als ein freies Individuum. Z. B.: Die Person bemüht sich in sehr tiefer Weise um die menschlichen Möglichkeiten des anderen. Sie ist insgesamt voller Einsatz für den anderen und überzeugt von dessen Wert als Mensch.

Die Achtung des Lehrers für die Fähigkeiten seiner Schüler zum Lernen wird charakterisiert und einschätzbar durch eine Skala von Aspy (1972). Die Skala hat ihren Schwerpunkt in der Achtung der kognitiven Fähigkeiten und Möglichkeiten der Schüler durch den Lehrer. Sie ist also enger gefaßt als die vorangehenden Skalen, die sich mehr auf die Achtung der Person des anderen erstrecken. Die Achtung der Lehrer für die Fähigkeiten ihrer Schüler, mit dieser Einschätzungsskala anhand von Tonaufnahmen erfaßt, hing deutlich zusammen mit der Güte der kognitiven Prozesse der Schüler in den Unterrichtsstunden dieser Lehrer (Aspy, 1972).

Achtung des Lehrers für die Fähigkeiten seiner Schüler zum Lernen

Stufe 1: Der Lehrer drückt deutliche Mißachtung–Geringschätzung der Fähigkeit seiner Schüler zum Lernen aus.

Beispiele: ▷ Der Lehrer gestaltet den Unterricht so, daß für die Schüleraktivität wenig oder kein Platz bleibt; z. B. hält er Vorträge, gibt unnötig detaillierte und wiederholte Anweisungen usw. ▷ Der Lehrer sagt: „Ich glaube nicht, daß Ihr das begreift. Das ist zu schwer für euch."

Stufe 2: Der Lehrer drückt etwa Mißachtung–Geringschätzung der Fähigkeit seiner Schüler aus, solche Aufgaben zu meistern, bei denen es auf Gedächtnis und Wiedererkennen ankommt.

Beispiele: ▷ Der Lehrer gestaltet den Unterricht so, daß die Schüler nur Auswendiggelerntes äußern können; häufig wird ihnen jedoch selbst dazu nicht genug Zeit zugestanden, weil der Lehrer etwa seine Fragen selbst beantwortet oder andere Schüler bzw. die ganze Klasse auffordert, bei der Antwort zu „helfen". Der Lehrer bezweifelt die Fähigkeit der Schüler, „vernünftig" am Unterricht teilzunehmen. ▷ Der Lehrer sagt: „Für viele von Euch ist sogar das zu schwer."

Stufe 3: Der Lehrer läßt die Schüler beständig erfahren, daß er ihre Fähigkeiten achtet, an sie glaubt und Vertrauen in sie hat, solange es um das Lösen solcher Aufgaben geht, bei denen es auf Gedächtnis und Wiedererkennen ankommt. Er drückt jedoch Mißachtung–Geringschätzung ihrer Fähigkeiten zu höheren geistigen Prozessen aus, wie Kreativität, Problemlösen, Beurteilen.

Beispiele: ▷ Der Lehrer gestaltet den Unterricht so, daß er ausschließlich Antworten auf unterstem Niveau geistiger Prozesse erwartet und die Schüler auch nur zu solchen Antworten ermutigt. Schüleräußerungen auf höherem Niveau sind nicht gefragt. ▷ Der Lehrer sagt: „Denken tue ich – Ihr paßt auf und lernt."

Stufe 4: Der Lehrer läßt die Schüler beständig erfahren, daß er ihre Fähigkeiten achtet, an sie glaubt und Vertrauen in sie hat, wenn es um das Lösen solcher Aufgaben geht, bei denen es auf Gedächtnis und Wiedererkennen ankommt. Gelegentlich ermöglicht er den Schülern auch Äußerungen auf höherem geistigen Niveau.

Beispiele: ▷ Manchmal gestaltet der Lehrer den Unterricht so, daß er Antworten auf höherem Niveau erwartet. Solche Antworten sind erwünscht und werden vom Lehrer als wertvolle Unterrichtsbeiträge entgegengenommen. ▷ Der Lehrer sagt: „Wir wollen unser Gehirn nicht überanstrengen, aber denkt mal einen Augenblick darüber nach, ob man das nicht noch irgendwie anders machen könnte!"

Stufe 5: Der Lehrer drückt aus, daß er die Fähigkeit seiner Schüler, auf allen Niveaus geistiger Prozesse effektiv zu arbeiten, achtet, daß er an sie glaubt und Vertrauen in sie hat.

Beispiele: ▷ Der Lehrer gestaltet den Unterricht so, daß er Antworten auf höherem Niveau erwartet. Die Schüler werden ermutigt, solche Antworten zu geben. Sie sind immer erwünscht und werden vom Lehrer als wertvolle Unterrichtsbeiträge entgegengenommen. ▷ Der Lehrer sagt: „Wetten, daß wir noch -zig neue Möglichkeiten finden, wie wir das machen können?"

Achtung–Wärme und Mißachtung–Kälte in Erfahrungsberichten von Menschen.

9jährige zur Mutter: „Ich hab' richtig gemerkt, daß mich Frau H. (Klassenlehrerin) gern mochte." Mutter: „Ja, woran hast Du denn das gemerkt?" 9jährige: „Daß sich ein Mensch um einen kümmert. Darum bin ich auch bei Frau S. (Lehrerin einer freiwilligen Arbeitsgruppe) weggegangen. Ich belästige doch nicht gerne jemand. Sie sagte mir nicht ‚Guten Tag' und immer nur, daß ich in der Stunde nichts geschafft habe. Darum bin ich auch weggegangen."

„Ich habe als Kind nie gesehen, daß meine Eltern sich in den Arm genommen haben. Höchstens, wenn der Alte betrunken war. Ja, dann hat er gejammert: ‚Mama ist mein Liebstes! Wenn Mama mal stirbt, nehm ich 'ne Kugel und erschieß mich!' ... Meine Großeltern, ja, die beiden waren sich sehr gut. Sie hat ihm sein Schnauzerchen gestreichelt und liebe Worte gesagt."

„Als Kinder haben wir viel gelitten. Es hieß immer, die ‚Ebert-Kinder'. Keiner wollte mit uns was zu tun haben, weil unser Vater trank ... Neulich traf ich eine aus meiner Klasse ganz zufällig nach Jahren wieder. Sie kam auf mich zu und sagte: ‚Renate, ich hab' Dich ja sehr gern. Aber immer haben wir Dich so abgelehnt, weil Du so'n Vater hast.' Das fand ich ja sehr nett – das hat mich richtig glücklich gemacht, daß sie so auf mich zugekommen ist."

11jährige zur Mutter: „Wie kommt es, daß ich Dich so lieb habe? Weil ich Dein Kind bin? Nein, das kann es nicht sein. Was meinst Du, wie manche Kinder ihre Eltern hassen! Wie kommt es nur, daß ich Dich so lieb habe?" Mutter: „Vielleicht, weil ich Dich immer zu verstehen suche." 11jährige: „Du denkst, weil ich mit allem immer zu Dir kommen kann?" Mutter: „Ja"." 11jährige: „Vielleicht, weil ich weiß, daß Du mich immer lieb hast." Etwas später: „Jetzt weiß ich, warum ich Dich so liebe. Weil ich weiß, daß Du mich immer liebst. Du mußt mich immer zuerst lieben, dann ich Dich. Bist ja auch eine Mutter! Eine Mutter zeigt ihren Kindern zuerst, daß sie sie liebt. Ein Baby kann das ja nicht zuerst. Es weint und stört die Mutter im Schlaf. Sag, wie hab' ich das als kleines Kind so gelernt, Dich zu küssen?" Mutter: „Ich hab es bei Dir gemacht, dann wolltest Du's auch." 11jährige: „Ach ja, so vielleicht ..." (sie küßt die Mutter).

„Wen ich toll finde: Gerda und Klaus! Einer ist für den anderen da. Da hören Sie kein böses Wort. Ja, die beiden, die machen zusammen alles, und dann sind sie für ihre 5 Kinder da! Ist ein tolles Ehepaar. Die beiden, ist toll!"

„Als Kinder, da hatten wir so Angst vor meinem Vater. Ich weiß noch genau, es schneite, so wie heute. Da hat uns unser Vater rausgeschmissen. Wir mußten raus, barfuß so wie wir waren, in den Schnee. Ich war noch ganz klein, vielleicht 4 Jahre. Ich weiß noch genau: Wir haben gezittert vor Kälte. Da hat uns mein Vater reingelassen. Aber nur uns Kinder. Meine Mutter wollte er nicht haben, so besoffen wie er war. Dann haben wir geschrien und geschrien. Ist doch klar: Wir hatten Angst. Wir wollten zu meiner Mutter. Da kamen Nachbarn. Die haben meinen Vater, so besoffen wie er war, festgehalten und meine Mutter reingelassen."

Ein ca. 35jähriger Vater, der einen Schiffsausflug mit seinen kleinen Kindern gemacht hat, berichtet: „Das Mädchen, das da auf dem Schiff die Getränke austeilte, das war so unheimlich lieb zu meinem kleinen Mariechen. Da fühlte ich mich ganz unheimlich frei: Am Schluß, da hab ich die ganz zart einfach so gestreichelt. Ich hatte das Bedürfnis. Ich glaube, die freute sich sehr darüber. Sie hatte sich ja auch so lieb um Mariechen gekümmert. Und Mariechen, die war an diesem Tag so'n bißchen quarkig. Sie war so nett zu ihr, sie hat sie gestreichelt und ihr einen Bonbon gegeben. Also das fand ich so unheimlich nett von der."

„Mein Mann sagt oft zu mir: ‚Du Kuh! Halt Deine Fresse! Mach, daß Du wegkommst!' Er sagt auch: ‚Wenn es Dir nicht paßt, mußt Du eben gehen!' ... Ich müßte 'mal abhauen. Aber ich glaub, wenn ich dann wieder zurückkommen würde, dann würde der den Verrückten spielen und mich totschlagen. In einer gewissen Hinsicht bin ich stark. Aber in einer anderen Hinsicht habe ich Angst. Ich bin ganz ehrlich! Ich würde mich ja wehren. Aber er ist ja doch stärker als ich. Und wenn der zulangt! Aber ich würde heute mir nichts mehr gefallen lassen. An und für sich bin ich doch mit meinem Mann ziemlich fertig.

Manchmal merke ich das mehr und mehr. Ich leb mit ihm doch nicht wie so richtige Eheleute."

Grundschullehrerin: „Ich hab einen Geheimtip: Die Kinder in den Arm nehmen. Die brauchen das. Der Klaus in meiner Klasse. Der wirft immer seine ganzen Blätter durch die Klasse und seine Buntstifte hinterher. Ich hab's früher versucht mit Schimpfen. Wenn ich den heute in den Arm nehme und ihm gut zurede, der hebt seine Zettel auf und arbeitet wieder gut mit. Überhaupt, körperliche Kontakte mit den Schülern. Das ist wirklich hilfreich. Ich spüre immer mehr: Diese vielen Worte, wir erreichen unsere Kinder damit nicht. Ich hab's mir ausprobiert. Ich nehm' die Kinder, wenn's schwierig wird, in den Arm. Diese Nähe hilft ihnen. Diese Sprache verstehen sie, sie ist unmittelbar. Seitdem ich das mache, hab ich kein verhaltensgestörtes Kind mehr in der Klasse. Überhaupt meine Klasse, alle Kinder, sie sind toll. Ich fühl mich so wohl in der Klasse, die Arbeit macht mir Spaß."

„Mein Mann, der meckert so viel, das ist das Schlimmste! Man kann alles verzeihen. Aber wenn einer dauernd meckert, das ist so furchtbar. Das ist so furchtbar, das glauben Sie gar nicht! Schläge, die vergißt man. Er meckert immer, wenn irgend etwas nicht klappt. Über alles regt er sich so auf. Gott, das Schlagen, das vergessen wir alle. Die kriegen alle mal eins. In so viele Ehen habe ich schon gehört, und die Frauen haben alle 'mal eins gekriegt, und das verzeihen sie alle. Aber dauernd meckern, das finden sie also furchtbar, das kann ich Ihnen sagen."

„Und da können Sie hingehen, wo Sie wollen, in die Geschäfte und so. Die Menschen machen nichts mehr richtig mit Liebe. Da können Sie sagen, was Sie wollen. Alle machen es nur, weil sie müssen. Ich hab's auch im Krankenhaus gemerkt. Die Schwestern dort, die fertigen die Menschen ab, wie so'n Stück Brot. Alles so Massenarbeit und so."

„Wenn mein Mann seinen ‚Niedlichen' hat, dann schreit er auf mich ein: ‚Du, Du aus deinem Polenland! Ihr seid alle Analphabeten! Mach, daß Du aus dem Hause gehst, dann werd' ich Dich endlich los!' ... Und unser Nachbar, der brüllt doch neulich hinter seiner Frau her: ‚Du alte Nutte! Du altes Dreckschwein! Wenn ich Dich in der Schnauze hätte, würd' ich Dich in die Elbe spucken. Du bist nichts anderes wert, als Dich dahineinzuspucken! Dann wäre ich Dich endlich los!' ... Und die Kinder in unserem Wohnblock, die rufen sich auch so schlimme Wörter zu: ‚Arschloch, ich tret' Dich gleich in Arsch, daß Dir die Eier rausfallen!' Oder der Hansi neulich zu seiner Schwester: ‚Alte Nutte! Du gehörst ja in einen Puff! Du meckerst hier bloß rum!' Selbst zur kleinen Schwester hat er gesagt: ‚Du altes Stück Scheiße, wenn Du nicht wärst, ging's uns allen besser!'"

18jährige (in einer gefilmten Encountergruppe von Carl Rogers): „Ich fühle, ich muß etwas sagen oder mir wird's schlecht. Ich sitze hier und mir geht nur ein Satz im Kopf rum: ‚Warum hören wir nicht auf, uns gegenseitig zu beschimpfen und gestehen uns ein, daß wir einander brauchen?' Ich dachte, was muß ich machen, um Euch sagen zu können: ‚Ich brauche Euch! Ich brauche Liebe und ich brauche Menschen und ich brauche jemanden, der manchmal meine Hand hält und ...' Es macht mich verrückt, Dianne, daß Du mich nicht ansiehst, weil ich bin, wie ich bin. Du sprichst über Dich, wie Du bist. Hier bin ich. Es macht mich erschrocken, weil ich dachte: ‚Ich breite mein Inneres vor ihnen aus und sage ihnen: Ich brauche Euch!' Aber was geschieht? Es kümmert Euch nicht. Und warum auch? Ihr kennt mich nicht. Aber ich habe Menschen, die mich gernhaben, da draußen habe ich Menschen, die sich um mich kümmern. ... Vor einigen Augenblicken hatte ich das Bedürfnis, von niemandem von Euch zurückgewiesen zu werden. Ich wollte, daß jemand zu mir kommt und meine Hand hält. Aber ... aber erst muß ich nackt bis auf meine Kleidung vor Euch stehen, um Euch sagen zu können, daß ich Euch brauche. Ich möchte, Randy, daß Du wirklich auf mich eingehst. Nur auf mich eingehen. Ich weiß nicht, ob jemand das kann."

19jähriger (in einer gefilmten Encountergruppe von Carl Rogers): „Meine Mutter war für mich da, aber mein Vater ... Er zeigte nie das kleinste bißchen Zuneigung zu mir. Ich denke, die Zuneigung meiner Mutter hat mir mehr geholfen, mit dem Leben fertig zu werden, als die Ablehnung meines Vaters. Er hat mich nie in den Arm genommen, nie mit mir geweint. So war es viel schwerer für mich, mit dem Leben fertig zu werden. Wenn nur ein Mensch für dich da ist! Auch wenn nur einen Augenblick lang Zuneigung zwischen dir und dem anderen war, so ist das ein großer Unterschied. Es bleibt dir sehr lange im Gedächtnis. ... Als mein Vater eines Tages meine Hand schüttelte, bedeutete mir das mehr, als all das Anschreien und Brüllen. Er schüttelte meine Hand. Er zeigte, daß er stolz auf mich war, weil ich die Führerscheinprüfung schon beim erstenmal bestanden hatte, wo er doch einmal durchgefallen war. Er hat mir die Hand geschüttelt. Er ließ mich fühlen, daß er stolz auf mich war. ... Ich möchte lieber mein Leben lang liebgehabt werden als immer nur angebrüllt werden. Dann werde ich mit der Welt besser fertig, als mit dem Haß oder dem Verstecken der Gefühle und der Zuneigung."

Achtung–Wärme in einer nicht an Bedingungen gebundenen Form. Dies ist ein wichtiger Gesichtspunkt von Carl Rogers.

Es ist dies Achtung vor den menschlichen Möglichkeiten des anderen, ein Sorgen für ihn, nicht verquickt mit Bewertungen seiner Gefühle, Gedanken und seines Verhaltens. Die Achtung–Anteilnahme und das Sorgen eines Erziehers gegenüber einem Kinde oder Jugendlichen sind gleichsam grundsätzlich und nicht an Bedingungen gebunden, sie gelten möglichst seiner gesamten Person. Der Erzieher akzeptiert nicht einzelne Gefühle und Gedanken des Jugendlichen und mißbilligt andere. Er fühlt weitgehend eine nicht an Bedingungen gebundene Achtung und Anteilnahme für den anderen. Er erkennt dessen Gefühle als gegeben an und ist dankbar dafür, daß der andere sie mitteilt, unabhängig davon, ob er selbst derartige Gefühle haben könnte und wie er zu diesen Gefühlen steht. So ist der Jugendliche also frei, seine Gefühle und seine eigenen Erfahrungen zu haben, unabhängig und ohne Furcht, daß sie von dem Erzieher mißbilligt werden. Der Jugendliche ist somit frei und kann seine Gefühle am ehesten ändern, wenn er dies wünscht. Eine Beziehung, in der der andere in seinem Fühlen voll angenommen wird, ist in hohem Maße förderlich für die Persönlichkeitsentwicklung dieser Person. Sie kann so offen werden für ihr eigenes Fühlen und Erfahren. Dagegen ist nicht unter Achtung oder Anteilnahme eine Billigung der Gefühle oder der Gedanken oder des Verhaltens des anderen zu verstehen. Achtung und Anteilnahme meint, daß eine Person dem anderen zuhört und akzeptiert, daß er diese Gefühle hat, so wie wir akzeptieren, daß ein Berg hoch ist oder ein Fluß tief.

Wenn aber die Gefühle, Gedanken und das Verhalten des Jugendlichen unsozial sind? Wenn diese Gefühle und Gedanken des Jugendlichen vom Erzieher mit der Haltung angenommen werden als etwas, was beim Jugendlichen besteht, etwa in der Form: ‚Wenn ich Du wäre, mit Deinen Lebensumständen und Deinem Organismus, ich würde die gleichen Gefühle haben', dann wird es häufig dem Erzieher nicht so schwerfallen, sie als gegeben zu akzeptieren. Er ermöglicht dadurch dem Jugendlichen, offen zu sein gegenüber seinem unsozialen Fühlen und Denken und es als einen Teil in seiner Person existent wahrzunehmen. Damit ist eine gute Chance der Änderung gegeben.

In keinem Fall bedeutet die Akzeptierung der Existenz eines unsozialen Verhaltens eine Billigung. Der Erzieher kann auch ein solches Verhalten akzeptieren und seine eigenen Gefühle hierzu ausdrücken, etwa: „Du willst die Welt und uns alle hier durch eine gewaltsame Revolution verändern. Das ist Dein Weg, mit Menschen umzugehen und Dir die Zukunft zu denken. Mein Weg ist ein anderer: Ich möchte nicht Menschen zwingen, so zu leben, wie es meinen Gedanken entspricht. Ich möchte ihnen die Möglichkeit geben, mit Rücksicht auf andere so zu leben, wie sie es wünschen."

Es ist also entscheidend, daß eine Person von einer anderen, zum Beispiel vom Jugendlichen, möglichst in folgender Weise wahrgenommen wird (Feststellungen von Barrett-Lennard, 1962): Sein Interesse an mir wechselt nicht, je nachdem, was ich sage oder fühle. Was andere Leute von mir denken, beeinflußt nicht seine Gefühle mir gegenüber, oder würde sie nicht beeinflussen, wenn er es wüßte. Ob die Gedanken und Gefühle, die ich ausdrücke, „gut" oder „schlecht" sind, macht keinen Unterschied in seinen Gefühlen zu mir. Wie sehr er mich gern hat oder nicht gern hat, ändert sich nicht dadurch, was ich ihm von mir erzähle. Seine Haltung mir gegenüber bleibt dieselbe: Er ist nicht das eine Mal zufrieden mit mir und das andere Mal voller Kritik oder unzufrieden. Seine Gefühle zu mir hängen nicht davon ab, wie ich ihm gegenüber empfinde.

Sehr häufig jedoch machen Lehrer und Eltern ihren Respekt, ihre Anteilnahme und Wärme für die andere Person von bestimmten Bedingungen im Verhalten des Kindes und Jugendlichen abhängig, so etwa von seiner schulischen Leistung. Wie oft wurden und werden Schüler in der Schule gedemütigt, geringschätzig behandelt und ihnen die Sympathie entzogen, wenn sie in der Rechtschreibung unzureichende Leistungen erbringen. Und häufig auch noch gegenüber Schülern, die sich mühen, hier Leistungen zu vollbringen. Dies ist eine sehr unglückliche Verquickung der emotionalen Zuwendung von Lehrern und Eltern zu Kindern, abhängig von deren Leistungsfähigkeit in einem bestimmten Bereich. Stellen wir uns vor, wir würden Achtung und Zuwendung von anderen sehr wichtigen Personen entzogen bekommen, wenn wir in bestimmten isolierten Bereichen nicht bestimmte Leistungen erbrächten. Dabei ist der Schüler für seine eigenen Leistungen verantwortlich. Er muß die Konsequenzen daraus tragen. Häufig verlangen viele Jugendliche nicht von einem Lehrer, bei schlechten Leistungen in Rechtschreibung eine gute Note zu haben. Sie verlangen, in dieser Art ihres augenblicklichen Seins angenommen zu werden. Wodurch sie häufig fähiger werden, diesen Aspekt ihrer eigenen Person zu akzeptieren, offen für ihn zu sein und ihn in ihre gesamte Person zu integrieren. Damit besteht häufig die Chance der Änderung.

Wahrscheinlich hängt es damit zusammen, daß sie selbst häufig an Bedingungen gebundene Achtung–Anteilnahme erfahren haben, daß Jugendliche und vor allem Erwachsene sich nur schwer gegenseitig achten können, bei vorhandenen Differenzen in religiösen, politischen oder sonstigen Anschauungen. Wie oft führt die politische Einstellung eines Menschen dazu, daß ihm von anderen – mit abweichenden politischen Anschauungen – weitgehend die Achtung entzogen wird. Wenn Kinder und Jugendliche dagegen erfahren, daß ihre Person von Erziehern geachtet wird und daß sie in ihren Gefühlen und Äußerungen akzeptiert werden, unabhängig von einer Billigung, unabhängig davon, daß der Erzieher andere Anschauungen und Gefühle hat, dann wird es möglich werden, daß Erwachsene sich auch bei Differenzen in den Anschauungen gegenseitig mehr achten und Spannungen akzeptieren können, die zwischen ihnen und anderen oder überhaupt zwischen Menschen bestehen. Dieses Akzeptieren der Spannungen ist dann gleichsam ein Ausdruck der Achtung vor diesen Menschen. Was nützt es, wenn Schüler im Sozialkundeunterricht hundertfach die Äußerung hören, daß der „politische Gegner" zu respektieren sei. Sie erfahren es tausendfach in der Schulklasse, daß ein Schüler mit abweichendem Denken, Fühlen und Leistungen die Achtung seiner Lehrer unmittelbar verliert. Die Schüler lernen dieses Nichtakzeptieren eines Andersdenkenden durch Wahrnehmung und Erfahren des Erzieherverhaltens.

Ein Wechsel von Achtung–Wärme und Mißachtung–Kälte ist häufig zu beobachten. Eine Mutter etwa umarmt und küßt ein Kind, sie ist ihm sehr zugeneigt, und 5 Minuten später kann die Mutter dieses Kind ausschimpfen und schlagen. Dieser Wechsel wird zum Teil verursacht, weil die Achtung und Anteilnahme der Erzieher an Kindern abhängig gemacht wird von Bedingungen, also von einem gewissen Wohlverhalten der Kinder und von Äußerungen und Gefühlen, die Eltern und Lehrer hören möchten. Dieser Wechsel von Achtung–Wärme und Mißachtung–Kälte wird auch durch einen Wechsel in der inneren Situation des Erziehers bedingt. Wenn der Erzieher sich etwa nicht wohlfühlt, angespannt oder in Eile ist, dann werden seine Worte zu einem Kinde häufig ungeduldig, ablehnend, abweisend und mißachtend. Dem mag zugrundeliegen, daß seine Haltung von Achtung–Wärme begrenzt ist und gleichsam nur unter sehr guten Bedingungen funktioniert. Treten Verschlechterungen in der Situation oder innerlich beim Erzieher ein oder beim Partner, so vermindert sich die eben noch empfundene Achtung. Eine Möglichkeit, dies zu vermeiden, ist: der Erzieher macht seine eigene Situation dem anderen verständlich, z. B.: „Ich bin jetzt sehr in Eile und voller Spannungen, ob ich noch den Zug kriege. Es hängt so sehr viel davon für mich ab. Ich bin jetzt zu angespannt, Dir in Ruhe zuzuhören. Ich möchte Dich herzlich bitten, das Problem auf heute abend zu verschieben. Ich bin abends zeitig zurück und wieder voll für Dich da." Geschieht dieses Offenbaren der eigenen Situation nicht, und wechseln Personen stillschweigend in ihrer Achtung–Wärme und Mißachtung–Kälte gegenüber ihren Partnern, etwa Eltern und Lehrer gegenüber Kindern und Jugendlichen, Ehepartner untereinander oder Meister gegenüber Arbeitern, so wirkt sich dies destruktiv aus. Menschen wünschen sich ein gleichbleibendes Interesse und eine gleichbleibende Achtung ihrer Person durch einen anderen. Sie leben sonst in quälender Ungewißheit, wann und unter welchen Bedingungen ihnen wieder diese Achtung und Wärme entzogen wird. Sie fühlen sich irritiert. Das meint nicht, daß immer die Gefühle einer Person für die andere gleich sind. Sondern, daß sie eine andere Person nicht mißachtet und kalt behandelt.

Achtung–Wärme, nicht zu verwechseln mit patriarchalischer gönnerhafter Freundlichkeit oder herablassendem Gewähren. Dies kann man manchmal beobachten, etwa Koseworte in Situationen, in denen Erwachsene gegenüber Kindern gerade dazu aufgelegt sind. Die Achtung und Wärme erstreckt sich nicht auf die P e r s o n des Kindes, sondern entspringt einem augenblicklichen Gefühl von Gönnerhaftigkeit und Herablassung oder Mitleid des Erwachsenen. So eine Krankenschwester zu Kindern, die selbständig essen: „Oh, mein kleiner Dicker, das machst Du aber prima!" „Süß, wie der ißt!" „Matthias, unser kleiner Liebling, ißt auch allein!" Die gleiche Krankenschwester wenige Sekunden später vor anderen Kindern zu einem Jungen, der nicht so viel essen will, wie es ihren Wünschen entspricht: „Du sollst schön essen! Mal schnell! Markus! Der ißt ja nur, wenn's ihm schmeckt. Gestern abend hat er sich zweimal weggeschrien. Verwöhnt ist der, nicht!?" Oder gönnerhafte Freundlichkeit ist gelegentlich zwischen einer mächtigeren Person und einer eher abhängigen Person zu beobachten. Dies ändert sich oft in

Unfreundlichkeit, wenn die abhängige Person nicht demütig ist, sondern einen gleichberechtigten Anspruch stellt. Viele Arbeitsverhältnisse früherer Zeiten und zu einem Teil heute noch basieren nicht auf einer unmittelbaren gegenseitigen Achtung von Person zu Person, sondern eher auf herablassender Freundlichkeit auf der einen und annehmendem Ducken auf der anderen Seite. Dies prägt sich insbesondere in der sozialen Irreversibilität (Nicht-Umkehrbarkeit) von Maßnahmen und Äußerungen aus.

Das Ausmaß von Achtung–Wärme–Rücksichtnahme von Erziehern–Lehrern gegenüber Kindern–Jugendlichen ist oft noch gering. Diese Annahme ergibt sich aus vielen Untersuchungsbefunden und Beobachtungen. Etwa ein Drittel bis die Hälfte aller Äußerungen, in denen Erwachsene die Jugendlichen direkt anreden, sind geringschätzig–kalt. Viele Maßnahmen drücken geringe Achtung aus oder entspringen ihr; in Konflikt- oder Krisensituationen ist das Ausmaß der Mißachtung–Kälte–Härte besonders groß. Würden z. B. Lehrer ihre Äußerungen nicht an Jugendliche, sondern an andere Erwachsene richten, so würden diese Äußerungen des öfteren zu gerichtlichen Klagen oder zu schweren zwischenmenschlichen Beeinträchtigungen führen. Bei vielen Äußerungen von Lehrern ist ein Verstoß gegen das Grundgesetz gegeben, gegen die Wahrung der Würde der Person. Insgesamt ist das Ausmaß von Achtung–Wärme–Rücksichtnahme in Maßnahmen und Äußerungen von Erwachsenen häufig nicht hinreichend, um eine konstruktive Persönlichkeitsentwicklung und die seelische Funktionsfähigkeit der Jugendlichen zu fördern. Wenn wir eine humane Gesellschaft wirklich wünschen, so können wir dies wesentlich fördern durch ein mehr humanes Verhalten der Millionen von Erwachsenen gegenüber Kindern und Jugendlichen im täglichen Umgang. Es gibt millionenfache Möglichkeiten für mehr Achtung, Wärme, Anteilnahme und positive Zuwendung zu anderen Menschen, sei es gegenüber Kindern oder Erwachsenen. Es liegt an uns, an jedem einzelnen von uns, ob wir durch unser eigenes Leben und Verhalten diese humane Gesellschaft fördern oder beeinträchtigen.

Im folgenden haben wir einige Untersuchungsbefunde wiedergegeben. Viele von uns werden tagtäglich ähnliches beobachten. In der Bundesrepublik Deutschland leben Millionen von Erwachsenen im Umgang mit Millionen von Kindern in Kindergärten, Schulen und Familien noch häufig Geringschätzung–Kälte–Härte.

Wir möchten dem Leser noch folgenden Gedanken zur Vermeidung von Mißverständnissen nahelegen: Auch Lehrer und Erzieher mit größerem Ausmaß an Achtung–Wärme haben gelegentlich eine gewisse Mißachtung und Kälte einem Jugendlichen oder der Schulklasse gegenüber. Und Lehrer und Erzieher mit größerer Geringschätzung–Härte–Kälte haben gelegentlich Situationen, in denen sie Wärme, Sympathie und Achtung dem anderen geben. Solange wir es nicht gelernt haben, in schwierigen Situationen unsere Gefühle als etwas anzusehen, für das wir die Verantwortung haben und wir nicht gelernt haben, unsere Gefühle dem anderen zu sagen, anstatt ihn mit Verurteilungen, Beurteilungen und Schimpfworten zu bedenken, solange werden auch Erzieher mit etwas größerem Ausmaß an Achtung und Wärme gelegentlich mißachtend und geringschätzig sein. Entscheidend ist jedoch, ob Erzieher und Lehrer überwiegend achtungsvoll–warm oder geringschätzig–kalt sind und ferner: Nimmt ein Erzieher seine eigene Geringschätzung–Kälte wahr, ist er offen dafür und kann er später einer anderen Person mitteilen, daß er dies bedauert?

Das Ausmaß von Achtung–Wärme und Mißachtung–Kälte bei Lehrern. Fast die Hälfte aller Äußerungen von Lehrern, mit denen sie die Schüler im Unterricht direkt anreden, sind mißachtend und geringschätzig. So war bei fast allen Untersuchungen das Ausmaß an Achtung–Wärme und Mißachtung–Kälte bei Lehrern durchschnittlich in der Mitte der Einschätzungsskala Achtung–Wärme/Mißachtung–Kälte oder etwas mehr bei Mißachtung–Kälte. Im allgemeinen erfahren die Schüler durch die Äußerungen, die ihre Lehrer direkt an sie richten, ebenso häufig Mißachtung–Kälte wie Achtung–Wärme. Dies ergab sich z. B. in folgenden Untersuchungen: R. Tausch, Köhler u. Fittkau (1966) bei 10 Volksschullehrern; Tausch, Tausch u. Fenner (1969) bei 35 Gymnasiallehrern; Fenner (1972) bei 16 Volks- und Mittelschullehrern; Höder, Joost u. Klyne (1975) bei 21 Studienreferendaren; Spanhel, Tausch u. Tönnies (1975) bei 18 Volks- und Hauptschullehrern; Höder, Tausch u. Weber (1976) bei 36 Lehrern; Klyne (1976) bei 65 Lehrern; Joost (1976) bei 96 Lehrern. In unterrichtlichen Stör- und Konfliktsituationen ergab sich ein größeres Ausmaß an Mißachtung–Kälte, so größere Häufigkeit von Beschimpfungen, Demütigungen, Beschämungen und scharfen Zurechtweisungen durch die Lehrer (A. Tausch, 1958b).

Demonstration von Achtung–Wärme und Mißachtung–Kälte bei Lehrern. Die folgenden im Rahmen von Forschungsuntersuchungen zufällig ausgewählten Lehrer-Äußerungen geben ein Bild des emotionalen Klimas in Schulklassen. Es ist beeindruckend, daß trotz gleicher Bezahlung von Lehrern erhebliche Unterschiede in ihrem emotionalen Verhalten bestehen. Noch mehr beeindruckend ist die Vorstellung, daß viele Lehrer in diesem Stil über 20 bis 30 Jahre unterrichten. Gemäß den Untersuchungen ist das Ausmaß der emotionalen Dimension von Lehrern über die Zeit recht konstant und weitgehend unabhängig von den verschiedenen Klassen und Gebieten, die sie unterrichten.

Mißachtendes–kaltes–hartes Lehrerverhalten

Lehrer W.: „Du Holzkopp!" „Ihr werdet einmal dazugehören!" „Du gehst jetzt raus!" „Halte doch Deinen Mund!" „Hast Du Flöhe, die Du warmhalten mußt?" „Gleich helfe ich Dir!" „Denkst Du, Du brauchst nicht mitzumachen, weil ich Dich mal bei Deiner Mutter gelobt habe?" „Ihr habt noch gar nichts gesagt, Ihr Trantüten!" „Hat Deine Mutter eigentlich einen Freund bei der Post?" „Ihr wißt, das macht mich wild, wenn Ihr da so rumrutscht." „Du Idiot, wenn Du nochmal so'n Quatsch sagst, dann scheuere ich Dir eine!" „Ihr wißt das auch wieder nicht, was das ist." „Sei doch lieber heute morgen ruhig!" „Einigt Euch, daß Ihr nicht dasselbe schreibt!" „Ein dusseliges Volk seid Ihr!" „Schreib Du endlich!" „Laß den Tisch gerade stehen, du Trottel!" „Nennt mir mal eine römische Stadt, Ihr Mädchen!" „Von mir aus kannst Du das mit ‚ph' schreiben." „Schön, ich glaub's Dir." (Einschätzungswert auf der Skala der emotionalen Dimension von 1 bis 5: 1.0, also großes Ausmaß an Mißachtung–Kälte–Härte.)

Lehrer X: „Ich zeige das Land, und Du sagst mir das Land, Du die Hauptstadt!" „Da sind noch nicht alle Eure Finger hoch?!" „Mach'n bißchen schneller!" „Gudrun, nicht so knipsen, ich mag das nicht!" „So, halt den Mund!" „Na, Angelika, ist das so schwer zu rechnen?" „Was habe ich Euch erzählt, Wolfgang?" „Ihr müßt nicht vorsprechen!" „Werner, jetzt hast Du Dich aber blamiert." „Na, wer kann mir das nun wirklich richtig sagen, Evelyn?" „Und male da nicht so herum, Christel!" „Nehmt den Finger hoch, denn ich warte drauf!" „Ihr als Mädchen müßtet das doch besonders wissen!" „So, einpacken!" „Bärbel, Du fliegst gleich raus!" „In welchem Schuljahr lernst Du denn das?" „Helmut, Du bist jetzt ruhig, sonst werde ich ärgerlich!" „Na, dann los, beweise uns das mal!" „Habt Ihr das noch behalten – ungefähr?" „Was mußt Du rechnen?" (Einschätzungswert 1.8, also gewisses Ausmaß an Mißachtung–Kälte–Härte.)

Achtungsvolles–warmes–rücksichtsvolles Lehrerverhalten

Lehrer Z: „Wolltest Du hierzu etwas sagen, ob es richtig ist, daß man das Kaninchen so anfaßt?" „Gib mir doch mal Deine Hand, bitte!" „Es ist gut, wenn Ihr lustig seid und munter, aber erst, wenn es wieder drinsitzt im Korb." „Du wolltest noch etwas sagen." „Ja, kannst Du mal Deine – könnt Ihr mal alle so die Arme legen." „Könnt Ihr zwei bis drei Sätze sagen, die ganz wichtig sind und die jeder wissen muß, wenn er etwas vom Kaninchen sagt?!" „Ja, aber wißt Ihr, jetzt nicht so Mohrrüben, Salat, sondern etwas, was auch ..." „Aber könnt Ihr ein Wort sagen, das zu allen Wörtern paßt?" „Aber das war schon etwas schwer für Euch." „Was möchtet Ihr zu morgen darüber arbeiten als Hausaufgabe?" „Einige von Euch möchten einen Aufsatz, andere möchten ihn nicht." „Bitte hinsetzen!" „Zu morgen nehmt Ihr bitte Euer Heft, und da schreibt Ihr über ‚Das Kaninchen', und jeder von Euch schreibt etwa 5–10 Sätze, die er noch vom Kaninchen weiß!" „Jetzt geht bitte runter zur Pause!" „Ihr seid auch der Meinung?" „Bitte, Helmut!" „Du hast es auch gesehen, ja? Bitte sehr!" „Aha, Du meinst, es ist vielleicht gar nicht richtig, wenn man sie oben hier an die Ohren faßt." „Wolltest Du hierzu etwas sagen?" (Einschätzungswert auf der Skala der emotionalen Dimension: 4.2, also größeres Ausmaß an Achtung–Wärme.)

Lehrer Y: „So, macht doch bitte Eure Bücher mal zu!" „Du sagst, daß wir einverstanden sind, womit?" „Ihr wißt, wie man das nennt?" „Diejenigen, die noch nicht fertig sind, machen aber bitte jetzt auch Schluß!" „Lies bitte nochmal, Dieter!" „Eure Aufgabe jetzt: Ihr dürft gleich Euer Buch herausnehmen!" „Lest Euch die Aufgaben durch und sprecht mit Eurem Nachbar darüber!" „Wenn Ihr es ankreuzt, dann bitte so ...!" „Ja, bitte begründe das auch mal!" „Bitte schön, Carla, wehr Dich!" „Na, jetzt habe ich Euch aber so geholfen." „Ihr braucht jetzt nur noch ein Hauptwort daraus zu machen." „Karin, Du hattest Dich gemeldet?" „Seid bitte so gut, und hört erstmal zu!" „Du mußt ein Wörtchen besser lesen!" „Weiter – oder willst Du noch etwas sagen?" „Du hast es jetzt falsch verstanden: wenn wir sagen ..." „Oder wolltest Du noch eins anfügen?" „Ich glaube, ein Wörtchen hat Euch verleitet, das als ... anzusehen." „Findest Du nicht richtig." (Einschätzungswert 3.4, also Achtung–Wärme, wenn auch in geringerem Ausmaß als bei Lehrer Z.)

Zwei dieser vier Lehrer unterscheiden sich deutlich von ihren Kollegen. Sie bieten ihren Schülern in der Klasse erheblich unterschiedliche Bedingungen für deren Persönlichkeitsentwicklung und deren bedeutungsvolles Lernen. Welch ein Unterschied in der seelischen Umwelt dieser Schulklassen! Welch ein Unterschied in der seelischen Welt dieser Lehrer! Und welch erheblich unterschiedliche Vorgänge und Entwicklungen der Person der Schüler werden durch das Verhalten der Lehrer ausgelöst!

Derartige Unterschiede bestehen auch im Unterricht von Studienreferendaren, also Personen, die erst am Beginn ihrer Unterrichts- und Erziehungstätigkeit sind (Höder u. a., 1975):

2 Studienreferendare mit mißachtendem–kaltem–hartem Verhalten:

„Warte erstmal, bis Michael seinen Mund hält und Marina auch." „Norbert, Mensch, kannst Du denn das nicht sehen?" „Helmut, hab' ich Dir nicht gesagt, Du sollst Dir die Absätze durchlesen, was?" „Jetzt hältst Du den Mund, ja!" „So, Martina Müller, ich höre!"

„Susanne, leg bitte mal das Kaugummi hin, aber schnell!" „Jens, ich habe noch Zeit! Ich möchte gern wissen, was ist eine Erweiterungszahl?" „Ronald, würdest Du bitte mal das Kaugummi aus dem Mund nehmen, aber ein bißchen plötzlich!" „Frauke, legt mal alle die Stifte hin, damit wir vergleichen können!" „Robert, Du hast es hier doch richtig gemacht, und nun mit einem Mal die rechte Seite ist schraffiert (stöhnt)."

2 Studienreferendare mit achtungsvollem–warmem–rücksichtsvollem Verhalten:

„Dein grüner malt nicht, ich hab' noch einen Kugelschreiber, den könnte ich Dir geben." „Angelika, das kannst Du Dir aussuchen. Ich hab ja gesagt, es gibt mehrere Möglichkeiten." „Ganz laut, Bernd, das war prima!" „Sabine, das war ganz große Klasse, Du hast es nur nicht ganz richtig ausgedrückt." „Und denkt bitte noch daran, es aufzuschreiben, wenn Ihr es habt."

„Ihr könnt mit Eurem Nachbarn da zusammenarbeiten." „Claudia, wenn Du etwas sagen möchtest, melde Dich bitte und Du kommst bestimmt auch noch dran." „Ein wenig lauter bitte, Fred, es ist ja richtig!" „Renate, Du warst schon so lange nicht da. Möchtest Du mal kommen?" „Rüdiger, bist Du auch bald fertig?"

Einen Hinweis auf häufig geringe Achtung der Schüler durch Lehrer gibt die Seltenheit der Höflichkeitswörter „Bitte" und „Danke" im Schulunterricht: In 22 % bis 67 % der Unterrichtsstunden wurde von über 120 Lehrern niemals das Wort „Bitte" verwendet, in 76 % der Unterrichtsstunden niemals das Wort „Danke" (R. Tausch, 1960; Wieczerkowski, 1965; Nelles-Bächler, 1965). Der Gebrauch dieser Höflichkeitsworte war bei den einzelnen Lehrern über die Zeit hinweg recht gleichbleibend. Und von der Zahl der Schüler in der Klasse unabhängig. Gewiß: Höflichkeitsworte brauchen kein Ausdruck von Achtung einer Person gegenüber einer anderen zu sein. Aber dennoch ist es nicht unwesentlich, ob sog. hierarchisch Höherstehende zu anderen Personen unhöflich sind. Und: Der geringe Gebrauch an Höflichkeitswörtern stimmt überein mit der großen Häufigkeit sozial irreversibler Äußerungen von Lehrern gegenüber Schülern.

Bei Kindergärtnerinnen waren ca. 50 % der Äußerungen und Maßnahmen achtungsvoll–warm und ca. 50 % mißachtend–kalt. Z. B. in folgenden Untersuchungen: A. Tausch u. a. (1968a, 1968b) bei 13 Kindergärtnerinnen in 10 Kindertagesstätten; Barthel (1974) bei 12 Kindergärtnerinnen, deren Verhalten mit Kindern über Funk aufgezeichnet wurde; A. Tausch u. a. (1975) sowie Meffert u. a. (1976) bei 20 Kindergärtnerinnen bei Videoaufnahmen; Nickel u. a. (1975) bei 10 Kindergärtnerinnen in traditionellen Kindergärten. 39 % der Äußerungen der Kindergärtnerinnen gegenüber Kindern in Freispielsituationen waren ausgeprägt unfreundlicher Art. Ferner sprachen Kindergärtnerinnen in Interviews über die Kinder ihrer Gruppe zu ca. 50 % in geringschätziger–mißachtender Weise (A. Tausch u. a., 1968a, 1968b). Ferner: ▷ Kindergärtnerinnen überschätzten das Ausmaß ihrer Freundlichkeit gegenüber Kindern, und zwar um so stärker, je weniger freundlich sie von Beurteilern eingeschätzt wurden (A. Tausch u. a., 1968a). ▷ Erzieherinnen traditioneller Kindergärten zeigten deutlich geringere sozial-emotionale Zuwendung als Kindergärtnerinnen aus sog. Kinderläden (Nickel u. a., 1975).

Beispiele für geringe Achtung–Wärme von Kindergärtnerinnen:
Kind: „Du, ich mag kein' Nachtisch mehr."
Erzieherin: „Ach, jetzt auf einmal! Ach Mensch, Ihr seid Heinis, seid Ihr! Dann fangt doch gar nicht erst an zu essen!"
Ein anderes Kind: „Ich möchte das! Ich möchte das essen!"
Erzieherin: „Du möchtest das essen? Warte mal einen Augenblick!" (Kind fängt dennoch an zu essen) – „Du, nein, Tatjana! Hatte ich nicht gesagt: Nicht! Ich hab' gesagt, warte einen Augenblick!"

Ein Kind sitzt noch bei den Schularbeiten nachmittags in der Kindertagesstätte, während die anderen schon fertig sind. Die Erzieherin kommt hinzu. Erzieherin: „Björn, das finde ich verrückt. Du, hör mal zu! Jetzt will ich Dir aber eins sagen, lieber Freund: Du hast hier seit damals, als ich mit Mutti das gesagt habe mit den Schularbeiten. Da hab' ich versprochen, daß Du die halbe Stunde, wenn Du vom Turnen kommst, hier wirklich ganz konzentriert arbeitest. Wenn Du natürlich von 'ner halben Stunde 20 Minuten draußen am Zaun stehst, dann kann ich das nicht durchgehen lassen! Was hast bis jetzt getan? Dies hier, ja? – Ja? Björn, ich habe Dich was gefragt!" – Kind: „Mhm."

Bei Eltern ist Achtung–Wärme und Geringschätzung–Kälte erheblich unterschiedlich ausgeprägt. Insgesamt gesehen sind Eltern durchschnittlich etwas mehr achtungsvoll–warm als geringschätzig–kalt. Einige Untersuchungsbefunde: ▷ Das emotionale Verhalten von 90 Müttern gegenüber ihren 2–10jährigen Kindern in außerhäuslichen Situationen wie Verkehrsmitteln, Wartezimmern von Ärzten oder Restaurants war deutlich unterschiedlich. Etwa die Hälfte der Mütter wies ausgeprägte Wärme–Zuneigung–Wertschätzung auf, die andere Hälfte ausgeprägte Kälte–Abweisung–Geringschätzung. Manche Mütter wechselten schnell zwischen Wärme–Achtung und Kälte–Geringschätzung (Langer u. a., 1973). ▷ 96 Mütter sprachen mit ihren 1–10jährigen Kindern in den Abendstunden zu Hause, mit einem Funkmikrophon auf Tonband aufgezeichnet, im Durchschnitt gleich viel wertschätzend–warm wie kalt–geringschätzig (A. Tausch u. a., 1975; s. a. Rieckhof u. a., 1976). ▷ 24 % der Mütter von 14jährigen Jungen gestatteten ihren Söhnen niemals Kritik (z. B. „Wenn die Eltern sich bemühen, alles richtig zu machen, steht den Kindern keine Kritik zu"). Hier sind Achtung und Wertschätzung des Jugendlichen als eines Partners recht begrenzt. Denn die Respektierung eines Partners schließt im allgemeinen ein gewisses Ausmaß an Offenheit und an Mitteilung persönlicher Gedanken mit ein. Nur 6 % der Mütter gestatteten ihren Söhnen kritische Aussagen, überwiegend bereits vom Schulbeginn an. Die Mütter gaben ihrem Sohn gegenüber zu, daß sie auch Fehler machten (Kemmler, 1960).

Beispiel für deutlich achtungsloses–kaltes Verhalten einer Mutter, mit gewisser zärtlicher Zuwendung nach Ohrfeigen und Drohungen. Die Mutter, ca. 30 Jahre, hat gerade im Restaurant eines Kaufhauses angefangen zu essen; ihr ca. 4jähriges Kind ist bald fertig.
Mutter: „Willst du ein Stück Fleisch?" – Kind: „Nein." – Mutter: „Eine Möhre?"
Kind: „Will ich nicht."
Mutter: „Du bist aber dumm!"
Kind: „Nein, gib' mir noch eine Kartoffel!" – Mutter: „Mhm." – Kind: „Und dann?"
Mutter: „Ja, ja – iß erst mal Dein . . ."
Kind: „Die will ich aber nicht!"
Mutter: „Laß es liegen, Donner noch mal, pack mir das doch nicht in den Teller rein!" (sehr laut, verärgert)
Kind: „Ich will heute lieb sein, ganz lieb. Das hab' ich Dir versprochen. Stimmt das nicht?" – Mutter: „Doch." Kind nimmt ein Zuckertütchen.
Mutter: „Nein, jetzt nicht! Laß das liegen!" Sie schiebt die Tüte energisch weg.
Kind: „Ich bin aber lieb."
Mutter knallt dem Kind sehr heftig einen Schlag ins Gesicht.
Kind heult sehr laut, legt sich auf den Schoß der Mutter.
Mutter streichelt das Kind. – Kind trinkt einen Schluck aus dem Glas der Mutter.
Mutter: „Gleich ist Feierabend! Dann kriegst Du hier eine geknallt, das wirst Du sehen. Hier trinkt jeder aus seinem Glas und nicht aus dem des anderen. Iß nun!"
Kind: „Ja, ich trinke aus meinem Glas. Du holst mir aber nichts weg!"
Mutter: „Spätzlein, guck mal!" Die Mutter bietet dem Kind eine Kartoffel an. – Kind: „Nein." – Mutter: „Willst Du die Möhre haben? Kannst Du haben."
Kind: „Ich will nicht mehr. Ich will aber nicht mehr essen."
Mutter: „Dann laß es stehen!"

Wenig achtungsvolles–wenig warmes Verhalten einer Mutter, über Funkmikrophon in der Wohnung registriert:
Mutter: „Was hast Du denn heute im Kindergarten gemacht? – Sonja!“
Kind: „Ich habe draußen gespielt.“
Mutter: „Draußen hast Du gespielt? Aber dann nur vormittags nicht? – Mit wem hast Du denn da gespielt? – Mit wem?“
Kind: „Michaela hat mich gekniffen.“
Mutter: „Hat Dich gekniffen. Du, macht es Dir wirklich was aus, wenn Du ein bißchen lauter sprichst? Das ist schlimm. Kannst Du nicht lauter sprechen?“
Kind: „Michaela hat mich gekniffen.“
Mutter: „Und was hast Du gemacht?“
Kind: „Ich hab' geheult.“
Mutter: „Geheult, und was hast Du vorher gemacht, bevor Michaela Dich gekniffen hat?“
Kind: „Ich hab' nichts gemacht.“
Mutter: „Du mußt sicherlich was gemacht haben. Denn ohne Grund kratzt und beißt Michaela ja nicht. Also, was hast Du denn gemacht?“
Kind: „Ich habe gar nichts gemacht.“
Mutter: „Gar nichts gemacht?“
Kind: „Nur geweint, geheult!“
Mutter: „Nur geheult hast Du. Und dann ist die Michaela gekommen und hat Dich gekniffen und hat Dich auch noch gekratzt.“ – Kind: „Ja.“ – Mutter: “Sonja, das kannst Du mir jetzt nicht erzählen. Da hast Du irgend etwas gemacht. Warum denn? Sie hat sicherlich einen Grund. Hast Du ihr etwas weggenommen?“ – Kind: „Nein.“ – Mutter: „Hast Du die denn gekniffen? – Ach komm' Schatz!“
Kind: „Ich hab' sie nur auf den Kopf gehauen.“
Mutter: „Ach, sieh an! Siehst Du, nun kommen wir ja schon weiter. Du hast Michaela auf den Kopf gehauen, und da hat Michaela Dich gekniffen.“ – Kind: „Ja.“ – Mutter: „Siehst Du! Und Du hast ja auch schuld! Und warum hast Du Michaela auf den Kopf gehauen? Nun?“
Kind: „Weil sie doch mich auch gehauen hat.“
Mutter: „Ach, nun komm! Ohne Grund fängt doch niemand an. Was habt Ihr gehabt? Habt Ihr Euch um irgend etwas gestritten oder was?“
Kind: „Wir haben Ärger gehabt.“
Mutter: „Ärger gehabt. Und womit habt Ihr Ärger gehabt?“
Kind: „Da ist Frau C. . . . gekommen.“
Mutter: „Da muß ja nun irgend etwas gewesen sein. Wolltest Du etwas haben, das Michaela hatte? Oder hattest Du etwas, was Michaela haben wollte? – – Du! Sonja! Wenn Du die Hand nicht vor dem Mund wegnimmst, kriegst Du von mir eine gefegt. – Jetzt ist aber endgültig Schluß!“
Neben geringer Achtung–Rücksichtnahme der Mutter auf das Kind herrscht eine starke Lenkung–Dirigierung der Mutter vor, und als Folge eine geringe Spontaneität des Kindes.

Achtungsvolles, warmes und wenig dirigierendes Mutterverhalten, über Funkmikrophon in der Wohnung aufgezeichnet:
Kind: „Mama, ist da ein –?“
Mutter: „Möchtest Du da mal gern mitkullern?“
Kind: „Wir beide?“ – Mutter: „Ja!?“ – Kind: „Ja, wir beide!“
Mutter: „Ja, dann!“
Kind: „Mama, mach' auch mal, nein wirf mal!“
Mutter: „So, ja! Aber so hoch können wir ja nicht. Nicht? Schau mal, dann machen wir die Lampen kaputt. Wir müssen ganz flach werfen damit. – Gut, das hast Du ja toll gemacht.“
Kind: „So! So nicht!“ – Mutter: „So geht es nicht, siehst Du!“ – Kind: „Nicht, so!“ –

Mutter: „Ja!"
Kind: „Mama, ich mache es Dir – so!"
Mutter: „Der kommt ja prima hierher."
Kind: „Ja! Du mußt immer aufpassen!" – Mutter: „Ja." – Kind: „Ja!"
Mutter: „Soll ich wieder? Guck, ich fasse den so an!" – Kind: „Ja." – Mutter: „Hier halte ich ihn fest und die Hand stelle ich so dahinter. Dann kriegt er einen Schubs."
Kind: „So, so darfst Du nicht! So! Mutti, Du mußt jetzt hier hereinkullern!"
Mutter: „Da soll ich reinkullern?"
Kind: „Ja! – – Nein! Da nicht!"
Mutter: „Nein, weil er vorbeigegangen ist. Habe ich nicht richtig getroffen?" – Kind: „Hier nicht." – Mutter: „Da nicht, nein. Muß ich nochmal versuchen. Ja, muß ich noch mal versuchen, nicht?"
Kind: „Mein Tor, nicht? Wir haben eins! So – wollen wir wieder? Mutti, hier rein, nicht!"
Mutter: „Soll ich da reinkullern?" – Kind: „Ja." – Mutter: „Ich muß sehen, ob ich das jetzt kann. Ach, jetzt geht es wieder vorbei!"
Kind: „Ja. Du darfst nicht hier reinkullern. Du mußt hier reinkullern!"
Mutter: „Aha! – Wir wollen mal gucken, ob Hajo jetzt mittlerweile da ist, nicht?"
Kind: „Nein, der ist nicht da. Hajo ist noch immer weg, Mama!"
Mutter: „Ja, wenn Du das meinst. – Aber er müßte jetzt langsam raufkommen." – Kind: „Ja." – Mutter: „Er muß ja auch noch Schularbeiten machen, er wollte es vorhin nicht. Ohne Aufgaben kann er ja nicht in die Schule gehen."
Kind: „Nein! Nein. – Die beiden andern, die dürfen nicht. Jetzt die beiden andern."
Mutter: „So geht's schlecht, Gunnar! Guck mal! Kullere Du mal so, ich mache sie so!" – Kind: „Guck mal, Mama!"

Dies waren Beispiele des überwiegend sprachlichen Kontaktes von Müttern mit ihren Kindern. Daneben gibt es viele nicht-sprachliche Kontakte, Zärtlichkeit, Wärme, Streicheln, hautnahe Geborgenheit. Es gibt aber auch in der Bundesrepublik Deutschland jährlich Zehntausende von Kindesmißhandlungen. Und in zehntausenden Fällen sehen Kinder, wie der Vater gegenüber der Mutter gewalttätig wird.

40jähriger aus einer unserer Encountergruppen: „Sie kennen früher die Wasserhähne bestimmt, die ohne Handstein waren. Am Stuhl festgebunden hat sie mich und tropfen lassen auf den Kopf. Also, eine Foltermethode auf Deutsch gesagt. Ein normaler Mensch, der wäre dabei verrückt geworden, aber ich hab' mich eben sozusagen durch die Nachbarn durchgeschlungen, die das rechtzeitig gemerkt haben. Ich bin dann ins Heim gekommen, weil mich meine Stiefmutter zu sehr mißhandelt hat. 7 Jahre im Waisenheim, praktisch, bis ich groß war. Ich meine, da hat es mir gut gefallen, weil sie da alle Menschen auf einen Kamm – nicht wer was besser kann –, weil die alle Menschen auf einen Kamm da geschoren haben, habe ich mich erhalten können. Ich möchte manchmal im Leben gerne mehr rauskommen aus mir, aber ich kann nicht, wie ich gerne möchte, weil ich das durch meine Stiefmutter alles so regulier. Wenn ich die mal treffe, dann ist aber Feierabend!"

In anderen zwischenmenschlichen Bereichen als denen der Schule und Familie ist Achtung–Wärme häufig nur begrenzt ausgeprägt; Mißachtung–Kälte erfolgen oft in der gleichen Häufigkeit. *Schwestern und Pfleger* auf psychiatrischen Stationen waren gegenüber ihren Patienten nur etwas mehr wertschätzend–zugewandt als geringschätzend–abweisend. $^2/_3$ der Kontakte von Schwestern–Pflegern mit den Patienten waren unpersönlicher Art. Die Begegnungen standen hierbei in keinem Zusammenhang mit persönlichen Problemen, Interessen und Wünschen der Patienten. Sie beinhalteten wesentlich die dienstliche Erledigung des formalen Ablaufes, so essen, waschen, Einnahme von Medizin u. a. (Gronau u. a., 1976). *Psychologen* mit Vorbildung in klientenzentrierter Gesprächspsychotherapie waren in Einzel- und Gruppengesprächen mit besonders ängstlichen und seelisch beeinträchtigten 12-jährigen zwar wertschätzend und warm, jedoch war das Ausmaß begrenzt (Pixa-Kettner u. a., 1976; s. a. A. Tausch, 1976). *Fremde Erwachsene gegenüber Kindern und Jugendlichen,* z. B. Verkäufer, verhalten sich des öfteren deutlich weniger achtungsvoll und höflich als gegenüber anderen Erwachsenen in vergleichbarer Situation. So reagierten gemäß der Wahrnehmung von Schülern im Alter von 7–14 Jahren Erwachsene bei Beanstandungen einer Ware Kindern gegenüber in deutlich höherem Maße mit Feindseligkeit, Vorwürfen, Tadel und Kritik als Erwachsenen gegenüber. Ferner verteidigten die Erwachsenen Kindern gegenüber ihre Einstellungen, während sie Erwachsenen gegenüber häufiger die Lösung von Problemen anstrebten (A. Tausch, 1956). Einige Beispiele für Äußerungen von Erwachsenen gegenüber Kindern, gemäß den Aussagen der untersuchten Kinder: „Ihr müßt nicht immer so wild damit herumfahren!" „Du ramponierst vielleicht deine Rollschuhe zu sehr, fährst vielleicht irgendwo gegen, da kannst Du Dich nicht beklagen!" „Na, dann darfst Du nicht so wüst mit den Rollschuhen umgehen!" Beispiele für Äußerungen Erwachsener gegenüber Erwachsenen, in der Wahrnehmung der Schüler: „Ich mache sie jetzt gleich noch einmal heile. Und dann kriegen Sie sie übermorgen wieder." „Oh, es tut mir leid, dann muß ich sie noch einmal ganz genau untersuchen. Sie bekommen derweil eine neue Uhr."

Womit hängt Mißachtung–Kälte mancher Personen zusammen? Es geht hier nicht darum, daß eine Person sich gelegentlich geringschätzig gegenüber einer anderen äußert, während sonst Wertschätzung und Wärme überwiegen. Sondern es sind die Personen mit häufiger und deutlicher Mißachtung–Kälte gemeint. So ergab sich auch in Untersuchungen, daß Geringschätzung oder Wertschätzung im Verhalten von Lehrern recht konstant war, etwa bei einer wiederholten Untersuchung Tage oder Wochen später in einer anderen Klasse und bei einem anderen Unterrichtsfach. Ferner: Etwa 25 % der Lehrerstudenten einer Pädagogischen Hochschule ohne nennenswerte Erfahrungen mit Schulkindern hatten deutlich geringschätzige und emotional ablehnende Haltungen und Einstellungen gegenüber Schülern (Davis u. Viernstein, 1972). Diese Studenten bejahten z. B. folgende Fragebogenfeststellungen: Heutzutage sind die 8jährigen schon raffiniert. An dem Spruch ‚Eine richtige Tracht Prügel schadet niemandem' ist viel Richtiges. Ein Lehrer soll bei einer Auseinandersetzung mit einem Schüler nicht nachgeben, sonst verliert er an Respekt. Ein Kind muß lernen, die Stellung des Lehrers als solche zu respektieren. Volksschulkinder sind im allgemeinen noch zu jung, als daß sie eigene Entscheidungen treffen könnten. – Hier dokumentiert sich, daß manche Personen eine grundsätzlich wenig achtungsvolle, respektierende und warme Haltung gegenüber Jugendlichen haben.

Im folgenden haben wir einige Bedingungen angeführt, die bei Personen Mißachtung–Kälte fördern bzw. die bei ihnen nicht in hinreichendem Ausmaß Achtung–Wärme fördern:

▷ Häufige Erfahrung, mit Mißachtung und Kälte von anderen insbesondere während des Aufwachsens behandelt worden zu sein bzw. nicht hinreichend Achtung und Wärme erfahren zu haben. Lehrerin: „Das habe ich bei mir selbst erlebt.

Wenn irgendwie etwas zu Hause war, da war meine Mutter irgendwie lieb zu mir, oder sie sagte: ‚Das schaffst Du schon!‘ Aber neulich sagte mir jemand: ‚Ich hab’ das noch nie erfahren, daß mich da jemand stützt. Woher nimmst Du so den Glauben, daß das irgendwie schon wieder gehen wird oder Du weiterkommst und Du da rauskommst?‘ Und ich weiß, daß viele nie so ein Stück Liebe bekommen haben, von den Eltern und von der Mutter. Auch nicht so In-den-Arm-genommen-Werden. Daß viele das nie gekannt haben. Aber das gehört doch irgendwie dazu.“

▷ Häufige Wahrnehmung von mißachtendem–kaltem Verhalten von Eltern, Lehrern, Erziehern und anderen Personen insbesondere während des Aufwachsens.

▷ Lehrer und Erzieher überlasten und überfordern sich und Jugendliche häufig zu stark. So lenken, dirigieren und kontrollieren Lehrer im Unterricht die Schüler in sehr starkem Maße (z. B. jede Minute durchschnittlich 2 Fragen und 1 Befehl). Eltern dirigieren ihre Kinder ebenfalls in starkem Maße, obwohl dies nicht notwendig ist, so durch starke Beachtung und Pflege zu aufwendiger Kleidung, durch zu häufiges Aufräumen der Spiel- oder Schulsachen, durch übertriebenes Einhalten von Konventionen ohne Sinn (z. B. muß das Kind immer zu einer bestimmten Zeit an einem bestimmten Platz essen und es muß viel essen). Häufig suchen Eltern ungeeignete Freizeit- und Urlaubsplätze aus, die zu unnötigen Konflikten zwischen Eltern und Kindern führen. Diese Lenkungen und Dirigierungen hängen wesentlich damit zusammen, daß Lehrer und Eltern wenig Respekt und Achtung vor dem Kind als einer eigenständigen Persönlichkeit haben.

▷ Erwachsene sehen ihren Ärger, ihren Zorn und ihre Enttäuschung, die sie besonders bei Konflikten mit Kindern erleben, nicht als *ihr* Gefühl an, das zu ihnen gehört und für das sie verantwortlich sind.

Diese Gefühle werden zwar im Zusammenhang mit dem Verhalten der Kinder und Jugendlichen ausgelöst. Aber für das, was der Erwachsene fühlt, ist er zuständig und verantwortlich. Er ist die Person, die diese Gefühle produziert und erlebt. Häufig jedoch erleben Erwachsene die Gefühle nicht als zu sich gehörig, sondern projizieren die Gefühle in die Kinder–Jugendlichen und äußern sich dementsprechend negativ und abwertend über sie, z. B. „Du verdammter Bengel!“ „Immer bist Du rücksichtslos!“ „Du bist eben doch hoffnungslos faul!“ Dies führt häufig beim Kind oder Jugendlichen zu abweisenden gefühlsmäßigen Reaktionen. Hierdurch werden wiederum im Erwachsenen weitere negative Gefühle ausgelöst. Ganz anders jedoch, wenn der Erwachsene seine Gefühle als seine eigenen ansieht und diese Gefühle ausdrückt, statt den Jugendlichen zu bewerten, zu beschimpfen, zu verurteilen, z. B.: „Ich bin so enttäuscht und mutlos.“ „Ich fühle mich so gestört durch den Lärm und kann nicht mehr weiterarbeiten.“ „Ich mag hier nicht mehr diskutieren, ich kann diese Härte und Verschlossenheit nicht ertragen!“ „Ich ärgere mich sehr, wenn durch die vielen offenen Fenster das Heizungsgeld unnötig verbraucht wird.“ Durch diesen Ausdruck seines Fühlens gibt der Erwachsene dem Jugendlichen Informationen, wie es um ihn steht, was durch den Jugendlichen in ihm ausgelöst wird. Zugleich vermeidet er jegliche Abwertungen oder eine Mißachtung des Jugendlichen. Drücken Erzieher mit größerer Echtheit und größerem Offensein möglichst rechtzeitig ihr unangenehmes Fühlen aus, so können die Jugendlichen eher darauf Rücksicht nehmen oder es wird ein Gespräch möglich. Es wird so auch unwahrscheinlich, daß es zu einer starken Anhäufung negativer Gefühle kommt, die schließlich in Form einer Explosion mit Abwertungen und Beschimpfungen sich ausdrücken.

▷ Lehrer sind Schülern meist im Ausmaß ihres Fachwissens, ihrer allgemeinen Kenntnisse, ihrer Berufsposition sowie ihrer Machtmittel beträchtlich überlegen. Dies kann sie beeinflussen, Jugendlichen weniger Achtung und Rücksichtnahme entgegenzubringen.

▷ In den üblichen Situationen in Schule und Familie kommen die Fähigkeiten von Kindern und Jugendlichen, in denen sie ihren Lehrern und Eltern überlegen sind, nur wenig zur Geltung. Dabei ist offensichtlich jeder Jugendliche in einzelnen Bereichen seinen erziehenden Erwachsenen überlegen, etwa in seinem Mut, in seinen sportlichen Leistungen, in seinen prosozialen Einstellungen, in seiner Sensibilität für andere, in seinem technischen Verständnis, seinen handwerklichen oder musikalischen Fertigkeiten oder in seiner Leistungsfähigkeit bei einzelnen Intelligenztests.

▷ Erwachsene fühlen sich häufig verantwortlich für die Jugendlichen. Damit überfordern sie sich selbst völlig. Lehrer und Erzieher können nur verantwortlich für sich selbst sein, für das, was sie tun. Also etwa dafür, ob sie einem Jugendlichen hinreichend förderliche Bedingungen geben, so hinreichende Achtung–Wärme, hinreichendes Verstehen oder hinreichende förderliche Aktivität. Übernehmen sie die Verantwortung dafür, daß sie fördernde Bedingungen für den Jugendlichen schaffen, so ist das viel günstiger als wenn sie sich verantwortlich *für den Jugendlichen* fühlen, ohne sich hinreichend *für sich selbst* verantwortlich zu fühlen. Kein Lehrer oder Erzieher kann die Verantwortung für das Leben eines Jugendlichen übernehmen. Er kann für den Jugendlichen sorgen, er kann ihm sehr förderliche Bedingungen geben. Das liegt in seinem Bereich, in seiner Möglichkeit und in seiner Verantwortung. Das Gefühl, verantwortlich für die Person des Jugendlichen zu sein, überfordert den Erwachsenen und läßt ihn sich häufig tief unbefriedigt fühlen, besonders in Konfliktsituationen oder in Krisensituationen des Jugendlichen.

▷ Viele Situationen und Lebensbedingungen, Konventionen und Traditionen begünstigen es, Achtung–Wärme weniger zu leben und weniger zu erfahren: Etwa ein Übermaß von intellektueller Arbeit ohne Kontakt mit dem eigenen Fühlen, oder die Auffassung, daß intellektuelle Tätigkeit am besten losgelöst von dem Fühlen erfolgt, oder Eile und Hetze der Situation, oder die Auffassung, daß zu einem perfekten „Rollenträger“ nur die Rolle gehöre und nicht seine Person mit Gefühlen. Student: „Ich habe mich neulich richtig geschämt für meinen Professor bei der Vorlesung, der hat da seine Gefühle gezeigt.“ Für diesen Studenten ist das Ideal ein Professor, der gleichsam wie ein Denkmal unpersönlich und ohne Fühlen sein Wissen vor Studenten produziert. Häufig mag auch noch die fälschliche Anschauung vorhanden sein, daß eine Person, die auf ihr Fühlen hinhorcht und dies anderen gegenüber ausdrückt, unsachlich oder verschwommen sei. Oft ist das Gegenteil wahr: Personen, die ihr Fühlen weniger beachten, sind eine große Gefahr für sich und andere.

▷ Furcht vor zu großer Nähe–Wärme und Angst vor Ausnutzung: „Duzen mit Schülern?! Da fällt jede Distanz weg. Und es leidet das Lernen des Fachwissens.“ „Ich gebe zu: Per ‚du‘ ist die zwischenmenschliche Beziehung besser. Aber ich habe das Gefühl, in einem gewissen Alter nutzen die Schüler den Lehrer dann aus. Es ist für die fachliche Wissensvermittlung dann schlecht, die leidet darunter." „Bei ‚du' lassen Menschen ihre Schranken fallen und schlagen dann voll zu." „Das Duzen mit Schülern ist wie das Ablegen von Kleidern am FKK-Strand." Diese Erwachsenen fürchten, ihre Partner würden positive Zuwendung, Wärme und Achtung ausnutzen. Oft sehen sie nicht, daß sie es sind, die Furcht hiervor haben, und meist haben sie selbst nur einzelne seltene Erfahrungen dieser Art gemacht. Unserer Erfahrung nach tritt dieses „Ausnutzen" nur auf bei Weichheit und Nachgiebigkeit, die mit Achtung, Wertschätzung und Wärme verwechselt werden. Entscheidend ist auch, daß Achtung–Wärme einhergehen mit Echtheit eines Erziehers, so daß dieser bereit ist, auch seine Gefühle über ein mögliches Ausgenutztwerden zum Ausdruck zu bringen. Jedes Geben von Sympathie, Zuwendung und Wärme ist ein gewisses Risiko. Ein Risiko jedoch, das zwar nicht immer, jedoch meistens mit Wärme und Sympathie vom anderen erwidert wird. Wir berauben uns unserer besten Möglichkeiten zu unserer wichtigsten Umwelt, den Mitmenschen, wenn wir aus Furcht vor gelegentlichen vereinzelten Rückschlägen uns so einschränken in unserer Fähigkeit, Sympathie–Zuwendung und Wärme zu geben.

▷ Manche Erwachsenen möchten Kindern, Jugendlichen und anderen Partnern Wärme und positive Zuwendung geben, aber sie können es nicht. Sie fühlen sich gehemmt. „Ich getraue mich nicht, zärtlich zu meinem Partner zu sein." Manche dieser Erwachsenen haben während ihres eigenen Aufwachsens in Familie und Schule zu wenig Achtung und Wärme erfahren. So fällt es ihnen schwer, später gefühlsmäßig aus sich herauszugehen. Andere Erwachsene haben sich jahrelang das Zeigen von Wärme und positiver Zuwendung anderen gegenüber versagt, weil sie fürchteten, vom anderen schlecht angesehen zu werden, weil sie das Risiko scheuten oder weil sie dachten, ihre Zuwendung und Wärme könnte als versteckte oder offene sexuelle Reaktion von anderen aufgefaßt und abgelehnt werden. Sie sehen nicht, daß eine Ablehnung durch den anderen Sache und Verantwortung des anderen ist. Daß sie für sich selbst nur die Verantwortung haben, einem anderen ihren Wunsch nach Achtung und Wärme angemessen auszudrücken. – Durch Erziehung und ungünstige oder wenig günstige förderliche Erfahrungen während des Aufwachsens kann es auch dahin kommen, daß manche Personen Zärtlichkeit für sich selbst nicht mögen. Nicht unbedingt deshalb, weil sie den anderen ablehnen. Sondern weil sie in ihrem derzeitigen Zustand wenig fähig sind, dies zu ertragen. So eine 40jährige Frau: „Mein Mann möchte vielleicht zärtlich zu mir sein. Aber ich möchte das nicht. Das muß ich widerlegen. Ja, mein Mann, der würde schon. Aber ich schubse ihn dann weg, das kann ich nicht ab. So in den Arm nehmen und so, das mag ich nicht haben, das finde ich kitschig sowas! Ja, das finde ich furchtbar, das mag ich nicht haben! Ich hab' das nie gelernt. Nein, das habe ich nie gelernt, ich kann mich auch nicht daran gewöhnen. Ich kenn' kein Wort, wie Sie es manchmal sagen, so etwa wie ‚toll!' oder ‚Das ist einfach prima von Dir!' oder ‚Ich hab' Dich wirklich gern!' Oder sowas. Ich kenn' nur immer Haß und Unfrieden zu Hause. Nein so etwas mit Kuß, wenn er losgeht und Kuß, wenn er wiederkommt, nein, das kann ich nicht. ... Aber wie gesagt, mit der kleinen Annette neulich, wenn die kommt, die drückt mich und küßt mich. Das finde ich doch süß! Ihre kleine zarte Hand. ‚Wir beide sind verliebt', sagt sie und ‚Du bist meine Verliebte!' Das finde ich doch süß!" So können manche Erwachsenen einzelnen sehr jungen

Kindern Zärtlichkeit und Sympathie und überströmende Liebe entgegenbringen, vielleicht, weil sie sie von ihnen zuerst erhielten, oder weil sie dort kein Risiko fürchten. Vielleicht haben wir mit zunehmendem Alter verlernt, unser positives Fühlen anderen Erwachsenen gegenüber spontan durchzulassen und so dem anderen etwas Liebes zu tun, ihm ein liebevolles Wort zu schreiben, ihn persönlich anzusprechen, ihm einen Gefallen zu tun, sich für ihn eine kleine Freude auszudenken.

Eine ca. 50jährige Frau: „... Weil eine unheimliche Feindschaft besteht überhaupt gegen das Zulassen von Gefühlen und gegen das Zulassen überhaupt von Ungefiltertem. Manche haben Angst, wenn sie das Ungefilterte herauslassen, daß dann das Wahre, vielleicht eine wahre Zuneigung kommt. Das wird alles – das ist eben alles unmöglich in meiner Partnerbeziehung. Da wird heruntergeschluckt, heruntergeschluckt, ja, das ist es." Und schon gar nicht wagen wir häufig körpernahe Zärtlichkeiten miteinander auszutauschen, uns zu umarmen, den anderen zu streicheln oder seinen Kopf in den Arm zu nehmen, wenn er Kummer hat. Viele Erwachsene verarmen so im Laufe ihres Lebens zunehmend in ihrem Fühlen. Sie können kaum ihr positives Fühlen zueinander ausdrücken. Diese Zurückhaltung im Ausdruck positiver Gefühle sehen wir bereits bei etwas älteren Kindern. Sie gehen nicht mehr wie die jüngeren im Kindergartenalter etwa miteinander sich umarmend, nehmen sich nicht mehr an die Hand, geben sich so nicht mehr gegenseitige Geborgenheit, Unterstützung und gefühlsmäßige Sicherheit.

Es ist beeindruckend, daß sich die meisten Menschen, insbesondere auch alte Menschen, nach positiver Zuwendung und körperlicher Nähe eines anderen sehnen, nach Wärme und Geborgenheit. Aber viele Erwachsene sind fast unfähig geworden, sich gegenseitig diese Grundbedürfnisse zu erfüllen. Weil sie es zu wenig erfahren haben, weil sie es in Erziehung und in Situationen verlernt oder unterdrückt haben, weil sie der Meinung sind, daß zärtliche Hautkontakte nur ein Vorspiel von Sexualität seien und nicht ein Ausdruck und eine Kontaktform der Zuneigung, Geborgenheit und der Zusammengehörigkeit mit einer Person.

▷ Manche Eltern und Lehrer sehen Wärme und Zärtlichkeit als eine unangebrachte Schwäche bei sich und bei Kindern an. Durch Wärme und positive Zuwendung würden Kinder und Jugendliche verweichlicht, nicht hinreichend „für das Leben vorbereitet", könnten sich später nicht „durchsetzen". Sie bedenken nicht, daß das Leben heute in Ehen, Freundschaften, Familien, aber auch in Büros, Betrieben und in der Wissenschaft sehr wesentlich in zwischenmenschlichen Beziehungen besteht. Und daß gering erfahrene Achtung–Wärme eine Person erheblich beeinträchtigen kann, zu anderen Personen achtungsvolle, warme zwischenmenschliche Beziehungen herzustellen. Und somit für diese Person selbst und für andere zu erheblichen Schwierigkeiten führt. Viele Eltern und manche Erzieher haben noch das Vorbild eines „harten Machers", eines gefühllosen Helden, eines großen Könners, wie sie ihn auch in einem Roman oder in einem Kriminalfilm erleben. Vielleicht kommen sie auch deshalb zu derartigen Auffassungen, weil sie bedeutende Personen in der Politik, im öffentlichen Leben und in der Wissenschaft häufig im Fernsehen oder in Schriften erfahren, die sehr wenig über sich und ihr gefühlsmäßiges Leben aussagen. Sie kommen dann fälschlich zu der Auffassung, daß diese von ihnen wahrgenommenen äußeren Dinge, die Taten und die gefühlsleeren Worte das eigentliche Leben einer Person seien, und daß das gefühlsmäßige Leben unbedeutender sei.

▷ Fachlehrer an Gymnasien, Dozenten und Professoren an Universitäten haben häufig Angst, sich persönlich zu geben und Wärme und Zuwendung zu zeigen. Sie fürchten, ihre „Fachwissenschaft“ oder „das Ansehen“ ihrer Person könne darunter leiden. Wir sehen diese Personen in Wirklichkeit eher als gehemmte, in ihrem Fühlen fast sterile Personen an, gleichsam als Funktionäre ihrer Fachwissenschaft, als wissenschaftliche „Rollenträger“ denn als vollfunktionierende und lebende Personen.

▷ Manche Lehrer, Erzieher und Eltern vermeiden eine enge achtungsvolle, warme Beziehung zu Kindern und Jugendlichen wegen folgender Auffassung: Große gefühlsmäßige Nähe und Wärme schade der selbständigen Entwicklung des Heranwachsenden. Unsere Auffassung dazu ist: Wärme und Achtung, verbunden mit tiefgreifendem Verstehen, mit Echtheit, mit geringer Lenkung, mit Förderung der Selbstbestimmung des anderen ist nicht beeinträchtigend, sondern in hohem Maße förderlich für die Persönlichkeitsentwicklung. Eine ungünstige Auswirkung tritt erst dann ein, wenn sie mit einem Besitzanspruch und starkem Dirigieren vertreten wird, wenn die Selbstbestimmung des Kindes dabei eingeengt wird, was etwa der Aussage entspricht „mein Kind gehört mir“.

▷ Manche Lehrer, Dozenten–Professoren, aber auch Schüler und Studenten meiden gegenseitig engere persönliche Kontakte, weil sie spüren: Wenn sie eine achtungsvolle, nahe Beziehung zu dem anderen haben, wenn sie die psychische Situation des anderen, etwa des Schülers oder Professors gut kennen, dann würden sich einige ihrer Einstellungen und Haltungen ändern. Sie könnten nicht mehr so rücksichtslos und gleichgültig in bestimmten Dingen sein, etwa in der Arbeit, die sie dem anderen aufbürden bzw. zumuten. Oder sie fürchten, sie würden berechtigte sachliche Forderungen nicht mehr durchsetzen können. Wir haben beides nicht als zutreffend erfahren. Wir haben zu Hunderten von Studenten ein persönliches Verhältnis gehabt, mit „du“ und „du“. Wir haben hundertfach erfahren, daß wir diese Studenten besser verstehen konnten und sie uns. Wir haben erfahren, daß wir die für uns unbedingt notwendigen Interessen der qualifizierten berufsmäßigen Ausbildung besser bei ihnen fördern konnten. Wir haben nicht oder ganz selten erfahren, daß Personen diese zwischenmenschliche Beziehung ausgenutzt haben. Gewiß gab es Mißverständnisse. Aber wenn wir offen waren und unsere Enttäuschung oder Befürchtungen sagten und auch die andere Seite dies tat, kam es zu befriedigenden Übereinstimmungen und effektiver Zusammenarbeit. Dagegen haben wir mit den Studierenden und Professoren, die einer offenen Begegnung von Person zu Person strikt auswichen, sehr unbefriedigende Erfahrungen gemacht. Wir erreichten keine Fortschritte in gemeinsamen Aufgaben. Sie handelten uns gegenüber als reine Amtspersonen, als „Wissenschaftler“, als Mandats- und Rollenträger oder als unpersönliche Funktionäre.

Insgesamt: Derzeit machen Kinder und Jugendliche, aber auch erwachsene Partner während ihres Lebens in zu geringem Ausmaß Erfahrungen von Achtung–Wärme und in zu großem Ausmaß Erfahrungen von Geringschätzung und Kälte. Dieses führt häufig dazu, daß sie in ihrer Fähigkeit, anderen Wärme und Zuwendung zu geben, beeinträchtigt sind. Und daß sie insbesondere diese Zuwendung in etwas schwierigen Konfliktsituationen einander schwer geben können. Auf der anderen Seite: Erzieher streben deutlich ein höheres Maß an Achtung und positiver Zuwendung gegenüber Kindern an als sie es leben (A. Tausch, 1958b). Wir haben es in Encountergruppen sehr viele Male erfahren, daß Personen, die meinten, sie wären nicht fähig zu Wärme und Achtung gegenüber anderen, diesen Teil in sich wiederentdeckten und fähig wurden, ihn deutlich, seit langer Zeit erstmals, zu leben. Es liegt an uns Lehrern, Professoren, Erziehern und Eltern, ob wir diesen Bereich unseres gefühlsmäßigen Lebens deutlicher fördern, ob unsere Schulen und Hochschulen zu Stätten humanen Lebens werden oder zu Stätten von Kälte und Inhumanität. Wenn wir gefühlsmäßig reicher werden, dann werden es auch unsere Kinder, Schüler und Studierenden. Ein 50jähriger in der Encountergruppe: „Ich weiß nicht, ich hab' das früher auch nicht so gekonnt, so zärtlich sein. Und ich hab' immer gedacht: Ich bin dafür viel zu ungeschickt. Das kann der andere doch gar nicht als angenehm erleben. Heute kann ich das schon eher, jemand umarmen, wenn mir danach zumute ist." Oder eine 17jährige in einer gefilmten Encountergruppe von Carl Rogers: „Man hat uns beigebracht, alle Gefühle zu verstecken, aus Furcht vor Zurückweisung. Man hat uns beigebracht, Schutzwände um uns zu bauen. Nun beginnen wir, sie allmählich abzubauen. Das ist gut, man fühlt sich viel besser."

Zuwendung–Wärme von Person zu Person und ein engerer Kontakt einer Person zu ihren eigenen Gefühlen, zum deutlicheren Erleben der eigenen Gefühle und Erfahrung positiver Gefühle von anderen können durch bestimmte Situationen gefördert werden, so z. B. durch: ▷ Personenzentrierte Encountergruppen. ▷ Personenzentrierten Unterricht, der nicht den Schüler oder Studenten nur vom Kopf bis zum Hals in Anspruch nimmt. ▷ Durch häufige Kleingruppenarbeit. ▷ Durch personenzentrierte Gespräche. ▷ Durch Betonen des Persönlichen, der gefühlsmäßigen und sozialen Vorgänge, insbesondere in Kindergärten, Vorschulen, aber auch in Schulen und Hochschulen. ▷ Durch geringe Erwartung der Verbesserung zwischenmenschlicher Beziehungsverhältnisse durch Apparate, Techniken, Curricula, neue Schulgebäude. ▷ Durch praktische Berufsarbeit während der Schulzeit und somit nicht nur Förderung kognitiver Funktionen in der Schule. ▷ Durch Zusammensein von Lehrern und Schülern auch außerhalb des Unterrichts. ▷ Durch sportliche Aktivitäten, die eine Person ihren Körper mehr fühlen lassen und die zur Entspannung führen. ▷ Durch Fernsehsendungen, in denen Menschen in echter Weise in intensiven gefühlsmäßigen Kontakten von Person zu Person kommen. ▷ Durch Tagebuchaufzeichnungen etwa „Ich über mich selbst". ▷ Durch intensive gefühlsmäßige Auseinandersetzung mit der eigenen Person. ▷ Durch Wohngemeinschaft mit großer Altersstreuung von Kindern bis hin zu alten Menschen oder Kranken.

Die Auswirkungen von Achtung–Wärme–Rücksichtnahme

Zusammengefaßte Annahmen über die Auswirkungen. Achtung–Wärme fördert bei gleichzeitiger Echtheit und fördernden nicht-dirigierenden Einzeltätigkeiten die seelische Funktionsfähigkeit, die seelische Gesundheit und den gefühlsmäßigen Erlebnisreichtum des anderen. Mißachtung–Kälte beeinträchtigt sie. Im einzelnen werden folgende Vorgänge gefördert oder beeinträchtigt:

▷ Die bedeutsamen Einstellungen und Vorgänge des anderen zu sich selbst, so seine Selbstachtung, sein Selbstwertgefühl, sein Selbstvertrauen, sein günstiges Selbstkonzept, seine Selbstakzeptierung, seine positive Selbstkommunikation.

▷ Das seelische und körperliche allgemeine Wohlbefinden des anderen, so seine positive Grundstimmung, gefühlsmäßige Sicherheit, Ruhe und Zuversicht, seine Akzeptierung des eigenen Erlebens, seine Entspannung, seine Gelöstheit, sein Freisein von wesentlichen neurotischen Beeinträchtigungen, seine körperliche Funktionsfähigkeit.

▷ Die positiven Einstellungen zu anderen Personen, die Akzeptierung anderer, Achtung–Anteilnahme, Vertrauen, Sensibilität und Bereitschaft zur Kooperation gegenüber anderen. Ferner bei Kleinkindern weniger Trotz, Opposition und Verteidigung, bei Jugendlichen geringere gefühlsmäßige Entfremdung gegenüber Erwachsenen, geringere Delinquenz.

▷ Die kognitive Leistungsfähigkeit, selbständiges Denken und Urteilen, die Güte der Unterrichtsbeiträge von Schülern, Kreativität und Flexibilität, geistige Produktivität.

Insgesamt ist Achtung–Wärme von sehr großer Bedeutung für unser seelisches und körperliches Funktionieren. Sie ist gleichsam das seelische Klima, das uns umgibt und in dem wir leben.

Befunde über die Auswirkungen von Achtung–Wärme von L e h r e r n auf Schüler: ▷ Achtung–Wärme von 18 Volks- und Hauptschullehrern – eingeschätzt durch Beobachter anhand von Tonaufnahmen bei 41 Unterrichtsstunden in 7 Fachgebieten – hing bei gleichzeitig geringer Dirigierung–Lenkung zusammen mit günstigen Vorgängen der Schüler: Mit selbständigem produktivem Denken und Urteilen, mit der Güte der Unterrichtsbeiträge, mit selbständigem spontanem Verhalten sowie mit Entscheidung und Eigeninitiative. Diese Zusammenhänge waren in Grund- und Hauptschulen weitgehend ähnlich. Achtung–Wärme stand in negativem Zusammenhang zur Dimension Dirigierung–Lenkung. Lehrer also mit größerer Achtung–Wärme waren weniger dirigierend–lenkend (Spanhel, Tausch u. Tönnies, 1975).

▷ Achtung–Wärme von 21 Lehrern – festgestellt anhand von Tonaufnahmen der Unterrichtsstunden – hing bei gleichzeitig fördernder nicht-dirigierender Aktivität mit deutlich positiven Erfahrungen und Empfindungen der Schüler im Unterricht zusammen, z. B. „Einen solchen Unterricht habe ich gern.“ „So etwas wie in dieser Stunde möchte ich öfter gerne wiedermachen.“ „Der Unterricht war nicht so schwer für mich.“ Ferner hing achtungsvolles–warmes Verhalten der Lehrer zusammen mit häufigen Fragen der Schüler an den Lehrer sowie mit spontanen aufgabenbezogenen Äußerungen der Schüler. Lehrer mit größerer Achtung–Wärme waren weniger dirigierend, Lehrer mit geringer Achtung–Wärme waren stärker dirigierend (Höder, Joost u. Klyne, 1975).

▷ Die Merkmalsgruppe warmes, verstehendes, freundliches Lehrerverhalten vs. distanziertes, restriktives, egozentrisches Lehrerverhalten – bei über 1000 Lehrern durch Unterrichtsbeobachter festgestellt – hing in Volksschulen zusammen mit „produktivem Schülerverhalten“: Mit aktiver Teilnahme, Zutrauen, Zuversicht, Verantwortlichkeit, Selbstkontrolle, Ideenreichtum und Munterkeit der Schüler (Ryans, 1961a).

▷ Wärme–Zuwendung bei Lehrern in 4. u. 5. Schuljahren hing bedeutsam mit dem Leistungsgewinn der Schüler der Klassen in Sprachen und Mathematik zusammen.

Die Wärme–Zuwendung wurde durch die Schüler eingeschätzt mit Fragebogenfeststellungen wie: Ist Deine Lehrerin leicht ärgerlich? Wenn Du einen Fehler gemacht hast, fürchtest Du, ihn Deiner Lehrerin zu erzählen? Lacht Deine Lehrerin jemals und macht sie mit den Schülern einen Spaß? (Christensen, 1960.)

▷ Die Merkmalsgruppe positive emotionale Zuwendung vs. distanzierte Abweisung im Unterricht von 30 Volksschullehrern, eingeschätzt durch Beobachter, hing zusammen mit der Beliebtheit/Unbeliebtheit der Lehrer gemäß Angaben der Schüler sowie mit Seltenheit ihrer Angst, bei Fehlern im Unterricht vom Lehrer blamiert und bloßgestellt zu werden (Fittkau, 1969a). Distanzierte Abweisung wirkte besonders angsterregend bei engagierter Aktivität des Lehrers.

▷ Die Merkmalsgruppe freundliches, sozial reversibles, ruhiges, entspanntes, die Schüler als Partner ansehendes Verhalten von Lehrern, im Unterricht durch Beobachter sowie anhand protokollierter Äußerungen eingeschätzt, hing zusammen mit geringer Schullust und Schulangst der Schüler („Manchmal hab' ich im Unterricht Angst, aufgerufen zu werden und mich vor der Klasse zu blamieren" „Es fällt mir oft schwer, im Unterricht genau aufzupassen" „Häufig spüre ich im Unterricht, daß ich nicht mitkomme"). Ferner mit geringem Ausmaß der Strafen von Schülern, wenn sie selbst in einer Konfliktsituation als Lehrer zu handeln hätten (Tausch, Köhler u. Fittkau, 1966).

▷ Über 800 österreichische Handelsschüler im Alter von 16–18 Jahren charakterisierten mit einer Merkmalsliste das von ihnen gewünschte sowie das verwirklichte Verhalten ihrer Fachlehrer in Buchhaltung und Fremdsprachen. Insgesamt waren es 62 Lehrer. Der Unterschied zwischen dem gewünschten und dem verwirklichten Verhalten der Fachlehrer in jeder Klasse wurde in Beziehung gesetzt zum Leistungsstand jeder Klasse. Dieser wurde ermittelt durch Befragung von Lehrern jeder Klasse sowie Selbsteinschätzung der Schüler, ihrem Unterrichtsverhalten in Aktivität, Leistungsbereitschaft, Konzentration und Selbstverantwortung, ferner ihrem Interesse an den Fächern gemäß Selbsteinschätzung. Ergebnis: Der Leistungsstand der Klassen und das Leistungsverhalten der Schüler waren hoch, wenn die Lehrer insbesondere im Bereich partnerschaftlicher Kooperation (emotionale Dimension) dem von den Schülern gewünschten Verhalten entsprachen. Wenn sie also die Schüler als gleichberechtigte Partner behandelten, ihnen Gelegenheit zu freier Meinungsäußerung gaben, Vorschläge erbaten, Anregungen sowie Gelegenheit gaben zur Mitsprache, wenn sie am Vorwärtskommen der Schüler interessiert, verständnisvoll, tolerant, freundlich, ausgewogen, geduldig und entspannt waren (Seifert, 1974).

▷ Die Merkmalsgruppe verständnisvolles, freundliches, höfliches, optimistisches, ruhiges Lehrerverhalten vs. gegenteilige Merkmale, festgestellt durch Einschätzung mehrerer hundert protokollierter Lehreräußerungen, löste gemäß Einschätzungen von Beurteilern positive gefühlsmäßige Erfahrungen bei Schülern aus, so Verbesserung der Beziehung Schüler–Erzieher, annehmende Reaktionen der Schüler, Förderung ihrer seelischen Reife vs. gegenteilige Erfahrungen und Reaktionen (Tausch, Tausch u. Fittkau, 1967).

▷ Geringschätzige–sarkastische–kalte Äußerungen von Lehrern minderten gemäß einer Befragung von mehreren hundert amerikanischen Studenten ihr Selbstvertrauen während ihrer Schulzeit sehr stark. Dies ergab sich in mehreren Untersuchungen, die Pressey u. a. (1959, S. 219 ff.) zusammenstellten. Beispiele für sarkastische Lehreräußerungen in deutschen Unterrichtsstunden, für Humor gleichsam auf Kosten der Schüler: Lehrer zu einem morgens zu spät zum Unterricht kommenden Schüler: „Wir alle sind zu früh gekommen, nur Du kommst pünktlich!" Lehrer zu einem Schüler, der eine falsche Bemerkung gemacht hat: „Ach, das ist ja interessant, was Du da noch weißt! Das sind ja ganz neue Dinge, die wir da lernen!" Lehrer zu einem Jungen, der während der Stillbeschäftigung auf das Heft des Nachbarn sieht: „Hübsch abgucken immer, hörst Du?" Lehrer: „Du schläfst! Schlaf weiter!"

Befunde über die Auswirkungen von Achtung–Wärme von Dozenten–Professoren auf Studierende. Im wesentlichen ergaben sich ähnliche Auswirkungen wie bei Schülern:

▷ Die Merkmale: Professor respektiert Studenten als Partner und Persönlichkeiten, hat Verständnis für ihre Schwierigkeiten, zeigt Wertschätzung für die Studenten, ist sensitiv für ihre Gefühle, ermutigt und anerkennt sie, ist freundlich und warmherzig, verhält sich echt, beteiligt Studenten an Entscheidungen und Anordnungen, ist bittend, vorschlagend und zurückhaltend wurden von über 300 Studenten bei 16 Professoren in 8 Fachgebieten in Vorlesungen und Seminaren eingeschätzt. Diese Merkmalsgruppe bzw. ihr Gegenteil hing zusammen mit der Merkmalsgruppe „Zufriedenheit/Enttäuschung der Studenten mit der Lehrveranstaltung" (z. B. „Die Vorlesung ist insgesamt für mich zufriedenstellend" „Während der Vorlesung bin ich mitdenkend und aktiv" „Durch die Art des Dozentenverhaltens bin ich persönlich irgendwie weitergekommen" „Ich langweile mich selten während der Vorlesung" „Ich möchte in persönlichen Kontakt mit dem Dozenten kommen") (Müller-Wolf u. Fittkau, 1971).

▷ Die Merkmalsgruppe Achtung–Rücksichtnahme von Dozenten stand in engem Zusammenhang mit der positiven Globalbewertung der Dozenten durch die Studenten. Hierzu charakterisierten über 300 Studenten mit Hilfe eines Fragebogens jeweils einen ihrer Dozenten, bei dem sie während des Semesters studiert hatten. Der Zusammenhang zwischen Achtung–Rücksichtnahme der Dozenten und der positiven Bewertung durch die Studenten war besonders eng bei Erstsemestern. Ferner: Strukturierung–Lenkung der Dozenten hing mit ungünstiger Bewertung der Dozenten durch Studierende in den ersten Semestern zusammen. Dozenten jedoch mit großer Achtung–Rücksichtnahme erhielten trotz größerer Strukturierung–Lenkung noch eine günstige Gesamtbewertung (Lahat-Mandelbaum u. Kipnis, 1973).

Auswirkungen der Achtung–Wärme von Eltern und Erziehern auf Kinder–Jugendliche. ▷ Die geistige Entwicklung von Kleinkindern in einem Heim wurde durch warme, geduldige, stetige, gefühlsmäßige Beziehungserfahrungen der Heimkinder zu Erwachsenen deutlich gefördert. So erhielten immer 2 Kinder im Alter von 1½–6 Jahren eines Kinderheimes sog. Förder-Großeltern. Es waren materiell arme Personen, die täglich 4 Stunden lang gegen gewisse Bezahlung kamen. Sie sollten ein enges zwischenmenschliches Verhältnis zu den Kindern herstellen. Die Kinder waren seit längerer Zeit im Heim wegen Todes der Mutter, geistiger Erkrankung eines oder beider Elternteile, Vernachlässigung durch die Eltern oder Inhaftierung der Eltern. Die Förder-Großeltern beschäftigten sich mit den Kindern, z. B. halfen sie ihnen beim Essen, gingen mit ihnen auch außerhalb des Heimes spazieren, spielten mit ihnen, lasen ihnen Geschichten vor, ermutigten sie zu praktischen Fertigkeiten, sprachen mit ihnen, hörten sich ihre Probleme an oder saßen einfach bei ihnen und sahen ihnen beim Spiel zu, erreichbar wenn sie benötigt wurden. Die Förder-Großeltern hatten eine ausgeprägte positive gefühlsmäßige Beziehung zu „ihren" 2 Kindern. 1–4 Jahre danach hatten die so betreuten Kinder im Intelligenztest und in sozialer–gefühlsmäßiger Reife deutlich günstigere Werte als Kinder aus Kinderheimen, die personell und materiell gut ausgestattet waren und in günstiger Umgebung lagen, ohne eine derartige Betreuung durch Förder-Großeltern (Saltz, 1973).

▷ Die zusätzliche liebevolle Betreuung von Säuglingen im Alter von 7–13 Monaten durch sog. schwachsinnige ältere Mädchen führte zu einem deutlichen Anstieg der in Tests gemessenen intellektuellen Entwicklung der Säuglinge, im Vergleich zu Kontrollkindern ohne diese liebevolle Betreuung (Skeels, 1940).

▷ 35 % der Mütter mit kaltem und teilweise feindseligem Verhalten hatten Kinder (5 Jahre alt) mit Essensproblemen und Bettnässen. Nur 11 % der Mütter mit größerer gefühlsmäßiger Wärme hatten Kinder mit derartigen Problemen. Dies wurde bei über 300 Müttern in Interviews und späterer Einschätzung durch Beurteiler festgestellt. Gefühlsmäßige Wärme der Mütter war charakterisiert durch Liebe, Akzeptieren des Kindes, Begeisterung für das Kind sowie Zeigen der Zuneigung zum Kind. Beispiel: „Sobald ich meine Arbeit getan habe, rufe ich sie und sage: ‚Komm her, laß uns Spaß miteinander haben!' Und wir setzen uns, sie sitzt auf meinem Schoß, manchmal schaukle ich sie und küsse sie. Sie liebt es, geküßt und gehätschelt zu werden. Oder ich spiele irgendein Spiel mit ihr." Ein Beispiel für geringe mütterliche Wärme: „Als Kind küßte ich niemals meine Eltern. Aber ich gebe meinem Kind einen Gute-Nacht-Kuß oder einen Guten-Tag-Kuß oder so etwas Ähnliches, umarme es. Aber das ist alles. Wir übertreiben das nicht." – Essensprobleme und Bettnässen der Kinder hingen entgegen älteren Behauptungen nicht damit zusammen, ob die Kinder als Säuglinge Brust- oder Flaschennahrung erhalten hatten (Sears u. a., 1957).

▷ Die gefühlsmäßige Wärme von Müttern schwarzer und weißer Hautfarbe aus der Grundschicht im Umgang mit ihren 4jährigen Kindern zu Hause wurde festgestellt. Sie hing bedeutsam zusammen mit den Intelligenzquotienten ihrer Kinder bei Beginn der Vorschule, dem Zuwachs während der Vorschulzeit und mit der Motivation ihrer Kinder zum Lernen (Radin, 1971).

▷ Warmes–wertschätzendes, ferner stimulierendes sowie wenig dirigierendes Verhalten von 90 Müttern gegenüber ihren Kindern in Verkehrsmitteln, Wartezimmern von Ärzten und Restaurants – durch Beobachter mitprotokolliert – hing zusammen mit größerer Spontaneität und Selbständigkeit ihrer Kinder sowie mit harmonischer–gelöster–entspannter Beziehung zwischen Mutter und Kind. Mütter mit eher kaltem, geringschätzendem, ferner mit stark lenkendem Verhalten hatten Kinder mit geringer Spontaneität und Selbständigkeit sowie mit unharmonischer, gespannter Mutter-Kind-Beziehung (Langer u. a., 1973).

Ein Beispiel für wenig achtungsvolles–warmes Mutterverhalten. Eine Mutter, ca. 27 Jahre, und ihr ca. 6jähriges Kind gehen ziemlich schnell an den Regalen einer Spielwarenabteilung eines Kaufhauses entlang. Das Kind bleibt hin und wieder stehen. Die Mutter

geht stets weiter, kommt dann aber wieder zurück. Das Kind schaut sich gerade ein Spiel an.
Mutter: „Das hast Du schon, Jens, laß uns weitergehen! Guck mal hier!" Sie zeigt auf etwas in einem Regal, bleibt aber nicht stehen. Sie redet fortwährend mit leiser Stimme auf den Jungen ein, zeigt dann wieder auf etwas anderes.
Kind: „Die, guck mal die, Du!"
Mutter: „Ja, immer das größte, Du bist immer bescheiden!"
Kind: „Guck mal!" Es zeigt auf Kartons.
Mutter ist aber bereits voraus, geht nicht auf seinen Hinweis ein. Sie steht jetzt vor Marionetten-Figuren: „Guck mal, wie findest Du den hier, für die grüne Wand, das ist Moritz und das ist Max?"
Kind sagt etwas, aber unverständlich.
Mutter: „Nee, das war doch auf den . . ." (unverständlich)
Kind: „Mama, guck die da!" Es zeigt auf Musikinstrumente.
Mutter: „So unmusikalisch wie Du bist, da willst Du so'n Ding haben! Nee, das ist alles nix! Da machst Du nur Krach mit und tötest mir den Nerv. Du kannst damit nicht umgehen, das weißt Du doch, vor allem, wenn Dein Bruder schläft, ne?"
Kind: „Nee ich möcht's doch gebrauchen!"
Mutter: „Nö, gebrauchen kannst Du's nicht!" Sie zieht das Kind mit sich fort. „Hast Du eigentlich einen Ball, 'nen schönen Ball? Dann gehen wir mal dahin!" Sie gehen zu einem anderen Stand. „Uns 'nen schönen Ball aussuchen!"
Kind: „Mama, was soll ich denn mit 'nem Ball?" Es wendet etwas ein, unverständlich.
Mutter: „Mhm." Sie nimmt das Kind bei der Hand und zieht es mit sich.
Kind: „Mami?" (weinerlich)
Mutter und Kind gehen dann weiter.

Demonstrationsbeispiel für eher achtungsvolles–warmes Mutterverhalten. In der Spielwarenabteilung eines Kaufhauses stehen eine ca. 30jährige Mutter und ihr ca. 6jähriges Kind vor einem Regal mit Puppenkleidern.
Mutter: „Das ist süß, mhm?"
Kind: „3,95."
Mutter: „Da hast Du 2 Mark zu wenig, nicht?"
Kind: „Schade, 10 Mark habe ich."
Mutter: „Ja." Sie gehen ums Regal herum.
Mutter: „Die sind ja süß, nicht?" Sie zeigt auf Puppenkleider.
Kind geht indessen ein paar Schritte weiter und bleibt vor einem Regal stehen: „Mama, komm mal her! Ich habe ja nicht soviel Geld, die sind schön!" Es zeigt auf Pantoffel.
Mutter geht zur Seite und zeigt auf ein anderes Fach: „Na, guck mal, Steffani, hier gibt's ja auch einfachere. Möchtest Du die da nehmen? Für 1 Mark?"
Kind: „Ja das, dann sind das 8 Mark!"
Mutter nimmt die Puppenschuhe aus dem Fach und gibt sie dem Kind: „Ja nicht abreißen, mhm, wir werden mal für Olivia auch eins mitnehmen."
Kind: „Aber das bezahle . . ."
Mutter: „Nein, das bezahle ich, nein, nein, nicht Du – hier, dann halt' da mal fest."
Kind: „1,50 kostet das. Kann ich das halten?" Sie greift nach dem kleinen Päckchen.
Mutter: „Ja, so, dann geh mal hin jetzt zur Kasse."
Mutter und Kind gehen zur Verkäuferin.

▷ Feindseliges Erziehungsverhalten und körperliche Strafen von Vater und Mutter – festgestellt in Interviews – hingen mit aggressivem Verhalten ihrer Kindergartenkinder zusammen, eingeschätzt durch die Kindergärtnerinnen und Eltern (Becker u. a., 1962).

▷ Wertschätzung–Wärme–Zuneigung bei 48 Kindergärtnerinnen in Freispielsituationen hingen zusammen mit konstruktiver Aktivität der Kinder (A. Tausch u. a., 1975; Meffert u. a., 1976).

▷ Freundlichkeit in Stimme, Sprachäußerungen, Mimik und Gesamtverhalten, ferner Ruhe, soziale Reversibilität, Förderung der Selbständigkeit von Kindern, unbelastete Beziehung zu Kindern sowie Seltenheit von Befehlen bei Kindergärtnerinnen hingen zusammen mit dem Ausmaß an Selbständigkeit im Sprachverhalten der Kinder gegenüber den Kindergärtnerinnen (A. Tausch u. a., 1968a).

▷ Mütter von 6jährigen, die sich in einem Spielzimmer in Gegenwart der Mutter wißbegierig, interessiert und prosozial zeigten, äußerten mehr positive Gefühle, weniger Einschränkungen und weniger Nichtbeachtung als Mütter von Jungen, die sich aggressiv verhielten. Aufgeschlossenheit und Interesse der Kinder gegenüber neuen Reizen hingen deutlich mit der Aufgeschlossenheit und dem Interesse der Mütter zusammen (Saxe u. Stollak, 1971).

▷ Strafendes, ärgerliches, feindseliges, zurückweisendes und klagendes Verhalten bei über 450 Eltern hing negativ zusammen mit dem in Tests festgestellten Intelligenzquotienten ihrer Kinder im 3. Schuljahr. Dieser Zusammenhang wurde nicht bedeutsam durch den sozio-ökonomischen Status der Eltern beeinflußt. Wahrscheinlich wird die intellektuelle Leistungsfähigkeit von Kindern durch das ungünstige emotionale Verhalten ihrer Eltern weniger entwickelt und gefördert oder sogar eingeschränkt (Hurley, 1967).

▷ Wärme, Freundlichkeit, Ermutigung, Anerkennung, Verständnis und Wertschätzung von Müttern vs. gegenteilige Merkmale hingen in häuslichen Situationen des Abendbrots und der freien Beschäftigung deutlich zusammen mit konstruktiver Spontaneität und Lebhaftigkeit der Kinder (A. Tausch u. a., 1975; Rieckhof u. a., 1976). Das Sprachverhalten von Müttern und Kindern wurde ohne Anwesenheit von Untersuchern durch Funkmikrofone mit Billigung der Mütter aufgenommen. Im folgenden ein Beispiel für geringe Achtung–Wärme einer Mutter und damit zusammenhängend für geringes konstruktives spontanes Verhalten ihrer Kinder beim Abendbrot. Wahrscheinlich verlaufen Hunderttausende täglicher Essenssituationen in Familien in einer ähnlich destruktiven Weise. Die Möglichkeit der positiven Begegnung am Familientisch mit wechselseitigem Austausch persönlicher Erlebnisse und Gedanken bei vergnüglichem Essen wird zu einer Streßsituation voller Feindseligkeiten und Mißverständnisse:

Mutter: „Komm!"
Andreas: „Kriege ich eine noch?"
Mutter: „Nein, iß ein Mohnbrötchen!"
Andreas: „Scheiße!"
Mutter: „So –, setz Dich ordentlich hin!"
Andreas: „Mutti!?"
Mutter: „Hier sind doch noch genug da!"
Andreas: „Nein."
Mutter: „Hier sind noch drei Stück, die kriegst Du ja gar nicht alle auf. So, zufrieden? – Nun warte doch erstmal! Laß das, Andreas! – So, setz' Dich ordentlich hin. Hier komm! So hier! Hinsetzen! Guck doch mal auf den Teller! Du nimmst das einfach von mir weg!"
Andreas: „Mama!?"
Mutter: „Eß! – Mach' den Mund zu, bitte!"
Andreas: „Eisenbahn –."
Mutter: „Andreas, iß, mach' mal Deinen Mund bitte zu! Ja? Hast Du gehört? Komm

mal her! Komm mal her!" Zu dem 2. Kind gewandt: „Sabine, wir essen. Sabine, Du sollst essen!"
Sabine: „Oh!"
Mutter: „Was ist? – Andreas, was soll das?"
Sabine: „Ich will auch einen haben!"
Mutter: „Guck mal da, was Du gemacht hast! Guck mal zu! Geh mal in die Küche und hol' ein Tuch, Andreas!"
Andreas: „Es macht nichts!"
Mutter: „Komm! Dir macht es nichts! Eß erst mal auf, Sabine!"
Andreas weinend: „Mama!"
Mutter: „Dann braucht Ihr – da ist ja noch genug."
Andreas: „Nein!"
Sabine: „Das will ich essen!"
Andreas: „Da will ich was essen! Das kriegst Du nicht zurück!"
Mutter: „So!? Komm, laß das jetzt mal! (Kind weint) So, hier! Da hast Du was vom Besten!"
Andreas: „Das ist nicht viel."
Mutter: „Na, komm hier! Eß mal! Gehst nachher ins Bett! (Nach kurzer Zeit) So! Jetzt ins Bett! Komm!"

▷ Aufgeschlossenheit und Verständnis der Eltern für das Kind hingen zusammen bei 10–12jährigen mit Akzeptierung der Eltern als Vorbild (z. B. „Wenn ich könnte, würde ich mich so verhalten wie sie/er") sowie mit geringer Schulunlust (B. Minsel u. Fittkau, 1971). Aufgeschlossenheit und Verständnis waren charakterisiert durch Interesse der Eltern am Kind und durch Sprechen mit ihm, Bemühen um das Kind, Ermutigung, Optimismus und Wertschätzung. Einige Feststellungen des Fragebogens, mit dem die Jugendlichen das Verhalten ihrer Eltern einschätzten: Wenn ich mal etwas schlecht gemacht habe, bleibt sie/er freundlich. Wenn ich Probleme habe, nimmt sie/er sich genügend Zeit, um mit mir darüber zu reden. Wenn ich mal Ärger habe, kann ich es mit ihr/ihm besprechen. Wenn ich mich für etwas interessiere, dann versucht sie/er, sich auch dafür zu interessieren und spricht mit mir darüber. Sie/Er tut mir gern einen Gefallen. In wichtigen Dingen, z. B. wohin wir verreisen wollen, darf ich mitbestimmen. Auch wenn ich eine schlechte Zensur mit nach Hause bringe, bleibt sie/er freundlich. Der negative Pol des Faktors war charakterisiert durch Feindseligkeit der Eltern, keine Berücksichtigung der Gefühle des Jugendlichen und fehlende Partnerschaftlichkeit, z. B. Sie/Er behandelt mich, ohne meine Gefühle zu berücksichtigen. Wenn sie/er sich über andere ärgert, dann läßt sie/er das an mir aus. Sein/Ihr Ton mir gegenüber ist taktlos und unhöflich.

▷ Achtung, Anteilnahme, Wärme und positive Zuwendung von Eltern hingen in mehreren Untersuchungen bedeutsam zusammen mit der Selbstachtung und dem günstigen Selbstkonzept von Kindern und Jugendlichen, s. Kapitel Selbstachtung und Selbstkonzept.

▷ Geringe gefühlsmäßige Wärme von Eltern, festgestellt bei über 100 Eltern durch Selbsteinschätzung und Einschätzung durch ihre 14–17jährigen Söhne und Töchter, hing zusammen mit ungünstigen Äußerungen der Jugendlichen zu sich selbst. In den Äußerungen und Gedanken, die die Jugendlichen zu sich selber leise oder laut sagten (Selbstkommunikation), drückte sich häufig Geringschätzung und Erniedrigung der eigenen Person aus: „Was ich mache, ist sowieso alles verkehrt!" „Ich bin einfach unfähig!" „Mich mag keiner!" „Ich Idiot!" „Ich tauge doch zu gar nichts!" „Das kapierst Du doch nicht!" Die negativen Selbstäußerungen der Jugendlichen hingen ebenfalls bedeutsam mit dem Ausmaß der negativen Selbstäußerungen ihrer Eltern zusammen. Ferner: Sowohl bei Jugendlichen als auch bei Eltern hingen negative Selbstäußerungen zusammen mit psychoneurotischen Beeinträchtigungen; ferner bei Jugendlichen mit Aggressivität, allgemeiner Angst und Selbstaggression. – Emotionale Wärme–Achtung der Eltern dagegen hing zusammen mit positiven Äußerungen der Jugendlichen zu sich selbst: „Das schaffst Du schon." „Das habe ich sehr gut hingekriegt." – Diese Zusammenhänge zwischen Wärme–Achtung der Eltern und wichtigen seelischen Vorgängen ihrer Kinder waren unabhängig von der sozialen Schicht der Eltern und der Art der besuchten Schule (Quitmann, Tausch u. Tausch, 1974). Die Bedeutung der negativen Selbstkommunikation wird durch folgendes demonstriert: Negative Selbstkommunikation war bei psychiatrischen Patienten und Personen mit Selbstmordversuchen bedeutsam häufiger als bei Patienten mit organischen Erkrankungen in Krankenhäusern oder bei nicht-kranken Bevölkerungsstichproben (Böllner, Tausch u. Tausch, 1975).

▷ Aggressive Jugendliche hatten Eltern, die weniger liebevoll und stärker zurückweisend waren als Eltern nicht-aggressiver Jugendlicher (Bandura u. Walters, 1959).

▷ Die emotionale Wärme der Eltern, durch Fragebogen bei 7–8jährigen ermittelt, hing mit unbekümmerter Impulsivität dieser Jungen im Persönlichkeitstest zusammen (Seitz, Wehner u. Henke, 1970).

▷ Die Eltern straffälliger Jugendlicher waren gemäß zahlreichen Untersuchungen häufiger abweisend, kalt und geringschätzend gegenüber ihren Kindern als Eltern nicht-straffälliger Jugendlicher. Straffälligkeit von Jugendlichen wird wahrscheinlich durch Kälte–Geringschätzung der Eltern gegenüber Jugendlichen gefördert. Einige Befunde: Die Mütter und insbesondere Väter jugendlicher Delinquenten waren deutlich häufiger gefühlsmäßig indifferent, zurückweisend und feindselig und deutlich weniger warm und zugeneigt als die Eltern nicht-delinquenter Jugendlicher (Glueck u. Glueck, 1950). Hatten beide Eltern liebevolle Beziehungen zu ihren Kindern, so ergab sich die geringste Häufigkeit jugendlicher Straffälligkeit. Die größte Häufigkeit von Straffälligkeit war vorhanden bei geringschätzendem, kaltem Verhalten beider Elternteile. Dies wurde festgestellt durch Befragung der Jugendlichen über das von ihnen wahrgenommene gefühlsmäßige Verhalten ihrer Eltern (McCord, McCord u. Zola, 1959). Nur 11 % straffälliger Jugendlicher äußerten sich zufrieden über die gefühlsmäßige Beziehung ihrer Eltern zu ihnen, dagegen 78 % nicht-delinquenter Jugendlicher (Andry, 1960). Diese von den Jugendlichen wahrgenommenen Beziehungen können allerdings durch die Straffälligkeit selbst ungünstig beeinflußt worden sein.

▷ Eltern von 8–12jährigen sog. Problemkindern waren – verglichen mit Eltern von Nicht-Problemkindern – bedeutsam mehr zurückweisend und feindselig, kritisierten stärker, verboten häufiger und gaben weniger Anerkennung und Lob. Dies wurde durch Beobachter festgestellt, die das Verhalten der Eltern in experimentellen Situationen durch Spiegelfenster wahrnahmen. Dagegen unterschieden sich die Eltern der Gruppen nicht hinsichtlich des Anbietens von Hilfen und hinsichtlich der Lenkung (Schulman u. a., 1962).

Auswirkungen von Achtung–Wärme bei Arbeitsgruppenleitern in Betrieben. ▷ In einer sehr bedeutsamen Untersuchung (Fleishman u. Harris, 1962) wurden 50 Meister einer Motorenfabrik durch die Mitglieder ihrer Arbeitsgruppen mit einem Fragebogen charakterisiert. Es ergaben sich 2 Faktoren des Leiterverhaltens: 1. Faktor Rücksichtnahme–Wertschätzung (Consideration) 2. Faktor Strukturierung–Anordnung (Initiating Structure). Der Faktor Rücksichtnahme–Wertschätzung war charakterisiert durch Respektierung des Arbeiters und seiner Arbeit durch den Meister, Sprechen des Meisters mit dem Arbeiter bei Arbeitsproblemen, gewisse Teilhabe des Arbeiters an Entscheidungen, tiefes Interesse des Meisters an den Sorgen seiner Arbeiter, gewisses warmes Beziehungsverhältnis. Dies war nicht mit Anbiederung, oberflächlichem Auf-die-Schulter-Klopfen oder Beim-Vornamen-Nennen gleichzusetzen. Einige für diesen Faktor charakteristische Feststellungen des Fragebogens (Minuszeichen bedeuten einen negativen Zusammenhang mit dem Faktor Rücksichtnahme–Wertschätzung): „Er tut seinen unterstellten Mitarbeitern gern einen persönlichen Gefallen", „Hat man persönliche Probleme, so hilft er einem", „Er ist freundlich, man hat leicht Zugang zu ihm", „In Gesprächen mit seinen unterstellten Mitarbeitern schafft er eine gelöste Stimmung, so daß sie sich frei und entspannt fühlen", „Auch wenn er Fehler entdeckt, bleibt er freundlich", „Er ist am persönlichen Wohlergehen seiner unterstellten Mitarbeiter interessiert", „Der Umgangston mit seinen unterstellten Mitarbeitern verstößt gegen Takt und Höflichkeit" (–), „Er behandelt die ihm unterstellten Mitarbeiter, ohne deren persönliche Gefühle zu berücksichtigen" (–), „Nach Auseinandersetzungen mit seinen unterstellten Mitarbeitern ist er nachtragend" (–). – Die Auswirkungen: Bei hoher Rücksichtnahme–Wertschätzung der Meister gegenüber den Arbeitern war die Beschwerdehäufigkeit und besonders die Kündigungshäufigkeit der Arbeiter gering; bei wenig Rücksichtnahme–Achtung war sie groß. – Der Faktor Rücksichtnahme–Wertschätzung war entscheidender als der Faktor Strukturierung–Anordnung. So war bei Meistern mit geringer Rücksichtnahme–Wertschätzung die Anzahl der Beschwerden und der Kündigungen der Arbeiter am höchsten, weitgehend unabhängig vom Grad ihrer Strukturierung–Anordnung. Andererseits hatten Meister mit hoher Rücksichtnahme–Wertschätzung auch bei größerer Strukturierung–Anordnung nur eine geringe Beschwerde- und Kündigungshäufigkeit. Vermutlich akzeptieren Arbeiter ein größeres Ausmaß organisatorischer Lenkung und Anordnung ihrer Arbeitsleiter, wenn sie gleichzeitig deutliche Rücksichtnahme–Wertschätzung ihrer Person und ihrer Arbeit durch den Leiter erfahren.

▷ Der Faktor positive Zuwendung–Respektierung sog. Vorgesetzter gegenüber Arbeitnehmern erwies sich auch in folgender umfassender Untersuchung von Fittkau-Garthe u. Fittkau (1971) als bedeutsam: Über 1000 Angestellte und Arbeiter von verschiedenen Firmen, Behörden und Industriebetrieben schätzten ihre über 200 unmittelbaren Vorgesetzten mit einem Fragebogen ein. Der Faktor positive Zuwendung–Respektierung des Arbeitsleiters gegenüber Arbeitnehmern hing deutlich zusammen mit deren positiv erlebter zwischenmenschlicher Beziehung zum Arbeitsleiter (z. B. über persönliche Probleme mit dem Arbeitsleiter sprechen können), mit erlebter Freiheit bei der Arbeit sowie mit Fehlen von unangemessenem Leistungsdruck. Der Faktor positive Zuwendung–Respektierung des Arbeitsleiters war u. a. durch folgende Feststellungen des Fragebogens gekennzeichnet (Minuszeichen bedeuten einen negativen Zusammenhang): „Er behandelt seine unterstellten

Mitarbeiter als gleichberechtigte Partner", „In Gesprächen mit seinen unterstellten Mitarbeitern schafft er eine gelöste Stimmung, so daß sie sich frei und entspannt fühlen", „Persönlichen Ärger oder Ärger mit der Geschäftsleitung läßt er an seinen unterstellten Mitarbeitern aus"(–), „Treffen seine unterstellten Mitarbeiter selbständig Entscheidungen, so fühlt er sich übergangen und ist verärgert"(–), „Er versucht, seinen unterstellten Mitarbeitern das Gefühl zu geben, daß er der ‚Chef' ist und sie unter ihm stehen"(–). Wurde der Faktor positive Zuwendung–Respektierung zusammengefaßt mit dem Faktor stimulierende Aktivität des Vorgesetzten, so ergaben sich hierbei die meisten Zusammenhänge mit günstigen Empfindungen, Einstellungen und Erfahrungen der Angestellten und Arbeiter zu ihren Arbeitsleitern. Auch bei einer zusätzlichen Befragung der Arbeitnehmer ergab sich: Als besonders günstiges Arbeitsleiterverhalten wurde hohe positive Zuwendung–Respektierung sowie größere stimulierende Aktivität, ohne autoritäre Kontrolle, angesehen.

▷ Eine persönliche, aufmerksame, achtungsvolle Zuwendung zu ihrer Arbeit führte bei Arbeitnehmern zu einer Zunahme ihrer Leistungen (Elton Mayo, 1950). Diese positiven Erfahrungen wurden den Arbeitnehmern ganz unabsichtlich und ohne Planung zuteil, und zwar durch die Untersuchungstätigkeit von Psychologen. Sie sollten die Annahme prüfen, ob mit besserer Beleuchtung am Arbeitsplatz die Arbeitsergebnisse steigen würden. Dies bestätigte sich. Völlig unerwartet ergab sich aber auch bei der Kontrollgruppe mit gleichbleibender Arbeitsplatzbeleuchtung eine Zunahme der Leistung. Man ließ dann die Gruppe mit bisher besserem Licht wieder mit schwächerem Licht arbeiten. Dennoch stieg die tägliche Leistung an. In weiteren Untersuchungen ergab sich: Leistungssteigerungen der Arbeitnehmer traten ein, wenn die Arbeitenden eine persönliche, achtungsvolle Behandlung und aufmerksame Zuwendung erfuhren und sich in ihrer Arbeit und in ihrer Person gewürdigt fühlten.

▷ Zur Feststellung, welche Art von Schreibmaschinen die beste Schreibleistung ermöglichte, schrieben Maschinenschreiberinnen fast 2 Jahre lang mit verschiedenen Modellen. Die tägliche Schreibleistung und der Ermüdungsgrad wurden aufgezeichnet. Erwartungsgemäß ergaben sich deutliche Leistungsunterschiede bei den einzelnen Maschinentypen. Als eines Tages die Vorgesetzte der Maschinenschreiberinnen wechselte, stieg unmittelbar die Arbeitsleistung aller Maschinenschreiberinnen an. Und zwar um einen Betrag, der weit über dem Leistungsunterschied zwischen der schlechtesten und besten Maschine lag. Die Leistungen blieben bei der neuen Vorgesetzten bei sämtlichen Schreiberinnen auf einer Höhe, die vorher auch von der besten Schreiberin mit der besten Maschine nicht erreicht worden war. Nun wurden in gewissen Abständen planmäßig die Vorgesetzten gewechselt. Bei bestimmten Vorgesetzten zeigte sich trotz hoher Leistung geringe Ermüdung. Bei anderen Vorgesetzten, insbesondere schwierigen, mißmutigen, ungeduldigen, nervösen und reizbaren Vorgesetzten wiesen die Schreiberinnen geringe Leistungen auf und klagten über stärkere Ermüdungen (nach Metzger, 1957, S. 12).

Auswirkungen der Achtung–Wärme von Versuchsleitern auf Versuchspersonen und Versuchstiere. Für diejenigen, die die Bedeutung von Achtung–Wärme gering einschätzen, haben wir die folgenden experimentalpsychologischen Untersuchungen angeführt.

▷ Versuchspersonen wurden in Einzelversuchen aufgefordert, möglichst viele Wörter mit bestimmten Anfangsbuchstaben in einer bestimmten Zeit zu nennen (Reece, 1964). Es wurde also eine Leistung in sprachlicher Produktivität gefordert. Bei der Hälfte der Versuchspersonen verwirklichte der Versuchsleiter ein „warmes Klima", so Hinbeugen zur Versuchsperson, direktes Ansehen und Lächeln, gelegentliche „Hm-hm"-Äußerungen. Bei der anderen Gruppe verwirklichte der Versuchsleiter ein „kaltes Klima", z. B. Nicht-Lächeln. Ergebnis: Die Versuchspersonen der emotional warmen Versuchsleiter verbesserten sich vom ersten zum letzten Versuch deutlich in ihrer Produktion von Wörtern, die Versuchspersonen der emotional kalten Versuchsleiter verschlechterten sich.

▷ Ratten erhielten vom Experimentator nach Entwöhnung vom Muttertier täglich 10 Minuten positive Zuwendung, z. B. Streicheln, Ansprechen und auf dem Arm des Versuchsleiters Entlanglaufen. Diese Tiere zeigten in Lernaufgaben höhere Leistungen als Tiere ohne derartige gefühlsmäßige Zuwendungserfahrungen. Ein Aussetzen dieser liebevollen Behandlung steigerte die Fehlerzahl. Eine Wiederaufnahme der freundlichen Behandlung verminderte sie. Fast jede zweite Ratte mit einer liebevoll-warmen Behandlung war nach einer Giftinjektion noch 24 Stunden lang am Leben, dagegen nur jede zehnte Ratte ohne emotionale Zuwendung (Bernstein, 1957). Tiere mit großem Ausmaß an liebevoller persönlicher Behandlung nahmen bei gleicher Nahrungsmenge mehr an Gewicht zu, nutzten das dargebotene Futter besser aus und befanden sich in besserer körperlicher Verfassung als Tiere ohne liebevolle Behandlung (Ruegamer u. a., 1954). Während des Aufwachsens liebevoll behandelte, z. B. gestreichelte Kaninchen waren als ausgewachsene Tiere weniger furchtsam, ferner explorativer und aktiver (Anderson u. a., 1972). Die Bedeutung eines angenehmen wärmenden Hautkontaktes, selbst wenn er nur durch einen Gegenstand ermöglicht wurde, zeigten die Untersuchungen von Harlow u. Zimmermann (1959): Isoliert gehaltene junge Affenkinder verbrachten viel Zeit bei einer Stoffpuppe, flüchteten bei Angst zu ihr und empfanden an dem anschmiegsamen Fell vermutlich ein Gefühl der Geborgenheit. Dagegen hielten sie sich selten bei einem in den Umrissen ähnlichen Drahtgestell auf, obgleich sie von diesem täglich ihre Milchnahrung erhielten. – Weitere Untersuchungen bei Schmalohr (1968).

Auswirkungen von Achtung–Wärme sowie Geringschätzung–Kälte auf Erzieher selbst. Unserer Auffassung nach ist es auch für erziehende Erwachsene selbst sehr bedeutsam, ob sie andere mit Achtung–Wärme oder Geringschätzung–Kälte behandeln. Einige Gesichtspunkte:

Achtung–Wärme eines Erziehers gegenüber einer anderen Person und Akzeptierung ihres Andersseins wirkt sich wahrscheinlich förderlich aus auf seine eigene Selbstachtung, sein günstiges Selbstkonzept, seine seelische Gesundheit, seine Zufriedenheit mit sich selbst, sein Offensein für eigene Erfahrungen, seine Erlebniserweiterung, insgesamt auf seine allgemeine seelische Funktionsfähigkeit. Auch sind die Chancen, daß er von anderen positive Zuwendung und Wärme erhält, erheblich größer. Gegenteilige Effekte sind bei Erziehern zu erwarten, die sehr häufig Geringschätzung und Kälte anderen Personen gegenüber leben. Sie spüren viele unangenehme Empfindungen und werden in ihrer Erlebens- und Funktionsfähigkeit beeinträchtigt. Diese Personen vergiften sich gleichsam selbst, sie reagieren oft als

Folge davon gegenüber anderen mit noch stärkerer Geringschätzung–Kälte als sie dies häufig selber möchten. Zwei Hinweise dafür, daß Achtung–Wärme von Erziehern gegenüber Kindern–Jugendlichen zusammenhängen kann mit größerer Lebenszufriedenheit und mit positiveren Erfahrungen dieser Erzieher: ▷ Erwachsene im Alter von 65–90, die gemäß ihrer Erinnerung ihre eigenen Kinder während der Erziehung mit größerer Achtung–Wärme behandelten und weniger dirigierten, hatten eine größere Lebenszufriedenheit im Alter und erlebten soziale Kontakte mit fremden Personen mit größerer wechselseitiger Freundlichkeit und gegenseitiger Achtung, im Vergleich zu gleichaltrigen Personen mit wenig förderlichem früherem Erziehungsverhalten (A. Tausch u. a., 1973). ▷ Annehmendes-warmes vs. kühles-zurückweisendes-korrigierendes Verhalten bei 39 Grundschullehrerinnen gegenüber ihren Schülern, festgestellt durch Beobachter im Unterricht, hing deutlich mit der Zufriedenheit der Lehrerinnen mit ihrer Tätigkeit zusammen (Greenwood u. Soar, 1973). – Eine Person empfindet wahrscheinlich ein größeres Gefühl von Selbstachtung und von seelischem Reichtum, wenn sie anderen gegenüber Achtung und warme Zuwendung empfindet.

Auch bei Jugendlichen wirkt sich wahrscheinlich ihre gegenüber anderen Jugendlichen oder Erwachsenen gelebte Achtung–Wärme oder Geringschätzung–Kälte deutlich auf sie selbst aus. Häufige Geringschätzung, Mißachtung und Rücksichtslosigkeit von Jugendlichen oder Studenten gegenüber Gleichaltrigen, ihren Eltern oder Lehrern hängt wahrscheinlich zusammen mit geringer Selbstachtung, Einengung ihrer seelischen Erlebensfähigkeit und führt gleichsam zu ihrer eigenen Vergiftung. Wir verstehen hierunter nicht, daß Jugendliche gelegentlich deutlich negative Gefühle gegenüber anderen Jugendlichen oder Erwachsenen haben. Wir meinen diejenigen Jugendlichen, deren Haltung und Einstellungen fortlaufend gegenüber Gleichaltrigen oder gegenüber ihren Lehrern und Eltern in größerem Ausmaß geringschätzig und kalt sind, was sich etwa häufig in aggressiven Akten und Beleidigungen äußert, z. B. „Brecht dem Müller die Gräten!“ „Schwachsinniger Reaktionär!“ „Haut die Pauker zusammen!“ „Schlagt den Paukern in die Fresse!“ „Fachidiot!“ „Lehrerflaschen!“ „Klassen-Oma!“

Wahrscheinlich vergiften Erzieher und Jugendliche sich selbst sowie auch andere durch überwiegend gelebte Geringschätzung–Kälte. Kampf gegen andere mag gelegentlich notwendig sein, er mag zur Erreichung eines äußeren Zieles führen. Aber häufig bedeutet Kampf mit Kälte–Geringschätzung eine deutliche Einschränkung der eigenen Erlebens- und Funktionsfähigkeit. Etwas anderes ist es, wenn Menschen, statt andere mit Kälte und Rücksichtslosigkeit zu behandeln, ihre eigenen negativen Gefühle ausdrücken. Wenn sie etwa ihren Zorn oder ihre Beeinträchtigung aufgrund von Maßnahmen von Lehrern oder Jugendlichen äußern. Sie sehen dabei ihre Gefühle als ihre an, etwa „Ich bin enttäuscht und mutlos“. Sie lernen hierdurch u. a., sich mit ihrem Fühlen auseinanderzusetzen. Unsere grundsätzliche Einstellung: Erzieher und andere Personen sollten sich zu schade dafür sein und sich nicht dazu hergeben, andere häufig und über längere Zeit mit Kälte und Geringschätzung zu behandeln. Hierdurch wird weder ihr eigenes Erleben noch das des anderen gefördert. Sie verfehlen Maßnahmen und das Ausfindigmachen von Aktionen, durch die sie für sich selbst und für den anderen besser und intelligenter ihre Ziele erreichen können. Sie bringen sich auch um die Möglichkeit, eine unbefriedigende Beziehung zu unterbrechen oder zu beenden.

Deutliche Achtung einer Person gegenüber einer anderen gibt die einzig glaubwürdige realistische Begründung für den Wunsch, selber mit Achtung behandelt zu werden. Nur bei hoher Achtung, etwa eines Lehrers gegenüber Schülern oder von Eltern gegenüber Kindern, ist die faire Forderung der Erwachsenen möglich, daß auch Jugendliche sich gegenüber Erwachsenen nicht geringschätzig, kalt und abweisend verhalten. Werden dagegen Jugendliche in ihrer Würde mißachtet, von Erziehern beschimpft, blamieren Lehrer ihre Schüler vor der Klasse, so besteht für diese Jugendlichen kaum eine innere Verpflichtung, ihrerseits die Erzieher mit Achtung zu behandeln. Sie nehmen vielmehr fortlaufend einen Erzieher wahr, der andere mit Geringschätzung und Kälte behandelt. Und sie lernen ein derartiges Verhalten durch Wahrnehmen. Heute kann Achtung von Jugendlichen gegenüber Erwachsenen kaum durch Stärke, Druck, Betonung von Rechten der Erwachsenen, durch höheres Alter, durch sog. Autorität oder einen akademischen Grad herbeigeführt werden. Wenn viel persönliche Freiheit gewährt wird und dirigierendes, bestrafendes, machtvolles Verhalten von Erwachsenen stärker eingeschränkt wird, so neigen einige Jugendliche und Studierende zu gewissen Zeiten und unter gewissen Bedingungen dazu, sich geringschätzig gegenüber anderen Personen, so auch gegenüber Lehrern und Erziehern zu verhalten. Es ist unrealistisch anzunehmen, daß es sog. autoritäre Persönlichkeiten nur unter Erwachsenen, nur unter Lehrern und Professoren gäbe. Die Basis der g e g e n s e i t i g e n Achtung und Fairneß ist unserer Auffassung nach der eindringlichste Grund und die eindringlichste Erfahrung für Jugendliche, Erwachsene mit Achtung zu behandeln.

Erwachsene, die Kinder und Jugendliche mit Achtung und Wärme behandeln, die es aber andererseits zulassen, daß sie von Kindern–Jugendlichen geringschätzig, kalt und rücksichtslos behandelt werden, sind ungünstige soziale Wahrnehmungspersonen für Jugendliche. Sie sind ein Modell für Personen, die es gestatten, daß ihre Selbstachtung und ihr Selbstgefühl erheblich beeinträchtigt wird, ohne daß sie sich dagegen verwahren. Sie vermitteln so eher den Jugendlichen den Eindruck, daß jemand sich mit achtungsvollem und warmem Verhalten nicht „durchsetzen" könne und daß somit dieses Verhalten unangemessen sei etwa im öffentlichen Leben. Sie tragen so dazu bei, daß Jugendliche die Achtung–Wärme anderer mißverstehen und gleichsetzen können mit Weichheit, unrealistischer Nachgiebigkeit und mangelnder Fähigkeit, für sich selbst zu sorgen.

Wie kommt es zu den günstigen Auswirkungen von Achtung–Wärme? Wir sehen folgendes als wesentlich an:

▷ Gefühle, gefühlsmäßige Reaktionen und Haltungen einer Person lösen über die Wahrnehmung bei der anderen Person häufig ähnliche (reziproke, gegenseitige, entsprechende) Vorgänge, Gefühle, gefühlsmäßige Reaktionen und Empfindungen aus. Dies wird gleichsam als Gesetz der Gegenseitigkeit gefühlsmäßiger Stimmungen zwischen Personen bezeichnet. Achtung, Wärme und freundliches Entgegenkommen einer Person lösen beim anderen häufig Tendenzen zu freundlichen, warmen Empfindungen und Reaktionen aus. Hierdurch z. B. wird Angst vermindert, die psychologische Funktionsfähigkeit erhöht, besonders bei seelisch beeinträchtigten Personen. Dagegen fördern Feindseligkeit, Aggression, Geringschätzung, Rücksichtslosigkeit und Kälte von Lehrern, Professoren, Eltern oder Kindergärtnerinnen die Tendenzen zu Feindseligkeit, Aggression, Kälte und Rücksichtslosigkeit bei Kindern, Jugendlichen, Studierenden oder anderen.

Diese Gegenseitigkeit gefühlsmäßiger Stimmungen zwischen Personen wurde auch in Experimenten nachgewiesen. So lösten Versuchsleiter mit positiven Affekten, Mimik, Gesten, und Sprachinhalten im Gespräch mit Schülern positive Empfindungen und weniger Unruhe bei Schülern aus als Versuchsleiter mit negativen Gefühlen wie Mißbilligung, verneinendes Kopfschütteln und unfreundliches Ansehen (Rosenfeld, 1967). Bei der Diskussion kleiner Gruppen löste achtungsvolles, hilfreiches, positives Verhalten eines Teilnehmers bei den anderen Entspannung und Solidarität aus. Zeigen von Gegnerschaft bewirkte häufig Feindseligkeit und Gegnerschaft bei anderen (Bales, 1951). Bei einem achtungsvollen, freundlichen, warmen, sog. sozialintegrativen Gruppenleiter verhielten sich Kinder freundlicher und achtungsvoller gegenüber dem Gruppenleiter und den übrigen Kindern als bei einem weniger freundlichen, sog. autoritären Gruppenleiter (Lewin, Lippitt u. White, 1939).

▷ Achtenswert von anderen Personen wahrgenommen zu werden und Achtung–Wärme–positive Zuwendung von ihnen zu erfahren, sind notwendige Erfahrungen für Selbstachtung und günstiges Selbstkonzept. Mit der Achtung oder Geringschätzung, mit der Erwachsene einen Jugendlichen wahrnehmen und ihn behandeln, nimmt dieser sich selbst wahr, gleichsam vom Standpunkt dieser bedeutungsvollen anderen Personen aus. – „Ich fühle, daß ich eine Person von Wert bin, zumindest von gleichem Wert wie andere", „Ich habe eine positive Einstellung zu mir selbst"; derartige Haltungen zu sich selbst können meist nur Jugendliche haben, die häufig von den für sie bedeutungsvollen Personen eine gleichbleibende achtungsvolle–warme Behandlung erfahren und zu ihnen ein günstiges Beziehungsverhältnis haben. Wie sollte sich ein Jugendlicher oder ein Erwachsener selber achten können und sich als Person von Wert empfinden, wenn er dies nicht fortlaufend von seinen Eltern, Lehrern oder anderen Partnern erfährt? Wird er von für ihn bedeutungsvollen Mitmenschen als Person von geringem Wert wahrgenommen und geringschätzig, zurückweisend und kalt angeredet und behandelt, so wird er sich selbst häufig in ähnlicher Weise wahrnehmen und sich entsprechend verhalten. Erniedrigung, Abwertung und Verachtung sowie Kälte sind Bedrohungen der Person selbst, der Selbstwahrnehmung, des Selbstkonzeptes. Dies wirkt sich erheblich beeinträchtigend auf die konstruktive Persönlichkeitsentwicklung und auf das Lernen eines Menschen aus.

▷ Achtungsvoll, warm und rücksichtsvoll behandelt zu werden, entspricht einem existentiellen Bedürfnis und Wunsch des Menschen. Eine Frau über ihren Mann: „... Wissen Sie, was ich möchte – ich möchte anständig behandelt werden. Ja, denn ich behandle auch jeden anständig. So möchte ich auch behandelt werden. Mein Mann aber, der ist so meckerig. Und ich fühle mich am wohlsten, wenn ich Ruhe und Frieden habe. Weiter will ich gar nichts. Und ich denke immer, warum ist er so gehässig und meckerig zu Hause?" Es ist ein tiefer Wunsch und eine notwendige Erfahrung von Menschen, als Person anerkannt und gewürdigt zu werden. Es ist wichtig, daß Menschen sagen können: „Ich fühle, daß ich eine Person von Wert bin." Die Erfahrungen von Achtung–Wärme führen zur Förderung der seelischen und teilweise auch körperlichen Funktionsfähigkeit; geringschätzige, kalte und rücksichtslose Behandlung führen zu deren Beeinträchtigung. Besonders Kinder und Jugendliche benötigen derartige positive Erfahrungen von Achtung–Wärme. Im Stadium ihres Aufwachsens machen sie fast unausweichlich beeinträchtigende Erfahrungen in neuen, schwierigen Situationen, bei Mißerfolgen oder bei Krankheit. Viele von ihnen haben zu gewissen Zeiten Schwierigkeiten mit sich selbst, etwa wegen ihres eigenen Aussehens, wegen ihrer Beziehungen zu anderen

Menschen. Ihre Kleinheit, Ohnmacht und Besitzlosigkeit können gelegentlich zu allgemeiner Unsicherheit führen. Sie müssen sich auf viele Anordnungen und Regelungen ihrer Umwelt einstellen. Sie sind teilweise belastet durch die Probleme ihrer Eltern wie Krankheit, Ehescheidung oder Spannungen. Ferner sind sie mit vielen Menschen in Schulen, Verkehrsmitteln und in ihrer Wohngegend zusammen, zu denen sie nur flüchtige oder gar keine Beziehungen haben. Sie nehmen diese anderen Menschen als Fremde wahr und erleben sie häufig als wenig hilfreich.

So nannten auch in älteren und neueren Untersuchungen Kinder und Jugendliche als gewünschte Eigenschaften ihrer Erzieher überwiegend die Merkmale der emotionalen Dimension, z. B. menschlich, kameradschaftlich, taktvoll, hilfreich, Verständnis, Güte (z. B. Hart, 1934; Ruppert, 1959). Ähnliches zeigte sich bei der Befragung von mehreren tausend Schülern nach dem Lehrer, „der mir am meisten geholfen hat, dem ich am meisten verdanke, den ich am meisten schätze". Es ergaben sich die Merkmale der emotionalen Dimension, so Respektierung der Persönlichkeit des Schülers durch den Erzieher, kameradschaftlich, gerecht, höflich, hilfreich und sorgend, geduldig, freundlich, rücksichtsvoll, gleichbleibendes Verhalten, interessiert an den Problemen der Kinder, zur Zusammenarbeit bereit. Dies ist das weitgehend übereinstimmende Ergebnis der Aussagen von über 4000 Jugendlichen in verschiedenen Ländern (Witty, 1947, USA; Ruppert, 1959, BRD; Seifert, 1974, Österreich; Stopperam, 1972, DDR).

▷ Ängste, Unsicherheiten, seelische Spannungen und Beeinträchtigungen eines Menschen werden vermindert durch Achtung–Wärme eines anderen und die dadurch ausgelösten positiven Gefühle und Entspannungen. In der experimentalpsychologischen Verhaltensmodifikation wird dieser Prozeß als Gegenkonditionierung bezeichnet. Wenn eine Person Angst und Beeinträchtigung fühlt, etwa wenn sie sich in einem vertrauensvollen Gespräch ihre belastenden Situationen deutlich vorstellt, dann werden ihre Ängste und Beeinträchtigungen vermindert, wenn sie zugleich von einer anderen Person Wärme–Achtung und Verständnis erfährt. Geringschätzung–Kälte und Abweisung durch einen anderen führen dagegen zu größerer Bedrohung einer Person, zur Beeinträchtigung ihrer Selbstachtung und erhöhen meist ihre Ängstlichkeit und Unsicherheit.

▷ Achtung–Wärme oder Geringschätzung–Kälte einer Person wird von anderen Personen wahrgenommen und teilweise gelernt. So lernen etwa Schüler, sich anderen Menschen gegenüber gefühlsmäßig ähnlich zu verhalten, wie sie dies Jahre hindurch tagtäglich überwiegend bei ihren Lehrern wahrgenommen haben: achtungsvoll–warm oder geringschätzig–kalt. Wenn Schüler durch das Verhalten ihrer Lehrer und Erzieher achtungsvolles–warmes–rücksichtsvolles Verhalten aufgrund der Wahrnehmung lernen, so sind sie – neben der Förderung ihrer eigenen Funktionsfähigkeit – in hohem Maße förderliche, wertvolle Personen für andere. Dieser Wert wird etwa auch durch folgenden Untersuchungsbefund demonstriert: Wärme, Fähigkeit zu engen zwischenmenschlichen Beziehungen und zum Zeigen von Mitleiden wurden von einer größeren Anzahl von Psychologen als bedeutsamste seelische Eigenschaften einer gut funktionierenden wünschenswerten Persönlichkeit angesehen (Poe u. Johnson, 1972). – Auch in politischer Hinsicht ist das Lernen des emotionalen Verhaltens der Schüler durch das Wahrnehmen ihrer Lehrer bedeutsam. Lehrer sind gleichsam Vertreter des Staates, Mächtige, sog.

Herrschende. Jugendliche lernen, ob Vertreter des Staates, Amtspersonen, politische Personen gefühllos leben, ob sie aufgrund ihrer herausragenden Stellung auf andere herabblicken, ob sie andere häufig geringschätzig–teilnahmslos behandeln oder ob Personen auch in derartigen amtlich-politischen Funktionen ein persönliches achtungsvolles, warmes Beziehungsverhältnis zu anderen leben.

▷ Achtung–Wärme sind gleichsam Bestätigungen, Bekräftigungen, die eine Person von einer anderen erhält. Mißachtung–Kälte–Rücksichtslosigkeit sind gleichsam Bestrafungen. In Hunderten von experimentellen Untersuchungen wurden die Auswirkungen bekräftigenden Verhaltens (von sog. Reinforcements) von Versuchsleitern auf Jugendliche und Erwachsene dargestellt. Diese experimentellen sog. Bekräftigungen bestehen häufig in freundlichem Ansehen, in Worten wie „fein", „gut", in materiellen Belohnungen oder sonstigen Werten. Die Auswirkungen derartiger Bekräftigungen oder Bestrafungen für die „Formung" von Verhaltensweisen bei Tieren hat Skinner (1938) nachgewiesen. Wir sehen es nicht als wünschenswert an, wenn Personen das Verhalten anderer Personen durch Bekräftigungen, Bestätigungen oder Bestrafungen „formen". Uns erscheint erstrebenswert nicht die Formung von bestimmten einzelnen Verhaltenszügen, sondern die Förderung und Entwicklung der Persönlichkeit, ihrer bedeutsamen Vorgänge wie Selbstachtung und offene Auseinandersetzung mit dem eigenen Fühlen. Die Förderung dieser Vorgänge in Personen ist etwas anderes als eine „Formung" oder Dressur einzelner Verhaltensweisen bei Kindern und Jugendlichen durch Bekräftigungen oder Bestrafungen von seiten ihrer Erzieher. Derartige Bekräftigungen oder Bestrafungen durch Erzieher und Lehrer sind gleichsam eine mechanische Anwendungsprozedur mit geringer Echtheit und begrenzten Haltungen von Achtung–Wärme sowie sensiblem Verstehen. Deshalb sehen wir es als viel wichtiger an: Erzieher leben Achtung–Wärme, sensibles Verstehen der inneren Welt eines anderen sowie Echtheit. Diese Haltungen, die sich in verschiedenem konkretem Verhalten und Maßnahmen äußern, sind gleichsam andauernde Bekräftigungen für die gesamte Person des anderen. Sie lassen ihn erfahren: Ich stehe zu Dir, ich bejahe Dich, ich sehe Dich als wertvoll an. Sie lassen ihm darüber hinaus die Freiheit, sich im einzelnen zu verhalten, wie es seinen jeweiligen Erfahrungen entspricht, aus seinen Erfahrungen selbst zu lernen und sich auch nicht-konformistisch zu verhalten. Lediglich in der Erziehung schwer beeinträchtigter Kinder, deren seelische Funktionsfähigkeit etwa durch Hirnschädigung erheblich eingeengt ist, können „Bekräftigungsprozeduren" hilfreich sein. Vermutlich sind die Auswirkungen um so größer und langanhaltender, je mehr Eltern und Erzieher zugleich gegenüber diesen Kindern Achtung–Wärme leben.

▷ Bei guter gefühlsmäßiger Beziehung zwischen Erwachsenen und Jugendlichen sind Jugendliche eher bereit, gewisse Grenzen zu akzeptieren und Spannungen mit Erwachsenen nicht unnötig zu provozieren. Verteidigungs- und Oppositionshaltungen der Jugendlichen aus Gründen der Selbstbehauptung, Selbstachtung sowie Selbstverwirklichung sind weitgehend unnötig. Durch die Achtung des Erziehers erfahren Jugendliche hinreichend Selbstachtung. Sie werden in ihren wesentlichen Vorgängen, wie Offensein für Erfahrungen, tiefgreifendes Verstehen ihrer eigenen inneren Welt erheblich gefördert, ohne gelenkt und dirigiert zu werden. Jugendliche werden sich häufiger so verhalten, wie es der vom Erwachsenen erfahrenen Achtung ihrer Person entspricht.

▷ Die von einem anderen erfahrene Achtung–Wärme ermöglicht es häufig einer Person, zu diesem anderen Vertrauen zu fassen und ohne Angst und Furcht vor Nachteilen ihre innere Welt und ihre Erfahrungen preiszugeben und sich auszusprechen. Dieses Aussprechen von persönlich bedeutsamen Erfahrungen gegenüber einem warmen–verständnisvollen Partner hat einen hohen Wert für die seelische Funktionsfähigkeit einer Person.

▷ Bei sehr befriedigenden zwischenmenschlichen Beziehungsverhältnissen, gekennzeichnet durch Wärme–Achtung und Rücksichtnahme, wird der seelische Erlebnisreichtum von Personen erheblich gefördert.

▷ Wahrscheinlich haben achtungsvolle–warme Eltern, Erzieher und Lehrer häufiger befriedigende Kontakte mit Kindern und Jugendlichen. Ihr Verhalten wird so häufiger von den Jugendlichen wahrgenommen und gelernt.

▷ Durch deutliche Achtung–Wärme können ungünstige Auswirkungen von Dirigierung–Lenkung erheblich gemindert werden.

Kann sich Achtung–Wärme von Person zu Person auch ungünstig auswirken? Wir glauben nicht, daß Achtung–Wärme selbst ungünstige Auswirkungen hat. Jedoch können bei gleichzeitig anderen ungünstigen Bedingungen ungünstige Auswirkungen eintreten. Einige Gesichtspunkte:

▷ Wird die Achtung–Anteilnahme einer Person vom Partner als unecht erlebt, etwa als bloße konventionelle Höflichkeit ohne innere Haltung von Achtung und Anteilnahme, dann wird der Partner über die Fassadenhaftigkeit und Unechtheit enttäuscht sein. Er wird keine günstigen Auswirkungen verspüren und möglicherweise dazu neigen, selbst ein derartig freundliches Fassaden-Verhalten zu lernen.

▷ Negative Auswirkungen können bei einer Person eintreten, wenn der andere sie trotz Achtung–Wärme intensiv dirigiert–lenkt, ihr keine fördernden nicht-dirigierenden Aktivitäten anbietet und selbst wenig offen für seine Gefühle und Bedürfnisse ist. Hierdurch wird etwa die Abhängigkeit und Unselbständigkeit der Person – Jugendlicher, Ehepartner oder Mitarbeiter im Betrieb – gefördert. Sie fühlt sich zu sehr gebunden und nicht frei genug, sie selbst zu sein. Erfahrene Achtung–Wärme in besitzergreifender Form wird häufig beeinträchtigend für diese Person sein. Wir können eine derartige besitzergreifende Wärme und Zuwendung bei Eltern beobachten, die ihre Kinder für ihre eigenen Bedürfnisse gebrauchen, etwa um ihr eigenes Unglücklichsein oder Alleinsein zu vermindern, oder die einen Besitzanspruch auf ihr Kind erheben: „Mein Kind gehört mir." Ähnliches ist des öfteren auch bei Eheleuten oder zeitweise bei Freundschaften von Kindern und Jugendlichen vorhanden. Achtung–Wärme wirkt sich ungünstig aus, wenn sie jeweils an Bedingungen gebunden ist, wenn sie entzogen wird, sobald der andere nicht den Wünschen und Bedürfnissen der eigenen Person entspricht.

▷ Ungünstige Auswirkungen können auftreten, wenn das gefühlsmäßige Verhalten der Erwachsenen gegenüber Jugendlichen nur in einigen Merkmalen der emotionalen Dimension besteht, so überwiegend nur in Ermutigungen (sog. Reinforcements) oder überwiegend nur in Zärtlichkeit, ohne gleichzeitigen Ausdruck von Achtung und Respektierung der Selbständigkeit der Person des Kindes oder Jugendlichen.

▷ Negative Auswirkungen können eintreten, wenn ein Mensch einen anderen – Jugendlichen, seinen Ehepartner, seinen Vorgesetzten oder seinen Mitarbeiter –

achtungsvoll–warm–anteilnehmend behandelt, ihm jedoch fortlaufend gestattet, seine eigene Achtung–Würde zu verletzen. Dann ist dieser Mensch gleichsam ein Modell dafür, daß er die Würde, Achtung und Rechte anderer Menschen zwar achtet, aber sich selbst geringschätzig behandeln und seine Rechte mißbrauchen läßt.

Zu folgenden Argumenten möchten wir Stellung nehmen, die uns in Diskussionen entgegengehalten wurden:

▷ Männliche Jugendliche würden durch fortlaufende Erfahrungen von Wärme–Achtung sog. weibliches Erleben und Verhalten lernen. Wir begrüßen ein größeres Offensein männlicher Jugendlicher für ihr eigenes Fühlen und das Fühlen anderer sowie die Fähigkeit, anderen mehr Sympathie, Wärme und Zärtlichkeit entgegenzubringen. Wir halten dies günstig für eine befriedigende Lebensgestaltung, etwa in der Ehe, Partnerschaft oder in der späteren Erziehung der eigenen Kinder. Eine Erziehung und ein Leben zur Härte, zur Verschlossenheit, zum Nicht-Offensein für das eigene innere Fühlen und zur Mißachtung anderer sind unserer Auffassung nach in unserem Zeitalter nicht günstig. Denken wir etwa nur daran, daß in der Bundesrepublik Deutschland ca. 1 Million Frauen von ihren Männern geschlagen und gewalttätig behandelt werden. Wir befürworten die Förderung gefühlsmäßiger Bereiche in uns Menschen durch geeignete Erziehung und damit eine größere Gemeinsamkeit beider Geschlechter. In personenzentrierten Encountergruppen haben wir die Beeinträchtigung männlicher Gruppenmitglieder erlebt, „nicht fühlen zu können", „mit Gefühlen nicht umgehen können", „Angst zu haben, außer Kontrolle zu geraten und Verdecktes aufzudecken und hilflos zu werden", „nicht weinen zu können". Viele männliche Gruppenmitglieder litten unter ihrer Gefühlskälte. Sie spürten, daß sie in Familie, Beruf oder Freundeskreis nicht sie selbst waren, daß sie gefühlsmäßig ausgetrocknet waren und daß sie einen wesentlichen Teil in sich selbst verleugneten. Unterstützt und ermutigt durch andere Gruppenmitglieder, z. B. „Du Hans, ich mag Dich, wenn Du warm und gefühlvoll zu mir bist, aber Deine Kälte erschreckt mich", kommen sie in größeren Kontakt zu ihrem gefühlsmäßigen Erleben. Manche spürten bei ihren Tränen deutlich ihr eigenes Fühlen.

▷ Jugendliche, die während ihres Aufwachsens fortwährend Wärme–Achtung, Verständnis und Echtheit erfuhren, würden – so ein Argument – später gegenüber kalten, harten und unfreundlichen Personen zu weich und nachgiebig sein. Sie würden ihre eigenen Interessen nicht durchsetzen können, würden sich durch Freundlichkeit manipulieren lassen und wären zur Wahrung ihrer Rechte und Interessen zu keiner angemessenen politischen Aktion fähig. Unsere Auffassung ist gegenteilig: Menschen, die in den ersten zwei Jahrzehnten ihres Lebens fortlaufend Achtung ihrer Person erfuhren und die dadurch eine hohe Selbstachtung haben, werden geringschätzige–kalte–rücksichtslose Behandlung viel leichter wahrnehmen, als unzumutbar ablehnen und darauf weitaus heftiger reagieren und zu Aktivitäten schreiten als Menschen mit fortlaufenden Erfahrungen an Geringschätzung und Demütigung. Mit Achtung–Wärme fortlaufend erzogene Personen werden sensitiver sein für die Gefühle anderer Menschen und für inhumane Haltungen in ihrer Umwelt. Unserer Auffassung nach sind derart erzogene Menschen der beste Garant für die Verminderung von geringschätziger rücksichtsloser Behandlung anderer in Ehe, Öffentlichkeit, Kindererziehung oder Betrieben. Diese Personen werden Unmenschlichkeit am ehesten fühlen und sich dagegen auflehnen. Sie werden allerdings kaum zu fanatischen, irrationalen Aktionen neigen. Sie werden kaum ungeprüft irgendwelche Dogmen anderer übernehmen, sich blinden Aktionen konformistisch anschließen. Sie werden nicht meinen, Reformparolen am Mikrofon einer Saalversammlung oder Veränderung von „Systemen" seien wirkliche Veränderungen von Personen. Wir sehen überlegte intelligente ausdauernde Aktionen zur Durchsetzung humaner Interessen von Personen als sinnvoller an als Gewaltmaßnahmen, die sich kurz- oder langfristig fast immer negativ auswirken. Personen voller Selbstachtung werden mehr kreatives Verhalten haben, weniger konformistisch sein und kreativere Lösungen in Konfliktsituationen finden. Sie werden freier ihre Meinung sagen, sich durch Rückschläge weniger entmutigt fühlen. Jeder Lehrer, Dozent oder Unternehmer wird erfahren: Mit ihm zusammenarbeitende Personen, die in den ersten zwei Jahrzehnten fortlaufend deutliche Achtung–Wärme von bedeutungsvollen Personen erfahren haben, werden sich freier über Mißstände äußern und stärkeren Widerstand gegen inhumane Aktionen leisten. Bei sinnvollen, humanen Zielen werden jedoch diese Personen zugleich kooperativer und kreativer mitarbeiten. – Ein Hinweis aus einer Untersuchung: Kindergarten-, Grundschul- und Hauptschulkinder, die während mehrerer Wochen in kindzentrierten Gesprächen durch Psychologen Achtung sowie einfühlendes Verstehen erfuhren, wurden in ihrer gefühlsmäßigen und sozialen Stabilität gefördert, nicht jedoch hinsichtlich „sozial erwünschten Verhaltens" und sog. „schulischer Anpassung" (A. Tausch, Kettner, Steinbach u. Tönnies, 1973; Pixa–Kettner u. a., 1976).

▷ Mächtige Personen könnten – so ein Argument – kaum durch Freundlichkeit zu humanerem, sozialerem Verhalten beeinflußt werden. Das deckt sich auch mit unserer Auffassung. Abgesehen davon setzen wir Achtung nicht mit Freundlichkeit gleich. Wir jedoch treten dafür ein, daß die Mächtigen – Lehrer, Eltern, Professoren, Verwaltungsbeamte – die sozial Schwächeren mit Achtung behandeln und in sozial reversibler Weise für sie sorgen. Wir selbst haben in den vergangenen zwei Jahrzehnten unseres Arbeitens viel Feindschaft, Behinderung, Intrigen, Diffamierungen und Beeinträchtigungen von Kollegen, von einigen Studenten und von einigen Lehrern–Erziehern erfahren. Wir haben zunächst versucht, diese Personen zu verstehen und sie zu respektieren und sie gebeten, unsere Person und unsere Arbeit zu respektieren. War ihnen dies nach einiger Zeit nicht möglich, haben wir die Zusammenarbeit ausgesetzt oder abgebrochen. Wir haben uns auch zur Wehr gesetzt durch den Wechsel unseres Arbeitsplatzes, den Wechsel unserer Arbeitsgebiete, durch Beschwerden an Verwaltungsinstanzen, durch Flugblätter, durch Gründung eigener Arbeitsgruppen, Auffinden hilfreicher unterstützender Personen und durch Klärung und Veröffentlichung unserer Auffassungen sowie Untersuchungsbefunde in Fachzeitschriften, Büchern, Filmen und im Fernsehen. Wir waren echt und offen, gelegentlich zu offen und zu vertrauend, sehr aktiv, jedoch gegenüber diesen uns beeinträchtigenden Personen nicht verständnisvoll–anteilnehmend, aber auch nicht kalt und unfair. Wir haben mit vielen Anstrengungen neue Möglichkeiten kreativ gesucht, unsere Ziele und Bedürfnisse zum Wohle anderer zur Anerkennung zu bringen.

▷ Gelegentlich wird behauptet: Tiefe Achtung–Anteilnahme–Wärme von Lehrern für Schüler sei schädlich, wenn diese Schüler zu Hause von ihren Eltern eher Geringschätzung–Kälte erführen. Wie aber würden Sie selbst empfinden, wenn Sie diese Jugendlichen wären? Würden Sie nicht achtungsvolle–warme Erfahrungen zu einigen Lehrern als ein Gegengewicht gegen die negativen Erfahrungen im Elternhaus dankbar annehmen? Erleben nicht diese Jugendlichen es gleichsam als einen Lichtblick, daß sie doch für einige Menschen Personen von Wert sind, daß es grundsätzlich für sie möglich ist, gute zwischenmenschliche Beziehungen zu anderen zu haben, so daß ihnen dies durchaus in ihrem späteren Leben, in Ehe oder Beruf zu anderen Menschen gelingen kann? Ist es nicht unsinnig, diesen Schülern mit gefühlsmäßig ungünstigen Erfahrungen im Elternhaus noch weitere ungünstige Erfahrungen in der Schule zuzufügen? Und so ihre Selbstachtung und ihr Selbstgefühl weiter zu erniedrigen?

Soziale Reversibilität und Ermutigung, zwei bedeutsame Einzelmerkmale

Soziale Reversibilität–Umkehrbarkeit–Gleichwertigkeit von Person zu Person. Vor etwa 15 Jahren fiel uns in zwischenmenschlichen Beziehungen von Erwachsenen und Jugendlichen, aber auch von Arbeitsleitern und Angestellten eine Überordnung–Dominanz der einen Person sowie eine Unterordnung der anderen auf. Selten waren die Anreden, sonstigen Sprachäußerungen und Maßnahmen der beiden Personen sozial umkehrbar und gleichwertig. Der sog. hierarchisch Höherstehende, etwa der Lehrer, redete oft in einer Art mit den Schülern, die diese ihm gegenüber nicht übernehmen konnten, ohne ihn zu mißachten und zu verletzen. In Untersuchungen und Gesprächen mit Lehrern erfuhren wir dann die unmittelbare Nützlichkeit dieses Gesichtspunktes der sozialen Reversibilität/Irreversibilität. Der Erzieher, Lehrer oder sog. Vorgesetzte kann hiermit die Angemessenheit seiner Äußerungen und seines Verhaltens sofort ermitteln: Er stellt sich vor, er würde von Schülern oder sog. untergebenen Mitarbeitern mit seinen eigenen Worten angeredet und mit seinen eigenen Maßnahmen behandelt. Soziale Reversibilität/Irreversibilität charakterisiert die Gleichwertigkeit/Ungleichwertigkeit zwischen Personen. Das Verhalten der einen Person wird danach charakterisiert, inwieweit es für den Partner übernehmbar ist, von ihm der anderen Person gegenüber gelebt werden kann.

Wenn Äußerungen, Handlungen und Maßnahmen einer Person sozial reversibel sind, so bedeutet das häufig: Die Person lebt gegenüber dem Partner eine gewisse Achtung–Anteilnahme, ein gewisses Verstehen seiner inneren Welt sowie Echtheit. Bei Geringschätzung–Teilnahmslosigkeit, fehlendem Verstehen der inneren Situation des Partners sowie Fassadenhaftigkeit–Unechtheit werden Äußerungen, Handlungen und Maßnahmen einer Person gegenüber einer anderen häufig sozial irreversibel sein. Soziale Reversibilität/Irreversibilität in Handlungen und Maßnahmen wird also häufig ein gewisses Anzeichen dafür sein, inwieweit eine Person die 3 wesentlichen förderlichen Dimensionen Achtung–Wärme, Verstehen sowie Echtheit gegenüber anderen lebt.

Die nachfolgende Charakterisierung ermöglicht eine Feststellung, inwieweit Äußerungen, Verhalten und Maßnahmen einer Person sozial reversibel oder irreversibel sind. Wenn es gewünscht wird, können diese Feststellungen an Hand einer 5stufigen Einschätzung erfolgen[1]).

[1]) Starke Irreversibilität = Stufe 1; geringere Irreversibilität = 2; gleich viel Irreversibilität wie Reversibilität = 3; gewisse Reversibilität = 4; starke Reversibilität = 5.

Charakterisierung von sozialer Irreversibilität, d. h. Nichtumkehrbarkeit des Verhaltens und der Maßnahmen einer Person für die andere, da Verhalten und Maßnahmen Mißachtung–Kälte beinhalten und die Person psychisch oder physisch beeinträchtigen würden. So können Kinder und Jugendliche oft Äußerungen, Verhalten und Maßnahmen, die Erwachsene ihnen gegenüber zeigen, nicht gegenüber Erwachsenen wiederverwenden, weil sich Erwachsene wehren würden, in dieser beeinträchtigenden Form behandelt zu werden. Diese Nichtumkehrbarkeit trifft auch zu auf Beziehungen zwischen Erwachsenen, zwischen Ehepartnern, zwischen Arbeitgebern und Arbeitnehmern, zwischen Arzt und Patient, zwischen Vorgesetzten und unterstellten Mitarbeitern, zwischen Richter und Angeklagten, zwischen Professoren und Studenten. Viele Äußerungen und Maßnahmen der einen Person sind hier nicht umkehrbar, sie sind für den anderen nicht übernehmbar. Sie sind nicht sozial gleichwertig: Die eine Person würde bei Wiederverwendung ihrer eigenen Äußerungen oder Maßnahmen ihr gegenüber sich in ihrer Achtung verletzt und beeinträchtigt fühlen. Die Äußerungen oder Maßnahmen der einen Person, etwa des hierarchisch Höherstehenden, zeigen Mißachtung-Geringschätzung, Unhöflichkeit, geringe Anteilnahme und Rücksichtnahme gegenüber der inneren Welt des anderen. Soziale Irreversibilität kennzeichnet eine Zweigleisigkeit zwischenmenschlicher Beziehungen.

Beispiele für sozial irreversible Erzieheräußerungen, an Kinder–Jugendliche gerichtet: „Karl, ich hoffe, daß Du heute auch noch mal was von Dir gibst!" „Na, nun komm, Freundchen, jetzt geht die Arbeit doch erst los!" „Und Ihr alle schlaft herrlich und in Freuden! Die ganze Firma pennt!" „Was willst Du? Ich hatte nichts gefragt!" „Du dahinten, mit Deiner komischen Frisur." „Du bist aber einer von den ganz Schlauen." „Du hast Dich aber nicht mit Ruhm bekleckert." „Was sprecht Ihr heute morgen so leise! Überlaßt das Leise-Sprechen mir!" „Klaus, Du fliegst gleich raus, ja?" „Brigitte, jetzt hast Du Dich aber blamiert!" „Was ist mit Euch Helden da?" „Jetzt mal die Klugen in der Klasse!" „Habt Ihr keine Augen im Kopf!" „Wacht endlich auf!" „Quatschst Du noch?" „Höflichkeit ist wohl bei Euch ausgestorben!" „Beginn noch einmal!" „Macht doch jetzt mal Euren Mund zu, das ist ja fürchterlich!" „Sag mal, was ist bloß mit Dir los?" „Ihr sollt Euch schämen! Man könnte doch verlangen, daß Ihr wenigstens den Mund haltet und ruhig seid, wenn ich mit den Besuchern komme." „Seht mich gefälligst an!" „Und da habt Ihr noch nicht alle Finger hoch?" „Weglegen alles!" „Frage doch nicht so dumm!"

Charakterisierung von sozialer Reversibilität, d. h. Umkehrbarkeit und Übernehmbarkeit von Verhalten und Maßnahmen einer Person für die andere. Äußerungen, Verhalten und Maßnahmen einer Person, etwa des Erwachsenen, können vom Partner, etwa vom Kind oder Jugendlichen, gegenüber der anderen Person, etwa dem Erwachsenen, wiederverwendet werden, da sie keine Mißachtung–Kälte oder keine Beeinträchtigung der psychischen und körperlichen Funktionsfähigkeit dieser Person enthalten. Es ist eine soziale Gleichwertigkeit von Äußerungen, Verhalten und Maßnahmen einer Person zu der anderen vorhanden. Erwachsene und Jugendliche, Arbeitnehmer und Arbeitgeber, Meister und Auszubildende, Arzt und Patient, Ehefrau und Ehemann, Professor und Student haben zueinander einen gleich achtungsvollen, umkehrbaren, übernehmbaren Stil zwischenmenschlicher Beziehungen.

Beispiele für sozial reversible Erzieheräußerungen, an Kinder und Jugendliche gerichtet: „Kannst Du sie bitte übernehmen?" „Hier meinst Du?" „Stimmt Ihr zu?" „Wolltest

Du noch etwas sagen?" „Ihr seid damit nicht einverstanden?" „Ihr zählt in Gedanken nach, wieviel es sein könnten!" „Oder denkt Ihr anders?" „Viele von Euch waren vorhin der Meinung, man soll es tun." „Ja, Du wolltest etwas sagen." „Seid Ihr einverstanden?" „Würdest Du es zeigen?" „Könnt Ihr über die andern Dinge noch etwas sagen?" „Ja, Ihr habt schon recht." „Möchtest Du an die Tafel gehen und einen Deiner Sätze anschreiben?" „Wolltest Du auch sagen, was er gesagt hat?" „Willst Du es machen?" „Einige von Euch möchten einen Aufsatz, andere möchten ihn nicht." „Ihr wollt, daß ich ‚weiß' anschreibe." „Du möchtest auch noch etwas sagen."

„Du meinst, daß es anders ist." „Wenn Du möchtest, zeichne einen an." „Ja, wißt Ihr, wir können es manchmal so machen." „Ja, das habe ich jetzt geraten, so ungefähr, wie Ihr immer ratet." „Also, Ihr würdet das genau so sagen?" „Du hast noch eine Frage." „Ja, Ihr möchtet jetzt gerne darüber sprechen, aber wir waren mit dem anderen noch nicht fertig." „Ja, Ihr sucht jetzt immer noch nach dem Unterschied." „Was schätzt Du, Friedrich, wie schnell fliegt es?" „Andrea, wolltest Du noch etwas fragen?" „Wie würdest Du es praktisch machen?" „Kannst Du mir bitte Dein Heft geben?" „Wie war Dein Name bitte?" „Du wolltest Stellung nehmen zu Nr. 14." „Ja, entschuldige, er hat recht."

Das Ausmaß sozialer Reversibilität/Irreversibilität in Sprachäußerungen von Lehrern, Erziehern und Richtern. Etwa 40–60 % aller an Schüler gerichteten Lehreräußerungen in Unterrichtsstunden sowie häufig auch von Kindergärtnerinnen sind sozial irreversibel. Also bei jeder zweiten bis dritten Äußerung erfahren Schüler und Kindergartenkinder geringschätziges, achtungsloses Verhalten von ihren Erziehern, das sie den Erziehern gegenüber nicht übernehmen und wiederverwenden können. Kinder und Jugendliche erfahren deutlich, daß sie anders behandelt werden, als der Höherstehende zu behandeln ist. Einige Befunde:

▷ Jede zweite an Schüler gerichtete Äußerung (53 %) war bei 35 Gymnasiallehrern sozial irreversibel. Das Ausmaß der Irreversibilität war bei den einzelnen Lehrern über die Zeit hinweg recht gleichbleibend. Bei einer Einschätzung der Lehrer eine Woche später in einer anderen Schulklasse ergab sich eine Ähnlichkeit im Ausmaß ihres reversiblen oder irreversiblen Verhaltens (Tausch, Tausch u. Fenner, 1969).

▷ Fast jede dritte (32 %) an Schüler gerichtete Lehreräußerung war bei Mentoren von Lehrerstudenten sozial irreversibel. Von jedem Lehrer waren hierzu 60 Äußerungen an Hand der Tonaufnahmen des Unterrichts durch Beurteiler eingeschätzt worden (Tausch u. Tausch, 1965).

▷ 77 % der an Schüler gerichteten Äußerungen waren bei 10 Lehrern des 5. und 6. Schuljahres sozial irreversibel. Lehrer, die nach Schulratsurteil als mehr sog. autokratisch eingestuft wurden, waren deutlich sozial irreversibler (R. Tausch, Köhler u. Fittkau, 1966).

▷ Kindergärtnerinnen äußerten sich gegenüber 3–6jährigen mehr irreversibel als reversibel (Tausch, Barthel, Fittkau u. Hübsch, 1968a). Sozial irreversible Äußerungen von Kindergärtnerinnen: „Macht doch jetzt mal Euren Mund zu, das ist ja fürchterlich!" „Sag' mal, was ist bloß mit Dir los?!" Sozial reversible Äußerungen: „Entschuldige bitte!" „Ich helfe Dir gern."

▷ 18 Richter äußerten sich in öffentlichen Gerichtsverhandlungen gegenüber 36 Angeklagten mehr sozial irreversibel als sozial reversibel (Tausch u. Langer, 1971). Sozial irreversible Richteräußerungen: „Haben Sie's nun begriffen?" „Menschenskind, Herr K., reden Sie doch nicht so'n Kohl!" „Ja, das ist Ihre eigene Weisheit!" Sozial reversible Richteräußerungen: „Ich weiß nicht, ob ich Sie ganz verstehe?" „Ist es auch Ihre Meinung, daß ..." „Ja, Herr W., wollen Sie dann selbst noch zu dieser Sache etwas sagen?"

Vermutlich ist sozial irreversibles Verhalten auch häufig vorhanden in Beziehungen zwischen Erwachsenen, so zwischen Eheleuten, Arzt und Patient, Beamten und Bürger, Vorgesetzten und unterstellten Mitarbeitern. Jedoch scheint die Tendenz zu größerer Gleichwertigkeit und Umkehrbarkeit in den sozialen Beziehungen zuzunehmen.

Auswirkungen sozialer Reversibilität/Irreversibilität. Wir haben folgende Annahmen und Vermutungen:

▷ Kinder–Jugendliche erfahren durch sozial irreversible Äußerungen und Maßnahmen der Erwachsenen meist Geringschätzung und Beeinträchtigung. Z. B. hing soziale Irreversibilität in Sprachäußerungen von Lehrern deutlich zusammen mit Geringschätzung sowie mit Entmutigung (Tausch, Tausch u. Fenner, 1969). Irreversibilität von Lehrern, eingeschätzt durch Beobachter, hing zusammen mit Unfreundlichkeit und Unhöflichkeit der Lehrer, eingeschätzt durch ihre Schüler (Dietrich u. Walter, 1972). Ferner hing sozial irreversibles Lehrerverhalten zusammen: mit größerer Schulangst (z. B. Angst, im Unterricht aufgerufen zu werden und sich vor der Klasse zu blamieren), mit größerer Schulunlust, mit häufigen Schwierigkeiten, im Unterricht aufzupassen, mit einer Tendenz zu strafendem Verhalten von Schülern in der Rolle des Lehrers (Tausch, Köhler u. Fittkau, 1966).

Vermutlich fördert sozial reversibles Lehrerverhalten die Leistungsfähigkeit von Lernenden: Die Reversibilität/Irreversibilität von Fahrlehrern in ihrem theoretischen und praktischen Fahrunterricht hing zusammen mit Bestehen oder Nichtbestehen der Fahrprüfung bei ihren über 1000 Fahrschülern (Schneider, 1972). Irreversible Fahrlehreräußerungen: „Jetzt wollen wir mal Eure Schandtaten wieder nachsehen!" „Ach, Quatsch, er kann das genau erklären!" „Können Sie denn nicht sehen?" „Passen Sie auf, Frau Müller, und Sie können direkt auch mit aufpassen!" „Nein, jetzt werfen sie ja immer wieder etwas durcheinander." Reversible Fahrlehreräußerungen: „Darf ich mich Ihnen vorstellen? Ich bin Herr Braun." „Ja, es ist besser, man tut es nicht."

▷ Kinder und Jugendliche erfahren in der Begegnung mit sozial irreversiblen Erziehern eine Zweigleisigkeit sozialer Beziehungen sowie eine Klassifizierung von Menschen je nach ihrer Position von Überordnung und Unterordnung. Sie nehmen sozial irreversibles oder sozial reversibles Verhalten anderer Personen fortlaufend wahr und lernen es.

▷ Schüler haben zu sozial reversiblen Lehrern ein besseres Beziehungsverhältnis: Aus einer größeren Anzahl von Unterrichtsstunden wurden durch Zufall 40 irreversible und 40 reversible Lehreräußerungen ausgewählt. Sie wurden auf verschiedene Bogen geschrieben und 80 Hauptschülern vorgelegt. Diese gaben an, ob sie einen Lehrer mit derartigen Äußerungen „gern" oder „ungern" als ihren Lehrer haben möchten (Tausch u. Tausch, 1965). Ergebnis: Die Bogen mit sozial irreversiblen Lehreräußerungen wurden zu 88 % mit „ungern" gekennzeichnet. Die Bogen mit reversiblen Äußerungen zu 86 % mit „gern". Studenten, in gleicher Weise befragt, nahmen ähnliche Reaktionen der Schüler an. Die Schüler im Alter von 11–15 begründeten zum Teil spontan ihre Entscheidungen. Im folgenden eine Zufallsauswahl ihrer ablehnenden Stellungnahmen unter den Bogen mit sozial irreversiblen Lehreräußerungen:

„Dieser Lehrer kommandiert, er muß immer alles verbessern, er ist mit nichts zufrieden, das beängstigt die Kinder und weist sie zurück; fortan melden sich nur noch wenige, und diejenigen, die sich melden, haben Angst, daß es falsch ist . . ." „Der Lehrer ist unkameradschaftlich, er kann nicht mit Kindern umgehen." „Der Lehrer führt nur seine Arbeit aus, die Schule macht ihm keinen Spaß." „Der Lehrer nützt seine Macht aus." „Der Lehrer ist zu streng, er erzieht die Kinder zur Unhöflichkeit." „Der Lehrer liebt seine Kinder nicht." „Der Lehrer behandelt die Kinder nicht vorbildlich und freundlich, er gibt seine Forderungen nüchtern und trocken zum Ausdruck ..., es sind Maßnahmen, an denen die Kinder keine Freude haben. Sie gehen dann nicht gerne zur Schule."

Beispiele für Schülerurteile zu sozial reversiblen Lehreräußerungen: „Dieser Lehrer gefällt mir gut, er nimmt die Kinder für voll und spricht mit ihnen wie mit Erwachsenen, sie stehen sozusagen mit ihm auf einer Stufe. Den Kindern macht es Spaß, bei diesem Lehrer Unterricht zu haben. Sie lernen von ihm, wie man sich seinen Mitmenschen gegenüber verhält." „Der Lehrer ist höflich, aber doch sachlich." „Hier wird das Wissen des Kindes angenommen." „Der Grund, aus dem ich diesen Lehrer am liebsten hätte, ist dieser: Er behandelt die Kinder nicht als Untergebene, sondern fragt sie auch nach ihrer Meinung." „Die Unterhaltung zwischen Schüler und Lehrer ist länger. Der Lehrer läßt sich von dem Schüler beratschlagen." „Dieser Lehrer fordert die Schüler nicht auf, etwas zu sagen, er diskutiert mit ihnen über die Themen." „Ich hätte diesen Lehrer gern, weil er höflich zu seinen Kindern ist."

▷ Diese Stellungnahmen der Schüler ergänzen folgenden Befund (Stephan, 1971): Bei 25 Lehrern mit mehr reversiblen Äußerungen im Unterricht – im Vergleich zu 25 mit mehr irreversiblem Verhalten – war der Sprechanteil der Schüler an der gesamten Sprechzeit fast doppelt so groß (40 % vs. 21 %), die Anzahl der Schülermeldungen war deutlich größer (56 % vs. 38 %), die Schüleräußerungen wurden häufiger vom Lehrer akzeptiert (51 % vs. 32 %), die Lehreraktivität in Form von Aufrufen und Befehlen war deutlich geringer (4 % vs. 10 %). Ein Nebenbefund: Bei der irreversiblen Lehrergruppe nahm die Anzahl irreversibler Äußerungen von der ersten zu den zwei anschließenden Unterrichtsstunden zu. Vermutlich kontrollierten sich die Lehrer zu Beginn des Unterrichtsbesuches stark, konnten jedoch diese Kontrolle und geringe Echtheit nicht durchhalten.

Sozial reversible und irreversible Maßnahmen und Entscheidungen. Ob Menschen sich sozial reversibel oder irreversibel gegenseitig ansprechen, ist wichtig. Mindestens ebenso wichtig sind Maßnahmen und sonstiges Verhalten von Person zu Person. Wie sollen wir die Güte und Qualität von Maßnahmen von Personen gegenüber Mitmenschen beurteilen? Unter welchen ethisch-sozialen Gesichtspunkten sollen wir Maßnahmen von Lehrern, Erziehern, Professoren, Politikern oder Betriebsleitern bewerten? Etwa nach den Behauptungen von Lehrern, Professoren und Politikern, daß ihre Maßnahmen gut und sachlich richtig für den anderen seien? So oft wird von „verantwortlichem" Handeln gesprochen. Beamte, Professoren oder Studenten etwa reden viel von der Verantwortung, die sie tragen. Wieviele Professoren oder Studenten werden aber je für falsche Maßnahmen wirklich zur Verantwortung gezogen? Was ist verantwortliches Handeln? Ist „Verantwortung" nicht eigentlich eine leere Phrase? Wir machen folgenden Vorschlag:

Dasjenige Handeln einer Person gegenüber einer anderen ist verantwortlich, das diese Person für sich selbst anstelle des davon betroffenen anderen akzeptiert und als angemessen empfindet. Wir handeln verantwortlich, wenn wir unsere Handlungen und Entscheidungen in der Lage des davon Betroffenen für hilfreich, sinnvoll und angemessen, also für sozial reversibel und umkehrbar empfinden. Soziale Reversibilität/Irreversibilität von Maßnahmen ist ein offensichtliches, deutlich feststellbares Kriterium zur Prüfung von sozial verantwortlichem Handeln. In einfacher Form ausgedrückt bedeutet es: Das für den anderen tun, was man für sich selbst unter den Bedingungen des anderen mindestens als angemessen und möglichst als wünschenswert empfindet.

Beispiele für sozial irreversible Maßnahmen. Zahlreiche Maßnahmen vieler Personen in Erziehung, öffentlicher Verwaltung und Politik sind nicht sozial umkehrbar und verantwortlich. Die Handelnden würden diese in der Situation der davon Betroffenen nicht als angemessen empfinden.

▷ Lehrer, Eltern, Professoren, Journalisten und Studenten finden es öfters angemessen, andere zu kritisieren. Manche nennen dies konstruktive Kritik. Aber wenn sie selbst von anderen so behandelt werden, wenn sie von ihren Kindern oder Schülern, Studenten und Lesern kritisiert werden, dann sind sie meist verletzt, beleidigt und empfinden dies als nicht sozial. Kritik ist häufig sozial irreversibel, insbesondere wenn sie die Tätigkeit oder Persönlichkeit anderer herabsetzt. Möglichkeiten sozial reversiblen Verhaltens in derartigen Situationen sind: ▷ Ausdruck des eigenen Fühlens und Empfindens, ohne Urteil und Herabsetzung der Person anderer ▷ Eigene alternative Vorschläge, Leistungen und Produkte, die die bisherigen Nachteile vermeiden.

▷ Lehrer und Professoren geben sehr häufig Beurteilungen über Leistungen und Persönlichkeit ihrer Schüler und Studenten ab, meist weit über das unbedingt erforderliche Maß hinaus. Aber sie selbst lehnen eine Beurteilung ihrer eigenen Leistungen in Lehre, Erziehung oder Forschung durch Kontrollorgane oft strikt ab. Sozial reversibel sind gewisse unbedingt erforderliche Leistungsbeurteilungen, wenn Lehrer und Professoren selbst ihre eigenen Leistungen in Seminaren, Vorträgen oder in der Verwendung von Forschungsgeldern anderen zur Einschätzung freistellen.

▷ Viele Maßnahmen der Steuergesetzgebung, der Krankenversorgung sowie sog. Strafmaßnahmen der Justiz sind sozial irreversibel: Diejenigen Personen, die die Gesetze befürworten oder verwirklichen, würden sie oft als ungerecht und unangemessen empfinden, wenn sie selbst davon betroffen würden, wenn sie in der Lage der Kranken, der Mehrheit der Bevölkerung mit geringem Lohn u. a. wären.

▷ Psychologen in Forschung und in Praxis untersuchen häufig das Verhalten anderer Menschen mit Tonaufnahmen. Jedoch weigerten sich die meisten Mitglieder eines Selbstverwaltungsgremiums eines Psychologischen Instituts der Universität, ihre Äußerungen in dem öffentlichen Gremium zu Forschungszwecken auf Tonband aufnehmen zu lassen. Sozial reversibel sind die Untersuchungen anderer Personen mit Tonband nur dann, wenn die Untersucher selbst ihr eigenes Verhalten, zumindest in öffentlichen Sitzungen, von anderen ebenfalls durch Tonband aufnehmen lassen.

▷ Lehrer legen oft die Termine von Klassenarbeiten für Schüler fest, ohne darüber mit Schülern Vereinbarungen zu treffen und den gewünschten Rückgabetermin der Arbeiten zu klären. Sozial reversibel ist eine gemeinsame Absprache der Termine von Klassenarbeiten und Rückgabe.

▷ Im Rahmen ihrer Ausbildung führen Psychologie-Studierende psychotherapeutische Gespräche mit psychoneurotischen Klienten. Manche dieser Studenten forderten lautstark die häufige Überlassung von Klienten und lehnten eingehende Kontrollen ihrer Gespräche durch Dozenten ab. Vor allem sie selbst waren nicht bereit, sich anderen lernenden Psychotherapeuten zum Gespräch zur Verfügung zu stellen oder etwa ihre eigenen Angehörigen diesen Studenten-Psychotherapeuten anzuvertrauen. Sie erwarteten von den Klienten, daß diese ihr sehr persönliches Erleben ihnen gegenüber äußerten. Aber etliche Studierende waren nicht bereit, ihr eigenes persönliches Erleben zu äußern, etwa als Mitglied in einer Encountergruppe. Sozial reversibel ist eine Tätigkeit von Studierenden bei Klienten nur dann, wenn sie sich selbst auch anderen Studenten für derartige Gespräche zur Verfügung stellen, die durchgeführten Gespräche stark zum eigenen Lernen nutzen und Maßnahmen zur Vermeidung von Beeinträchtigungen von Klienten durch Gespräche unterstützen. – In der Medizin ist eine sozial reversible Tätigkeit nur dann gegeben, wenn der Arzt in der Rolle des Patienten sein eigenes Vorgehen als angemessen und hilfreich empfindet.

▷ Die Entlohnung in akademischen Berufen, von Psychologen, Lehrern, Professoren oder Ärzten beträgt oft ein Vielfaches der Entlohnung von Bauarbeitern oder anderen Berufen mit schwerer, körperlich oder seelisch beeinträchtigender Arbeit. Dies ist nicht sozial reversibel. Denn Akademiker sind meist nicht bereit, die Tätigkeit etwa eines Bauarbeiters auszuüben, selbst wenn sie ihr derzeitiges Gehalt als Arzt oder Lehrer weiter erhielten. Sie würden diese Arbeit als zu beeinträchtigend empfinden. Dennoch sind sie bemüht, ihren Einkommensvorsprung vor Bau- oder Facharbeitern zu halten oder auszubauen. Darüber hinaus haben Akademiker jahrelang auf Gymnasien und Hochschulen auf Kosten der Steuerzahler „Bildung“ erhalten.

Beispiele für sozial reversible Maßnahmen und Handlungen:

▷ Lehrer und Professoren, die von ihren Schülern und Studenten größere Einsatz- und Leistungsbereitschaft erwarten, sind ebenfalls in größerem Ausmaß Lernende und Leistende, in der Lehre oder Forschung, nutzen intensiv Fortbildungsmöglichkeiten, übernehmen keine Ämter und Aufgaben, von denen sie fühlen, daß sie sie nicht hinreichend erfüllen können. Sie erwarten von ihren Schülern und Studenten etwa die gleiche Pünktlichkeit, die sie selbst in ihren Unterrichtsveranstaltungen, bei Lehrerkonferenzen, Arbeitssitzungen oder Kongressen zeigen.

▷ Art und Ausmaß von Hilfsprogrammen für Entwicklungsländer sind dann sozial reversibel, wenn wir in der Situation der betroffenen Bevölkerung in den Entwicklungsländern diese Maßnahmen als ausreichend und angemessen empfinden würden.

▷ Forderungen von Studenten nach Art und Ausmaß von Mitbestimmung an Hochschulen sind dann sozial reversibel, wenn sie in ihrer späteren Tätigkeit in Schulklassen, Erziehungsberatungsstellen und Kliniken ebenfalls ihren Schülern, Eltern und Patienten Mitbestimmung ermöglichen. Maßnahmen von Dozenten–Professoren andererseits zur Einschränkung der Mitbestimmung von Studenten in Hochschulgremien sind nur dann sozial reversibel, wenn Dozenten–Professoren in der Lage der Studenten dies als sinnvoll ansehen würden.

Förderung von sozial reversiblem Handeln und Denken, einige Möglichkeiten: ▷ Schüler, Studierende und Erwachsene, z. B. auch Politiker oder Ärzte, charakterisieren, wie die von ihnen befürworteten oder getroffenen Maßnahmen und Handlungen von den Betroffenen, also von Mitschülern, Mitbürgern, Lehrern, Patienten empfunden werden, wie dadurch deren innere Welt beeinflußt wird. Anschließend diskutieren sie darüber mit den Betroffenen. ▷ Schüler, Studenten und Erwachsene, etwa Eheleute oder Politiker, nehmen gelegentlich die Situation ihrer Partner ein. Psychologen und Psychotherapeuten sind Mitglieder in Encountergruppen, Lehrer sind lernende Schüler, Akademiker leisten körperliche Arbeit in der Fabrik, männliche Ehepartner verrichten die Tätigkeit der Ehefrau. ▷ Die Teilnahme an personenzentrierten Encountergruppen gibt bei Echtheit der Gruppenmitglieder dem einzelnen gute Rückmeldungen, wie sein Verhalten von anderen empfunden wird und sich auf sie auswirkt.

Ermutigung von Person zu Person. Handlungen, Maßnahmen und Äußerungen einer Person bewirken bei der anderen Person Ermutigung, Bestätigung und Bekräftigung oder Entmutigung und Hoffnungslosigkeit, und zwar von einzelnem Verhalten oder der ganzen Person. Ermutigung/Entmutigung hängt eng mit anderen Merkmalen der emotionalen Dimension zusammen: mit partnerschaftlich/egozentrisch, mit wertschätzend/geringschätzend, mit Selbständigkeit gewährend/dirigierend, mit geduldig/ungeduldig sowie mit Freundlichkeit/Unfreundlichkeit in Mimik, Stimme, sprachlichen Äußerungen und Gesamtverhalten bei Lehrern und Kindergärtnerinnen (Tausch, Tausch u. Fenner, 1969; Fenner, 1972; A. Tausch u. a., 1968a).

Beispiele für entmutigende Äußerungen: „Es hat eben alles gar keinen Zweck mit Dir." „Das schaffst Du doch nicht." „Immer, wenn Du etwas machst, ist es voller Fehler." „Ob aus Dir noch mal etwas wird, weiß ich wirklich nicht." „Der Klaus kann es nicht. Jetzt mal ein anderer!" „Heute geht eben alles schief bei Dir." „Das ist eine trostlose Arbeit von Dir." „Laß es bitte, Du kannst es ja doch nicht!" „Dich kann man zu gar nichts gebrauchen!"

Beispiele für entmutigende Maßnahmen und Handlungen: Über jemand den Kopf schütteln, ihn kritisieren, ihn abwerten, ihn disqualifizieren, ihn bestrafen, ihn vergessen, ihn nicht beachten, ihm Zuneigung und Sympathie entziehen, sich von ihm abwenden, ihn fallenlassen, ihn auspfeifen, ihm etwas Schönes vorenthalten, ihn stehenlassen, ihn mißverstehen.

Beispiele für ermutigende Äußerungen: „Ich komme kaum mit, so schnell rechnet Ihr." „Deine Idee hilft mir wirklich aus der Klemme heraus." „Ich glaube, besser kannst Du es nicht mehr machen, es war fehlerfrei." „Sehr gut, Rainer!" „Genau das habe ich auch heraus, Carmen." „Versuch es mal, ich denke, Du schaffst es!" „Ich hätte nicht gedacht, daß Ihr das schon so gut könnt." „Das hast Du gut gemacht." „Ohne Dich hätten wir das nie so gut hinbekommen." „Nicht den Mut verlieren, es wird bestimmt das nächste Mal besser!"

Beispiele für ermutigende Maßnahmen und Handlungen: Sich jemandem freundlich und interessiert zuwenden, ihm zunicken, ihm zulächeln, ihm zuwinken, ihn beachten, mit ihm gemeinsam etwas unternehmen, ihm schreiben, ihn anrufen, ihn besuchen, ihm etwas Schönes in Aussicht stellen, ihn feiern, ihn beklatschen, ihm Förderungsangebote machen, ihn belohnen, ihm etwas leihen, ihn anerkennen.

Das Ausmaß von Ermutigung: Ermutigende Äußerungen von Erziehern sind meist seltener als entmutigende. Lehrer, Eltern und Erzieher geben Kindern und Jugendlichen oft in zu geringem Maß Ermutigung für Arbeit, Kooperation, Selbständigkeit, selbständiges Urteilen, Selbstbestimmung oder Helfen. Statt dessen wenden sich Erzieher häufig intensiv dem unerwünschten, etwa dem unsozialen Verhalten von Jugendlichen zu und suchen es zu ändern, durch Kritik, Vorwürfe, Drohungen, Strafen, also häufig mit Entmutigungen. Es gelingt Eltern und Lehrern noch wenig, ungünstiges, etwa unsoziales Verhalten von Jugendlichen weniger zu beachten und sich mehr dem prosozialen hilfreichen Verhalten der Jugendlichen zuzuwenden und sie hierin zu ermutigen. Einige Untersuchungsbefunde zum Ausmaß von Ermutigung:

▷ Ermutigende Äußerungen waren bei Lehrern gegenüber ihren 10–14jährigen Schülern seltener als entmutigende Äußerungen. 13 % der Äußerungen waren stark ermutigend, 31 % stark entmutigend (Fenner, 1972).

▷ Ebenfalls weniger Ermutigungen als Entmutigungen gaben im Unterricht Lehrer an Gymnasien. Deutliche Ermutigungen fehlten fast völlig (2 %). 16 % der Äußerungen waren stark entmutigend (Tausch, Tausch u. Fenner, 1969).

▷ Kindergärtnerinnen äußerten etwa gleichviel Ermutigungen wie Entmutigungen gegenüber ihren Kindergartenkindern in der Freispielzeit. 9 % der Äußerungen waren deutlich entmutigend (A. Tausch, Langer u. a., 1970).

▷ Richter äußerten gegenüber Angeklagten in öffentlichen Gerichtsverhandlungen ebensoviel Ermutigungen wie Entmutigungen (A. Tausch u. Langer, 1971). Ermutigende Richteräußerungen: „Ich kann verstehen, daß Sie das gemacht haben." „Bitte schön, Sie wollten noch etwas sagen?" „Wenn irgend etwas nicht stimmt, sagen Sie es bitte!" Entmutigende Richteräußerungen: „Wenn ich Sie so sehe, hab' ich wenig Hoffnung!" „Ich habe kein solches Vertrauen in Sie wie diese Dame." „Ich bin sicher, daß ich Sie hier bald wiedersehe!"

Auswirkungen von Ermutigung. Ermutigungen fördern positivere Stimmung und Selbstvertrauen und verringern Angst, Unlust und Psychoneurotizismus. Einige Untersuchungsbefunde als Hinweise:

Lehrer schrieben Schülern der 5. und 6. Volksschulklasse mit mittleren und schwächeren Leistungen bei 3 Klassenarbeiten in Rechnen und Englisch zusätzlich zur Zensur einen ermutigenden Satz. Die übrigen Schüler erhielten unter den Klassenarbeiten wie gewöhnlich nur die Zensur. Die ermutigten Schüler zeigten, verglichen mit den Kontrollschülern ohne Ermutigung, eine deutliche Verminderung der Prüfungsangst und Schulunlust. Auf die Leistungen hatten die Ermutigungen bei der Mehrheit der Schüler keine durchgängige Auswirkung (Fittkau u. Langer, 1974).

Klassenlehrer wurden gebeten, die in Tests ermittelten 4 ängstlichsten Mädchen und Jungen ihrer Schulklasse während 6 Wochen möglichst häufig in jeder Unterrichtsstunde positiv zu bestätigen. Zum Beispiel ihnen zuzunicken, sich ihnen freundlich zuzuwenden und sich bei richtigen Antworten anerkennend zu äußern, z. B. „Ich freue mich, daß Du Dich beteiligst!" (Wieczerkowski u. a., 1969). Sachlich unrichtige Antworten dieser Schüler sollten nicht negativ bewertet, sondern die Schüler ermutigt werden, z. B. „Du hast Dich gut bemüht. Kann auch ein anderer etwas dazu sagen?" Unter ihre Klassenarbeiten schrieben die Lehrer kurze bestätigende Äußerungen, z. B. „Ich bin überzeugt, wenn Du Dich anstrengst, dann schaffst Du es!" „Mach' bitte weiter so!" Am Ende der Ermutigungsphase von 6 Wochen sowie 3 Monate danach zeigten die bestätigten ängstlichen Schüler eine Verminderung von Neurotizismus und Schulangst, im Vergleich zu den anderen Schülern ihrer Klasse und Kontrollklassen. – Allerdings waren die Lehrer in recht unterschiedlicher Weise wirksam. Den meisten Lehrern fiel es sehr schwer, die ängstlichen Schüler in höherem Maße eine längere Zeit im Unterricht deutlich zu ermutigen. Anweisungen und einige Gespräche der Lehrer mit den Untersuchungsleitern reichten hierzu nicht aus. Jemanden zu ermutigen scheint kaum in Form einer anwendbaren Technik möglich und wirksam zu sein ohne echte Achtung–Wärme.

Gelobte Schüler aus 4. Schuljahren zeigten einen deutlichen Anstieg des Selbstvertrauens, im Vergleich zur Verminderung des Selbstvertrauens bei getadelten Schülern (Johannesson, 1962).

Das Beziehungsverhältnis zwischen Erzieher und Jugendlichen wird wahrscheinlich bei ermutigenden bestätigenden Erziehern verbessert. So wurden Lehrer mit mehr Ermutigungen in ihrem Unterricht von 10–14jährigen Schülern als erheblich beliebter und weniger angstauslösend angesehen (Fenner, 1972). Kindergartenkinder, die durch ihre Kindergärtnerinnen in größerem Ausmaß ermutigt wurden, waren sprachlich aktiver gegenüber ihren Erzieherinnen und selbständiger, im Vergleich zu Kindern von Kindergärtnerinnen mit größerer Entmutigung (A. Tausch, Langer u. a., 1970). Optimistische/pessimistische Äußerungen von Lehrern und Erziehern in wirklichen und projektiven Konfliktsituationen führten entsprechend der Einschätzung von Beurteilern zu positiven/negativen Reaktionen der Jugendlichen, so zur Verbesserung/Verschlechterung ihrer Beziehung zu Erziehern, zu annehmenden/ablehnenden Reaktionen, zur Förderung/Hinderung ihrer seelischen Reifung sowie zur Zunahme/Abnahme ihres sozialen Verhaltens (Tausch, Tausch u. Fittkau, 1967).

Ermutigungen und Bestätigungen können den Leistungseinsatz und die Motivation insbesondere von ängstlichen Schülern und Studenten fördern:

Ängstliche Volksschüler aus 5. u. 6. Schulklassen, die von ihren Turnlehrern 8 Wochen lang in den üblichen Turnstunden für ihre Leichtathletikleistungen in Laufen, Weitsprung und Weitwurf zusätzlich ermutigt wurden, verbesserten sich bedeutsam hierin, verglichen mit gleichängstlichen Schülern derselben Klasse ohne derartige zusätzliche Ermutigungen (A. Tausch, Fittkau, Langer u. a., 1969).

Das Ausmaß der Anstrengungen von Kindergartenkindern in freier Spielsituation, gewisse Aufgaben erfolgreich zu beenden, hing damit zusammen, ob die Mütter zu Hause die Anstrengungen ihrer Kinder bestätigten und den Kindern Anerkennung gaben (Crandall u. a., 1960).

Lehrer des 7.–12. Schuljahres schrieben bei routinemäßigen Prüfungsarbeiten in Rechnen und Rechtschreibung bestimmten Schülergruppen kurze schriftliche, von den Untersuchern empfohlene Stellungnahmen unter die Arbeit, zusätzlich zur Zahl der Fehler und der üblichen entsprechenden Beurteilungsnote (Page, 1958). Bei sehr guten Arbeiten schrieben sie etwa „Ausgezeichnet! Mach' weiter so!", bei befriedigenden Arbeiten „Vielleicht solltest Du es noch zu bessern suchen" und bei unzureichenden Arbeiten „Laß uns diese Zensur verbessern!" Bei der zweiten Prüfungsarbeit im gleichen Fach hatten die Schüler mit diesen zusätzlichen Anerkennungen 10 % Leistungsverbesserungen gegenüber der Schülergruppe mit nur üblicher Angabe von Fehlerzahl und Note. Schüler, denen die Lehrer anstelle der vorgegebenen kurzen Bemerkungen freie anerkennende Bemerkungen gemacht hatten, schnell und ohne größeres Nachdenken hingeschrieben, hatten 15 % Leistungsverbesserungen. Die Auswirkungen waren unabhängig vom Alter der Schüler, Unterrichtsfach und Schule.

Studierende eines Physikseminars, die bei schriftlichen Prüfungsarbeiten zusätzlich zu den üblichen Noten schriftliche Bemerkungen der Dozenten erhielten, die zum Teil ihre Leistungserwartungen für die Examensarbeit berücksichtigten, wiesen bei der nächsten regulären Prüfungsarbeit bessere Examensleistungen auf als Studierende ohne Kommentar. Studenten, die eine sehr gute Arbeit erwartet, aber nur eine befriedigende Leistung erreicht hatten, erhielten etwa den Zusatz: „O.K. Aber ich glaube wirklich, daß Sie es besser können." Oder bei umgekehrter Situation: „Ausgezeichnet. Ich bin freudig überrascht!" (Hammer, 1972).

Deutlich optimistische Erwartungshaltungen von Lehrern oder Versuchsleitern förderten des öfteren das erwartete Verhalten von Schülern, Versuchspersonen oder auch Versuchstieren (Rosenthal, 1963; Rosenthal u. a., 1963, 1966).

Kinder hielten bei einer Aufgabe länger aus, wenn die Bemerkungen des Erwachsenen nicht negativ-pessimistisch, sondern zuversichtlich waren. Das optimistische „Du kannst es sicher!" ermutigte die Kinder, länger bei einem Versuch auszuhalten als die Frage „Ist es zu schwer?" Unter anerkennenden Bemerkungen wie „Bravo, getroffen!" gelang es Kindern häufiger, Murmeln in ein Loch zu werfen, als wenn man ihnen bei Fehlwürfen sagte „Falsch, daneben getroffen!" (Johnson, 1939).

Ermutigendes und optimistisches sowie entmutigendes und pessimistisches Verhalten Erwachsener wird von Jugendlichen über Jahre hindurch wahrgenommen. Sie lernen so andere und sich selbst zu ermutigen und optimistisch wahrzunehmen oder zu entmutigen und pessimistisch wahrzunehmen. Sie lernen hiermit für ihr späteres Leben etwas sehr Bedeutsames. Auch in politischer Hinsicht: In einer demokratischen Gesellschaft etwa sind ermutigende, optimistische Einstellungen wesentlich für die konstruktive Aktivität der Mitbürger. Häufiger Pessimismus, übertreibende pessimistische Äußerungen über Krisen und Mißstände („Bildungs-Katastrophe") beeinträchtigen und entmutigen oft konstruktive Aktivitäten.

Und schließlich: Wie sehr sich Entmutigungen und Ermutigungen auf die Minderung und Förderung unseres Selbstvertrauens, unsere Aktivität und unsere Leistung auswirken, das hat jeder von uns in Schule, Familie, Arbeitsstätte oder auch im Sport deutlich erfahren, deutlicher, als es Experimente demonstrieren können.

Eltern, Lehrer, Professoren oder Eheleute, die ihre jugendlichen oder erwachsenen Partner eher ermutigen und ihnen gegenüber optimistisch sind, statt sie zu entmutigen und Pessimismus zu verbreiten, werden von ihren Partnern ebenfalls mehr Ermutigung und optimistische Unterstützung erfahren. Einige Beispiele für ermutigende Kinderäußerungen zu ihren Eltern, vermutlich der Effekt häufiger Ermutigungen dieser Kinder durch ihre Eltern:

Die Mutter bemüht sich, ihrer 6jährigen Tochter das Fernsehprogramm einzustellen. Aber bei dem alten Apparat gelingt es ihr nur unzureichend. Als nach einer Weile der Ton und einige Striche wahrnehmbar werden, sagt die 6jährige: „So ist es schon besser, Mami, nur noch die Menschen!"

13jährige, als die Mutter ihr und den Geschwistern überraschend sog. Dauerlutscher mitbringt: „Du machst wirklich Fortschritte, Mami!" Und als nach einer halben Stunde die Mutter in ihr Zimmer kommt, sagt sie: „Ich freue mich, daß Du immer vernünftiger wirst und jedem einfach so ein Lolli mitbringst. 15 Pfennige machen Dich nun wirklich nicht ärmer, und wir freuen uns doch darüber."

Der Vater bemüht sich, seiner 12jährigen Tochter zu helfen und im Lateinischen Aktivsätze in Passivsätze umzuformen. 12jährige: „Na, das war ja wieder mal eine Glanzleistung – toll, wie Du das kannst!"

Die Mutter versucht, ihrer 9jährigen Tochter die ersehnten „Rattenschwänze" zu kämmen – eigentlich sind die Haare dazu noch nicht lang genug. 9jährige: „Wie Du das kannst, da bewundere ich Dich ja restlos. Das muß ich schon sagen."

8jähriger zur Haushaltshilfe, die tags zuvor ein auf der Erde aufgebautes Spiel unverändert gelassen hat: „Schön, Frau Grabbert, daß Sie das Spiel nicht verruckelt haben!"

14jähriges Mädchen zu ihrem Trainer, der auf Befragen von seinem Erfolg beim gestrigen Wettkampf berichtet: „Herr S., das haben Sie auch verdient. Haben Sie auch lange genug geübt dafür!"

Weitere Gesichtspunkte zur Ermutigung: Wesentlich scheint uns, daß Lehrer und Erzieher häufige Entmutigungen und kritisierende Äußerungen vermeiden, damit Kinder und Jugendliche Selbstvertrauen und Selbstachtung entwickeln können.

▷ Zu einer Minderung der Häufigkeit von Entmutigungen und kritisierenden Äußerungen könnte auch beitragen: Politiker schränken das Ausmaß ihrer abwertenden, geringschätzigen Kritik gegenüber ihren sog. Gegnern oder Diskussionsteilnehmern deutlich ein. Denn ihr Verhalten wird oft täglich von Millionen von Menschen im Fernsehen wahrgenommen. Zudem: Wenn Politiker oder Regierungsvertreter wirklich etwas Wesentliches, Konstruktives erreichen wollen, d. h. Änderungen bei Personen, so sind konstruktive Vorschläge sowie Ermutigungen zu bestimmten Aktivitäten wahrscheinlich weit wirksamer als Kritik am sog. „Gegner" oder seiner Maßnahmen.

▷ Die günstigste Form der Ermutigung ist unserer Auffassung nach Achtung–positive Zuwendung sowie Verständnis einer Person für die andere. Lob halten wir für weniger günstig. Es beinhaltet oft eine gewisse Dirigierung und kann Abhängigkeit fördern, z. B. „Das hast Du gut gemacht, mach weiter so!" Ferner ist zumindest derzeit Lob wenig sozial reversibel: Schüler können oft das Lob ihrer

Lehrer kaum übernehmen und dem Lehrer gegenüber äußern. Achtung–Wärme schließt dagegen meist die ganze Person des anderen ein anstelle einzelner Verhaltensweisen. Sie fördert so die Selbstachtung der Person. Achtung–Wärme kann weitgehend gleichbleibend sein, zum Teil unabhängig von Situationen, Verhaltensweisen oder Fehlern des Partners. Ein deutlich befriedigendes gefühlsmäßiges Beziehungsverhältnis zu einem Partner scheint uns günstiger zu sein als Lobe für einzelne Verhaltensweisen in bestimmten Situationen. – Lediglich in speziellen Situationen, insbesondere bei Kleinkindern in schwierigen oder anfangs schwierigen Situationen, können Lob und lenkende Ermutigungen gelegentlich trotz gewisser Nachteile günstig sein.

▷ Lob und Ermutigung, in einer technisch-mechanischen Form gegeben, ohne entsprechende innere Haltung, werden häufig keine oder gar destruktive Wirkungen haben, besonders wenn der Partner sie als unecht oder schematisch wahrnimmt. Die Äußerung eines Lehrers z. B. „Du schaffst es schon!" wird – wenn überhaupt – kaum hilfreich sein, wenn der Schüler wahrnimmt, daß der Lehrer von seiner Äußerung nicht wirklich überzeugt ist. So sind vermutlich auch die unterschiedlichen Effekte von Erwartungshaltungen von Lehrern auf ihre Schüler (Rosenthal u. a., 1963) zu einem Teil zu erklären. Positive Erwartungshaltungen werden sich wahrscheinlich nur dann auswirken, wenn sie den Haltungen des Lehrers voll entsprechen, er von ihnen tief überzeugt ist, und Schüler sie so wahrnehmen.

▷ Günstiger als Lob, Ermutigungen, Bekräftigungen und sog. Reinforcements scheint uns, wenn Erzieher bei einem guten Beziehungsverhältnis ihr eigenes Fühlen und Denken dem Jugendlichen gegenüber bei gleichzeitiger Rücksichtnahme auf dessen innere Welt ausdrücken. Das unterscheidet sich von Lenkungen und Wertungen über eine Person, z. B.: „Ich bin sehr erleichtert, daß Du es geschafft hast." „Mich hat sehr gefreut, daß Du Deine Ideen nicht mit Gewalt durchsetzen willst." „Ich hätte gar nicht gedacht, daß Du schon mit 7 Jahren alleine reinemachen kannst." „Ich staune, wieviel Englisch Du mit 8 Jahren in 3 Wochen in England gelernt hast." „Du hast recht, Tischtennis zu lernen, ist doch nicht so schwer, wie ich dachte." „Ich bin froh, daß Du im Latein ein Ausreichend geschafft hast." „Dein Vorschlag, in den Sommerferien nach England zu fahren, war doch gut. Zuerst dachte ich, in den Bergen wäre der beste Urlaub und in England würde es zuviel regnen. Aber das war falsch von mir." „Daß Ihr jetzt Judo lernt, hilft Euch, Euch selber zu verteidigen." „Im nächsten Jahr oder im übernächsten kannst Du schon besser Tennis spielen als ich, obwohl Du erst 4 Jahre spielst und ich schon 20." Hierbei ist der Erzieher echt, es ist der wirkliche Ausdruck seines Fühlens und Denkens. Entscheidenderweise teilt er dem anderen auch sein Fühlen mit, wenn er deutlich verletzt, ärgerlich oder enttäuscht ist. Im Gegensatz zum sog. Tadel erfolgt jedoch kein Urteil über die andere Person. Sondern *er* äußert *sein* Fühlen. Er ist es, in dem dieses Fühlen stattfindet und der dafür verantwortlich ist. Der Partner hat so die Möglichkeit, einen Teil der inneren Welt des anderen kennenzulernen, mit ihm darüber zu sprechen und evtl. darauf Rücksicht zu nehmen. Oder dem anderen zu helfen, sein Fühlen zu klären.

Einfühlendes Verstehen – ein förderliches Verhalten

In diesem Kapitel haben wir ausführlich dargelegt, wie das einfühlende Verstehen erfolgt. Der Erwachsene bemüht sich, die seelische Welt des Jugendlichen zu verstehen: Was fühlt sie/er? In welcher Bedeutung sieht er sich selbst, seine Umwelt, mich, die Situation? Was macht ihr Schwierigkeiten?

Gesprächsausschnitte geben eine konkrete Veranschaulichung. Dieses einfühlende Verstehen ist deutlich unterschiedlich zu einem bewertenden Diagnostizieren oder zu einem analysierenden Erklären.

Warum ist einfühlendes Verstehen so förderlich? ▷ Die Handlungen und Aktivitäten der Erwachsenen sind dann der seelischen Welt Jugendlicher angemessener. ▷ Wenn Erwachsene das, was sie von der Erlebniswelt Jugendlicher verstanden haben, ihnen im Gespräch mitteilen, dann sind diese Gespräche sehr förderlich, z. B. für die Selbstklärung.

Vielen fällt es zunächst schwer, diese Haltung anderen gegenüber zu leben. Durch Techniken oder schematische Anwendungen fühlt sich der andere nicht wirklich tief verstanden. Einfühlendes Verstehen erfordert ein andauerndes intensives Bemühen, ein Zentriert-Sein in der seelischen Welt anderer.

Die innere Erlebniswelt von Menschen. Jede Person lebt in ihrer eigenen inneren Erlebniswelt. Sie nimmt Menschen, Gegenstände und Ereignisse in einer nur ihr eigenen einzigartigen Weise wahr, mit nur von ihr empfundenen Bedeutungen. Jede Person lebt ihr Fühlen und ihre Erfahrungen. Das Zentrum dieser inneren Welt ist sie selbst. Diese Erlebniswelt ist für sie selbst „Realität". Auf gleiche Reize reagieren Menschen häufig unterschiedlich. Sie nehmen unterschiedliche Bedeutungen wahr und fühlen und handeln entsprechend unterschiedlich darauf. Eine Person lebt danach, wie sie ihre Umwelt und sich selbst wahrnimmt. „Der Organismus reagiert auf das Feld, das er erfährt und wahrnimmt. Dieses Wahrnehmungsfeld ist für das Individuum „Realität". „Der beste Ausgangspunkt zum Verständnis des Verhaltens ist das innere Bezugssystem des Individuums selbst" (Rogers, 1973a, S. 427). Diese innere Erlebniswelt mit ihren gefühlten Bedeutungen und Erfahrungen ist nur der Person selbst bewußt. Nur sie selbst kann sagen, was sie fühlt, erlebt und wahrnimmt.

Häufig ist uns nicht gegenwärtig, daß jede Person in der nur ihr eigenen inneren Erlebniswelt lebt und diese für sie „Realität" ist. Denn bei vielen Gegenständen, etwa beim Wahrnehmen von Autos auf den Straßen oder von Gegenständen im Zimmer stimmen die Gegenstandswahrnehmungen anderer Personen mit den unseren überein. Bemühen wir uns aber darum, zu erfassen, mit welchen gefühlten Bedeutungen eine Person einen Gegenstand erlebt, ob er ihr gefällt, welchen Erlebniswert er für sie besitzt, welches Fühlen in ihr durch ihn ausgelöst wird, dann stellen wir fest: Unsere Erlebniswelten sind unterschiedlich. Häufig meinen wir jedoch fälschlicherweise, weil wir die Anzahl von Stühlen in einem Raum in gleicher Weise wie andere wahrnehmen, daß wir auch in unseren wahrgenommenen Bedeutungen und gefühlten Erfahrungen eine gemeinsame „Realität“ mit anderen hätten. Aber das ist ein schwerwiegender Irrtum.

Einfühlendes Verstehen der inneren Welt des anderen. Wie können wir diese innere Welt des anderen erreichen, etwas von ihr erfahren, an ihr teilhaben, an ihr Anteil nehmen? Ferner: Wie können wir anderen die Erfahrung ermöglichen, daß wir sie in ihrer inneren Erlebniswelt verstehen, daß sie darin nicht alleine sind? Und: Wie können wir diese innere Erlebniswelt des anderen fördern? Wie können wir ihm helfen, seine Welt klarer, überschaubarer zu sehen, wenn er dies wünscht? Wie können wir ihm bei der Änderung seines Wahrnehmungsfeldes helfen, wenn er sich dadurch beeinträchtigt fühlt? Wie können wir seine innere Welt bereichern und damit gleichzeitig auch unsere eigene?

Carl Rogers hat vor drei Jahrzehnten in genialer Weise die große Bedeutung des Verstehens der inneren Welt des anderen erkannt. Er hat Möglichkeiten entwickelt, ihrer teilhaftig zu werden und sie zu fördern. Er hat dies in zahlreichen Untersuchungen geprüft (Rogers, 1942; 1951). Dieser Vorgang des einfühlenden nichtwertenden Verstehens eines anderen ist folgender Art:

Eine Person sucht die innere Erlebniswelt des anderen samt seinem Fühlen und persönlichen Bedeutungen, die dieser im jeweiligen Moment erlebt oder die hinter seinen Äußerungen stehen, zu spüren, wahrzunehmen und sich vorzustellen. Und zwar von der „Innenseite“ des anderen her, so wie dieser seine innere Welt erlebt. Es ist äußerlich gesehen ein sensitives Hinhören auf die Äußerungen des anderen. Darüber hinaus ist es ein intensives aktives Bemühen, sich in den anderen einzufühlen: Was bedeuten für ihn seine Äußerungen? Was fühlt er dabei? Welche persönliche Meinung drückt er damit aus? Was sagen die Äußerungen über sein Selbst? Was ist die „tiefere Botschaft“ seiner Äußerungen? Es ist ein sensibles, einfühlendes, vorurteilsfreies, nicht-wertendes und genaues Hören der inneren Welt des anderen. Ein Bemühen, gleichsam unter die Haut des anderen zu schlüpfen, in seinen Schuhen ein paar Schritte in seiner Welt zu gehen. Ein Bemühen, seiner inneren Welt teilhaftig zu werden. Ein Bemühen, die leisen Klopfzeichen des anderen zu hören, etwa seinen kaum wahrnehmbaren Schrei nach Anteilnahme, Zuwendung, Zärtlichkeit und nach Anerkennung seiner kaum ausgesprochenen Bedürfnisse. Eine in dieser Form verstehende Person hört, welche Bedeutung die berichteten Erfahrungen und Erlebnisse für das Selbst, für die Person des anderen haben, was sie für sein Fühlen bedeuten. Es ist ein nuanciertes, einfühlendes Wahrnehmen oder Vorstellen der inneren Welt eines anderen; dessen, was er tief im Innern lebt, was er empfindet, fühlt, wahrnimmt, denkt. Ein einfaches Beispiel: Jemand berichtet uns, daß er einige Stunden in der Stadt war, in der seine verstorbene Mutter gelebt hat. Wir bemühen uns, anhand seiner Äußerungen zu verstehen und uns zu vergegenwärtigen, mit welchen Bedeutungen, mit welchem Fühlen, mit welchen anklingenden Erinnerungen er die Gebäude und Straßen erlebte, wie sie auf ihn wirkten, was sie ihm bedeuteten.

Was tun mit dem so Verstandenen? Wenn wir den anderen in seiner inneren Welt hören und zu verstehen suchen, so erlebt er uns als einen geduldigen, ihn akzeptierenden Partner. Er ist dankbar und häufig erleichtert, daß einer ihn hört und ihm ein Sprechen über seine innere Welt ermöglicht. Manchmal mag er sich schon allein aufgrund dieses Aussprechens hinreichend erleichtert fühlen und wird zu einer gewissen Klärung seines inneren Erlebens und Fühlens kommen.

Es gibt jedoch zwei entscheidende Möglichkeiten, den anderen hierbei bedeutsam zu fördern: 1. Wir teilen dem anderen im Gespräch jeweils das mit, was wir von seiner inneren Welt verstanden haben, was die Äußerungen für sein Selbst und sein Fühlen bedeuten. Geschieht dieses in einer konkreten, einfach verständlichen, erlebnisnahen, nicht-wertenden, akzeptierenden und anteilnehmend-sorgenden echten Form, so werden folgende Vorgänge beim anderen ausgelöst: Der andere fühlt sich in seiner inneren Welt tief verstanden, fühlt sich nicht alleine gelassen, verkannt oder vergessen. Seine Selbstexploration, sein Bemühen, seine innere Welt selbst zu verstehen und zu klären, wird erheblich gefördert. Wir selbst werden bereichert durch die tiefen Einblicke in die seelische Landschaft des anderen. 2. Bei einfühlendem Verstehen der inneren Welt des anderen und bei gleichzeitiger Achtung–Anteilnahme sowie Echtheit–Offensein für unser eigenes Erleben werden unsere Maßnahmen und unser Verhalten der inneren Welt des anderen angemessen sein, auf sie Rücksicht nehmen, sie fördern und nicht beeinträchtigen. Wir *handeln* dann mehr entsprechend der inneren Welt des anderen. Wir sind dann in unseren Äußerungen *und* in unseren Handlungen personenzentriert, zentriert in der inneren Welt des anderen.

Was einfühlendes Verstehen *nicht* ist: ▷ Keine oberflächlichen floskelhaften Äußerungen wie „Ich verstehe, was bei Dir falsch ist." „Ich verstehe, was Dich so handeln läßt." „Ich verstehe schon, was Du meinst, aber . . ." „Ich habe so etwas Ähnliches erlebt wie Du, aber ich habe das anders gelöst." ▷ Es ist kein Analysieren, Diagnostizieren, Erklären und intellektuelles Interpretieren der Erlebniswelt oder des Verhaltens des anderen. ▷ Es ist kein Bewerten der inneren Erlebniswelt des anderen, keine inhaltliche Beeinflussung seines Verhaltens und Denkens sowie keine geheime manipulative Änderung. Sondern: Eine Person bemüht sich, herauszuhören, wie die Erlebniswelt des anderen ist, wie er fühlt, wie er wahrnimmt. Sie sucht dies aus Äußerungen und Handlungen des anderen zu schließen. Es ist ein akzeptierendes, urteilsfreies, nicht-wertendes Einfühlen in die innere Welt des anderen. ▷ Einfühlendes nicht-wertendes Verstehen ist auch kein „Verständnis", wie es häufig von Lehrern, Schülern oder Laien aufgefaßt wird (A. Tausch, 1963), charakterisiert durch Güte, Freundlichkeit, durch Fehlen von Strenge, von Kritik und von Vorurteil. Dieses „Verständnis" hat nur folgendes mit einfühlendem Verstehen gemeinsam: Fehlende Kritik, fehlende Bedrohung sowie Anteilnahme. Beim einfühlenden nicht-wertenden Verstehen ist jedoch entscheidend: Das einfühlende Heraushören und Verstehen dessen, was die geäußerten Erfahrungen eines Menschen für sein Selbst bedeuten, wie seine innere Welt aussieht. ▷ Einfühlendes Verstehen ist kein Pseudo-Verstehen, kein Heucheln von Interesse und Anteilnahme. ▷ Es ist nicht Passivität oder ein schweigendes Anhören des anderen ohne eigenes Berührtsein und anteilnehmende Aktivität. Es ist im Gegenteil ein Vorgang von intensivem Bemühtsein um den anderen, der den Helfer auch oft tief beeinflußt.

Überblicksskala über einfühlendes nicht-wertendes Verstehen der inneren Welt des anderen durch eine Person, etwa in Schulen, Familien, Kindergärten, Hochschulen oder Betrieben. Mit dieser Skala kann das Ausmaß des einfühlenden nicht-wertenden Verstehens einer Person gegenüber einem anderen eingeschätzt werden.

Eine Person versteht einfühlend und nicht-wertend die innere Welt eines anderen und läßt ihn das erfahren

Kein
einfühlendes Verstehen

- eine Person geht auf die Äußerungen des anderen nicht ein
- sie geht nicht auf die vom anderen ausgedrückten oder hinter seinem Verhalten stehenden gefühlsmäßigen Erlebnisinhalte ein
- sie versteht den anderen deutlich anders, als dieser sich selbst sieht
- sie geht von einem vorgefaßten Bezugspunkt aus, der den des anderen völlig ausschließt
- sie zeigt nicht einmal, daß ihr die vom anderen offen ausgedrückten Oberflächengefühle bewußt sind
- sie ist entfernt von dem, was der andere fühlt, denkt und sagt
- sie bemüht sich nicht, die Welt mit den Augen des anderen zu sehen
- sie befaßt sich nicht mit den vom anderen geäußerten gefühlsmäßigen Erlebnissen oder schmälert diese, indem sie bedeutsam geringere gefühlsmäßige Erlebnisinhalte des anderen anspricht
- ihre Handlungen und Maßnahmen sind nicht der inneren Welt des anderen angemessen, sie gehen an dem Fühlen und den inneren Bedürfnissen des anderen vorbei

Vollständiges
einfühlendes Verstehen

- eine Person erfaßt vollständig die vom anderen geäußerten gefühlsmäßigen Erlebnisinhalte und gefühlten Bedeutungen
- sie wird gewahr, was die Äußerungen oder das Verhalten für das Selbst des anderen bedeuten
- sie versteht den anderen so, wie dieser sich im Augenblick selbst sieht
- sie teilt dem anderen das mit, was sie von seiner inneren Welt verstanden hat
- sie hilft dem anderen, die von ihm gefühlte Bedeutung dessen zu sehen, was er geäußert hat
- sie ist dem anderen in dem nahe, was dieser fühlt, denkt und sagt
- sie zeigt in ihren Äußerungen und Verhalten das Ausmaß an, inwieweit sie die Welt des anderen mit seinen Augen sieht
- sie drückt die vom anderen gefühlten Inhalte und Bedeutungen in tiefgreifenderer Weise aus als dieser es selbst konnte
- ihre Handlungen und Maßnahmen sind dem persönlichen Erleben des anderen angemessen

↑ Kein Verstehen	1	2	3	4	5	↑ Vollständiges Verstehen *

*) Stufe 1 = kein einfühlendes nicht-wertendes Verstehen der inneren Welt des anderen
Stufe 3 = mäßiges einfühlendes nicht-wertendes Verstehen
Stufe 5 = vollständiges einfühlendes nicht-wertendes Verstehen

Das einfühlende Verstehen einer Person gegenüber einem anderen kann sich verschieden ausdrücken: In Worten, im Verhalten, in Handlungen oder in Maßnahmen. Wir sehen es als günstig an, wenn sich sensibles Verstehen nicht nur in Worten ausdrückt.

Worte: Eine Person äußert das, was sie von der inneren Welt des anderen verstanden hat. Inhalt, Stimme und Sprechweise zeigen an, daß die Person bei dem Erleben des anderen ist. Ihre Äußerungen sind dem gefühlten Erleben des anderen angemessen.

Maßnahmen: Die von einer Person getroffenen Maßnahmen entspringen einfühlendem Verstehen der inneren Welt des anderen oder stehen in Übereinstimmung damit. So sagt etwa ein Lehrer zu einem Schüler, der äußerte, daß für ihn die Hausaufgaben zu schwierig seien: „Du denkst, Du schaffst sie nicht?! Komm bitte nach der Stunde zu mir, damit ich Dir helfen kann!“ Oder er sagt: „Hier ist ein Buch, darin ist ganz einfach beschrieben, wie Du dies rechnen kannst.“ Oder er sagt zu der Klasse: „Wer kann mit Klaus heute zusammen die Hausaufgaben machen?“ Der Lehrer läßt eine leistungsschwache Schülerin nicht laut vor der Klasse vorlesen. Er hat sich einfühlend vergegenwärtigt, wie unangenehm das für sie ist, wie ungünstig für ihre Selbstachtung. Als ein Schüler beim Vorrechnen einer Rechenaufgabe an der Tafel in Schwierigkeiten kommt, sagt der Lehrer aufgrund seines einfühlenden Verstehens der inneren Welt des Schülers: „Wenn Du möchtest, kannst Du Dich gerne hinsetzen.“

Verhalten: Ein Lehrer hat sich vergegenwärtigt, daß sich die Schüler in seinem Unterricht langweilen und unruhig sind, weil der Unterrichtsstoff für sie zu schwer verständlich ist. Er ändert den Plan seiner Unterrichtsgestaltung und sagt etwa: „Ich will es Euch noch einmal einfacher erklären und mir mehr Mühe geben dabei.“ Der Lehrer schafft also erleichternde Bedingungen. Sie folgen daraus, daß er sich in die Erfahrungswelt seiner Schüler eingefühlt hat.

Gestik und Mimik: Ein Lehrer umarmt tröstend ein Kind, das kurz zuvor erfahren hat, daß seine Mutter verunglückt ist. Der Lehrer hört einem Kind intensiv zu, etwa mit Blikken der Anteilnahme oder Ermutigung sowie mit Kopfnicken, während das Kind von seinen Schwierigkeiten erzählt.

Einfühlendes nicht-wertendes Verstehen gemäß Beschreibungen von Carl Rogers. Zur weiteren Verdeutlichung, was einfühlendes Verstehen ist, was dabei in einer Person vor sich geht, im folgenden einige charakteristische Beschreibungen aus den Büchern von Carl Rogers (1942, 1951):

▷ Der Helfer (Erzieher, Psychotherapeut, Lehrer) versteht, wie der andere sich augenblicklich fühlt, wie er sich erlebt und wie er sich selbst wahrnimmt.

▷ Der Helfer versteht, welche Bedeutung die Gefühle, Gedanken und Erfahrungen, die der andere äußert und erforscht, für diesen haben.

▷ Der Helfer nimmt das Selbst des anderen wahr, wie es der andere kennt, und akzeptiert es.

▷ Der Helfer sucht „unter die Haut“ des anderen zu gelangen, sich „in seine Schuhe zu stellen“.

▷ Der Helfer sucht sich in den anderen hineinzuversetzen und die von ihm zum Ausdruck gebrachten Einstellungen und jede Nuance der Änderung zu erfassen.

▷ Der Helfer sucht das Erlebnis- und Wahrnehmungsfeld so lebhaft und genau mitsamt seinen Bedeutungen für den anderen zu erfassen, wie er es vom anderen erfahren hat und wie dieser bereit ist, es mitzuteilen.

▷ Der Helfer erfaßt das innere Bezugssystem des anderen so vollständig wie möglich. Er versetzt sich in das Bezugssystem des anderen hinein. Er sucht sich die Einstellung des anderen vollständig zu eigen zu machen.

▷ Der Helfer zeigt durch seine Äußerungen das Ausmaß an, inwieweit er mit den Augen des anderen sieht.
▷ Der Helfer hilft dem anderen zu klären und zu verstehen und die Bedeutung dessen zu sehen, was dieser ausgedrückt hat und was die Äußerungen, Erfahrungen und Erlebnisse für diesen bedeuten.
▷ Der Helfer läßt den Ort der Bewertung und Wertefindung bei dem anderen. Er will nicht, daß der andere sich ihm anpaßt.

Die Skala einfühlendes nicht-wertendes Verstehen der inneren Welt des anderen von Carkhuff (1969, II, S. 315) wurde häufig in der Psychotherapieforschung verwendet. Deutliches einfühlendes Verstehen der inneren Welt des Klienten durch den Helfer (ab Stufe 3.5) hing zusammen mit deutlicher Auseinandersetzung des Klienten mit sich selbst (Selbstexploration) sowie mit günstigen Änderungen am Ende der Psychotherapie. Die Skala ist auch zur Erfassung des einfühlenden Verstehens in anderen zwischenmenschlichen Beziehungen geeignet.

Stufe 1: Eine Person (Helfer, Psychotherapeut, Lehrer, Eltern) befaßt sich in ihren Äußerungen entweder nicht mit den sprachlichen und nicht-sprachlichen Äußerungen des anderen (Kind, Jugendlicher, Klient) oder schmälert diese deutlich, indem sie bedeutsam weniger gefühlsmäßige Erlebnisinhalte äußert als es der andere selbst tut. Die Person zeigt nicht einmal, daß ihr die offen ausgedrückten Oberflächengefühle des anderen bewußt sind. Sie mag gelangweilt oder uninteressiert sein, oder sie geht von einem vorgefaßten Bezugspunkt aus, der den des anderen völlig ausschließt.

Stufe 2: Eine Person geht zwar auf die vom anderen geäußerten Gefühlsinhalte ein, aber sie läßt bemerkenswerte Gefühle, Erlebnisse und Bedeutungen außer acht, die der andere mitteilt. Die Person mag sich der augenscheinlichen Oberflächengefühle des anderen bewußt sein. Aber ihre Äußerungen setzen das gefühlsmäßige Niveau herab und verzerren die Bedeutung. Die Person mag ihre eigenen Vorstellungen mitteilen, die jedoch nicht mit dem übereinstimmen, was der andere äußert.

Stufe 3: Die Äußerungen, mit denen eine Person auf die vom anderen geäußerten Gefühlsinhalte eingeht, sind im wesentlichen austauschbar mit den Äußerungen des anderen. Sie drücken im wesentlichen dieselben Affekte und Bedeutungen aus. Die Person mag mit treffendem Verständnis auf die Oberflächengefühle des anderen eingehen, aber sie geht nicht auf das tiefere Fühlen ein oder mißversteht dies.

Stufe 4: Die Äußerungen einer Person tragen sichtbar zu dem bei, was der andere sagt, indem sie die gefühlsmäßigen Erlebnisinhalte tiefer ausdrückt, als es der andere selbst konnte. Die Person teilt ihr Verständnis der Äußerungen des anderen auf einem gefühlsmäßig tiefergehenden Niveau mit und befähigt damit den anderen, sein Fühlen zu erfahren und/oder auszudrücken, wie er es vorher nicht ausdrücken konnte.

Stufe 5: Die Äußerungen einer Person bereichern bedeutsam das Fühlen und die Bedeutung der Äußerungen des anderen, indem sie die gefühlten Inhalte tiefergehend ausdrükken als es der andere selbst konnte oder indem sie im Falle fortschreitend tiefer Selbstexploration des anderen vollständig mit ihm gehen in dessen tiefsten Augenblicken. Eine Person geht mit Genauigkeit auf alle tieferen sowie oberflächlicheren Gefühle des anderen ein. Sie ist „zusammen“ mit dem anderen oder „auf seiner Wellenlänge“. Die Person und der andere können dazu übergehen, bisher unerforschte Bereiche seiner persönlichen Existenz zu erforschen. Die Äußerungen der Person erfolgen mit voller Bewußtheit, wer der andere ist, und mit umfassendem, genauem, tiefgreifendem Verständnis seiner tiefsten Gefühle und Erlebnisinhalte.

Die folgende Skala einfühlendes Verstehen der inneren Welt des Kindes ist eine etwas geänderte, vereinfachte Carkhuff-Skala. Sie wurde in mehreren Untersuchungen verwendet (A. Tausch u. a., 1976; Pixa-Kettner u. a., 1976). Einfühlendes Verstehen der inneren Welt von Kindern durch psychologische Helfer oder Kindergärtnerinnen in psychotherapeutischen Einzel- und Gruppengesprächen oder in alltäglichen Gesprächssituationen in Kindergärten hing zusammen mit größerer Selbstexploration der Kindergarten- und Schulkinder. Im folgenden die Skala, verdeutlicht durch Ein-Satz-Gespräche zwischen Kind und Helfer:

Stufe 1: Der Helfer geht in seinen Äußerungen nicht auf die vom Kind ausgedrückten Gefühlsinhalte ein, auch nicht auf die vom Kind vorgebrachten äußeren Sachverhalte. – Beispiel: Kind: „Wenn der Lehrer mich nach vorne ruft, dann fange ich schon an zu zittern." Helfer: „Das ist doch Unsinn, deswegen brauchst Du doch nicht gleich zu zittern!"

Stufe 2: Der Helfer geht kaum auf die vom Kind ausgedrückten Gefühlsinhalte ein. Er äußert sich jedoch über irgendwelche vom Kind vorgebrachten äußeren Sachverhalte. – Kind: „Mit der Ute vertrage ich mich gar nicht, weil sie immer so angibt." Helfer: „Ute ist Deine Freundin?!"

Stufe 3: Der Helfer geht auf einen Teil der vom Kind ausgedrückten Gefühlsinhalte ein. Er geht jedoch auf ein dem Kind nicht wichtiges Gefühl ein, auf welches das Kind nicht das Hauptgewicht legt. – Kind: „Gestern mußte ich Strafarbeiten machen, obwohl ich überhaupt nichts getan habe. Das finde ich so gemein!" Helfer: „Das ärgert Dich, wenn Du Strafarbeiten machen mußt?!"

Stufe 4: Der Helfer geht auf einen überwiegenden Teil der vom Kind geäußerten gefühlsmäßigen Erlebnisinhalte ein. Er drückt ähnliche Gefühlsinhalte aus wie das Kind. Er läßt nichts aus, fügt nichts oder nur weniges hinzu. Er erfaßt dabei einen großen Teil der gefühlsmäßigen Erlebnisinhalte des Kindes, aber nicht alle vielfältigen Erlebnisinhalte, insbesondere nicht, was diese vom Kind geäußerten Erlebnisinhalte und Erfahrungen für sein Selbst bedeuten. – Kind: „Mein Bruder hat es besser, wenn der etwas ausfrißt, dann sagen meine Eltern nie etwas." Helfer: „Du fühlst Dich da benachteiligt von Deinen Eltern?!"

Stufe 5: Der Helfer erfaßt vollständig die vom Kind geäußerten gefühlsmäßigen Erlebnisinhalte. Auch bei äußeren Sachverhalten des Kindes äußert er sich über die für das Kind möglicherweise für sein Selbst damit verbundenen Gefühle, Erlebnisinhalte und persönlichen Erfahrungen. – Kind: „Manchmal kann ich morgens gar nichts essen, wenn wir 'ne Klassenarbeit schreiben." Helfer: „Du bist da schon vorher sehr aufgeregt, Du spürst das in Deinem Magen?!"

Skala für das Verstehen der Bedeutung von Erfahrungen und Erlebnissen der Schüler durch den Lehrer (Aspy, 1972). Deutliches Verstehen (ab Stufe 3.5), festgestellt anhand von Tonaufnahmen des Unterrichts, stand in Zusammenhang z. B. mit der Güte der kognitiven Prozesse der Schüler in Unterrichtsstunden. Diese Skala ist recht einfach und elementar. Vielleicht aber ermöglicht sie Lehrern einen ersten Zugang zum einfühlenden nicht-wertenden Verstehen der Erfahrungswelt ihrer Schüler.

Stufe 1: Weder die Stimme–Sprechweise noch die Worte des Lehrers drücken irgendwelche Gefühle der Schüler aus, und/oder der Lehrer reagiert unangemessen auf das Schülererleben.

Stufe 2: Die Stimme–Sprechweise des Lehrers drückt andeutungsweise Gefühle der Schüler aus, die jedoch dem Schülererleben nur in etwa angemessen sind. Der Lehrer drückt diese Gefühle nicht in Worten aus.

Stufe 3: Die Stimme–Sprechweise des Lehrers drückt Gefühle der Schüler aus, die ihrem Erleben ziemlich angemessen sind. Er ist „bei" seinen Schülern. Er drückt diese Gefühle jedoch nicht in Worten aus.

Stufe 4: Die Stimme–Sprechweise des Lehrers drückt Gefühle der Schüler aus, die ihrem Erleben ziemlich angemessen sind. Zusätzlich benennt er die gefühlsmäßigen Erlebnisinhalte mit ausdrucksschwachen Worten.

Stufe 5: Die Stimme–Sprechweise des Lehrers drückt Gefühle der Schüler aus, die dem Erleben der Schüler angemessen sind. Zusätzlich benennt er die gefühlsmäßigen Erlebnisinhalte der Schüler mit ausdrucksstarken Worten.

Skala für das einfühlende Verstehen der inneren persönlichen Welt, in der Erfahrung des anderen. Die folgende von uns etwas geänderte Skala von Waggener (1971) charakterisiert, was jemand bei tiefgreifendem Verstehen seiner inneren Welt durch eine Person erfährt. Diese Person kann ein psychologischer Helfer, z. B. Psychotherapeut sein, ein Erzieher, Lehrer, Elternteil, ein Kollege, Freund, Ehepartner, Mitschüler, auch ein fremder Mitmensch bei einer zufälligen Begegnung in einem Verkehrsmittel.

Stufe 1: Die Person ist nicht daran interessiert, meine Sicht der Dinge, meine Erlebniswelt, meine wahrgenommenen Bedeutungen, mein Selbst kennenzulernen. Sie versteht nicht und möchte nicht verstehen. Ich muß i h r e n inneren Bezugspunkt, i h r e Ideen und Gedanken suchen, i h r e Gedankenwelt herausfinden. Ich fühle, daß sie nicht bemüht und besorgt ist, ob mir das irgend etwas einbringt oder nicht. Ich würde sehr ungern mit einem persönlichen Problem zu ihr gehen. Ich glaube nicht, daß sie mich überhaupt verstehen würde.

Stufe 2: Die Person scheint ein wenig zu wissen, wie ich über etwas fühle, wenigstens ist sie nicht ganz ahnungslos. Ich merke jedoch, daß sie nicht auf dem richtigen Wege ist, wenn sie versucht, sich auf mich und meine Auffassungen und mein Fühlen einzustellen. Sie benimmt sich so, als wollte sie mich verstehen, als wollte sie meine Gedankenwelt kennenlernen. Aber sobald sie es versucht, zeigt sich meist, daß sie nicht weiß, wie sie das machen soll, oder daß sie meinen inneren Bezugspunkt verfehlt.

Stufe 3: Die Person nimmt es als Tatsache zur Kenntnis, daß ich in eigener tiefer Weise über etwas fühle und denke. Und das ist hilfreich. Aber sie macht nichts weiter damit. Das beeinträchtigt mich nicht, aber es hilft mir auch nicht viel. Ich spüre, sie versteht mich ein wenig. Aber ich spüre doch das Bedürfnis, mich zu rechtfertigen oder mich und meine Einstellung zu erklären.

Stufe 4: Irgendwie versteht die Person teilweise, wie und warum ich so empfinde. Ich spüre, ich muß mich nicht selbst und meine Einstellung dazu erklären oder verteidigen.

Stufe 5: Ich fühle, daß die Person spürt, wie ich bin, was in mir vorgeht und was ich davon durch meine eher armen und mangelhaften Worte auszudrücken versuche. Ich fühle, daß sie bei mir ist. Vielleicht versteht sie nicht alles, was ich auszudrücken versuche. Aber sie ist mit mir und versteht m i c h .

Einfühlendes Verstehen in Erlebnisbeschreibungen des anderen. Die nachfolgenden Wahrnehmungs- und Empfindungsbeschreibungen wurden in der Gesprächspsychotherapie entwickelt und häufig verwendet (Barrett-Lennard, 1962). Klienten charakterisierten nach den Gesprächskontakten ihre Psychotherapeuten. Die Beschreibungen eignen sich auch zur Einschätzung von Personen in anderen zwischenmenschlichen Beziehungen, so zur Einschätzung von Lehrern durch Schüler, von Dozenten durch Studierende oder von Helfern durch Hilfesuchende. Die Einschätzung kann 4stufig erfolgen von: deutlich ja bis deutlich nein. Zur Charakterisierung sind nur wenige Beschreibungen notwendig, etwa nur diejenigen, die wir mit einem Stern gekennzeichnet haben.

Er (Lehrer, Dozent, Helfer, Mitmensch) versteht, wie ich die Dinge sehe. Er weiß fast immer ziemlich genau, was ich meine.* Gewöhnlich spürt oder erkennt er, was ich fühle.* Er versteht oft, was ich meine, auch wenn ich Schwierigkeiten habe, es auszudrükken.* Er versteht gewöhnlich alles, was ich meine. Er weiß ganz genau, was die Dinge, die ich erlebe, für mich bedeuten.

Wie befriedigend ist es für Schüler oder andere Personen, wenn sie die Möglichkeit haben, eine Person so wahrzunehmen und zu erfahren. Häufig sind die Erfahrungen und Wahrnehmungen in der Schule jedoch eher anders, eher in der Art der nachfolgenden Beschreibungen:
Vieles von dem, was ich fühle oder denke, bemerkt er nicht.* Er mag zwar meine Worte verstehen, aber er versteht nicht die Art und Weise, wie ich fühle.* Er betrachtet das, was ich sage, oft von seinem eigenen Gesichtspunkt aus. Seine eigenen Einstellungen zu Dingen, die ich sage oder tue, hindern ihn, mich zu verstehen. Er denkt, daß ich auf bestimmte Art und Weise fühle, weil das auch seine Art zu fühlen ist. Er bemerkt nicht, wenn ich gefühlsmäßig an Dingen beteiligt bin, über die wir sprechen. Seine Äußerungen sind oft so schablonenhaft, daß ich in keinen tieferen Kontakt zu ihm kommen kann.

Die Ergebnisse der Forschungen in der Gesprächspsychotherapie sind beeindrukkend: Klienten, die ihre Psychotherapeuten aufgrund dieser Beschreibungen als einfühlend-verstehend einschätzten, hatten bedeutsame konstruktive Änderungen am Ende der Gesprächspsychotherapie, verglichen mit geringen oder keinen Änderungen von Klienten, die ihre psychotherapeutischen Helfer nur mäßig oder gering verstehend wahrnahmen (R. Tausch, 1974, 1975). Konstruktive Änderungen von Klienten sind fast ausgeschlossen, wenn diese ihren psychotherapeutischen Helfer nicht als deutlich verstehend wahrnehmen, bei gleichzeitig deutlicher Achtung–Wärme und Echtheit.

Auswirkungen von einfühlendem nicht-wertendem Verstehen auf eine Person in Gesprächen. Was geschieht bei einer Person, wenn ein anderer ihre innere Erlebniswelt, ihr Fühlen und ihre wahrgenommenen Bedeutungen einfühlend und genau versteht? Wenn der andere ihr das Verstandene ohne Wertung und Kritik, vielmehr mit echter Achtung–Wärme–Akzeptierung in einigen oder mehreren Sätzen während eines kurzen oder längeren Gespräches äußert? Überblicksweise dargestellt tritt folgendes bei ihr ein: Ihre psychische Funktionsfähigkeit und ihre konstruktive Persönlichkeitsentwicklung werden gefördert, ihre psychischen Beeinträchtigungen werden gemindert, sie fühlt sich befriedigt über ihre Erfahrungen mit dem Gesprächspartner und dem Gespräch.

Konkreter und ausführlicher ausgedrückt werden folgende Vorgänge ausgelöst:

▷ Die Person fühlt sich in ihrer inneren persönlichen Welt beachtet. Sie fühlt Anteilnahme, sie fühlt sich nicht alleingelassen. Sie erlebt: „Endlich hört mir jemand zu, ohne mich zu belehren!"

▷ Die Person fühlt sich in tiefer Weise verstanden. Sie erlebt eine sehr wichtige Empfindung: „Endlich hört mich jemand!" „Endlich weiß jemand, wie mir zumute ist!" „Ich bin erlöst aus meiner Einsamkeit." „Ich hatte schon fast nicht mehr gehofft, daß mich noch jemand hören und verstehen könnte!"

▷ Die Person nimmt ihren Gesprächspartner, z. B. den psychologischen Helfer, tief verständnisvoll wahr, z. B. „Er/sie weiß genau, was die Dinge, die ich erlebe, für mich bedeuten." „Gewöhnlich spürt oder erkennt er, was ich fühle." „Er sucht zu verstehen, wie ich die Dinge sehe." „Er kommt in eine nähere verständnisvolle Beziehung zur mir, und ich fühle mich frei von Bedrohung, Kritik und Belehrung." – So nahmen mehrere hundert Schüler des 7.–9. Schuljahres bei Gesprächen über ihre persönlich-sozialen Probleme denjenigen Schulberater (counselor) als deutlich angemessen hierfür wahr, der gemäß Tonaufnahmen der Gespräche ein größeres Ausmaß an einfühlendem Verstehen hatte (Conklin und Nakoneshny, 1963). – Eine andere Untersuchung machte wahrscheinlich: Jugendliche empfinden derart verständnisvolle Äußerungen von Erwachsenen nicht als Billigung ihres Verhaltens, wie das manche Erzieher befürchten (A. Tausch, 1963).

▷ Die Person öffnet sich zunehmend mehr dem Gesprächspartner und spricht sich aus. Und zwar in tiefer, echter Weise. Sie spricht über sich selbst, ihre persönlichen Erfahrungen und Erlebnisse, die für ihre eigene Person, ihr Selbst, ihr Fühlen bedeutsam sind. Sie spricht über ihre Beziehungen zu für sie bedeutsamen Personen, über ihre Wünsche und Ängste. Die bedeutsamen gefühlsmäßigen Erfahrungen einer Person zu ihrem Selbst sind gleichsam das Zentrum des Gespräches. Dies ergab sich in mannigfachen Untersuchungen der personenzentrierten Gesprächspsychotherapie. Äußerungen mit Selbstreferenzen, die sich also auf die eigene Person bezogen, waren häufig und nahmen im Verlauf des Gespräches zu.

▷ Die Person setzt sich mit ihrem Selbst auseinander. Sie kommt in einen tiefen Kontakt zur eigenen Person. Dieser Prozeß wird häufig mit Selbstexploration bezeichnet. Es gibt zahlreiche Untersuchungen über die Förderung der Selbstexploration von Klienten bei einfühlendem Verstehen ihrer inneren gefühlsmäßigen Welt durch psychologische Helfer: So durch psychologische Helfer bei 9–12jährigen in personenzentrierten Einzel- und Gruppengesprächen (A. Tausch u. a., 1973; A. Tausch, 1976) und durch personenzentrierte Psychotherapeuten bei mehreren hundert psychisch beeinträchtigten Klienten (R. Tausch, 1974, 1975). Durch das fortwährende verständnisvolle Eingehen des Helfers auf die gefühlte innere Welt einer Person spricht diese nicht über äußere Fakten und Erscheinungen an sich, sondern darüber, wie sie über diese Fakten, über andere Personen und über sich selbst f ü h l t.

▷ Die Person erfährt eine gewisse Entlastung und Entspannung durch das Aussprechen ihrer Gefühle und Belastungen: „Das ist ganz seltsam, jetzt – nachdem ich all meinen Haß und meine Bitterkeit herausgeschleudert habe – jetzt fühle ich mich innerlich ruhiger, viel freier. Jetzt erlebe ich auch andere Gefühle, mehr Verständnis für andere." „Zuerst wußte ich gar nicht, wohin es ging. Es sprudelte so aus mir heraus. Und ich hatte Angst, was an Unbekanntem und Bedrohlichem herauskommen würde. Aber allmählich entdeckte ich, daß es mich irgendwie befreite und mir Mut machte, mich selbst zu erforschen, einfach rauszubekommen, wie ich wirklich bin."

▷ Die Person kommt in engeren Kontakt zu ihrem eigenen Fühlen. Sie äußert sich über ihr Fühlen statt unpersönlicher allgemeiner Äußerungen. Sie wird offener für ihr Erleben und Fühlen. Sie nimmt ihr unmittelbar gegenwärtiges, gefühltes Erleben in größerem Umfang und intensiver wahr und kann dies lebendiger mitteilen. Sie wird aufgeschlossener für ihr Fühlen und Erleben. Sie ignoriert, verleugnet und vernachlässigt es weniger. Ihr Fühlen und ihre gefühlsmäßigen Erfahrungen werden mehr Teil ihrer Person. Sie lernt, mehr in sich hineinzuhorchen. Sie wird aufrichtiger mit sich selbst, offener, wie sie selbst ist. Durch das Auseinandersetzen mit dem eigenen Fühlen und das Akzeptieren ihres Fühlens wird sie fähiger, angemessener damit umzugehen. Hierdurch wird ihre psychische Funktionsfähigkeit erheblich gefördert.

▷ Bei der Person kommt es als Folge der Beschäftigung mit ihrem Selbst, dem Kontakt zu ihrem eigenen Fühlen, dem Nachlassen ihrer Spannungen in einer nicht bedrohlichen, gefühlsmäßig sicheren Atmosphäre gegenüber einem akzeptierenden, sehr einfühlend-verstehenden Helfer zu folgenden weiteren Vorgängen: ▷ Ihr Erlebnisfeld lockert sich auf, etwa durch wiederholte geänderte Betrachtungsweise ihrer Erfahrungen mit Personen und Ereignissen. ▷ Sie sieht für sich verschiedenartige andersgewichtige Bedeutungen, neue Bedeutungsaspekte, sie strukturiert ihre Bedeutungswelt teilweise um. ▷ Sie nimmt frühere Erfahrungen und Erlebnisse, die sie mit dem zusammenhängenden Fühlen wieder erlebt oder sich konkret wieder vorstellt, differenzierter wahr. Sie integriert diese mit anderen neuen Erfahrungen und Aspekten. Dies ruft wiederum ein neues Fühlen in ihr hervor. Dies läßt sich an einfachen Beispielen demonstrieren: Betrachten wir z. B. eine Umkehrfigur, eine sog. Reversionsfigur aus der Experimentellen Psychologie, so bemerken wir, wie die Figur aufgrund ihrer Doppeldeutigkeit „umschlägt". Wir nehmen sie mit anderer Bedeutung wahr. Oder: Begegnen wir nach einiger Zeit Menschen oder überdenken frühere Erfahrungen, so nehmen wir sie unter Umständen in anderer Bedeutung wahr. Oder wir können eine Einbahnstraße mit dem Auto hundertmal gefahren sein. Wird die Richtung dieser Einbahnstraße etwa aufgrund einer Verkehrsumleitung geändert, so entdecken wir plötzlich Häuser, die wir in dieser Art vorher nie bewußt wahrgenommen haben. Wir sehen sie in neuer Bedeutung.

▷ Die Person integriert ihre früheren gefühlsmäßigen Erfahrungen und Wahrnehmungsbedeutungen mit ihrem jetzigen Fühlen und Erfahren. Sie wird in ihrem Erleben widerspruchsfreier. Sie kann sich selbst mehr akzeptieren. Ihr Selbstkonzept entspricht mehr ihren unmittelbaren Erfahrungen. Sie verzerrt Bedeutungen nicht. Die Diskrepanz zwischen ihrem Selbst und ihren fortlaufenden Erfahrungen vermindert sich.

▷ Die Person verarbeitet ihre neuen Erfahrungen aufrichtiger, echter. Sie lebt mehr die Person, die sie wirklich ist, und weniger die Person, die sie glaubte zu sein oder sein zu müssen. Sie wird freier von Fassaden, Masken, Lügen. Ihre Spannungen vermindern sich. Die Person fühlt mehr innere Ruhe, gefühlsmäßige Sicherheit, mehr Vertrauen in die Vorgänge ihres Organismus. Sie lernt mit ihrem Fühlen und Erfahren umzugehen, insbesondere durch offene Auseinandersetzung damit. Sie nimmt Personen und Ereignisse ihrer Umwelt in Beziehung zu sich selbst weniger bedrohlich wahr. Sie ist bereiter, sich zu ändern und zu wachsen. Sie wird eher fähig, bisher als unlösbar angesehene Probleme zu klären. Sie wird anderen ein hilfreicherer Partner, kann anderen helfende Bedingungen geben. So nahmen sehr ängstliche und psychoneurotische 11–12jährige nach Gruppen- und Einzelgesprächen mit Psychologen mit deutlich einfühlendem Verstehen die Äußerungen anderer in der Gruppe mit mehr Interesse und Anteilnahme wahr. Die Jugendlichen sprachen sich mehr gegenseitig an, drückten ihr Fühlen aus und bezogen andere in das Gruppengespräch mit ein (Pixa-Kettner u. a., 1976; s. a. A. Tausch, 1976).

Untersuchungen zur Förderung von Personen durch Gespräche mit deutlich einfühlendem Verstehen des Helfers. Über die Gesamtauswirkungen liegen zahlreiche Untersuchungen vor (Rogers, 1951; Truax u. Carkhuff, 1967). Wir überprüften die Gesamtauswirkungen bei ca. 500 deutschen Klienten mit insgesamt 120 psychologischen Helfern (R. Tausch, 1974, 1975), ferner bei alten Menschen sowie Gefängnisinsassen (Rönnecke u. a., 1976; Doll u. a., 1974). Insgesamt ergaben die Untersuchungen: Ein hohes Ausmaß von einfühlendem genauem Verstehen eines psychologischen Helfers – ermittelt durch Beurteilereinschätzungen der Tonaufnahmen und Einschätzungen der Psychotherapeuten durch Klienten – hing zusammen mit hoher Selbstexploration sowie mit konstruktiven psychischen Änderungen der Personen am Ende der Gespräche, nach 6 bis 20 Gesprächskontakten unter der Voraussetzung gleichzeitiger Echtheit und Achtung–Wärme des Helfers. Geringes einfühlendes Verstehen des psychologischen Helfers hing im allgemeinen zusammen mit geringen oder fehlenden konstruktiven Änderungen. Ähnliche Befunde über das einfühlende Verstehen von psychologischen Helfern ergaben sich bei Mitgliedern von Encountergruppen (Westermann, Kremer u. Tausch, 1976). – Im folgenden einige Untersuchungen über die Effekte hilfreichen Gesprächsverhaltens gegenüber Kindern:

Unterprivilegierte Kindergartenkinder und Schüler des 2. Schuljahres hatten nach 6–8 personenzentrierten Einzel- und Gruppengesprächen im Vergleich zu Kontrollkindern ohne Gespräche bessere intellektuelle und gruppenmotorische Leistungen in Testaufgaben und erreichten das Niveau nicht-unterprivilegierter gleichaltriger Kinder. Sie wurden ferner von ihren Eltern häufiger in ihrer Gesamtentwicklung und in ihrer gefühlsmäßigen und sozialen Stabilität als positiv geändert wahrgenommen, z. B. zuversichtlicher, ausgeglichener, hilfsbereiter, gesprächiger und lebhafter. Sie konnten ferner auf Bildern dargestellte zwischenmenschliche Beziehungen differenzierter wahrnehmen und sich dazu äußern (A. Tausch u. a., 1973).

Ängstliche lernbehinderte, nicht-debile 8–12jährige Sonderschüler waren nach personenzentrierten Einzel- und Gruppengesprächen im Vergleich zu Kontrollkindern selbständiger und weniger ängstlich. Auch hier ergab sich ein bedeutsamer Zusammenhang zwischen dem einfühlenden nicht-wertenden Verstehen der Helfer und der Selbstexploration der lernbehinderten Kinder (Bommert u. a., 1975).

Je einfühlend verstehender Kindergärtnerinnen auf an sie gerichtete Kinderäußerungen während einer vorschulischen Lernsituation reagierten, desto größer war die konstruktive Aktivität und interessierte Mitarbeit der 3–6jährigen bei der Aufgabe (A. Tausch u. a., 1976).

11–12jährige Schüler hatten nach einer Anzahl personenzentrierter Einzelgespräche durch hierin ausgebildete Jugendliche, meist ältere Schüler – im Vergleich zu Kontrollkindern ohne Gespräche – ein stärkeres Ausmaß sog. internaler Kontrolle (Thiel u. a., 1976). Sie verneinten z. B. folgende Fragen deutlich mehr als vorher: „Glaubst Du, daß sich schöne Dinge ereignen, wenn man sie nur wünscht?“ „Meinst Du, daß Du nur sehr wenig tun kannst, um Deine Fehler wieder gutzumachen?“ „Hast Du das Gefühl, daß Leute gewöhnlich ohne jeden Grund gemein zu Dir waren?“

Für diejenigen, die aufgrund fehlender eigener Erfahrungen skeptisch sein mögen über die Auswirkungen verständnisvoller Gespräche, möchten wir einen sehr einfachen experimentalpsychologischen Versuch anführen. Die Situation hier ist weit entfernt von einem sensiblen Verstehen durch einen psychologischen Helfer. Dennoch ergaben sich gewisse konstruktive Effekte: Studentische Versuchspersonen mit neurotischen Beeinträchtigungen sprachen in einem experimentell hergerichteten Einzelraum ihre persönlichen Probleme auf ein Tonband. Wenn sie schwiegen, hörten sie von einer auf Tonband aufgenommenen Stimme standardisierte verständnisvolle, beruhigende Kurzäußerungen. Selbst in dieser künstlichen Versuchssituation mit einer unpersönlichen und standardisierten Stimme in akzeptierender und beruhigender Art ergab sich bei 15minütigen Sitzungen während 5 Wochen eine gewisse Verminderung von Neurotizismus (Kohler u. Tesar, 1976). Dies mag demonstrieren, welche Änderungen zu erwarten sind, wenn eine Person mit einer realen, tiefgreifend verstehenden Person Gespräche führt.

Auswirkungen von einfühlendem Verstehen auf den Erzieher selbst. ▷ Der Erzieher empfindet tiefe Befriedigung und Bereicherung, ein Kind oder Jugendlichen wirklich zu hören. Er erhält tiefen Einblick in die seelischen Landschaften etwa seiner Schüler, die in ihrer Größe und Erhabenheit einmalig sind. Er fühlt sich häufig tief bereichert durch das, was ihm Kinder und Jugendliche von ihrer Welt anvertrauen.

▷ Er erfährt aus den Äußerungen und späteren Folgen der Kinder und Jugendlichen, wie er ihre Welt durch sein einfühlendes Verstehen fördern kann. Er hat eine einzigartige Möglichkeit, Jugendliche darin zu fördern, sich mit ihren Erfahrungen auseinanderzusetzen und besser mit ihren Erfahrungen und ihrem Fühlen umzugehen. Dadurch ermöglicht er ihnen entscheidend angemessene Selbstbestimmung.

▷ Das nicht-wertende Verständnis des Erziehers von der inneren Welt des anderen wird zunehmend genauer. Er fühlt sich dadurch nicht bedroht, sondern kann die ihm mitgeteilten persönlichen Gedanken und Gefühle annehmen.

▷ Er benötigt keine Angsttests oder Persönlichkeits-Fragebogen, um etwas bedeutsam Persönliches von den Schülern seiner Klasse oder anderen zu erfahren. Er erhält viele Kenntnisse über das individuelle, selbstbestimmte Lernen und Wachsen seiner Schüler. Er sieht, wie sich Erlebnisse und Erfahrungen in Kindern und Jugendlichen auswirken, wie sie sich fühlen. Und vor allem, wie er durch sein Verstehen den Prozeß des Lernens und Wachsens erheblich fördern kann.

▷ Maßnahmen und Handlungen des Erziehers werden dem Erleben seiner jugendlichen Partner angemessener, weil er ihre innere Welt versteht und warm-sorgend an ihr Anteil nimmt. Und weil er zugleich offen ist für sein eigenes inneres Erleben. Ein Lehrer wird so weniger genaue Anweisungen aus Büchern benötigen, was er im jeweiligen Unterricht und der Erziehung wie tun soll. Er erlebt mit, was seine Schüler fühlen, was sie möchten, wodurch sie beeinträchtigt werden. Der Erzieher, der die innere Welt des anderen versteht, erfährt unmittelbarer, ob und wie seine Maßnahmen und Handlungen hilfreich und förderlich oder beeinträchtigend sind. Er kann sie dann abändern und verbessern. Der Lehrer wird etwa angemessenere Hausaufgaben stellen, er wird den Unterricht so organisieren, daß er weniger Langeweile in seinen Schülern hervorruft. Er wird sinnvollere Lesetexte aussuchen. Er wird sich in seinem Vortrag und in seinen Informationstexten verständlicher ausdrücken, etwa in kürzeren Sätzen und in einfacheren Worten. Er wird seine Informationen wiederholen, wenn er das Nicht-Verstandenhaben in den Gesichtern der Schüler bemerkt, und er wird sich kürzer fassen, wenn er Langeweile in ihren Gesichtern liest.

Insgesamt erfährt eine Person die enorme Kraft in sich, mit der sie den anderen in seinen wesentlichen seelischen Grundvorgängen und in seiner Persönlichkeitsentwicklung fördern kann, indem sie seine innere Welt versteht und ihm gegenüber zum Ausdruck bringt. Sie hat eine gänzlich andersartige, wesentlich förderliche Art der Erziehung als Lehrer, die überwiegend durch Dirigierung und Lenkung Schüler beeinflussen. Lehrer und Erzieher werden erfahren, daß sie durch ihr einfühlendes Verstehen der inneren Welt des anderen und die Mitteilung an ihn in dem Partner eine Quelle erschließen, die ihm hilft, sich selbst lebendig zu entwickeln. Eine einfühlende verstehende Person erfährt in beglückender Weise, daß sie zu etwas fähig ist, was andere sich von ihr sehnlichst wünschen und erhoffen, aber kaum erfahren: Von einem Menschen tiefgreifend verstanden zu werden und sich selber besser zu verstehen und zu verwirklichen.

Auswirkung von Nicht-Verstehen der inneren Welt des anderen. Eine Person, die sich von einem Gesprächspartner in ihrer inneren Welt nicht gehört und verstanden fühlt, etwa ein Jugendlicher von seinen Eltern oder Lehrern, wird sich ihnen nicht oder nicht weiter öffnen. Dieser Jugendliche wird von seinen Erziehern nicht hinreichend in seiner psychischen Funktionsfähigkeit gefördert, in seiner Auseinandersetzung mit seinem eigenen Erleben. Fassadenhaftigkeit und innere Spannungen werden bei ihm eher zunehmen. Er mag etwa folgendes fühlen und denken: „Ihr hört gar nicht hin, was ich sagen möchte.“ „Er will nur von sich reden, ich interessiere ihn gar nicht.“ „Ich schweige lieber und bleibe in meiner Welt und mit mir alleine.“ „Keiner versteht mich, auch er nicht.“ „Er verdreht meine Worte, er mißversteht sie.“ „Er will nur hören, was ihm paßt.“ – Folgende Feststellungen eines Fragebogens aus der Gesprächspsychotherapie charakterisieren, wie ein Gesprächspartner wahrgenommen wird, der den anderen nicht in seiner inneren Welt versteht: Er betrachtet das, was ich sage, von seinem Gesichtspunkt aus. Seine eigenen Einstellungen hindern ihn, mich zu verstehen. Vieles von dem, was ich denke oder fühle, bemerkt er nicht. Er bemerkt nicht, wie sehr ich gefühlsmäßig an dem beteiligt bin, über das wir sprechen.

Personen, die sich einem Gesprächspartner in ihrer inneren Welt öffnen, dabei jedoch kein einfühlendes und eher wertendes Verstehen erfahren oder die fürchten, daß ihre Äußerungen mit Mißachtung bewertet und an Dritte weitergegeben werden, werden sich tief verletzt fühlen und Angst haben. Sie fühlen sich „dem anderen ausgeliefert“, sie fürchten, „sich dem anderen in die Hand gegeben zu haben“. Sie werden etwa denken und fühlen: „Er belächelt mich doch nur.“ „Er wird es gegen mich ausspielen.“ „Ich habe richtig Angst, daß er mit meinen Gefühlen und Erlebnissen hausieren geht.“ „Schluß, ich sag' kein Wort mehr über mich, er wertet doch nur alles ab.“ In Zukunft wird eine derartige Person noch weniger wagen, zaghafte und persönliche Gefühle und Erlebnisse einem anderen mitzuteilen. Sie bleibt mehr mit sich allein in ihrer Welt. Sie wird sich noch fremder anderen gegenüber fühlen. Sie wird ihre mitmenschliche Umwelt noch inhumaner empfinden als bisher.

Ungünstige Auswirkungen hat ein Nicht-Verstehen der inneren Welt eines anderen auch auf die verständnislose Person selbst. Nicht nur, daß sie der inneren Welt des anderen nicht teilhaftig wird, daß sie in Armut und Unkenntnis der seelischen Landschaft des anderen und ihres Reichtums weiterlebt. Sie hat auch keine Nähe zu diesem anderen, sie bleibt ihm gegenüber fremd. Sie handelt ihm gegenüber eher inhuman. Sie verschließt sich der inneren Welt anderer Menschen. Gewiß sind wir in unserer Zeit und in unserer Zuwendung zu Menschen begrenzt.

Aber in den wenigen Minuten, die wir mit einem Menschen zusammen sind, der uns braucht, können wir human und für ihn hilfreich sein, wenn wir auch nur während weniger Minuten seine innere Welt zu hören sowie ihn einfühlend zu verstehen suchen und ihm einiges davon mitteilen oder entsprechend handeln und Maßnahmen treffen.

Die Erfahrung des Nicht-Verstehens und die gegenseitige Entfremdung zu ihrem Vater schildert eine Frau in einem gefilmten psychotherapeutischen Gespräch von Carl Rogers:

„Ich konnte nicht offen mit ihm sein. ... Er würde mir nie zuhören. ... Das dachte ich neulich. Warum muß ich immer so vollkommen sein? Ich weiß warum. Er wollte immer, ich sollte perfekt sein. Ich mußte immer besser sein. Zum Beispiel war ich neulich beinahe versessen darauf, ihm einen Brief zu schreiben und ihm zu sagen, daß ich als Kellnerin arbeite, wovon ich weiß, daß er es mißbilligen wird. Ich gehe nachts weg und beinahe schadenfroh denke ich: Nun, wie gefalle ich Dir jetzt? Und doch will ich eigentlich Akzeptierung und Liebe von ihm. Ich weiß wohl, daß er mich liebt. ... Aber wissen Sie, was ich eigentlich von ihm hören will? Ich weiß, so warst Du die ganze Zeit über, Liebling, und ich mag Dich wirklich sehr gern. ... Aber das wird er nicht sagen. Er hört nicht zu. Vor 2 Jahren bin ich zu ihm nach Hause zurückgekehrt, um ihn wirklich wissen zu lassen, daß ich ihn gern habe, obwohl ich mich vor ihm gefürchtet habe. Er hört mir nicht zu. Er sagt immerzu Sachen wie ‚Liebling, Du weißt, daß ich Dich gern habe'. Er hört mir nicht zu. ... Ich fühle mich betrogen. Und das ist eine hoffnungslose Situation. Ich versuche, daran zu arbeiten, und ich spüre, es ist etwas, womit ich leben muß. Mein Vater ist nun einmal nicht der Menschenschlag, den ich gern mag. Ich hätte gern jemanden mit mehr Verständnis und Fürsorge. Er kümmert sich um mich, aber nicht so, daß wir kooperieren oder uns einander mitteilen könnten."

Das Ausmaß des einfühlenden Verstehens von Lehrern, Eltern und Erziehern ist meist gering. Kinder, Jugendliche und Erwachsene erfahren selten, daß sie von einem anderen in ihrer inneren Welt gehört und ohne Wertung und Belehrung verstanden werden. Und dies, obwohl Erwachsene sich übereinstimmend mit Kindern und Jugendlichen darüber klar sind, daß Verstehen des anderen das wesentlichste Element in zwischenmenschlichen Begegnungen ist. Und sie auch wünschen, Verständnis für den anderen zu haben. Einige nähere Gesichtspunkte:

Lehrer sind trotz täglich 5 Stunden Zusammenseins mit Schülern selten oder gar nicht einfühlend verstehend. Wenn etwa ein Schüler entmutigt sagt: „Das schaffe ich nicht!", dann würde der Lehrer sehr hilfreich sein, wenn er die innere Welt dieses Schülers versteht und ihm etwa sagt: „Du hast Angst (Du bist mutlos), daß Du das nicht bringst, meinst Du das?" Üblicherweise aber beachten Lehrer das Fühlen ihrer Schüler wenig und sagen etwa: „Ist doch Unsinn, das kannst Du schon!" „Warum kannst Du das denn nicht?" „Du gibst auch immer so schnell auf!" „Kopf hoch, es wird schon werden!" „Wenn Du Dich nicht bemühst, wird niemals etwas draus!"

Lehrer handeln häufig im Unterricht so, als ob keine innere Welt ihrer Schüler existierte oder als ob sie für die Schüler belanglos wäre. Bei Untersuchungen in amerikanischen und deutschen Schulen (Aspy, 1972; Joost, 1976; Klyne, 1976; Höder u. a., 1976) wurde das Sprachverhalten von Lehrern nach Skalen für einfühlendes Verstehen eingeschätzt. Nur wenige Lehrer zeigten einfühlendes Verstehen. Tag für Tag ereignen sich viele tausend Begegnungen zwischen Lehrern und

Schülern. Dabei erfahren Schüler kaum, daß ihre Lehrer sie einfühlend und nichtwertend in ihrer inneren Welt verstehen. Würde sich jeder Lehrer einmal am Tag in nur einen Teil der inneren Welt wenigstens einiger seiner Schüler verstehend hineinversetzen und sich darüber wertungsfrei und akzeptierend äußern, welche Kraft würde er in diesen Schülern auslösen! Wie viele Möglichkeiten würde er diesen Jugendlichen geben, sich in ihrer inneren Welt nicht alleingelassen zu fühlen, sondern sie selbst zu verstehen, zu akzeptieren und sich mit ihrem Erleben, ihren Erfahrungen und ihrem Fühlen auseinanderzusetzen und damit besser umzugehen. So aber ist heute der Unterricht häufig dadurch gekennzeichnet, daß Schüler keine Möglichkeiten haben, ihre innere Welt angstfrei zu äußern und sie zu klären. Menschen in Schulen lernen sich untereinander kaum in ihren persönlichen Stärken und Schwächen kennen, sie erfahren kaum die wirklichen Wünsche, Bedürfnisse und Ängste des anderen. Sie lernen vielmehr, ihre innere Welt vor anderen zu verbergen und allmählich auch vor sich selbst. Sie leben in einer Erziehungsumwelt, die fast vollständig die innere Welt und das Fühlen der Schüler ignoriert, und somit das Wertvollste und Bedeutendste in unserem zwischenmenschlichen Leben. Schulunterricht ist zumeist einseitig abgerichtet auf die gedächtnismäßige Beherrschung fachlichen Wissens. Selbst höhere kognitive Prozesse oder selbständige kreative Vorgänge sind derzeit im Unterricht selten zu beobachten. Durch diese Darstellungen möchten wir Lehrer nicht verletzen oder gar „anklagen". Wir möchten durch die Informationen über das, was gegenwärtig in Schulen geschieht und was so wenig gelebt wird, Lehrern und Erziehern helfen, in fördernder Weise mit Kindern und Jugendlichen zusammenzuleben.

Kindergärtnerinnen waren nur in geringem Maße einfühlend verstehend gegenüber 3–6jährigen Kindern im Kindergarten (Meffert u. a., 1976; A. Tausch u. a., 1976). Dabei haben Kinder dieses Alters häufig ein reiches Fühlen und äußern es oft spontan. Für die Kindergärtnerinnen besteht meist keine äußere Notwendigkeit, die geäußerten Kindergefühle nicht zu beachten. Denn es sind keine bestimmten fachlichen Inhalte im Kindergarten zu lernen. Erfreulich war: Nach einem ca. 30stündigen Erzieher-Kurs war das einfühlende Verstehen der Kindergärtnerinnen deutlich größer. Statt überwiegend auf äußere Sachverhalte der Kinder einzugehen oder Kinderäußerungen zu wiederholen, nahmen sie Stellung zu dem Verhalten der Kinder und vereinzelt zu dem damit zusammenhängenden Fühlen. Kind: „Nicht so laut, ich krieg' Ohrenschmerzen!" Erzieherin: „Wenn alle durcheinanderschreien, kannst Du nichts mehr verstehen?!" Hier geht die Kindergärtnerin auf die Situation des Kindes und etwas auf das dahinterstehende Erleben ein. Sie würde dem Kind noch mehr helfen und ihm das Gefühl geben, mehr verstanden zu werden, wenn sie etwa sagte: „Es tut Dir fast weh! Du magst das gar nicht, daß es hier so laut ist."

Psychologen mit Vorbildung in Gesprächspsychotherapie führten Einzel- und Gruppengespräche mit Hauptschülern. Sie hatten dabei im Durchschnitt ein mittleres Ausmaß von einfühlendem Verstehen (Pixa-Kettner u. a., 1976; s. a. A. Tausch, 1976). Die Psychologen gingen also auf die von Kindern geäußerten Gefühle und Erlebnisinhalte ein, ließen aber wesentliche von den Kindern auch geäußerte Gefühle außer acht.

Jugendliche (16–20 Jahre), die hilfreiche Gespräche mit jüngeren besonders ängstlichen Schülern (11–13 Jahre) führen wollten, hatten anfänglich geringes einfühlendes Verstehen. Es war charakterisiert durch die Skalenstufe: „Der Helfer geht kaum auf die vom Kind ausgedrückten Gefühlsinhalte ein. Er äußert sich jedoch über irgendwelche vom Kind vorgebrachten äußeren Sachverhalte." Nach einem Kurs in psychologisch hilfreichen Gesprächen waren die jugendlichen Schulhelfer in den Gesprächen mit den jüngeren Schülern verstehender. Sie gingen mehr auf das Fühlen der Kinder ein, wenn auch nicht auf die für das Kind wichtigen Gefühle (Thiel, Steinbach u. A. Tausch, 1976).

Laienhelfer im Alter von 19–64 führten hilfreiche Telefongespräche mit alten Menschen (65–91 Jahre). Ihr einfühlendes Verstehen war im Durchschnitt sehr gering. Charakteristisch war die Ignorierung der inneren Welt und des inneren Bezugspunktes der Gesprächspartner. Ein Beispiel:

Alte Frau: „Wissen Sie schon, daß meine Freundin mich nach Hildesheim eingeladen hat? Ist das nicht reizend? Wir haben uns so lange nicht gesehen. Aber die Reise, alles so ungewohnt, die Hetze und die vielen Menschen. Und dann, ich weiß nicht, ob meine Freundin noch die gleiche ist wie früher."

Laienhelfer: „Ach, fahren Sie doch. Man wird Ihnen schon helfen unterwegs, und Sie haben dann mal eine Abwechslung. Ich reise auch nicht so gerne, da kann ich Sie gut verstehen. – Ja, das ist alles nicht so einfach!"

Wenn der Laienhelfer etwas mehr von der inneren Welt der alten Frau gehört hätte, mit Anteilnahme und Offensein gegenüber seinem eigenen Erleben, so hätte er etwa gesagt: „Toll, ja! Sie freuen sich über diese Einladung. Ich freue mich ein Stück mit Ihnen. Aber ich verstand Sie auch so, daß Sie Bedenken haben wegen der schwierigen Reise und fürchten, Ihre Freundin könnte anders geworden sein?"

Krankenschwestern und Krankenpfleger waren gegenüber ihren psychiatrischen Patienten gering einfühlend (Gronau u. a., 1976). Ihre Gespräche mit den Patienten wurden mit ihrem Wissen über ein Funkmikrophon auf Tonband aufgezeichnet. Von den 29 Krankenschwestern und Pflegern ging nur e i n e Person einfühlend auf das Fühlen der Patienten ein, wenn auch nicht in tiefgreifender Weise. 3 weitere berücksichtigten oberflächlich die Gefühle der Patienten. Die restlichen 25 ignorierten weitgehend oder völlig das Fühlen ihrer Patienten und sprachen mit ihnen nur über äußere Sachverhalte oder ohne Beziehung zu den Äußerungen der Patienten. Dabei gab es sehr viele Situationen, in denen sich die Patienten mit ihrer inneren Welt und ihren schweren Beeinträchtigungen an die Pflegepersonen wandten. Hier das eine Beispiel, in dem die Krankenschwester immerhin zum Teil auf das Fühlen der Patientin einging. Patientin: „Wie soll das bloß enden, wie soll das bloß enden?" Schwester: „Haben Sie irgendwie Angst?" Patientin: „Bitte?" Schwester: „Haben Sie vor irgend etwas Angst?" Patientin: „Ja, ich hab' Angst vor dem Sterben. Ich hab' so Angst vor dem Sterben." Schwester: „Sie sterben doch nicht!" Patientin: „Ich weiß nicht, wie das kommt." Schwester: „Seit wann haben Sie denn diese Angst?"

Wir alle, wie verstehend und einfühlend sind wir für die innere Welt anderer? Jeder von uns kann dies anhand der nachfolgenden Feststellungen überdenken. Sind in Gesprächssituationen mit Jugendlichen oder Erwachsenen, die sich an uns persönlich wenden, die meisten der nachfolgenden Beschreibungen zutreffend? Ich bemühe mich intensiv zu hören, was in dem anderen vorgeht. Ich möchte genau verstehen, wie der andere die Dinge sieht. Ich ignoriere nicht wichtige Gefühle von ihm. Gewöhnlich weiß und spüre ich, wie der andere fühlt. Wenn der andere verletzt oder aufgeregt ist, dann kann ich verstehen, wie er fühlt, ohne selber aufgeregt zu werden. Ich verstehe nicht nur seine Worte, sondern ich weiß auch, wie er wirklich fühlt, was hinter seinen Worten steht. Ich sehe das, was der andere äußert, von seinem Gesichtspunkt, nicht von meinem.

Was uns hindern kann, andere einfühlend zu verstehen. Wenn jemand diese Haltung, die Welt des anderen zu hören, leben möchte, so wird er häufig feststellen, daß er in Begegnungen mit anderen des öfteren deren innere Welt schwer oder gar nicht hört. Bei uns selbst waren es häufig folgende Gründe, die uns daran hinderten:

▷ Fühlten wir uns von anderen mißachtet, verletzt, deutlich mißverstanden oder angegriffen, dann waren wir selten fähig, ihre innere Welt zu hören, sie zu verstehen und uns entsprechend zu verhalten. Erst sehr allmählich lernten wir, in derartigen Situationen die ausgedrückten Gefühle des anderen, ihre Mißachtung und ihr Lächerlichmachen unserer Person nicht auf uns zu beziehen, sondern als das Fühlen des anderen anzusehen und zumindest teilweise anzunehmen. Hierdurch wurden wir fähiger, uns weniger mißachtet und verletzt zu fühlen und uns mehr in dem inneren Erleben des anderen zu zentrieren, es zu hören, zu verstehen und ihm durch unser Verhalten zu helfen. Wir haben es auch erleichternd empfunden, uns einer anderen Person zu öffnen und ihr zu sagen, daß und warum wir nicht einfühlend auf sie eingehen können, z. B.: „Es drückt mich nieder, wenn Du mich dauernd angreifst und geringschätzig behandelst. Ich möchte Dich gerne verstehen. Ich möchte gerne die Dinge aus Deiner Sicht sehen. Aber ich bin zu sehr verletzt."

▷ Waren wir mit Arbeit überbürdet, in großer Eile, ohne Zeit und fühlten wir uns gehetzt, dann hörten wir oft nicht die innere Welt anderer. Wir sagen dies nicht zu unserer Entschuldigung: Durch bessere vorausgehende Entscheidungen zur Vermeidung überlastender Situationen hätten wir manches ändern und für uns selbst und andere hilfreichere äußere Bedingungen schaffen können. Auch Selbstöffnung war hier häufig hilfreich, also etwa wenn wir als Eltern zu Kindern sagten: „Es fällt mir schwer, Euch heute morgen zuzuhören. Ich beschäftige mich innerlich immer noch mit der Diskussion zu dem Vortrag von gestern abend." Oder: „Ich bin ziemlich in Sorge und recht unruhig, ob ich die U-Bahn zur Stadt noch rechtzeitig bekomme. Ich möchte Euch jetzt gerne richtig zuhören. Aber es tut mir leid, ich kann es nicht. Ich bin heute nachmittag und abends wieder für Euch da." Oder zu Erwachsenen: „Entschuldige, aber ich bin jetzt zu eilig, weil ich keine Zeit habe. Aber ich kann Dir heute abend telefonisch zur Verfügung stehen."

▷ War die andere Person stark fassadenhaft, unecht und verteidigend, dann waren wir oft verzweifelt, daß wir sie durch ihren Panzer nicht hören konnten. Und wir fühlten uns unfähig, hinter ihrer Fassade ihr inneres Erleben zu sehen. Je mehr wir lernten, daß diese Personen manchmal ihre Fassade aufzugeben suchten, es jedoch selber nicht vermochten, um so eher konnten wir uns vermehrt darum bemühen, sie allmählich in einigen Teilen ihrer Person zu akzeptieren und näher kennenzulernen.

Weitere Gründe, die für das einfühlende nicht-wertende Verstehen hinderlich sein können: ▷ Eine Person ist zu sehr mit sich selbst beschäftigt. Sie kann nicht offen sein für das Erleben des anderen. ▷ Eine Person ist zu sehr auf äußere

Dinge gerichtet, auf äußere Aktivitäten, und nicht auf das Hören und Entdecken der inneren Welt von sich und von anderen. ▷ Eine Person möchte selber von ihrem eigenen Erleben sprechen, fühlt sich deswegen unter Spannungen und kann den anderen nicht hören. ▷ Die andere Person, etwa ein alter Mensch, erzählt uns Dinge, die wir schon kennen und die uns deshalb eher langweilen. Aber wir können uns und ihr durch unsere Selbstöffnung helfen: „Du hast es mir schon des öfteren erzählt. Mich würde sehr interessieren, warum Du Dich immer und immer wieder gerade daran erinnerst? Was fühlst Du, wenn Du es mir erzählst? Was bedeutet es Dir in diesem Augenblick?" ▷ Die andere Person erzählt uns immer nur Trauriges und Ungünstiges aus ihrem Leben. Sie tut dies möglicherweise in der Vermutung, daß sie so besser unsere Aufmerksamkeit finden würde. Wir können uns und ihr helfen, indem wir uns öffnen: „Wenn es in Deiner Welt nur Trauriges gibt, dann will ich es hören. Aber ich frage mich: Gibt es nicht irgend etwas, was heute, gestern und vorgestern in Deinem Leben schön war und was Dich irgendwie erfreut hat? Ich würde dies auch sehr gerne hören." ▷ Die andere Person redet überwiegend von äußeren „sachlichen" Inhalten. Hier liegt es häufig an uns, das dahinterliegende Fühlen zu sehen und uns darüber zu äußern, so daß sie ihrerseits mehr darüber spricht. Oder ihr etwa zu sagen: „Mich interessiert viel mehr, wie Du es persönlich erlebst. Das interessiert mich viel mehr als all Dein vieles Wissen, das Du hier erzählst." Oder: „Nimm es mir nicht übel, aber ich kann wirklich nicht sehen, wo *Du* mit Deinen Äußerungen bist. Ich möchte Dir gerne zuhören, in dem, was Du über Dich selbst sagst. Aber mich hindert sehr, daß Du häufig über für mich und wahrscheinlich auch für Dich belanglose Dinge redest." ▷ Die uns durch Naturwissenschaft und Technik gewohnte Haltung, Erscheinungen zu analysieren und zu erklären, hindert uns häufig am einfühlenden anteilnehmenden Verstehen der inneren Welt des anderen. Ein alter Mensch, seit über 2 Jahren bettlägerig, drückt das so aus: „Wenn ich meiner Betreuerin von neuen Schmerzen berichte, so fragt sie immer gleich: ‚Woher kommt denn das?' Für einen intelligenten Menschen eine gute Frage. Der Schlüssel ist, daß wir alle für und mit Intelligenz gelebt haben. Es gibt die Intelligenz des Gehirns. Es gibt aber auch die Intelligenz des Herzens, die, ja, die fragt nicht ‚Warum?' Die sagt dann: ‚Ach Gott, dieser arme Mensch!' Die geht auf den Gefühlszustand des anderen ein: Gott, das tut mir leid, daß was Neues dazugekommen ist!"

Gesprächsausschnitte mit einfühlendem Verstehen der inneren Welt eines anderen durch psychologische Helfer. Im folgenden bringen wir einige Auszüge aus Einzel- und Gruppengesprächen. In ihnen sucht ein Helfer – Lehrer, Psychologe, Erzieher oder Psychotherapeut – die innere Welt des anderen zu hören, an ihr Anteil zu nehmen und das Verstandene dem anderen mitzuteilen. An manchen Stellen ist das einfühlende Verstehen allerdings gering. Für die Auswahl der Gespräche war maßgebend, daß sie mit Tonband aufgenommen oder mitprotokolliert waren.

Im folgenden Beispiel spricht ein Lehrer mit einem Schüler (Aspy, 1974, S. 52 ff.). Er ist offensichtlich sehr in der inneren Welt des anderen zentriert und äußert sich darüber. Durch sein einfühlendes Verstehen und entsprechende Äußerungen ermöglicht er es dem Schüler, sich mit seinem eigenen Erleben auseinanderzusetzen, insbesondere mit seinem Fühlen, und gibt ihm so günstige Bedingungen, sich selber besser zu verstehen und mit sich selber besser umzugehen. Derartige Gespräche könnten häufig zwischen einem Lehrer und einem Schüler, etwa während der Kleingruppenarbeit im Unterricht oder während der Pausen geführt werden.

Schüler: „Warum müssen wir diesen Unsinn machen?"
Lehrer: „Gefällt Dir diese Aufgabe nicht?"
Schüler: „Nein, sie scheint mir belanglos zu sein."
Lehrer: „Du siehst darin keinen Sinn?"
Schüler: „Ja, ich mag keine mündlichen Berichte. Warum kann ich das nicht schriftlich machen?"
Lehrer: „Du fühlst Dich wohler, wenn Du etwas aufschreibst, als wenn Du vor einer Gruppe sprichst?"
Schüler: „Ich bin nicht redegewandt."
Lehrer: „Du möchtest lieber das, was Du tust, gut machen, als etwas auszuprobieren, das Dir Unbehagen bereitet."
Schüler: „Sicherlich! Außerdem lachen immer alle, wenn ich etwas mündlich vortrage."
Lehrer: „Du hast viele unangenehme Erfahrungen in dieser Hinsicht gemacht. Und bist sicher, in dieser Klasse wird es genauso sein."
Schüler: „Es war immer so. Ich sehe auch nicht ein, warum das hier anders sein sollte!"
Lehrer: „Du beurteilst diese Klasse nach Deinen Erfahrungen mit anderen Klassen, in denen Du gewesen bist. Du fühlst, ich werde es zulassen, daß Dir hier dasselbe passiert."
Schüler: „Ja, die meisten Lehrer sind doch ziemlich gleich."
Lehrer: „Das heißt, weil ich Lehrer bin, werde ich mich Dir gegenüber zu Deinen Ungunsten verhalten."
Schüler: „Ich bin noch nie der Liebling eines Lehrers gewesen. Wir kommen nicht gut miteinander aus."
Lehrer: „Dir ist noch nie ein Lehrer begegnet, der Dich mochte, einer, dem Du vertrautest. Nun erwartest Du von mir, daß ich Dich auch nicht mag und Dir nicht vertraue."
Schüler: „Warum sollten Sie auch? Ich bin ein schlechter Schüler."
Lehrer: „Du kannst Dir nicht vorstellen, daß ich einen Schüler mag, der immer nur schlechte Zensuren bekommt?"
Schüler: „Bei den meisten Lehrern ist man unbeliebt, wenn man nur schlechte Zensuren bekommt."
Lehrer: „So sollte es eigentlich nicht sein. Du fühlst Dich von vielen Lehrern schlecht behandelt."
Schüler: „Ja. Aber ich bin so gut wie die tüchtigen Schüler."
Lehrer: „Ich bin sicher, das hat Dich sehr verletzt."
Schüler: „Sehr oft schon wollte ich mit der Schule Schluß machen, aber man bekommt keinen guten Arbeitsplatz ohne Schulausbildung."
Lehrer: „Du fühlst Dich gewissermaßen eingesperrt zwischen Schule und dem Leben außerhalb der Schule."
Schüler: „Ich wollte, ich fände eine Möglichkeit, Schule zu mögen. Ich möchte wirklich etwas lernen."
Lehrer: „Vielleicht können wir in dieser Klasse damit anfangen. Ich möchte Dir helfen, das zu lernen, was für Dich wichtig ist. Wie wäre es, wenn Du mal darüber nachdenkst, was Du gern machen möchtest, und wir sprechen dann morgen darüber."
Schüler: „Gut, hoffentlich werden Sie dann nicht wütend auf mich!"
Lehrer: „Weißt Du, ich hoffe, daß wir immer ehrlich miteinander sein können. Das ist für mich wichtig. Ich fühle, daß wir einander heute wirklich kennengelernt haben. Und ich denke, wir können zusammen arbeiten."
Schüler: „Also bis morgen!"

Im folgenden ein Ausschnitt aus einem Einzelgespräch eines psychologischen Helfers mit einer 12jährigen. Das einfühlende Verstehen ermöglicht es der Schülerin, sich über ihre Sorgen und verletzten Gefühle auszusprechen und sich damit auseinanderzusetzen (Pixa-Kettner u. a., 1976; s. a. A. Tausch, 1976). Nicht immer versteht der Helfer voll die innere Welt und das Fühlen der Schülerin. Wahrscheinlich ist auch der Schülerin vieles nicht klar, vieles ungeordnet. Aber der Helfer ist intensiv bemüht, die innere Welt der Schülerin zu verstehen und an ihr teilzunehmen.

Schülerin: „Und die Martina hat das nur gesagt, um mich von dem Jungen abzubringen. Die Martina, die sagt und erzählt viel, was ich gar nicht gesagt habe. Die sagt auch, ich mach' immer schnell Schluß und so mit Jungens, und ich knutsch' mich nur ab, jeden Tag mit 'nem Neuen und sowas alles. Das hat die der Freundin wahrscheinlich erzählt, und die soll es ihrem Bruder erzählt haben. Und dadurch ist das dann gekommen, daß er es weiß."
Helfer: „Ah ja, Du bist sauer. Du denkst, da hat die Martina etwas Falsches über Dich erzählt."
Schülerin: „Hat sie auch. Der hatte ja schon eine Freundin, der Bruder von ihr. Und da hat sie auch immer gesagt: ‚Mit der kann er nie was machen. Die ist viel zu feige und so.' Ja – das hat sie getan. Und da hat er sie auch sitzengelassen."
Helfer: „Eigentlich findest Du den ganz nett, den Bruder von ihr, aber –."
Schülerin: „Ich finde ihn sogar sehr nett."
Helfer: „Ja, und Du hast jetzt den Eindruck: Dadurch, daß sowas Falsches über Dich erzählt wurde, kommst Du nicht an ihn heran oder bist nicht mit ihm befreundet."
Schülerin: „Mhm, ich will auch gar nicht mit ihm befreundet sein."
Helfer: „Jetzt magst Du nicht, obwohl Du ihn sehr nett findest?!"
Schülerin: „Nee, weil er falsch ist, genau wie Martina. Jedes gutaussehende Mädchen, was ihm über den Weg läuft, das nimmt er. Er hat zu mir gesagt, wenn er – wenn seine Freundin nicht mehr will, dann will er mich als Freundin nehmen. Ich hab' ihn ja gefragt gehabt. Und dann hab' ich gesagt: ‚Ja, wenn Du Lust dazu hast, ich zwing' Dich nicht.' Dann hat er gesagt: ‚Nein, ich nehm Dich jetzt.' Und er hat's mir noch in die Hand versprochen. Und dann lief ihm Martina über den Weg und dann war's aus."
Helfer: „Du bist traurig, weil er sein Versprechen nicht gehalten hat."
Schülerin: „Nee, weil er gelogen hat."

Ein Ausschnitt aus dem Gespräch eines psychologischen Helfers mit einer 11jährigen Schülerin:

Schülerin: „Ich fand das auch irgendwie richtig gemein, daß sie das gemacht haben."
Helfer: „Das hat Dich traurig gemacht?"
Schülerin: „Ja. Und wenn ich dann mal so mitgespielt habe bei welchen, dann kam Thorsten oder wer dazu, dann waren wir zu fünft. Und dann hatten wir wieder – also vier Felder und in der Mitte stand einer, und dann konnt' man wechseln und das alles. Dann kam der Thorsten, und ich hab da mitgespielt, und das war grade auch in dem Moment lustig."
Helfer: „Ja, das hat Dir auch Spaß gemacht."
Schülerin: „Und dann kam der Thorsten dazu, und dann sagte die Sabine: ‚Eh, jetzt kannst Du weggehen. Ich hab' jetzt keine Lust mehr, mit Dir zu spielen.' Und dabei hat sie vorher immer gefragt: ‚Spielst Du mit?' Sie will einen irgendwie, finde ich – ich bin richtig ausgesetzt von der ganzen Klasse."
Helfer: „Das tut Dir weh, daß Du Dich da allein fühlst."
Schülerin: „Ja, manchmal hab' ich mal so eine – da sind zwei, die eine Sabine, die da mitgespielt hat. Die sagt immer was Schlechtes gegen mich, entweder zu Petra oder zu den andern."
Helfer: „Ja, daß – ja, ich weiß nicht, wie Du das findest, ob Dich das traurig macht?

(Schülerin: „Ja") oder ärgerlich oder – irgendwie mehr traurig (Schülerin: „Ja"), daß sie so viel Schlechtes über Dich sagen?"
Schülerin: „Ja, und dann hab' ich einfach keinen Mut, dann zu sagen – da so zu sagen: ‚Die ist doch selber doof!'"
Helfer: „Ja! Dann fühlst Du Dich sehr traurig und geknickt."

Ein Ausschnitt aus dem Gespräch von zwei 11–12jährigen Schülerinnen mit einem psychologischen Helfer:

Helfer: „Ja, das ist wichtig, daß man zumindest noch ein paar Leute hat, denen man vertrauen kann. Ist es das?"
Anneli: „Och, vertrauen kann ich meinen Eltern sowieso nicht."
Helfer: „Ah ja. Vertrauen hast Du eigentlich nicht. Da ist noch etwas anderes?"
Anneli: „Nee, nach dem, was passiert ist, hab' ich da keine Lust mehr zu. Meine Mutter hat bei mir verschissen und mein Vater auch. Außer mein richtiger Vater."
Carola: „Hast Du zwei?"
Anneli: „Ja, meine Eltern sind geschieden."
Helfer: „Wenn Du das so sagst, hab' ich den Eindruck: Da hat man Dir ganz schön wehgetan oder was mit Dir gemacht, was schlimm für Dich war."
Anneli: „Ja, mhm. Ich laß mir auch nichts mehr gefallen. Ich laß mir sowieso nichts mehr gefallen von meiner Mutter. Wenn meine Mutter mir eine runterhaut, kriegt sie eine wieder."
Carola: „Das find' ich aber nicht gut."
Anneli: „Wieso? Wenn meine Mutter mich dahin steckt, wo man – wo man sein Kind nicht hinsteckt, wenn es nichts gemacht hat."
Carola: „Wohin denn?"
Anneli: „Sag' ich nicht."
Helfer: „Sie hat Dich irgendwie –"
Anneli: „Dann laß ich mir das nicht mehr gefallen. Ich bin – wenn sie mich da schon hinsteckt, dann bin ich auch nicht mehr ihre Tochter. Ich kann sowieso machen, was ich will. Meine Mutter wagt sich gar nicht mehr, mich zu hauen, weil sie genau weiß, dann kriegt sie blaue Flecke."
Carola: „Wenn ich es auch schon krieg', dann tret ich auch nicht wieder. Meine Mutter, die hatte schon mal 'ne Ader geplatzt und hatte so'n dickes Bein, oh!"
Helfer: „Ja, bei Dir ist es, glaub' ich, so, daß Du Deine Mutter ganz gern magst und ihr auch hilfst. Aber Du, Anneli, hast keine richtige Beziehung mehr zu Deiner Mutter?!"
Anneli: „Doch, ich helf' meiner Mutter auch, und manchmal gehorch' ich ihr auch, aber ich –"
Helfer: „Du kannst ihr eben nicht mehr so vertrauen oder Dich nicht mehr auf sie verlassen."
Anneli: „Nein, warum auch? Ist doch kein Verlaß darauf. Meine Mutter hat mir versprochen, sich nicht scheiden zu lassen. Aber jetzt läßt sie sich schon wieder scheiden."
Carola: „Igitt! Man! Man! Man!"
Helfer: „Du findest das nicht schön."
Anneli: „Nein, denn sie hält ja ihr Versprechen überhaupt nicht, man. Das laß ich mir nicht gefallen. Das find' ich blöd. Wenn man was verspricht, muß man das auch halten."
Carola: „Meine Mutter, die wird von meinem Vater jetzt richtig vernachlässigt. Mein Vater, der hat jetzt nur noch meinen großen Bruder. Ich weiß nicht, immer wenn abends – im Wohnzimmer sitzen die beiden und unterhalten sich. Meine Mutter verkriecht sich jetzt schon immer bei uns."

Im folgenden ein Gespräch eines Helfers (personenzentrierte Kinderpsychotherapeutin) mit sog. verhaltensgestörten Kindern im Alter von 7–10 in einem gruppentherapeutischen Spielkontakt (Axline, 1972, S. 213–214):

Die Kinder haben sich die Babyflaschen genommen, mit Wasser gefüllt, und saugen daran. Robert hat seine Flasche auf einen Schrank gestellt. Georg ist dagegen gestoßen, die Flasche ist heruntergefallen und zerbrochen. Robert verzieht sein Gesicht als wolle er weinen.
Timm: „Robert weint gleich."
Helfer: „Du glaubst, daß Robert weinen wird, weil seine Flasche entzweigegangen ist."
Robert: „Nein, ich werde nicht weinen." Er unterdrückt seine Tränen.
Helfer: „Dir ist ganz nach Weinen zumute, aber Du tust es trotzdem nicht."
Timm: „Armer Robert. Er hat seine Flasche verloren. Ich werde alles wieder in Ordnung bringen. Ich werde Dir helfen."
Helfer: „Du willst Robert helfen."
Timm macht aus Bänken ein Bett. Er legt Robert hinein, hält seine Flasche an Roberts Lippen, legt den Arm um ihn und behandelt ihn wie ein kleines Baby.
Helfer zu Robert: „Du bist gern ein Baby."
Robert nickt zustimmend und schließt die Augen. Timm deckt ihn mit einer Wolldecke zu. Dann zieht er plötzlich mit mutwilligem Augenzwinkern den Sauger von der Flasche und schüttet Robert etwas Wasser direkt ins Gesicht. Robert heult, Timm lacht.
Robert: „Du bist gemein."
Helfer zu Robert: „Du findest, daß Timm Dir einen schlechten Streich gespielt hat."
Timm immer noch lachend: „Ein Baby muß doch auch gebadet werden. Das hab' ich gerade getan."
Robert, sein Gesicht mit der Decke abtrocknend: „Nicht nur mich, auch die Decke."
Georg: „Hier ist ein neuer Tisch. Und dies hier ist eine Bank."
Helfer: „Du hast die neuen Sachen entdeckt."
Georg springt herum und schreit: „Hier ist es schön! Hier ist es schön!"
Helfer: „Du bist gern hier."
Georg versucht, Robert in einer kleinen Tasse etwas Wasser zu geben. Robert, nun wieder ganz Baby, legt sich auf die Bank, läßt Georg seinen Kopf anheben und die Tasse an seine Lippen halten. Georg verschüttet aus Versehen etwas Wasser, das Robert in den Hals läuft. Robert stößt Georg beiseite. Georg fällt hin. Dann holt sich Georg eine Puppe, legt sie über's Knie, ergreift ein langes, dünnes Brett und verhaut die Puppe damit.
Georg: „Das ist Robert. Ich geb's ihm tüchtig."
Helfer: „Am liebsten würdest Du Robert verhauen, weil er Dich weggestoßen hat."
Georg: „Ja." Er macht noch ein paar Schläge und tut dann die Puppe beiseite. Er geht an ein Wasserbassin und läßt mit Rudis Hilfe ein Unterseeboot darin schwimmen.

Ausschnitt aus einem Gespräch eines psychologischen Helfers mit einem 17jährigen. Im Rahmen einer Forschungsuntersuchung äußert sich der Jugendliche zu dem Thema „Was mich unruhig und nervös macht und wovor ich Angst habe" (R. Tausch, Langer, Kühne u. Lück, 1971).

Jugendlicher: „Wenn mir jetzt z. B. mein Heimleiter sagt: ‚Klaus, dies und das!', dann bekomme ich gleich Herzklopfen. Also hier – dann läuft mir das so kalt herunter, ja also: Was habe ich jetzt nun wieder ausgefressen? Es läuft mir so richtig kalt herunter."
Helfer: „Sie fühlen sich sehr unwohl dabei und fürchten, daß es unangenehm für Sie sein könnte?!"
Jugendlicher: „Ja, obwohl ich nichts getan habe. Und das hängt wieder mit meiner Familie zusammen oder mit meinen Eltern. Meine Eltern, die machten eine zu strenge Erziehung, und da war ich nicht mit zufrieden. Und deshalb bin ich ins Heim gekommen, nicht?"
Helfer: „Sie fühlen, es hängt mit Ihrer Erziehung zusammen, wenn Sie sich unwohl fühlen, wenn ein Erwachsener zu Ihnen sagt: ‚Komm' mal her!'"
Jugendlicher: „Ja, und das find' ich peinlich, und ich versuche das jetzt im Moment zu meistern. Das zu überwinden, nicht?"

Helfer: „Sie wollen sich da ändern. (Pause) Ist es so, daß Ihnen das schwerfällt?"
Jugendlicher: „Ja, wie soll ich das sagen, das hängt daran, weil jetzt noch Personen vor sind, die noch über – die jetzt über mich noch was zu sagen haben."
Helfer: „Ja, daß Sie sich nicht frei und selbständig fühlen, und fühlen, von dem bin ich abhängig und –"
Jugendlicher: „Immer noch von – Vorschriften machen und so, nicht?"
Helfer: „– und daß Sie etwas gesagt bekommen und tun müssen, was Sie nicht wollen?!"
Jugendlicher: „Ja, mhm. Ich mein', ich hab' jetzt nicht – zum Teil hab' ich auch Schuld, nicht? Aber meine Eltern, die – ich hatte da immer so Ärger mit, nicht? Ab 6. Lebensjahr bin ich im Erziehungsheim H... gewesen. Nach ganz kurzer Zeit haben mich meine Eltern wieder rausgeholt – und dann ging es dann los, nicht? Weglaufen, von der Polizei aufgegriffen. Und dann hab' ich mal meine Mutter, nicht, meine Mutter mit 'nem Stein geworfen. Also nicht getroffen, nicht? Alles solche Sachen, und das – nur Angstzustände."
Helfer: „Angst, ja, Sie fürchteten die Mutter?!"
Jugendlicher: „Ja, und ich – wenn ich sie jetzt wiedersehen würde, würde ich natürlich einen Schreck kriegen – also innerlich – also nicht rein äußerlich, daß ich irgendwie zusammenzucke, nicht?"
Helfer: „Ja, innerlich und in Ihrem Körper jagt es Ihnen etwas ein."
Jugendlicher: „Ja, obwohl sie mir nichts mehr zu sagen haben, obwohl sie nicht mehr –."
Helfer: „Sie wissen, daß sie Ihnen nichts sagen könnte, aber innerlich –." ...
Jugendlicher (ca. 3 Minuten später): „Manchmal hilft eine andere Person. Ich meine, zu Haus' war es auch so – da verkapselt man sich dann, ganz mit sich selber. Und wenn eine zweite Person dann hinzukommt, dann kann man freier darüber sprechen. Und dann ist es schon ein bißchen gelassener, nicht?"
Helfer: „Ja, Sie fühlen sich dann ruhiger, wenn Sie mit jemand sprechen können und Verständnis erfahren."
Jugendlicher: „Mhm. Ich bin häufig – ganz und gar alleine. Ja, was heißt alleine..."

Ausschnitte aus dem 1. psychotherapeutischen Gesprächskontakt, den einer von uns in einem Fernsehstudio mit einer 25jährigen Klientin mit schweren seelischen Beeinträchtigungen führte. Im Zusammenhang mit den Bemühungen des psychotherapeutischen Helfers, ihre innere Welt und ihr Fühlen zu verstehen, exploriert die Klientin ihre bedeutsamen Erfahrungen, Befürchtungen, Wünsche und Einstellungen:

Klientin: „Und nachdem ich mich von meinen Eltern gelöst hatte und eben auch versucht hatte, die Realität zu sehen, daß sie mich eben niemals wirklich lieben würden – seitdem bemühe ich mich auch nicht mehr so sehr um die Anerkennung meiner Mitmenschen. Nur im Übergangsstadium, als ich von zu Hause fortging, war es so, daß ich sehr viele Ärzte und Vorgesetzte und Bekannte benötigte, die mir gut zugeredet haben, von denen ich das Gefühl hatte, daß sie mich akzeptierten und das für richtig hielten, was ich tat. Aber inzwischen habe ich fast jeglichen Kontakt abgebrochen. Und es ist mir inszwischen gleichgültig geworden, was sie denken."
Helfer: „Ist es so – ich weiß nicht, Sie brachten es nicht zum Ausdruck: Aber ist es so, daß Sie fühlen, daß Sie deren Anerkennung nicht erringen könnten, daß Sie irgendwie mutlos geworden sind?"
Klientin: „Eigentlich wollte ich gar nicht ihre Anerkennung, sondern ständig die Anerkennung meiner Eltern."
Helfer: „... Irgend etwas ist in Ihnen, was sich damit nicht abfinden läßt."
Klientin: „Ja, ich hatte das Gefühl, wenn ich merke, daß andere mich anerkannten, dann war ich sehr traurig, daß es nur fremde Menschen waren. Das hat mir dann die Situation noch deutlicher gezeigt, daß Fremde mir gegenüber viel positiver eingestellt waren als meine Eltern."

Helfer: „... So daß Ihnen Anerkennung von anderen den Verlust der Anerkennung von Ihren Eltern eigentlich nur schmerzlicher werden läßt?"
Klientin: „Ja. Was ich zu Hause eben auch sehr belastend fand, war, daß meine Mutter ständig davon sprach, daß sie es nur gut meinte und alle so sehr liebt. Und ich hatte immer das Gefühl, daß man recht wenig davon spürt. Und daß man eben nur geliebt wurde, wenn man sich so verhielt, wie sie es erwarteten."
Helfer: „... Sie sprach zwar von Liebe, aber Sie spürten nicht wirklich, daß Sie sie bekamen. (Pause) Das ist etwas sehr Schweres, das Sie bedrückt, daß Sie sehen: Ich kann nicht ihre Anerkennung und Liebe bekommen und muß jetzt damit fertig werden und leben?"
Klientin: „Vielleicht hoffe ich auch heute noch, daß irgendwann das Verhältnis besser wird."
Helfer: „Daß es irgend etwas geben könnte, daß Sie dichter zusammenkommen?"
Klientin: „Ja. Aber auf der anderen Seite möchte ich auch wieder nicht zurückgehen und das tun, was sie von mir verlangen würden. Und vor allen Dingen wäre ich sehr froh, wenn der Gedanke an sie mich einfach nicht mehr belasten würde. Wenn ich mit ihnen zusammensein könnte wie mit anderen Menschen."
Helfer: „Daß es vielleicht nicht Liebe und Anerkennung ist, aber daß es keine Belastung ist."
Klientin: „Ja, daß die Spannung fortfällt."
Helfer: „Daß Sie zu Ihnen in einem leidlichen Verhältnis stehen, wie zu manchem anderen Menschen, ohne daß es Sie innerlich peinigt."
Klientin: „Ja. Denn wenn ich so an sie denke oder weiß, daß sie schreiben, oder ich erwarte einen Brief, dann ist es immer das ungute Gefühl: Was schreiben sie mir? Welche Anklagen haben sie in dem Brief? Und diese Angst, daß sie irgendwann wieder darauf zurückkommen werden. Immer dieses Gefühl, daß sie da noch etwas im Hintergrund haben und irgendwann dann über einen herfallen werden damit."
Helfer: „Diese Furcht, was wird jetzt wieder von ihnen kommen, wo wird es mich jetzt wieder treffen oder verwunden."
Klientin: „Ja, und ich möchte eben dahinkommen, daß, ganz gleich, wie sie sich verhalten, es mich nicht mehr trifft."
Helfer: „Ja, Sie möchten unempfindlicher werden, daß es mehr an Ihnen herabgleitet?!"
Klientin: „Ja, daß es mir nichts ausmacht, wenn sie mich besuchen oder wenn sie mir schreiben, ganz gleich, was sie sagen oder tun. Daß es mich nicht so bedrückt oder nicht so fertigmacht. ... Ich erwarte an sich nicht, daß sie ihre Meinung ändern. Nur daß irgend etwas mit mir geschieht. Daß ich nicht mehr so anfällig bin ihnen gegenüber."
Helfer: „So wie die Eltern sind, sagen Sie sich: ‚Ich werde sie kaum je ändern können. Aber ich möchte irgendwie stabiler werden oder unempfindlicher dagegen?'"
Klientin: „Ja. Oder eine Gewißheit haben, daß es so richtig ist, wie ich mich verhalte. Eine gewisse Sicherheit; ein Ziel vielleicht oder etwas."
Helfer: „Daß Sie die Zuversicht hätten, so wie Du bist, ist es richtig, auch wenn ich nicht den Weg der Eltern gehe. Ist es, daß Sie jetzt daran zweifeln, an Ihrem Weg, den Sie gehen wollen, oder an der Art, wie Sie sind?!"
Klientin: „Daß ich fortgegangen bin von zu Hause, halte ich für richtig. Da zweifle ich nicht. Aber ich habe irgendwie noch keinen rechten Lebensstil gefunden, der mir zusagt, der mich zufrieden macht. Und um jetzt eine feste Grundlage meinen Eltern gegenüber zu haben, müßte i c h zufrieden sein."

Minuten-Gespräche mit einfühlendem Verstehen im Zusammenleben von Erwachsenen, Kindern und Jugendlichen. Erziehende Erwachsene, Kinder und Jugendliche begegnen einander während eines Schulalltags oder in der Familie viele Male. Häufig sind diese Begegnungen kurz, nur wenige Minuten. Aber dennoch erhalten Erzieher, Lehrer, Eltern des öfteren aus den wenigen Äußerungen eines Kindes oder Jugendlichen einen tiefen Einblick in dessen innere Welt. Wenn Erzieher diese innere Welt hören und etwas von dem, was sie verstanden haben, in einem oder mehreren kurzen Sätzen äußern, so fördern sie damit den Jugendlichen bedeutsam. Sie lassen ihn seine Umwelt verständnisvoller, anteilnehmender und hilfreicher wahrnehmen. In vielen derartigen personenzentrierten Minuten-Gesprächen eines Jugendlichen mit Lehrern, Erziehern und sonstigen Erwachsenen kann sich der Jugendliche mit seinem Erleben und seiner Person auseinandersetzen. Der Jugendliche etwa wird besseren Kontakt haben und zu uns kommen, weil er die Erfahrung von nicht-wertendem Verstehen gemacht hat. Wie dankbar sind wir Erwachsenen, wenn wir von anderen, auch von Kindern–Jugendlichen, in verständnisvoller nicht-wertender Weise auf unsere persönliche innere Welt, auf unser Fühlen und unser Selbst angesprochen werden. Wenn uns jemand hört und versteht, auch wenn es nur für einige Sekunden oder Minuten ist. Kinder und Jugendliche, die häufig Gelegenheit haben, einfühlendes Verstehen ihrer inneren Welt durch andere zu erfahren und die miterleben, wie Menschen sich gegenseitig einfühlend verstehen, werden wahrscheinlich ebenfalls andere einfühlend zu verstehen suchen. Einige Beispiele solcher Minuten-Gespräche in der Begegnung von Person zu Person:

Christina, 6 Jahre, ist seit Wochen erfüllt von dem Gedanken, bald in die Schule zu kommen. Sie geht mit dem Schulranzen ihrer älteren Schwester auf dem Rücken in ihrem Zimmer hin und her, gibt der kleinen Schwester Anweisung, mit einer Glocke zur Schule zu läuten. Sie rüttelt gelegentlich an ihren Milchzähnen, damit einer locker wird und herausfällt, so daß sie wie ihre Freundinnen endlich eine Zahnlücke hat. Die Eltern gehen gelegentlich in verstehender Weise auf die Sehnsucht ihrer kleinen Tochter ein: „Du warst so glücklich, wenn Du endlich eine Zahnlücke hättest, wie die anderen. Du könntest dann sicher sein, daß die anderen sehen, daß Du schon ein richtiges Schulkind bist." „Du freust Dich so sehr auf die Schule." „Mit Deinem Schulranzen auf dem Rücken fühlst Du Dich wie ein Schulmädel."

Edith: „Sie ist so gemein. Sie saß in der Schule direkt hinter mir, und immer ärgerte sie mich und störte mich und schwatzte mit mir. Und die Lehrerin ließ mich dann nach vorne kommen und auf einem Extrastuhl sitzen. Und einmal habe ich gesagt: ‚Die Lehrerin hat gestunken!' Und Anne hat es ihr erzählt. Und da hat die Lehrerin mich geschlagen." Helfer: „Du bist der Meinung, daß vieles von Deinen Kümmernissen in der Schule durch Anne verursacht wird" (Axline, 1947, S. 196).

14jährige, nachdem sie einen Geburtstagsbrief an einen 9jährigen geschrieben hat: „Och, ist das anstrengend, sich so verständlich auszudrücken! Ich mußte mich so in seine Gefühle hineinlegen."

10jährige, die während eines Fernsehfilms die Reaktionen einer Jugendlichen zu ihrer Heimerzieherin plötzlich versteht: „Jetzt versteht sie sie, jetzt hat sie ihr Gefühl."

Jugendliche zum Vater, als sie Sonntagnachmittag weggeht und ihn allein läßt: „Bist Du ganz allein zu Hause? Das ist ja nicht schön, so alleine! O. K., ich komme abends früher zurück, dann ist es wenigstens nicht so lange."

Enkelin zur Großmutter: „Omi, bist Du sehr müde?" Großmutter: „Ja, Kind." Enkelin: „Man sieht es auch."

Uwe, 9 Jahre, stößt seine 5jährige Schwester Margot gegen die Tür. Margot fängt laut an zu weinen. Uwe: „Ach, das wollt' ich nicht." Helfer: „Margot weint, weil sie sich wehgetan hat. Aber Uwe wollte es nicht, und es tut ihm leid." Uwe versucht, durch ein komisches Trommeln seine Schwester rasch abzulenken. Aber Margot verstärkt ihr Weinen.

Helfer: „Du willst uns zeigen, Margot, wie weh das getan hat." Margot beginnt über Uwe's Trommeln zu lachen.

Die Kindergärtnerin zu Ingrid, die gestern an ihrem 4. Geburtstag gefehlt hatte aus Angst, daß man sie „hochleben" lassen wollte: „Du hattest Angst, gestern zu kommen, Ingrid. Du fürchtest Dich davor, daß wir Dich hochleben lassen wollen. Du magst das nicht, so im Mittelpunkt stehen?!"

Großmutter am Telefon zu ihrem 7jährigen Enkel, den sie betreut hatte, als er vor 5 Jahren einen Bruder bekam: „Na, wer ist denn mein allerliebstes Kind?" Enkel schweigt. „Wer ist denn mein allerliebstes Kind? Nun, willst Du's nicht sagen? Bist Du's nicht mehr?" Enkel flüstert: „Ich. Aber ich kann's nicht so laut sagen. Der Kleine (Bruder) steht doch neben mir."

9jährige zur Mutter, unmittelbar vor deren psychotherapeutischem Gesprächskontakt: „Wie kannst Du nur zu Deinen Gesprächen Dein neues Kleid anziehen. Deine Klientinnen sind doch arme Studentinnen und das trifft sie doch dann, wenn sie Dich so schön angezogen sehen! Ich würde das nicht machen. Und Deinen Ehering mußt Du auch abnehmen. Die haben doch meist Eheprobleme. Und wenn die den sehen, dann werden sie nur ganz unnötig daran erinnert."

Jugendlicher, als er erfährt, daß die Großmutter, die seit Jahren bettlägerig ist, wegen ihrer gelähmten Hände häufig Milch ins Bett verschüttet und kaum noch alleine essen kann: „Sie verliert immer mehr ihre Würde. Und das ist das Schlimmste für sie. Ich kenne sie."

14jährige, als ihr ihre Mitschülerin am Telefon etwas durchsagt und darüber jammert, daß sie das eigentlich allen in der Schule hätte mitteilen sollen: „Es ist schwer in Deiner Situation, wenn man das vergessen hat. Ich bin nicht in Deiner Situation. Erleichtert es Dein Gewissen, wenn Du überall anrufst? – O. K. Dann ruf doch überall durch. Mich kannst Du ja dann schon mal auslassen."

Jugendlicher, als der Mittagstisch der Familie schon abgedeckt wird, noch ehe die zuspätgekommene Schwester fertig gegessen hat: „Du haßt es auch so, wenn schon abgedeckt wird." Schwester: „Ja, wirklich."

13jähriger nach 15 Minuten Federballspiel zum Vater, der sich an die Backe faßt: „Hast Du wieder Zahnschmerzen?" Vater: „Ja, es tut wieder weh." 13jähriger: „Wir können auch aufhören mit dem Spielen." Vater: „Oh, danke, es geht noch. Ich sag' es dann."

Schüler führen in der Pause im Klassenraum ein Gespräch über die Nichtversetzung eines Schülers. Anton: „Der Lehrer kann ihn eben nicht leiden." Thomas, laut in die Klasse rufend: „Och, och, das gibt es ja nicht!" Lehrer: „Einige denken, daß der Lehrer daran schuld ist. Thomas kann es sich aber nicht vorstellen, daß ein Lehrer einen nicht leiden kann."

Traudel, 9½ Jahre, beim Abendbrot mit ihren Eltern: „Ach, war das heute ein langweiliger Tag!" (Vater: „Mhm.") „In der Schule hat sich Fräulein Günther nur um die paar gekümmert, die das Rechnen noch nicht kapiert hatten. Sie konnte uns doch Extra-Aufgaben geben, so wie neulich. Dann hätten wir wenigstens auch etwas zu tun gehabt."

Vater: „Du fandest es heute nicht interessant in der Schule. Du bist enttäuscht."

Traudel: „Ja, und auf dem Nachhauseweg haben sich Sabine und Andrea auch noch gezankt und sich ewig die Mützen vom Kopf gerissen, uns dann auch, zu blöd!"

Vater: „Der Tag hat Dir viel Ärger gebracht."

Traudel: „Ja – es war nichts Besonderes los, alles langweilig!" Längere Pause.

Mutter: „Du denkst darüber nach, was es alles war, was Dich so enttäuscht und geärgert hat."

Traudel: „Ja – jetzt weiß ich, was am blödesten war. Die Sabine, seit Wochen redet sie von ihrer Einladung zum Gespensterspiel unten bei denen im Spielkeller. Heute durften

wir nun endlich kommen. Es war nichts Besonderes. Wir hatten uns so gefreut. Nichts wie Angabe von Sabine. Die mit ihrem Gespensterspiel!"
Mutter: „Du hattest Dich so lange schon auf diesen Nachmittag gefreut und nun war es nichts."
Traudel, als sie wenige Minuten später ihre Schulmappe packt: „Aber morgen nehme ich den ‚Brehm' mit in die Schule. Wenn ich was Besonderes mithabe, freue ich mich immer auf die Schule. Dann wird's bestimmt schön."
Mutter: „Du willst etwas tun. Du willst nicht wieder, daß es so ein langweiliger Tag wird. Du nimmst was mit und freust Dich dann mehr auf morgen."

Charlie, ein 8 Jahre altes sog. Problemkind, machte in der Schule in der Zeichenstunde einen Sarg aus Knete mit einem Knetmann. Charlie: „Ich will einen Deckel auch noch draufmachen. Ich will ihn ganz fest verschließen, dann kann er nicht mehr atmen." Lehrerin: „Du liebst ihn nicht. Du legst ihn in die Schachtel und tust den Deckel so fest drauf, daß er nicht mehr atmen kann." Charlie sieht mit glänzenden Augen die Lehrerin an. Er preßt den Deckel noch fester darauf. „Er war so betrunken letzte Nacht, er schlug mich mit einem Riemen. Guck!" Er zeigt einen blauen Flecken auf seinem Bein. Lehrerin: „Du hast ihn bekommen, weil er Dich letzte Nacht schlug." Charlie: „Ja, ich will ihn festhalten." (Axline, 1947, S. 150).

Anne, 15 Jahre, kommt nach einem Klassenelternabend auf eine Mutter zu: „Sie sind ja ein Goldmensch! Ja – wirklich! Was Sie für uns getan haben, das war wirklich toll! Ich möchte auch den Mut so haben und über diese blöde Sitzordnung mit Herrn Pfeiffer reden können. Aber er fährt uns dann gleich über den Mund, und wir können gar nicht ausreden und sagen, was wir denken darüber. Ich bin richtig froh, daß Sie heute abend mit dabei waren, wirklich und so die Dinge mal zur Sprache gekommen sind." Mutter: „Du, ich danke Dir. Ich fühle mich hier immer sehr isoliert, weil ich anders denke als die meisten Eltern. Ich bin froh, daß Du mir das so sagst, daß ich Euch damit geholfen habe."

Ulrike, 13 Jahre, bei der Besprechung eines Gedichtes im Unterricht: „Ich möchte kein kleines Geschwisterkind haben." Lehrer: „Du hättest es nicht gern, wenn eines ankäme." Ulrike: „Ja, dann müßte ich es ausfahren und so auf es aufpassen." Lehrer: „Da hättest Du dann viel Arbeit, und das wäre Dir unangenehm?" Ulrike: „Mhm, ja!"

Jungen im Alter von 8–14 Jahren haben gerade ihr Cornflakes-Essen beendet, da sagt Karl-Heinz, 13 Jahre: „Ach, bei uns zu Haus', da möcht' ich am liebsten immer schon aufstehen, wenn ich fertig bin. Aber mein Vater, mein Gott, ißt der langsam! Ich bin da schon längst fertig, da ißt er noch 10 Minuten und noch länger. Ehe der so was runtergemümmelt hat. Und dann, meine Eltern reden miteinander. Aber bei uns heißt's: ‚Ihr, ihr dürft nicht sprechen!' Komisch sowas!" Helfer: „Du bist unzufrieden, wie es bei Euch zu Hause bei Tisch zugeht und möchtest es gerne anders haben?"

Annette: „Das war der Zweitälteste. Und den hat meine Mutter am liebsten von uns allen." Helfer: „Du fühlst, sie hat Dich nicht so lieb wie Deinen Bruder." Schülerin: „Ja. Meinen anderen Bruder auch nicht, glaube ich." Helfer: „Ja, Du spürst es irgendwie, daß sie ihn bevorzugt und Euch beide nicht so gerne mag." (Pause) Annette weint. Helfer: „Und das macht Dich traurig, wenn Du dann siehst, daß sie mit Dir und Deinem Bruder nicht so nett ist. Das fühlst Du irgendwie."

Achim, ein gehemmter 8jähriger, spielt erstmals seit langer Zeit mit anderen Kindern. Sie spielen Kegeln. Bei den einzelnen Würfen schreibt er sich zu viel an und den anderen zu wenig. Der Helfer sieht das. Und der Junge sieht den Helfer fragend an. Helfer, „Du möchtest so gerne gewinnen?!"

Mutter, als sie zum Dank für eine Hilfeleistung ihre 15jährige in den Arm nimmt und diese sich steif macht und abwehrt: „Du magst nicht von mir in den Arm genommen werden?!" Jugendliche: „Nein. Wieso? Kann ich doch!" Mutter: „Ja, aber ich mag Dich doch so gerne mal in den Arm nehmen. Ich brauch das ab und an." Jugendliche: „Ja, das weiß ich", und sie neigt sich ihrer Mutter zärtlich zu.

In vielen spontanen Einzeläußerungen oder kurzen Anmerkungen von Kindern und Jugendlichen kommt ihr einfühlendes Verstehen für den anderen zum Ausdruck. Sie können so zu Helfern für andere werden. Einige Beispiele:

„Ach, das kleine Kind ist sicher so unglücklich, weil die Mutter es nicht frei laufen läßt." „Du bist so weinerlich heute – sicherlich bist Du ein bißchen krank, nicht?" „Komm, Du möchtest bestimmt gerne mit uns spielen!" „Ihr gefällt das Kleid nicht, darum ist sie so wütend." „Jetzt bist Du traurig, weil Du nur noch so wenige Bonbons hast." „Du hast keine Lust mehr, Gummitwist zu spielen, Heini?!" „Papi, bist Du sehr traurig, wenn Du nun bald gar keine Haare mehr hast?!" „Mutti, nun bist Du unglücklich, daß wir Dir das Glas kaputtgeworfen haben?!" „Der alten Frau fiel das Laufen doch so schwer, das mußte der Autofahrer doch auch merken. Durch sein lautes Hupen machte er ja die Frau ganz unsicher." 6jähriger zum Vater: „Habe ich Dich gestört?" 11jährige im Auto bei der Rückfahrt von der Großmutter: „Als ich eben nochmals hinauflief, da saß Omi auf ihrem Sofa so traurig und verlassen da. Ich wär' am liebsten den ganzen Nachmittag bei ihr geblieben. Es fiel mir richtig schwer zu gehen." 7jährige: „Mami, Du möchtest doch gern den schönen Strauß haben. Dann soll doch Bettina den anderen verschenken, das merkt doch keiner." 7jährige zu ihrer Mutter: „Ich hab's richtig gemerkt, wie der Papa Dir diesen Tanzabend gegönnt hätte." 8jährige kommentiert der ins Zimmer kommenden Mutter eine Fernsehsendung, die gerade abläuft: „Der Vater behandelt doch die Tochter ganz falsch. Er muß doch merken, daß sie immer weint, wenn er sie nach ihrem Freund fragt. Soll er sie doch nicht mehr fragen, er sieht doch, daß sie immer fröhlicher wird, wenn sie mit dem Freund zusammen ist."

Handlungen und Maßnahmen mit einfühlendem Verstehen der Welt eines anderen. Bisher haben wir dargestellt, wie eine Person eine andere in ihrer inneren Welt hört, versteht und mit ihr darüber spricht. So erfährt der andere Verständnis, kann sich mit seinem gefühlten Erleben und mit seinem Selbst auseinandersetzen, wird in seiner seelischen Funktionsfähigkeit gefördert und kann besser mit sich umgehen. Es gibt jedoch auch die Möglichkeit, daß eine Person, die die innere Welt des anderen versteht, nicht oder nicht nur mit dem anderen darüber spricht, sondern auch entsprechend ihrem einfühlenden Verstehen dem anderen gegenüber handelt, etwa: ▷ Sie tröstet ihn, wenn sie verstanden hat, daß der andere traurig ist. ▷ Sie schickt ihm einen Gruß oder ein Zeichen des Mitempfindens, wenn sie spürt, daß sich der andere alleine oder verkannt fühlt. ▷ Sie nimmt dem anderen eine Arbeit, einen Weg ab, wenn sie verstanden hat, wie überlastet er ist. ▷ Sie zeigt dem anderen Möglichkeiten, wie er seine Arbeit, etwa für ihn schwierige Schularbeiten und Lernaufgaben bewältigen kann. ▷ Sie informiert den anderen, wo sie sich aufhält, damit er nicht beunruhigt ist. ▷ Sie begleitet den anderen auf seinen Wegen in Gedanken und läßt ihn das wissen, wenn ihm das hilft. ▷ Sie hört seine leisen ‚Klopfzeichen' nach Zuwendung und Anhören und hat Zeit für ihn.

Lehrer, Eltern und Erzieher treffen im Zusammenleben mit Kindern und Jugendlichen viele Maßnahmen und handeln häufig. Wenn sie dabei vorher die innere Welt der Kinder und Jugendlichen einfühlend zu verstehen suchen und wenn ihre Handlungen und Maßnahmen angemessen sind für die innere Welt der Kinder-Jugendlichen, dann werden sie in hohem Maße förderliche Bedingungen für die konstruktive Persönlichkeit ihrer Partner schaffen. Sie werden dann in hohem Maße *personenzentriert handeln.* Ihre Maßnahmen und Handlungen sind zentriert in der inneren Welt der anderen, darin, wie sie diese innere Welt fördern können. Und dies ist sowohl für Erwachsene als auch für Jugendliche weit befriedigender und fördernder als Dirigierung–Lenkung, Dominieren oder das „Formen" von anderen Personen. Und: Wenn Kinder und Jugendliche lernen, bei ihren Handlungen und Maßnahmen zentriert zu sein in der inneren Welt anderer Personen, dann bedeutet dies eine „heimliche" Revolution in unserem zwischenmenschlichen Zusammenleben.

Wie kann einfühlendes nicht-wertendes Verstehen der inneren Welt des anderen bei Erwachsenen gefördert werden? Viele Personen werden den Wunsch haben, die innere Welt von Kindern–Jugendlichen zu verstehen und entweder mit ihnen darüber verständnisvoll zu sprechen oder diese innere Welt in ihren Handlungen zu berücksichtigen. Wenn sie selbstkritisch sind, werden sie jedoch feststellen, daß sie häufig die innere Welt des anderen kaum hören. Daß sie vielmehr häufig an dem jugendlichen Partner vorbeireden, ihm mit ihren gutgemeinten Worten nicht wirklich helfen. Und daß die Jugendlichen ihre persönlichen Äußerungen über ihr Fühlen und Denken vor ihnen zurückhalten. Erwachsene werden feststellen, daß sie selbst dann kaum die innere Welt eines Kindes oder Jugendlichen hören, wenn sich diese direkt vertrauensvoll an sie wenden, wie etwa Schüler an ihre Lehrer mit folgenden Äußerungen: „Mädchen mögen mich nicht. Ich bin ihnen zu schüchtern." „Wenn ich nur endlich wüßte, was ich eigentlich werden will!" „Ich bin nicht gern zu Hause. Ich hasse meinen Vater wie grüne Seife. Immer ist er so besoffen!" Diese Äußerungen sind gleichsam Klopfzeichen eines Eingeschlossenen. Sie sagen: Hilf mir! Hör mir endlich mal einer zu! Versteh' Du mich doch wenigstens! Ich leide in meiner inneren Welt! Ich weiß nicht, wie ich damit fertig werde! Unzweifelhaft hören wir aber häufig selbst bei diesen deutlichen Klopfzeichen der Eingeschlossenen nicht die innere Welt der anderen. Gewiß, wir sind ihnen in irgendeiner Form zugewandt. Aber die von uns meist angebotenen „Hilfen", wie Vorschläge, Ratschläge, Belehrungen, Erklärungen und Begründungen, versperren uns oft den Weg in die persönliche Welt des anderen. Wir bringen den anderen um die Möglichkeit, sich in seiner Welt verstanden zu fühlen, sie anzunehmen, sich damit auseinanderzusetzen und leichter in ihr zu leben.

Bis eine Person die innere Welt von anderen häufig hört, nicht-wertend versteht und entweder mit ihnen darüber spricht oder diese innere Welt der anderen in ihren eigenen Handlungen berücksichtigt, vergehen Jahre. So einfach einfühlendes Verstehen der inneren Welt von anderen erscheint, so schwer ist es, dies zu leben. Vieles von dem, was wir in Jahrzehnten unseres Aufwachsens und später erfahren und gelernt haben, wie andere zu belehren, zu bewerten, zu beurteilen, zu überreden und auf äußere Sachverhalte von ihnen einzugehen, hindert uns am sensiblen Verstehen der inneren Welt des anderen. Die meisten Personen brauchen Jahre, um mehr die innere Welt von anderen zu hören, um ihre Haltung, in der anderen Welt des anderen zentriert zu sein, zu entwickeln. Entscheidend ist jedoch, daß Lehrer, Eltern und Erzieher jeweils kleine Schritte auf dieses Ziel des einfühlenden Verstehens der inneren Welt des anderen hin machen. Entscheidend ist, daß sie sich an jedem Tag bemühen, mit wenigstens einem Mitmenschen, etwa in einem Verkehrsmittel, mit ihren Kindern, mit ihren Schülern oder Arbeitskollegen zumindest in etwas hinhörender, einfühlend verstehender Weise zu sprechen, etwas mehr deren innere Welt zu hören, zu entdecken und sie durch Gespräche oder geeignete Handlungen zu fördern. Jeder von uns findet Tag für Tag vielfältige Situationen, anderen ein Helfer, mindestens ein hilfreicher Mitmensch zu sein, indem er die innere Welt des anderen zu hören sich bemüht.

Wir haben im folgenden einige Möglichkeiten angegeben, die das Verstehen der inneren Welt von anderen und entsprechende Äußerungen und Handlungen fördern können, etwa während der Ausbildung oder Fortbildung von Erziehern.

▷ *Konkretes unmittelbar erfahrenes gegenseitiges Verstehen in personenzentrierten Encountergruppen* (Rogers, 1974b). Eine Teilnahme an derartigen Gruppen intensiver menschlicher Begegnung von mindestens 2½ Tagen fördert die Haltung des einfühlenden Verstehens gegenüber anderen und die Fähigkeit, entsprechende Gespräche zu führen. Ferner wurden die Teilnehmer anderen gegenüber echter, selbstgeöffneter, selbstverantwortlicher. Ihre Angst vor mitmenschlicher Nähe verminderte sich (A. Tausch u. a., 1975). Selbst bei alten Menschen mit einem Durchschnittsalter von 74 Jahren verminderte sich ihr Mißtrauen gegenüber anderen; ihre Sensitivität für andere wurde größer (Bergeest u. a., 1976). –

▷ *Wahrnehmen von Personen mit einfühlendem Verstehen* der inneren Welt anderer, so von Helfern in personenzentrierten Einzelgesprächen oder Encountergruppen auf Filmen, Videoaufnahmen oder Tonaufnahmen. Im Rahmen von Fernsehsendungen haben wir uns bemüht, derartige Demonstrationen auf Videobändern bereitzustellen (z. B. Tausch u. Tausch, 1977).

▷ *Einschätzen des einfühlenden Verstehens in Gesprächen auf Video- oder Tonaufnahmen* anhand entsprechender Einschätzungsskalen. Dieses sog. Diskriminationstraining kann zu einer Differenzierung der Wahrnehmung einer Person führen. Sie nimmt dann bei den Gesprächen anderer deutlicher das Ausmaß von einfühlendem Verstehen wahr. Sie wird fähig, ihre eigenen Gespräche anhand von Tonaufnahmen auf das Ausmaß von sensiblem Verstehen einzuschätzen.

▷ *Personenzentrierte Gespräche mit Freunden, Kollegen und anderen.* Wir halten dies für eine günstige praktische Möglichkeit. Personen in einem Ausbildungsseminar führen derartige Gespräche untereinander. Jeder Teilnehmer ist für einen anderen ein intensiv hörender, verstehender Gesprächspartner und anschließend eine Person, die dem anderen ihre innere Erlebniswelt offenbart. Hierbei erfahren die Teilnehmer unmittelbar, was es heißt, in ihrer inneren Welt einfühlend verstanden oder nichtverstanden zu werden. „... mit guten Gesprächen baut man so viel auf, guckt so tief in sich hinein ..." Sie erfahren, welche Bedingungen von ihrem Gesprächspartner hierbei hilfreich oder beeinträchtigend sind. Zugleich haben sie eine günstige Möglichkeit, selbst zu erfahren, was in einer Person vorgeht, wenn sie sich einem anderen öffnet, sich mit ihrem Selbst auseinandersetzt und besser mit sich umgehen lernt. Der Inhalt der Gespräche ist die innere Welt, das Selbst einer Person. Wenn Teilnehmer es unbedingt wünschen, können die Inhalte etwas näher angegeben werden, z. B. „Wie ich wirklich bin", „Wie mich andere Leute sehen", „Was ich an mir nicht leiden mag", „Was mich unglücklich macht und worüber ich mich ärgere", „Was mich glücklich macht". Beratungslehrerin: „Wir haben in unserem Kurs miteinander solche Gespräche geführt und sind uns dadurch sehr nahe gekommen. Das war dann zeitweise wie eine Sucht nach Gesprächen unter uns. Und zwar weniger, weil wir das einfühlende Gesprächsverhalten lernen wollten. Sondern wir spürten: Wie uns das gut tat, wie jeder etwas los werden konnte, wie wir uns näher kamen, uns kennenlernten. Diese Nähe ist bis zum heutigen Tag geblieben. Und das ist doch schon einige Jahre her."

Eine Möglichkeit für Kindergärtnerinnen, Vorschulerzieher und Eltern, die innere Welt ihrer Kinder kennenzulernen und auf sie einfühlend einzugehen und Kindern so eine Auseinandersetzung mit ihrem Fühlen zu ermöglichen, hat einer von uns in Form von sozialen Situationsspielen geschaffen (A. Tausch, Langer u. a., 1975; Langer u. Tausch, 1977).

▷ *„Übungs"-Möglichkeiten zum Hören und Vergegenwärtigen der inneren Erlebniswelt.* Diese *können* Teilnehmern eines Seminars einen begrenzten Zugang zum Hören und Verstehen der inneren Welt anderer ermöglichen. Wenn aber die obengenannten Möglichkeiten der Teilnahme an Encountergruppen und unmittelbare Gespräche mit anderen nicht hinzukommen, so ändern sie meist nur das Wissen der Teilnehmer, wie sie handeln könnten oder sollten. Im folgenden haben wir einige Beispiele gegeben, die wir in Seminaren mit Erziehern verwendet haben. Wenn die Teilnehmer eines Seminars am Beginn Situationen aufschreiben, die sie selbst erlebt und erfahren haben, dann liegt ein umfangreiches konkretes Material vor.

Eine 10jährige Schülerin sagt zu ihrem Lehrer in der Pause: „Jeden Nachmittag spielen die aus meiner Klasse Völkerball. Und nie lassen sie mich mitspielen. Ich darf immer nur zusehen und ihnen den Ball holen, wenn er mal weiter fortrollt."

Welches Leben, welche innere Erlebniswelt drückt sich in diesen Äußerungen des Kindes aus? Was können wir über die Person, ihr Selbst und ihre Welt hören? Welche Klopfzeichen gibt uns das Kind über sein Fühlen?

Folgende Erlebnisinhalte kann der Erzieher von der inneren Welt hören:

Du fühlst dich ausgeschlossen. Du fühlst Dich durch die anderen ungerecht behandelt. Du würdest so gerne mit dabei sein und mitspielen. Du findest, Du kannst genau so gut spielen wie sie. Fast möchtest Du weinen, so tief trifft Dich das. Du fühlst, Du wirst damit allein nicht fertig. Du möchtest gerne wissen, warum sie Dich so behandeln. Du denkst, Du hast ihnen doch gar nichts getan. Du machst Dir Gedanken, ob sie Dich nicht leiden mögen, weil Dein Vater häufig trinkt und überhaupt wegen Deiner Familie.

Der Erzieher kann das von der inneren Welt des Kindes Verstandene, ohne zu werten, zu beurteilen oder zu diagnostizieren, ihm mitteilen, etwa: „Du fühlst Dich ausgeschlossen und möchtest so gerne mitspielen?!" oder: „Es bedrückt Dich, daß sie Dich nicht aufnehmen." Bei einer derartigen Äußerung des Erziehers wird das Kind Verständnis spüren und sich vermutlich weiter über seine innere Erlebniswelt aussprechen und sich damit auseinandersetzen. So erhält der Erwachsene weitere Möglichkeiten, mehr von der inneren Welt des Kindes zu hören und sie ihm zu klären helfen. Der Erwachsene kann auch in seinen Handlungen diese innere Erlebniswelt des Kindes berücksichtigen, etwa indem er mit den anderen Kindern spricht und sie bittet, auf die Erlebniswelt des Mädchens Rücksicht zu nehmen. Oder indem er ein gemeinsames Gespräch zwischen dem Mädchen und den übrigen Mitschülern ermöglicht und allen bei der Klärung ihres Fühlens hilft.

Der Erzieher kann auch sein eigenes Fühlen gegenüber dem Kind zum Ausdruck bringen, etwa: „Ich bin froh, daß Du mir das erzählst. Ich merkte schon einige Zeit lang, daß Dich etwas bedrückt." „Es bedrückt mich, daß sie nicht merken, wie allein Du Dich fühlst." „Ja, ich kann es Dir gut nachempfinden, daß es Dir sehr weh tut, ausgeschlossen zu sein. Ich möchte, daß Du weißt, daß ich zu Dir stehe. Und daß ich mich bemühen werde, daß Du aus den Schwierigkeiten herauskommst."

Eine sehr günstige Bedingung der Förderung ist es unserer Auffassung nach, wenn ein Erzieher die innere Welt des Kindes hört, ihm gegenüber das Verstandene zum Ausdruck bringt, dann aber auch seine Gefühle ausdrückt und entsprechend der inneren Welt des Kindes handelt und Maßnahmen trifft.

Ein weiteres Beispiel: Ein 11jähriger Schüler schreibt entgegen allgemein festgelegten Regeln bei der Klassenarbeit vom Nachbar ab. Der Lehrer bemerkt dies und sucht zunächst den Schüler in seiner inneren Welt zu verstehen. Er wird sich etwa folgendes vergegenwärtigen: Du möchtest nicht gern, daß Deine Arbeit schlecht ausfällt. Du glaubst, der Lehrer sieht es nicht, wenn Du abschreibst. Du hast Angst und bist unsicher. Du findest die Aufgaben zu schwer. Du fürchtest, Deine Eltern werden schimpfen, wenn Du eine schlechte Arbeit nach Hause bringst.

Ein Lehrer, der sich derart die innere Welt des Schülers vergegenwärtigt hat, wird etwa sagen: „Du fürchtest, Deine Arbeit ist nicht gut genug?!" Der Schüler hat dann Möglichkeiten, etwas von seiner inneren Welt zu äußern. Darauf kann der Lehrer wieder eingehen. Er kann danach auch einen Teil seines eigenen Fühlens ausdrücken, etwa: „Ich fühle mich in einer unglücklichen Lage. Ich sehe Deine Schwierigkeiten; ich sehe, daß Du Deine Leistungen verbessern willst. Aber ich fühle mich nicht ernst genommen. Wir hatten miteinander abgemacht, daß jeder für sich arbeitet."

Ein weiteres Beispiel: Die 5jährige Monika sagt beim Kneten zu den andern Kindern ihrer Gruppe im Kindergarten: „Ich knete was, was Ihr alle nicht könnt!" Die Kindergärtnerin vergegenwärtigt sich die innere Welt von Monika: Du möchtest etwas Besonderes machen. Du möchtest, daß alle sehen, daß Du etwas Besonderes kannst. Es ist Dir wichtig, ihnen etwas zu zeigen, was auffällt. Du findest es so schön, etwas zu können, was alle anderen nicht können. Du möchtest ihnen mal zeigen, daß nicht sie immer nur etwas Besonderes können, sondern Du auch. Du wünschst Dir, auch mal von der Kindergärtnerin gelobt zu werden. Du möchtest gerne von allen auch mal bewundert und bestaunt werden. Du fühlst, die anderen denken, daß Du wenig kannst. Darum wolltest Du es ihnen mal zeigen.

Die Kindergärtnerin, die sich die innere Welt von Monika einfühlend zu vergegenwärtigen sucht, mag etwa äußern: „Du möchtest ihnen etwas Besonderes zeigen." Oder: „Es ist so ein schönes Gefühl, etwas Besonderes zu können?!" Dieser Satz der Kindergärtnerin über das, was sie von Monikas innerer Welt zu hören meint, zeigt Monika, daß ein anderer versucht, ihre innere Welt zu verstehen. Die Chance ist groß, daß Monika weiter über ihr Fühlen und ihr Erleben spricht, und damit der Kindergärtnerin vermehrte Möglichkeiten gibt, ihre Welt zu hören und mit ihr darüber zu sprechen.

▷ *Eine weitere „Übungs"-Möglichkeit:* Studierende bemühen sich während eines Vormittags in einer Klasse oder einem Kindergarten, die innere Welt von 1–2 Kindern oder Schülern zu hören. Sie suchen die innere Welt der Kinder zu hören aufgrund ihrer sprachlichen Äußerungen, ihrer Mimik und Gesten, ihres Verhaltens und der Reaktionen anderer auf diese Kinder. Sie suchen zu hören: Wie fühlt dieses Kind sich? Wie ist sein Selbst? Wie sieht es innen bei ihm aus? Sie können das Verstandene skizzenartig aufschreiben und es miteinander vergleichen. Sie können behutsam mit dem Kind in der Pause sprechen, um sich zu vergewissern, ob das von ihnen Verstandene zutrifft, und um ein weiteres Stück von der inneren Welt des Kindes kennenzulernen und zu verstehen. Sind die Studierenden den Kindern oder Schülern bekannt als warme und anteilnehmende Personen, so können sie mit dem einzelnen Kind oder Schüler darüber sprechen, daß sie sich bemühen, dessen innere Welt zu verstehen. Sie können sie um Mithilfe bitten, es ihnen zu ermöglichen, ihre Welt in zutreffender Weise zu hören.

In hundertfachen alltäglichen Situationen können sich Lehrer und Erzieher bemühen, die innere Welt des anderen zu hören und zumindest zunächst mit einem Satz oder eine Minute lang darauf einzugehen. Sie werden sich so im Laufe der Monate und Jahre zunehmend mehr den i n n e r e n Vorgängen ihrer Kinder zuwenden, dem persönlichen Fühlen, den Einstellungen und vor allem dem Selbst der Kinder–Jugendlichen. Im folgenden einige Beispiele für Ein-Satz-Äußerungen von Lehrern aus dem Unterricht, indem sie etwas auf die innere Welt ihrer Kinder–Jugendlichen eingehen. Gewiß, das ist nur ein Eingehen von wenigen Sekunden Dauer. Wünschenswerter ist ein längeres Gespräch. Aber Untersuchungen ergaben, daß selbst derartige sekundenlange Äußerungen mit Eingehen auf die inneren Vorgänge der Schüler und Kindergartenkinder sehr selten sind (Tausch u. Tausch, 1965; R. Tausch, Köhler u. Fittkau, 1966; A. Tausch u. a., 1976): „Du möchtest lieber für Dich allein arbeiten als in der Gruppe?!" „Zuerst zweifelst Du immer sehr, ob Du es schaffst?" „Ist es Dir unangenehm, den Aufsatz vor der Klasse vorzulesen?" „Du hast Dich doch für das große Instrument entschieden." „Ich glaube, Sie meinen, bei einem Gedicht ist es gar nicht so notwendig, ob es sich in Wirklichkeit ereignet hat." „Ihr habt irgendwie mehr Freude daran, wenn Ihr selber bestimmen könnt?!" „Du bist damit noch nicht einverstanden?" „Du freust Dich über diese Arbeit."

Es ist sehr wesentlich: Die Äußerungen des Erwachsenen über das, was er von der inneren Welt seines jugendlichen Partners verstanden hat, entsprechen in Stimmführung, Mimik und Sprache seinen Bemühungen um Verständnis. Die Äußerung „Du überlegst noch, ob alles richtig ist, was Du geschrieben hast" erschwert eher das Beziehungsverhältnis zwischen Schüler und Lehrer und fördert nicht die Selbstöffnung des Schülers, wenn der Lehrer dieses in sachlich-nüchterner, diagnostizierender Art oder vorwurfsvoll und voller Tadel sagt. Es ist wichtig, daß die jugendlichen Partner aus der Äußerung des Erziehers und seinem gesamten Verhalten merken, daß er bemüht ist, ihre Welt zu verstehen und an ihr sorgend und zugewandt Anteil nehmen möchte. Und nicht, daß er sie diagnostizieren, aushorchen oder Gründe für Erklärungen finden möchte.

Allmählich werden Lehrer und Erzieher, die in der inneren Welt ihrer jugendlichen Partner zentriert sind, die großen, bisher weitgehend ungenutzten Möglichkeiten sehen, die in ihrem alltäglichen Zusammensein mit den Jugendlichen im Unterricht, in den Pausen, in Arbeitsgemeinschaften, in der Freizeit oder bei Klassenfahrten existieren. Sie werden entdecken und immer fähiger werden, in dieser Begegnung von Person zu Person die Persönlichkeitsentwicklung ihrer Schüler entscheidend durch ihr einfühlendes Verstehen für deren innere Welt zu fördern.

Das einfühlende Verstehen von Erziehern für die innere Welt ihrer jugendlichen Partner wird im allgemeinen n i c h t durch psychodiagnostische Testgutachten gefördert. Wir haben dies eingehend in den früheren Auflagen unseres Buches dargestellt. So enthalten testdiagnostische Gutachten häufig Angaben über Merkmale der Persönlichkeit eines Menschen, mit denen das Verhalten dieses Menschen in a l l g e m e i n e n Merkmalen vorausgesagt werden kann, z. B. hinsichtlich Intelligenz, Neurotizismus u. a. Aber testdiagnostische Angaben sagen selten oder nie etwas aus über die innere Welt einer Person. Und sie können nichts aussagen darüber, wie die innere Welt eines Schülers in bestimmten Situationen sein wird.

Lehrer und Erzieher dagegen, die fortlaufend bemüht sind, die innere Welt eines Jugendlichen einfühlend zu verstehen und die mit ihm des öfteren darüber sprechen, erhalten – um es in diesem Begriff zu sagen – eine umfassende Diagnose der inneren Welt ihres jugendlichen Partners. Sie kommen der inneren Welt näher, sie nehmen an ihr teil. Entscheidenderweise sind die Bemühungen der Erzieher, dieser inneren Welt ihrer jugendlichen Partner teilhaftig zu werden und mit ihnen darüber zu sprechen, in hohem Ausmaß unmittelbar förderlich für den Jugendlichen, für sein Verstehen und seine Auseinandersetzung mit dem eigenen Selbst und für ein besseres Umgehen mit seiner eigenen Person. Und hier wird der Unterschied zu einem testdiagnostischen Gutachten besonders deutlich: Kinder, Jugendliche oder Erwachsene werden kaum in ihrer seelischen Funktionsfähigkeit und in ihrer Erfahrung des Verstandenwerdens durch die Kenntnis ihres testpsychologischen Gutachtens gefördert. Im Gegenteil, in Untersuchungen ergab sich, daß die seelische Funktionsfähigkeit von Personen durch Kenntnis des testdiagnostischen Gutachtens eher vermindert wurde.

Wie kann einfühlendes Verstehen bei Kindern–Jugendlichen gefördert werden? Denn dies wäre auch eine entscheidende Möglichkeit, die Funktionsfähigkeit einer Person im Zusammensein mit einer anderen erheblich zu fördern. Sie hat so gleichsam erheblich größere soziale Qualitäten. Für ihr späteres Leben in Partnerschaft, Familie oder Beruf ist dies sehr bedeutsam. Und es würde sich auch unmittelbar auf den Lehrer selbst auswirken: Er hätte es in seiner Klasse mit Personen zu tun, die ihm und den übrigen Mitgliedern der Klasse gegenüber verständnisvoller für deren innere Welt sind. Lehrer und die übrigen Mitschüler würden also hierdurch in ihrer Persönlichkeitsentwicklung gefördert. – Wir sehen folgende Möglichkeiten:

▷ Teilnahme von Jugendlichen an Encountergruppen, insbesondere an gemischten Encountergruppen mit Erwachsenen. Ein Sozialarbeiter berichtet über 3 jugendliche Rocker, die zusammen mit Sozialrentnern einer Altentagesstätte an einer 2½-tägigen Encountergruppe teilnahmen (Bergeest u. a., 1976): „Diese 3 und auch die dazugehörigen Mädchen sind durch die Gruppe sehr verfeinert. Es ist so blöd, wie das klingt, aber sie haben jetzt mehr Zärtlichkeit als Grundhaltung, die ihr aggressives Verhalten so langsam überdeckt, das sie mal drin hatten. Das sind jetzt Leute, die nach dieser erstaunlich kurzen Zeit kaum wiederzuerkennen sind. Die kennen zum ersten Male Worte wie Nächstenliebe, was ihnen völlig unbekannt war. Und die stellten fest: So verblödet sind die Alten doch gar nicht, wie wir immer gesagt haben."

▷ Alltägliches Wahrnehmungslernen. Wenn die Lehrer einer Schule oder die Helfer eines Kindergartens häufig und überwiegend in der inneren Welt ihrer Partner einfühlend verstehend zentriert sind und dieses auch sprachlich ausdrücken, dann lernen Kinder gleichsam zwangsläufig durch die häufige Wahrnehmung eine derartige Haltung anderen gegenüber, ihren Mitschülern und ihren Lehrern gegenüber. Ein Untersuchungsbeispiel hierfür: Kindergartenkinder wurden während eines 6wöchigen Kurses ihrer Kindergärtnerinnen in psychologisch-hilfreichem Verhalten einfühlender für die Gefühle anderer Kinder. Dies war bei einer Nachuntersuchung 3 Monate nach Ende des Kindergärtnerinnenkurses feststellbar, ebenfalls der Anstieg des einfühlenden Verstehens bei den Kindergärtnerinnen selbst (Meffert u. a., 1976).

▷ Bestimmte Unterrichtsinhalte eignen sich zur Förderung des einfühlenden Verstehens der Schüler. Nachfolgend einige Tonbandausschnitte aus der Unterrichtsstunde einer Lehrerstudentin in einem 4. Schuljahr (C. Tausch, 1977):

Die Lehrerstudentin hat für ihre Unterrichtsstunde das Gedicht „Sabine“ von Marianne Kreft ausgewählt. Der Inhalt: Das Mädchen Sabine kann anderen mitteilen, wenn sie Hunger oder Bauchweh hat. Aber sie kann nicht sagen, wenn sie traurig ist oder Angst hat. Die Schüler dieses 4. Schuljahres kommen überwiegend aus sog. unterprivilegierten Familien. Sie sprechen zunächst in Kleingruppen und tragen dann in der Plenumsdiskussion die Ergebnisse zu den einzelnen Fragen zusammen. Hier die wörtlichen Schüleräußerungen zu 3 Bereichen:

Was ist mit Sabine los? „Sie kriegt vielleicht in jedem Augenblick ausgemeckert von ihren Eltern, wenn sie Angst hat oder traurig ist.“ „Sabine hat vor etwas Angst, sie hat Angst vor sich selbst.“ „Sie hat Sorge über sich.“ „Sabine ist einsam, alleine.“ „Sie hat kein Vertrauen zu ihren Eltern.“ „Sabine muß mehr zu sich finden.“ „Sabine muß jetzt ihr Selbstvertrauen wiederfinden.“ „Sie lebt zu sehr für sich alleine.“

Wie können wir Sabine helfen? „Wenn die Eltern selbst der Sabine erzählen, worüber sie Angst haben, wird sie vielleicht auch über ihre Angst sprechen können.“ „Man müßte mit Sabine reden. Aber man dürfte nicht darüber reden, was man mit ihr redet. Das würde sie vielleicht sehr erleichtern.“ „Sabine muß Gesellschaft von uns haben, damit sie vor sich selbst sicherer ist.“ „Wir können mit ihr sprechen und ihr dann dabei helfen, mit ihren Eltern zu reden.“ „Wenn wir sie fragen, sagt sie es nicht. Das ist ihr ja noch viel peinlicher. Man könnte es versuchen, daß sie nicht ausgelacht wird und daß sie dann einen Menschen hat, dem sie alles anvertrauen kann.“ „Wir müssen mit ihr reden und spielen und ihr dadurch Vertrauen geben. Dadurch kann sie ihr Selbstvertrauen wiedergewinnen.“ „Sie muß Vertrauen gewinnen zu einem Menschen. Das geschieht nicht von einem Tag auf den anderen. Man müßte immer mal wieder nachfragen und dann würde sie eines Tages vielleicht damit rauskommen oder so.“ „Vielleicht kommt sie auch dann ganz langsam damit raus, wenn sie merkt, daß wir nicht lachen. Nicht die ganze Klasse, aber so ein oder zwei, zu denen sie Vertrauen hat und die es nicht weitersagen.“ „Man müßte mit ihr reden und spielen und ihr zeigen: Ich mag Dich und so. Daß sie richtig ihr Vertrauen wiedergewinnt.“ „Man müßte Geduld haben mit ihr. Die meisten haben keine Geduld und sagen gleich: Die kommt ja nie dahin, wo wir sie hinhaben wollen!“ „Mit den Eltern von Sabine und andern Kindern eine Diskussion machen über unangenehme Dinge, ohne daß gelacht wird.“

Ist in uns selber irgendwo ein Stückchen von Sabine? „Wir können alle Sabine sein. Wir können alle das gleiche kriegen, wie sie selbst: Wenn wir Hunger haben, dann sagen wir das. Aber wenn wir Kummer haben, dann sagen wir das nicht, weil wir auch Angst haben, daß wir ausgelacht werden, hier in der Klasse. Wir können das alle sein.“ „Jeder hat 'n Stück davon, nur daß er sich anders über die Probleme ausläßt als Sabine.“ „Wir wissen ja nicht, wer Sabine heißt. Lebt sie in der Schule? Gott, sie könnte auch 'ne Lehrerin sein ...“

Echtheit – Aufrichtigkeit

Echtheit–Aufrichtigkeit im Umgang mit anderen ergibt – zusammen mit Achtung und einfühlendem Verstehen – ein Klima, in dem Menschen weitgehend ohne Fassade, Maske oder Panzer miteinander leben können. Wir haben Echtheit–Unechtheit durch eine Übersichtsskala und durch viele Beispiele aus mannigfachen Lebensbereichen veranschaulicht.

Die Bezeichnung Aufrichtigkeit/Nicht-Aufrichtigkeit entspricht wahrscheinlich eher dem allgemeinen Sprachgebrauch.

Folgende Gesichtspunkte würden wir heute stärker herausstellen:

▷ Echtheit – Aufrichtigkeit kann aufgegliedert werden in: 1. Aufrichtigkeit anderen gegenüber. 2. Aufrichtigkeit sich selbst gegenüber (z. B. Habe ich den anderen gerecht behandelt? Was habe ich falsch gemacht?); es ist also eine Art Selbstklärung, Selbstauseinandersetzung.

▷ Bei Echtheit – Aufrichtigkeit wird die eigene Wahrnehmung und das eigene Fühlen ausgedrückt (z. B. „Ich mache mir Sorgen, ob es Dir gelingt, Deine Leistungen zu verbessern"). Das ist unterschiedlich von Bewertungen und Beschuldigungen, z. B. „Du bist faul." „Deine Leistungen sind schlecht."

▷ Wenn Echtheit – Aufrichtigkeit gegenüber anderen mit Einfühlung und Rücksichtnahme verbunden ist, so werden hierdurch Verletzungen oder Widerstände vermieden.

▷ Äußern Erwachsene aufrichtig und offen den Wunsch und die Erwartung, ihrerseits von Jugendlichen achtungsvoll behandelt zu werden, so bewirkt dies, daß Jugendliche das Verständnis, die Achtung und Wärme der Erwachsenen nicht mißverstehen und ausnutzen.

Was ist Echtheit und Fassadenhaftigkeit? In unserem täglichen Leben begegnen wir Personen, die gleichsam hinter einer Fassade leben. Personen, die eine Rolle spielen, die Dinge sagen, die sie nicht fühlen. Wir kennen auch Menschen, von denen wir sicher spüren, daß sie sich nicht anstrengen, anders zu sein, als sie wirklich sind. Sie sind echt. Wir sind mit ihrer wirklichen Person im Kontakt und nicht mit einer andersartigen, etwa professionellen, schweigsamen oder höflichen Fassade dieser Person.

Echtheit bedeutet in erster Linie: Äußerungen, Verhalten, Maßnahmen, Gestik und Mimik einer Person stimmen mit ihrem inneren Erleben, ihrem Fühlen und Denken überein. Auf einer höheren Stufe von Echtheit kommt häufig hinzu: ▷ Eine Person ist gegenüber ihrem eigenen Fühlen und Erleben offen. ▷ Eine Person öffnet sich gegenüber einer anderen, teilt dieser ihr Fühlen und ihre Gedanken mit, zumindest in dem Ausmaß, wie es für ihr gegenwärtiges Erleben bedeutsam ist.

Unechtheit bedeutet in erster Linie: Äußerungen, Verhalten, Maßnahmen, Gestik und Mimik einer Person unterscheiden sich von ihrem inneren Erleben oder stehen im Gegensatz zu ihrem inneren Erleben, zu ihrem Fühlen und Denken. Zusätzliche Aspekte können sein: ▷ Eine Person ist nicht offen für manche Bereiche ihres

Fühlens und Denkens; sie verleugnet manches davon, läßt es nicht dem Bewußtsein zu und setzt sich nicht damit auseinander. ▷ Eine Person öffnet sich nicht gegenüber einer anderen und teilt dieser nichts von dem mit, was in ihrem gegenwärtigen Erleben bedeutsam ist.

Einen Überblick über die Dimension Echtheit–Übereinstimmung–Aufrichtigkeit/Fassadenhaftigkeit–Nichtübereinstimmung–Unechtheit gibt die nachfolgende Skala:

Echtheit einer Person

Fassadenhaftigkeit–Nichtübereinstimmung–Unechtheit	Echtheit–Übereinstimmung–Aufrichtigkeit
• eine Person sagt Gegensätzliches zu dem, was sie denkt und fühlt	• eine Person sagt das, was sie denkt und fühlt
• sie gibt sich anders, als sie wirklich ist	• sie gibt sich so, wie sie wirklich ist
• sie verhält sich gekünstelt, mechanisch, spielt eine Rolle	• sie verhält sich ungekünstelt, natürlich, spielt keine Rolle
• sie gibt sich amtlich, professionell, routinemäßig	• sie ist ohne professionelles, routinemäßiges Gehabe
• sie lebt hinter einer Fassade, hinter einem Panzer	• sie ist sie selbst, sie lebt ohne Fassade und Panzer
• sie zeigt häufig ein stereotypes Verhalten in Gesten und Worten	• sie verhält sich in individueller, origineller, vielfältiger Weise
• ihr ist nicht vertraut, was in ihr vorgeht	• sie ist vertraut mit dem, was in ihr vorgeht
• sie täuscht andere und will sie manipulieren, sie heuchelt	• sie ist aufrichtig und heuchelt nicht
• sie ist unehrlich sich selbst gegenüber, macht sich etwas vor, vermeidet sie selbst zu sein	• sie ist ehrlich sich selbst gegenüber, macht sich nichts vor, ist bereit, das zu sein, was sie ist
• Äußerungen, Handlungen, Mimik und Gestik dienen der Verteidigung, der Fassade, damit der andere ihr wirkliches Ich nicht kennenlernt	• sie offenbart sich anderen und gibt sich mit ihrem Ich zu erkennen, sie verleugnet sich nicht
• sie ist undurchsichtig	• sie ist durchsichtig
• sie drückt keine tiefen gefühlsmäßigen Erlebnisse aus	• sie drückt tiefe gefühlsmäßige Erlebnisse aus

Fassadenhaftigkeit	1	2	3	4	5	Echtheit *)

*) Stufe 1 und 5 = deutliche Ausprägung Stufe 2 und 4 = schwächere Ausprägung Stufe 3 = etwa gleich viel Fassadenhaftigkeit wie Echtheit.

Nähere Charakterisierung von Fassadenhaftigkeit–Nichtübereinstimmung–Unechtheit: Äußerungen, Handlungen, Maßnahmen, Gestik und Mimik einer Person sind unterschiedlich oder gegensätzlich zu ihrem Fühlen, Empfinden und Denken und entsprechen ihnen nicht. Das äußere Verhalten ist oft gleichsam eine Fassade zu dem inneren Erleben. Eine Person stellt bewußt oder unbewußt nach außen hin etwas anderes dar, als sie es ihrem inneren Erleben nach ist. Sie ist nicht sie selbst. Im folgenden einige Bereiche von Unechtheit.

▷ *Die Äußerungen einer Person sind deutlich unterschiedlich zu dem, was sie innerlich denkt, zu ihren nicht-geäußerten Gedanken.* Beispiele:

Lehrer berichten bei der Einführung einer Unterrichtsstunde von eigenen Erlebnissen, die sie in Wirklichkeit nicht hatten.

Ein Lehrer zu den Eltern eines Schülers: „Ich konnte nicht anders, ich mußte ihn sitzenlassen." Innerlich weiß er, daß er den Schüler hätte mit versetzen können.

Ein Doktorand äußert gegenüber einem Professor starkes Interesse und Wertschätzung für dessen Arbeit. Innerlich jedoch sieht er die Arbeit als unbedeutsam und zum Teil sogar als falsch an.

Politiker, Funktionäre, Professoren oder Studenten verschleiern durch andersgeartete Äußerungen ihre eigenen Absichten, enthalten ihren Partnern wichtige Informationen vor, geben falsche oder unvollständige Informationen, um ihre eigentlichen nicht-geäußerten Ziele zu erreichen.

Politiker, Funktionäre, Professoren und Studentenvertreter fordern in Verhandlungen anderes und mehr, als sie eigentlich für notwendig und angemessen halten. Politiker in der Opposition lehnen Maßnahmen der Regierung ab, die sie innerlich für gut und notwendig ansehen.

Lehrer auf einem Klassen-Elternabend: „Ich bin als Lehrer angewiesen, ausschließlich Leistungen der Schüler gelten zu lassen. Das bin ich der Schulbehörde gegenüber schuldig." Innerlich weiß der Lehrer, daß er einen viel größeren Spielraum in der Beurteilung der Schüler hat, und auch der Lehrplan nicht nur meßbare Leistungen vorsieht.

Ein Lehrer zu Schülern, mit denen er eine heftige Auseinandersetzung hatte, und die ihn sprechen möchten: „Ich habe jetzt keine Zeit! Ich muß mich noch vorbereiten!" Dabei denkt er: „Ich fühle mich jetzt außerstande, mit denen noch weiter zu debattieren!"

▷ *Die Äußerungen einer Person sind widersprüchlich zu ihrem Fühlen und Empfinden.* Beispiele:

Lehrer, mühsam beherrscht und erregt: „Das ist mir wirklich ganz egal! Ich habe jetzt abgeschaltet!" Erzieher, eilig und abgehetzt: „Du weißt doch, daß ich immer für Dich da bin!" Lehrer mit gelangweilter Stimme: „Das hier ist besonders wichtig." Erzieher mit sachlicher, teilnahmsloser Stimme: „Ich bin begeistert, wie Du das hinbekommen hast."

Erwachsene antworten auf Fragen von Jugendlichen nach Sexualität, finanziellem Einkommen oder Religion mit Redewendungen: Sie hätten im Augenblick keine Zeit, wüßten das nicht oder hielten die Jugendlichen noch für zu jung. In Wirklichkeit fühlen sie sich gehemmt, es ist ihnen peinlich, hierüber zu sprechen.

Dozent im Institutsrat: „Es geht mir hier nur um die Sache und nur um das Verfahren." In Wirklichkeit fürchtet der Dozent die Nichtverlängerung seines Vertrages. Und er wünscht ein Verfahren, das seinen eigenen Zielen entgegenkommt.

5jähriger bei der Einführung eines neuen Spieles: „Das Spiel ist doof!", „Das ist ja langweilig!", „So doofe Bilder!", „Macht keinen Spaß!" Er wertet das Spiel ab und spielt nicht mit. Aber seine Mimik zeigt Interesse und Wunsch am Gruppenspiel. Als die Kinder nach einer halben Stunde nicht mehr weiterspielen, beschäftigt er sich allein mit dem Spiel. In Wirklichkeit mochte er die anderen Kinder nicht und fühlte sich ihnen unterlegen.

▷ *Das Verhalten einer Person ist widersprüchlich zu ihrem Fühlen und Denken.* Die Person gibt sich anders als sie fühlt, empfindet und denkt. Die äußerlich zutage tretenden Aspekte sind keine realen Aspekte von ihr. Sie verleugnet sich in großen Teilen ihres Erlebens und ist so nicht voll sie selbst. Sie stellt nach außen hin eine Fassade dar. Sie will andere über ihr wirkliches Ich täuschen. Sie läßt andere glauben, daß sie anders ist, als sie wirklich ist. Beispiele:

Lehrer auf einem Elternabend: „Ja, wissen Sie, ich tu' nur so streng mit den Kindern. Im Grunde genommen bin ich ein ganz weicher Mensch!"

„Im Seminar, da gebe ich mich ganz überlegen, distanziert und sicher. Ich tue so, als ob mich das alles kaum etwas angeht, und als ob ich alles wüßte und beherrschte. Aber wenn ich dann nach Hause komme, dann bricht in mir alles zusammen. In Wirklichkeit fühle ich mich so unsicher und so unterlegen. Aber ich wage nicht, jemandem das zu sagen."

Fernsehansager, Werbesprecher, manche Stewardessen, Verkäuferinnen oder Krankenschwestern spielen Freundlichkeit, positive Zuwendung und Interessiertheit, die nicht ihrem wirklichen Fühlen entsprechen.

Politiker, Professoren oder Lehrer geben sich stärker, sicherer und kompetenter als sie sich innerlich fühlen. Sie möchten, daß andere glauben, sie seien sicherer und kompetenter als sie sich fühlen.

„Ich habe Angst davor, daß man mir das anmerkt. Und deshalb verhalte ich mich bewußt so, daß man mir das nicht ansehen soll. In meinem ganzen Umgang achte ich immer sehr bewußt darauf, daß niemand etwas merken kann und daß niemand etwas sehen kann ..."

Manche Lehrer sind bei Besuchen gegenüber den Schülern der Klasse freundlicher, höflicher und verständnisvoller, als es ihren Einstellungen und ihrem üblichen Verhalten entspricht.

14jähriger: „Meine Eltern sagen, daß ihnen mein Essen schmeckt. Aber ich sehe es an ihrem Gesicht, daß das nicht wahr ist, daß es ihnen nicht schmeckt."

„Ich meine, ich hab' irgendwo immer eine Maske auf. Wenn ich etwa abends mit Leuten zusammen bin, dann bin ich lustig und bin fröhlich und die sagen ‚Das ist bei der gut und schön'. Aber irgendwie fällt dann die Maske ab, wenn ich nach Hause fahre. Nein, die anderen kennen mich nicht. Die lernen mich auch nicht kennen. Die haben auch alle Masken auf. Das ist wirklich so. Die legen ihre Maske eben nicht ab. Manchmal kann ich jetzt schon meine Maske ablegen, hier und da. Und ich kann schon etwa sagen, wie ich mich wirklich fühle. Da kaschiere ich nicht mehr so viel wie früher."

Personen geben sich unterkühlt und distanziert gegenüber einem anderen, etwa in Verhandlungen oder in Seminaren. In Wirklichkeit sind sie voller Angst, Unsicherheit und Erwartungsspannung. Sie möchten nicht, daß der andere dies bemerkt. Und so verstellen sie sich und tun, als ob sie der andere und das Geschehen kaum etwas angingen. Während sie in Wirklichkeit hellwach, gleichsam in Alarmstimmung sind.

Viele Jugendliche zeigen ein sog. Imponiergehabe: Sie tragen Lederkleidung, machen andere an, brüllen herum, spielen den „starken Mann". Sie tun dies häufig, um ihre eigene Unsicherheit und Unzulänglichkeit nicht zu erkennen zu geben. Sie sind entfremdet von ihrem Selbst. Sie leben häufig nach Normen ihrer Gruppe, von der sie sich Halt erhoffen.

▷ *Verhalten und Äußerungen einer Person entsprechen einer Rolle, einem Berufsbild oder den Erwartungen anderer* und nicht ihrem Fühlen, Denken und inneren Haltungen. Die Person hat etwa ein dienstliches, berufsmäßiges, routinemäßiges Gehabe oder sie zeigt ein übertriebenes Wohlverhalten. Beispiele:

Nachrichtensprecher im Fernsehen setzen eine „Amtsmiene“ auf, sie geben nichts von ihrer Person zu erkennen. Sie haben gleichsam eine Maske auf.

Pastoren ändern sich in Sprache und Verhalten, wenn sie das Predigerpult betreten.

Lehrer, Psychotherapeuten, Funktionäre, Politiker, Professoren, Richter, Polizisten u. a. nehmen des öfteren eine Rolle ein. Ihr Verhalten und ihre Äußerungen richten sie danach aus, was eine Person in dieser Situation entsprechend den Auffassungen des Berufsstandes oder den Erwartungen der Mitglieder sprechen sollte oder müßte. Es ist kein direkt geschauspielertes Verhalten. Ein Teil des Verhaltens und der Äußerungen sind danach ausgerichtet, was andere von ihnen erwarten und was ihrer Berufsrolle angemessen ist, oft gegensätzlich zu ihrem Fühlen, Empfinden und Denken.

Die Äußerungen mancher Professoren und Lehrer sind mehr Ausdruck einer Amtsperson als eines spontanen Menschen mit seinem gefühlsmäßigen Erleben und Denken. Sie sind oft überkontrolliert.

Bei vielen Ritualen entspricht das Verhalten der dabei beteiligten Personen nicht ihrem wirklichen Fühlen.

Werden Professoren, Studenten oder Schüler mit einem Amt betraut, etwa mit der Vertretung ihrer Gruppe, dann handeln sie des öfteren als „Träger“ dieses Amtes. Wir konnten häufig beobachten, wie diese Personen sich dann plötzlich deutlich unterschiedlich zu dem verhielten, was sie früher fühlten und dachten. Etwa ein Assistent, der Sprecher seiner Gruppe geworden ist, meint, in dem Verwaltungsgremium nun ganz andere Gesichtspunkte vertreten zu müssen, als er sie vorher als Person gehabt hat. Er ist nicht mehr voll er selbst. Er ist sich selbst entfremdet.

„Funktionäre“ verstehen sich als „Träger von Ideologien“, sie sind nicht mehr sie selbst, sondern die „Träger“ und Sprachrohre der Ideologie. Sie handeln nicht so, wie es ihnen selbst, ihrem Denken und Fühlen entspricht, wie sie es selbst verantworten können, sondern wie es ihnen die Ideologie oder ein imperatives Mandat sagt oder vorschreibt. Sie sind gleichsam amputierte Personen, ohne Kontakt zu ihrem wirklichen Fühlen und Denken.

Lehrer: „Ich habe mich in alles mögliche hineingestürzt: in Körpertraining, Kreativitätstraining und so. Ich wollte mit meinen Schwierigkeiten fertig werden und vorankommen. Aber es hat sich jetzt bis zu einem Punkt verschärft, wo ich nicht mehr kann. Wo ich mir überlege, was hat das alles noch für einen Sinn. Ich hab' den Eindruck, ich mach alles nur noch für mein Make-up. Und ich finde den Durchbruch nicht. Das ist wie vor einer Wand. Und ich komme auch gar nicht mehr in richtige Beziehungen zu anderen Menschen. Ich werde mit mir selbst immer unzufriedener. Es klingt sehr kitschig, aber ich möchte irgendwie glücklicher werden, einen Faden zu mir finden, der echt ist.“

Facharbeiter: „Mir ist immer wieder gesagt worden: ‚Paß auf! Du mußt Dich durchsetzen! Du mußt aufpassen, daß Dich die andern nicht ausnutzen! Die andern werden Dich über's Ohr hauen.‘ Das hat mir furchtbar zu schaffen gemacht. Ich konnte gar nicht mehr so sein, wie ich war.“

Manche Personen glauben, nach dem Bild leben zu müssen, das ihre Eltern oder Partner von ihnen haben. 25jähriger: „Ich hab' so'n Bild von mir, das sich meine Mutter von mir gemacht hat. Das ist der ruhige, solide und häusliche Sohn. Ich suche immer, dieses Bild zu leben. Wenn jetzt etwas kommt, das von diesem Bild abweicht, etwa zu verreisen, woanders zu schlafen oder mit andern zusammenzusein, dann hab' ich die Angst: Mensch, wie bringst du's ihr (der Mutter) bei? Wenn du das erst geschafft hättest! Und wenn ich es ihr sage, immer mit dem Ton der Entschuldigung: ‚Ist Dir das auch recht?‘ ‚Versteh das doch bitte!‘ Irgendwie kommt mir das aber komisch vor. Es hat sich eben so eingespielt. Wenn ich etwas tue, das nicht ihrem Bild entspricht, dann fühle ich mich sehr sehr belastet!“

▷ *Äußerungen oder Verhalten einer Person sind ohne Kontakt zu ihrem Fühlen oder gefühlten Einstellungen und Haltungen.* Beispiele:

Personen äußern sich bei einer Zusammenkunft, etwa auf einer Party oder in einer Pause im Lehrerzimmer, oberflächlich und unverbindlich, über das Wetter, über Politik, über andere Personen oder über sich selbst. Es sind Gedanken, die ihnen flüchtig kommen und die sie spielen lassen. Sie entsprechen nicht ihrem tieferen Fühlen und Denken. So äußern sie kurze Zeit später gegensätzliche Gedanken. Die Äußerungen sind nicht direkt unecht, sie sind häufig nicht gelogen. Aber diese Gedanken sagen nichts über die Person aus, sie sind leer, hohl, ohne Kontakt zu dem bedeutungsvollen Erleben einer Person. Derartige Gespräche bringen Menschen nicht einander näher. Viele erleben derartige Gespräche als unbefriedigend, als „verlorene Zeit“, als Belanglosigkeiten, die ihnen nichts geben. Nur wagen sie meist nicht, dies zu sagen. Und nehmen so sich selbst und anderen die Chance, zu befriedigenderen Gesprächen zu kommen.

Manche Lehrer und Hochschullehrer vertreten Theorien über Erziehung und Politik. Sie haben sie gelesen oder selbst konstruiert. Es sind zwar ihre Auffassungen und Theorien, aber sie stehen nicht voll mit ihrer Person dahinter. Sie leben diese Theorien und Auffassungen nicht etwa gegenüber ihren eigenen Kindern oder ihrem Ehepartner. Es sind intellektuelle Auffassungen, die sie sich angelernt oder ausgearbeitet haben. Sie betonen die Wichtigkeit derartiger Theorien und Auffassungen. Aber für ihr eigenes persönliches praktisches Leben waren und sind diese Theorien und Auffassungen nicht wichtig. Oft werden Schüler und Studenten gezwungen, derartige „freischwebende“ Theorien und Auffassungen für Prüfungen zu lernen. Dann lernen auch sie, sich wissenschaftliche Auffassungen anzueignen und sie mit dem Brustton der Überzeugung zu vertreten, obwohl diese für sie selbst keinerlei echte Bedeutung oder Wert haben; für ihr eigenes Leben nicht und auch nicht gegenüber anderen Personen. Manche dieser Studenten stellen Unwissenden gegenüber diese Theorien und Auffassungen als besonders bedeutsam heraus, weil sie sich dadurch als „Wissende“ erhöht fühlen. In Wirklichkeit ist dies ein unehrlicher, unproduktiver und sinnloser Kreislauf. Zehntausende beschäftigen sich intensiv mit Dingen, die, wenn sie aufrichtig wären, für sie ohne direkten Wert und gefühlte Bedeutung sind.

Manche Menschen leben nach Sprichwortweisheiten. Sie klopfen Sprüche oder benutzen Redensarten, etwa „Traue keinem“, „Das dicke Ende kommt nach“, „Ich hab's ja gesagt, das kann nur schief gehen“ usw. Sie leben und äußern sich ohne Kontakt zu ihren unmittelbaren Erfahrungen, Gefühlen und Wertungen.

▷ *Eine Person ist sich selbst gegenüber unehrlich und unaufrichtig, sie macht sich selbst etwas vor.* Sie sieht sich selbst anders, als es einem wesentlichen Teil ihrer Erfahrungen, gefühlsmäßigen Erlebnisse und Strebungen entspricht. Sie ist gegenüber ihrem Fühlen und Erleben wenig offen und setzt sich nicht damit auseinander. Oft ist auch ihr Selbstkonzept anders, als es den fortlaufenden Erfahrungen über ihre eigene Person entspricht. Dann werden diese Erfahrungen nicht wahrgenommen oder in anderer Bedeutung gesehen. Beispiele:

Eine Person redet sich ein, für eine Arbeit keine Zeit zu haben. Der wirkliche Grund ist ihr Gefühl der Unzulänglichkeit und Unsicherheit bei der Arbeit.

Manche Studenten machen sich selbst vor, Psychologie zu studieren, um werktätigen Menschen zu helfen. Sie verschweigen sich weitgehend selbst, daß sie vor allem durch das Studium Hilfe für ihre eigenen seelischen Schwierigkeiten erwarteten und es etwa auch des Prestiges und des Einkommens wegen wählten. Sie verschweigen sich auch selbst, daß sie wenig für ihren zukünftigen Beruf arbeiten und sich wenig hierfür qualifizieren. Auch manche Ärzte und Medizinstudenten geben vor, sie wählten aus altruistischen mitmenschlichen Gründen ihren Beruf. Während sie ihn auch wesentlich des guten Einkommens und des beruflichen Prestiges wegen wählten.

Manche Lehrer behaupten, sie könnten nicht richtig in Schulklassen unterrichten und erziehen: 30 Schüler seien für eine Klasse zu viel, sie selbst würden zu schlecht bezahlt und zu viele verhaltensgestörte Schüler seien in der Klasse. Sie verschweigen sich oft selbst, daß sie sich während ihres Studiums nicht intensiv in die Berufsausbildung engagiert haben, daß sie sich jetzt wenig fortbilden und daß sie wenig kreativ sind, ihren Unterricht förderlicher zu gestalten. Sie schieben äußere Gründe vor und suchen nicht entscheidend a u c h die Gründe in ihrer Person.

Eltern zwingen ihr Kind zur Höheren Schule mit der Begründung, sie wollten das Beste ihres Kindes. Aber des öfteren ist ihr wirklicher Grund die Furcht, sie würden vor Bekannten schlecht dastehen, wenn ihr Kind nicht auf ein Gymnasium geht und keinen akademischen Beruf erlernt.

Zur Ehrlichkeit sich selbst gegenüber äußert ein Klient: „Ich mag die Sache gar nicht weiter durchdenken und ausdenken, so schlimm finde ich das von mir. Alles was damit verbunden ist, habe ich immer als so schrecklich empfunden. Diesen Gedanken mag ich gar nicht zu Ende denken, mit diesem Gedanken mag ich mich gar nicht beschäftigen ... Ich habe nie gewußt, daß diese Neigung so stark in mir ist. Ich hab' mir ja immer was vorgemacht, habe diese Gefühle nicht hochkommen lassen. Jetzt, hier, merke ich, wie stark das doch in mir ist. Es macht mich sogar froh, das hier so zu fühlen. Auf der anderen Seite: Ich habe jetzt auch Angst und denke auch wieder: Das darf nicht sein."

▷ *Eine Person zeigt in ihren Äußerungen und/oder Handlungen deutliche Widersprüchlichkeiten, Unvereinbarkeiten.* Dies bedeutet häufig: Eine Person ist in geringem Ausmaß echt, sie hat geringe innere Übereinstimmung, ist wenig integriert und wenig in engem, aufrichtigem Kontakt zu ihrem Fühlen. Sie setzt sich wenig mit ihrem gefühlsmäßigen Erleben auseinander. Beispiele:

Manche Studenten engagieren sich gegen Ausbeutung der Arbeitskraft von Angestellten und Arbeitern, gegen ein Übergewicht materieller Gesichtspunkte im Leben und für soziale Gleichwertigkeit und Gerechtigkeit aller. Aber diese Lippenbekenntnisse stehen im Widerspruch zu ihren Handlungen: Sie nehmen Privilegien gern in Anspruch, arbeiten wenig und unregelmäßig, besuchen keine Seminare in den Morgenstunden, sind wenig engagiert in ihrer beruflichen Ausbildung, etwa als Psychologe oder Lehrer, um später den Werktätigen in qualifizierter Weise helfen zu können. Sie nehmen das Geld ihrer Eltern gern in Empfang und setzen sich dafür ein, daß sie später mit ihrer akademischen Ausbildung weitaus besser bezahlt werden als Angestellte ohne ein derartiges Studium. Obwohl die Steuerzahler wesentlich ihr Universitätsstudium bezahlt haben.

Manche Studierenden, Lehrer und Hochschullehrer reden häufig vom lebenslangen Lernen. Aber sie selbst lernen nach Abschluß ihres Studiums wenig und bilden sich wenig fort.

„Ich treffe dauernd auf himmelschreiende Widersprüche bei mir. Ich bilde mir nur ein, daß ich alles so wunderbar mache, daß alles so wunderbar ist, bei mir. Aber das stimmt nicht. In mir steckt eine unerhörte Portion Eitelkeit und Überheblichkeit."

Nähere Charakterisierung von Echtheit–Übereinstimmung–Aufrichtigkeit. Äußerungen, Handeln und Maßnahmen einer Person stimmen weitgehend mit dem überein, was sie fühlt und denkt. Sie entsprechen ihrem Fühlen, ihren Gedanken und ihren Einstellungen. Äußerungen und Handeln sind wirkliche Bereiche von ihr selbst. Die Person verstellt sich nicht, sie verleugnet nicht Teile von sich. Sie ist bereit, das zu sein und sich so zu verhalten, wie sie wirklich ist, ohne Maske, ohne Panzer. Sie lebt ohne Fassade. Sie lebt die Gefühle, die sie empfindet. Alle Aspekte der Person, die zutage treten, sind reale und nicht fassadenhafte Aspekte von ihr.

Wenn Handlungen, Äußerungen und Maßnahmen einer Person in Übereinstimmung mit ihrem Fühlen, Denken und ihren Haltungen stehen, dann hat sie meist kein professionelles Gehabe. Sie ist nicht konformistisch oder stereotyp in ihrem Verhalten und in ihren Äußerungen. Sie hat nichts Gewolltes, keine Schauspielerei, nichts Rollenhaftes. Sie äußert und verhält sich so, wie sie jeweils fühlt und denkt. Wenn sie gleichzeitig Respekt und Rücksicht auf die Gefühle anderer nimmt, dann ist sie für andere nicht destruktiv, sondern eher förderlich. Sie nimmt ihre Gefühle als ihre eigenen wahr, ihren Ärger etwa und projiziert diesen nicht auf andere. Sie unternimmt keine Anstrengung, anders zu sein, als sie ist. Sie versteckt sich nicht hinter einer Fassade, sondern spricht eher tief aus ihrem Innern heraus, in engem Kontakt zu ihrem Fühlen, ohne Ritualisierung, ohne Rollenverhalten. So gibt sie etwa keine Interessiertheit vor, wo sie nicht wirklich interessiert ist.

Zu deutlicher Echtheit einer Person können 2 Vorgänge hinzutreten: ▷ Offensein für das eigene Erleben und aktives Auseinandersetzen damit. ▷ Selbstöffnung–Durchsichtigkeit. – Hierdurch wird Echtheit gefördert und bereichert.

Offensein für das eigene gefühlsmäßige Erleben, enger Kontakt mit dem eigenen Fühlen und Auseinandersetzung damit. Eine derartige Person horcht in sich hinein auf ihr eigenes Fühlen und die gefühlten Bedeutungen. Sie sind in hohem Maße ihrem Bewußtsein zugänglich. Um so mehr sind ihre Äußerungen und Handlungen sowie Mimik und Gestik echt und übereinstimmend mit ihrem Erleben, gleichsam aus einem Guß. Auch unbewußt angenommenes Rollenverhalten, Amtsverhalten, professionelle Fassadenhaftigkeit und auch Wahrnehmungslernen von ungünstigem Verhalten werden erheblich eingeschränkt, wenn eine Person weitgehend offen ist für ihr jeweiliges Fühlen und Denken und sich damit aktiv auseinandersetzt. Eine solche Person ist in ihren verschiedenen Bereichen mehr integriert. Es ist schwerer möglich, daß sie sich heute wesentlich anders äußert, handelt, denkt und fühlt als morgen, nur weil sie sich mit ihrem Fühlen und Denken nicht hinreichend auseinandergesetzt hat und weil ihr die gefühlten Bedeutungen nicht hinreichend deutlich waren. Sie wird weniger von außen beeinflußbar sein, wenn es ihr nicht entspricht. Die einzelnen Bereiche ihres Handelns und Erlebens stimmen mehr miteinander überein.

Selbstöffnung und Durchsichtigkeit einer Person. Eine Person äußert vieles von dem, was sie innerlich fühlt und denkt. Sie ist so für andere gleichsam transparent, durchsichtig in ihrem Fühlen und Denken. Dies erweitert Echtheit. Denn bei Echtheit ist es nicht notwendig, daß eine Person vieles von dem sagt, was sie fühlt und denkt. Nur wenn sie etwas äußert oder wenn sie etwas tut, dann steht es bei Echtheit in Übereinstimmung mit ihrem Fühlen und Denken. So ist jemand echt, der bei einer an ihn gerichteten Frage sagt: „Ich möchte jetzt darüber nicht reden."

Aber auf einer hohen Stufe von Echtheit gibt sich eine Person in ihrem Fühlen und Denken und in ihren Erlebnissen weitgehend durchsichtig. Sie teilt so häufig einer anderen Person ihre persönlichen Gefühle und Gedanken mit, sie offenbart sich ihr. Hierdurch wird sie von anderen Personen als durchsichtig und in hohem Maße echt wahrgenommen. Andere Personen finden leichter Zugang zum Wesen dieser Person und wissen schneller, woran sie bei ihr sind.

Beispiele für Echtheit–Übereinstimmung–Aufrichtigkeit. Personen äußern sich und handeln, wie es ihrem Fühlen und Denken entspricht. Sie verstellen sich nicht. Sie geben Fehler oder Gegensätzlichkeiten bei sich selbst in freier Weise zu, ohne damit zu kokettieren. Auf einer höheren Stufe von Echtheit gebrauchen sie gleichsam ihr geäußertes Fühlen und Empfinden, um mit einer Person in tieferen Kontakt zu kommen oder um Differenzen zu klären.

Lehrer: „Ich komme seit Wochen sehr belastet in Eure Klasse. Diese feindselige Stimmung, die drückt mich nieder. Und ich wünsche mir häufig, ich könnte in einer anderen Klasse unterrichten."

Erzieherin: „Ich finde eines an der Sache so traurig, daß ich kein Stückchen, kein Staubstückchen davon erfahre, daß es Christina auf unserer Reise so schlecht gegangen ist und wann sie wiederkommt. Kein Zettel, kein Anruf, kein Garnichts. Darüber fühle ich mich wirklich unglücklich. Ich weiß nicht, was ich tun soll, wenn ich sowas nicht erfahre. Ich brauche jetzt wirklich Eure Hilfe."

Schülerin, 17 Jahre, über einen Lehrer: „Der P., der will nur immer, daß die Gesellschaft an allem schuld ist. Ich wußte genau, wenn ich ihm das nicht bringe, dann gibt er mir 'ne schlechte Note im Aufsatz. Und die Karen, die hat ihm das geschrieben, und die hat natürlich eine 1 bekommen. Aber mir ging das gegen den Strich. Was heißt Gesellschaft? Die Gesellschaft, das sind doch schließlich Menschen und die können doch etwas tun, etwa anderen helfen. Er will nur hören, daß der Staat an allem schuld ist. Auch daran, daß er nicht an einer Gesamtschule tätig ist, die er will und die er richtig findet. Ich habe ihn da gefragt: ‚Haben Sie's denn probiert, da hinzukommen? Haben Sie einen Antrag auf Versetzung gestellt?' Er mußte zugeben: Er hat's nicht probiert. Ich hab's ihm direkt ins Gesicht gesagt: ‚Das ist Ihr Problem, nicht das der Gesellschaft!' Aber keiner von den anderen in der Klasse ist mir beigestanden. Alle haben sie geschwiegen und mich im Stich gelassen. Egal, ich mußte ihm das mal sagen."

Lehrer: „Du hast recht, der Gedanke ist mir noch gar nicht gekommen." „Ich möchte mich nicht aufregen, wenn jemand von Euch etwas nicht kann. Ich möchte es gelassen hinnehmen können. Ich versuche es häufig. Es gelingt mir aber noch zu selten." „Ich mag und kann nicht bei Euch diese Polizisten- und Aufpasserrolle übernehmen. Ich fühle mich dadurch entwürdigt, ich hasse das." „Das hat mir geholfen, was Du neulich gesagt hast. Denn ich war ziemlich deprimiert über das Chaos in der Klasse."

Arbeiter am Arbeitsplatz zu einem Kollegen: „Jetzt, wo ich geschieden bin, da fühle ich mich doch verdammt allein."

Lehrer auf Elternabenden: „Manchmal bin ich sarkastisch. Das muß ich zugeben. Ich habe eine Tonaufnahme von mir gehört und war erstaunt, wie ich mich manchmal verhalte. Ich arbeite an mir. Ich will mich da ändern." Als ein Lehrer von Eltern und Schülern darauf angesprochen wird, daß er lieber Russisch als Englisch gäbe: „Da kann was Wahres dran sein, daß ich vielleicht mit mehr Wärme in die Russischstunde gehe." Schülerin, 13 Jahre: „Daß Sie das anödet, daß Sie so mit ernster Miene herangehen, weniger aktiv sind?" Lehrer, nachdenklich: „Doch, ja, da kann was Wahres dran sein ..."

Psychologischer Helfer: „... In die Gruppe, da bin ich ganz frei reingegangen. Ich habe mit den Menschen frei gesprochen. Ich habe viele Gespräche dort haben können und auch Dinge erfahren, von denen mancher Mitarbeiter vielleicht gar nichts gehört hätte. Weil ich mich eben austauschte. Sonst ist ja immer so 'ne Wand dazwischen."

Lehrer: „In Streßsituationen, da bin ich doch leicht geneigt, das alte Paukerverhalten an den Tag zu legen." „Die Klasse wird ja selber so aktiv, und sie sind so temperamentvoll, dann denke ich: ‚Mein Gott Leute, Ihr seid wirklich anstrengend!'"

Grundschullehrerin: „Ich hatte damals eine schreckliche Angst darum, mit dieser besseren Erziehung anzufangen, weil ich diese Art von Erziehung ja in der Praxis gar nicht kenne. Es ist wirklich ein merkwürdig eigener Weg, so eine Gratwanderung. Und ich meine dann immer wieder, Du stehst damit ziemlich alleine, sowas gibt es doch kaum noch. Ja, das Dasein ist hart, weil man damit alleine ist. Das muß man auch den jungen Studenten sagen: Wenn Ihr das in der Schule verwirklicht, dann seid Ihr alleine. Und die Kinder, die ich hier vor mir habe, die sind derart gleichberechtigt, daß das manchmal eine harte Situation ist. Das ist oft eine Anfechtung für mich, dem auch im eigenen Verhalten gerecht zu werden. Die Klassenatmosphäre ist ungeheuer offen. Für die Kinder ist sie angstfrei geworden. Ich kriege gesagt: ‚Das ist aber gemein, ungerecht oder so etwas von Ihnen. Wir fühlen uns gekränkt.' Oh, da wird kein Unterschied gemacht zwischen mir und den anderen. Es gehört so zum Stil, daß sie sagen, wie sie fühlen und denken. Aber ich darf auch sagen, wenn ich mich nicht so fühle, wie ich mich fühlen sollte und daß ich nicht immer ein Steh-auf-Männchen bin."

Student: „Da neulich in der Vollversammlung, es waren so etwa 300 da. Und vorne waren ein paar Macher, die haben das Ganze manipuliert. Das hatten die alles abgesprochen, alles war abgekartet. Und ich war so enttäuscht und ärgerlich und wütend. Aber niemand wagte, irgendwas zu sagen. Die kauten das alle in sich herunter. Aber dann stand ich auf und sagte: ‚Ich habe jetzt große Angst, meine Hände und auch meine Stimme zittern. Aber ich muß es Euch sagen: Ihr laßt hier Eure Reden über uns ab und denkt überhaupt nicht an uns. Und ich finde das Ganze hier so wenig menschlich, so gemacht, so voller Angst und Haß. So ist das auch oft in den Seminaren und im Institut.' Mir sind dann die Tränen gekommen. Aber hinterher war ich doch froh, daß ich es gesagt hatte. Und danach, danach wagten auch die andern, sich zu äußern. Sie kamen endlich mit dem raus, was sie wirklich dachten darüber."

Lehrer: „Ich bin heute zu niedergeschlagen, ich möchte am liebsten gehen." „Ich habe das nicht richtig verstanden." „Ich weiß es auch nicht." „Ich fühle mich in dieser Situation sehr unwohl." „Es geht mir heute nicht gut. Ich möchte Euch deshalb bitten, selbständig in Euern Gruppen zu arbeiten."

Ein Hochschullehrer zu einem Kollegen: „Als ich da neulich Ihre Untersuchung las, da dachte ich mir: Nach Ihrem Vortrag, bei der Diskussion, da zeig' ich es allen, was man da statistisch anders und besser hätte machen können. Ja, aber dann habe ich es nicht getan. Ich hab' Sie sogar unterstützt in der Diskussion. Warum? Ja, irgendwie wurde mir klar, ich wollte Sie nur zusammenhauen. Nicht wegen der Statistik. Sondern weil ich selbst solche sinnvollen, praktischen Untersuchungen nicht zustande bringen kann. Meine Statistik hilft mir nicht zu solchen Ideen. Und da dachte ich, dem will ich's zeigen, wie wichtig Statistik ist. Aber dann fühlte ich, daß es nur mein Neid auf Ihre Untersuchung war."

Bei Echtheit und Selbstöffnung teilen Personen anderen auch ihr positives Fühlen mit, wie Sympathie, Zärtlichkeit, Bewunderung, Freude, Erleichterung oder Entlastung bei Sorgen und Problemen. Lehrer und Erzieher: „Ich bin sehr froh, daß Du zurück bist." „Ich freue mich, daß Du mit uns kommen willst." „Ich hab' viel an Dich gedacht." „Ich bin erleichtert, daß alles gutgegangen ist." „Ich bewundere, wie Du das fertig bringst." „Ich bin gerne bei Euch." „Ich werde Euch vermissen, das merke ich jetzt schon." „Mir tut es gut, so mit Euch zu lachen." „Ich höre auch gerne nur mal zu." „Ich bin neugierig, wie das ausgeht." „Dieser alte Mensch rührt mich tief." „Ich finde das sehr erschütternd." „Ich hab' so Angst um Dich gehabt." „Ich mag Deine kleinen Hände." „Ich habe mich richtig auf Euch und dieses Seminar gefreut."

Echtheit–Übereinstimmung–Aufrichtigkeit eines psychologischen Helfers, Skala von Carkhuff (1969, S. 319). Sie wurde häufig eingesetzt zur Feststellung der Echtheit/Unechtheit von psychotherapeutischen Helfern, Beratern und Mitgliedern von Encountergruppen anhand von Tonaufnahmen. Die Skala kann bei der Verdeutlichung von Echtheit/Unechtheit hilfreich sein. Die Erweiterung des Personenkreises in der Skala ist von uns eingefügt. – Stufe 3, die Mittelstufe der Skala, haben wir aus Platzgründen fortgelassen.

Stufe 1: Eine Person (Lehrer, Erzieher, Politiker, Psychotherapeut, Jugendlicher) äußert sich deutlich ohne Beziehung zu dem, was sie im Augenblick fühlt. Sie ist etwa verteidigend in ihrer Begegnung mit dem Partner. Ihre Verteidigung äußert sich in dem Inhalt ihrer Worte oder in ihrer Stimme. In dieser Verteidigung gebraucht sie nicht ihre eigenen Empfindungen als Grundlage für mögliche wertvolle Beiträge in dem Beziehungsverhältnis. Insgesamt ist offensichtlich ein beträchtlicher Unterschied zwischen den jeweiligen Äußerungen dieser Person und ihrem inneren Erleben.

Stufe 2: Die Äußerungen einer Person sind teilweise nicht in einer Beziehung zu dem, was sie im Augenblick fühlt. Sie scheint nicht zu wissen, wie sie ihre negativen Reaktionen etwa konstruktiv in das Beziehungsverhältnis einbringen kann. Oder eine Person äußert sich gegenüber der anderen in einer berufsmäßigen Art und Weise, die ihr sonst nicht unmittelbar zu eigen ist. Ein Psychotherapeut, Lehrer oder Politiker reagiert in einer Art, „wie ein Psychotherapeut, Lehrer oder Politiker in dieser Situation reagieren sollte". Insgesamt äußert sich eine Person mehr in der Art, wie es ihrer (berufsmäßigen) Rolle entspricht als was sie als Person fühlt und meint.

Stufe 4: Eine Person zeigt der anderen, was sie selbst empfindet in einer Form, die nicht destruktiv auf den anderen wirkt. Ihre Äußerungen sind in Übereinstimmung mit ihren Gefühlen und Empfindungen, obwohl sie etwas zögernd ist, sie voll auszudrücken. Insgesamt äußert sich die Person mit vielen ihrer eigenen Empfindungen, und es ist unzweifelhaft, daß sie wirklich meint, was sie sagt.

Stufe 5: Eine Person ist frei und in tiefer Weise sie selbst in dem Beziehungsverhältnis zu dem anderen. Sie ist in ihrer Begegnung mit dem anderen offen und spontan für alle Erfahrungen, mögen sie angenehm oder unangenehm sein. Insgesamt ist die Person klar sie selbst. Sie versucht darüber hinaus, ihre eigenen echten Empfindungen so zu gebrauchen, daß sie einen konstruktiven Beitrag zu dem Beziehungsverhältnis zum anderen bringen.

Echtheit eines Lehrers gegenüber Schülern im Unterricht, Skala von Aspy (1972). Sie erwies sich ebenso wie die Überblicksskala von Seite 215 in Forschungsuntersuchungen als brauchbar. Beurteiler konnten mit den Skalen weitgehend übereinstimmend und konzeptgetreu Einschätzungen des Lehrerverhaltens aufgrund von Tonaufnahmen vornehmen. Die Beurteiler schätzten ein, in welchem Ausmaß sie eine Person in ihren Äußerungen und in ihrem Verhalten als echt oder unecht wahrnahmen. Bei Einschätzungen scheint uns die Feststellung vorrangig, ob und in welchem Ausmaß eine Person unecht ist. Denn Unechtheit ist für andere Personen und für die Person selbst destruktiv.

Stufe 1: Alle sprachlichen Äußerungen des Lehrers sind gekünstelt. Sie erscheinen mechanisch oder eingeübt.

Beispiele: ▷ Der Lehrer hört sich an wie ein „Schulmeister". ▷ Der Lehrer sagt langsam und/oder mechanisch: „Schlagt auf Seite 99 und fangt an, still für Euch zu lesen!"

Stufe 2: Die meisten sprachlichen Äußerungen des Lehrers sind gekünstelt, einige wenige sind jedoch einigermaßen spontan.

Beispiele: ▷ Der Lehrer hört sich meistens an wie ein „Schulmeister", gelegentlich jedoch wie in einer „ganz normalen" Unterhaltung. ▷ Der Lehrer sagt ziemlich langsam: „Schlagt auf Seite 99 und fangt an, still für Euch zu lesen!" Dabei zeigt er etwas, wenn auch nicht viel lebendige Anteilnahme und Spontaneität.

Stufe 3: Die sprachlichen Äußerungen des Lehrers sind etwa zur Hälfte gekünstelt, zur Hälfte spontan.

Beispiele: ▷ Der Lehrer hört sich teils an wie ein „Schulmeister", teils wie in einer „ganz normalen" Unterhaltung. ▷ Der Lehrer sagt: Laßt uns Seite 99 aufschlagen und mit Lesen anfangen!“ Dabei zeigt er weder wilde Begeisterung noch offensichtliche Teilnahmslosigkeit.

Stufe 4: Die meisten sprachlichen Äußerungen des Lehrers sind spontan, einige wenige sind jedoch gekünstelt.

Beispiele: ▷ Der Lehrer hört sich nur selten an wie ein „Schulmeister“, meist jedoch wie in einer „ganz normalen“ Unterhaltung. ▷ Der Lehrer sagt: „Tja, dann laßt uns doch mal Seite 99 aufschlagen! Möchte denn gern mal einer vorlesen?“

Stufe 5: Alle sprachlichen Äußerungen des Lehrers sind spontan. Sie wirken weder mechanisch noch eingeübt.

Beispiele: ▷ Der Lehrer hört sich immer so an wie in einer „ganz normalen“ Unterhaltung. ▷ Der Lehrer sagt: „Was möchtet Ihr heute lesen? Weiß jemand ’ne aufregende Geschichte?“

Echtheit und Fassadenhaftigkeit in Erlebnisbeschreibungen. Die folgenden Feststellungen stammen aus einer Untersuchung zur Charakterisierung von Echtheit und Unechtheit (Caspari u. Tausch, 1976). Bei mehreren hundert Personen ergab sich ein deutlicher Zusammenhang zwischen Unechtheit einer Person und neurotischen Beeinträchtigungen. Personen ohne Neurotizismus waren häufig echt–fassadenfrei.

Fassadenhaftigkeit–Unechtheit–Nichtübereinstimmung:
Ich lasse andere Leute meist nicht sehen, wie ich wirklich bin.
Ich verstecke mich hinter einer Fassade.
Ich neige dazu, vor anderen eine Rolle zu spielen oder eine Fassade zu errichten.
Ich bin ängstlich bemüht, mich anderen nicht so zu zeigen, wie ich wirklich bin.
Ich halte es für besser, mein Fühlen und Denken zu verbergen.
Eigentlich bin ich ein ganz anderer Mensch, als ich mich nach außen zeige.
Oft lasse ich von mir nur eine höfliche, freundliche Fassade sehen.
Ich sage oft etwas anderes, als ich denke und fühle.
Es kommt öfter vor, daß ich so tue, als ob ich jemanden mag, obwohl es eigentlich nicht stimmt.

Echtheit–Übereinstimmung–Aufrichtigkeit:
Ich mache keine Anstrengung, anders zu sein als ich bin.
Ich verhalte mich gegenüber anderen so, wie ich bin.
Wenn ich jemanden mag, so zeige ich es auch.
Ich versuche immer, ganz ich selbst zu sein.
Ich verstecke mich nicht hinter einer Fassade.
Ich zeige meine Unzulänglichkeit und zeige, daß ich eine Menge Fehler mache.
Ich zeige mich so, wie ich bin, oft ohne mich zu verteidigen und ohne Panzer.
Ich wage es, mich so zu geben wie ich bin.

Ausmaß von Fassadenhaftigkeit–Unechtheit. Aufgrund von vielfältigen Beobachtungen und einigen Untersuchungen halten wir die Annahme für berechtigt: Wahrscheinlich sind viele Personen in Schulen, Familien, Hochschulen, in öffentlichen Ämtern, in Politik, in Verwaltungsinstitutionen und Betrieben des öfteren fassadenhaft–unecht. Sehr viele Menschen zeigen sich während der Arbeit oder Freizeit, in Betrieben, Schulen und sonstigen Zusammenkünften nicht so, wie sie sind. Sie äußern nicht das, was sie fühlen. Sie verstellen sich. Millionen von Menschen sehen täglich mehrere Stunden im Fernsehen, wie sich dort Personen fassadenhaft, gestellt, gekünstelt verhalten. Selbst deren „spontanes“ Verhalten ist oft geplant, unnatürlich. Es gibt kein Versprechen, kein Husten, keine Pause der Besinnung. Ansager, Moderatoren, Mitwirkende sind häufig maskenhaft, sie haben eine Fassade. Hunderttausende von Studenten und Schülern sitzen in Seminaren und Klassenräumen, mit einer Fassade. Ihre Äußerungen sind ohne Kontakt zu ihrem Fühlen, oft mit einer Maske von Sicherheit, um Unsicherheit zu überdecken.

Bei einer Stichprobe amerikanischer und englischer Lehrer ergab sich mehr Unechtheit–Fassadenhaftigkeit als Echtheit (Skalenstufe 2.3 auf einer Skala von 1 bis 5; Aspy, 1972). Bei Stichproben von deutschen Lehrern zeigten sich ähnliche Befunde (Joost, 1976; Höder u. a., 1976). Denken wir etwa nur daran, daß Lehrer ebenso wie Professoren oder Eltern häufig nur in geringem Umfang oder gar nicht bereit sind, Kindern, Jugendlichen oder Studierenden gegenüber eigene Schwächen und Fehler einzugestehen und deren Hinweise auf Fehler zu akzeptieren. Denken wir daran, wie oft Erwachsene im Umgang mit Jugendlichen und Studenten, aber auch mit anderen Erwachsenen voller Verteidigungen sind, mit einem Panzer umgeben. Beeindruckend ist auch folgender Gesichtspunkt: Selbst wenn Lehrer des öfteren nicht direkt unecht sind, so äußern sie doch überwiegend nur, was sie wissen; und seltener, was sie denken; und sehr selten, was sie fühlen. Sie sind in ihrem Fühlen und persönlichen Denken für Schüler und Studenten wenig transparent.

Möglicherweise ist Fassenhaftigkeit bei Lehrern und Dozenten sogar im Anstieg begriffen. Denn viele Lehrende wissen, daß Geringschätzung–Kälte–Abweisung sowie Dirigierung pädagogisch ungünstig und destruktiv für Schüler und Studierende sind. Sie möchten sich wertschätzender, verständnisvoller und weniger lenkend verhalten. Aber sie können dies ohne entsprechende Haltungen nicht in Schulklassen und Seminaren leben. So schaffen sie nur eine oberflächliche, unechte Freundlichkeit und ein formelhaftes Verständnis des anderen. Wie uns Besucher von Schulen und Kindergärten sowie Schüler berichten, verändern manche Lehrer und Erzieher ihr Verhalten, wenn jemand von der Schulaufsicht oder ein anderer Erwachsener, z. B. Eltern und Kollegen, zugegen sind. 12jähriger: „Wenn da einer bei dem (Lehrer) mit drin ist, dann solltest Du mal sehen. Dann ist er scheißfreundlich zu uns. Er kann sich dann total verstellen. Aber wenn er wieder alleine mit uns ist, wie der dann herumfuhrwerkt!" So waren auch Richter mit anwesenden Schöffen und Beisitzern in öffentlichen Gerichtsverhandlungen achtungsvoller gegenüber Angeklagten als Einzelrichter ohne Schöffen und Beisitzer (A. Tausch u. Langer, 1971).

Vermutlich sind Personen aus der sog. Grundschicht weniger fassadenhaft. Personen aus der Oberschicht dagegen, etwa Akademiker, lernen häufig Fassadenhaftigkeit, etwa um Vorteile zu erlangen oder keine Nachteile zu erfahren. So äußerten Gefängnisinsassen der Grundschicht in Encountergruppen im Vergleich zu Richtern in größerem Ausmaß ihr Fühlen, traten zu anderen Mitgliedern in größere gefühlsmäßige Nähe und gaben an, seltener „ihre Gefühle zu verstecken" (Tausch u. a., 1975).

Auswirkung von Fassadenhaftigkeit einer Person auf die andere, z. B. auf Kinder und Jugendliche:

▷ Jugendliche lernen aufgrund der häufigen Wahrnehmung von unechtem, maskenhaftem Verhalten Erwachsener und anderer Jugendlicher, sich selbst ebenfalls eher anders zu äußern und zu verhalten als es ihrem Fühlen und Denken entspricht. Sie werden beeinflußt, eher Fassaden und Schutzwände zu errichten und Rollen zu spielen. Die Diskrepanz zwischen ihrem äußeren Verhalten und inneren Erleben nimmt zu.

▷ Häufig wahrgenommene und erfahrene Fassadenhaftigkeit beeinträchtigt das Offensein des Jugendlichen für seine eigenen inneren Erfahrungen, den Kontakt mit seinem Fühlen und die Auseinandersetzung mit dem gefühlten Erleben. Wenn ferner viele Situationen in der Schule unpersönlich und „sachlich" mit Berufsgehabe und Rollenverhalten der Lehrer sind, so wird die konstruktive Persönlichkeitsentwicklung und seelische Funktionsfähigkeit der Schüler kaum gefördert, sondern eher beeinträchtigt.

▷ Bei Fassadenhaftigkeit–Maskenhaftigkeit oder einem Verteidigungspanzer der Erwachsenen wissen die Jugendlichen nicht, woran sie bei ihnen sind. Sie können die fassadenhaften Reaktionen ihrer Erzieher wenig oder gar nicht verstehen. Die Person des Erziehers ist für sie nicht transparent. Sie erfahren Unsicherheit und innere Spannungen im Umgang mit ihm. Schüler lernen Lehrer weniger als Personen kennen, sondern eher als Amtsträger. Es kommt zu keiner tieferen menschlichen Begegnung und zu keiner tieferen persönlichen Aussprache zwischen Erziehern und Jugendlichen und der Jugendlichen untereinander. Jugendliche verspüren dann häufig ein Gefühl der „Isolierung". Es fehlt das Wichtigste im Erziehungs- und Unterrichtsprozeß: Die tiefe, echte zwischenmenschliche Begegnung. Diese kann durch keine Lernmaschine, kein Curriculum, nicht durch das beste Schulgebäude, die besten Lehrbücher oder Fernseheinrichtungen ersetzt werden. Wie soll sich eine Persönlichkeit entwickeln, die fortlaufend mit Erwachsenen konfrontiert wird, die überwiegend fassaden- oder rollenhaft sind, die überwiegend Amtspersonen darstellen und die nicht in tiefer übereinstimmender Weise sie selbst sind?

▷ Unechten–fassadenhaften Erwachsenen gegenüber werden sich Jugendliche selbst weniger transparent verhalten, ihr Fühlen und Denken ebenfalls mehr verbergen. Sie werden sich derartigen Personen wenig öffnen. Teilweise werden sie versuchen, die Erwachsenen ihrerseits durch Unechtheit und Fassadenhaftigkeit zu manipulieren. Daß Personen zu einer unechten Person keine gute Beziehung entwickeln können, demonstrieren folgende Äußerungen: „... Wissen Sie, was ich bei Peter einfach nicht abkann: Ich kann nicht ab bei Menschen, die so falsch sind." Jugendliche über Mitschüler: „Ich weiß nicht, die Renate, die ist mehr versteckt, sie erzählt so gar nicht mal irgend etwas von sich. Dagegen die Katrin, die ist so persönlicher, wie soll ich sagen, so menschlicher. Bei der weiß man, was sie fühlt." „Die Anneliese, die ist falsch wie die Nacht. Überall erzählt sie Dinge, die gar nicht wahr sind. Die hat gar keinen richtigen Kontakt zu den Menschen." „Der Dieter, der spricht mit 99 Zungen. Sowas mag ich nicht."

▷ Unechtheit des Erwachsenen macht seine etwaige Anteilnahme–Achtung und seine möglicherweise verständnisvollen Äußerungen unglaubwürdig. Die günstigen Auswirkungen von Achtung–Wärme sowie von tiefgreifendem Verstehen bleiben aus. Zum Teil wird bei unechtem Verhalten emotionale Zuwendung als bedrohend, verunsichernd und manipulierend empfunden.

Auswirkung von Echtheit einer Person auf andere. Bei gleichzeitiger Achtung sowie gewissem Verständnis nehmen wir folgende Vorgänge an:

▷ Kinder und Jugendliche lernen aufgrund der Wahrnehmung und der unmittelbaren Erfahrungen, selber echter zu sein, sie selbst zu sein oder zu werden. Sie nehmen weniger ein Rollen- und Fassadenverhalten an. Sie leben mehr im Kontakt mit ihrem Fühlen und aus ihrer Innenseite heraus, mit geringeren Spannungen und geringeren neurotischen Beeinträchtigungen, und mit größerer seelischer Funktionsfähigkeit. Bei ihnen werden tiefe und echte Reaktionen gefördert, vorausgesetzt, diese werden nicht bestraft. Sie kommen mit den verschiedensten Aspekten ihres Selbst fortlaufend in Kontakt. Sie lernen sich selbst besser kennen.

▷ Größere Echtheit, Selbstöffnung und Transparenz des Erziehers führt zu größerer Selbstöffnung bei jugendlichen Partnern. Versuchspersonen etwa, deren Versuchsleiter mehr selbstgeöffnet waren, verhielten sich offener und berichteten mehr von sich selbst als Personen von Versuchsleitern mit geringer Selbstöffnung (Jourard u. a., 1970; Vondracek u. Vondracek, 1971). Bemühungen, durch Tests etwas über die Persönlichkeit von Jugendlichen zu erfahren, werden weitgehend unnötig.

▷ Die Offenheit und aktive Auseinandersetzung einer Person mit ihrem eigenen gefühlten Erleben wird gefördert. Damit treten folgende Vorgänge ein: Verminderung von Konformismus, von opportunistischer Übernahme von Gedanken oder Verhalten anderer, von kritikloser Anpassung an Trends und Modeerscheinungen. Die Jugendlichen handeln bei Offensein für ihr Fühlen und Denken mehr so, wie es ihrem eigenen Empfinden und Fühlen entspricht, mit dem sie sich fortlaufend auseinandersetzen. Sie nutzen mehr ihr eigenes Fühlen und ihr persönliches Denken als Referenzen und Signale für ihre Handlungen und im Umgang mit anderen. Ihre Werte erwachsen ihrem eigenen Fühlen und Denken, und werden nicht konformistisch von anderen übernommen. Sie werden kaum „Träger“ von Ideologien und Ämtern sein.

▷ Bei echten, offenen Lehrern und Erziehern kommt es zu tieferen persönlichen Begegnungen zwischen Erwachsenen und Kindern–Jugendlichen. Es ist keine Begegnung der Jugendlichen nur mit Amtspersonen oder einem Schulbeamten. Der Lehrer ist keine sterile Röhre mehr, durch die bestimmtes Fachwissen geschoben wird. Der Lehrer ist dann eine lebende Person mit persönlichem Fühlen, persönlichen Erfahrungen, individuellen Wünschen und gefühlten Einstellungen. Lehrer und Schüler wenden sich mehr den wirklichen Problemen als Oberflächen- oder Scheinproblemen zu. Der Schüler kann sich zu einer konstruktiven Persönlichkeit entwickeln in tiefem Kontakt mit seinem Fühlen und seiner Person. Jugendlicher: „Und mein Wunsch ist, auch jemanden zu haben, der wirklich echt für mich da ist. Und wo ich wirklich zu Hause bin, und wo ich mich wirklich frei geben kann. Wo ich keine Maske und diese Rolle nicht nötig habe.“

▷ Jugendliche erhalten in größerem Ausmaß echte Rückmeldungen, insbesondere darüber, welches Fühlen sie in anderen Personen fördern, wie die anderen Personen sie wahrnehmen. Dozent zum Studenten: „Ich bin Ihnen sehr dankbar für den Beitrag, er hat mir einige Dinge klar gemacht, die ich bisher nicht deutlich gesehen habe.“ „Ich nehme Sie als sehr kalt und hart wahr. Und ich empfinde die Atmosphäre in diesem Seminar als sehr haßerfüllt.“ Kindergärtnerin zum Kind, von dem die anderen sagen, es sei immer so leicht wütend und schlägt dann um sich: „Ich bin erstaunt. Ich erlebe Dich auch ganz anders. Zu mir bist Du oft sehr hilfsbereit.“

▷ Bei Echtheit können sich Achtung–Wärme und tiefgreifendes nicht-wertendes Verstehen von Person zu Person voll konstruktiv auswirken. 70jährige über eine

20jährige, mit der sie einige Tage in einer Encountergruppe war: „Sie ist so einfühlend. Sie hat eine so angenehme Herzlichkeit. Ich empfinde sie als sehr echt, niemals irgendwie als gespielt."

▷ Der oft große Aufwand vieler Personen zur Verteidigung, für Prestige und für Fassaden wird im Zusammensein mit echten Personen weitgehend unnötig. Wieviel Apparate und Geld könnten etwa in der Universität eingespart werden, wenn Wissenschaftler echt und offen wären, wenn etwa ihre Forschung in die Sackgasse geraten ist. Wievieles in wissenschaftlichen Ausbildungsgängen dient letztlich nur dem Prestige, nur der Fassade. Wie oft wird in Gremien stundenlang geredet, weil die eigentlichen Interessen und Gefühle nicht offen ausgesprochen werden. Nach Auffassungen von Unternehmensberatern dienen ca. 50 % der Aktionen im mittleren und höheren Management der Abwehr von Intrigen und zur Verteidigung möglicher Angriffe. Welch unproduktive Vergeudung von Kraft und möglicher Produktivität!

▷ Echte–fassadenfreie Lehrer ohne Rollengehabe erleichtern das Lernen ihrer Schüler. Sie fördern kognitive Prozesse der Schüler wie Problemdenken und Urteilen, sie lösen positive Empfindungen bei ihren Schülern im Unterricht aus (Aspy, 1972; Höder u. a., 1976). Ferner: Natürlichkeit von Pastoren bei religiösen Fernsehsendungen förderte die Zustimmung und das Interesse der Zuschauer. Rollenverhalten und Aufdringlichkeit der Pastoren riefen eher Ablehnung hervor (Schwab u. Tausch, 1975).

Bedeutung und Auswirkung von Fassadenhaftigkeit einer Person für sie selbst. Folgendes ist gemäß Untersuchungen und Erfahrungen wahrscheinlich:

▷ Eine unechte Person erlebt viele innere Spannungen. Sie investiert viel seelische Energie, um ihre Fassaden und Verteidigungspanzer aufrechtzuerhalten. Eine unechte Person lebt und arbeitet gleichsam an zwei Fronten: An ihrer Fassade und ihrem Schutzpanzer nach außen und an ihrem inneren Erleben. Beides ist häufig deutlich unterschiedlich. „Wenn man ständig eine Rolle einnehmen muß, ständig aufpassen muß, kämpfen muß, das ist einfach zuviel für mich!" – Etwa 70 % der Personen mit deutlicher Fassadenhaftigkeit–Unechtheit (z. B. „Ich verhalte mich nach außen hin anders, als ich innerlich fühle und denke") waren erheblich neurotisch beeinträchtigt (Caspari u. Tausch, 1976). Häufig sind Personen durch diesen Energieaufwand und diesen Wechsel zwischen Fassade und innerem Erleben so verwirrt, daß sie kaum wissen, wer sie wirklich selbst sind. Sie sind sich selbst entfremdet.

▷ Unechte Personen leben in der Befürchtung, andere könnten ihre Fassade, ihre Verteidigungswand, ihren Panzer durchschauen und durchbrechen. Sie haben Angst, bloßgestellt und durch andere abgelehnt zu werden.

▷ Eine unechte Person wird durch ihre Fassade, ihre Schutzwand unbeweglich. Der Panzer „schützt" sie zwar vor andern. Aber zugleich engt er sie ein. Eine Person ist dann nicht mehr fähig zu einem spontanen, echten, ursprünglichen, unbekümmerten Verhalten. Nach einigen Jahren des Lebens in einem derartigen Schutzkäfig kann diese unechte Person häufig selbst nicht mehr diesen Schutzkäfig verlassen, also ihr Fühlen spüren und echt ausdrücken, auch wenn sie es wünscht. Diese Personen fühlen sich dann oft innerlich leer und tot. Sie spüren ihr Fühlen nicht mehr, sie können es nicht mehr durchlassen. Sie werden so z. B. leicht zugänglich für ideologische Heilslehren, die sie von außen ausfüllen und ihnen wieder etwas Bedeutung und Selbstwert geben.

▷ Eine unechte Person ist kaum zu einer tieferen, freien, menschlichen Begegnung mit anderen fähig. Häufig glaubt sie auch, daß sich andere ähnlich verhalten wie sie selbst, nämlich, daß sich andere ihr gegenüber verstellen. So ist sie voller Mißtrauen und Argwohn anderen gegenüber.

▷ Unechte Personen werden durch innere Spannung, Angst, Unsicherheit und ihre geminderte seelische Funktionsfähigkeit zu noch stärkerer Selbstkontrolle, stärkerem Energieaufwand und größerer Fassadenhaftigkeit veranlaßt. Hierdurch wird ihre psychische Funktionsfähigkeit weiter eingeschränkt.

▷ Unechte Personen mit derart geringer seelischer Funktionsfähigkeit, großer innerer Spannung und Unkenntnis ihrer wirklichen Person, ohne Kontakt zu ihrem Fühlen, stellen ein erhebliches Risiko für sich selbst und andere dar, sowohl im Familienleben als auch im öffentlichen politischen Leben. Unkontrollierte Reaktionen und unverständliche Handlungen werden sich des öfteren ereignen. Als innerlich leere Personen, die nicht auf ihr Fühlen zurückgreifen können, sind sie ferner leicht beeinflußbar, Träger von Ämtern zu sein, Träger von Ideologien. Sie werden leicht zu Rollenträgern, die „Systeme" als Heilslehre anpreisen, wie sie in Büchern stehen, ohne daß sie selbst persönliche Erfahrungen damit haben oder daß sie für gegenteilige Erfahrungen anderer offen sind. Sie machen sich wörtliche Äußerungen oder Sätze aus Büchern von Politikern zu eigen, sie leben nach Zitaten oder Sprüchen von Personen der Politik oder Wissenschaft.

Bedeutung und Auswirkung von Echtheit einer Person für sie selbst. Echte fassadenfreie Personen sind im allgemeinen offener für ihr inneres Erleben und seelisch erheblich funktionsfähiger. Einige Gesichtspunkte:

▷ Eine echte fassadenfreie Person verursacht sich selbst keine nennenswerten Spannungen. Sie benötigt keine Energien zur Aufrechterhaltung von Fassaden, Verteidigungen und Panzern. Sie führt keinen Kampf mit sich selbst, sie hat keine Angst, ob und wann ihre Verteidigung durchbrochen wird. Die Energien dieser Person sind frei für die vielen Möglichkeiten, die in ihr liegen, für das, was sie ist und was sie werden möchte. Sie benötigt keine Energien, keine Zeit und kein Nachdenken, wie sie sich noch besser in den Augen anderer darstellen und verstellen könnte oder wie sie die Meinung anderer günstig korrigieren könnte. Gabriele, Mitglied einer für das Fernsehen gefilmten Encountergruppe, auf die Frage, ob sie dabei nicht sehr gehemmt gewesen sei: „Nein, überhaupt nicht. Ich habe so geredet und das gesagt, was ich fühlte. Ich war nur ich selbst. Ja, wenn ich irgendein Gedicht hätte aufsagen müssen oder irgend etwas anderes hätte bringen müssen, dann wäre ich sehr aufgeregt und gehemmt gewesen... Aber hier brauchte ich nur ich selbst zu sein."

▷ Eine echte Person spürt ihr Fühlen und die gefühlten Bedeutungen voller und nimmt sie deutlicher wahr. Sie wehrt im Innern Erfahrungen nicht ab und verfälscht sie nach außen. Der Strom ihres Fühlens und Erlebens ist nicht beeinträchtigt, sondern fließt frei mit größerem Reichtum. Sie steht in fortlaufendem Kontakt mit ihrem gefühlten Erleben. Sie erhält mehr Informationen über Vorgänge in ihrem Organismus. Sie ist offen für ihr Fühlen und Erleben, im Gegensatz zu

Personen, die ihr Fühlen und Erleben mit Rigidität und starker Kontrolle abwehren und starr sind.

▷ Eine offene, fassadenfreie Person wird ihre verschiedenen Bereiche mehr mit ihrer Person integrieren, auch die ungünstigen Aspekte von sich. Sie hat so mehr Freiheit über ihr eigenes Handeln und wird nicht von unklaren Motiven oder Spannungen getrieben. Sie ist vertraut mit dem, was in ihr vorgeht. Häufig geschieht dies, indem sie in offener Weise über ihr Fühlen und ihre ungünstigen Bereiche spricht. So sagt eine Frau in einer Gruppe: „Fred ist mir so unsympathisch. Ich fühle mich so durch ihn gereizt! Wenn er jetzt hier wäre, ich könnte ihn schlagen, so widerlich ist er mir." Während dieses Fühlen von den übrigen Mitgliedern als gegeben akzeptiert wird und allmählich auch von ihr selber, während sie sich eingesteht, daß *sie* es ist, die derartig gereizt, unzufrieden und ärgerlich ist, sagt sie kürzere Zeit später: „Ich kann jetzt rübergehn und mit ihm sprechen, was zwischen uns beiden ist. Ich fühle mich jetzt freier, ich brauche ihn nicht mehr zu schlagen – ich glaub, ich könnte es auch gar nicht mehr." Eine offene echte Person drückt ihr tiefes Fühlen aus. Sie ist ehrlich auch sich selbst gegenüber, macht sich nichts vor. Sie akzeptiert Gegensätze in sich und gibt sie zu. Sie schafft somit die besten Bedingungen, diese Gegensätze in sich zu ändern.

▷ Eine echte offene Person gebraucht ihr eigenes Fühlen im Kontakt mit anderen in konstruktiver Weise. Nicht indem sie andere beschuldigt. Sondern indem sie ihr eigenes Fühlen dem anderen zum Ausdruck bringt, als i h r Gefühl. Lehrer: „Ich fühle mich hier sehr unwohl. Ich weiß nicht, aber mich belastet irgendwie diese Spannung hier." Dozent im Seminar: „Ich höre überhaupt nichts Persönliches von Dir. Ich höre nur aus Deinem Mund die politischen Parolen anderer und spüre den Haß, den Du auf Menschen hast." „Irgendwie habe ich Angst vor Dir. Ich habe Furcht, daß ich in Deiner Gegenwart nicht so sein kann, wie ich bin und wie ich sein möchte." Aber auch ihr befriedigendes Fühlen wird eine offene und freie Person ausdrücken: „Ich bin heute glücklicher in diesem Seminar, besonders nach diesen Spannungen am Anfang, die mich fast fertig gemacht haben." „Ich bin gern mit Euch zusammen. Und ich fühle, daß mir dieses Zusammensein mit Euch etwas bedeutet." Eine derartige Mitteilung des eigenen Fühlens mit Respekt für den andern scheint uns viel hilfreicher und humaner als die technischen Anwendungen von sog. negativen und positiven Verstärkern bei der Verhaltensmodifikation.

▷ Eine fassadenfreie Person ist flexibler, reaktionsfähiger, kreativer. Sie kann angemessenere Lösungen für eigene Probleme oder Probleme anderer finden. Sie braucht nicht große Teile ihres Erlebens zu unterdrücken. Sie ist nicht damit beschäftigt, ihr Fühlen abzuwehren und Fassaden nach außen aufzubauen. Vielmehr horcht sie tief in sich hinein: ‚Was tue ich?' ‚Warum mache ich das?' ‚Das hat sich nicht gut auf andere ausgewirkt und auch ich selbst habe ein ungutes Gefühl. Was muß ich tun, um mich hier besser zu fühlen?' So mag sich ein Lehrer etwa mit seinem eigenen Erleben in folgender Weise auseinandersetzen: ‚Nein, meine Unterrichtsstunden sind wirklich auch für mich unbefriedigend.' ‚Sind die Schüler wirklich zu dumm?' ‚Oder sind 30 Schüler zuviel in einer Klasse?' ‚Tue ich eigentlich genug?' ‚Bin ich nicht vielleicht zu unbefriedigt von meiner Arbeit, weil ich mich nicht genug dafür vorbereite?' ‚Was von mir macht eigentlich diesen Unterricht so langweilig?' ‚Wie kann ich es ändern?'

▷ Echte und fassadenfreie Personen sind sehr bedeutsam für das politische Leben. Sie sagen konkreter, was sie selbst fühlen und selbst denken. Sie vertreten nicht irgendeine Ideologie, die einzelne irgendwann einmal aufgestellt haben, ohne sie für sich selbst zu prüfen. Eine echte Person wird keine Reform um der Reform willen machen, um sich damit zu profilieren. Sie wird nicht Reformen und Maßnahmen starr aufrechterhalten, wenn sie sieht, daß sie sich ungünstig auswirken und voller Fehler sind. Eine echte fassadenfreie Person wird kaum ein fanatischer „Kämpfer" sein, verschlossen für ihr eigenes fortlaufendes Fühlen und eigenes Denken. Sie wird mehr ihre Reformideen und Ziele selber l e b e n. Sie wird nicht anfällig sein für demagogische Parolen und sich selbst nicht dadurch aufwerten, daß sie sich als „fortschrittlich" bezeichnet und andere als „reaktionär". Sie wird auch nicht zur schweigenden Mehrheit gehören, die sich die Parolen anderer anhört und dazu nichts zu äußern wagt. Sie wird ihr persönliches Fühlen und Denken mitteilen. Eine echte, fassadenfreie Person wird kaum konformistisch sein. Sie wird nicht Erklärungen einer Partei, einer Religionsinstitution oder staatlicher Instanzen übernehmen und als eigene ausgeben, wenn sie fühlt, daß diese ihrer Person nicht entsprechen. Sie wird kaum fähig sein und sich verweigern, andere zu drangsalieren, nur weil sie anderer Rasse sind oder eine andere politische, jedoch humane Auffassung haben. Sie wird kein „Träger" von Ämtern sein, von Ideologien, kein Rollenfunktionär. Sie wird Menschen und Ereignisse nicht pauschal schwarz oder weiß sehen, mit starren Vorurteilen. Sie wird vielmehr Personen und Ereignisse differenziert wahrnehmen. Sie wird offen sein für die Vorläufigkeit ihrer Auffassungen.

▷ Echte fassadenfreie Personen sind integrierter. Sie lassen die verschiedenartigen Aspekte ihrer eigenen Person – gleichsam Teile ihrer Rückseite – heraus und unterdrücken sie nicht. So können sie diese oft unerwünschten Aspekte bei sich selbst wahrnehmen, mehr akzeptieren und sich damit auseinandersetzen und sie ändern. Eine Studentin äußert sich selbstkritisch über ihr Verhalten gegenüber ihrem Ausbilder in der Schule: „Ich hab' mir da so etwas vorgemacht und hab' zu ihm gesagt: ‚Ihre Unterrichtsstunde war so gut!', aber in Wirklichkeit war die Stunde gar nicht gut. Er ist nicht wirklich interessiert an den Kindern. Und ich hab' ihm nach der Stunde gesagt, wie toll er war. Und wie er sich da gefreut hat und wie er sich geschmeichelt gefühlt hat. Aber hinterher hab' ich gedacht: Mensch, warum hast Du eigentlich so dick aufgetragen? Was war eigentlich in dir? Jetzt in diesem Augenblick, da kommt mir das so hoch. Ich kann da gar nicht mehr selber zu mir stehen, was ich da gesagt habe. Ich finde das ganz verrückt von mir. Ich habe eigentlich die Kinder verraten, und das war mies von mir."

▷ Echte fassadenfreie Personen sind deutlich seelisch funktionsfähiger und weniger neurotisch beeinträchtigt (Caspari u. Tausch, 1976). Ferner: Mitglieder von Encountergruppen, die gemäß Einschätzungen der Tonaufnahmen der Gespräche wirklich und ehrlich sie selbst waren und sich nicht verleugneten und bei den Problemen anderer mit größerer Selbstöffnung reagierten, erfuhren gemäß ihren eigenen Angaben während der Gespräche stärkere Hilfe durch gegenseitiges Helfen. Sie waren 6 Wochen später seelisch funktionsfähiger und deutlich in ihrem psychischen Befinden gebessert (A. Tausch u. a., 1975). Gewiß ist das Leben echter fassadenfreier Personen nicht bequem. Aber sie haben keinen nennenswerten Kampf mit sich selber, mit ihrer Fassade. Sie sind verwundbar, sie haben keinen

Panzer. Aber sie sind flexibel. Ihre Wunden können heilen. Sie werden von vielen echten Personen Beistand erhalten. Sie werden nicht ihr positives und negatives Fühlen unterdrücken oder in sich hineinfressen. Sie sind frei, ihr Fühlen zu akzeptieren, zu äußern und zu leben. Eine junge Frau berichtet in einer Encountergruppe, wie sie es fertigbrachte, ihrem Freund Klaus, der sich von ihr trennte, bei einer erneuten Zufallsbegegnung kein Theater mehr vorzuspielen und keine Fassade zu errichten. Ihm nicht mehr unterkühlt zu sagen: „Mir geht's gut!" „Klar, alles in Ordnung!" Vielmehr berichtete sie: „Neulich begegnete ich ihm wieder. Und ich konnte ich selber sein. Ich freute mich, als ich ihn sah. Und ich teilte ihm diese Freude mit. Ich mußte sie nicht mehr unterdrücken wie früher. Früher war ich traurig, verzweifelt und voller Angst, wenn ich ihn sah, weil ich dachte: Dich seh' ich nicht wieder, aber ich lieb Dich doch so sehr! Aber diesmal, ja, ich habe es bewältigt. Es war irgendwie so: Da bin ich jetzt, es war schön, ich stehe dazu, ich stehe zu meinem Gefühl, daß ich diesen Mann gern habe, auch wenn er mich nicht gern hat. Ich hab' jetzt auch keine Phasen mehr, wo ich so voller Haß bin. Das war so ein Ausbrechen aus der Verzweiflung. Also für mich war das eine unheimlich wichtige Erfahrung, daß ich voll ich selbst sein konnte."

▷ Echte Personen erfahren große Befriedigung in der Begegnung mit anderen echten Personen. Sie sind fähig zu schnellen, kurzen, befriedigenden, tiefen Kontakten. Sie können den Wert des Momentes mit verschiedensten Menschen voll fühlen und spüren. Sie benötigen nicht tagelange Anlaufzeiten und sind nicht erst zu tieferem Kontakt bereit, wenn die andere Person nicht mehr erreichbar ist. Sie werden auch von anderen echten Personen mehr Hilfe erfahren, sie können verstanden werden. Ein Student, der sich lange bemüht hatte, dem Dozenten darzulegen, was er alles an Arbeit geleistet habe, um dessen zunehmende Unzufriedenheit zu überspielen: „Um es ganz ehrlich zu sagen, ich konnte in den letzten 7 Wochen nicht arbeiten. Ich war völlig kaputt. Persönlich kaputt. Ich hatte Angst, es Ihnen zu erzählen. Und deswegen habe ich mich bemüht, möglichst viel Wind zu machen." Nun ist der Dozent nicht mehr mit den Gefühlen des Ärgers über diesen Wind beschäftigt. Sondern kann sich den realen Problemen zuwenden, nämlich was zu tun ist, um dem Studenten und seiner Person zu helfen. So wird der Student sich selbst eher in einer Richtung ändern können, wie er sie wünscht, mit der Hilfe einer anderen echten Person.

▷ Echte Personen werden sich auch über ihre Belastungen klar werden, die zum Teil durch ihre Echtheit entstehen oder auch durch die Unechtheit anderer Personen. Zwei Beispiele:

Lehrerin: „Was mich manchmal beunruhigt: Im Gegensatz zu meinen Kollegen gibt's bei mir nichts Statisches. Manchmal beängstigt mich das, weil ich – wissen Sie – wenn so 30 sprudelnde Kinder da sind, dann haben die ungeheuer viel Leben, Energie und Vorschläge in der Klasse. Manchmal ist es aufreibend, weil ich auch irgendwo möchte, daß das, was wir tun, für die Kinder auch einen roten Faden bildet ... Diese gemeinsame Arbeit im Unterricht ist wahnsinnig schwer ... Der fordert von einem selbst auch viel Konzentration, so daß ich manchmal denke: Ist das, was du tust, auch wirklich richtig? Fördert das die Kinder auch so, wie ich es mir wünsche?"

Ein amerikanischer Priester, Leiter einer großen Schule, schreibt uns: „Ich war traurig, als ich von Euren Schwierigkeiten hörte. Aber Eure Beschreibung der Ängste von Menschen trifft auch für das zu, was ich täglich erlebe: Menschen fürchten sich. Viele, mit denen ich zusammenlebe, sind einfach nicht offen. Sie lassen weder mich noch jemand anderen wissen, wie sie wirklich sind. Sie fühlen sich bedroht und verschließen sich noch mehr als vorher. Ich fühle mich fremd, und das ist schmerzlich. Ich denke, diejenigen, die frei sind, sie selbst zu sein, verschrecken manche, die noch nicht so sein können. Aber was immer es ist: Sie werden noch verschwiegener und verstecken sich, sie sind richtige Fassaden. Wenn ich versuche, sie zu ermutigen und mit ihnen zu sprechen, ernte ich oft zuerst nur Mißtrauen und Angst. Die Menschen müssen glauben, ich habe irgendeine geheime Absicht. Sie glauben wirklich nicht von sich selbst, daß sie gut, großartig und so reiche Persönlichkeiten sind. Deshalb denken sie, ich muß irgendwelche heimlichen Motive hinter meinen ermutigenden Aussagen haben. Und das ist so entmutigend für mich! Aber ich werde es weiterhin versuchen. Es wird eben nur langsam vorangehen . . ."

Kann sich Echtheit einer Person ungünstig auf andere auswirken? Unter folgenden Bedingungen wird Echtheit auch bei ungünstigen Empfindungen wie Ärger, Zorn oder Unlust nicht ungünstig für andere sein:

▷ Eine Person sieht ihr Fühlen und Wahrnehmen als *ihr* eigenes an, das *sie* besitzt und das *sie* in *sich* produziert: „*Ich* langweile mich hier." „*Ich* ärgere *mich* immer, wenn ich diesen schmutzigen Klassenraum betrete!" „*Ich* habe bald keine Lust mehr, jede Stunde neu Euch daran zu erinnern!" Destruktiv sind jedoch Äußerungen in Form von Urteilen, Vorwürfen und Anklagen, z. B. „*Ihr* benehmt Euch wie kleine Ferkel, die alles schmutzig machen!" „*Ihr* seid wirklich eine faule und freche Klasse!" „Ein verdammtes Volk seid *Ihr!*" 15jähriger zu seinen Eltern: „Was seid Ihr schon, *Ihr* seid ja nur Volksschüler!" Eine echte–offene Person äußert, was sie fühlt. Sie wälzt ihr Fühlen nicht auf andere ab, projiziert es nicht in andere hinein, sucht nicht den Grund für ihr Fühlen in der Beschuldigung, Verurteilung und Anklage anderer.

▷ Eine Person ist echt und offen bei gleichzeitiger Achtung–Rücksichtnahme für den andern, etwa: „Ich möchte nicht, daß Du Dich verletzt fühlst, wenn ich es Dir jetzt sage. Aber ich möchte es Dir nicht verheimlichen. Vielleicht kann es unsere Beziehung verbessern." Manche Personen werden erst allmählich in der Lage sein, sich so zu öffnen, daß der andere ihr Fühlen nicht als Mißachtung und Kränkung empfindet. Eine dritte Person mit Achtung–Anteilnahme und tiefgreifendem nicht-wertendem Verstehen kann hierbei sehr hilfreich sein. – Ein Hinweis, daß echte Personen andere weniger verurteilen und anklagen: 25 Lehrer mit größerer Echtheit – verglichen aufgrund der Tonaufnahmen mit 25 Lehrern von geringerer Echtheit – ermutigten ihre Schüler mehr, gaben ihnen mehr Anerkennung und kritisierten sie weniger. Ihre Schüler äußerten sich spontaner (Aspy, 1974).

▷ Eine echte–offene Person lebt neben ihrer Achtung–Rücksichtnahme ein gewisses Verstehen der inneren Welt des anderen. Nach Möglichkeit wählt sie eine Situation für den Ausdruck ihres Fühlens zu einem Konflikt, in der der andere sich nicht zusätzlich durch Umstände oder vergangene Erfahrungen beeinträchtigt oder belastet fühlt. Allerdings ist auch uns ein Verstehen der inneren Welt jener Personen häufig fast unmöglich gewesen, von denen wir uns angegriffen, beschimpft und gedemütigt gefühlt haben. Hier konnten wir meist nur unser Fühlen und Denken mit einer gewissen Rücksichtnahme auf die anderen Personen äußern und nicht noch verstehend auf sie eingehen. Auch hier kann die Anwesenheit einer förderlichen Person mit tiefgreifendem nicht-wertendem Verstehen für die Personen beider Seiten sehr hilfreich sein.

▷ Eine echte und offene Person mit gewissem Verständnis für den Partner vermeidet es, über Stunden, Wochen und Monate nichts von ihrem ungünstigen Fühlen zu äußern und plötzlich bei einer Gelegenheit gleichsam explosionsartig ihre angestaute Abneigung auszudrücken, zur völligen Überraschung für den anderen.

▷ Eine Person spricht aus verstehender Rücksichtnahme ihr vorübergehendes Fühlen von Ärger, Unlust oder Langeweile nicht aus, etwa wenn der Anlaß geringfügig ist, wenn es insbesondere durch sie selbst wesentlich mit verursacht wurde oder wenn sich durch das Aussprechen mehr Nachteile ergeben. Jemand kann dann etwa zu sich selbst sagen: ‚Im Augenblick ist das hier für mich schwer zu ertragen. Aber ich möchte Euch nicht beeinträchtigen. Ich hoffe, dieses Gefühl geht bei mir bald vorüber.' Zur verstehenden Rücksichtnahme gehört auch, daß eine Person sich intensiv bemüht, für sie unerfreuliche Situationen in Zukunft durch eigenes Bemühen zu ändern. Wenn eine Familie z. B. zu spät zum Zug aufbricht und als Folge davon verärgert und gereizt ist, kann sich diese Familie für die Zukunft vornehmen, früher aufzustehen, um diese Hetze und unnötige Gereiztheit zu vermeiden. Aus verstehender Rücksichtnahme folgt auch, daß sich eine Person nachträglich bei dem Partner entschuldigt, wenn sie ihn möglicherweise durch ihre Offenheit beeinträchtigt hat, oder daß sie nicht alles sagt, weil sie sich dabei wohler fühlt. Beispiele:

„Ich würde nie was sagen, wo ich weiß, das tut ihm weh. Das würde ich nicht sagen. Das tut mir dann schon weh, dann brauch' ich dem anderen nicht noch mehr Schmerz zufügen. Das kann ich nicht."

„Manchmal sage ich nicht, was ich denke. Meine Nachbarin, die borgt sich alles von mir. Wegen jeder Kleinigkeit kommt sie. Ich meine, ich geb' es ihr gerne, aber ich krieg's oft nicht zurück. Sie sagt ja, daß sie's mir zurückgibt. Aber nach einer Weile spricht sie nicht mehr davon. Aber ich denke dann immer noch daran. Aber dann sage ich mir: ‚Ich werde darüber hinwegkommen. Laß sie die Dinge behalten. Ich tu's ihrer 5 Kinder wegen, und denen will ich nicht wehtun!'"

▷ Gelegentlich fühlen sich manche Personen, etwa Lehrer im Kollegium, durch einen echten, fassadenfreien und offenen Kollegen bedroht. Sie spüren, daß die andere Person funktionsfähiger ist und in tiefer Weise freier lebt. Das verunsichert manche und läßt sie eher mißgünstig auf den anderen blicken, der ohne Fassade lebt. Wenn sie dann wenig offen für sich selbst sind, dann suchen diese Personen sog. weiche Stellen aggressiv bei dem anderen anzugehen, oder sie reagieren auf ihn voller Mißtrauen und Ablehnung. Wir haben dieses oft selbst schmerzlich erfahren müssen.

Wir hoffen, verdeutlicht zu haben: Echtheit, bei gleichzeitiger Achtung und verstehender Rücksichtnahme, unterscheidet sich wesentlich von hemmungsloser Äußerung negativer Gefühle, von Mißmut und Ablehnung, von Kritik, Anklagen, Anschuldigungen, ohne Rücksicht auf die andere Person und das, was im anderen bewirkt wird. Wir sehen dies als destruktiv in zwischenmenschlichen Beziehungen an. Abgesehen von einer gewissen augenblicklichen Entlastung für die eine Person werden die Beziehungen zwischen Personen wesentlich beeinträchtigt.

Folgende Bedingungen verhindern die Entwicklung von Echtheit einer Person:

▷ Kindern und Jugendlichen wird häufig nicht gestattet, in bestimmter Weise zu fühlen, z. B. traurig zu sein, Schmerzen zu erleben, Zärtlichkeit zu wünschen, zu weinen, sich zu ärgern. Erwachsene verbieten Kindern häufig ein derartiges

Fühlen. Oft erleben Personen in Familien, Schule oder Hochschule Nachteile, wenn sie eigenes Fühlen äußern, etwa: „Ich langweile mich hier!" „Ich will heute nichts essen!" „Es schmeckt mir nicht." So lernen sie allmählich auch die gefühlten Bereiche ihres Selbst zu verbergen und nicht mehr zu spüren. Aber dieses Fühlen, auch wenn es nicht geäußert oder gespürt wird, ist im Organismus vorhanden und wirkt sich aus. Erzieher dagegen denken häufig, das Verbot der Äußerung von bestimmten Gefühlen lösche diese aus. Sie empfinden oft den Ausdruck des Fühlens als Mißachtung ihrer Person oder fühlen sich bedroht.

Ein 4jähriger beugt sich in der U-Bahn tief in den Babywagen, um seine kleine Schwester zu küssen und zu streicheln. Mutter und Großmutter nacheinander zu dem Jungen: „Oh Thorsten, nicht so doll!", „Thorsten, nicht so doll drücken. Du siehst doch, es schläft!", „Du sollst das lassen!" „So, nun laß schon, wir müssen aussteigen." Sie zerren den Jungen vom Babywagen weg, schieben den Wagen an die Tür und sagen zweimal: „Thorsten, Du bleibst hinter uns stehen, bis der Zug hält, hörst Du?!" Für beide und für die Mitanwesenden hätte es befriedigender sein können, wenn die Mutter gesagt hätte: ‚Du findest unser Baby so süß. Ich bin auch glücklich, daß wir es haben.' oder: „Ich freue mich, daß Du es gern hast. Nur ich habe Angst, daß es aufwachen könnte und anfängt zu schreien. Achtest Du bitte darauf!'

▷ Viele Menschen verbergen aus Angst vor Tadel, Geringschätzung oder auch vor Benachteiligung ihr Fühlen und Denken. Etwa wenn sie schon häufig Geringschätzung erfahren haben, z. B. von ihren Erziehern in der Art: „Du hast alles mögliche, was Du nur konntest, falsch gemacht!" „Mensch, Du hast auch Ansichten!" Eine 40jährige berichtet von sich: „Ich denke, ich sage manches Mal was anderes, weil ich Angst habe. Ja, ich habe immer viel Angst. Weil ich zu Hause nie eine Meinung haben durfte. Und in der Klinik, wo ich arbeite, meine Oberschwester, die sagt immer: ‚Frau Weiß, nun sagen Sie's bitte! Ihnen tut hier keiner was!' Aber ich bin so schockiert, wenn die sagt: ‚Ach, Frau Weiß, ...' Da hab' ich sofort Angst und sag' mir: Hab' ich was Verkehrtes gemacht oder gesagt?"

▷ Insbesondere Menschen mit ungünstigem Selbstkonzept und geringer Selbstachtung haben Angst vor Zurückweisung, wenn sie sich offen und echt geben. Sie möchten nicht, daß andere sie so sehen, wie sie wirklich fühlen und sind. Sie fürchten, daß andere sie dann mißachten und geringschätzen könnten. Deswegen errichten sie häufig eine Fassade größerer Sicherheit und größeren Selbstwertes. Sie wollen sich nach außen hin günstiger darstellen. Sie bemühen sich, niemanden in sich hineinschauen zu lassen. „Wenn ich über mich nachdenke und zugebe, wie ich mich selbst sehe, dann ist das so schlimm. Und deshalb lasse ich mir von den anderen besser erst gar nicht in meine Karten gucken." „Ich kann mir nicht leisten, daß andere merken, wie es wirklich um mich steht." „Ich habe Angst, wenn andere wissen, wie ich wirklich bin, daß sie mich ablehnen und sich von mir abwenden." Studentin: „Diese wahnsinnige Angst: Wenn ich mich wirklich gebe, wie ich bin, wenn ich im Seminar sage, wie ich mich wirklich fühle, daß mich dann keiner versteht und mich alle ablehnen. Ich kann ja nicht von den Leuten hier verlangen, daß sie sich mit mir beschäftigen, statt fachliche Dinge zu diskutieren." Dies ist eine typische Situation für Tausende unserer Studenten an Hochschulen und in Seminaren. Sie bemühen sich intensiv, nichts von ihrer eigentlichen Person erkennen zu lassen und tragen eine Maske gespielter Gelassenheit zur Schau. Im Innern fürchten sie, keiner würde sie verstehen, sie würden abgelehnt. Dann aber sind unsere Seminare wirklich inhuman, wenn sie es Personen nicht gestatten, ihr Fühlen auf einer Basis von Person zu Person zu leben, Hilfe zu bekommen und Hilfe zu geben. Dann sind unsere Seminare eben nur Ausbildungsstätten, in denen irgendein Wissensstoff vom Kopf bis zum Hals bearbeitet wird.

▷ Manche Personen haben die Auffassung, sie müßten sich nach außen hin stark und unnahbar geben, sie müßten sich kontrollieren, „zusammennehmen", „Willen haben". Es gehöre zu einer entwickelten Person, nicht im Kontakt mit dem eigenen Fühlen zu leben. Das sei „schwach". So stellen sie sich als sicherer, angstfreier, intelligenter oder fleißiger dar. Sie verstecken ihr Fühlen vor anderen. Studentin: „In den Seminaren, da geben sich die Psychologie-Studenten alle ganz ‚cool', unnahbar und überlegen. Und wenn man dann mal irgend etwas von sich sagt, dann rätseln sie schon gleich dran rum, was das nun wieder bedeutet. Sie denken, das gehört zum Psychologenberuf dazu, überhaupt nicht mal mehr spontan zu sein und natürlich." – Viele Personen, die selbst wenig echt und offen sind, geben anderen den beeinträchtigenden Ratschlag, „man" könne sich das Offensein nicht leisten. 26jähriger: „Jetzt, da ich meinen Arbeitsplatz wechsele, sagte mein Abteilungsleiter: ‚Passen Sie auf, daß Sie nicht die gleichen Fehler machen, die Sie hier gemacht haben! Sie müssen immer ein Schlitzohr sein! Das wird von Ihnen erwartet. Sonst werden Sie nie weiterkommen.' Das hat mich zuerst sehr deprimiert, daß ich praktisch nicht so sein kann, wie ich möchte, so offen, hilfsbereit und so kollegial. Sondern immer so 'n Schlitzohr, egoistisch und so. Und ich dachte mir: Mensch, was ist das für eine Welt, in der du leben mußt." Jugendlicher: „Die haben mir gesagt: ‚Du bist viel zu offen zu den Menschen. Du darfst nicht immer das Gute im Menschen sehen. Du mußt auch bedenken, jeder ist sich selbst näher. Und Du traust den Menschen viel zu viel!', meinten die. Ich hab danach 'ne lange Zeit bei jedem Menschen immer gedacht: Wie gut ist der eigentlich, wieweit kannst du dem eigentlich trauen. Immer habe ich jedem Menschen gegenüber gleich Angst gehabt. Erst allmählich habe ich mich davon frei gemacht, und ich hab' gelernt: Wenn ich offen bin, gewiß, dann wird's nicht leichter, aber irgendwie komme ich dann besser mit den anderen klar."

▷ Unechtes Verhalten wird auch in Schulen gefördert. Etwa beim Gedicht Aufsagen wird von den Schülern ein gewisses Mitfühlen erwartet, häufig heucheln sie diese Gefühle. Schüler müssen in Aufsätzen Themen behandeln, zu denen sie keine eigenen Erfahrungen beitragen können oder bei denen sie ihr unmittelbares Fühlen und ihre Erfahrungen besser verschweigen und statt dessen die Stellungnahme des Lehrers oder der Schriftsteller bringen. Der Ausdruck ihres eigenen Fühlens und Denkens wird häufig als unzureichende Leistung angesehen.

▷ Aus Angst, den anderen zu verletzen, ihm etwas nicht zumuten zu können oder mit seinen unangenehmen Gefühlen konfrontiert zu werden, sind Personen des öfteren wenig echt und offen.

Claudia, 14 Jahre, die seit 14 Tagen einer Entscheidung über eine gemeinsame Reise ausweicht, am Telefon: „Ich rufe nur an, weil ich muß, ich hab' eigentlich noch keine Zeit gehabt, so richtig über die Reise nachzudenken."
Renate, 14jährig: „Gut, dann laß uns doch gleich jetzt miteinander besprechen. Vielleicht kann ich Dir helfen."
Claudia: „Mhm, ja, ich weiß nicht recht." (Langes Schweigen)
Renate: „Du Claudia, hast Du Angst, mir abzusagen?"
Claudia: „Mhm, ja, ich weiß nicht."

Renate am Ende des Gespräches: „Du bist Dir also ziemlich sicher, daß Du nicht mit willst?!"
Claudia: „Ja, ich mag Dir das nur nicht recht sagen."

▷ Weitere Gesichtspunkte: Wird Menschen während ihres Aufwachsens sehr häufig sehr vieles befohlen, werden sie gleichsam von anderen „gelebt", statt daß sie selbständig und verantwortlich handeln, dann werden sie oft weniger echt, übereinstimmend und fassadenfrei sein. – Menschen, die vorwiegend zentriert in Ideologien leben statt in ihrem eigenen Fühlen und Denken, werden weniger echt und fassadenfrei sein. – Je mehr die Schulen und Hochschulen die Heranwachsenden nur vom Kopf bis zum Hals gleichsam vollstopfen mit oft auswendig gelernten Inhalten und je weniger sie das Zusammen von Wissen und persönlich gefühlten Erfahrungen der Lernenden fördern, um so mehr wird es menschlich „verstopfte" Personen geben, die psychische Hilfe benötigen, deren Fühlen gleichsam amputiert ist. – Die Bevölkerung mancher Länder wird in ihrer Echtheit und Offenheit erheblich beeinträchtigt, weil der Ausdruck ihres eigenen persönlichen Fühlens verboten und bestraft wird. Dieses deutliche Kriterium für inhumane, diktatorische Machtausübung von Politikern begünstigt erheblich Unechtheit.

Förderung von Echtheit–Fassadenfreiheit–innerer Übereinstimmung. Wir möchten einige Möglichkeiten nennen:

▷ Häufig echtes–fassadenfreies Verhalten von Eltern, Lehrern, Ausbildern, Professoren und Mitmenschen, die mit Kindern, Jugendlichen oder Studierenden zusammenarbeiten oder leben. Wenn diese Personen sich so äußern und so handeln, wie sie fühlen und denken, mit Rücksichtnahme auf andere, wenn sie keine Show abziehen, ihre Unsicherheit nicht durch Überheblichkeit verdecken, kein perfektionistisches Rollengehabe zeigen und sich selber öffnen, dann nehmen ihre Partner echtes, fassadenfreies und innerlich übereinstimmendes Verhalten fortlaufend wahr und lernen es zu leben.

▷ Ein gutes Beziehungsverhältnis zwischen Erwachsenen und Jugendlichen, gekennzeichnet durch Achtung–Wärme, nicht-wertendes Verstehen sowie geringe Dirigierung, nimmt Jugendlichen die Angst vor Zurückweisung und Mißachtung, wenn sie sich öffnen und echt–fassadenfrei sind. In personenzentrierten Gesprächen und Encountergruppen werden diese hilfreichen Bedingungen gleichsam konzentriert gelebt. Sie fördern erheblich die Echtheit von Personen. So stellten sich ängstliche, psychoneurotische Schüler unverfälschter dar, nachdem sie 6–8 Einzelgespräche durch gesprächspsychotherapeutisch vorgebildete ältere Schüler erhalten hatten (Thiel, Steinbach u. Tausch, 1976). Mitglieder von 2½tägigen Encountergruppen waren gemäß den Tonaufnahmen der Gruppengespräche zunehmend echter, fühlten sich eher für ihre eigenen Probleme verantwortlich und begegneten anderen Gruppenmitgliedern weniger rollengemäß und mehr als unmittelbare, spontane Personen (A. Tausch u. a., 1975).

▷ Lehrer und Professoren gestatten und fördern in ihren Veranstaltungen den Ausdruck persönlichen Fühlens und Denkens der Schüler und Studierenden. Sie vermeiden ein ausschließliches Lernen nur vom Kopf bis zum Hals; sie fördern ein Lernen der gesamten Person. Sie fördern Echtheit, wenn sie das Fühlen der Teilnehmer, etwa deren Langeweile, Neugierde oder Unruhe akzeptieren können und sich hierdurch nicht angegriffen fühlen. Vielmehr sehen sie dies als Fühlen der Teilnehmer an. Lehrer und Hochschullehrer fördern ein personenzentriertes und kein systemzentriertes Verhalten ihrer Teilnehmer. Sie vermeiden weitgehend Frontalunterricht, die „Berieselung" der Lernenden, sie vermeiden eine Prediger- und Kämpferposition.

Wenn wir Erwachsenen diese förderlichen Möglichkeiten leben, so ereignet sich das in Jugendlichen, was eine 17jährige in einer gefilmten Encountergruppe von Carl Rogers so ausdrückte: „Man hat uns beigebracht, alle Gefühle zu verstecken, aus Furcht vor Zurückweisung. Die Gesellschaft hat uns beigebracht, Schutzwände um uns zu bauen. Nun beginnen wir, sie allmählich abzubauen. Das ist gut, man fühlt sich viel besser. Ganz deutlich fühle ich mich jetzt besser."

Sachlich oder personenzentriert? Wir möchten Ihnen hier einen ergänzenden Gesichtspunkt zur Echtheit mitteilen. In den letzten 15 Jahren beobachteten wir zunehmend häufiger bei Akademikern, Studenten, Politikern und Verwaltungsbeamten: Sie legen darauf Wert, sich in Äußerungen und Verhalten „objektiv" oder „rein sachlich" zu geben. Wir sehen darin häufig eine geringe Echtheit, eine geringe innere Übereinstimmung, ein Stück Fassadenhaftigkeit, etwas Aufgesetztes. Wir erleben oft, daß dies bei Personen mit einer Entfremdung, Distanz und geringem Kontakt zur eigenen Person – zum Selbst – verbunden ist und auch zur Distanz und verminderten Verständigung zu anderen Personen führt.

Unter „sachlich" wird im allgemeinen verstanden: Eine Person hält ihre persönlichen Gedanken und ihr Fühlen in Äußerungen und schriftlichen Stellungnahmen zurück, verschweigt oder versteckt diese. Sie äußert sich möglichst abstrakt und allgemeingültig. Der Eindruck von „Objektivität" wird angestrebt. Persönliches und „Subjektives" werden vermieden. Das eigene Fühlen etwa wird sachlich, allgemein und nicht personenzentriert formuliert: „Es war ein Ärgernis..." „Eine Freude war da..." „Es ist ein Sorgen..." Der Gebrauch des Wortes „man" oder „es" ist häufig.

Für den „sachlichen" Stil ist charakteristisch: Die Person sagt nicht, wer handelt, wer etwas fühlt, wer etwas wahrnimmt, wer etwas tun soll. Es ist ein unpersönlicher, der Person entfremdeter Stil. Der Hörer oder Leser erfährt nichts darüber, wer zu Schlüssen kam, wie der Redner oder Schreiber seine Erkenntnisse gewann, welche Bedeutung seine Äußerungen für ihn selbst haben. Persönliche Zielsetzungen werden verschwiegen. Oft werden sog. sachliche Argumente herausgestellt, so als ob es „objektive" Wahrheiten wären, so als ob es nur eine ‚Realität' gäbe. Häufig werden keine Alternativen gesehen oder angeboten. Die Personen verschweigen, daß es sich um ihre Realität handelt, die unterschiedlich ist von der anderer Menschen. Der Hörer oder Leser erfährt nichts über die Person, die die Stellungnahme abgibt. Nichts, aus welchem Fühlen und Denken sie erwuchs. Ein Zeichen dieses nicht-personenzentrierten Stils, dieser Amputiertheit der Personen von ihrem Fühlen und Denken ist ein abstrakter, schwer verständlicher und häufig verworrener Sprachstil. Die so redenden oder schreibenden Personen sind weder zentriert in ihrem eigenen Fühlen, Denken und Wahrnehmen, noch in dem Denken, Wahrnehmen, Fühlen und Lernen der angesprochenen Personen. Sie sind häufig zentriert in „sachlichen Gegebenheiten". Die Personen wirken distanziert wie Nachrichtensprecher oder Unbeteiligte. Selbst wenn sie gelegentlich ihre Wahrnehmungen, ihr Fühlen und ihr Empfinden äußern, wirken sie gleichsam unterkühlt. Sie vermeiden es auch häufig, ihr persönlich gefühlsmäßiges Beteiligtsein zu zeigen.

Warum geben sich Menschen „sachlich"? Einige Vermutungen: ▷ Ein „sachlicher" Stil wirkt in den Augen vieler Menschen überzeugender, „wissenschaftlicher", „objektiver", glaubwürdiger. Die Aussagen erscheinen gleichsam als Tatsachen, wie Feststellungen in der Technik oder Naturwissenschaft. Sie *sind* „richtig". Dieser Stil wird häufig auch in Universitäten und Schulen gefördert. ▷ Fühlen, persönliches Wahrnehmen und Denken sowie Äußerungen darüber werden als „subjektiv" angesehen. Und damit von geringerem Wert. Äußerungen des Fühlens schmälern die „Sachlichkeit". Die andere Person könnte erfahren: Das „Sachliche" ist in Wirklichkeit etwas Menschliches, nämlich Wahrnehmungen, Schlüsse und Empfindungen einer Person. Deshalb werden sie versteckt, sie werden nicht geäußert. Dabei hängen auch wissenschaftliche Forschungen, die Wahl des Gegenstandes und der Forschungsmethoden, die Bedeutung und Zielrichtung deutlich mit der Person des Forschers zusammen. Andere Forscher und somit andere Personen wählen andere Gebiete, Methoden oder kommen bei gleichen Methoden des öfteren zu anderen Ergebnissen. ▷ Persönliche Stellungnahmen abzugeben und Aussagen über die eigene Wahrnehmung von Bedeutungen und Werten zu machen, ist für manche Menschen schwierig oder gar bedrohlich. Sie müssen sich dann als Personen entscheiden und sich mit ihrem Fühlen, Erfahren und Denken auseinandersetzen.

Einige Auswirkungen von »sachlichen« Äußerungen und Verhalten: Wir vermuten folgendes: ▷ Der Leser, Hörer oder Empfänger erfährt keine persönliche Begegnung mit einer Person. Er kann nicht erkennen: Wer ist diese Person? Wie fühlt sie? Welche Bedeutung hat das Gesprochene oder ihr Verhalten für sie selbst? Welche Erfahrungen haben sie zu ihren Urteilen bewogen? ▷ Nach einem Vortrag oder Darlegungen in „sachlichem Stil" werden bei Diskussionen Äußerungen über das eigene Fühlen, Erfahren und persönliche Denken der Teilnehmer erheblich erschwert. Viele wagen nicht, gegen diese „sachlichen", „objektiven" Aussagen oder „Fakten" anzugehen. Sie haben Angst, sich mit ihren eigenen Äußerungen über das, was sie spüren, welche Bedeutungen sie sehen, lächerlich zu machen. Um die Äußerungen des Redners ablehnen zu können, wird ihnen ein „sachlicher Stil" abverlangt. Und viele Personen ohne Hochschulbildung beherrschen diesen nicht. Sie sind beeindruckt von dieser „Sachlichkeit" der anderen, von diesen ohne ein Fühlen vorgetragenen „messerscharfen" Äußerungen. Und es kommt ihnen kaum in den Sinn, an der Richtigkeit derartiger „sachlicher" Äußerungen zu zweifeln.

Dies mögen einige Gründe sein, warum in der Vergangenheit und Gegenwart politische Programme, Aussagen von Politikern, sog. wissenschaftliche „Erkenntnisse" von der Mehrheit der Bevölkerung des öfteren ungeprüft und kritiklos übernommen werden. Diese oft in unpersönlicher, sachlicher Form vorgetragenen politischen Programme und „Erkenntnisse" wurden und werden häufig von vielen Menschen als „sachlich", „objektiv" und damit als richtig angesehen. Viele Personen wagen nicht, ihre gefühlten Bedenken, auch etwa ihr Gefühl von Nichtverstehen und Verwirrung zu äußern. Dies mag mit erklären, warum in unserem Land während der vergangenen Diktatur so viele Äußerungen kritiklos übernommen wurden, etwa bestimmte Personen seien minderwertiger Rasse oder seien zu vernichten. Eine persönliche Begegnung mit diesen Personen, eine Konfrontation mit dem eigenen Fühlen und Empfinden wurde häufig vermieden. Die „objektiven Aussagen“ sollten nicht an dem eigenen Fühlen, Erfahren und Denken geprüft werden.

Was sind personenzentrierte Aussagen? Eine Person sieht ihre Äußerungen und ihr Verhalten als Ausdruck i h r e s Fühlens und Denkens ihrer Person an. Urteile und Wahrnehmungen sind i h r e Urteile und Wahrnehmungen. Die Person sagt etwa auch, was i h r eine Idee oder Sache bedeutet, wie i h r e Erfahrungen und i h r Fühlen hierzu sind. Sie offenbart i h r Denken und Fühlen, wenn sie etwas zu einer „Sache“ sagt. Sie sagt, für wen sie etwas von Bedeutung hält, wie sie selbst dazu steht, warum sie selbst etwas sagt und tut und welche Bedeutung sie für andere sieht. Dem Zuhörer oder Leser wird auch bei einer wissenschaftlichen Abhandlung offenbar, daß es sich um Auffassungen, Denken und Fühlen einer Person handelt. Und daß es gerechtfertigt und naheliegend ist, wenn er selbst einen anderen Eindruck, ein anderes Urteil oder andere Bedeutungen fühlt. Auch in der Wissenschaft haben verschiedene Forscher zu einer „Sache“ oft abweichende, sogar gegensätzliche Meinungen. Es ist wirklich transparent, wenn Urteile und Wertungen als persönliche Urteile und Wertungen einer Person gekennzeichnet sind und nicht als sachliche Gegebenheiten. Es gibt keine „objektiven Wahrheiten“. Es handelt sich um Wahrnehmungen und Urteile von Personen. Sie können gelegentlich Erscheinungen gut voraussagen. Und sie können in breiter Übereinstimmung zu anderen Personen stehen. Aber auch diese beiden Kriterien, zutreffende Voraussagen und Übereinstimmung mit anderen Menschen, sind keine Garantie für ihre „Richtigkeit“. – Wenn sich etwa Wissenschaftler personenzentriert in Seminaren, Vorlesungen oder Büchern äußern, so wird etwa offenbar, ob und welche praktischen Erfahrungen sie über ihr Gebiet haben. Wie oft schreiben Personen Bücher etwa über Psychotherapie, Unterricht oder Erziehung, ohne daß sie je intensiv mit ihrer eigenen Person in diese Geschehnisse verwickelt wurden und ausgedehnte Erfahrungen machten. Es sind Personen, die Bücher „über“ Dinge schreiben. Statt diese Vorgänge erfahren und gelebt zu haben, und sie dann in geordneter Form anderen mitzuteilen. Wieviele Seminare werden von Dozenten gehalten, ohne daß sie auf dem Gebiet tiefe persönliche Erfahrungen haben. Durch nicht-personenzentriertes Vorgehen, durch sog. „Sachlichkeit“ wird anderen wenig transparent, was oder wie wenig hinter den Äußerungen eines Dozenten steht. So werden viele Studenten jahrelang nur noch mit „Sachen“ konfrontiert. Obwohl sie in Wirklichkeit massiv mit persönlichen Auffassungen und Wertungen ihrer Lehrenden konfrontiert werden. Aber dies wird oft verschwiegen. Durch Unpersönlichkeit und „Sachlichkeit“, durch eine sachliche Fassade. Und dies ist verwirrend für Studierende.

Durch personenzentrierte Aussagen und auch Handlungen werden häufig Fehler vermieden. Und durch „sachliche“ Aussagen Fehler gemacht. Ein einfaches Beispiel: Jemand sieht die Sonne hinter einer Wolke verschwinden. Wenn er unpersönlich und gleichsam „sachlich“ sagt: „Die Sonne ist weg“, so ist dies fehlerhaft. Richtig ist die personenzentrierte Aussage: „Ich sehe die Sonne nicht mehr.“ Hierbei ist offengelassen, daß andere Personen von anderen Standpunkten die Sonne sehen können. Bei der „sachlichen“ Äußerung: „Das Seminar ist schlecht“ entsteht leicht der Eindruck von etwas „Objektivem“, weil es unpersönlich ist. Aber die Aussage ist häufig fehlerhaft, denn etwa nicht alle Personen erleben das Seminar so. Für angemessener halten wir personenzentrierte Aussagen wie „Ich langweile mich im

Seminar", „Ich glaube, das Seminar gibt mir nichts für meine spätere Berufstätigkeit, und das ärgert mich".

Dies waren einfache Beispiele für den Unterschied zwischen sachlich und personenzentriert und die entstehenden Nachteile. Auf fast allen Gebieten menschlicher Äußerungen ist dieser erhebliche Unterschied vorhanden. Wir können durch personenzentrierte Äußerungen viele Fehler vermeiden. Die sog. sachliche Äußerung „Sozialismus ist gut" oder „Sozialismus ist schlecht" ist weit weniger angemessen als die Äußerung: „Ich halte Sozialismus für gut" oder „Ich halte Sozialismus für schlecht". In einer Diskussion können so Personen ihre unterschiedlichen Wahrnehmungen, Empfindungen und Erfahrungen äußern und klären. Und sie arbeiten nicht an „objektiven Realitäten", wie etwas wirklich sei. Sondern sie arbeiten an dem, was ihren Äußerungen wirklich zugrunde liegt: An ihrem Fühlen, Denken und Empfinden. Diskussionen werden unserer Erfahrung nach erheblich sinnvoller und machen bessere Fortschritte, wenn Personen sich personenzentriert äußern.

Was personenzentrierte Äußerungen nicht sind: ▷ Es ist kein Erzählen von Anekdoten oder Scherzen, mit denen manche Vortragende aus ihren persönlichen Erinnerungen ihren Vortrag beleben. ▷ Es ist kein Erzählen persönlicher Erlebnisse, die mit dem eigentlichen Problem nicht in Zusammenhang stehen oder für den Vortragenden nicht bedeutsam sind. ▷ Es ist kein Freibrief für jemanden, sich über einen Bereich nicht hinreichend zu informieren, die Meinung anderer nicht einzuholen, sich für seinen Unterricht oder für seine Vorlesung nicht intensiv vorzubereiten. ▷ Es ist kein grünes Licht für Vorurteile, persönliche Willkür, Intrigen, „Gemauschele", für ein Handeln ausschließlich nach den eigenen Wünschen ohne Berücksichtigung des Fühlens und Denkens anderer. So ist nicht darunter zu verstehen, daß Personen etwa bei Beratungen über die Anstellung eines Mitarbeiters ihre persönlichen Interessen verschleiert durchbringen. Sondern wenn sie diese haben, so sprechen sie ihre Wünsche, Ängste und Befürchtungen aus. Sie setzen sich damit auseinander, etwa inwieweit hierdurch andere beeinträchtigt werden. So wird erst ein wirklich eher angemessenes Vorgehen möglich, da die eigenen persönlichen Wünsche und Motive offener zutage liegen und transparent sind. ▷ Es sind keine gelegentlichen „Wir"-Äußerungen von Autoren und Lehrern. Dies sind häufig eher unechte Aussagen. Denn es ist keine echte Gemeinsamkeit zwischen Autor und Leser, etwa wenn in Rechenbüchern oder Statistikbüchern steht: „Wenn wir die Summe aus dieser Zahl gebildet haben, dann brauchen wir sie nur mit der obenstehenden Zahl zu multiplizieren, und erhalten ganz einfach das Ergebnis."

Insgesamt halten wir es für sehr wichtig: Personen bringen in alltäglichen „Sachfragen", in wissenschaftlichen, politischen und wirtschaftlichen Fragen ihr persönliches Fühlen, Denken und Erfahren zum Ausdruck. Sie stellen ihre Äußerungen und Urteile als ihre persönlichen Vorgänge dar, mit der Wahrscheinlichkeit von Irrtümern und Fehlern, und zutreffend zunächst nur für sie selbst.

Fördernde nicht-dirigierende Einzeltätigkeiten

Wenn Erwachsene in der seelischen Welt ihrer jugendlichen Partner einfühlsam zentriert sind, wenn sie an ihrer seelischen Welt warm-sorgend anteilnehmen und wenn sie aufrichtig sich selbst und dem anderen gegenüber sind, dann beeinflußt dies tiefgreifend ihre sämtlichen Handlungen und Aktivitäten. Alles, was Lehrer oder Eltern im Zusammenleben mit jungen Menschen tun, wie sie handeln, ist dann beeinflußt von den Grundhaltungen Einfühlung, Wärme–Sorgen und Aufrichtigkeit. Derartige Handlungen sind der seelischen Welt der Jugendlichen weitgehend angemessen und selten beeinträchtigend.

Dieses Kapitel zeigt auch, daß Einfühlung, Achtung–Wärme und Aufrichtigkeit *nicht* Passivität und Gleichgültigkeit bedeuten.

Die günstigen Auswirkungen dieser fördernden nicht-dirigierenden Tätigkeiten von Erwachsenen werden durch zahlreiche Untersuchungsbefunde demonstriert.

Ferner haben wir einige förderliche nicht-dirigierende Tätigkeiten näher dargestellt: ▷ Ermöglichen von Kleingruppenarbeit im Unterricht ▷ Bemühen um verständlich gestaltete Wissensvermittlung ▷ Förderung des hilfreichen Zusammenlebens von Personen in einer „guten Gruppe“ ▷ Erleichterung des Lernens durch materielle und menschliche Lernhilfen ▷ Ermöglichen von Denkvorgängen im Unterricht ▷ Förderung eines günstigen Arbeitsverlaufes im Unterricht ▷ Bemühungen bei Interessengegensätzen und Konflikten.

Viele förderliche nicht-dirigierenden Tätigkeiten sind eine unerläßlich notwendige Bedingung dafür, daß Lehrern und Eltern ein Zusammenleben mit Jugendlichen gelingt, das charakterisiert ist durch die Grundwerte Selbstbestimmung, Achtung der Person, soziale Ordnung und Förderung der seelisch-körperlichen Leistungsfähigkeit.

Allgemeine Charakterisierung fördernder nicht-dirigierender Einzeltätigkeiten

Versteht eine Person die innere Welt eines anderen, nimmt sie daran warm und sorgend Anteil und setzt sie sich selbst echt und offen mit ihrem eigenen Erleben und der Situation auseinander, so ergeben sich für diese Person aus diesen gleichzeitig gelebten Haltungen im Zusammenleben mit anderen entsprechende Einzeltätigkeiten. Diese Tätigkeiten sind die natürliche Konsequenz der gleichzeitig gelebten Grundhaltung des einfühlenden Verstehens, der Achtung–Wärme sowie der Echtheit. Sie ergeben sich in der konkreten Begegnung von Person zu Person in den jeweiligen Lebenssituationen. Diese Tätigkeiten stimmen in ihrer Art und in ihrer Durchführung mit den 3 gelebten humanen Dimensionen überein, sie widersprechen diesen nicht. Sie sind Ausdruck dieses einfühlenden Verstehens des anderen, der Achtung–Wärme für ihn, der Echtheit zu ihm.

Diese Tätigkeiten ergeben sich für eine Person, wenn sie gleichzeitig verstehend, warm–anteilnehmend und echt ist und als so funktionierende Person einer anderen Person begegnet. Deshalb konnten wir die meisten dieser Tätigkeiten auch nicht bei den einzelnen Dimensionen darstellen. Sie sind die Folge und Konsequenz aller 3 gleichzeitig gelebten Dimensionen. Wir möchten dies an einfachen Beispielen demonstrieren:

Ein Autofahrer, der sich die seelische Situation anderer Verkehrsteilnehmer im Straßenverkehr vergegenwärtigt, der anteilnehmend und rücksichtsvoll gegenüber diesen Personen und deren Wunsch nach Unversehrtheit ist, der ferner echt und offen für sein eigenes Erleben ist, wird z. B. das Tempo an bestimmten gefährlichen Stellen vermindern, rechtzeitig von zu Hause wegfahren, um andere nicht durch seine Eile zu gefährden und sich selber nicht in Streß zu bringen. Er wird trotz seines Rechtes auf Vorfahrt an eine Straßenkreuzung vorsichtig heranfahren und sich vergegenwärtigen, daß manche Verkehrsteilnehmer Vorfahrtsschilder übersehen können. Er wird in der Nähe von Kindern besonders achtsam fahren. Er vergegenwärtigt sich, daß sie sich im Spiel häufig vergessen und auf die Straße laufen. Er achtet Kinder als Personen, die Rücksichtnahme und Sorge erfordern. Alle diese Tätigkeiten, einschließlich angemessener Wartung seines Autos sowie Vermeidung von Alkohol, ergeben sich aus den Haltungen der Respektierung anderer Personen, Verstehen ihrer seelischen Welt sowie aus der offenen Auseinandersetzung mit dem eigenen Erleben.

Verstehen Lehrer die innere Welt ihrer Schüler, stecken sie gleichsam häufig unter der Haut der Jugendlichen und sind sie ihnen voll Achtung und Sorge zugewandt sowie echt und offen für das eigene Erleben, so werden sie sich eher um eine Unterrichtsgestaltung bemühen, die den Bedürfnissen der Schüler angemessen ist. Sie werden sich z. B. um eine einfache und verständliche Ausdrucksweise bei der Informationsübermittlung bemühen. Sie werden den Frontalunterricht weitgehend vermeiden und den Schülern Kleingruppenarbeit ermöglichen. Sie werden zum Teil die Quelle der Langeweile der Schüler in sich selbst suchen und in gemeinsamer Aussprache mit Schülern Möglichkeiten der Änderungen schaffen.

Versteht ein Ehepartner die seelische Situation seines Ehepartners in einfühlender Weise, ist er ihm voller Achtung und Sorge zugewandt sowie echt und offen für sein eigenes Erleben, so wird er etwa in folgender Weise tätig werden: Er hilft im Haushalt mit, er betreut die Kinder, er stellt eigene ehrgeizige egozentrische Pläne zurück, er ermöglicht ihm, berufstätig zu sein und sich beruflich weiterzubilden, er fördert gemeinsamen Erlebnis- und Erfahrungsreichtum sowie seine Persönlichkeitsentwicklung, etwa durch anregende Umweltkontakte mit anderen Personen, Reisen, Bücher u. a. Er informiert sich und den Partner über gesundheitsschädliches Konsumverhalten, wichtige medizinische Vorsorgeuntersuchungen u. a.

Zusammengefaßte Charakteristika fördernder nicht-dirigierender Tätigkeiten von Person zu Person. ▷ Diese Tätigkeiten einer Person sind die Folge ihrer gleichzeitigen Haltung von einfühlendem Verstehen, von Achtung–Wärme sowie von Echtheit und stehen in Übereinstimmung mit diesen. Lebt eine Person diese

3 komplexen Haltungen und Aktivitäten, dann ist im allgemeinen jede ihrer weiteren Einzelaktivitäten gegenüber anderen nicht-dirigierend und förderlich für andere. ▷ Diese Tätigkeiten ermöglichen die Förderung bedeutsamer seelischer Grundvorgänge und der konstruktiven Persönlichkeitsentwicklung beim anderen und zum Teil bei der ausübenden Person selbst, so Selbstachtung, Offensein für das eigene Erleben und Auseinandersetzung damit, günstiges Wahrnehmungslernen. ▷ Diese Tätigkeiten entsprechen den 4 psychosozialen Lebenswerten Selbstbestimmung, Achtung der Person, soziale Ordnung sowie seelische und körperliche Funktionsfähigkeit. Entsprechend dem Lebenswert Selbstbestimmung zum Beispiel kann sich die andere Person weitgehend frei fühlen, diese angebotenen Tätigkeiten und Aktivitäten anzunehmen, mitzumachen oder sie abzulehnen. So stand fördernde nicht-dirigierende Aktivität von Lehrern im Unterricht und von Eltern in gegensätzlichem Zusammenhang mit ihrer Dirigierung–Lenkung, jedoch in positivem Zusammenhang mit Achtung–Wärme, Verstehen sowie Echtheit (Höder u. a., 1976; Joost, 1976; Klyne, 1976; Tönnies u. Tausch, 1976). ▷ Die fördernden nicht-dirigierenden Tätigkeiten sind sozial reversibel. Das heißt: Kinder und Jugendliche können in ähnlicher Weise gegenüber Erwachsenen aktiv werden, ohne gegen die Achtung der Person von Erwachsenen zu verstoßen. Im Gegenteil: Derartige Aktivitäten der jugendlichen Partner sind erwünscht und fördern bedeutsam die seelischen Grundvorgänge bei den Erwachsenen. ▷ Diese Tätigkeiten sind Aktivitäten *für* jemanden und mit ihm zusammen, nicht gegen ihn. Es besteht zustimmende Übereinstimmung über den positiven Wert dieser Tätigkeiten zwischen Erwachsenen und Jugendlichen. ▷ Diese Tätigkeiten fördern das zwischenmenschliche Beziehungsverhältnis. ▷ Diese Tätigkeiten erleichtern und fördern das selbstandige selbstverantwortliche Lernen. Sie setzen selbstbestimmte Tätigkeiten und Kreativität bei anderen frei. ▷ Diese Tätigkeiten sind häufig auch für die ausführende Person förderlich.

Warum eine gesonderte Darstellung dieser fördernden nicht-dirigierenden Tätigkeiten? Denn eigentlich brauchten wir diese Tätigkeiten nicht im einzelnen aufzuführen. Sie sind in der jeweiligen Situation die Folge von gelebter Achtung–Wärme, Echtheit sowie einfühlendem Verstehen in die innere Welt des Partners. Personen mit diesen Haltungen werden häufig wissen oder „spüren", in welcher Weise sie gegenüber anderen tätig werden. Jedoch: Manche Lehrer und Erzieher werden erst allmählich im Laufe von Monaten und Jahren in zwischenmenschlichen Beziehungen mehr einfühlendes Verstehen, mehr Achtung–Wärme und Echtheit leben können. Dies wird erschwert, wenn sie nicht durch Einzeltätigkeiten, Handlungen und Einzelmaßnahmen ebenfalls günstige Bedingungen für Kinder–Jugendliche schaffen. Für diese Personen mag es hilfreich sein, einige konkrete Einzeltätigkeiten und Maßnahmen in den verschiedenen Situationen des Erziehungsalltags zu kennen, die für die Persönlichkeitsentwicklung von Kindern und Jugendlichen notwendig und hilfreich sind. Die konstruktiven Auswirkungen dieser Tätigkeiten sind allerdings eingeschränkt, wenn Lehrer und Erzieher nicht den diesen Tätigkeiten entsprechenden humanen Haltungen zustimmen und sie leben. Ihnen wird dann häufig der Mut und die Motivation zu diesen Tätigkeiten fehlen. Fühlen Lehrer und Erzieher nicht innerlich die Notwendigkeit dieser Aktivitäten und wenden sie sie gleichsam nur schematisch an, werden sie und ihre Jugendlichen nicht die Kraft erfahren, die in dieser Art des gemeinsamen Tätigseins auf der Basis von gegenseitigem Verstehen, gegenseitiger Achtung–Wärme, gegenseitigem Echtsein steckt.

Ein weiterer Grund, diese Tätigkeiten gesondert darzustellen, ist: Das befriedigende Zusammenleben von Personen in Familien, Schulen und Beruf wird heute noch deutlich von Dirigierung–Lenkung in Form von häufigen Anordnungen, Befehlen und Kontrollen beeinträchtigt. Manche Erwachsene denken, um diesen Mißstand zu beheben, sei es allein notwendig, Kinder, Jugendliche und andere Personen weniger zu dirigieren und sich selbst mehr zurückzuziehen und passiv zu verhalten. Sie machen häufig jedoch die deprimierende Erfahrung: Die Verminderung ihrer Dirigierung sowie ihre Passivität sind keine hinreichend förderlichen Bedingungen für die konstruktive Persönlichkeitsentwicklung ihrer Partner und für ein befriedigendes Zusammenleben mit ihnen. Das ist auch unsere Erfahrung und ergibt sich aus Untersuchungsbefunden: Eine Vielzahl von fördernden nicht-dirigierenden Tätigkeiten wird notwendig. Diese Tätigkeiten sind deutlich unterschiedlich von dirigierenden, lenkenden Maßnahmen. Aber auch von Passivität. Je mehr jedoch Lehrer und Eltern für ihre Kinder und Jugendlichen nicht-dirigierend und fördernd tätig sind, um so weniger werden sie es notwendig finden, Kinder, Jugendliche und auch andere Personen häufig und fortwährend zu dirigieren, zu kommandieren und zu kontrollieren.

Sind fördernde nicht-dirigierende Tätigkeiten von Erziehern nicht auch eine Beeinflussung von Kindern und Jugendlichen? Jeder Kontakt zwischen Erwachsenen und Kindern–Jugendlichen ist eine Beeinflussung. Selbst wenn Eltern oder Lehrer in bestimmten Situationen gegenüber Kindern–Jugendlichen nichts unternehmen: Sie beeinflussen damit deren Verhalten. Jugendliche werden sie dann etwa als gleichgültige, passive Personen wahrnehmen, etwa dieses Verhalten von ihnen lernen und mehr so handeln.

Entscheidend ist jedoch: ▷ Welche Vorgänge bei Kindern–Jugendlichen beeinflussen die Erwachsenen? Fördern sie Selbstbestimmung, selbstverantwortliches Lernen und Selbstachtung? Oder fördern sie konformistisches Denken und Ausrichtung des Verhaltens von Kindern–Jugendlichen nach ihren Befehlen, Kommandos und Kontrollen? ▷ Wie beeinflussen sie die Jugendlichen? Durch Anbieten von Bedingungen mit der freien Entscheidung für Kinder und Jugendliche, diese abzulehnen oder anzunehmen? Unter Verzicht auf jegliche Manipulation, mit eigener Offenheit und Fassadenfreiheit gegenüber Kindern und Jugendlichen? Oder durch Dirigierungen, Befehle, Kommandos, Drohungen, Gewalt, versteckte Manipulation? ▷ Inwieweit stimmen ihre Beeinflussungen überein mit dem einfühlenden Verstehen in die innere Welt von Kindern–Jugendlichen und mit respektvoller, warmer Anteilnahme daran?

Die deutlichen Unterschiede zwischen einer Beeinflussung durch Dirigierung–Lenkung und durch fördernde nicht-dirigierende Tätigkeiten demonstrieren Untersuchungsbefunde: Lehrer und Eltern mit starker Dirigierung–Lenkung waren wenig nicht-dirigierend fördernd gegenüber Jugendlichen tätig; sie waren zugleich wenig einfühlend verstehend und achtungsvoll–warm. Lehrer dagegen mit häufig fördernden nicht-dirigierenden Tätigkeiten waren deutlich mehr verstehend, achtungsvoll–warm sowie echt; sie waren in erheblich geringerem Ausmaß dirigierend–lenkend (z. B. Höder u. a., 1976; Joost, 1976; Klyne, 1976; Tönnies u. Tausch, 1976).

Allgemeine Überblicks- und Einschätzungsskala für fördernde nicht-dirigierende Tätigkeiten von Person zu Person. Diese Skala kann auch benutzt werden zur Einschätzung von Lehrern, Eltern und Erziehern in Praxis sowie Forschung.

Fördernde nicht-dirigierende Tätigkeiten von Person zu Person

Keine fördernden nicht-dirigierenden Tätigkeiten	Viele fördernde nicht-dirigierende Tätigkeiten
• dem anderen keine Angebote machen, ihm keine Anregungen geben, keine Alternativen vorschlagen, ihm keine informierenden Hinweise geben	• dem anderen Angebote machen, ihm Anregungen geben, ihm Alternativen vorschlagen, ihm informierende Hinweise geben
• für den anderen keine Materialien und menschlichen Hilfsquellen ausfindig machen, sich für ihn nicht einsetzen, sich für ihn nicht verfügbar halten	• für den anderen Materialien (z. B. verständliche Texte) und menschliche Hilfsquellen (z. B. Tutoren) ausfindig machen, sich für ihn verfügbar halten (z. B. für Gespräche)
• dem anderen keine Rückmeldungen geben, ihm keine klärenden Konfrontationen ermöglichen, mit ihm keine Vereinbarungen, Absprachen, Regelungen treffen	• dem anderen Rückmeldungen geben, ihm klärende Konfrontationen ermöglichen, mit ihm Vereinbarungen, Absprachen, Regelungen treffen
• dem anderen keine fördernden Bedingungen durch Vorleben gewähren für ein günstiges Selbstkonzept, für Selbstachtung, für die psychosozialen Lebenswerte und für die 3 humanen zwischenmenschlichen Dimensionen	• dem anderen durch Vorleben fördernde Bedingungen gewähren für ein günstiges Selbstkonzept, für Selbstachtung, für die psychosozialen Lebenswerte und für die 3 humanen zwischenmenschlichen Haltungen
• mit dem anderen nicht mitlernen, mit ihm keine fördernde Lernumwelt schaffen, mit ihm keine gemeinsamen Aktivitäten ausüben, mit ihm keine erleben-aktivierenden gemeinsamen Ereignisse suchen	• mit dem anderen mitlernen, eine gemeinsame förderliche Lernumwelt schaffen, mit ihm gemeinsame Aktivitäten ausüben, mit ihm gemeinsame gefühlsmäßig bereichernde Erlebnisse haben
• dem anderen erschweren, selbst fördernde nicht-dirigierende Tätigkeiten gegenüber Mitmenschen, die Grundwerte und die humanen Verhaltensdimensionen zu leben und diese in Mitmenschen zu fördern	• dem anderen erleichtern, selbst für seine Mitmenschen fördernd und nicht-dirigierend tätig zu sein, selbst die Grundwerte und die humanen Verhaltensdimensionen zu leben und in Mitmenschen zu fördern
• insgesamt: Die Tätigkeiten und Aktivitäten sind nicht in Übereinstimmung mit einfühlendem Verstehen, Achtung–Wärme und Echtheit.	• insgesamt: Die Tätigkeiten und Aktivitäten stimmen überein oder entsprechen dem einfühlenden Verstehen, der Achtung sowie Echtheit; sie widersprechen diesen Haltungen nicht.

Keine fördernden nicht-dirigierenden Tätigkeiten	1	2	3	4	5	Viele fördernde nicht-dirigierende Tätigkeiten *)

*) Stufe 1 = keine fördernden nicht-dirigierenden Tätigkeiten
Stufe 3 = mäßig fördernde nicht-dirigierende Tätigkeiten
Stufe 5 = viele fördernde nicht-dirigierende Tätigkeiten

Beispiele für fördernde nicht-dirigierende Tätigkeiten sind eingehend in den späteren Unterkapiteln dargestellt.

Untersuchungsbefunde über fördernde nicht-dirigierende Tätigkeiten zeigen die günstigen Auswirkungen dieser Dimension. In diesen Untersuchungen wurde zugleich häufig festgestellt: Fördernde nicht-dirigierende Tätigkeiten standen in positivem Zusammenhang mit Achtung–Wärme, Verstehen und Echtheit einer Person, sowie in gegenläufigem Zusammenhang mit Dirigierung–Lenkung und den oft destruktiven Auswirkungen.

Fördernde nicht-dirigierende Aktivität von 96 Lehrern in Haupt- und Realschulen sowie Gymnasien hing zusammen mit hohem Niveau geistiger Prozesse der Schüler im Unterricht (erfaßt durch Beurteilereinschätzungen anhand der Tonbänder), mit geringer Angst der Schüler sowie mit ihrer Offenheit gegenüber Lehrern, gemäß ihren eigenen Angaben. Dagegen war Dirigierung–Lenkung beeinträchtigend für das Niveau geistiger Prozesse und hing zusammen mit Angst der Schüler vor dem Lehrer sowie geringer Offenheit ihm gegenüber (Joost, 1976).

Fördernde nicht-dirigierende Tätigkeiten von 21 Studienreferendaren in ihrem Unterricht – anhand von Tonaufnahmen durch Beurteiler festgestellt – hingen zusammen mit günstigen Erfahrungen der Schüler, z. B. „Einen solchen Unterricht habe ich gern." „So etwas wie in dieser Stunde möchte ich gerne wieder machen." „Ich fand den Unterricht nicht langweilig." Fördernd nicht-dirigierend tätige Lehrer waren zugleich achtungsvoller–wärmer sowie weniger dirigierend–lenkend. Das Ausmaß der nicht-dirigierenden Tätigkeiten hing nicht ab von der Anzahl, dem Alter und dem Geschlecht der Schüler in der Klasse, ihrem Leistungsstand und dem Unterrichtsfach (Höder u. a., 1975).

Der Faktor stimulierendes, phantasie- und ideenreiches vs. langweiliges, routinemäßiges Lehrerverhalten hing bei über tausend amerikanischen Lehrern in 5.–10. Schuljahren teilweise zusammen mit produktivem Schülerverhalten, so aktiver Anteilnahme, Verantwortlichkeit, Selbstkontrolle, Ideenreichtum, Zuversicht. In Grundschulen war dieser Zusammenhang enger. Bedeutsam für produktives Schülerverhalten war hier auch der Faktor freundliches, verstehendes, warmes Lehrerverhalten sowie der Faktor verantwortungsvolles, systematisches, sachlich-geschäftiges Lehrerverhalten (Ryans, 1961 a, 1961 b).

Engagierte Aktivität von 30 Volksschullehrern im Unterricht hing – im Vergleich zu desinteressierter Passivität – bei gleichzeitiger Achtung–Wärme der Lehrer zusammen mit geringer Angst der Schüler, im Unterricht vom Lehrer blamiert zu werden. Dagegen war engagierte Aktivität bei gleichzeitiger Geringschätzung–Kälte angsterregend (Fittkau, 1969a).

Aktivitätsförderndes Verhalten von Lehrern bei gleichzeitiger Sicherheit und Ruhe hing zusammen mit besserer Leistungsfähigkeit von Schülern in 6. Volksschulklassen. Blockierende Aktivität der Lehrer bei gleichzeitiger Unhöflichkeit hing zusammen mit ungünstigen Vorgängen bei Schülern (Dietrich u. Walter, 1972).

Das Interesse von mehreren hundert Handelsschülern in den Fächern Buchhaltung und Fremdsprachen war groß, wenn die Lehrer dieser Fächer bei zugleich achtungsvollem Verhalten ihren Unterricht interessant, lebendig, anschaulich, klar, geordnet, praxisnah und verständlich in den Erklärungen gestalteten. Diese Art des Lehrerverhaltens entsprach ebenfalls den Wünschen der Schüler (Seifert, 1974).

Tatkraft sowie Leidenschaftlichkeit bei Lehrern in Abendkursen für Erwachsene förderten das Durchdenken und Verstehen des Unterrichtsstoffes der Teilnehmer, ebenso weder zu gewährendes noch zu kontrollierendes Lehrerverhalten. Teilnahmslosigkeit sowie fehlende Leidenschaftlichkeit waren erschwerend für diese Vorgänge bei den Teilnehmern. Ferner: Klarheit, Deutlichkeit und Ausdrucksfähigkeit der Lehrer in den Abendkursen förderte die Aneignung des Unterrichtsstoffes durch die Teilnehmer und ihr Interesse daran. Diese Lehrermerkmale hingen bei den Teilnehmern zusammen mit der Zufriedenheit mit dem eigenen Lernen, mit dem Kursverlauf und mit dem Lehrer (Solomon, Rosenberg u. Bedzek, 1964).

Passivität von Gruppenleitern hatte in den berühmten Untersuchungen von Kurt Lewin u. a. (1939) deutlich ungünstige Auswirkungen. In den Experimenten gaben passive Leiter Bastelgruppen von Schulkindern fast völlige Freiheit. Sie gaben Informationen und Hilfe nur auf Ansuchen der Kinder. Die Leiter zeigten passive soziale Teilnahme. An der Diskussion der Kinder untereinander beteiligten sie sich nicht. Das zwischenmenschliche Beziehungsverhältnis war etwas mehr freundlich als neutral. Bei den Kindern führte ein derartiges Gruppenleiterverhalten zu häufigen Wünschen und Vorschlägen zu gemeinsamen Gruppenaktionen, weitaus häufiger als in stark lenkend geführten Gruppen. Die Kinder zeigten auch aktive Tätigkeiten, jedoch wenig konstruktiver kooperativer Art. Sie konnten entscheidenderweise ihre Vorschläge selten verwirklichen. Sie waren häufig unfähig zur Durchführung gemeinsamer Aktionen aufgrund zu geringer Übereinstimmung der Vorschläge und der Schwierigkeiten im Planen und in der Gruppenentscheidung. Dies führte zu erheblicher Unzufriedenheit der Kinder über ihre geringen Arbeitsfortschritte.

„Optimale mütterliche Sorge“ ergab sich als eine komplexe Merkmalsgruppe bei Müttern gegenüber ihren 1–2jährigen Kindern (Clarke-Stewart, 1973). Optimale mütterliche Sorge bestand z. B. im Ausdruck der Zuneigung und Akzeptierung des Kindes, sozialer Stimulierung, Antwortbereitschaft, Stimulierung zu effektivem Umgang mit Material sowie Angemessenheit des mütterlichen Verhaltens für Alter und Fähigkeiten des Kindes. Diese Merkmalsgruppe optimale mütterliche Sorge hing eindeutig zusammen mit der sog. Kompetenz des Kindes in kognitiven, sprachlichen und sozialen Entwicklungsbereichen. Innerhalb dieses breiten Zusammenhanges gab es spezielle Zusammenhänge, so zwischen der sprachlichen Anregung durch die Mütter und der sprachlichen Entwicklung ihrer Kinder, zwischen Art und Häufigkeit der Anregung der Kinder durch die Mutter mit Spielmaterial und der Fertigkeit der Kinder im Umgang mit Gegenständen.

Mütter mit warmem, stärker stimulierendem und wenig lenkendem Verhalten hatten spontanere und selbständigere Kinder als Mütter mit dem gegenteiligen Verhalten (Langer u. a., 1973). *Beispiele für gering förderndes nicht-dirigierendes Mütterverhalten:* Kind in der U-Bahn: „Das dauert so lange.“ Mutter, ohne von ihrer Zeitung aufzuschauen: „Was? Ja, mach' man.“ Kind blättert im Wartezimmer der Kinderklinik im Bilderbuch und sagt: „Guck mal, hier, Mami!“ Mutter, weiter strickend, ohne hinzuschauen: „Ja, ja, so ist das.“ Mutter und Kind lesen im Restaurant die Speisekarte. Kind stößt die Mutter an und zeigt ihr etwas. Mutter: „Mhm, das sehe ich auch, ja.“ Mutter liest weiter. Kind zeigt der Mutter im Kaufhof zwei Spielzeugautos und fragt, welches es nehmen könnte. Mutter: „Ja, das weiß ich auch nicht.“ *Stärker förderndes nicht-dirigierendes Mütterverhalten:* Kind in der U-Bahn: „Das ist so langweilig.“ Mutter: „Möchtest Du hier die Bilder in Deinem Bilderbuch ansehen oder die Reklame hier in dem Abteil?“ Kind sieht im Wartezimmer des Arztes den anderen Kindern zu, die angeregt spielen. Mutter: „Hättest Du Lust, da so mitzuspielen? Wenn Du das den andern Kindern sagst, denke ich, werden sie Dich sicher mitspielen lassen.“ Mutter und Kind sehen sich zusammen die Speisekarte an. Mutter: „Was meinst Du, was sollten wir nehmen? Du kannst Dir aussuchen, was Du möchtest. Wenn Du nichts findest, könnte ich Dir dabei helfen.“ Mutter blättert in der Speisekarte: „Prima, hier gibt es ja Deine Lieblingsspeise. Aber suche Dir nur in Ruhe das aus, was Du gerne essen möchtest. Wir haben Zeit genug.“ Mutter und Kind haben eine Speisekarte vor sich. Das Kind sucht sich etwas aus und blickt dann fragend die Mutter an. Mutter: „Ja, das finde ich gut. Das werde ich auch bestellen.“ Mutter und Kind gehen an den Spielzeugregalen entlang. Die Mutter zeigt auf ein Fach mit Spielzeugfiguren: „Vielleicht findest Du hier, wonach Du gesucht hast. Wenn nicht, könnten wir noch woanders hingehen." Das Kind kann sich offensichtlich nicht für ein bestimmtes Spielzeug entschließen. Mutter: „Wenn Du möchtest, können wir uns noch mal in einem anderen Kaufhaus umsehen. Wenn Du willst, kannst Du hier noch einige Sachen weiter anschauen."

Der Faktor didaktisch effektive Aktivität im Vergleich zu konzeptloser langweiliger Passivität von Universitätsprofessoren aus 8 Fachgebieten in ihren Vorlesungen hing bei gleichzeitiger Achtung–Wärme zusammen mit folgenden Empfindungen ihrer Studenten: Zufriedenstellende Stimulierung beim Lernen, Seltenheit von Langeweile, aktives Mitdenken während der Lehrveranstaltung, Entwicklung von Eigeninitiative im betreffenden Fachgebiet und Gefühl des persönlichen Vorankommens (Müller-Wolf u. Fittkau, 1971).

Über tausend Studenten charakterisierten ein Unterrichtsklima, in dem sie zufrieden waren mit dem Seminar und dem Unterricht, ferner stark motiviert zum Studium und zum Lernen. Wesentliche Merkmale der nicht-dirigierenden fördernden Tätigkeiten der Dozenten waren: Vorbereitung des Dozenten für den Kursus, Dozent ist dynamisch und enthusiastisch über seinen Kurs, spricht klar und verständlich und hat eine günstige Art der Unterrichtsgestaltung. Daneben erwiesen sich Merkmale der Dimension Achtung–Wärme als bedeutsam, ferner einfühlendes Verstehen in die innere Situation der Studenten und gute spezielle Fachkenntnisse des Dozenten (Fachwissenschaftliche Kompetenz) (Romine, 1975).

Nicht-dirigierende fördernde Tätigkeiten von Professoren waren bei gleichzeitiger Achtung–Wärme sehr bedeutsam für die Förderung kreativer wissenschaftlicher Qualitäten von Doktoranden an Universitäten (Chambers, 1973). Wir sind recht beeindruckt von dieser Untersuchung und möchten sie eingehender darstellen. Universitätsinstitute sowie hervorragende Forscher in den Fächern Chemie und Psychologie in den USA benannten ehemalige Doktoranden mit kreativen neuen und einzigartigen Forschungsleistungen in den letzten Jahren. Die 400 jungen Wissenschaftler – nochmals von wissenschaftlichen Gremien nach ihrer wissenschaftlichen Produktivität eingeschätzt – charakterisierten im Fragebogen diejenigen Professoren, durch die sie ihrer Auffassung nach in ihrer kreativen wissenschaftlichen Entwicklung bedeutsam gefördert oder gehindert worden waren. Die Hochschullehrergruppen, meist ordentliche Professoren im Alter von 49–55, unterschieden sich deutlich in fast allen Feststellungen des Fragebogens.

Merkmale der förderlichen Hochschullehrer: ▷ Gewöhnlich gute Vorbereitung ▷ Ein für die Studenten verständlicher Sprachausdruck ▷ Durchführung von Seminaren häufig in informeller Art mit deutlicher Berücksichtigung der Interessen der Doktoranden ▷ Deutliche persönliche Interessiertheit an eigener Lehrtätigkeit, hohes Engagement in ihrem Fachgebiet, dynamisch, sehr enthusiastisch, kreativ, mit deutlichen Forderungen an die Studenten in intellektueller Hinsicht ▷ Auch außerhalb des Seminarraumes für die Studenten erreichbar, Ermutigung der Studenten, zu Diskussionen zu kommen und Hilfe z. T. bei persönlichen Angelegenheiten ▷ Wenig direktes Ablesen von Büchern und Aufzeichnungen ▷ Schwergewicht des Unterrichts in der Förderung der Studenten für das Verstehen von Prinzipien ▷ Positive Akzeptierung von unterschiedlichen und ungewöhnlichen Meinungen der Studenten, von Initiative, Originalität und Kreativität ▷ Seltene Förderung von abhängigen Beziehungsverhältnissen.

Merkmale der beeinträchtigenden Hochschullehrer: ▷ Keine enthusiastischen Lehrer, mehr routinemäßig ▷ Seltene Originalität und Kreativität im Seminar ▷ Mäßiges Interesse an den Studenten und ihrem Lernen, wenig Zeit für die Studenten außerhalb des Seminarraumes ▷ Entmutigung der Studenten bei Diskussionen und bei unabhängigen Untersuchungen ▷ Seltene Tolerierung abweichender Meinungen sowie Schwierigkeiten beim Zugeben, keine Antworten auf Fragen zu haben ▷ Schwergewicht auf der gedächtnismäßigen Reproduktion von Unterrichtsstoffen ▷ Eher geringe Kenntnisse und geringe Forschungsqualitäten ▷ Eher zynisch und sarkastisch zu den Studenten.

Der Faktor Anregende Aktivität von Arbeitsleitern (z. B. „Er hält seine unterstellten Mitarbeiter zur Selbständigkeit an“ „Er reißt durch seine Aktivität seine Mitarbeiter mit“) hing bei gleichzeitiger Achtung und Fehlen autoritärer Kontrolle zusammen mit folgenden günstigen Erfahrungen der Mitarbeiter: Mit ihrem Gefühl der Leistungsanerkennung, mit ihrer Bereitschaft zur Besprechung fachlicher Probleme mit dem Leiter, mit ihren positiven zwischenmenschlichen Beziehungen zum Leiter und zu Kollegen sowie mit ihrer allgemeinen Berufszufriedenheit (Fittkau-Garthe u. Fittkau, 1971).

Hohe anregende Aktivität war ein deutliches Kennzeichen der Vorarbeiter von Arbeitsgruppen mit hohen Leistungen bei einer Untersuchung in der britischen Elektroindustrie. Die Vorarbeiter verließen sich z. B. nicht auf ihre formale Macht. Sondern sie bemühten sich um die Einsicht der Mitarbeiter, wenn sie wünschten, daß diese etwas Bestimmtes tun sollten. Die Vorarbeiter befragten die Gruppe und berücksichtigten soweit wie möglich deren Meinungen und Wünsche. Sie kümmerten sich deutlich um die Bedürfnisse ihrer Arbeiter. Sie waren mehr beschäftigt mit dem seelischen Wohlergehen ihrer Mitarbeiter als mit der Produktion. Dennoch hatte ihre Arbeitsgruppe eine höhere Produktionsrate. Die Vorarbeiter planten und koordinierten die Arbeit. Sie machten dem einzelnen seine Aufgaben verständlich, zeigten ihm die Bewältigung der Arbeit. Sie überzeugten sich von der Korrektheit der Arbeit. Sie übten Einfluß aus, aber nicht im Widerspruch zu den Interessen der Arbeiter, sondern mit Rücksicht auf sie und mit Respektierung ihrer Person. In einigen, aber nicht in allen Gruppen ergab sich: Arbeiter sahen eine genaue Supervision als gut an, wenn sie in einem guten zwischenmenschlichen Klima stattfand (Argyle, Gardner u. Cioffi, 1957).

Das Ausmaß fördernder nicht-dirigierender Tätigkeiten von Lehrern, Erziehern und Müttern ist oft gering. Es ist nicht hinreichend für die konstruktive Persönlichkeitsentwicklung von Kindern, Jugendlichen und anderen Partnern und deren bedeutungsvolles Lernen. Erst wenn Verstehen, Achtung–Wärme sowie Echtheit größer sind, wird wahrscheinlich auch das Ausmaß fördernder nicht-dirigierender Tätigkeiten ansteigen. Die Bedingungen für dieses geringe Ausmaß sind *in* der Person des Erziehers und Lehrers zu sehen, kaum in äußeren Umständen. Interessanterweise war die dirigierende–lenkende Tätigkeit der Erwachsenen oft sehr hoch. Einige Untersuchungsbefunde, sämtliche Angaben über das Ausmaß der fördernden nicht-dirigierenden Tätigkeit beziehen sich auf eine Skala von 1 (minimal) bis 5 (maximal):

Bei 96 Lehrern in Haupt- und Realschulen sowie Gymnasien war das Ausmaß ihrer nicht-dirigierenden fördernden Aktivität gering (Stufe 2.2). Bei Kleingruppenarbeit war die nicht-dirigierende Aktivität höher (Stufe 3.0) (Joost, 1976).

Bei 36 Hauptschullehrern in ihren Klassen 7–9 war die nicht-dirigierende Aktivität gering (Stufe 1.7), Dirigierung–Lenkung dagegen hoch (Stufe 4.0). Kein Lehrer hatte ein hohes Ausmaß nicht-dirigierender Aktivität. Ein Drittel der Lehrer war weitgehend gar nicht nicht-dirigierend fördernd aktiv (Höder, Tausch u. Weber, 1976).

Bei 21 Studienreferendaren ergab sich in ihrem Unterricht ein mäßiges Ausmaß an fördernden nicht-dirigierenden Tätigkeiten (Stufe 2.0). Kein Lehrer hatte ein hohes Ausmaß fördernder Tätigkeiten. Ferner: Nur 2 der 21 Lehrkräfte ermöglichten den Schülern in ihrem Unterricht kurzzeitige themengleiche Kleingruppenarbeit. Zwei weitere regten die Schüler zu zeitweiliger Partnerarbeit an (Höder u. a., 1976).

Die anregende stimulierende Aktivität von 90 Müttern gegenüber ihren Kindern in öffentlichen Verkehrsmitteln, Restaurants und Wartezimmern von Ärzten war sehr gering, ebenso von 96 Müttern in 2 häuslichen Situationen (Langer u. a., 1973; Rieckhof u. a., 1976).

20 Kindergärtnerinnen waren in einer Vorschul-Lernsituation gegenüber 3–6jährigen in mäßigem Ausmaß nicht-dirigierend fördernd aktiv (Stufe 2.5) (A. Tausch u. a., 1976). In einer anderen Untersuchung ergab sich (Nickel u. a., 1975): Erzieherinnen in traditionellen Kindergärten hatten ein noch geringeres Ausmaß an anregender Aktivität als Kindergärtnerinnen in sog. Kinderläden.

Diese Befunde stimmen mit häufigen Alltagserfahrungen überein: Während Erwachsene gegenüber Kindern und Jugendlichen noch in hohem Ausmaß dirigierend–lenkend tätig sind, sind sie erst in geringem Umfang aktiv bemüht, durch ihre nicht-dirigierenden Tätigkeiten Kindern und Jugendlichen förderliche Bedingungen für bedeutungsvolles Lernen zu schaffen.

In den folgenden Unterkapiteln sind e i n i g e bedeutsame fördernde nicht-dirigierende Tätigkeiten von Lehrern und Erziehern dargestellt. Mit den meisten dieser Tätigkeiten können Lehrer und Erzieher sofort schrittweise beginnen. Entscheidend ist, daß sie die entsprechenden Haltungen von Achtung–Zuwendung, einfühlendem Verstehen und Echtheit leben. Auf dieser Basis werden sie in den vielfältigen Situationen zu weiteren jeweils spezifischen förderlichen nicht-dirigierenden Tätigkeiten kommen. Ganz allmählich werden sie das Ausmaß derartiger Tätigkeiten steigern können. Sie werden zunehmend mehr die förderlichen Auswirkungen bei ihren Kindern–Jugendlichen spüren. Dies wird es ihnen wiederum erleichtern, in noch größerem Umfang fördernd aktiv zu sein, dabei in sich selbst hineinzuhorchen und sich frei zu fühlen, auf die eigenen Empfindungen und die der Kinder und Jugendlichen zu achten und sie angemessen zu berücksichtigen.

Die in den folgenden Unterkapiteln dargestellten Tätigkeiten von Lehrern und Erziehern sind insbesondere geeignete Bedingungen für selbstbestimmtes und selbstverantwortliches Lernen von Kindern und Jugendlichen. Hierbei können die wesentlichen seelischen Grundvorgänge und die Persönlichkeitsentwicklung der Kinder–Jugendlichen gefördert werden. Hierbei ist auch ein befriedigendes Zusammenleben mit Erwachsenen und mit der eigenen Gruppe möglich. Schüler oder Studenten im Unterricht arbeiten z. B. in kleinen Gruppen oder auch einzeln über Stunden und Tage hinweg anhand von Informationsblättern, Skripten, Lehrbüchern, Materialien sowie in Diskussionen. Gelegentlich wird dies abgelöst von Vorträgen, Referaten, Demonstrationen oder Diskussionen im Klassen- oder Seminarverband. Die Jugendlichen entscheiden weitgehend selbst die Einteilung und Erledigung ihrer Arbeit. Sie übernehmen die Verantwortung für ihre Arbeit. Es ist eine echte Atmosphäre des Arbeitens, des Erfahren-Wollens, des Wunsches zu reifen und Kenntnis über viele Dinge zu erhalten. Das ist so unterschiedlich von der Situation des üblichen Frontalunterrichtes in Schulen, mit Lehren, Predigen, Dozieren und der Wissensfütterung auf der einen Seite und dem reaktiven Aufnehmen, der Passivität, der „Verstopfung" oder auch dem Ehrgeiz auf der anderen Seite. Schüler und Studierende arbeiten bei der Doziermethode gleichsam wie an einem Fließband, das ihnen in jedem Augenblick vorschreibt, was sie zu tun, zu denken und zu fühlen haben.

Es ist aber möglich, daß Personen heranreifen, die über 1½ Jahrzehnte selbstbestimmt handeln und arbeiten lernten und die die jeweiligen Folgen ihres Verhaltens unmittelbar selbst zu tragen lernten. Lehrer oder Eltern sind in diesem Prozeß selbstbestimmten Lernens und Reifens helfend und intensiv aktiv bemüht. Sie leben die wesentlichen förderlichen zwischenmenschlichen Dimensionen intensiv und gleichzeitig und schaffen nicht-dirigierend die geeigneten Bedingungen und Situationen für günstiges Lernen und selbstbestimmtes Verhalten. Sie sind nicht Experten im Vortragen und Dozieren von Wissen, sondern voll funktionsfähige Persönlichkeiten in der Förderung selbständigen Lernens ihrer Schüler und Studenten. Erzieher und Lehrer sind hierbei zugleich Wahrnehmungsmodelle für fördernde nicht-dirigierende Tätigkeiten hilfreicher Personen. Ferner: Sie sind selber von ihrer Tätigkeit mehr befriedigt, sie wachsen und entwickeln sich in ihrer Persönlichkeit und in ihren fachlichen Kenntnissen fortlaufend. Sie leben intensiver, und sie lenken und beeinträchtigen andere weniger. Sie werden von ihren Schülern und Kindern mehr als verständnisvolle, echte und achtungsvolle Personen erlebt, die intensiv bemüht sind, dem anderen angemessene Bedingungen für sein Reifen und für seine seelische Entwicklung zu geben. Sie sind sehr zentriert in der seelischen Situation und der inneren Welt ihrer jugendlichen Partner. Und diese jugendlichen Partner werden zunehmend fähig, über sich selbst zu bestimmen, mit sich selbst umzugehen, mit ihrem Fühlen, mit ihrem Denken und Handeln und anderen diese Erfahrungen ebenfalls zu ermöglichen.

Ermöglichen von kurzzeitiger themengleicher Kleingruppenarbeit im Unterricht

Kleingruppenarbeit ist eine entscheidende, geprüfte Möglichkeit zur Förderung des selbstbestimmten Lernens und der konstruktiven Persönlichkeitsentwicklung der Schüler sowie zur Vermeidung der erheblichen Schwierigkeiten und Nachteile des Frontalunterrichts. Wir möchten deutlich sagen: Lehrer, die nicht in ca. 40 % ihrer Unterrichtszeit ihre Schüler in Kleingruppen arbeiten lassen, sondern sie frontal unterrichten, werden kaum aus den enormen Schwierigkeiten und Belastungen hoher Dirigierung–Lenkung herauskommen. Sie leben mit den Schülern ihrer Klasse in keinem gegenseitig förderlichen Beziehungsverhältnis. Eine befriedigende Arbeitsatmosphäre sowie hinreichend förderliche Bedingungen für die konstruktive Persönlichkeitsentwicklung der Schüler sind nicht möglich. Vielmehr lenkt der Lehrer oder Dozent das Unterrichtsgeschehen fast in jeder Minute und hat die Verantwortung für das Geschehen, während die Schüler–Studierenden überwiegend reaktiv auf das Verhalten des Lehrers und Dozenten tätig werden. Lehrer–Dozenten sind durch die fortlaufende Lenkung sehr belastet, sie können die Schüler nicht individuell fördern. Sie werden ferner durch Störungen erheblich beeinträchtigt. Schüler haben kaum Möglichkeiten für selbstbestimmtes Handeln, selbständiges Denken, sie haben geringen emotionalen und sozialen Kontakt zu Mitschülern und kaum Möglichkeiten gegenseitiger Kooperation und Hilfe.

Durch Kleingruppenarbeit werden diese erheblichen Nachteile des meist üblichen Frontalunterrichtes in Schulen vermieden. Ohne häufige Kleingruppenarbeit im Schulunterricht werden Lehrer bei ihrem Bemühen um einen humanen Unterricht mit gleichzeitiger Freiheit, sozialer Ordnung und Leistungsfähigkeit scheitern. Eine Grundschullehrerin formuliert es so: „Die Basis des Ganzen ist, daß einer den andern braucht. Ich brauch' den anderen, wenn ich schwach bin, weil irgendwo auch ich immer einen schwachen Punkt habe. Und als nächstes: Ich steh' auch mal für den anderen ein. Und der darauffolgende Schritt ist: Was kann ich für den anderen tun?" Lehrer: „Es ist gar keine Anarchie, es ist ungeheuer viel Selbstdisziplin der Kinder in dieser Erziehung und ganz ungeheuer viel Gemeinsamkeit."

Was ist kurzzeitige, themengleiche Kleingruppenarbeit? Die Schulklasse oder das Seminar teilt sich in Kleingruppen zu 2–5 Schülern oder Seminarteilnehmern auf. Diese Kleingruppen arbeiten um einen Tisch sitzend selbständig und unter gegenseitigem Austauschen von Gedanken und Ergebnissen an einer Aufgabe. Diese wurde vom Lehrer, von den Schülern oder besser von beiden gemeinsam festgelegt. Sie ist meist für alle Kleingruppen gleich, also themengleich. Lehrer: „Bitte erarbeitet jetzt in Euren Kleingruppen Eure Gedanken und Fragen zu dieser Erzählung, so wie wir es eben gemeinsam beschlossen haben. Ich denke, daß etwa 10 Minuten dafür ausreichen." Die Kleingruppenarbeit ist kurzzeitig, etwa 5–20 Minuten. Sie wird meist abgelöst von einer Plenumsdiskussion über die erarbeiteten Ergebnisse oder einem ergänzenden Vortrag des Lehrers, einem Schülerreferat oder anderen Aktivitäten. Lassen Lehrer in einer Unterrichtsstunde von 45 Minuten mit bisher üblichem Frontalunterricht Schüler 2–3mal in Kleingruppen etwa 10 Minuten lang arbeiten, so sind die ungünstigen Bedingungen des Frontalunterrichtes um die Hälfte vermindert.

Kleingruppenarbeit ist eine entscheidende Möglichkeit für Lehrer, in jeder Unterrichtsstunde das selbständige Lernen und die Persönlichkeitsentwicklung ihrer Schüler deutlich zu fördern. Zuerst mag ein Lehrer oder Dozent in jeder Unterrichtsstunde nur etwa 1mal Kleingruppenarbeit von 5–10 Minuten Dauer den Schülern und Studenten ermöglichen. Später wird die Kleingruppenarbeit dann bis zu 50 % seiner Unterrichtszeit einnehmen.

Die folgenden Abbildungen zeigen schematisch die Unterschiede zwischen Kleingruppenarbeit und Frontalunterricht:

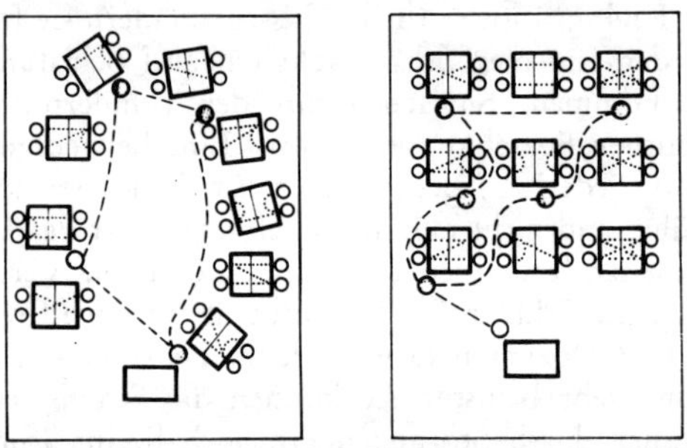

Kleingruppenarbeit

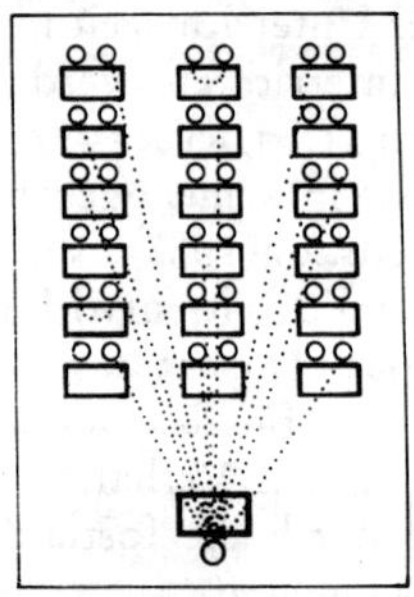

Frontalunterricht

Bei Kleingruppenarbeit arbeiten jeweils 3–4 Schüler oder Studierende gemeinsam und selbständig an einer Aufgabe, Dauer ca. 5–20 Minuten. Der Lehrer kann sich bei Kleingruppenarbeit einzelnen Gruppen oder Schülern zuwenden. Die Schüler haben die Verantwortung für ihr selbstbestimmtes Lernen. Der Lehrer ist ein Helfer und Förderer.

Bei Frontalunterricht lenkt der Lehrer die Aktivitäten aller Schüler oder Studierenden. Schüler oder Studierende sind fast fortwährend in Denken und Verhalten auf den Lehrer reaktiv zentriert. Ein über Minuten hinausgehendes selbständiges Denken und Handeln der Lernenden ist meist nicht möglich. Lehrer sind durch die fortdauernde Lenkung und die ungünstigen Auswirkungen bei den Lernenden erheblich belastet.

Was kurzzeitige themengleiche Kleingruppenarbeit nicht ist: ▷ Sie ist kein üblicher Frontalunterricht eines Lehrers mit wenigen Schülern, etwa mit 10 Schülern. Gemäß Untersuchungsbefunden und Beobachtungen ist das Ausmaß der Lenkung der Lehrer hierbei nicht wesentlich geringer. Es konzentriert sich vielmehr auf nur wenige Schüler. ▷ Sie ist keine sog. Gruppenarbeit über mehrere Stunden, Tage oder Wochen. Diese Team-Projektarbeit begrüßen wir. Viele Lehrer jedoch würden bei ihrer jetzigen Ausbildung und Erfahrung mit der Umstellung ihres Frontalunterrichtes auf eine langdauernde Team-Projektarbeit scheitern. Kurzzeitige themengleiche Kleingruppenarbeit ermöglicht es dagegen Schülern und Lehrern, allmählich längerdauernd selbständig in Kleingruppen arbeiten zu lernen und dies auch organisatorisch befriedigend zu bewältigen.

Die Seltenheit von kurzzeitiger themengleicher Kleingruppenarbeit im Unterricht ergab sich bei zahlreichen Untersuchungen mit mehreren hundert Unterrichtsstunden (R. Tausch, 1960, 1962; R. Tausch u. a., 1966; Höder u. a., 1975, 1976; Joost, 1976). In 90 Unterrichtsstunden des 4. Schuljahres von 30 Lehrern wurde keine Kleingruppenarbeit angetroffen (Nickel u. Fenner, 1974), in 70 untersuchten Unterrichtsstunden nur in einer Stunde Kleingruppenarbeit beobachtet (Wieczerkowski, 1965). Zwei Drittel ehemaliger Gymnasialschüler hatten gemäß ihren Angaben im Deutschunterricht, in Fremdsprachen, in Naturwissenschaften sowie in Gemeinschaftskunde niemals in Kleingruppen gearbeitet (Nickel u. Dumke, 1970). Eine ähnliche Seltenheit von Kleingruppenarbeit im Unterricht ergab sich aus den Berichten von Leitern großer Schulämter (z. B. Frommberger, 1962; Cordt, 1964).

Was ist bei der Durchführung von Kleingruppenarbeit zu beachten? Fast in jeder Unterrichtsstunde ergeben sich Aufgaben und Tätigkeiten, die von Schülern oder anderen Lernenden in Kleingruppen weitgehend selbständig erarbeitet werden können. Die Durchführung von Kleingruppenarbeit wird durch folgendes erleichtert:

▷ Lehrer legen möglichst gemeinsam mit Schülern die konkreten, überschaubaren Arbeitsaufträge fest. In einer Sachkundeunterrichtsstunde im 4. Schuljahr machen die Kinder Vorschläge, wie sie in Kleingruppenarbeit die mitgebrachten Gegenstände prüfen können. Kind: „Wir wollen untersuchen, ob die Gegenstände schwimmen oder nicht." Lehrer: „Wie gehen wir am besten vor? – Sag bitte Du den ersten Arbeitsauftrag für alle."

▷ Alle Kleingruppen erarbeiten die gleiche Arbeitsaufgabe. So ergeben sich bei der Vorbereitung und insbesondere bei der späteren Zusammenfassung im Plenum keine Schwierigkeiten, etwa durch mangelnde Informiertheit mancher Kleingruppen.

▷ Der Arbeitsauftrag ist nicht zu umfangreich. Er ist in ca. 5–20 Minuten gut zu lösen.

▷ Der Lehrer sorgt zuvor für hinreichende Arbeitsmaterialien, Lehrtexte, Informationsblätter.

▷ Der Lehrer gibt vor der Kleingruppenarbeit notwendige allgemeine Hinweise und Hilfen zur Durchführung der Arbeitsaufgabe in Kleingruppen.

▷ Der Lehrer braucht im allgemeinen die Zusammensetzung der Teilnehmer zu Kleingruppen nicht zu bestimmen. Nur wenn einzelne Teilnehmer ausgeschlossen werden oder häufig ungünstige Erfahrungen in einzelnen Kleingruppen machten, ist seine Hilfe erwünscht.

▷ Insbesondere am Beginn der Praxis mit Kleingruppen sollten möglichst nicht mehr als 4 Schüler in einer Kleingruppe arbeiten.
▷ Auch bei großen Klassen mit 30–40 Schülern ist Kleingruppenarbeit möglich und kaum unterschiedlich von Klassen mit nur 20 Schülern. Je größer die Klasse, um so notwendiger ist es, den Schülern Kleingruppenarbeit zu ermöglichen, um die erheblichen Nachteile des Frontalunterrichtes zu vermeiden.
▷ Kleingruppenarbeit kann auch durchgeführt werden in einem Raum ohne Tische: Die Schüler rücken ihre 4 Stühle zusammen. Oder bei unversetzbaren Stuhlreihen: 4 in der Nähe sitzende Schüler schließen sich zusammen. Diese Sitzordnung ist ungünstig, aber für Schüler und Lehrer trotzdem häufig weniger beeinträchtigend als Frontalunterrichtung. Notfalls können je 2 nebeneinandersitzende Schüler eine Kleingruppe (Partnergruppe) bilden.

Ungünstige Räumlichkeiten sind kein entscheidender Grund, Kleingruppenarbeit nicht durchzuführen: An einer Gesamtschule mit altem Schulgebäude und kleinen Klassenräumen arbeitete fast jeder 2. Lehrer häufig in Kleingruppenarbeit, obwohl fast alle Lehrer über die Beschaffenheit der Räume dafür klagten. Im Gegensatz dazu führten Lehrer in einer neuen Gesamtschule mit günstigen Schulräumen und einem Extra-Gruppenraum je Klasse nur zu 7 % häufig Gruppenarbeit in ihrem Unterricht durch. Jeder 2. Lehrer gab an, daß die Räumlichkeiten ihn nicht an Kleingruppenarbeit hinderten (Roedler, 1976). In sog. Vorlesungen oder bei Vorträgen in großen Hörsälen mit über 500 Hörern führten wir häufig kurzzeitige Kleingruppenarbeit durch. Die starren ansteigenden Stuhlreihen waren zwar erschwerend hierfür, jedoch nahmen die Teilnehmer gemäß Befragung die Kleingruppenarbeit überwiegend als befriedigend wahr.

▷ Während der Kleingruppenarbeit erfährt der Lehrer eine erhebliche Entlastung im Vergleich zur Frontalunterrichtung: Er wendet sich einzelnen Kleingruppen und Schülern zu und gewährt ihnen fachliche oder persönliche Hilfe.
▷ Die Arbeitsergebnisse der Kleingruppen können zeitsparend zusammengefaßt werden, wenn in den letzten Minuten der Kleingruppenarbeit das Ergebnis von einem Mitglied jeder Gruppe an die Tafel geschrieben wird.
▷ Vorerfahrungen der Schüler für kurzzeitige themengleiche Kleingruppenarbeit sind nicht notwendig. Schüler, die noch niemals Kleingruppenarbeit durchgeführt hatten, waren bei angemessenen Aufgaben fähig, 5–15 Minuten konstruktiv zu arbeiten. Dies stellten wir immer wieder bei Untersuchungen oder eigenem Unterrichten fest, auch bei Unterrichtsstunden für Film- oder Videoaufnahmen. Natürlich können Schüler bei längerer Erfahrung komplexere Aufgaben in kürzerer Arbeitsdauer lösen.
▷ Die Leistungen der Schüler bei Kleingruppenarbeit sind entgegen manchen Vermutungen nicht geringer als bei Einzelarbeit oder – soweit bisher festgestellt – bei Frontalunterrichtung. Im Gegenteil: Nach den Untersuchungsbefunden werden die generelle Leistungsfähigkeit und die grundsätzlichen Arbeitshaltungen der Schüler erheblich durch Kleingruppenarbeit gefördert. Ferner ergab sich: Kleingruppen mit leistungsunterschiedlichen Teilnehmern sind besonders förderlich für die leistungsschwächeren Schüler. Die Leistungen besonders fähiger Schüler werden hierdurch meist nicht beeinträchtigt.

Möglichkeiten der Kleingruppenarbeit in fast jeder Unterrichtsstunde. Wir haben im folgenden einige Möglichkeiten aufgezeigt. Grundsätzlich kann Kleingruppenarbeit in allen Situationen stattfinden, in denen Schüler oder andere Personen denken und arbeiten und gegenseitiges Helfen erwünscht ist.

▷ Kleingruppenarbeit nach der Darbietung von Informationen; z. B. nach dem stillen Lesen eines Lehr- oder Informationstextes durch jeden Schüler; nach einem Schülerreferat; nach einem Lehrervortrag; nach Darbietung eines Musikstückes oder Filmausschnittes; nach der Vorführung eines Experimentes in Physik oder Chemie.
▷ Kleingruppenarbeit vor Darbietung von Informationen; z. B. vor der Durchführung eines Experimentes in Chemie, Physik oder Biologie; am Beginn eines neuen Unterrichtsabschnittes, etwa zur Sammlung bisheriger Erfahrungen und Kenntnisse; zur Planung eines größeren Arbeitsvorhabens; zur Ausarbeitung von Versuchsplänen.
▷ Kleingruppenarbeit zum Gewinnen von ergänzenden Informationen; z. B. zur Erarbeitung wichtiger zusätzlicher Wissenskenntnisse; zur Sammlung zusätzlicher Wahrnehmungen und Erfahrungen, etwa im Biologieunterricht.
▷ Kleingruppenarbeit zur Übung bestimmter Tätigkeiten; z. B. bei der Übersetzung fremdsprachlicher Texte; bei der Bearbeitung von Rechen- und Mathematikaufgaben; beim Training von Vokabeln.

Die Arbeitsaufgaben oder Arbeitsaufträge für Kleingruppenarbeit sind je nach der Unterrichtssituation und der beabsichtigten Dauer der Kleingruppenarbeit sehr unterschiedlich; meist liegt am Ende eine schriftliche Ausarbeitung vor. Beispiele:
▷ Äußern des persönlichen Eindrucks oder persönlicher Gedanken, etwa zu einem Gedicht. ▷ Zusammenfassen verschiedener Beobachtungen. ▷ Sammeln wesentlicher Erfahrungen und Meinungen. ▷ Diskussion persönlicher Erfahrungen und Meinungen. ▷ Diskutieren des nicht verstandenen Unterrichtsstoffes und gegenseitiges Helfen beim Verstehen. ▷ Gliederung von Erscheinungen und Fakten nach wesentlichen Gesichtspunkten. ▷ Vergleich zweier oder mehrerer Erscheinungen, z. B. von Personen, Landschaften, Ereignissen. ▷ Äußern von Vermutungen (Hypothesen), z. B. über den wahrscheinlichen Ausgang des Experimentes in Physik, Chemie oder Biologie. ▷ Ziehen von Schlußfolgerungen aus den durchgeführten Experimenten. ▷ Planen des beabsichtigten Arbeitsvorhabens. ▷ Sammeln von bisherigem Wissen. ▷ Diskussion von Einwänden gegenüber einem Lehr- oder Informationstext. ▷ Durchführen von Experimenten. ▷ Aneignen von Fertigkeiten im Rechnen, in Fremdsprachen, z. B. sich gegenseitig Übungsaufgaben stellen. ▷ Experimentieren, z. B. als Arbeitsteam Gegenstände im Klassenraum ausmessen. ▷ Darstellen sozialer Situationen im Rollenspiel.

Einige Beispiele für Kleingruppenarbeit in einer Unterrichtseinheit. Die Dauer jedes Arbeitsauftrages beträgt 5–20 Minuten:

Geschichtsunterricht, Friedrich der Große: ▷ Kulturelle Leistungen ▷ Innenpolitische Maßnahmen ▷ Kriegsunternehmungen ▷ Persönlichkeit.

Rechenunterricht, 1.–2. Schuljahr: Die Schüler sitzen zu viert an einem Tisch. Auf jedem Tisch steht ein Kästchen mit etwa 50 Kärtchen in Fahrkartengröße. Auf der Vorderseite steht je eine Aufgabe, z. B. 12 + 7, auf der Rückseite in kleinerer Schrift die jeweilige Lösung. Ein Schüler stellt den anderen die Aufgaben. Nach 5 Aufgaben wird dieser Schüler von einem anderen abgelöst.

Rechtschreibetraining, 1.–3. Schuljahr: Ein Schüler diktiert den Schülern seiner Kleingruppe Wörter gemäß den Wortkärtchen. Der diktierende Schüler macht die Gruppenmitglieder unmittelbar nach dem Schreiben der Wörter auf ihre Fehler aufmerksam.

Erdkundeunterricht, Jugoslawien: ▷ Bei Unterrichtsbeginn erarbeiten die Kleingruppen schriftlich, was sie schon von Jugoslawien wissen. ▷ In einem späteren Stadium suchen die Kleingruppen alle bedeutsamen Städte und Flüsse von Jugoslawien aus dem Atlas heraus.

▷ Am Ende der Unterrichtseinheit vergleichen die Kleingruppen Bevölkerung, Klima und Wirtschaft von Jugoslawien mit denen von Italien.

Deutschunterricht, Gedicht: ▷ Gedanken und Gefühle der Schüler beim Lesen oder Vorlesen des Gedichtes. ▷ Erlebnisse und Gefühle verschiedener Personen des Gedichtes. ▷ Eigene ähnliche Erfahrungen der Schüler. ▷ Landschaft und Zeitverhältnisse im Gedicht. ▷ Inhaltlicher Aufbau des Gedichtes. ▷ Formaler Aufbau des Gedichtes. ▷ Vergleich dieses Gedichtes mit anderen Gedichten.

Kleingruppenarbeit in Universitätsseminaren, Vorlesungen und sonstigen Unterrichtsveranstaltungen. Auch hier kann Kleingruppenarbeit mindestens 2–3mal in 60 oder 90 Minuten erfolgen. Der Dozent bittet die Teilnehmer, sich zu dritt oder viert zusammenzusetzen und ein bestimmtes Problem zu diskutieren oder bestimmte Fragen an den Referenten oder Seminarleiter zusammenzustellen. Dies ist auch bei sog. Vorlesungen an Hochschulen mit über 500 Hörern im Auditorium oder bei Vorträgen vor Eltern und Lehrern möglich. Während des Vortrages oder am Ende bitten wir häufig die Teilnehmer, mit ihren Nachbarn und mit den vor oder hinter ihnen Sitzenden gemeinsam eine Frage oder ihre Stellungnahme zu diskutieren oder etwa das Lehrerverhalten in einem Filmausschnitt einzuschätzen. Unsere Erfahrungen hiermit sind günstig.

Kleingruppenarbeit ist auch bei Haus- und Forschungsarbeiten möglich. Der Dozent bittet Studenten, sich in Teams zu 2–5 Studierenden zusammenzuschließen. Das Untersuchungsproblem eines Teams wird meist zunächst gemeinsam erarbeitet und später in Absprache mit dem Dozenten in Bereiche aufgegliedert, z. B. das Lehrerverhalten in Unterstufenklassen, das Lehrerverhalten in Oberstufenklassen, das Schülerverhalten in den Klassen, die Zusammenhänge zwischen Lehrer- und Schülerverhalten u. a. Dieses Vorgehen ist auch für den Dozenten befriedigend und relativ ökonomisch: Er kann jeweils bis zu 5 Diplomanden gleichzeitig betreuen, die Untersuchungen können umfassender sein. Der Dozent ist relativ frei von Lenkungen, da die Gruppe gelegentliche Schwierigkeiten einzelner meist selbst reguliert. Die persönlichen Kontakte innerhalb derartiger Gruppen sind bedeutsam für die gefühlsmäßige Stabilität und Persönlichkeitsentwicklung der Studierenden. Personen, die eine gute Beziehung zu einer Gruppe haben und sich dort wohl fühlen, werden wahrscheinlich auch mit den Anstrengungen und Schwierigkeiten gewisser Aufgaben und Leistungen besser fertig als Personen, die sozial isoliert arbeiten. Kleingruppenarbeit vermindert die Isolierung und Vereinsamung sowie die damit verbundenen seelischen Beeinträchtigungen an großen Hochschulen erheblich.

Kleingruppenarbeit, eine in vielfältiger Weise gelebte Arbeitsform. Bei zunehmender praktischer Erfahrung von Lehrern und Schülern in Kleingruppenarbeit sind folgende Erweiterungen möglich: ▷ Schüler erledigen die sog. Hausaufgaben in Kleingruppenarbeit, sei es im Schulgebäude oder in der Wohnung eines Schülers. Hierdurch können die Leistungen der Schüler z. B. in späteren Klassenarbeiten bedeutsam verbessert werden (Steinbach, 1975). ▷ Die zur Kleingruppenarbeit in der Schule notwendigen Voraussetzungen können des öfteren auch schon von der Gruppe zu Hause erledigt werden, so z. B. das Lesen eines Lehrtextes, eines Skriptes oder eines Kapitels aus einem Lehrbuch. ▷ Die Festlegung der Arbeitsaufgaben für die Kleingruppen wird zunehmend mehr eine Entscheidung der Schüler. ▷ Die zusammenfassende Plenumsdiskussion nach der Kleingruppenarbeit kann zunehmend von einer Kleingruppe oder von einem Sprecher der Kleingruppe statt vom

Lehrer geleitet werden. Lehrerin: „Es ist sogar so, daß wenn die Kinder etwas verstanden haben an Unterrichtsstoff, daß sie dann nach vorne kommen und den Unterricht selber weitermachen. Daß sie sagen: ‚Ich habe etwas verstanden.‘ Es entstand schon in der 2. Klasse, daß ein Kind sagte: ‚Sie haben sich ja nun 1 Stunde gequält. Ich glaube, ich hab's verstanden, aber die anderen noch nicht.‘ Es ist dann durchaus so, daß dann Kinder den Unterricht weitermachen. Also, daß es von den Kindern heißt: ‚Wollt Ihr diese Sprachbuchseite vorbereiten?‘ ‚Könnt Ihr Euch zu viert teilen?‘ Und dann machen diese Kinder das. Das ist sozusagen Kinderunterricht im Unterricht.“ ▷ Kleingruppenarbeit kann zunehmend häufiger stattfinden und bis zu 50 % des Unterrichts einnehmen. Kleingruppenarbeit wird so nicht mehr in den Frontalunterricht nur eingeschoben, sondern der Unterricht besteht überwiegend aus der Arbeit der Schüler in Kleingruppen. Schüler werden zunehmend mehr verantwortlich für ihr eigenes Lernen und ihre selbstbestimmten Tätigkeiten. Das Ausmaß der sozialen und emotionalen Kommunikation der Schüler untereinander ist erheblich. Grundschullehrer: „Das führt dann so weit, daß die Kinder sagen, wenn jemand wieder völlig ausgeschert ist aus der kleinen Tischgemeinschaft: ‚Wir müssen unbedingt miteinander reden, wie wir der Claudia helfen können.‘“

Überblick über Tätigkeiten und Vorgänge bei Kleingruppenarbeit im Vergleich zum Frontalunterricht. Die folgende Darstellung enthält die wesentlichsten Tätigkeiten und Vorgänge beider Unterrichtsformen. Weitere Charakterisierungen und Anregungen finden sich in anderen Kapiteln dieses Buches.

Tätigkeiten von Lehrern und Vorgänge bei Kleingruppenarbeit

- der Lehrer stellt geeignete Arbeitsmaterialien, Lehrtexte und Informationsblätter bereit
- er untergliedert den komplexen Unterrichtsstoff in gemeinsamer Absprache mit den Schülern in Unterrichtsabschnitte
- er berät und hilft einzelnen Kleingruppen oder Schülern und steht ihnen auf Anforderung zur Verfügung, z. B. für persönliche Gespräche
- er kann wahrend der Kleingruppenarbeit der Schüler auch andere Arbeiten vorbereiten, z. B. Lehrtexte für spätere Kleingruppenarbeit, oder auch zeitweise den Klassenraum verlassen, ohne die Arbeit der Schüler dadurch zu unterbrechen oder zu beeinträchtigen
- der Lehrer fühlt sich weniger durch Störungen der Schüler beeinträchtigt, er steht weniger unter Spannungen, sich für das Lernen der Schüler überwiegend verantwortlich zu fühlen

Tätigkeiten von Lehrern und Vorgänge bei Frontalunterricht

- der Lehrer dirigiert und lenkt fortwährend alle Schüler der Klasse durch Fragen, Befehle und Anordnungen und bestimmt den Unterrichtsverlauf
- er informiert die Schüler überwiegend durch Lehrervortrag oder eigene Erklärungen
- er übt fortwährend Kontrolle über die Art der Tätigkeiten der Schüler aus; verläßt er den Klassenraum für kurze Zeit, beeinträchtigt dies den Unterrichtsfortgang und die Arbeit der Schüler erheblich
- der Lehrer fühlt sich häufig durch Unterrichtsstörungen der Schüler beeinträchtigt, er ist starken körperlichen und seelischen Belastungen und Spannungen und innerer Unruhe ausgesetzt, er fühlt sich fortwährend verantwortlich für das Lernen der Schüler

Intellektuelle Vorgänge bei Schülern während der Kleingruppenarbeit	Intellektuelle Vorgänge bei Schülern während des Frontalunterrichtes
• die Schüler arbeiten und denken weitgehend individuell	• die Schüler nehmen Wissen, Auffassungen und Urteile des Lehrers häufig rezeptiv und schweigend auf
• sie äußern eigene Gedanken	• sie äußern selten eigene Gedanken gegenüber Lehrern oder Mitschülern
• sie lernen in Gruppen zu diskutieren	• sie reagieren häufig in Form der Beantwortung spezieller Fragen des Lehrers
• sie lernen die Meinungen vieler anderer kennen	• sie sind relativ selten selbständig aktiv, und entscheiden selten verantwortlich über den Fortgang des Unterrichtsgeschehens, sie sind lehrerorientiert und lehrerabhängig
• sie erarbeiten sich relativ selbständig Wissenskenntnisse unter Verwendung von Hilfsmitteln und Beiträgen anderer	
• sie haben die häufige Möglichkeit zu produktivem und kombinierendem Denken	• sie haben selten die Möglichkeit zu selbständigem Problemdenken
• sie verbessern ihre Leistungen aufgrund von Anregungen, Diskussionen, Hilfen und Erklärungen anderer in der Kleingruppe	
• sie arbeiten auch bei zeitweiser Abwesenheit des Lehrers	• sie arbeiten weniger intensiv oder gar nicht bei zeitweiser Abwesenheit des Lehrers

Soziale Vorgänge bei Schülern während der Kleingruppenarbeit	Soziale Vorgänge bei Schülern während des Frontalunterrichtes
• die Schüler haben engen Kontakt zu Mitschülern und kooperieren miteinander und helfen sich gegenseitig	• die Schüler haben selten Kontakt zu Mitschülern während des Unterrichtes, sie kooperieren nicht miteinander und helfen sich nicht gegenseitig
• sie arbeiten gruppenzentriert	• sie arbeiten lehrerzentriert und häufig egozentrisch und rivalisieren und konkurrieren miteinander
• sie treffen verantwortlich Gruppenentscheidungen und erfahren die Konsequenzen der eigenen Tätigkeiten	• sie diskutieren nicht in Gruppen miteinander, sie treffen keine Gruppenentscheidungen
• sie berücksichtigen die Meinung der anderen	• sie kennen kaum die Meinungen der anderen, sie entwickeln geringe Sensitivität für die Vorgänge der Mitschüler
• sie lernen, ihre Meinungen durch Kenntnisse der Meinungen der anderen zu ändern	
• sie entwickeln Arbeitsregeln, lernen sie beachten und kontrollieren sie	• sie zeigen häufig ein unterwürfiges oder opponierendes Verhalten gegenüber dem Lehrer und seinen Anordnungen
• sie erhalten über ihr eigenes Verhalten Rückmeldungen durch die Gruppenmitglieder und können so ihr Verhalten korrigieren	• sie erhalten selten Förderung ihres prosozialen Verhaltens durch Rückmeldungen von Mitschülern

Gefühlsvorgänge bei Schülern während der Kleingruppenarbeit	Gefühlsvorgänge bei Schülern während des Frontalunterrichtes
• die Schüler erfahren größere Zufriedenheit durch selbstbestimmtes Handeln	• die Schüler sind häufig unzufrieden aufgrund geringer Selbstbestimmung und ihrer überwiegend reaktiven und rezeptiven Tätigkeit
• sie erleben befriedigende Kontakte zu anderen	• sie erleben keine intensiven zwischenmenschlichen hilfreichen Beziehungen zum Mitschüler oder Lehrer
• sie drücken häufiger ihr Fühlen aus, auch schüchterne Kinder	• sie sind sehr entfernt vom eigenen Fühlen und dem Fühlen anderer
• sie stehen unter geringeren beeinträchtigenden Spannungen	• sie stehen häufig unter seelisch-körperlichen Spannungen und Streß aufgrund rezeptiven Zuhörens und geringer eigener Aktivität in Reden und Handeln
• sie sind arbeitsmotivierter und arbeitsfreudiger	• sie sind wenig lernmotiviert

Heute erfahren Millionen von Schülern in unseren Schulen überwiegend die ungünstigen seelischen Vorgänge des Frontalunterrichtes. Welche enorm günstigen Auswirkungen hätte es auf das derzeitige Erleben und Verhalten der Schüler sowie auf ihr späteres Leben als Erwachsene, wenn sie tagtäglich in Schulklassen über 10 Jahre lang die förderlichen seelischen Vorgänge während der Kleingruppenarbeit erfahren würden. Es ist beeindruckend, in welchem Ausmaß Lehrer das Lernen und die konstruktive Persönlichkeitsentwicklung ihrer Schüler durch ihre eigene Aktivität, den Schülern häufig Kleingruppenarbeit zu ermöglichen, fördern können. Und welche Auswirkungen hätte dies auch für die Lehrer. Grundschullehrerin: „Bei Kleingruppenarbeit ist der Unterricht nicht mehr Unterricht, sondern ein Stück gemeinsames Leben. Und das ist irgendwie wirklich schön."

Untersuchungsbefunde über die Förderung kognitiver, emotionaler und sozialer Vorgänge durch Kleingruppenarbeit. In den letzten Jahren prüften wir unsere Auffassungen über die förderlichen Auswirkungen der Kleingruppenarbeit in Untersuchungen. Die Befunde ermöglichen folgende Aussagen: ▷ Kurzzeitige themengleiche Kleingruppenarbeit, bei der 3–4 Personen zusammen an üblichen Aufgaben in Schule und Hochschule arbeiten, fördert die inhaltlichen Lern- und Arbeitsergebnisse bedeutsam, ferner die Leistungs- und Arbeitsbefähigung sowie emotionale Zufriedenheit der Schüler und Studenten, verglichen mit gleich langer Einzelarbeit oder – soweit Untersuchungen bestehen – mit der Frontalunterrichtung. ▷ Die Untersuchungseffekte traten ein bei Schülern und Studenten ohne vorhergehende Erfahrungen oder Vorbereitungen in Kleingruppenarbeit. ▷ Sog. leistungsschwächere Schüler wurden besonders durch Kleingruppenarbeit mit unterschiedlich leistungsstarken Gruppenmitgliedern gefördert. Eine spürbare Beeinträchtigung der leistungsstärkeren Schüler fand hierdurch nicht statt. – Im folgenden haben wir einige Untersuchungen dargestellt.

Über 350 Schüler von 14 Volksschulklassen des 6. Schuljahres erhielten einen Biologie-Lehrtext über die Atmung der Fische, später einen über die Verdauung des Menschen. Die Hälfte der Schüler arbeitete in Kleingruppen zu viert oder zu zweit, die andere Hälfte in

Einzelarbeit. Bei der unmittelbar anschließenden sowie eine Woche späteren schriftlichen Einzelprüfung hatten Schüler mit zuvor Kleingruppenarbeit erheblich bessere Leistungen als Einzelarbeiter (Bel-Born u. a., 1976).

Über 150 Schüler des 6. Schuljahres erhielten einen gut verständlichen Lehrtext über 5 Begriffe aus dem Strafgesetzbuch (z. B. Diebstahl, Hehlerei) zum Lesen und Durcharbeiten. Die Hälfte der Schüler arbeitete in Kleingruppen zu 3–4 Schülern, gebildet aus den gerade benachbart sitzenden Schülern. Die andere Hälfte der Schüler arbeitete allein den Lehrtext durch. Eine schriftliche Einzelprüfung ergab: ▷ Die Lernleistungen der Schüler mit Kleingruppendiskussion waren etwas größer als die der Schüler mit Einzelarbeit. ▷ Leistungsschwächere Schüler zeigten bedeutsam bessere Leistungen bei Kleingruppenarbeit als bei Einzelarbeit; der Leistungsabstand zwischen unterschiedlich leistungsfähigen Schülern wurde geringer. Leistungsschwächere Schüler rückten näher an die leistungsstärkeren heran, ohne daß die stärkeren sich verschlechterten (Langer u. a., 1973).

Über 500 Schüler des 7.–9. Schuljahres aus Volks- und Realschulen erhielten die Intelligenz-Untertests „Zahlenreihen“ und „Wortanalogien“. Schüler, die die Aufgaben in Kleingruppen bearbeitet hatten, hatten bei der späteren Einzelprüfung mit Aufgaben der Paralleltests wesentlich bessere Leistungsergebnisse (v. Beek u. a., 1976).

80 Studenten, 80 Fachschüler sowie 80 Abiturienten erhielten Lehrtexte aus der Statistik, Physiologie, Psychologie oder Soziologie. Jeder Teilnehmer erarbeitete einen Lehrtext in einer Kleingruppe, einen anderen in Einzelarbeit. In den Kleingruppen wurde zu viert oder zu zweit gelesen und diskutiert. Die Arbeitszeit betrug jeweils 30 Minuten. Ergebnis: Schüler und Studenten mit Teilnahme an Kleingruppenarbeit zeigten bei der unmittelbaren und eine Woche späteren schriftlichen Einzelprüfung durchschnittlich 20 % bessere Lernleistungen als Einzelarbeiter. Zugleich waren ihre gefühlsmäßigen und sozialen Erfahrungen bei Kleingruppenarbeit gemäß ihren Angaben deutlich günstiger als bei Einzelarbeit (Bödiker u. a., 1976).

Über 600 Schüler aus 25 Hauptschulklassen arbeiteten unter einer der folgenden Bedingungen: ▷ Lesen eines Lehrtextes mit anschließender Kleingruppenarbeit ▷ Lesen des Lehrtextes in Einzelarbeit ▷ Lesen des Lehrtextes mit anschließendem Lehrer-Frontalunterricht. Den Lehrern war hierzu der Lehrtext und das Lehrziel (Prüfungstest) tags zuvor mit der Bitte übergeben worden, 10 Minuten im Anschluß an das Lesen des Lehrtextes den Unterricht so zu gestalten, daß die Schüler der Klasse das Lehrziel erreichten. Alle Lehrer wählten den Frontalunterricht. Ergebnisse der schriftlichen Einzelprüfung: ▷ Bei dem verständlichen Lehrtext hatten die Schüler mit Kleingruppenarbeit, insbesondere die leistungsschwächeren Schüler, deutlich bessere Leistungen, verglichen mit Einzelarbeit und teilweise mit Frontalunterrichtung. Die Leistungen schwächerer Schüler gingen nicht auf Kosten besserer Schüler. ▷ Bei dem schwerverständlichen Lehrtext hatten die Schüler im Frontalunterricht eher bessere Leistungen, verglichen mit Kleingruppenarbeit. ▷ Bei dem schwerverständlichen Lehrtext waren die Leistungen der Schüler mit Kleingruppenarbeit denen mit Einzelarbeit deutlich überlegen. – Die Untersuchung demonstriert neben der Bedeutung der Kleingruppenarbeit die Bedeutung der Aktivität des Lehrers im Bereitstellen gutverständlicher Informationstexte (Langer u. Tams, 1976).

200 Schüler aus Volksschulklassen des 5. Schuljahres erhielten zwei Erdkunde-Arbeitsaufgaben: 1. Auffinden der Eisenbahnstrecke New York–San Francisco aus einer Erdkundekarte und Einprägung der an der Bahnstrecke liegenden Städte. 2. Auffinden der Strecke Paris–Istanbul. Die Hälfte der Schüler arbeitete in Kleingruppen, die andere in Einzelarbeit. Unmittelbar danach sowie eine Woche später erfolgten schriftliche Einzelprüfungen. Ergebnisse: Die Kleingruppenarbeiter hatten erheblich bessere Leistungen als die Einzelarbeiter. Sie hatten fast doppelt so viele Punktwerte. Ferner: Die Schüler hatten in Einzelarbeit bessere Leistungen, wenn sie zuvor die ähnliche Aufgabe in Kleingruppenarbeit bearbeitet hatten. Kleingruppenarbeit fördert so vermutlich auch die Arbeitsweise und Arbeitshaltungen für spätere Einzelarbeit. – Die Förderung der Schüler durch Kleingrup-

penarbeit war unabhängig von der allgemeinen Leistungsfähigkeit der Schüler. Leistungsunterschiedliche Kleingruppen waren etwas günstiger für leistungsschwache Schüler (Bel-Born u. a., 1976).

Über 400 Schüler in Haupt- und Realschulklassen des 6.–9. Schuljahres erledigten die täglichen Hausaufgaben in Mathematik und englischen Nacherzählungen während der Schulzeit. Und zwar die Hälfte der Klasse in Kleingruppenarbeit, die andere in Einzelarbeit, Dauer ca. 30 Minuten. Die Einzelarbeit war somit ähnlich der sonst üblich zu Hause durchgeführten Arbeit, abgesehen von der Unterstützung der Eltern. Nach 1–4 derartigen Übungstagen erfolgte die Einzelprüfung in Form routinemäßiger Klassenarbeiten. In einigen Klassen erfolgte eine weitere Prüfung bis zu 7 Wochen später. Ergebnis: Die Leistungen der Schüler in den Klassenarbeiten Mathematik und Englisch (Nacherzählungen) waren bedeutsam besser, wenn sie die sog. Hausaufgaben in Kleingruppen gearbeitet hatten, ebenfalls waren ihre gefühlsmäßigen Vorgänge meist günstiger (Steinbach, 1975).

Warum wirkt sich Kleingruppenarbeit auf seelische Vorgänge der Schüler und Studenten förderlich aus? Folgende Tätigkeiten von Schülern und Studierenden scheinen uns während der Kleingruppenarbeit besonders förderlich und befriedigend zu sein:

▷ Gegenseitiger Informationsaustausch, gemeinsames Erarbeiten etwa von Lehr- und Informationstexten. Der einzelne Schüler stellt bei Kleingruppenarbeit ca. 200–300mal soviel Fragen wie im Frontalunterricht, nämlich eine Frage je Minute an ein Gruppenmitglied im Vergleich zu ca. 1 Frage je Tag an den Lehrer im Frontalunterricht.

▷ Gegenseitiges Helfen, sei es hinsichtlich der Arbeitsdurchführung, inhaltlicher oder persönlicher Fragen. Grundschullehrerin: „Die Art, wie bei uns gearbeitet wird, macht den Partner notwendig. Ob der Partner dumm oder klug ist, er ist dringend notwendig, um zu lernen. Weil er ja abfragt. Oder wenn wir ein Lernprogramm durcharbeiten, weil er dann den anderen überprüft, wenn er eine Seite durch hat. Die Kinder fragen sich gegenseitig. Und das ist so wichtig zu erleben: Wenn ein Kind den Unterrichtsstoff nicht verstanden hat, daß es dann die Helfer hat, die mit ihm das durcharbeiten. Und daß es denen auch wirklich Spaß macht, dem anderen dann zu helfen.“

▷ Gegenseitiges Anregen und Fördern, sei es durch Worte oder den Anblick der arbeitenden anderen Mitglieder. Lehrer: „Es ist sowohl für mich als auch für die Schüler harte Arbeit. Aber den Schülern macht's Spaß, keiner kann es sich leisten, passiv herumzudösen. Die Kinder engagieren sich selbst, sie sind so sehr interessiert, was sie machen. Wer passiv herumdöst, der hat selbst dran schuld, der kommt nicht mit. Es heißt dann nicht: ‚Verdammt nochmal, jetzt lern endlich etwas, Fritz!‘ Sondern der Nachbar ist ungeheuer sauer, wenn der nicht mitarbeitet und ihn etwa nicht anständig abfragt. Die Gruppenarbeit ist aber kein Wettbewerb, wer schafft's am besten. Sondern es interessiert die Leute echt, sich etwas in der Gruppe zusammen zu erarbeiten.“ – Folgendes Experiment demonstriert die gegenseitige Anregung: Studierende hatten übliche Kreativitäts-Testaufgaben in Zweiergruppen zu bearbeiten. Gemäß der Instruktion äußerten sie die gefundenen Wörter und schrieben sie nieder. Der Partner jedoch durfte sie nicht verwenden. Er erhielt also nur eine Anregung über die Arbeit des anderen, er konnte die Produkte des anderen inhaltlich nicht übernehmen. Die Leistungen jedes Mitgliedes in diesen Zweiergruppen waren deutlich besser, die Studierenden hatten ein größeres Gefühl von Anregung, Freude und Originalität, im Vergleich zu Studierenden, die die Aufgaben in Einzelarbeit zu bewältigen hatten (Torrance, 1971). Manche von uns werden vielfältige Erfahrungen haben, wie sie selbst bei gelegentlichen Flauten und Schwierigkeiten durch Gruppenmitglieder gefördert wurden.

▷ „Lautes Denken." Die häufige Äußerung eigener Gedanken über den Unterrichtsgegenstand fördert die kognitive Leistungsfähigkeit. Vorschulkinder, Jugendliche und Erwachsene hatten in Untersuchungen bessere Leistungen, wenn sie gemäß der Instruktion bei Intelligenztestaufgaben, bei einfachen Rechenaufgaben oder bei anderen kognitiven Tätigkeiten ihre Gedanken und die einzelnen Lösungsschritte hörbar aussprachen, verglichen mit Versuchspersonen ohne lautes Denken (Issing u. Ullrich, 1969; Merz, 1969; Franzen u. Merz, 1976). Bei Kleingruppenarbeit spricht der einzelne Schüler ca. 15mal soviel wie im Frontalunterricht.

▷ Ermöglichung von Denkvorgängen. Schüler können Aufgaben oder Probleme oder Fragen selbständig bearbeiten, individuell voranschreiten, aus ihren Fehlern lernen. Dieses individuelle Voranschreiten im Denken ist im Frontalunterricht nicht möglich. Hier zerlegt der Lehrer ein Denkproblem in einzelne Schritte und verlangt im allgemeinen von den Schülern durch bestimmte Fragen bestimmte Antworten. Wirkliche Denkvorgänge, wie wir sie in einem späteren Kapitel beschrieben haben, sind in selbstbestimmter Form im Frontalunterricht selten.

▷ Sozial und emotional befriedigender Kontakt mit anderen Personen. Dies ist sehr wesentlich für die Arbeitsmotivation, aber auch für die Persönlichkeitsentwicklung. Die gemeinsame Arbeit, die gegenseitige Einflußnahme bei günstigen zwischenmenschlichen Beziehungsverhältnissen fördert die emotionale Stabilität des einzelnen. So war beispielsweise der Prozentsatz ausscheidender Studenten nach Beginn ihres Studiums erheblich vermindert, wenn sie in kleinen Gruppen arbeiteten. Das selbstbestimmte und selbstverantwortliche Lernen in den Gruppen ist für die Schüler befriedigend. Ferner: Wenn Gruppenmitglieder eine Entscheidung in der Gruppe treffen, so werden sie sie wahrscheinlich eher befolgen, als wenn sie sie einzeln treffen. So befolgten Mütter Ernährungsempfehlungen eines Fachmannes in höherem Ausmaß, wenn sie nach dem Vortrag eine Gruppenentscheidung trafen, als wenn sie nach dem Vortrag nur einzeln mit einem Fachmann sprachen (Lewin, 1958). Die Selbständigkeit der Arbeit und die Arbeitsintensität der Schüler in Kleingruppen demonstriert auch folgendes: Bei unserem Unterricht in Volksschulen, Universitätsseminaren und Universitätsvorlesungen verließen wir gelegentlich während der Kleingruppenarbeit den Raum. Gemäß nachträglicher Befragung merkten ca. 75–90 % der Teilnehmer nicht, daß der Lehrer–Professor den Raum für einige Minuten verlassen hatte.

▷ Durch die Anzahl der Schüler in einer Klasse wird innerhalb üblicher Grenzen das Arbeiten der Schüler in Kleingruppen nicht beeinträchtigt.

Mögliche Gründe für die Seltenheit von Kleingruppenarbeit. Diese Seltenheit ist sehr erstaunlich. Denn gemäß Befragungen von Lehrern sieht die Mehrzahl von ihnen Kleingruppenarbeit als eine sehr günstige effektive Arbeitsform an (z. B. Tausch u. Wieczerkowski, 1968; Roedler, 1976). Auch Schüler gaben an, daß sie überwiegend gerne in Kleingruppen arbeiten. Die Schwierigkeiten können auch nicht in den Lehrplänen liegen, da zumindest die Lehrpläne mancher Länder themengleiche und später arbeitsteilige Kleingruppenarbeit als bedeutsame und notwendige Arbeitsform empfehlen. Und der Bundes-Elternrat der BRD bat in einem

Informationsheft vom November 1973 die Kultusminister der Länder, die Kleingruppenarbeit im Klassenverband als eine geeignete inhaltliche Reform der Schule zu fördern und den Frontalunterricht schrittweise abzubauen. Begründungen waren u. a.: Kleingruppenarbeit fördere das soziale Verhalten der Schüler in der Gruppe und Gemeinschaft, die freiwillige Einordnung, die selbständige Arbeit an Problemen u. a. Ferner: die vorhergehenden Untersuchungsbefunde demonstrieren deutlich die günstige Effektivität der Kleingruppenarbeit. Wie kommt es dennoch zu der Seltenheit? Wir vermuten unter anderem folgende Gründe:

▷ Unkenntnis über die durch Frontalunterricht bei Schülern ausgelösten ungünstigen kognitiven, gefühlsmäßigen und sozialen Vorgänge.

▷ Unkenntnis über die deutliche Förderung kognitiver, gefühlsmäßiger und sozialer Vorgänge durch kurzzeitige themengleiche Kleingruppenarbeit.

▷ Manche Lehrer beginnen Kleingruppenarbeit unter ungünstigen Bedingungen und machen so enttäuschende Erfahrungen. Zum Beispiel: ▷ Themenverschiedene Kleingruppenarbeit, d. h. jede Kleingruppe bearbeitet eine andere Aufgabe anstelle themengleicher Arbeit. ▷ Lehrer wählen bei ihren ersten Versuchen mit Kleingruppenarbeit zu lange Arbeitszeiten, etwa 40 Minuten, statt kurzfristiger Kleingruppenarbeit, eingeschoben in ihren bisher üblichen Unterricht. ▷ Sie geben ungenügende, unklare Arbeitsinstruktionen. ▷ Die ausgewählten Arbeitsaufträge und Probleme sind wenig geeignet für befriedigende Kleingruppenarbeit, etwa zu lang, zu kompliziert.

▷ Kleingruppenarbeit wird durch ein ungünstiges Beziehungsverhältnis zwischen Lehrern und Schülern erschwert. So war Kleingruppenarbeit in Grundschulklassen bei Lehrern, die ihre Schüler im sonstigen Frontalunterricht stark lenkten und wenig achtungsvoll behandelten, in geringer Weise effektiv (Steinbach, 1975). Ältere Schüler berichteten uns, daß sie sich durch absichtlich ungenügende Mitarbeit in der Kleingruppenarbeit an der starken Mißachtung und Lenkung der Lehrer im sonstigen Unterricht zu „rächen" suchten.

▷ Viele Lehrer haben während ihrer eigenen Schulzeit sowie Ausbildung selten kurzzeitige themengleiche Kleingruppenarbeit erfahren und bei anderen wahrgenommen. So ist für sie die Durchführung von Kleingruppenarbeit in der eigenen Schulklasse nichts für sie Übliches, Selbstverständliches, Gewohntes.

▷ Manche Lehrer sagten uns, daß sie trotz ihres Wunsches, Kleingruppenarbeit zu machen, darin gehindert würden durch gefühlsmäßige Einstellungen. „Ich habe Angst, die Kontrolle über die Klasse zu verlieren." „Ich mag das nicht, weil mir dann die Klasse aus der Hand gleitet." „Ich muß die Zügel immer in der Hand halten, und das geht bei Kleingruppenarbeit nicht." Das Aufgeben von Macht, angeordneter Ruhe und Disziplinierung der Schüler ist für manche Lehrer bedrohlich. Sie fürchten ein dabei eintretendes Chaos. Eine Lehrerin, die vom ersten Schultag an mit ihren Kindern Kleingruppenarbeit machte, sieht das so: „Was mich manchmal beunruhigt: Im Gegensatz zu meinen Kollegen gibt es bei uns nichts Statisches. Manchmal beängstigt mich das, weil ich, wissen Sie, wenn so 30 sprudelnde Leute da sind, dann haben die so ungeheuer viel Leben, Energie und Vorschläge in der Klasse. Manchmal ist es aufreibend, weil ich auch irgendwie möchte, daß das, was wir tun, für die Kinder einen roten Faden bildet. Weil ja auch so erarbeitender Unterricht wahnsinnig schwer ist. Der fordert von einem selbst auch so viel Konzentration, daß ich manchmal denke: Ist das, was Du tust, auch wirklich richtig? Fördert das die Kinder auch so, wie ich es mir wünsche?" Bei manchen Lehrern stellten wir ein geringes Vertrauen fest in die Fähigkeiten und die Selbständigkeit ihrer Schüler zum Lernen. Ein weiterer wesentlicher Grund mag auch sein: Lehrer, ebenso wie Dozenten, haben vielfach die Auffassung, sie müßten „lehren". Und nur was „gelehrt" wird, würde vom einzelnen gelernt. Sie haben auch Angst, wenn sie nicht mehr lehren würden, dann hätten sie keine Arbeit, man hätte ihnen diese dann geraubt. Offensichtlich sehen sie ihre Hauptaufgabe im „Lehren", statt in der Schaffung von günstigen Bedingungen für weitgehend selbstbestimmtes Lernen der Schüler und Studenten.

▷ Manche Lehrer fühlen sich durch Kollegen zu wenig in ihrem Bemühen unterstützt, ihre Schüler in Kleingruppen arbeiten zu lassen. Die Kollegen der nachfolgenden Stunden beanstanden das Sitzen der Schüler in Tischgemeinschaften statt in Omnibusform. Gelegentlich beobachtete Aktivitäten von Schülern in Kleingruppen in und außerhalb der Schule werden von manchen Lehrern belächelt oder gar kritisiert. Ihre abwertenden Bemerkungen entmutigen häufig diejenigen Lehrer, die innerlich das Arbeiten von Schülern in Kleingruppen als notwendig und für sie selbst und für die Schüler als befriedigend erfahren. Eine junge Lehrerin: „Der Unterricht ist zwar an manchen Tagen unwahrscheinlich beglückend. Aber an all den Tagen, wo dann andere Kollegen hämisch sich die Hände reiben und sagen: ‚Die Schwierigkeiten hätten Sie nicht, wenn man nicht bei Ihnen jederzeit zuhören dürfte. Wenn Sie nicht Gruppenarbeit machen würden. Oder aber die vielen Aktionen ihrer Kinder: Da schreiben sie hin oder dort!' Und ich hab mich doch darüber so gefreut, daß die Kinder miteinander arbeiten."

Bemühen um verständlich gestaltete Wissensvermittlung

Hier liegt eine sehr bedeutsame und wenig genutzte Möglichkeit für die intensive Tätigkeit von Lehrern und Dozenten. Hier könnten sie, ohne Schüler oder Studierende zu dirigieren, das Lernen und die Leistungen in Schulen und Hochschulen sowie die Zufriedenheit, die Selbstachtung und das Selbstvertrauen der Lernenden erheblich fördern, und zwar durch verständliche Gestaltung ihrer mündlichen Informationen und ihrer Lehr- und Informationstexte. Durch ihr intensives nicht-dirigierendes Bemühen können Lehrer sehr günstige Lernbedingungen für ihre Schüler schaffen.

Suchen Lehrer und Dozenten die innere Welt ihrer Schüler und Studierenden zu verstehen, so werden sie folgendes erfahren: Viele Schüler haben fortwährend erhebliche Schwierigkeiten beim Verstehen der fachlichen Inhalte, etwa in Mathematik, Erdkunde, Geschichte, Physik, Biologie. Leistungsschwächere Schüler werden besonders in ihrem Lernen beeinträchtigt. Wegen des geringen Erfolges trotz intensiver Bemühungen wird ihre Selbstachtung und ihr günstiges Selbstkonzept bedeutsam beeinträchtigt. Sie fühlen sich häufig entmutigt. Häufig sind die Fachinhalte in der Schule oder am Nachmittag zu Hause für sie wie ein mühsamer Gang durch ein unentwirrbares Dickicht.

Worin liegen diese Schwierigkeiten im Verstehen von Fachkenntnissen und fachlichen Informationen, von Erklärungen für Regeln, von Gesetzen und Erscheinungen? Bei den Schülern und Studenten, an ihrer geringen Intelligenz? Viele Lehrer und Dozenten glauben dies. Und auch viele Schüler haben von sich den Eindruck, es läge an ihrer zu geringen Intelligenz. Jedoch: Viele von uns haben als Schüler und Studenten des öfteren erfahren: Bei manchen Lehrern und Professoren haben wir nur schwer etwas verstanden und behalten. Ihre Lehrinhalte und Erklärungen waren so schwer verständlich, kompliziert und kaum zu durchdringen. Unsere Zufriedenheit und Arbeitsmotivation wurde erheblich beeinträchtigt. Die gleichen Kenntnisse und fachlichen Informationen dagegen konnten wir uns bei einem anderen Lehrer, Professor, Tutor wesentlich leichter aneignen, wir fühlten uns in unserer gefühlsmäßigen Stimmung und Arbeitslust ermutigt.

Unsere Auffassung ist: Sehr häufig sind Wissenskenntnisse in Schulen und Hochschulen bei Vorträgen und mündlichen Erklärungen, bei Lehrtexten und Skripten noch wenig verständlich, zu kompliziert, zu wenig gegliedert. Einfach verständliche Informationsgestaltung ist bei großer Aktivität der Lehrenden möglich und erleichtert und fördert erheblich das Lernen der Schüler und Studenten. Gewiß ist das Ausmaß des Verstehens und Behaltens von Wissenskenntnissen zu einem Teil von der Schwierigkeit der Sachverhalte abhängig, und zum Teil von der Auffassungsfähigkeit des Lernenden. Jedoch: Derzeit können die meisten Sachverhalte erheblich verständlicher gestaltet werden. Und hierdurch können fast alle Schüler mit unterschiedlicher Auffassungsfähigkeit in ihrem Lernen erheblich gefördert werden. Leistungen können mit geringerem Kraftaufwand von Schülern und Studierenden erbracht werden.

Es findet heute eine enorme Ausbeutung der Arbeitskraft vieler Menschen statt. Lehrer und Dozenten lassen Tausende von Schülern und Studierenden viele Stunden arbeiten, obwohl sie ihnen durch eigene nicht-dirigierende Tätigkeit viel Arbeit ersparen könnten. Die verständliche Wissens- und Informationsgestaltung ist besonders bedeutungsvoll für eine Chancengleichheit derjenigen Schüler, deren Eltern ihnen aufgrund ihrer Vorbildung und ihrer Zeit nicht bei den Schularbeiten helfen können. Und sie ist dann von entscheidender Bedeutung, wenn die Schüler einer Bevölkerung möglichst lange gemeinsam, ohne frühzeitige Trennung nach sog. Begabung, in Schulen zusammen leben sollen. Heute dagegen werden viele Schüler und Studierende aus der Grundschicht mit geringer Erfahrung in der formalen Sprache zu leicht in ihrem Lernen und Studium durch schwerverständliche Informationsdarbietung ihrer Lehrer, Professoren und der Textbücher entmutigt und „versagen".

Geringe Verständlichkeit der Wissensinformationen herrscht auch im öffentlichen Leben vor. Hunderttausende von Arbeitnehmern verzichten auf den Antrag des Lohnsteuer-Jahresausgleiches oder die Gewährung einer Sparprämie. Die von den Angestellten und Beamten der Finanzämter gestalteten Formulare sind für sie zu kompliziert. Politiker, Journalisten oder Redakteure im Fernsehen äußern sich häufig so, daß die Mehrzahl der Bevölkerung diese Informationen gar nicht oder nur schwer verstehen kann und sie somit auch nicht auf richtig oder falsch beurteilen kann. Eine Quelle für diese gering verständliche Informationsgestaltung im öffentlichen Leben, in Ämtern und Regierungsstellen bei Zehntausenden von Beamten und zuständigen Referenten mag die geringe Verständlichkeit der Informationsübermittlung in Schulen und Hochschulen sein: Diejenigen, die später Erlasse, Bekanntmachungen, Erklärungen oder Anträge herstellen, haben einen komplizierten, schwer verständlichen Ausdrucksstil von ihren Lehrern und in Lehrbüchern erfahren und über Jahre hindurch übernommen. Sie haben selten eine einfache, verständliche Informationsgestaltung gelernt. Hierdurch wird die Lebensqualität von Millionen von Schülern, Studierenden und Erwachsenen deutlich beeinträchtigt.

Einige Gründe für gering verständliche Wissensübermittlung: ▷ Mangelnde Zentriertheit in dem Lernenden. Viele Lehrer und Dozenten vergegenwärtigen sich nicht, wie schwer verständlich ihre Texte auf viele Leser wirken, insbesondere auf Leser mit Volksschulbesuch oder mit geringen Vorkenntnissen. ▷ Manche Lehrer und Dozenten haben keine Kenntnis, daß sie durch intensive eigene Tätigkeit ihre Lehrinhalte wesentlich verständlicher gestalten können. ▷ Geringer Wunsch mancher Lehrer, Professoren oder Autoren, sich verständlich auszudrücken. Sie sind wenig offen gegenüber ihrem Erleben und setzen sich wenig mit ihrer eigenen Person auseinander. Manche möchten „wissenschaftlich“ und überlegen erscheinen. Und Schwerverständlichkeit wird oft fälschlich als geistige Kapazität des Schreibers oder Lehrenden gedeutet. Sie haben Furcht, der Textinhalt könnte zu einfach erscheinen, wenn er verständlich gestaltet ist. Je schwieriger Texte geschrieben sind, um so schwieriger für den Leser, die Fehler und Phrasen wahrzunehmen. ▷ Einige Lehrer, Professoren und Autoren scheuen den hohen eigenen Arbeitsaufwand zur Verbesserung der Textverständlichkeit. Gewiß wird hier von ihnen viel Bemühen verlangt. Aber wenn sie sich die innere Welt ihrer Partner vergegenwärtigen, daran sorgend Anteil nehmen und wenn sie echt gegenüber ihrem eigenen Erleben sind, dann werden sie gleichsam zwangsläufig intensiv bemüht sein, ihren Schülern–Studenten durch ein hohes Ausmaß eigener nicht-dirigierender Tätigkeit sehr viele Arbeitsstunden zu ersparen.

Unser Motiv zur Erforschung verständlicher Informationsgestaltung. Einer von uns – Reinhard Tausch – hatte jahrzehntelang in Schulen, Hochschulen und in der späteren Berufstätigkeit an Universitäten unter der Schwerverständlichkeit von Wissensinformationen gelitten. Viele Vorlesungen, Bücher und Lehrtexte konnte er nicht verstehen. Häufig dachte er, es liege an ihm, seiner geringen Begabung. Häufig war er ärgerlich und unmutig über die schwerverständlichen Artikel in Fachzeitschriften. Es wurde dann für ihn ein Schlüsselerlebnis, als ihn des öfteren abends die eigenen Kinder in Erdkunde, Physik, Geschichte und Fremdsprachen um Hilfe baten. Er konnte die Textbücher nicht verstehen und seinen Kindern nicht die Strahlengesetze, die Erscheinung der Mondfinsternis und anderes erklären. Ferner beobachteten wir in Schulklassen: Viele Lehrer drückten sich beim Vortrag so kompliziert, so ungegliedert und so langatmig–weitschweifig aus, daß ihre Schüler den Unterrichtsstoff schwer verstanden und als Folge davon unruhig, unzufrieden und unkonzentriert wurden und den Unterricht erheblich störten. Die Lehrer dagegen meinten häufig, sie müßten in ihrem Unterricht mehr lenken und dirigieren, die Schüler „härter anfassen“, um sie zur Arbeit zu zwingen. – Diese Erfahrungen und Beobachtungen veranlaßten einen von uns, mit seinen Kollegen Inghard Langer und Friedemann Schulz von Thun in den Jahren 1970–74 zahlreiche Forschungsuntersuchungen zur Frage verständlicher Informationsgestaltung durchzuführen.

Die Ergebnisse der Forschungen zur Verständlichkeit führten zu folgenden Annahmen: ▷ Die Verständlichkeit mündlicher und schriftlicher Informationsübermittlung, etwa bei Skripten, Lehrtexten, Lehrbüchern und öffentlichen Bekanntmachungen, ist entscheidend abhängig von bestimmten Merkmalsdimensionen der Textgestaltung. ▷ Das Ausmaß von 4 Merkmalsdimensionen in der schriftlichen und mündlichen Informationsdarbietung – Einfachheit, Gliederung–Ordnung, Kürze–Prägnanz sowie zusätzliche Anregung – hing entscheidend mit dem Ausmaß des Verstehens und Behaltens der Informationen durch die Lernenden zusammen. ▷ Sehr viele Lehrbücher, Lehrtexte, Informationsblätter sowie die mündliche Informationsdarbietung in Schulen und Hochschulen zeigen geringe Verständlichkeit, d. h. ein geringes Ausmaß in den 4 Dimensionen. ▷ Durch Verbesserung der Informationsgestaltung, durch ein größeres Ausmaß von Einfachheit, Gliederung–Ordnung, Kürze–Prägnanz sowie zusätzliche Anregung können ursprünglich schwerverständliche Textinhalte sowie mündliche Informationen erheblich leichter von Schülern und Studierenden verstanden und behalten werden. ▷ Lehrer, Dozenten und andere Personen können sich durch größere Partnerzentriertheit bei der Informationsgestaltung, gefördert durch ein neunstündiges Trainingsprogramm, erheblich in der Verständlichkeit ihrer Informationsdarbietung verbessern. – Diese Forschungsuntersuchungen und das Trainingsprogramm sind eingehend dargelegt in einem Buch (Langer, Schulz v. Thun u. Tausch, 1974). Im folgenden möchten wir einen kurzen Überblick hieraus geben.

Die 4 Merkmalsdimensionen der verständlichen Gestaltung von Wissensinformationen. Jede Dimension setzt sich aus mehreren ähnlichen Einzelmerkmalen zusammen. Verständliche Gestaltung von Informationstexten ist feststellbar und meßbar an der Ausprägung der 4 Dimensionen in Informationstexten. Für alle 4 Dimensionen konnte nachgewiesen werden, daß sie einen deutlichen Einfluß auf das Verstehen und Behalten von Informationen haben, und zwar in folgender Weise: ▷ Einfachheit sowie Gliederung–Ordnung erwiesen sich als die beiden wichtigsten Dimensionen der Gestaltung; sie sollten in möglichst hohem Ausmaß verwirklicht sein. ▷ Bei Kürze–Prägnanz liegt das Optimum mehr in der Mitte; extrem knappe Darstellungen fördern das Verständnis ebenso wenig wie weitschweifige Ausführungen. ▷ Bei zusätzlicher Anregung in sehr großer Ausprägung wird das Verstehen und Behalten durch Unübersichtlichkeit gefährdet. – Texte aus vielen Bereichen des schulischen, wissenschaftlichen und öffentlichen Lebens ließen sich auf diese Weise systematisch verbessern. Die verbesserten Texte hatten bei den Lesern nachweisbar bessere Verstehens- und Behaltensleistungen zur Folge.

Die Dimension Einfachheit erfaßt, wie einfach Worte und Satzbau sind. Dabei kann der dargestellte Sachverhalt selbst einfach oder schwierig sein. Es geht nur darum, wie einfach er sprachlich formuliert ist. Die folgende Abbildung zeigt die Einzelmerkmale dieser Dimension mitsamt einer Einschätzskala:

Einfachheit

Kompliziertheit	−2	−1	0	+1	+2	Einfachheit
• komplizierte Darstellung						• einfache Darstellung
• lange, verschachtelte Sätze						• kurze, einfache Sätze
• ungeläufige Wörter						• geläufige Wörter
• Fachwörter nicht erklärt						• Fachwörter erklärt
• abstrakt						• konkret
• unanschaulich						• anschaulich

Die Dimension Gliederung–Ordnung erfaßt, wie geordnet und übersichtlich eine Information gestaltet ist. Hierbei gibt es zwei Gesichtspunkte, damit der Hörer oder Leser sich bei Informationen zurechtfindet und die Zusammenhänge sieht:

1. *Innere Ordnung:* Hiermit ist gemeint, daß die Sätze nicht beziehungslos nebeneinander stehen, sondern folgerichtig aufeinander bezogen sind und daß die Informationen in einer sinnvollen Reihenfolge dargeboten werden.

2. *Äußere Gliederung:* Hiermit ist gemeint, daß der Aufbau des Textes sichtbar gemacht wird. Dazu gehört die übersichtliche Gruppierung zusammengehöriger Teile, z. B. durch überschriftete Absätze. Dazu gehören gliedernde Vor- und Zwischenbemerkungen. Und dazu gehört eine sichtbare Unterscheidung von Wesentlichem und weniger Wichtigem, z. B. durch Hervorhebungen oder Zusammenfassungen.

Gliederung – Ordnung

Ungegliedertheit–Zusammenhanglosigkeit	—2	—1	0	+1	+2	Gliederung–Ordnung
• ungegliedert • zusammenhanglos, wirr • unübersichtlich • schlechte Unterscheidung von Wesentlichem und Unwesentlichem • man verliert oft den roten Faden • alles geht durcheinander						• gegliedert • folgerichtig • übersichtlich • gute Unterscheidung von Wesentlichem und Unwesentlichem • der rote Faden bleibt sichtbar • alles kommt der Reihe nach

Die Dimension Kürze–Prägnanz erfaßt den Sprachaufwand im Verhältnis zum Informationsziel. Knappe, gedrängte Darstellungen liegen auf dem einen Extrem, ausführliche und weitschweifige auf dem anderen. Ein großer Sprachaufwand kann durch zweierlei zustande kommen:

1. *Inhaltliche Entbehrlichkeiten;* z. B.: Nicht notwendige Einzelheiten, zusätzliche Informationen und Erläuterungen, breites Ausholen, Abschweifungen vom Thema.

2. *Sprachliche Entbehrlichkeiten;* z. B.: Weitschweifige Formulierungen, umständliche Erklärungen, Wiederholungen, Füllwörter, Phrasen.

Kürze – Prägnanz

Weitschweifigkeit	—2	—1	0	+1	+2	Kürze–Prägnanz
• zu lang • viel Unwesentliches • breit • abschweifend • ausführlich • vieles hätte man weglassen können						• zu kurz • aufs Wesentliche beschränkt • gedrängt • aufs Lernziel konzentriert • knapp • jedes Wort ist notwendig

Die Dimension Zusätzliche Anregung erfaßt, ob und in welchem Ausmaß eine Information anregende „Zutaten“ enthält. Damit sind Gestaltungen des Autors gemeint, die beim Leser oder Hörer Interesse, Anteilnahme, Lust am Lesen hervorrufen. Das kann geschehen durch: Wörtliche Rede, Fragen zum Mitdenken, lebensnahe Beispiele, direktes Ansprechen des Lesers, Reizworte, humorvolle Formulierungen u. a. Bei dieser Dimension bedeutet Stufe 0 nicht gänzliches Fehlen von zusätzlicher Anregung (dieses wäre Stufe –2), sondern ein mittleres Ausmaß von zusätzlicher Anregung. Dieses mittlere Ausmaß ist im allgemeinen günstig für das Verstehen und Behalten.

Zusätzliche Anregung

Keine zusätzliche Anregung	–2	–1	0	+1	+2	Zusätzliche Anregung
• nüchtern • farblos • gleichbleibend neutral • unpersönlich						• anregend • interessant • abwechslungsreich • persönlich

Die folgenden Beispiele schwer- und leichtverständlicher Informationen demonstrieren, wie Lehrer und Dozenten Informationen durch intensives Bemühen um verständliche Gestaltung in den 4 Dimensionen sehr viel verständlicher gestalten und so das Lernen ihrer Schüler und Studenten wesentlich erleichtern und fördern können. Die Beispiele sind dem Buch „Verständlichkeit" von Langer, Schulz v. Thun u. Tausch (1974) entnommen:

Original-Schulbuchtext zum Thema „Klima", kompliziert, wenig Gliederung–Ordnung, wenig zusätzliche Anregung:

„Ganz besonders das Klima gibt dem westlichen, halbinselreichen ozeanischen Europa eine Sonderstellung. Es liegt in der gemäßigten Zone. Vorherrschend sind Westwinde, die vom Atlantik kommen und reichlich Niederschläge bringen, so daß überall Pflanzenwuchs möglich ist. Von Natur ist es überwiegend Waldland. Im Süden reicht Europa bis zum 35. Breitengrad; die Mittelmeerländer sind daher im Sommer den trockenheißen Passatwinden ausgesetzt, im Winter erhalten sie dann mit den wehenden Westwinden genügend Feuchtigkeit. Nach Norden reicht Europa noch fast 5° über den Polarkreis hinaus. In anderen Kontinenten herrscht in solcher Breitenlage arktisches Klima. Doch rechnen wir das nördliche Skandinavien noch zum gemäßigten Klimabereich, weil der Golfstrom Wärme aus äquatorialen Bereichen weit nach Norden bringt. Nach Osten zu können wir noch das Baltikum und Polen zum ozeanischen Europa zählen, wobei wir uns darüber klar sein müssen, daß in dem weiten Tieflandskeil sich der Übergang vom ozeanischen zum kontinentalen Klima ganz allmählich vollzieht.

Das Witterungsgeschehen in Europa wird bestimmt durch Luftmassen, die vom Atlantischen Ozean, aus polaren Breiten, vom kontinentalen Osten und vom subtropischen Süden her vordringen und miteinander im Kampfe liegen. Besonders charakteristisch sind die regenbringenden wandernden Tiefdruckgebiete.

Das ozeanische Europa, das wir also bis an die Westgrenze der Sowjetunion rechnen, umfaßt die Hälfte des ganzen Erdteils, nämlich 5 Mill. km²; aber es leben hier etwa drei Viertel der Bevölkerung Gesamteuropas, rund 450 Millionen Menschen. Dicht beieinander wohnen sie in Deutschland, Frankreich, Großbritannien, Italien und in den kleinen Nachbarstaaten Niederlande und Belgien. Sie allein zählen zusammen 250 Millionen.

Im ozeanischen Europa entstand die Technik des Industriezeitalters. Günstige Voraussetzungen dazu waren die reichen Kohle- und Erzlager. Auf

Grund der natürlichen Lebensbedingungen erwuchs im ozeanischen Europa innerhalb einer arbeitsamen, erfinderischen Bevölkerung, deren Kultur von Antike und Christentum geprägt wurde, eine einheitliche Lebensform. Sie hebt sich deutlich ab von der ihrer Nachbarn im russischen Osteuropa, im Orient und in Afrika. Trotz der Vielfalt der Landschaften, Völker und Staaten ist dieses ozeanische Europa eine kulturelle Einheit im Weltganzen."

Verständliche Gestaltung des gleichen Textes mit größerer Einfachheit, Gliederung-Ordnung und zusätzlicher Anregung:

„Das folgende Kapitel enthält Informationen über das ozeanische Europa: Grenzen – Klima – Bevölkerung – Kultur.

Was ist das ozeanische Europa?

Das ist der westliche Teil von Europa. Er heißt so, weil das Klima vom Ozean beeinflußt wird. Das ozeanische Europa ist 5 Millionen km² groß, also etwa die Hälfte von ganz Europa. Im Osten reicht es bis zur sowjetischen Grenze (Polen und das Baltikum gehören noch dazu). Im Norden reicht es noch 5° über den Polarkreis hinaus, im Süden bis zum 35. Breitengrad.

Das Klima

Es ist nie sehr kalt (gemäßigte Zone). Meist weht der Wind vom Westen, vom Atlantischen Ozean. Westwinde bringen viel Regen, so daß überall viele Pflanzen wachsen. Vor allem Wald gibt es hier.

Im Süden allerdings, in den Mittelmeerländern, ist es im Sommer sehr trocken und heiß, weil dann die Passatwinde dort wehen. Aber im Winter kommt auch hierhin der Westwind und bringt genügend Feuchtigkeit.

Auch das nördliche Skandinavien gehört zur gemäßigten Zone. Wieso das? In anderen Erdteilen zittern die Menschen, die so nördlich wohnen, bereits vor Kälte. Hier aber fließt der Golfstrom und bringt Wärme vom Äquator mit.

Im Osten vollzieht sich ein allmählicher Übergang vom ozeanischen zum festländischen (kontinentalen) Klima.

Wonach richtet sich das Wetter? Luftmassen aus Norden, Süden, Osten und Westen versuchen Einfluß zu nehmen und kämpfen dauernd um den Sieg. Häufig entstehen wandernde Tiefdruckgebiete. Sie bringen viel Regen.

Die Bevölkerung

Das ozeanische Europa ist halb so groß wie ganz Europa. Trotzdem leben hier ³/₄ aller Europäer. Das sind 450 Millionen. Besonders dicht besiedelt sind Deutschland, Frankreich, England, Italien, Holland, Belgien. Hier wohnen allein 250 Millionen Menschen.

Die Kultur

Hier entstand die Technik des Industriezeitalters. Warum gerade hier? Reiche Kohle- und Erzlager sind wie geschaffen dafür. Die Bevölkerung arbeitet viel und hat viele gute Ideen. Merkwürdig: Obwohl die Leute an ganz verschiedenen Orten wohnen, ist doch ihre Art zu leben sehr einheitlich. Das kommt daher: Die natürlichen Lebensbedingungen (z. B. Klima) sind sehr ähnlich. So konnten Christentum und Antike sich überall gleich auswirken. Diese kulturelle Einheit hebt sich deutlich ab von den Nachbarn der Ozean-Europäer, den Russen, den Orientalen und den Afrikanern."

Informationstext eines Mathematiklehrers zum Thema Winkelhalbierung, mit geringer Einfachheit und festgestelltem geringem Verstehen–Behalten der Schüler:

„Der Scheitelpunkt des Winkels sei S.

Schlage um S einen Kreis mit einem Radius, der etwa halb so groß ist wie die gezeichneten Schenkel des Winkels (natürlich sind die Schenkel unbegrenzt zu denken).

Die Schnittpunkte des Kreises mit den Schenkeln des Winkels nenne A und B.

Schlage um A und B je einen Kreis mit einem Radius, der zweckmäßigerweise ungefähr so groß ist wie der Radius des zuerst gezeichneten Kreises.

Wichtig ist, daß die Kreise um A und B denselben Radius besitzen und daß dieser Radius so groß ist, daß sich diese beiden Kreise in zwei Schnittpunkten U und V schneiden. Wähle von den beiden Punkten U und V denjenigen, der am weitesten von S entfernt ist, und zeichne durch ihn einen Strahl, dessen Anfangspunkt in S liegt. Dieser Strahl halbiert den Winkel."

Informationstext eines Mathematiklehrers zum Thema Winkelhalbierung, mit größerer Einfachheit und Gliederung–Ordnung sowie größerem Verstehen–Behalten der Schüler:

1. Dieser Winkel soll halbiert werden.
2. Dazu nimm deinen Zirkel und setze die Spitze in den Scheitelpunkt des Winkels.
3. Jetzt schlage einen Kreis um diesen Scheitelpunkt, so daß auf den beiden Schenkeln Schnittpunkte entstehen.
4. Setze die Zirkelspitze in einen dieser Schnittpunkte und schlage um diesen Punkt einen Kreis. Behalte den gleichen Radius im Zirkel!
5. Setze die Zirkelspitze in den 2. Schnittpunkt und schlage einen Kreis.
6. Verbinde die Schnittpunkte dieser beiden Kreise mit dem Scheitelpunkt.
7. Die entstandene Linie ist die Winkelhalbierende.

Originaltext der Amtlichen Bekanntmachung der Gemeinde Tornesch (Schleswig-Holstein) vom 23. 1. 1974, kompliziert, wenig gegliedert–geordnet und wenig anregend:

Bekanntmachung

Betr.: Schulanfänger August 1974 in der Gemeinde Tornesch

Nach § 2 Abs. 1 des Gesetzes über die Schulpflicht vom 5. 12. 1955, in der Fassung vom 26. 3. 1971, beginnt für alle Kinder, die bis zum 30. Juni 1974 einschließlich das sechste Lebensjahr vollendet haben, mit dem im August einsetzenden Schuljahr 1974/75 die Pflicht zum Besuch der Grundschule.

Die Eltern oder Erziehungsberechtigten, die *nicht unmittelbar* von der *Grundschule* der Fritz-Reuter-Schule aufgefordert worden sind, werden gebeten, soweit ihre Kinder in der Zeit vom 1. Juli 1967 bis 30. Juni 1968 geboren sind, die schulpflichtigen Kinder, die bisher nicht die hiesige Vorschule besucht haben

am Donnerstag, dem 7. März 1974, zwischen 8.30 und 11.30 Uhr

im Sekretariat der Fritz-Reuter-Schule in Tornesch, Königsberger Straße, anzumelden und dem Schularzt vorzustellen.

Auf Antrag der Eltern oder Erziehungsberechtigten können auch Kinder, die in der Zeit vom 1. Juli 1968 bis zum 31. Dezember 1968 geboren wurden, bei amtsärztlich und durch die Schule festgestellter Schulreife nach erfolgter Anmeldung eingeschult werden.

Alle vom 1. Juli 1968 bis zum 30. Juni 1969 geborenen Kinder können durch freiwilligen Elternwunsch den hiesigen Vorschulklassen nach Aufforderung durch die Schule und erfolgter Anmeldung zugeführt werden.

Geburtsurkunde und Impfunterlagen sind bei der Anmeldung vorzulegen. Antrage auf Zurückstellung eines Schulanfängers sind an das Sekretariat der zuständigen Grundschule zu richten.

Verständliche Gestaltung des obigen Originaltextes, mit größerer Einfachheit, Gliederung–Ordnung und etwas mehr zusätzlicher Anregung:

Schulanfänger August 1974 in Tornesch
Bekanntmachung an die Eltern und Erziehungsberechtigten

Welche Kinder kommen in diesem Jahr zur Schule? Das neue Schuljahr beginnt im August 1974. Schulpflichtig werden alle Kinder, die ihren 6. Geburtstag vor dem 1. Juli 1974 feiern*).

*) Nach dem Gesetz über die Schulpflicht, § 2, Abs. 1 vom 5. 12. 1955, Fassung vom 26. 3. 1971.

Was müssen die Eltern dieser Kinder tun? Sie müssen die Kinder bei der Schule anmelden und dem Schularzt vorstellen. Manche Eltern sind dazu von der Fritz-Reuter-Schule schon aufgefordert worden. Wenn Sie nicht aufgefordert worden sind und wenn Ihr Kind auch die Vorschule hier nicht besucht hat, dann melden Sie es bitte an:

Donnerstag, 7. März 1974, zwischen 8.30 und 11.30 Uhr,
Sekretariat der Fritz-Reuter-Schule, Tornesch, Königsberger Straße.

Bitte Geburtsurkunde und Impfunterlagen der Kinder mitbringen! Wenn Sie möchten, daß Ihr schulpflichtiges Kind noch nicht zur Schule kommen soll, dann schreiben Sie bitte einen Antrag an die Schule.

Was ist mit Kindern, die am 1. Juli 1974 noch keine 6 Jahre alt sind? Wenn Ihr Kind ein wenig jünger ist, aber 1968 geboren ist, können Sie es auch schon anmelden. Aber Sie müssen einen Antrag stellen. Der Amtsarzt und die Schule stellen dann fest, ob Ihr Kind schon schulreif ist.

Und dann gibt es noch die *Vorschule:* Ist Ihr Kind zwischen dem 1. Juli 1968 und dem 30. Juni 1969 geboren? Dann können Sie es zur hiesigen Vorschule anmelden. Das ist aber ganz freiwillig.

Untersuchungsbefunde über bedeutsame Auswirkungen der verständlichen Gestaltung von Informationen auf das Verstehen und Behalten von Schülern und Studierenden. Die nachfolgenden Befunde demonstrieren dem Skeptiker, daß Lehrer und Dozenten durch fördernde nicht-dirigierende Tätigkeit in verständlicher Textgestaltung das Lernen ihrer Schüler sehr erleichtern und fördern können:

4 Schulbuchtexte aus Standard-Lehrbüchern der Fächer Erdkunde, Physik und Biologie wurden unter Beibehaltung des Lehrzieles in den 4 Dimensionen Einfachheit, Gliederung–Ordnung, Kürze–Prägnanz und zusätzliche Anregung verständlicher gestaltet. Danach wurden die Original-Schulbuchtexte und die verständlicher gestalteten Texte von Beurteilern im Blindverfahren nach dem Ausmaß der 4 Dimensionen eingeschätzt. Alle verständlich gemachten Fassungen wiesen günstigere Werte auf. Sodann wurden die Texte über 500 Schülern der 7./8. Klassen zum Lernen und Behalten vorgelegt. Bei allen verständlich gemachten Texten ergaben sich größere Verständnis-Behaltensleistungen der Schüler als bei den Original-Schulbuchtexten. Ferner hatten die Schüler mehr Spaß am Lesen, das Gefühl, mehr zu verstehen sowie mehr Interesse für den Unterrichtsstoff. Die Leistungsgewinne der Schüler aufgrund der verständlich gestalteten Textfassungen waren unabhängig von dem Intelligenzniveau der Schüler (Schulz v. Thun u. a., 1973).

Über 30 Mathematiklehrer von Volksschulen und Gymnasien wurden gebeten, einen kürzeren, maximal leicht verständlichen Lehrtext von 100 Wörtern für Schüler der 6./7. Schuljahre niederzuschreiben: „Wie man einen Winkel von 90 Grad mit Zirkel und Lineal halbiert“ „Wie die Aufgabe 1,4 x 2,8 mit einem Rechenschieber gelöst wird“. Dann wurde bei über 350 Schülern des 6./7. Schuljahres festgestellt, in welchem Ausmaß sie aufgrund der Texte fähig waren, Winkel zu halbieren und mit dem Rechenschieber Aufgaben zu lösen. Ferner wurden alle Informationstexte von Beurteilergruppen nach den 4 Dimensionen verständlicher Gestaltung eingeschätzt. Ergebnisse: ▷ Das Ausmaß verständlicher Gestaltung der verschiedenen Informationstexte war erheblich unterschiedlich. Viele Texte der Lehrer waren kompliziert und zu kurz–prägnant. ▷ Die Leistungen der Schüler bei den verschiedenen mathematischen Informationstexten waren deutlich unterschiedlich. Texte mit hohem Ausmaß an Einfachheit und mittlerem Ausmaß in Kürze–Prägnanz wurden von den Schülern am besten verstanden. Die geringen Leistungen der Schüler bei komplizierten und zu kurzen Lehrtexten waren beeindruckend und eine Folge wenig verständlicher Informationsgestaltung ihrer Lehrer (Steinbach, 1973). Es ist sehr bitter, sich vorzustellen, daß manche Lehrer über Jahrzehnte komplizierte, ungeordnete und zu kurze Informationen und Erklärungen im Mathematikunterricht geben und so das Lernen ihrer Schüler, ihr Erfolgsgefühl und ihre Selbstachtung erheblich beeinträchtigen.

Lehrer und Studierende wurden gebeten, die Begriffe Inflation und Universität sowie die Inhalte von zwei einfachen schematischen Zeichnungen in einem schriftlichen Informationstext gut verständlich für Schüler des 5./6. Schuljahres darzustellen. Sodann wurden die Texte über 300 Schülern dieser Schuljahre zum Lesen und Behalten dargeboten. Ergebnisse: ▷ Die Informationstexte der einzelnen Lehrer und Studierenden waren erheblich unterschiedlich gestaltet, häufig zu kompliziert und wenig gegliedert–geordnet, manche jedoch einfach und gegliedert. ▷ Informationstexte mit hohem Ausmaß in Einfachheit sowie Gliederung–Ordnung und zusätzlicher Anregung hatten bessere Verstehens- und Behaltensleistungen der Schüler zur Folge. Sie erleichterten wesentlich das Lernen der Schüler. ▷ Beeindruckend ist folgendes: Bei den schematischen Zeichnungen waren den Lehrern alle Informationen jederzeit sichtbar. Ihre Aufgabe bestand darin, diesen sichtbaren, einfachen Informationsgehalt anderen Personen maximal verständlich zu übermitteln. Die Schüler sollten, ohne die Bildvorlage zu sehen, nach den Lehrerinformationen das Bild weitgehend nachzeichnen können. Trotz des deutlich sichtbaren und für alle Lehrer gleichen Informationsgehaltes bei den Bildern waren viele Informationstexte der Lehrer sehr kompliziert und ungegliedert–ungeordnet; sie erschwerten so die Aufgabe der Schüler erheblich. Dieser Sachverhalt ist in Grundzügen ähnlich der Aufgabe vieler Lehrer: Lehrer beherrschen weitgehend die Sachverhalte der Mathematik, der englischen Sprache oder der Chemie. Bei der Informationsdarbietung besteht ihre Tätigkeit wesentlich darin, die ihnen geläufigen fachlichen Wissenskenntnisse so darzubieten, daß Schüler sie möglichst leicht verstehen können. Hier liegt ein großes Feld für die fördernde nicht-dirigierende Tätigkeit (Langer u. Tausch, 1972).

Kurzfassungen, wie sie bei wissenschaftlichen Veröffentlichungen in Fachzeitschriften üblich sind, können erheblich verständlicher gestaltet werden. Aus zwei psychologischen Fachzeitschriften der Jahre 1969 und 1970 wurden 10 Kurzfassungen verschiedener inhaltlicher Schwierigkeiten ausgewählt. Diese Kurzfassungen wurden von Experten in den 4 Verständlichkeitsdimensionen verbessert, optimiert. Gemäß Einschätzungen neutraler Beurteilergruppen hatten die optimierten Zusammenfassungen signifikant höhere Werte in den Dimensionen Einfachheit und Gliederung–Ordnung als die Original-Zusammenfassungen. Sodann wurden alle Zusammenfassungen Studierenden verschiedener Semester vorgelegt. Verstehen und Behalten wurden festgestellt. Ergebnis: Bei allen 10 optimierten Zusammenfassungen ergaben sich höhere, zum Teil sehr große Verstehens- und Behaltensleistungen gegenüber den Original-Zusammenfassungen. Die Höhe des Verständniszuwachses von Originaltext zu verständlich gestaltetem Text hing deutlich mit der Zunahme der Dimensionen Einfachheit und Gliederung–Ordnung zusammen. Studenten verschiedenen Ausbildungsgrades profitierten in gleichem Maße von den verständlicheren Texten (Schulz v. Thun u. a., 1974).

Verständlich gestaltete Informationstexte mit größerer Einfachheit und Gliederung–Ordnung sind den sog. programmierten Textbüchern, wie sie aufgrund sog. Lerngesetze entwickelt wurden und von manchen Schulen benutzt werden, im Verstehen und Behalten der Schüler erheblich überlegen. Zu 4 programmierten Schulbüchern, sog. Eingreifprogrammen, aus den Fächern Deutsch, Mathematik, Physik und Sozialkunde wurden verständlich gestaltete Prosatexte geschrieben. Die programmierten Originaltexte und die verständlich gestalteten Prosa-Textfassungen wurden über 600 Schülern von Haupt- und Berufsschulen sowie Gymnasien zum Durcharbeiten und Lernen gegeben. Ergebnisse: Bei den verständlich gestalteten Prosatexten hatten die Schüler bedeutsam bessere Lern- und Behaltensleistungen als mit den programmierten Texten. Das galt insbesondere für Schüler mit geringerer Intelligenz. Ferner nahmen die Schüler die verständlich gestalteten Prosatexte im Vergleich zu den programmierten als verständlicher wahr, hatten beim Bearbeiten mehr Spaß und Interesse. Außerdem bewerteten sie die verständlich gestalteten Texte als gegliederter. Ebenfalls schätzten neutrale Beurteilergruppen die verständlich gestalteten Prosatexte als einfacher, gegliederter und kürzer ein (Schmerder u. R. Tausch, 1976). Es ist nicht zutreffend, wenn Lehrer meinen, nur programmierte Schulbücher, die meist einen hohen finanziellen Aufwand erfordern, könnten das Lernen der Schüler erleichtern. Lehrer selbst können durch ein hohes Ausmaß fördernder nicht-dirigierender Tätigkeit in verständlicher Informationsgestaltung das Lernen ihrer Schüler erheblich erleichtern.

Dies war ein Ausschnitt aus den zahlreichen Untersuchungen über die Bedeutung verständlicher Gestaltung von Informationen. Aus Raummangel können wir hier nicht die übrigen Untersuchungen darstellen, so z. B. über Texte aus dem öffentlichen Leben. Hier wurden amtliche Formulare über Sparprämien, das Beratungsblatt für Lohnsteuerzahler, die Bekanntmachung über die gesetzliche Unfallversicherung, Hausratsversicherungsbedingungen, Anstellungsverträge und Kaufverträge für gebrauchte Autos in den 4 Dimensionen verständlich gestaltet. Es zeigten sich bei unterschiedlichen Bevölkerungsschichten erheblich bessere Verstehens- und Behaltensleistungen durch verständliche Textgestaltung. Durch größere nicht-dirigierende Aktivität der entsprechenden Sachbearbeiter und Referenten könnte die Lebensqualität von Millionen von Menschen erleichtert werden. Hier besteht eine Chance, weiten Bevölkerungskreisen den Zugang zu wichtigen Informationen intellektuell und gefühlsmäßig zu erleichtern.

Bei der mündlichen Informationsgestaltung ergaben sich ähnliche Befunde wie bei der schriftlichen Informationsgestaltung. Um ein Beispiel zu nennen: Einfache, gegliedert-geordnete sowie mäßig kurze–prägnante Sprachäußerungen der Lehrer im Unterricht hingen positiv mit bestimmten Empfindungen der Schüler zusammen, so mit ihrem Interesse am Unterricht und mit geringem Ausmaß erlebter Schwierigkeiten im Unterricht (Höder u. a., 1975).

Verbesserung der Informationsgestaltung von Lehrern–Dozenten und Schülern. Lehrer und Dozenten, die offen sind für die seelischen Schwierigkeiten ihrer Schüler–Studenten, die an diesen Schwierigkeiten Anteil nehmen und die sich echt mit ihrer eigenen Tätigkeit und deren Auswirkungen auf andere auseinandersetzen, werden sich angesichts der bedeutsamen Auswirkungen verständlicher Informationsgestaltung wahrscheinlich bemühen, ihre Tätigkeit in diesem Bereich zu verbessern. Eine Möglichkeit hierfür haben wir in einem 9stündigen Trainingsprogramm geschaffen (Langer u. a., 1974). Das Durcharbeiten eines derartigen Trainingsprogrammes durch Lehrer und Studierende führte nachweislich zu größerer Verständlichkeit ihrer Informationstexte. Zusätzlich zu diesem Trainingsprogramm halten wir es jedoch für notwendig: ▷ daß Lehrer und Dozenten in ihrer fortlaufenden Unterrichtstätigkeit weitgehend offen sind für die Schwierigkeiten ihrer Schüler–Studenten beim Durcharbeiten von Informationen, ▷ daß sie sich offen damit auseinandersetzen, inwieweit sie selbst in ihrer Informationstätigkeit im Lernenden zentriert sind und durch ihre Aktivität sein Lernen erleichtern und fördern.

Für Mathematiklehrer liegt ein spezielles Trainingsprogramm „Mathematik verständlich lernen" vor (Schulz v. Thun u. Götz, 1976). – Ebenfalls gibt es ein Trainingsprogramm für Schüler zur verständlichen Informationsgestaltung (Schulz v. Thun u. a., 1975). Wir sehen es als wichtig an, daß Schüler während der Schulzeit eine gut verständliche Ausdrucksweise lernen.

Verständliche Informationsübermittlung von Kindergärtnerinnen und Eltern. Tagtäglich erfahren Kinder in Elternhäusern oder jüngere Kinder im Kindergarten

Wissensvermittlung und Unterweisung durch ihre Erzieher: Spielanleitungen sind zu erklären, das Funktionieren technischer Einrichtungen, z. B. Telefon, Lichtschalter, Fernseher, sind zu begründen, neue Wörter und Begriffe zu definieren sowie Hunderte von Kinderfragen sind zu beantworten. Lange vor der Schule erfahren Kinder im persönlichen Kontakt mit ihren Erziehern Unterrichtung, Unterweisung, Belehrung, Informationsvermittlung. Diese können in klarer, verständlicher Weise gegeben werden oder unverständlich, unklar, langatmig, weitschweifig, altersunangemessen. Entsprechend wird das Ausmaß des Verstehens und Behaltens des Kindes sein. Entsprechend unterschiedlich werden auch die Erfahrungen des Kindes sein, die es mit sich selbst macht: Ob es ein langsamer oder schneller Lerner ist. Es scheint lohnenswert, wenn Eltern und Kindergärtnerinnen erkennen, wie bedeutsam eine allgemeinverständliche Wissensvermittlung für die Entwicklung eines Kindes ist. Sie werden sich selbst um mehr Verständlichkeit bemühen, bei gleichzeitiger Wärme–Anteilnahme–Wertschätzung–Sorge für das Kind, einfühlendem Verstehen seiner Bedürfnisse und geringer Dirigierung–Lenkung.

In einer Untersuchung in einer Vorschul-Lernsituation im Kindergarten ergab sich bei der Wissensvermittlung der Kindergärtnerinnen u. a. auch die Dimension Verständlichkeit, charakterisiert durch verständlich, anschaulich, einfach, altersangemessen vs. gegenteilige Merkmale. Das Ausmaß an verständlicher Wissensvermittlung der Kindergärtnerinnen war insgesamt gering, bei gleichzeitig hoher Lenkung der Kinder und fehlenden einfühlenden Reaktionen auf persönliche Mitteilungen der Kinder während der Aufgabenvermittlung (A. Tausch u. a., 1976).

Förderung des hilfreichen Zusammenlebens von Personen in einer „guten Gruppe“

Die Bedeutung einer „guten Gruppe“. Wir sehen die Förderung eines hilfreichen Zusammenlebens von Personen in Gruppen als eine sehr bedeutsame Tätigkeit von Lehrern in Schulklassen und Seminaren, von Erziehern in Kindergärten und Jugendgruppen, von Eltern in Familien und von Personen etwa in Wohngemeinschaften an. Warum sind intensive Bemühungen dieser Art so wichtig?

Kinder und Jugendliche leben einen beträchtlichen Teil des Tages mit anderen Kindern und Jugendlichen zusammen. Mit diesen für sie bedeutsamen Mitmenschen machen sie vielfältige wesentliche Erfahrungen. Sind ihre Erfahrungen in ihrer Kindergartengruppe, in ihrer Schulklasse, in ihrer Sportgruppe, in ihrer Familie befriedigend und hilfreich, dann fördert dies ihr bedeutsames Lernen und ihre konstruktive Persönlichkeitsentwicklung. Es fördert ihr späteres befriedigendes Zusammenleben in der eigenen Familie, in der Gruppe ihrer Arbeitskollegen, in politischen Gruppen. Förderliche gefühlsmäßige und soziale Beziehungen in einer Gruppe geben dem einzelnen Gruppenmitglied persönliche Sicherheit und individuelle Freiheit, sich selbst zu verwirklichen in einem Nährklima von gegenseitigem Vertrauen und gegenseitigem Verstehen, geringer Bedrohung und geringer Fassadenhaftigkeit, gefühlsmäßiger Nähe, des Austausches von Gedanken und Erfahrungen und des Lernens voneinander. Auch das Akzeptieren von Fehlern wird häufig in einer guten Gruppe gefördert. Meist sind allerdings noch viele Familien,

Schulklassen und Seminare als Gruppe für viele eher bedrohlich und beeinträchtigend und nur selten wirklich hilfreich. Durch ein unbefriedigendes Zusammenleben wird das Lernen und die konstruktive Persönlichkeitsentwicklung der Mitglieder erheblich eingeschränkt, manchmal blockieren sich die Mitglieder gegenseitig erheblich.

Auch für Erwachsene ist ein hilfreiches Zusammenleben in einer Gruppe von großer Bedeutung. Sie brauchen ein gutes Gruppenklima etwa in der eigenen Familie, unter Kollegen oder in der Freizeit für ihr eigenes bedeutsames Lernen und das Wachsen ihrer Persönlichkeit. Ferner: Ein Erzieher, Lehrer oder Dozent ist überfordert, wenn er jeden Schüler oder jeden Studenten tagtäglich einzeln – ohne Mithilfe der anderen Kinder, Schüler oder Studenten – deutlich fördern will. Die Belastungen der Erwachsenen wären enorm, ihre Zeiten und Möglichkeiten nicht ausreichend dafür. Sie kämen in Versuchung, zu lenken, zu dirigieren, sich für alles verantwortlich zu fühlen. Eine „gute Gruppe“ dagegen fördert ihre Mitglieder in vielfältiger Weise und in einem Ausmaß, das ein Lehrer oder Erzieher bei noch so intensiver und aufopfernder Einzelbetreuung nicht erreichen kann. Lehrer und Erzieher werden also in ihren Bemühungen um den einzelnen durch eine gute Gruppe entlastet. Die Mitglieder beeinflussen sich gegenseitig in günstiger Weise. In einem Nährklima einer „guten Gruppe“ wird ein selbständiges selbstverantwortliches Lernen des einzelnen möglich. Hilfreiche Mitmenschen sind die bedeutsamste Umweltbedingung, damit Menschen bedeutsam lernen und persönlich reifen können.

Die Bedeutung der hilfreichen Gruppe zeigt sich auch in der Psychotherapie: Noch vor 10–15 Jahren wurde die Einzelpsychotherapie bei Kindern und Erwachsenen als hilfreichstes Angebot angesehen. Wir selbst führten vor 20 Jahren überwiegend Gesprächspsychotherapie oder Kinderpsychotherapie mit einem einzelnen Kind oder Erwachsenen durch. Heute erleben wir die Psychotherapie in Gruppen als hilfreicher und zugleich ökonomischer. Bei einem geeigneten förderlichen Gruppenhelfer wird das enorm hilfreiche Potential der anderen Personen in der Gruppe aktiviert, während es sonst brach liegt. Die Gruppenmitglieder lassen das einzelne Mitglied Achtung, Wärme und Verstehen erfahren. Sie geben ihm hilfreiche Rückmeldungen, persönliche Anregungen und konkrete Hilfen. Die persönlichen Erfahrungen, die einer Person durch die anderen Gruppenmitglieder zuteil werden, sind weitaus vielfältiger, als dies in der Einzelpsychotherapie der Fall sein kann. – Auch für uns selbst als Eltern wäre es schon rein zeitlich undenkbar gewesen, unsere 3 Kinder jeweils einzeln zu fördern. Entscheidend war, daß wir uns immer wieder bemühten, eine gute Gruppe zu bilden, so daß jeder für jeden anderen möglichst hilfreich und förderlich war, insbesondere wenn einer in Schwierigkeiten war.

Wie fördern Erwachsene eine „gute Gruppe“? Wesentliche Tätigkeiten hierfür sind:

▷ Achtung–Wärme, einfühlendes Verstehen und Echtheit–Fassadenfreiheit des Erwachsenen. Dies sind die notwendigen Grunderfahrungen für das Lernen und die Persönlichkeitsentwicklung des einzelnen Gruppenmitgliedes. Hierdurch lernen Kinder, Jugendliche und Studierende diese Grundhaltungen der Achtung, des Verstehens und der Echtheit. Sie verhalten sich in der Gruppe mehr entsprechend diesem Lebensstil ihres Lehrers, Erziehers oder Dozenten: Voller Achtung, Verstehen und Offenheit.

Bei sog. autokratischen Verhaltensformen (gewisse Kälte–Geringschätzung und große Dirigierung) von erwachsenen Gruppenleitern war die Feindseligkeit und Dominanz der Kinder untereinander 30mal stärker als bei sog. sozialintegrativen Gruppenleitern. Hier waren die Gruppenleiter anteilnehmend–warm und nicht-dirigierend fördernd, sie verhielten sich wie ein Mitglied der Gruppe, wenn auch als ein herausragendes Mitglied der Gruppe. Die Spannungen der einzelnen Kinder untereinander waren erheblich geringer, es herrschte mehr gegenseitige Toleranz, Kooperation und Einsatzbereitschaft sowie geringes Streben nach gegenseitiger Dominanz. Bei autokratischen Verhaltensformen der Gruppenleiter konnte sich kein eigenständiges Gruppenleben herausbilden, es sei denn durch eine gelegentliche Rebellion gegen den Gruppenleiter. Ferner: Bei gleichgültiger Passivität des Gruppenleiters entwickelte sich kein eigenständiges Gruppenleben und kein günstiges Gruppenklima (Lewin u. a., 1939).

Bei Lehrern, die in ihrem Frontalunterricht stark lenkten und wenig warm–verständnisvoll waren, war das soziale Klima und das Arbeiten in den Kleingruppen der Schüler schlechter als bei Lehrern mit größerer Wärme–Verständnis und mit geringerer Lenkung (Steinbach, 1975).

▷ Geringe Dirigierung–Lenkung des Erwachsenen ermöglicht ein selbständigeres Gruppenleben der Mitglieder untereinander.

Bei gruppenzentriert geleiteten Universitätsseminaren mit größerer Zurückhaltung des Leiters und Ermutigung der zwischenmenschlichen Beziehung der Teilnehmer in Diskussionsperioden und z. B. bei kreisförmiger Sitzanordnung erlebten die Seminarteilnehmer ihre Gruppe und auch die einzelnen Teilnehmer als befriedigender, im Vergleich zu Teilnehmern der üblichen leiterzentrierten Seminare. Bei diesen letzteren saßen die Studenten in Reihen, ihre Interaktion untereinander war gering, z. B. kein gegenseitiges Fragen und Beantworten ohne Eingreifen des Leiters, starke Beteiligung des Leiters an den Diskussionen (Bovard, 1956).

▷ Der Erwachsene sieht sich weitgehend als ein Mitglied der Gruppe an und handelt so. Eltern, Erzieher und Lehrer nehmen sich nicht ohne dringende Notwendigkeit Vorteile oder besondere Rechte vor den anderen Gruppenmitgliedern etwa der Familie oder Schulklasse heraus. Sie akzeptieren weitgehend die gleichen Rechte und Pflichten für alle Gruppenmitglieder, sei es bei der Planung von Ausflügen einer Familie oder Schulklasse, bei den täglichen Pflichten im Haushalt, beim Anstehen bei der Essensausgabe in der Cafeteria der Schule oder Mensa. Sie errichten möglichst wenig Schranken oder Unterschiede zwischen sich und den Kindern der Familie oder Kindergartengruppe, den Schülern der Klasse oder den Studenten des Seminars. Sie machen z. B. als Eltern auch keine deutliche Trennung zwischen ihrem Freundeskreis und dem ihrer Kinder.

▷ Lehrer fördern hilfreiches Zusammenarbeiten durch entsprechende Situationen. Sie ermöglichen in fast jeder Unterrichts- und Seminarstunde mindestens einmal kurzzeitige Kleingruppenarbeit. Je überfüllter die Klassen oder Seminare sind, um so notwendiger ist dies. Oder aufgrund gemeinsamer Absprache gliedert sich die Klasse oder das Seminar für längere Zeit in funktionsfähige, selbständig lernende und arbeitende Gruppen. Lehrer regen Schüler an, ihre Hausaufgaben in Kleingruppen durchzuführen. – Jeder ältere Schüler hilft als Tutor jüngeren Schülern, und erfährt wiederum Hilfe von anderen älteren Schülern. – Dieses gegenseitige Helfen der einzelnen Gruppenmitglieder fördert erheblich die Bildung einer „guten Gruppe“. Grundschullehrerin: „Sie machen sich keine Vorstellung, wie toll es ist und welche Freude, wenn es eine Arbeit wiedergibt, wenn's einer, der es nicht so gut kann, gut geschafft hat. Diese Freudigkeit ist so groß. Oder wenn einer krank war, und er ist wieder da. Sie gönnen sich das überwiegend, so weit sind sie inzwischen.“

▷ Der Erwachsene fördert durch weitere Tätigkeiten und Maßnahmen ein befriedigendes Zusammenleben in der Gruppe. Diese haben wir auf den folgenden Seiten eingehender dargestellt. Sie sind ebenso wie seine Achtung–Wärme, sein Verstehen und seine Echtheit notwendige Bedingungen für ein förderliches Gruppenleben.

Lehrer, Erzieher und Eltern fördern persönliche Kontakte und persönliches gegenseitiges Helfen von Kindern und Jugendlichen. Einige der sehr vielen Möglichkeiten, die wir bei manchen Lehrern und Erziehern beobachten, sind: ▷ Schüler oder Studenten einer neuen Klasse oder eines neuen Seminars stellen sich gegenseitig vor. Im Laufe des Seminars oder des Unterrichts besteht Gelegenheit, sich gegenseitig persönlich kennenzulernen. ▷ Jeder Teilnehmer erhält eine Adressenliste mit Telefonnummern der Schüler oder Mitglieder. ▷ Schüler stellen ein Heft mit Kurzbeschreibungen und auch Fotografien der Mitschüler, Lehrer und Mitarbeiter der Schule her. ▷ In der Schulklasse gibt es ein Brett, an das Schüler und auch Lehrer Zettel mit persönlichen Wünschen heften, z. B. „Ich suche jemand, der am Wochenende mit mir Schwimmen kommt“ oder mit Einladungen u. a. ▷ Schüler einer Klasse tauschen für ein Wochenende oder eine Woche mit Mitschülern den Platz bei ihren Eltern. Hierdurch ergeben sich vielfältige, oft persönlich bereichernde Kontakte und Erfahrungen von Schülern und Schüler-Eltern, mit größerem Verständnis und Nähe, auch der Schüler untereinander. ▷ Lehrer und Dozenten fördern das Treffen ehemaliger Schüler und Studenten. Sie bringen die Ehemaligen mit den jetzigen Schülern und Studierenden zusammen. Kontakte und ein wertvoller Informationsaustausch werden möglich, es ergeben sich etwa Ansatzmöglichkeiten für ein Berufspraktikum oder einen beruflichen Ausbildungsplatz. Manche Jahrgänge mancher Schulen und Universitäten treffen sich auch noch nach 20 Jahren regelmäßig. Auf der anderen Seite gibt es Schulklassen und Universitätsinstitute, bei denen niemals ein späterer Kontakt erfolgt, und auch nicht versucht wird.

Dieses Klima einer hilfreichen Gruppe, das durch intensive Bemühungen des Erwachsenen entsteht, wird durch die nachfolgenden Äußerungen von Lehrern charakterisiert:

„In der Klasse ist der Gedanke sehr wach, wenn ein anderes Kind krank ist – sobald wir schreiben konnten, haben wir ihm Briefe geschrieben. Jeder in der Klasse. Und auch jetzt in der Klasse ist es so, daß wenn einer krank ist, daß er Briefe bekommt oder besucht wird, und daß es ein Hochgenuß für ihn ist, einen Riesenumschlag mit Briefen zu bekommen.“ „Bei uns ist es allgemein bekannt, daß, wenn man ein Problem mit sich oder der Klasse hat, daß es bearbeitet wird. Wir haben z. B. ein sehr dickes Mädchen. Wir haben beinahe eine Stunde versucht, uns in dieses Mädchen, das nicht dabei war, hineinzudenken: Wie es sich fühlt, wie man sich fühlt, wenn man verspottet wird. Und so was haben wir häufiger auch mit schwächeren Schülern durchgemacht oder mit einem Schüler, der ständig einkotet.“ „Es ist eine ungeheure Freude und spannend, die Entwicklung einer Schulklasse zu erleben. Es werden also ganz verwöhnte biestige Einzelkinder zu wirklich liebenswürdigen geselligen kleinen Wesen, die viele Kinder zu sich einladen, die plötzlich bei anderen Familien schlafen. Daß sogar plötzlich Familien miteinander Urlaub machen, so was ist tatsächlich rausgekommen. Und daß Kinder, von denen man sagen konnte, sie sind sozial benachteiligt, in anderen Familien aufgenommen werden, die sozial weniger benachteiligt sind. Daß sich plötzlich am Ende des 4. Schuljahres soziale Differenzen vermischen.“

Lehrerin: „Wir haben also viele Stunden damit verbracht, mit unserem Empfindungsproblem zu arbeiten: Warum sind die Jungen so gemein zu uns auf dem Hof? Wie können wir's erreichen, daß wir uns mit den Mädchen unserer eigenen Klasse besser verstehen?

Dann haben wir darum gekämpft, um miteinander einen Modus zu finden, was die Mädchen tun können, daß sie die Jungen lieber mögen und umgekehrt. Und jetzt sind wir so weit, daß sie jede Pause wirklich miteinander spielen."

Dieses hilfreiche Klima kann sich auch unter Geschwistern entwickeln, wenn sie ihre Eltern als warm, helfend, sorgend, einfühlend und offen erfahren und wahrnehmen. Jedes Kind hat zu gewissen Zeiten Schwierigkeiten, etwa mit der Schule, mit sich selbst, mit anderen. Und in diesen seelischen Flauten können es seine Schwester, sein Bruder, sein Vater oder seine Mutter stützen, ermutigen, trösten. Es ist wichtig, daß das Kind dann weiß: Ich bin nicht allein, die anderen stehen zu mir. Ich kann mich an sie wenden, sie helfen mir. In umgekehrter Weise lassen sich auch Erwachsene von Kindern und Jugendlichen ihrer Gruppe helfen. „... Mama, Du weißt, ich werde immer zu Dir halten und auch Stütze und ‚Oma-Sessel' für Dich sein. Ich rufe an, wenn ich Dich brauche und hab' es gern, wenn Du es machst, weil es auch schön ist, gebraucht zu werden." Erwachsene zeigen, daß sie die Hilfe eines Kindes oder Jugendlichen benötigen, daß auch sie darauf angewiesen sind, und sie nehmen die Hilfe der Kinder und Jugendlichen an, ihre Ratschläge, Information, ihre Mitarbeit, Unterstützung und vor allem ihr Mitgefühl und ihre Anteilnahme.

Lehrer, Erzieher, Eltern und Kinder–Jugendliche führen miteinander sehr persönliche Gespräche. In einer guten Gruppe mit einem Klima der gegenseitigen Achtung, des Verstehens und der Echtheit sprechen Erwachsene und Jugendliche über ihre innere Welt. Sie teilen einander ihr bedeutungsvolles Fühlen und Denken mit. Die gute Gruppe gibt ihnen hierzu die gefühlsmäßige Sicherheit und Geborgenheit. Dieses Sich-selbst-Öffnen und dieses sich Auseinandersetzen mit den privatesten Erfahrungen hat Auswirkungen: ▷ Diese Personen können sich selbst mehr klären und ihre seelischen Beeinträchtigungen vermindern (A. Tausch, 1976). ▷ Sie können von anderen Hilfe und Anregung erfahren. ▷ Sie sind für die Gruppenmitglieder eine gemeinsame bereichernde gefühlsmäßige Erfahrung, eine Quelle der Information und des Lernens. ▷ Sie ermöglichen gegenseitiges Kennenlernen der inneren Welten und damit stärkere gefühlsmäßige Nähe.

Ein Beispiel für die Selbstöffnung von Schülern einer Fachschule, das durch die förderlichen Haltungen des Lehrers und seiner eigenen Selbstöffnung ermöglicht wurde:

Astrid: „Also mir geht es so, daß es mir häufig – na, früher war's noch stärker – daß es mir sehr leichtgefallen ist, jemandem zu sagen: ‚Also Du bist nun wirklich der letzte Blödmann.' Aber so ein Satz wie zum Beispiel ‚Ich liebe Dich', das ist nun – das ist mir sehr viel schwerer gefallen, nicht?"

Helga: „Ja, das fällt ja auch unheimlich schwer, meinetwegen auf jemanden zuzugehen und zu sagen: ‚Ich mag Dich gern' oder so. Da – wir würden unheimlich Umwege erst einmal einschlagen, bevor wir dahin kommen, nicht? Wir könnten das – ich glaub', die wenigsten könnten zum Beispiel jetzt auf jemand im Schulgebäude zugehen und so sagen ‚Also, ich fand das ganz toll von Dir und –'."

Lehrer: „Dann denkt der gleich, Sie wollen irgend etwas damit erreichen oder so?!"

Astrid: „Das ist bei mir mal so gewesen. So wenn mir irgendein Unterricht gut gefallen hat, so von der Art des Lehrers oder so. Dann hab' ich immer wieder das Gefühl gehabt, jetzt am liebsten hinzugehen und zu sagen: ‚Ja, das gefiel mir irgendwie unheimlich gut!' Aber dann komm' ich mir irgendwie blöd vor, weil der jetzt vielleicht glaubt, also ich will mich da also irgendwie an ihn oder ihn irgendwie anmachen oder so, damit ich eine gute

Zensur krieg' oder so. Doch wenn die andern das jetzt sehen, da geht einer hin und sagt: ‚Oh, Ihr Unterricht hat mir unheimlich gefallen', das ist – nein, man steht irgendwie so komisch da, nicht?"

Im folgenden ein Beispiel für die Selbstöffnung von Eltern in der Familie. Die Eltern führten nach ihrer Teilnahme an einer Encountergruppe ein Gespräch mit ihren Kindern. Das Tonband stellte uns diese Familie zur Verfügung.

Mutter: „So kann man mal sehen, was man für Scheiß immer macht."

Jan (15 Jahre): „Vor allen Dingen, daß man – daß man sich so gar nicht richtig kennt. Seine eigenen Eltern kennt man eigentlich gar nicht."

Mutter: „Ich hab' immer gedacht, ich muß von all dem Schwierigen, was ich erlebt hab', kann ich Euch gar nicht so erzählen. Weil ich Euch nicht damit belasten wollte. Weil ich dachte, ich, Ihr würd' Euer Leben so leben, ohne Schmerz und Kummer, den ich gehabt hab'. Aber das war verkehrt. Jetzt weiß ich auch, woran das liegt: Mein Vater hat damals seinen ganzen Kummer auf mich geladen, als meine Mutter starb. Und das hat mir sehr zu schaffen gemacht. Obwohl's mich auch stark gemacht hat. Und ich hab' das ja auch damals mit ihm getragen."

Jan: „Aber dadurch, daß Du mir Deinen Kummer manchmal auch so gesagt hast – ich hätte mir eigentlich gewünscht, daß Du das so öfter mal machst – dadurch könnte ich dann auch anderen Leuten helfen."

Vater: „Du könntest es auch tragen."

Jan: „Ja, ich könnte das auch tragen. Dadurch könnte ich auch so den anderen Leuten –. Zum Beispiel, so in meiner Klasse einer, der wollte Selbstmord machen. Das hat er mit mir angesprochen. Das hat mich eigentlich auch immer wieder so stark gemacht. Wie ich gemerkt habe, wie die anderen so meine Hilfe brauchten. Daß ich ihnen auch was geben kann."

Mutter: „Und ich habe gerade gedacht, ich wollte Dir das leichter machen. Ich wollt' es Dir immer irgendwie leichtmachen."

Auch im folgenden Ausschnitt wird die Gemeinsamkeit dieser Familiengruppe auf der Grundlage der gegenseitigen Selbstöffnung deutlich:

Mutter: „Mein Vater war genau so'n hilfloser Vater wie Euer Vater auch. Bloß daß wir damals nicht so in der Lage waren, solche Gespräche zu führen."

Vater: „Väter zeichnen sich dadurch aus, daß sie hilflos sind."

Mutter: „Mütter ja auch. Alle Menschen sind hilflos. Und sie denken, sie müssen das alles immer alleine schaffen. In Wirklichkeit kann man das doch viel besser schaffen, mit den anderen zusammen."

Kai (16 Jahre), der seine 12jährige Schwester im Arm hat: „Wir schaffen das schon, nicht Dörti?"

Mutter: „Wir schaffen das alles. – Johann, der hat mal zu mir gesagt: Mensch, in Eurer Familie, da ist viel Heilkraft."

Kai: „Heilkraft?"

Mutter: „Ja, viel Heilkraft, da ist viel Heilung drin. Ihr könnt Euch untereinander gut heilen. Ihr könnt Euch helfen."

Kai: „Das haben wir jetzt geschafft. Mußt' ihm das mal schreiben."

Mutter: „Ja, ist ja auch so. Wir haben auch schon so oft wieder 'nen neuen Anfang gemacht. Diesmal sind wir, glaube ich, besonders gut rangekommen."

Kai: „Ja, das glaub' ich auch."

Mutter: „Viel besser als je zuvor."

Vater: „Und ohne Schwierigkeiten untereinander und ohne große Anstrengungen."

Jan: „Zuerst hatte ich so'n bißchen Angst, daß ich so meine Gefühle zeigen muß. Jetzt merk' ich aber, daß es gar nicht so schlimm ist."

Vater: „Daß es sogar schön ist."

Jan: „Ja."

Mutter: „Ja, wir haben immer so erwartet, daß Ihr Eure Gefühle zeigt. Und wir haben unsere nicht gezeigt. Es ist so schön, daß wir –"

Kai: „So stark und so zart sind."

Mutter: „Ja, so stark und so zart."

Vater: „Das hast Du gut gesehen, Kai."

Kai: „Stark und zart."

Dörte: „Wie meinst Du stark?"

Vater: „Innerlich stark und zart im Gefühl, beides. Ich find' das so schön, daß Du das so hast, Kai."

Kai: „Davor hab' ich eigentlich immer so'n bißchen Angst gehabt. Deshalb war ich auch immer so grob zu Dir, Dörti."

Mutter: „Weil Du gemerkt hast, wie stark sie ist."

Kai: „Ja, eigentlich viel stärker als ich. Daß sie manche Sachen besser ertragen konnte als ich. Jetzt kann ich viel offener sein."

Im folgenden wörtliche Beispiele für persönliche Gespräche zwischen Lehrern und Schülern mit dem Inhalt ihrer Wahrnehmungen und Empfindungen zueinander:

Susanne (14 Jahre) zum Lehrer: „Sie sind ein komischer Mensch, so irgendwie anders, so eigenmütig."

Ulrich: „So irgendwie anders – ja, das ist so."

Susanne: „Lehrer sind Sie überhaupt nicht, so wie ein Lehrer sind Sie nicht. Man kann so mit Ihnen über alles sprechen. So, als ob Sie so'n Onkel von mir sind. So kommt mir das vor. Wenn ich so mit meiner Mutter so über Sie sprech', dann sag' ich: ‚Ja, der Herr Paul, der lehrt uns so was Richtiges. Lehrt uns, wie wir selbständiger werden und so was.' Also, wenn ich Sie beleidigen würde, das würd' mir wirklich leid tun. Ja, so mein ich das ungefähr."

Lehrer: „Ja, Ihr kommt mir auch oft wie meine eigenen Kinder vor. Auch wenn es auch manchmal belastend ist (lachend). Ich meine, ich mach das hier wirklich gerne."

15jährige zum Lehrer, in einem offenen Klassengespräch: „Sie können sich da ganz schön hineinsteigern."

Lehrer: „Ja, weißt Du, das ist auch in mir. Das ist so'n Problem, mit dem ich hier oft sitze. Daß ich nämlich das Gefühl habe, daß Ihr mir alle auf dem Buckel sitzt und nun erwartet, daß ich etwas tue. Und daß ich immer für Euch da bin und alles mögliche für Euch tue. Aber für mich persönlich, da springt gar nichts dabei 'raus. Ich mach' im Grunde genommen nur das, was ich eigentlich nicht möchte. Da frage ich Euch wirklich nun einmal: Wie könnt Ihr mir bei diesem Prozeß helfen? Es ist Euer Prozeß als Klasse! Wie wollt Ihr mir helfen dabei? Du bist ein Teil von der Klasse und ich auch."

Lehrer zu Ute (15 Jahre): „Zu Dir wollte ich noch sagen, Ute, daß das am Mittwoch, wo Du mich da angesprochen hast, ganz zu Anfang, in der 3. Stunde, was mit mir los sei, daß es mir danach unwahrscheinlich viel besser ging. Weil ich dann das mal sagen konnte. Das wollte ich Dir jetzt gerne sagen, das hat mir gut getan. Ich hab' da auch so Deine Beteiligung rausgehört. Deine Anteilnahme gespürt, im Augenblick. Das hat mir gut getan."

Ute: „Das hat mich auch irgendwie interessiert."

Lehrer: „Ja, das hab' ich auch gespürt."

Ute: „Irgendwie, in Stunden, wo wir über menschliche Dinge was reden, da weiß ich was zu sagen."

Lehrer: „Ich wollte Dir sagen, Ute, daß ich das gut fand. Du konntest wirklich auf mich eingehen. Das hab ich also sofort gemerkt. Danach ging es mir viel besser."

Ute: „Das hab' ich auch gemerkt."

Lehrer: „Ich schaff' das von allein nicht immer so schnell . . ."

Erwachsene und Jugendliche, die sich im Klassenraum, in der Familie und im Hochschulseminar einander öffnen, fördern und bereichern gegenseitig ihr Erleben und ihre Auseinandersetzung mit sich selbst. Sie werden zu einer Quelle gegenseitigen Helfens und Lernens. In ihrer „guten Gruppe" können sie ihre Persönlichkeit entwickeln, ohne Verletzung, ohne Bedrohung zu erfahren. Personen, die 15 Jahre lang in Kindergärten, Schulen und Ausbildungsstätten zehntausendfache hilfreiche Erfahrungen in derartigen „guten Gruppen" machten, werden in ihrem späteren Leben für andere in der Familie, in der Arbeit und in der Politik wirklich hilfreiche, fördernde Gruppenmitglieder sein.

Lehrer, Erzieher und Eltern fördern gemeinsame persönlich bedeutsame Erfahrungen der Gruppenmitglieder. Personen, die gefühlsmäßig bedeutsame Erlebnisse gemeinsam erfahren, kommen einander näher und fühlen sich eher als Gruppe. Sie haben mehr Gemeinsames miteinander. Einige Beispiele: Lehrer und Schüler oder Eltern und ihre Kinder werden gefühlsmäßig angerührt durch gleiche Erlebnisse, z. B. gemeinsam erlebte Gespräche mit Fremden oder Hilfsbedürftigen oder sozial Engagierten, gemeinsames Erleben eines bedeutsamen Filmes oder Fernsehstückes, gemeinsame Erlebnisse auf Wanderungen, z. B. Gebirgstouren, Zeltfahrten. Diese gemeinsamen Erfahrungen und das spätere Sprechen hierüber sind verbindend für die Gruppenmitglieder. Manche Schulklassen, Seminare oder manche Familien sind deswegen keine richtige Gruppe, weil ihre Mitglieder – Lehrer und Schüler, Eltern und Kinder, Dozenten und Studenten – keine gemeinsamen bedeutsamen gefühlsmäßigen Erfahrungen machen. In manchen Schulklassen oder Gruppen kommt es nur dann zu gemeinsamen Erlebnissen und Aktivitäten, wenn sie sich gegen äußere Bedrohungen auflehnen, z. B. gegen einen mißachtenden oder überfordernden Lehrer. Leider erfahren viele Menschen – Erwachsene und Jugendliche – die Gemeinsamkeit von Gruppen nur dann, wenn sie sich zusammenfinden zum Kampf gegen andere. Daß sie befriedigende Gemeinsamkeit in sich selbst finden können, ist für viele Gruppen noch eine seltene Erfahrung.

Werden bei gemeinsamen Aktivitäten einer Schulklasse häufiger die Eltern der Schüler mit einbezogen oder bei Aktivitäten der Familie die Freunde der Kinder und die der Eltern, dann erwachsen hieraus viele gemeinsame Berührungspunkte und Erfahrungen zwischen der sog. älteren und jüngeren Generation. Viele Mißverständnisse und Konflikte kommen gar nicht erst auf. An die Stelle von Mißtrauen und „Feindbild" treten Gemeinsamkeit von Gefühlen und Erlebnissen.

Erwachsene ermöglichen Kindern und Jugendlichen ein zeitweise selbständiges Gruppenleben. Sie geben den Gruppenmitgliedern – den Schülern der Klasse, den Kindern der Familie oder den Studenten des Seminars – Gelegenheit, sich selbst und ihre Gruppenmitglieder ohne einen Gruppenleiter zu erfahren, ihre Tätigkeiten selbständig zu regeln, Verantwortung für sich und die Gruppe zu übernehmen. Wir möchten nur zwei Möglichkeiten erwähnen:

▷ Lehrer oder Erzieher sind zeitweise von der Gruppe abwesend. Der Lehrer verläßt den Klassenraum; wenn es die Aufsichtspflicht erfordert, arbeitet er für kürzere oder längere Zeit in einem Nebenraum. Eltern lassen ihre Kinder für kürzere Zeit allein, dann für einen Tag und später für ein Wochenende, wenn sie fühlen, daß die Kinder hierzu bereit und fähig sind, oder es sich wünschen. In Seminaren oder Veranstaltungen, in denen wir als Dozenten die Gruppenleiter waren, haben wir es uns angewöhnt, den Raum kurzfristig zu verlassen. Dies gibt den Gruppenmitgliedern die Möglichkeit, ohne Anwesenheit des Gruppenleiters miteinander umzugehen und mehr ihre eigenen Wege zu finden. Für den Dozenten ist es eine Möglichkeit, sein Vertrauen in das Gruppengeschehen zu prüfen und zu verhindern, daß er selbst das Geschehen einer Gruppe zu stark bestimmt. Wir haben dies besonders dann getan, wenn die Teilnehmer mit hohen Erwartungshaltungen dazu neigten, Führung und Ablauf des Seminars ausschließlich in uns zu legen. Früher war dies für uns selbst auch nicht einfach. Wir dachten, ohne unsere Anwesenheit könnte die Gruppe unbefriedigende Erfahrungen machen, und die Teilnehmer könnten von uns enttäuscht sein. Manchmal waren die Erfahrungen der Gruppenmitglieder auch unbefriedigend. Aber meist war dies zugleich eine wesentliche Erfahrung für sie, und es hatte bedeutsame Auswirkungen für die spätere Gestaltung des Seminars.

▷ Lehrer und Erzieher sind anwesend, halten sich aber stark zurück und überlassen die Regelung der Unterrichtsarbeit weitgehend den jugendlichen Mitgliedern, z. B. die Renovierung und das Anstreichen eines Klassenzimmers in Planung, Entscheidung und Ausführung kann eine Sache der Schüler sein, ohne Eingreifen des Lehrers. Dies fördert die Selbständigkeit und die Ernsthaftigkeit des Gruppenlebens. Oder die Gestaltung von Abschiedsfeiern, Verwaltung von Lehrmitteln und Büchereien oder die Festlegung von Folgen bei Übertretungen von gemeinsam beschlossenen Regeln können weitgehend die Angelegenheit der Gruppe selbst sein. Je mehr eine Gruppe ihre Regeln selber aufgestellt hat, um so mehr wird sie sie im allgemeinen respektieren. Die Erwachsenen sind lediglich bemüht, bei dieser Gruppentätigkeit fördernd zu helfen, wenn es gewünscht wird oder dringend notwendig ist. Art und Auswirkung eines relativ selbständigen Gruppenlebens in einem Kinderheim zeigt der nachfolgende Untersuchungsbericht (Mowrer, 1939, S. 123–126):

Die 24 Heimkinder im Alter von 4–12 Jahren wurden eines Abends zusammengerufen. Es wurde ihnen erklärt, daß sie in Zukunft mit dem Heimleiter zu jeder ihnen notwendig erscheinenden Zeit zusammentreffen und mit ihm jedes Problem durchsprechen könnten. Ferner wurden ihnen die wesentlichen und nützlichen sozialen Verhaltensformen dargelegt und einem autoritären Erziehungssystem gegenübergestellt. Beispielsweise wurde gesagt, daß Stehlen nicht angebracht sei, nicht nur, weil Erwachsene es als schlecht ansehen, sondern weil dann jedes Kind sich Dinge von andern Kindern aneignen könne und es keine Sicherheit mehr für das Eigentum eines jeden gebe. Ähnliche Informationen wurden ihnen bei anderen Heimtreffen von Zeit zu Zeit gegeben, etwa über Wahrhaftigkeit, Sauberkeit usw. Die Ergebnisse dieses Vorgehens:

Die Regulierung von Ordnungen und Verboten wurde zunehmend mehr von der Jugendgruppe selbst übernommen. Anfänglich neigten die Jugendlichen sogar dazu, miteinander strenger zu sein, als es gewöhnlich die Erwachsenen unter gleichen Bedingungen waren. In ihren Beziehungen zu den Erwachsenen wurden sie freier und fähig, ihre persönlichen Gedanken mitzuteilen und bestimmte Probleme durchzusprechen, was ihnen früher aufgrund ihrer Aggressionen und ihres geringen Vertrauens unmöglich war. Durch die Heimtreffen wurden ferner die Erwachsenen des öfteren in eine Position gebracht, einem Aggressor, der gegen Anordnungen oder Regeln der Gruppe verstoßen hatte, Schutz zu gewähren. So wurde häufig das Vertrauen und der sog. gute Wille von Kindern und von Jugendlichen gewonnen, die seit langer Zeit Groll und Widerstand gegen Erwachsene aufrechterhalten hatten.

Ferner wurde folgendes festgestellt: Wenn unter unsozialen Kindern in starkem Maße Erwachsenen-Autorität verwirklicht wird, dann leistet meist die gesamte Gruppe gegen den Erwachsenen Widerstand, obwohl es anfänglich nur einige Kinder waren. Besonders aktive

Jugendliche, die gegen Autorität anzugehen wagen, gewinnen gleichsam die Gruppenzustimmung, werden als Helden betrachtet und nachgeahmt. Wenn aber die Gruppe selber im Wege der Selbstverwaltung Ordnung aufrechterhält, so existiert eine derartige Opposition gegenüber der Autorität Erwachsener nicht. Eine weit bessere Kind-Erwachsenen-Beziehung kann sich schnell entwickeln, die zugleich die Grundlage eines Wechsels in den sozialen Einstellungen und Reaktionen des Kindes bildet.

Eine Studentin, die während der Semesterferien an einem 14tägigen Arbeitsseminar mit überwiegend nicht-studentischen Mitgliedern teilnahm, beschreibt den Prozeß, wie die 115 Teilnehmer in den ersten Tagen das Programm selbst durch Anbieten verschiedener Arbeits- und Interessengruppen zu bestimmen suchten, in folgender Weise:

„... Einige wenige Teilnehmer sagten, sie hätten ihr ganzes Leben mit einem Plan gelebt, sie wollten hier einmal etwas anderes ausprobieren. Sie wüßten aber selbst nicht, wie und ob es gelingen würde. Ich – wie auch die meisten – war völlig dagegen. Ich hatte Angst vor einem Chaos und wollte so viele Gruppen wie möglich mitmachen. Andere wieder drückten Gefühle aus, daß sie keine Lust hätten, wie an Universitäten von einem Kurs zum andern zu hetzen. Ich erfuhr Frustrationen. Ich erinnerte mich an viele frustrierende, meist politische Veranstaltungen an Schule und Universität. Teilweise waren meine Gedanken und meine Interessen woanders. Nach dieser Phase begann ich den Teilnehmern, die gegen den Plan waren, etwas besser zuzuhören. Ich erfuhr, wie meine Werte sich änderten, wie eine Waage, die von einer Seite auf die andere Seite kippt. Ich glaube, daß ich auch gerade wegen dieses akzeptierenden Gemeinschaftsgefühls den anderen wirklich zuhören konnte. Nachher dachte ich, daß es an sich egal sei, ob wir nun einen Plan hätten oder nicht. Ich würde sowieso nur hingehen, wenn ich wirklich zu einer Veranstaltung wollte. ... Ich drückte beim nächsten gemeinsamen Treffen meine Erfahrung aus, die ich durch die ganze Problematik – Plan oder keinen Plan – gemacht hatte. Wichtiges Lernen findet für mich oft gar nicht in festgelegten Stundenplänen statt, sondern in informellen Gesprächen, oder wenn ich alleine bin usw. Diese Einsicht war mir nicht leichtgefallen, denn ich bin es gewöhnt, Schul- bzw. Universitäts-Stundenpläne zu haben. Und was lerne ich alles Unwichtiges in den Stunden dieser Pläne! Trotzdem ist es für mich aufregend und beängstigend, keinen Plan zu haben."

Manche Erwachsene machen unbefriedigende, für sie und die Gruppe enttäuschende Erfahrungen, wenn sie einer Gruppe von Kindern, Jugendlichen oder Studierenden auch nur kurzfristig größere Selbständigkeit geben. Soweit wir es beobachten konnten, hängt dies häufig mit folgendem zusammen: Die Erzieher sorgten vorher nicht für die hinreichenden Voraussetzungen und Bedingungen. Nachdem sie wochen-, monate- oder jahrelang gleichsam ein Modell für Dirigierung und strikte Führung waren, nachdem sie selten oder niemals Kleingruppenarbeit gestatteten, gaben sie plötzlich in hohem Maße einer Gruppe von 30–40 Schülern Freiheit und Selbständigkeit.

Auch bei Gruppen mit günstigen Voraussetzungen und Bedingungen und mit einem günstigen förderlichen sozialen Stil des Leiters ergeben sich gelegentlich Schwierigkeiten. Es ist wichtig, daß bei derartigen Schwierigkeiten die Erwachsenen weder passiv sind noch dirigierend eingreifen. Sondern sich als helfende und fördernde Gruppenmitglieder um Alternativvorschläge bemühen und nicht das Gruppenleben in Frustration und Aggression enden lassen. Auftretende Spannungen und Schwierigkeiten sprechen sie frühzeitig mit den einzelnen Gruppenmitgliedern an und suchen nach Klärung. Es ist notwendig, daß der Erwachsene fähig ist, diese Spannungen und Schwierigkeiten in einer Gruppe als einen schmerzlichen Wachstumsprozeß zu akzeptieren, auch wenn die Arbeit oder Unternehmung einer

Gruppe wirklich in Frustration und Enttäuschung der Gruppenmitglieder zunächst endet. Er bemüht sich intensiv, der Gruppe durch weitere fortlaufende Erfahrungen und günstige Bedingungen doch noch ein befriedigendes Zusammenleben zu ermöglichen. Eine wichtige Kraft ist hierbei das der Gruppe vermittelte Vertrauen in ihre Lebenskraft. Je mehr einer Gruppe Vertrauen geschenkt wird, desto mehr wird sie sich bei weiteren günstigen Bedingungen diesem Vertrauen entsprechend entwickeln können. Dies haben wir selbst in vielfältiger Weise immer wieder neu in Encountergruppen erfahren, die wir gemeinsam oder getrennt durchführten.

Erwachsene werden von den Gruppenmitgliedern als Lernende und Arbeitende wahrgenommen. Dies sehen wir als sehr wesentlich an. Unsere Annahme ist: Je mehr Schüler ihre Lehrer und je mehr Kinder ihre Eltern als Lernende wahrnehmen, desto mehr werden sie selbst zum Lernen angeregt. Kinder und Jugendliche, die ihre Lehrer und Eltern als Personen erleben, die aktiv bemüht sind, neue Erfahrungen zu machen, sich neue Kenntnisse, Fertigkeiten und Wissen anzueignen, die aufgrund neuer Erfahrungen in ihren Gewohnheiten und Einstellungen sich zu ändern bereit sind, die sich selbst und ihre Kenntnisse in Frage stellen und ergänzen möchten und die sich mit ihrer eigenen Person und ihren Erfahrungen auseinandersetzen, werden ebenfalls diese Haltungen des Sich-Auseinandersetzens mit sich selbst, des Lernens und des Sich-Änderns leben. Werden Lehrer und Eltern als Lernende, sich in ihrer Persönlichkeit entwickelnde und zur Änderung bereite Personen wahrgenommen, dann besteht eine Gemeinsamkeit zwischen Erwachsenen und Jugendlichen. Beide – Kinder–Jugendliche und Erwachsene – erfahren sich als Lernende, wenn auch häufig auf unterschiedlichem Niveau. Und aufgrund dieser Gemeinsamkeit gibt es weniger Opposition von seiten der Jugendlichen. Sie werden weniger entmutigt, wie es so oft durch die Perfektion der Erwachsenen geschieht, durch ihre Arroganz und ihren etablierten Besitz an Wissen und Kenntnissen, mit dem sie protzen. Im folgenden einige der vielfältigen Möglichkeiten, in denen Jugendliche Erwachsene beim Lernen wahrnehmen können:

▷ Erwachsene werden von den jugendlichen Gruppenmitgliedern als Lernende in der gleichen Situation und Aufgabe wahrgenommen. So z. B. lernen Erwachsene mit Jugendlichen gemeinsam eine sportliche Tätigkeit, etwa Langlauf oder Tischtennisspiel. Sie lernen gemeinsam, sich mit sich selbst in einer hilfreichen Gruppe auseinanderzusetzen. Sie lernen gemeinsam die wichtigsten Elemente einer Fremdsprache für einen Ferienbesuch in einem anderen Land. Sie machen gemeinsam Fitneß und Lauftraining, sie lernen gemeinsam, den Verbrauch von Nikotin und Alkohol zu vermeiden oder einzuschränken, ebenso wie größeren, unnötigen Konsum aller Art.

▷ Erwachsene sind Lernende und Arbeitende in der gleichen Situation, jedoch mit anderen Aufgaben. Während Schüler etwa einen Aufsatz schreiben oder sich in Kleingruppenarbeit Kenntnisse über den wirtschaftlichen Entwicklungsstand eines Landes erarbeiten, stellt der Lehrer Informationsblätter für die nachfolgende oder spätere Unterrichtsstunden her. Die Schüler sehen, wie der Lehrer Bücher oder Lexika benutzt, wie er Entwürfe macht, wie er seine einzelnen Entwürfe verbessert.

▷ Lehrer und Schüler bemühen sich um ein gemeinsames Problem. Lehrer und Dozenten bemühen sich darum, durch welche geeigneten Bedingungen und Situationen sie das Lernen der Schüler fördern können. Professoren und Studenten arbeiten an einem gemeinsamen Forschungsprojekt. Unsere beeindruckendsten Erfahrungen sammelten wir selbst als Studenten an der Universität in Seminaren, in denen sich Professoren und Studenten gemeinsam um ein Problem bemühten. Wo Professoren trotz sehr guter Vorbereitung zugaben, keine genaue Lösung zu wissen, in denen sie sich als Suchende zu erkennen gaben und in denen sie Beiträge und Hilfen von Studenten erwarteten. Wir selbst lernten sehr viel von unseren Doktoranden und Diplomanden. Wir erhielten hier viele Anregungen, stimulierende Gedanken, Hinweise auf Fehler. Lehrer können sehr viel von ihren Schülern lernen, beispielsweise wo sie in der Unterrichtsgestaltung Fehler machen oder wie sie ihren Unterricht verbessern können.

Wir möchten kein Mißverständnis aufkommen lassen: Wir meinen mit der Haltung des Lernens eines Lehrers und Professors nicht, daß sich ein Lehrer oder Professor nicht eingehend mit seinem Fachgebiet befaßt und intensiv für ein Seminar oder eine Unterrichtsstunde vorbereitet, sondern wir meinen: Nach intensivem Bemühen sind Lehrer und Professor offen für ihren gegenwärtigen Stand und für mögliche Änderungen. Sie werden gewahr, daß sie in vielen Bereichen wenig vollkommen sind, und sie bemühen sich, aufgrund der Erfahrungen ihrer Schüler und Studenten hinzuzulernen. Es ist klar, daß ein Lehrer oder Professor, der für seine Tätigkeit bezahlt wird, für diese Tätigkeit durch seine Ausbildung und stetige Fortbildung hochqualifiziert ist. Aber nicht damit verbunden ist, daß er den Anschein von Perfektionismus erweckt. Viel eher ist damit verbunden, daß er sich fortlaufend bemüht, weiter zu lernen und sich zu entwickeln: In seinem Fachgebiet, in Fragen der Politik oder Technik und in seiner eigenen Persönlichkeit.

Erleichterung des Lernens durch materielle und menschliche Lernhilfen

In diesem Kapitel haben wir einige nicht-dirigierende Tätigkeiten von Lehrern und Erziehern dargestellt, die aus den 3 Haltungen des einfühlenden Verstehens, der Anteilnahme–Sorge und der Echtheit resultieren und die das Lernen von Kindern und Jugendlichen erheblich fördern können. Lernen findet *in* Kindern und Jugendlichen statt. Wir Erwachsenen können es nicht erzwingen, befehlen oder für sie vollziehen. Aber wir können das Lernen entscheidend durch günstige Bedingungen fördern und erleichtern.

An der Schaffung dieser lernfördernden Bedingungen werden viele Lehrer und Erzieher interessiert sein. Wir möchten aber nicht, daß darüber die Tätigkeiten vernachlässigt oder übersehen werden, die sich auf die Person des Lernenden richten, auf die Förderung seiner seelischen Funktionsfähigkeit. Diese Bemühungen, die auch häufig in früheren Kapiteln dieses Buches genannt wurden, haben wir deshalb zum Schluß dieses Unterkapitels noch einmal herausgestellt. Geeignete äußere Lernbedingungen werden erst dann voll genutzt werden, wenn auch die Person des Lernenden durch den Erwachsenen hinreichend gefördert wird.

Bereitstellen und Erschließen materieller Lernquellen und Lernhilfen. Weitgehend selbständiges, selbstverantwortliches Lernen der Schüler wird wesentlich erleichtert, ja zum Teil erst ermöglicht durch konkretes Anbieten von anregenden Lernmaterialien und Lernhilfen. Hier liegt eine enorme Möglichkeit der Aktivität von Lehrern und Eltern. Wichtig ist: Die Lernmaterialien und Lernhilfen sind dem Lernen des Schülers und Studenten in seinem jeweiligen Stadium angemessen, sie überfordern und unterfordern ihn nicht, sie sind lebensnah, vielfältig anregend und stehen den Kindern und Schülern konkret im Kindergarten, im Klassenraum, im Kinderzimmer möglichst zur selbständigen Verwendung zur Verfügung. Es genügt nicht, daß Lehrer oder Eltern auf die Materialien nur hinweisen und die Beschaffung den Jugendlichen überlassen.

Materielle Lernquellen. Hierunter fällt das Organisieren und die Bereitstellung von geeigneten Büchern, Informationsblättern, Ausschnitten aus Zeitungen oder Illustrierten, Bildern, Zeichnungen, Dokumenten, Briefen, von Videoaufnahmen, Filmen, Diapositiven, Tonaufnahmen, Werkmaterial, von Experimenten, Spielen sowie Beobachtungssituationen. Manche dieser Lernmaterialien werden nicht in geeigneter Form fertig vorliegen. Lehrer erleichtern dann Schülern erheblich das Lernen, wenn sie zu den Unterrichtsinhalten jeweils leichtverständliche Informationspapiere und Lehrtexte – sei es in Mathematik, Biologie oder Erdkunde – selbst herstellen. Hierdurch vermindern sie die Beeinträchtigung von Schülern, die von ihren Eltern bei Fragen oder Schularbeiten keine Hilfe in Anspruch nehmen können.

Die Bemühungen von Lehrern und Erziehern werden häufig auch ihren äußerlich sichtbaren Ausdruck finden im Klassenraum, Kinderzimmer, Spielzimmer, im Gruppen- oder Aufenthaltsraum. Er ist belebt durch Bilder, Poster, Aushänge, Zeichnungen, ausliegende Zeitschriften, Bücher, Karten, durch Schränke mit Informations-, Beschäftigungs- und Spielmaterialien. So ist auch die äußere Atmosphäre ansprechend und anregend und mit Leseecken, Spiel- und Basteltischen oder Schreibecken erleichternd für das Lernen der Schüler. Manche Lehrer förderten in Pausenzeiten auf dem Schulhof durch Verfügbarmachen einfacher Holztennisschläger mit gebrauchten Tennisbällen, angelegten Volleyballfeldern, behelfsmäßigen Tischtennisplatten u. a. die körperliche Funktionsfähigkeit der Schüler und ihren Ausgleich zur sitzenden Beschäftigung.

Lernhilfen in geeigneter Form können das Lernen der Schüler erheblich erleichtern. Einige Beispiele, die in ihrer Auswirkung empirisch geprüft wurden.

Informationstexte über verschiedene Tierarten im Biologieunterricht wurden erheblich besser verstanden und behalten, wenn die Schüler zugleich vom Lehrer Anschauungsmaterial erhielten, so ein lebendiges Tier, ein ausgestopftes Tier oder eine Fotografie dieses Tieres (Düker u. Tausch, 1957).

Aufsätze von 9–12jährigen Schülern waren nach der Einschätzung neutraler Lehrer erheblich besser, wenn die Schüler unmittelbar vorher ein kurzes Stegreifspiel zum Thema aufführten. Die Zeit zur Aufsatzniederschrift wurde entsprechend gekürzt (Düker u. Tausch, 1960).

Ließen Lehrer 9–10jährige Schüler vor dem Aufsatz 20 Minuten lang Zeichnungen zum Aufsatzthema anfertigen, dann waren die anschließenden Aufsätze im Gesamteindruck neutraler Beurteiler sowie auch hinsichtlich formaler Einzelmerkmale besser, verglichen mit Aufsätzen von Schülern ohne Zeichnungen (Tausch u. Nickel, 1964).

Diese Lern- und Arbeitshilfen erscheinen selbstverständlich und naheliegend. Aber dennoch erfolgen sie in vielen Schulklassen selten. Häufig unterbleibt eine hinreichende Veranschaulichung durch Bilder, Diapositive oder Filme im Unterricht in Schulen und Hochschulen. Selten wird das Lernen durch leichtverständliche Informationspapiere erleichtert. Oder wie selten wird im Geschichtsunterricht das Einordnen und Behalten historischer Ereignisse durch eine sog. Zeitleiste gefördert, an der wichtige Ereignisse von der Vorzeit bis zur Gegenwart in Form von Bildern und Karten hängen.

Wahrscheinlich wird sich nur ein Lehrer intensiv um vielfältige Lernhilfen und Lernmaterialien bemühen, der deutlich in der Person der Schüler zentriert ist und der an ihrem Lernen und ihren Schwierigkeiten sorgenden Anteil nimmt.

Ökonomische Lernmethoden. Manche Fertigkeiten können Kinder und Jugendliche oft nur mühsam und unter großem Zeitaufwand lernen. Auch Lehrer werden hierdurch arbeitsmäßig und zeitlich belastet. Sie können meist auch kaum Schüler mit Lernschwächen auf einem Gebiet zusätzlich einzeln fördern. Durch Herrichten und Anbieten ökonomischer Selbsttrainingsmethoden oder durch spezielle Förderkurse können sie das Lernen der Schüler deutlich verbessern und zugleich sich selbst arbeitsmäßig entlasten. Wir möchten dies an einem Gebiet verdeutlichen, dem Erlernen der Rechtschreibung. Wieviel Zeit und Kraft wird in den ersten 6 Schuljahren damit vertan, daß Lehrer der ganzen Klasse Texte diktieren, sie anschließend alle mühsam korrigieren und die Berichtigungen der Schüler erneut nachsehen. Bei geeigneten Bemühungen um ökonomische Trainingsmethoden können sich Lehrer Tausende von unbefriedigenden Arbeitsstunden ersparen und zugleich die Leistungen ihrer Schüler bedeutsam fördern. Einige Untersuchungen:

Rechtschreibschwache Schüler können ihre Leistungen in einem Selbsttraining mittels Ton-Kassettenrecorder ohne zusätzliche Arbeitsbelastung des Lehrers erheblich verbessern. Wir prüften dies in einer Untersuchung: Über 200 rechtschreibschwache Schüler im Alter von 10–15 Jahren aus 29 Schulklassen und Kindertagesheimen mit Schularbeitenbeaufsichtigung führten 4 Wochen lang ein Selbsttraining mit 200 Wörtern durch. Die Schüler legten während des Deutschunterrichtes oder in den Pausen einzeln, zu zweit oder zu dritt eine Tonkassette in einen Kassettenrecorder ein. Die Tonkassette hatte der Lehrer mit jeweils 20 wichtigen und schwierigen Wörtern besprochen. Die Schüler schrieben die diktierten Wörter nieder und verglichen sie anschließend mit der Wortliste des Lehrers. 1 und 3 Monate danach hatten die Schüler – verglichen mit Schülern mit üblichem persönlichem Lehrertraining – eine deutliche Fehlerverminderung bei den Trainingswörtern und bei ähnlichen nicht-trainierten Wörtern. Die Verbesserungen waren unabhängig von der Ausgangsleistung der Schüler in Rechtschreibung, ihrer Intelligenz und sog. Konzentrationsfähigkeit. Weitere Vorteile des Selbsttrainings: Kein andauernder Lehrereinsatz, erhebliche Entlastung des Lehrers, individuelles Training der Schüler, individuell wählbares Lerntempo, schnelle Rückmeldungen der Fehler (R. Tausch, Bödiker u. Schwab, 1974).

Die Rechtschreibleistungen der Schüler verbesserten sich erheblich, wenn sie ihre Diktate sofort selbst korrigierten, auch wenn sie dabei durchschnittlich jeden 4. Fehler übersahen. Im allgemeinen jedoch ermöglichen Lehrer diese sofortigen Rückmeldungen ihren Schülern selten, sondern die Lehrer korrigieren die Diktate einige Tage später selbst, unter hohem Zeitaufwand. Eine derart verzögerte Rückmeldung um 2 Tage erwies sich so wenig wirksam wie gar keine Fehlerrückmeldung (Nickel, 1968).

Meist wird Rechtschreibung in den Schulen durch Diktieren zusammenhängender Texte geübt. Ein Diktat isolierter Wörter würde angeblich die spätere richtige Schreibweise nicht hinreichend fördern. In einer Untersuchung erwies sich diese Auffassung als nicht zutreffend (Nickel, 1968).

In ähnlicher Weise lassen sich die Lernleistungen bei geringerem Arbeitsaufwand von Schülern sowie Lehrern in vielen Bereichen von der Grundschule bis zur Universität verbessern. Einfühlendes Verstehen der inneren Welt der Schüler und Studenten sowie eine sorgende Anteilnahme der Lehrer und Professoren an deren Lernen und deren Entwicklung ermöglicht es, geeignete Lernhilfen, Materialien und ökonomische Lernmethoden unter Verwendung einfallsreicher Bemühungen der Schüler zu entwickeln.

Der jederzeit sichtbare Aushang der konkreten Arbeitsziele, Lernziele und Prüfungsziele erleichtert das Arbeiten und Lernen der Schüler wesentlich. Diese gemäß Lehrplan, Prüfungsbedingungen oder dem Plan der Klasse innerhalb eines Vierteljahres, eines Halbjahres oder Jahres zu erreichenden Ziele sind fortlaufend im Klassenzimmer oder Seminarraum sichtbar aufgehängt. Sie sind so jedem Schüler oder Studenten konkret bekannt. Alle Schüler einer Klasse oder etwa alle Teilnehmer eines Seminars wissen genau, welche Arbeiten in einem jeweiligen Unterrichtsfach, Kurs oder Seminar in einer befristeten Zeit zu erledigen sind, welche Qualitäten oder Fertigkeiten sie zu erwerben haben. Beispielsweise sind ausgehängt: Die Wörter, die Schüler am Ende ihres 1. Schuljahres lesen können; alle Rechenaufgaben, die Schüler am Ende ihres 3. Schuljahres beherrschen; englische Texte, die Schüler am Ende ihres 9. Schuljahres verstehen; Prüfungsfragen zu den Gebieten etwa der Klinischen oder Pädagogischen Psychologie sowie die Klausurfragen der vorangegangenen Jahre bei der Diplomprüfung in Psychologie.

Dies alles ist einfach und naheliegend, erfolgt aber selten. Das selbstbestimmte Lernen und Arbeiten der Schüler und Studenten wird jedoch hierdurch sehr erleichtert: Sie können sich erst mit der Kenntnis des langfristigen Plans ihrer Klasse ihre individuellen Wochenpläne oder die Arbeitspläne für ihre Kleingruppe aufstellen. Sie können mit dem Lehrer oder ihren anderen Gruppenmitgliedern Vereinbarungen oder Verträge hinsichtlich selbstgestellter Arbeitsziele treffen. Sie können ihre Leistungen in Arbeitsbücher oder Arbeitsmappen eintragen. Jeder einzelne Schüler hat so einen Überblick über seine bisher geleisteten und noch zu leistenden Arbeiten. Er ist selbst verantwortlich für sein eigenes Lernen. Er lernt in sich hineinzuhorchen, wie es mit seinem Lernen steht, und was er tun muß, um die Ziele und Vereinbarungen einzuhalten. Lehrer werden ihrerseits den Schülern freiwillige Lernkontrollen anbieten. So können Schüler feststellen, inwieweit ihre bisher geleistete Arbeit den Zielen des Monats, des Vierteljahres oder Halbjahres entsprechen. Und Lehrer können den Schülern mit Lernschwierigkeiten individuelle Förderungsprogramme anbieten oder stark beeinträchtigten Kindern spezifische Trainingsmethoden (Klauer, 1969; 1975). Auch die Denk- und Intelligenzleistungen von 4jährigen wurden durch ein Training bedeutsam gefördert (Issing u. Ullrich, 1969). Entscheidend ist das für die Lernenden wahrnehmbare persönliche Bemühen der Erwachsenen, das Lernen von Kindern und Jugendlichen durch entsprechende Materialien und Lernhilfen fördern zu wollen.

Das Erschließen und Verfügbarmachen von menschlichen Lernhilfen ist ebenfalls Gegenstand fortwährender intensiver Bemühungen von Erwachsenen. Wir möchten zwei der vielen Möglichkeiten darstellen:

Lehrer ermöglichen die Förderung Jugendlicher durch andere Jugendliche. Jeder ältere Schüler und Student kann ein Tutor und helfender Partner für einen jüngeren Schüler oder Studenten sein, eine Quelle und Hilfe für dessen Lernen. Er selbst kann wiederum durch mehrere ältere Tutoren gefördert werden. Schüler der 1. Grundschulklasse können Tutoren in der Vorschulklasse oder im Kindergarten sein. Schüler des 3. Schuljahres sind Tutoren in Lesen, Schreiben und Rechnen in Klassen des 1. Schuljahres. Schüler des 5. Schuljahres werden in ihren Unterrichtsfächern durch Schüler des 8. und 9. Schuljahres gefördert. Diese Tutor-Tätigkeit kann klassenweise erfolgen. Das 9. Schuljahr z. B. übt Tutor-Tätigkeit im 5. Schuljahr eine Stunde an ein oder zwei Wochentagen aus. Die Tutor-Tätigkeit kann auch nachmittags erfolgen, evtl. auch einzeln. Welch ein enormes Potential an Kräften, Hilfen und Tätigkeiten können Erzieher so zur Förderung des Lernens aktivieren. Lehrer und Dozenten werden durch diese Tutor-Tätigkeit in ihrem Unterricht stark entlastet. Sie brauchen weniger zu dirigieren, zu lenken und zu „lehren“. Statt dessen bemühen sie sich um Anleitung und Organisation dieser Tutor-Tätigkeit ihrer Schüler. Leider werden diese enormen menschlichen Möglichkeiten erst in wenigen Schulen genutzt. Nur auf kommerzieller Basis geben manche ältere Schüler jüngeren Schülern Nachhilfeunterricht, was Lehrer sogar häufig vermitteln.

Für diejenigen Lehrer, die skeptisch hinsichtlich der Durchführung und Auswirkung der Tutortätigkeit von Schülern sind, möchten wir einige empirische Überprüfungen darstellen:

Die Leseleistungen von Schülern des 1.–3. Schuljahres wurden durch die Tutor-Tätigkeit von hierzu angeleiteten Schülern des 5. und 6. Schuljahres wesentlich gefördert. Die jüngeren Schüler waren hochmotiviert, diese Lernhilfen zu erfahren (Snapp u. a., 1972).

Oberschüler, die wenig Interesse an der Schule hatten, beschäftigten sich nach einem Einführungskurs mit schulschwierigen Grundschülern. Jede Woche 30 Minuten lang zeichneten sie mit ihnen, lasen und spielten mit ihnen. Gemäß Einschätzung der Lehrer und der Oberschüler hatte dies deutlich positive Auswirkungen: Das Verhalten der Grundschüler verbesserte sich, verglichen mit einer Kontrollgruppe anderer Schüler (McWilliams u. a., 1973).

Jungen aus Erziehungsheimen im Alter von 6–9 Jahren, die einzeln von einem Studenten des 1. Semesters in Pädagogischer Psychologie an Wochenenden betreut wurden, mit ihnen Museen, Sportereignisse, Erholungsparks, Zirkusvorstellungen und Wohnheime der Studenten besuchten, ohne eigentliche Unterrichts- und Beratungstätigkeit, zeigten günstige Auswirkungen in ihrem Intelligenzquotienten und in ihren sozialen und gefühlsmäßigen Vorgängen (Girona, 1972).

Die Tutoren selbst werden durch ihre Tätigkeit in ihrer eigenen Persönlichkeitsentwicklung, insbesondere in ihrer Selbstachtung gefördert. Sie erfahren den Wert ihrer Person, indem sie anderen in Schwierigkeiten helfen. Sie lösen so ihre soziale Verpflichtung ein, von ihrem geistigen Eigentum, das sie durch finanzielle Förderung der Bevölkerung erwerben konnten, anderen abzugeben. So empfanden Oberschüler ihre Tutor-Tätigkeit bei Grundschülern für sich selbst sinnvoller als jede andere Schulaktivität. Sie meinten ferner, daß sich ihr Verständnis für Kinder erweitert habe (McWilliams u. a., 1973). Darüber hinaus scheinen die Tutoren selber mehr Interesse an ihrem eigenen Lernen zu gewinnen: Tutoren des 8. Schuljahres, die 7 Monate lang Tutor-Tätigkeit bei Schülern in einem benachbarten ärmlichen Bezirk ausübten, wiesen einen Fortschritt in ihren eigenen Schulfertigkeiten von ca. einem halben Jahr auf, verglichen mit Schülern der gleichen Schule ohne Tutor-Tätigkeit (Willis u. Crowder, 1974).

Auch in der Persönlichkeitsentwicklung können jüngere Schüler durch ältere Schüler bedeutsam gefördert werden:

Psychisch beeinträchtigte 11–12jährige Schüler einer Gesamtschule erhielten personenzentrierte Einzelgespräche durch ältere Jugendliche und Schüler. Diese waren von Psychologen in ihre Tätigkeit eingewiesen worden. Nach 2 Monaten zeigten die Schüler – im Vergleich zu Kontrollschülern oder Schülern, die ein Sportprogramm erhalten hatten – konstruktive Änderungen: 2 Drittel waren seelisch stabiler geworden, hatten weniger seelische Beeinträchtigungen, weniger Aggressionen, mehr Kontrolle über sich selbst. Kein Gesprächsschüler hatte sich negativ verändert. Die jugendlichen Schülerhelfer, die die Einzelgespräche, aber auch das weniger wirksame Sportprogramm durchgeführt hatten, sagten in einer Nachbefragung: Sie hätten von dem Helfereinsatz persönlich profitiert. Sie begrüßten das Helferprogramm als eine Möglichkeit zu sozialem und gefühlsmäßigem Lernen (Thiel u. a., 1976).

Schüler wurden von ihren Klassenkameraden hinsichtlich ihrer Helferqualität ausgewählt. Sie wurden dreimal 1 Stunde in das Verstehen anderer Personen eingewiesen. 9 Wochen lang trafen sie sich dann täglich mit Schülern, die aufgrund persönlicher Schwierigkeiten durch Lehrerurteil und Tests aus verschiedenen Klassen ausgewählt worden waren. Diese Schülerhelfer förderten nachgewiesenermaßen die Persönlichkeitsentwicklung ihrer Mitschüler (Kern u. Kirby, 1971).

Eltern helfen in der Schule. Im Rahmen eines Programms in einer norddeutschen Großstadt halfen 1975 in über 40 Grundschulen fast 600 Mütter beim Unterricht mit, insbesondere beim Unterricht in kleinen Gruppen. Sie unterstützten die Lehrer und Schüler im Lesen, Schreiben, Rechnen, Sport und Schwimmen. Gegen dieses Projekt wurden zuerst mannigfache Einwände erhoben, etwa die Frage der Haftpflichtversicherung, die mögliche Bevorzugung der eigenen Kinder. In der Realität gab es dann, abgesehen von einer Schule, keinerlei größere Schwierigkeiten zwischen Lehrern und Eltern.

Mütter einer Klasse können sich auch zusammenschließen, um abwechselnd ihre Kinder bei den Schularbeiten zu fördern. Eine Grundschullehrerin berichtet uns: „Da war eine ganz reizende Mutter mit vielen Kindern. Sie meinte, hier sei ein sehr guter Klassengeist, und sie wolle mithelfen. Aber sie hatte auch Angst davor. Sie sagte: ‚Aber ich kann doch gar nichts dabei machen.‘ Und ich sagte ihr: ‚Sie sind die Wichtigste dabei. Sie sind so mütterlich. Sie sitzen dabei, mitten in der Küche, und die Kinder arbeiten. Und Sie sind da, daß die Kinder nicht die ganze Zeit Hühnerkram machen, sondern daß sie wirklich arbeiten.‘ Sie ist diejenige, die dadurch helfen kann, daß sie eine so mütterliche Frau ist. Denn bei einer mütterlichen Frau kann man großartig Schularbeiten machen und nicht bei einer kalten intellektuellen Hexe."

Menschliche Lernquellen können von Schülern oft besser genutzt werden, wenn sie sich ihre Lehrer zumindest zeitweise wählen können. Es ist wichtig, daß Lehrer ihren Schülern diese Wahl ermöglichen, z. B. bei bestimmten Kursen oder Gruppen, daß also zum Beispiel die 3 Lehrer von 3 Parallelklassen in der Grundschule gelegentlich gemeinsam ein Programm oder einen Kurs zur gleichen Zeit durchführen, und die Schüler sich zeitweise die Person wählen können, von der sie in ihrem Lernen gefördert werden möchten. Dies fördert das Lernen und die Beziehung zwischen Lehrern und Schülern.

Ermöglichen von bedeutsamen Umwelterfahrungen. Werden Personen relativ viele Freiheiten des Handelns gewährt und sollen sie diese Freiheiten für sich persönlich und in politischer Hinsicht für andere verantwortungsvoll nutzen, so ist hierfür eine Voraussetzung: Sie machten während ihres Heranwachsens eine große Breite persönlich bedeutsamer Erfahrungen; sie wurden mit vielen bedeutsamen Situationen ihrer Umwelt konfrontiert; sie setzten sich mit diesen Erfahrungen offen auseinander; sie bildeten selbständig ihre Werte, statt die fertigen Werturteile anderer zu übernehmen und starr beizubehalten.

Häufig ist dies jedoch nicht der Fall. Jugendliche wachsen heran und leben später als Erwachsene, ohne daß sie mit sehr breiten, persönlich bedeutsamen Erfahrungen und Möglichkeiten ihrer Umwelt konfrontiert wurden. Deswegen sind häufig ihre Urteile einseitig. Sie können einzelne Erscheinungen nicht einordnen, ihr starrer Bezugspunkt beruht häufig nur auf einer einzelnen isolierten Erfahrung oder ungeprüft übernommenen Wertung anderer. Sie können schwer die Bedeutung von einzelnen Erfahrungen und Ereignissen abschätzen, da ihnen eine größere Breite eigener Erfahrungen fehlt, um sich mit den neuen Erfahrungen persönlich auseinanderzusetzen.

Welcher Art sollen die Erfahrungen sein? Erwünscht sind Erfahrungen, die für die wesentlichen Lebensauffassungen der Jugendlichen selbst und ihre Umwelt von Bedeutung sind: Also für ihre Arbeit und ihr persönliches Leben, über Ehe, Sexualität, Zusammenleben in Gruppen, über wirtschaftliche und politische oder religiöse Erscheinungen. Es ist unserer Auffassung nach nicht erwünscht, daß Erwachsene den Jugendlichen ihre Auffassungen aufzwingen oder sie ihnen indoktrinieren. Entscheidend ist vielmehr die Aktivität des Erwachsenen, dem Jugendlichen eine große Breite an Erfahrungen zugänglich zu machen und behilflich zu sein, sich damit intensiv und verteidigungsfrei auseinanderzusetzen.

Aus der Fülle der möglichen bedeutsamen Umwelterfahrungen, mit denen Erwachsene die Jugendlichen aufgrund ihrer Bemühungen und Aktivität konfrontieren, möchten wir einige wenige darstellen:

4- oder 6wöchige Praktika an Arbeitsplätzen, in Fabriken, Werkstätten, Büros. Kontakt mit beeinträchtigten Personen der Umwelt, mit Kranken und behinderten Personen. Zum Beispiel Praktikum und Mitarbeit in einem Krankenhaus, in einem Altersheim oder Mitarbeit beim Schwimm- und Sportunterricht behinderter Kinder. Jugendliche können so im Vergleich zu den Beeinträchtigungen anderer ihre eigenen Schwierigkeiten angemessener erleben.

Besuche bei Völkern und Staaten mit anderen politischen und kulturellen Gesellschaftsauffassungen. Auf dem Hintergrund der Verhältnisse anderer Länder wird Jugendlichen eine Wertung der kulturellen, wirtschaftlichen und politischen Verhältnisse des eigenen Landes erleichtert. Sie sehen so klarer die Nachteile, aber auch die Vorteile der Verhältnisse des eigenen Landes. Aufgrund intensiver Auseinandersetzung mit ihren Erfahrungen können sie Vorschläge zur Verbesserung in einigen Bereichen machen.

Kontakt mit realen Aufgaben und wirklichen Problemen aus der Umwelt, ein Beispiel: Häufig beschäftigen sich Schüler im Sozialkundeunterricht damit, sich Wissenskenntnisse der gegenwärtigen oder vergangenen politischen Verhältnisse einzuprägen oder zu kritisieren. Wesentlicher ist jedoch: Jugendliche leisten zu den gegenwärtigen politischen und sozialen Fragen selber Beiträge. Sie entwerfen einen Plan für die Sicherung der Renten der Bevölkerung, zur Verminderung der Arbeitslosigkeit, zur Energieeinsparung und Energieversorgung. Sie vermeiden dadurch, distanziert, kritisierend und teilweise gelangweilt über Dinge zu sprechen, ohne eine Verantwortung dafür zu haben. So werden sie vielmehr aufgefordert, ihre eigenen Lösungsvorschläge darzulegen, sie zu überprüfen und mit dem zu vergleichen, was andere ausarbeiteten.

Kontakt zu Personen mit andersartigen Auffassungen, vorausgesetzt daß diese selbstgeöffnet sind. Entscheidend ist nicht, daß deren Auffassungen „richtig" sind. Sondern: Daß Schüler sich mit diesen Auffassungen persönlich auseinandersetzen und sie mit den Auffassungen anderer vergleichen. So sagt ein Kranführer in einer Encountergruppe, in der auch Jugendliche sind: „Ich verstehe unsere Welt nicht mehr. Ich verstehe wirklich unsere Welt nicht mehr. Weißt Du, in was wir leben? Hier in unserer Wohlfahrtsgesellschaft. Die Eltern von jenen Studenten haben noch die Kriegsjahre mitgemacht und haben gesagt: ‚Unsere Kinder sollen es gut haben. Die brauchen keine Zeitungen auszutragen, die brauchen keine Fischpaste zu essen, die brauchen sich nicht mit Schaumseife zu waschen.' Und jenen jungen Menschen hat man alles von vorne bis hinten in'n Arsch gesteckt. Und das ist die Frucht! Hier von wegen, wie das heißt, mit die Förderungsmittel. Die sollen, wenn sie studieren wollen, sollen sie Opfer bringen, denn die Früchte haben sie ja später. Erst soll man sie morgens einige Stunden arbeiten schicken, richtig mit der Schubkarre, ja und mit der großen Schaufel, ja! Und dann schickt man sie wieder in die Schule. Ich bin hart, aber ich glaube, ich bin gerecht."

So lernen Jugendliche das Schicksal hart arbeitender oder kranker Menschen kennen; sie kommen in Kontakt mit Personen aus glücklichen und gescheiterten Ehen. Wenn sie dabei unmittelbar von den Personen und Ereignissen berührt werden und sich damit persönlich intensiv auseinandersetzen, dann sind diese Konfrontationen mit den Erfahrungen anderer und mit Umweltsituationen eine Quelle ihres Lernens. Und es werden die Nachteile vermieden, die heute oft entstehen, wenn Kinder, Jugendliche und Studenten zu sehr von allen wirklichen Problemen unseres gesellschaftlichen Lebens abgeschirmt werden, wenn sie wie in einem Getto aufwachsen

Förderung der Person des Lernenden selbst und Erschließen der Lernquellen in seiner eigenen Person. Wir haben auf den vorangegangenen Seiten die Förderung des Lernens von Kindern und Jugendlichen durch Anbieten geeigneter Lernmaterialien, Lernhilfen und Umwelterfahrungen dargestellt. Wir möchten nicht, daß darüber das Wesentliche vergessen wird, die Förderung der Person des Lernenden selbst. In den vergangenen Kapiteln des Buches haben wir dies eingehend dargestellt. Insbesondere die Förderung der Selbstachtung des Jugendlichen und seines günstigen Selbstkonzeptes, sein Offensein für sein persönliches Erleben und die verteidigungsfreie intensive Auseinandersetzung damit. Diese Förderung seiner Person erfährt er durch den persönlichen Kontakt mit dem Erwachsenen, insbesondere durch dessen Achtung–Wärme, einfühlendes Verstehen in seine innere Welt sowie Echtheit–Offensein. Wir möchten dies hier nicht wiederholen, sondern nur auf einige Gesichtspunkte hinweisen.

Es ist wichtig, daß der Jugendliche die große Bedeutung seines Erlebens und seines eigenen Erfahrens für sein Lernen sieht: Daß ihn die Auseinandersetzung mit sich selbst voranbringt; daß das Hinhören auf sein eigenes Fühlen für ihn bedeutungsvoll ist. Insgesamt, daß er sein eigenes Fühlen, Erleben und Wahrnehmen als wesentliche Lernquelle erlebt und nutzt. Auch das rechtzeitige Hören von Körpersignalen und ihre Beachtung kann für Jugendliche, die zu übermäßigem Genuß von Essen, Alkohol, Nikotin und anderen Genußgiften oder die zu übertriebener Enthaltung gegenüber dem Essen neigen, lebensrettend sein und sie davor bewahren, ihre seelische Funktionsfähigkeit dauerhaft zu beeinträchtigen. Die Nähe zum Körper und seine Gesunderhaltung ist eine elementare Bedingung für eine seelisch funktionsfähige Persönlichkeit. Nicht-dirigierende Aktivitäten von Erwachsenen, die die körperliche Funktionsfähigkeit von Jugendlichen fördern, fördern zugleich das seelische Wohlbefinden und die seelische Funktionsfähigkeit von Kindern und Jugendlichen (Snyder u. Spreitzer, 1974; Paschen, 1971; Lienert u. a., 1960).

Eine Möglichkeit, die Person des Kindes und Jugendlichen zu fördern und so sein Lernen zu erleichtern, werden häufig personenzentrierte Einzel- und Gruppengespräche sein, von denen Jugendliche sagen, daß diese sie persönlich voranbringen. Zwei Beispiele:

14jähriger zum Lehrer: „So manchmal, wenn ich so morgens aufwache und denk': Ach, so, heute Schule, hab' doch keine Lust und so, dann geh' ich hin mit einem Gesicht und dann mach' ich Quatsch in der Stunde. Das ist dann nur so, weil ich an dem Tag keine Lust habe, zur Schule zu gehen. Ich weiß nicht, wie ich mich da irgendwie ablenken soll, daß ich Quatsch mach'."

Lehrer: „So richtig Lust hast Du nicht zur Schule!?"

14jähriger: „Ich mein', ich hab' schon mehr Lust als früher. Aber – ich weiß nicht."

Lehrer: „Das kostet Dich Kraft."

Schüler: „Ja."

Ein 14jähriger epileptischer Schüler schreibt nachts seinem Lehrer, nachdem dieser vormittags den Schülern von seinen positiven Erfahrungen in seiner Wochenend-Encountergruppe erzählt hat: „Mein Leben wird jetzt interessanter, und ich fühle mich dabei wohl, denn ich erforsche mich. Ich versuche, mein Leben in die Hand zu nehmen. Meine Lebenswandlung kam über Nacht. Das Aufschreiben meiner Gedanken und Gefühle gibt erst die Freude, denn es ist schön, was zu machen, was neu ist. Es gibt einem das Gefühl der Freude. Ich spüre richtig, wie in mir der Ehrgeiz erwacht ist, erwachsen zu sein. Das heißt auch, daß man sich selber bestimmt. Es gibt auch einen Weg, wie man erwachsen sein kann und trotzdem glücklich ist, nämlich, wenn man mit sich experimentiert und das tut, was man wirklich will."

Viele Jugendliche sind noch nicht so weit in ihrer Persönlichkeit. Da sie Schwierigkeiten mit ihrer eigenen Person haben, werden sie die äußeren Lernhilfen häufig wenig nutzen können. Im folgenden bringen wir einen Auszug aus dem Tagebuch eines 12jährigen Mädchens in einem Heim. Der psychologische Betreuer hatte das Kind angeregt, seine Erlebnisse und Schwierigkeiten in einem Tagebuch niederzuschreiben und, da ein Vertrauensverhältnis bestand, mit ihm 1–2mal in der Woche darüber zu sprechen. So bemühte er sich, die Person dieser 12jährigen Jugendlichen zu fördern. Hier der Tagebuchauszug von Martina:

„Heute habe ich Schularbeiten gemacht. Ich war sehr aufgekratzt heute. Ich denke manchmal, ich bin überflüssig. Wer will mich schon, nur weil ich mit anderen Scheiße mache. Aber was sollst Du anderes tun? Immer in der Bude sitzen und nur das Gemecker hören. Das kotzt mich an. Ich habe so viele Probleme, aber wer will mir helfen? Neulich sagte eine Erzieherin, mir kann man nicht mehr helfen, ich muß aus dem Heim. Ich bin immer die Anstifterin. Manchmal denke ich, warum machst du keinen Selbstmord. Ich habe überall Ärger, wo ich auch hinkomme. In der Schule, im Heim und manchmal sogar bei meinen Bekannten ... Ich habe heute nichts Gutes getan. Ich habe gesagt, ich hätte um 8.15 Uhr Schule. Dabei hatte ich um 8.30 Uhr Schule. Dann habe ich geklautes Geld ausgegeben ... Ich bin nicht mehr mit mir zufrieden ... Ich freue mich, wenn ich nach Ü. zu meinen Bekannten fahren darf ... Ich sitze hier und höre der Musik zu, damit ich meine Probleme vergesse. Manchmal trinke ich auch Bier, damit ich besser einschlafe und daß ich meine Sorgen vergesse."

Martinas Eintragungen am nächsten Tag lauten:

„Ich dachte, warum schwänz' ich morgen nicht. D. tut sich aufregen, wenn ich etwas eintragen will. Heute habe ich wieder 3 Stunden geschwänzt, 2 Mathe und Geschichte. Ich bin in Mathe so schwach. Ich kann noch nicht mal das große Einmaleins oder so schnell rechnen, deswegen gehe ich nicht zu Mathe. Auch wenn ich übe, ich schreibe keine guten Zensuren. Heute habe ich auf eine Holzplatte geschrieben: Ich werde Selbstmord machen, an einem schönen Tag, wenn mir alles stinkt. Mich kotzt alles an. Ich habe kein Vertrauen zu den Erwachsenen. Ich hasse alles. Wenn ich mich umgebracht habe, bin ich alle Probleme los und alle Sorgen. D. hatte vielleicht Recht: Mir kann man nicht mehr helfen. Ich bin selbst nicht mit mir zufrieden" (Joost, 1977).

Dieser Auszug demonstriert: Wenn Kinder und Jugendliche nicht in ihrer Persönlichkeit gefördert werden, wird ihr Lernen trotz günstiger Lernmaterialien und Lernhilfen gering sein. Ein Kind oder Jugendlicher, der nicht mit sich selbst umgehen kann, der voller seelischer Schwierigkeiten ist, der sich selbst nicht als Quelle des Lernens nutzen kann, kann wenig durch äußere Lernquellen gefördert werden.

Die Auszüge der beiden folgenden Schüler dagegen zeigen, daß sie mit ihrer eigenen Person gut umgehen können und sich selbst und äußere Lernquellen nutzen können.: „Irgendwie freue ich mich immer wieder, wenn ich etwas gelernt habe. Wenn ich nichts gelernt habe, schäme ich mich richtig. Allein das Gefühl, wenn ich in der Zeitung einen biologischen Artikel lese, daß ich ihn verstehen kann." – – „Ich spüre, das Lernen bringt mir auch was. Ich lerne einfach im Augenblick gerne. Es interessiert mich jetzt eben alles und es ist gut, Dinge zu lernen und zu wissen."

Ermöglichen von Denkvorgängen im Unterricht

Es mag zunächst seltsam erscheinen, daß wir die Notwendigkeit der fördernden Aktivität von Lehrern zur Ermöglichung von Denkvorgängen besonders betonen und darstellen. Denn viele Lehrer sehen im Denken den wichtigsten Vorgang und das wichtigste Ziel ihres Unterrichtens. Bestimmte Fächer werden sogar jahrelang gelehrt, weil durch sie das Denken gefördert werde. Eine nähere Betrachtung des Unterrichts jedoch, etwa anhand von Tonaufnahmen oder Transkripten, führte uns zu folgenden Annahmen:

▷ Denkvorgänge der Schüler sind im Unterricht in geringem Ausmaß in den meisten Fächern und Schuljahren vorhanden. Meist handelt es sich um ein gedächtnismäßiges Erinnern von Fakten, Gedanken oder Meinungen der Lehrer. Denkvorgänge wie Kombinieren von Erscheinungen, Abstrahieren oder kreative–originelle Produktivität der Schüler waren selten, wie Untersuchungen über die Qualität der Schülerbeiträge ergaben (R. Tausch u. a., 1972; Höder u. a., 1975; Höder u. a., 1976).

▷ Lehrer und Studienreferendare können oft nicht angeben, was Denkvorgänge der Schüler sind. In zwei Untersuchungen von uns konnten viele Lehrer keine konkreten Beispiele für bedeutsame Denkvorgänge ihrer Schüler angeben, die sich am Vormittag in ihrem Unterricht abgespielt hatten. Auch in der psychologischen Fachliteratur gibt es wenig bedeutsame Informationen über das Denken im Schulunterricht. So kommt den fördernden nicht-dirigierenden Tätigkeiten der Lehrer große Bedeutung zu, um ihren Schülern durch geeignete Situationen im Unterricht Denken zu ermöglichen.

Im folgenden möchten wir durch einige Informationen über Denkvorgänge im Schulunterricht dem Leser eine bessere Wahrnehmung von Denkvorgängen ermöglichen, insbesondere eine bessere Unterscheidung zwischen Denken und gedächtnismäßigem Erinnern von Fakten und Gedanken. Wir hoffen, daß es dem Lehrer durch diese Informationen möglich wird, häufiger in seinem Schulunterricht Situationen zu schaffen, die Schülern Denken ermöglichen. Denn die Konsequenzen dieser Informationen sind bedeutsam: ▷ Der übliche Frontalunterricht stellt eine Situation dar, die selten oder nie ein länger andauerndes selbständiges Denken der Mehrzahl der Schüler von etwa 1–2 Minuten oder länger ermöglicht. Auch ein Rundgespräch der ganzen Klasse ist kaum eine geeignete Situation der Förderung. Kleingruppenarbeit jedoch, bisher erst selten verwirklicht, ist eine günstige Situation zur Ermöglichung und Förderung von Denkvorgängen der Schüler. ▷ Viele Aufgaben und Fragestellungen fördern die Denkvorgänge der Schüler in zu geringem Maße.

Was ist Denken? Wir möchten einige Charakteristika von Denkvorgängen darstellen, die unserer Erfahrung nach bedeutsam für das Denken im Unterricht sind:

▷ Denkvorgänge erfolgen bei der Lösung von Problemen, deren Lösung nicht direkt wahrnehmbar ist, nicht mit Hilfe einfacher manueller Handhabung erreichbar ist, nicht mit einer gedächtnismäßigen Wiedererinnerung von Wissen, etwa von einem früher gewußten Lösungsvorgang möglich ist. Problem bedeutet hierbei: Eine Person möchte ein bestimmtes Ziel erreichen, weiß jedoch nicht, wie sie zu dem Ziel gelangen kann. Sie kann also nicht auf bekannte Verfahren, Techniken oder Lösungsmöglichkeiten zurückgreifen.

▷ Beim Denken stellt sich eine Person Gegenstände, Ereignisse oder Erfahrungen vor, die für sie im Augenblick nicht wahrnehmbar sind. Vorstellungen oder symbolhafte innere Repräsentationen von Gegenständen, Ereignissen, Personen oder Erfahrungen sind beim Denken bedeutsam.

▷ Bei Denkvorgängen wird oft gelerntes Wissen verwendet. Aber die Verwendung von gelerntem Wissen ist noch kein Denken. Auch das Vorhandensein gewisser Gedanken und Vorstellungen im Bewußtsein ist noch kein Denkvorgang.

▷ Denkvorgänge verlaufen häufig in unregelmäßigen Vor- und Rückwärtsschritten. Denkvorgänge verschiedener Menschen zu dem gleichen Problem verlaufen oft in recht unterschiedlicher Abfolge.

▷ Stadien der Problemlösung, bei dem durch das Denken das Ergebnis gefunden wird, sind des öfteren: 1. Konfrontation, d. h. ein Sachverhalt wird wahrgenommen, eine Schwierigkeit taucht auf, das Problem wird bewußt. 2. Genauere Wahrnehmung oder Formulierung des Problems. 3. Erarbeitung von Lösungswegen und Lösungsmitteln. 4. Bewertung, d. h. Annehmen oder Verwerfen der Denkprodukte. 5. Übertragung oder Abänderung eines Lösungsweges.

▷ Zwischen Denken und Sprechen besteht ein gewisser Zusammenhang. Jedoch ist beides nicht gleichzusetzen. Sprache oder Worte sind häufig erleichternde Möglichkeiten des Denkens. Und: Wichtige Fortschritte im Denken können erfolgen, ohne daß sie der Denkende sprachlich ausdrücken kann, ja, ohne daß sie ihm sprachlich bewußt werden.

▷ Denkvorgänge werden gefördert, wenn das Problem oder die Lösung für eine Person sehr bedeutungsvoll ist, ferner, wenn bedeutsame Erscheinungen konkret wahrnehmbar sind oder waren.

▷ Denkvorgänge verlaufen teilweise nicht-bewußt. Zwar ist meist das Problem deutlich bewußt und das Endprodukt. Aber viele Phasen des Denkvorganges verlaufen ohne unser Bewußtsein. Dies ist besonders der Fall beim intuitiven Denken, das wir nachstehend etwas charakterisieren möchten.

Intuitives Denken und Problemlösen ist in unserem alltäglichen Leben von großer Bedeutung. Auch viele hervorragende Wissenschaftler sahen intuitive Problemlösungen als wesentlich für ihre Arbeit an. Was ist darunter zu verstehen? Beim intuitiven Denken wird oft eine Lösung gefunden, ohne daß eine Person angeben kann, wie sie zu der Lösung gekommen ist. Der Denkvorgang ist also häufig in den einzelnen Stadien nicht deutlich bewußt. Manche Einzelheiten werden bewußt, auch unsere Bemühungen sind uns bewußt und eine intensive Beschäftigung mit dem Problem. Häufig erfolgen die Lösungen plötzlich und teilweise unerwartet. Intuitives Denken führt zu korrekten Urteilen und Denkprodukten, ohne daß der Denkende weiß, warum und wieso es dazu kommt. Der Denkende erreicht also eine Schlußfolgerung und ein Denkprodukt mit weniger Information als es sonst im allgemeinen erforderlich ist. Meist sind für ein mehr logisch diskursives Denken bedeutsam mehr Informationen erforderlich. Manche Psychologen nennen auch intuitives Denken die Fähigkeit zu richtigen Urteils- und Denkprodukten, ohne zu wissen, warum. Beim intuitiven Denken erfolgt eine schnelle Kategorisierung, Ordnung und Verallgemeinerung, oft ohne daß sich der Denkende dessen bewußt ist. Intuitives Denken wird gefördert durch engen direkten Kontakt mit den Gegenständen oder Ereignissen und durch gefühlsmäßiges Erleben und Angemutetwerden. Bedeutungen von Erscheinungen werden unmittelbar wahrgenommen. Das Offensein einer Person für ihr Erleben und die Verfügbarkeit vergangenen Erlebens erleichtert intuitives Denken. Ähnlichkeiten, Zusammenhänge und Ordnungen werden erfaßt, Konzeptbildungen erfolgen, ohne daß der Person diese Vorgänge deutlich bewußt sind. So können Schüler im Unterricht – ohne genaues, logisch geordnetes Wissen zu haben – Aussagen machen, etwa über richtige Kommasetzung in der Rechtschreibung, über den grammatikalisch richtigen Gebrauch von Wörtern, über gewisse Gesetzmäßigkeiten von Erscheinungen, aufgrund intuitiven Denkens und intuitiver Konzeptbildung. Zwei Untersuchungsbefunde:

Versuchspersonen gaben auf Wörter, die den *Teil* eines Ganzen darstellen, den Gegenstand und das Wort an, der das Ganze darstellt. Sie reagierten also auf das Wort „Knopf“ mit der Antwort „Kleidung“, auf das Wort „Blatt“ mit dem Wort „Baum“. Interessanterweise können bei diesem Denken viele Personen nicht sagen, wie sie diese Denkaufgabe lösen.

In einem Experiment wurden Personen Wortpaare zum Lernen dargeboten, z. B. Standuhr–Rad, Vorbeigehen–eben, Haustor–Auto. Danach wurde ihnen das erste Wort wieder dargeboten mit 5 anderen Wörtern, z. B. Standuhr = Himmel, Gummi, Sand, Höhe, Stein. Sie sollten dasjenige der 5 Wörter finden, das, wie bei den vorhergehenden Wortpaaren, mit dem ersten Wort zusammengehört. Sie sollten versuchen, das richtige Wort notfalls durch Raten herauszufinden. Die Versuchspersonen fanden die „richtigen“

Wörter heraus und verbesserten sich dabei zunehmend. Sie sagten, sie „fühlten", daß diese Wörter richtig wären. Aber sie wußten nicht, warum dies der Fall war. Eine Problemlösung, ein Denken, eine intuitive Konzeptbildung und ein richtiges Verhalten erfolgte hier, ohne daß die Personen wußten, daß sie mit einem bestimmten Konzept arbeiteten (dasjenige Wort war jeweils „richtig" und zugehörig, das aus Buchstaben des ersten Wortes bestand (Bouthilet, 1948).

Auch in anderen Experimenten ergab sich: Personen bildeten nicht-bewußt Konzepte und wendeten sie an. Nicht-bewußt heißt, daß die Personen zwar das Problem und das Material bewußt wahrnahmen. Aber es war ihnen nicht bewußt, welches Konzept und welche Kriterien sie verwendeten, um das Material hinsichtlich seiner Eigenschaften zu ordnen (Rees u. Israel, 1935).

Diese Sachverhalte beim intuitiven Denken haben Konsequenzen für Denkvorgänge im Unterricht: Es ist psychologisch nicht angemessen, von Schülern zu verlangen, daß sie bei Denkvorgängen alle Schritte klar geordnet und bewußt hintereinander tun. Größere Strecken des intuitiven Denkens sind nicht-bewußt. Viele Schritte erfolgen unregelmäßig, der Denkverlauf ist nicht gradlinig. Denkvorgänge verlaufen bei jedem Schüler anders. Es ist wenig sinnvoll, wenn Lehrer durch den Frontalunterricht sämtliche Schüler in der Klasse zwingen, den gleichen Denkablauf zu haben, alle Schritte klar bewußt und folgerichtig hintereinander vorzunehmen. Das Verlangen, daß alle Schüler der Klasse im Frontalunterricht bei Denkvorgängen zur Lösung von Problemen in gleicher Weise voranschreiten, alle Schritte gleich bewußt erleben, ist ein kaum überbietbarer Konformismus, der zudem weitgehend ineffektiv ist.

Wesentliche Arten von Denkvorgängen bei Schülern. Die verschiedenen Arten sind charakterisiert durch verschiedene Tätigkeiten wie Vergleichen, Feststellen von Zusammenhängen, Abstrahieren, kreatives Schaffen neuer Produkte. Im Alltagsleben und teilweise im Unterricht finden häufig in einer Person mehrere Arten von Denkvorgängen statt. Sie überschneiden sich. Sie sind manchmal auch nicht eindeutig voneinander zu trennen. Wir haben die Arten von Denkvorgängen durch Beispiele aus dem Unterricht veranschaulicht. Manche Lehrer werden sie durch bessere ergänzen können.

Vergleichen von Erscheinungen auf gemeinsame, ähnliche oder unterschiedliche Merkmale. Zwei oder mehrere Objekte, Erscheinungen, Vorgänge, Erfahrungen oder Erlebnisse werden auf gleiche, ähnliche oder unterschiedliche Merkmale hin untersucht und verglichen. Gemeinsamkeiten oder/und Unterschiede werden gesehen. Beispiele:

Schüler vergleichen Bevölkerung und Wirtschaft von Deutschland und Italien (Erdkunde). Schüler vergleichen Prosa- oder Musikstücke aus verschiedenen Epochen (Deutsch, Musik). Schüler vergleichen Berichte oder Kommentare verschiedener Tageszeitungen zu einem bestimmten Ereignis (Sozialkunde). Schüler vergleichen den Fotoapparat mit dem Auge (Biologie, Physik). Schüler vergleichen staatliche, halbstaatliche und private Wirtschaftsbetriebe in der Bundesrepublik und die Auswirkungen auf die Beschäftigten und die Produktion (Wirtschaftskunde).

Schaffen und Erfinden von etwas Neuem, von neuen Produkten, neuen Ideen, weitgehend neuen Wegen zur Lösung von Problemen. Das neue Produkt, die neue Idee, kann neu und einzigartig sein. Das muß aber nicht unbedingt sein. Entscheidend ist, daß der denkende Schüler die Idee oder das Produkt neu entwickelt.

Schüler suchen und entwickeln Alternativen für Gesetzesvorschläge zu einer gerechteren Besteuerung und zu einer sozialeren Besitzverteilung (Sozialkunde). Schüler finden einen Lösungsweg für eine Mathematikaufgabe. Gewiß gibt es diesen Lösungsweg schon. Aber für diese Schüler ist es ein neuer Lösungsweg, den sie selbst gefunden haben (Mathematik). Schüler verfassen in Kleingruppen oder einzeln ein Gedicht oder einige Zeilen über ihr Fühlen, zum Geburtstag eines Mitschülers, zum Abschied einer entlassenen Schulklasse, zu einem aktuellen Thema, zum Schulbeginn für die Erstkläßler (Deutsch). Schüler schlagen brauchbare Möglichkeiten und Alternativen vor zur Lösung von Konflikten in Familien, Schulen, Kindergärten oder in der Politik ohne größeren Kostenaufwand (Deutsch, Sozialkunde).

Suchen, Feststellen und Begründen von Zusammenhängen und Beziehungen zwischen Erscheinungen, verschiedenen Vorgängen, Fakten, Ereignissen, Erlebnissen. Die Beziehungen und Zusammenhänge können u. a. räumlicher, zeitlicher, kausaler Art sein. Bedeutsam ist auch, daß die verschiedenen Zusammenhänge gesehen werden, die zahlreichen Abhängigkeiten zwischen den Erscheinungen, das Wirkungsnetz zwischen den Erscheinungen.

Schüler stellen Zusammenhänge zwischen der geographischen Lage und der Wirtschaft von Ländern fest, z. B. Italien und BRD (Erdkunde). Schüler suchen nach Erscheinungen, die mit der unterschiedlichen Verteilung von Grund und Boden zusammenhängen (Sozialkunde). Schüler stellen Zusammenhänge zwischen befehlendem, wenig achtungsvollem Vorgesetztenverhalten (Lehrer, Arbeitgeber, Arzt) und Reaktionen ihrer Partner (Schüler, Arbeitnehmer, Patienten) hierauf fest (Sozialkunde). Die Schüler suchen nach Gründen dafür, daß weniger als 10 % der Abgeordneten des Bundestages Frauen oder Arbeiter sind, obwohl ca. 50 % der Bevölkerung diesen Gruppen angehören (Sozialkunde).

Kombinieren und Umstrukturieren von verschiedenen Erscheinungen, Vorgängen, Vorstellungen und Erfahrungen zu einer neuen Erscheinung. Bisher unverbundene Teile werden miteinander kombiniert, ein neuer Zusammenhang wird hergestellt. Ein Problem wird „anders wahrgenommen als zu Anfang". Durch diese Umformung oder veränderte Wahrnehmung ergibt sich eine Lösung. Denken ist hier eine Umstrukturierung von Gegebenheiten, sei es von wahrgenommenen Objekten oder von unanschaulichen Gegebenheiten, etwa von Vorstellungen, zu einem neuen angestrebten Strukturzusammenhang. Bisher Unwichtiges kann wichtig werden, bisher Wichtiges wird unwichtig. Neue mögliche Funktionen für Teile von Erscheinungen, Vorgängen und Situationen werden erkannt.

Schüler fertigen aus verschiedenen Tageszeitungen eine Zeitung an, die alle wichtigen Meldungen, Berichte und Kommentare enthält (Deutsch, Sozialkunde). Schüler erhalten eine größere Anzahl von elektrotechnischen Teilen. Sie suchen diejenigen heraus, die für die Herstellung eines kleinen Radio-Kopfhörer-Empfängers notwendig sind. Die Gegebenheiten – Objekte – werden hier entsprechend ihrem Sinn, ihrer Funktion für die Zielvorstellung in einen strukturhaften Zusammenhang gebracht (Physik). Schüler komponieren aus ca. 50 Noten ein kleines Lied oder ein Motiv (Musik).

Ordnen und Klassifizieren von Erscheinungen, Objekten, Vorgängen und Erfahrungen aufgrund gemeinsamer oder unterschiedlicher Merkmale. Diese Art des Denkvorganges ist ähnlich dem Vergleichen. Ordnen setzt meist ein Vergleichen von Erscheinungen auf gemeinsame oder unterschiedliche Merkmale voraus. Günstig ist, wenn die Schüler die Merkmale des Ordnens und Klassifizierens selber finden.

Schüler ordnen einige Kunstwerke der Dichtung oder einige Gemälde oder einige Musikstücke verschiedenen historischen Epochen zu (Deutsch, Kunsterziehung, Musik). Schüler ordnen und klassifizieren Elemente wie Kupfer, Schwefel usw. in Metalle und Nicht-Metalle (Chemie). Schüler ordnen Artikel einer Illustrierten verschiedenen selbstaufgestellten Kategorien zu, z. B. Information, Unterhaltung, Werbung, Kommentar u. a. (Sozialkunde, Deutsch). Schüler ordnen Berufe nach Länge der Ausbildung, nach gesundheitlichem Risiko, nach seelischer Belastung und nach materieller Entlohnung (Sozialkunde).

Planen und Organisieren einer Denkarbeit, einer Problemlösung. Ein Problem, ein angestrebtes Ziel ist gegeben. Die Schüler denken: Was muß ich tun, um die Lösung zu erreichen? Wie gehe ich am besten vor? Welche Schritte muß ich unternehmen, in welcher Reihenfolge? Das Problem liegt hier also in der Art und Reihenfolge von Methoden und Maßnahmen. Häufig ist dies der Fall bei umfangreichen Problemlösungen.

Schüler planen und überlegen, wie sie das Thema für die kommenden Unterrichtsstunden „Hunger in der Welt" bearbeiten können. Welche Informationen sie benötigen, woher sie sie bekommen. Wie sie ihre einzelnen Vorschläge ordnen, und in welche Teile der gesamte Bericht zu gliedern ist (Sozialkunde). Schüler identifizieren sich mit folgender Situation: Sie sind als Entwicklungshelfer für längere Zeit in einer Gegend ohne Zivilisation. Sie möchten nicht länger auf Elektrizität verzichten. Wie müssen sie vorgehen, um elektrischen Strom herzustellen? (Physik). Schüler überlegen Versuchsanordnungen, um zu prüfen, ob ein Stoff in einem anderen enthalten ist, z. B. Zucker im Urin (Chemie).

Stellen von bedeutsamen Fragen zu einem Sachverhalt, einer Erscheinung oder zu eigenen Erlebnissen. In-Frage-Stellen von bisher Gültigem. Die Fragen werden entscheidenderweise von Schülern entwickelt.

Schüler, die in einem Experiment Kochsalz auf einen Eiswürfel gestreut haben, notieren sich die Fragen, die sie als bedeutsam zur Klärung der beobachteten Erscheinung ansehen (Physik). Schüler stellen die Fragen zusammen, die sie an Lehrer, Eltern und andere Erwachsene in einem Interview zum Problem des Rauchens und zur Einschränkung des Rauchens stellen wollen (Biologie, Sozialkunde, Deutsch). Schüler formulieren Fragen, die für die Diskussion der Baubehörde und einer Architektengruppe mit der Bevölkerung in einer öffentlichen Abendveranstaltung über die Errichtung eines neuen Wohngebietes bedeutsam sind (Sozialkunde).

Feststellen von Widersprüchen, Gegensätzlichkeiten oder Unstimmigkeiten in Aussagen, Sachverhalten, Handlungen, Darstellungen.

Schüler stellen Widersprüche zwischen den Äußerungen und den Handlungen einer Person in einer Erzählung oder in einer Lebenssituation fest (Deutsch). Schüler geben ihre Stellungnahme zu Sprichwörtern ab, z. B. „Jeder ist seines Glückes Schmied" oder „Für das Leben und nicht für die Schule lernen wir" (Deutsch).

Aufstellen von Vermutungen (Hypothesen). Schüler stellen für die Lösung eines Problems oder einer ungeklärten Erscheinung Vermutungen auf, bilden Hypothesen. Dies erfolgt häufig durch intuitives Denken und Kombination bisheriger Kenntnisse.

Schüler schreiben ihre Vermutungen–Hypothesen über die Gründe der Wärmeleitfähigkeit verschiedener Körper nieder (Physik). Schüler stellen Vermutungen auf für die Entwicklung der Preise und Löhne in den letzten 10 Jahren (Sozialkunde). Schüler schreiben ihre Vermutungen auf, ob und wieweit eine Person durch Erbanlage und/oder Umwelteinflüsse bestimmt wird (Biologie). Schüler schreiben Vermutungen nieder, warum Lichtstrahlen in verschiedenen Medien und bei verschiedenen Einfallswinkeln verschieden gebrochen werden (Physik).

Erkennen von Regeln, Prinzipien und Gesetzmäßigkeiten. Hierbei ist der Denkvorgang des Feststellens von Zusammenhängen bedeutsam.

Schüler finden eine behelfsmäßige Formel für das Verhältnis zwischen Kreisradius und Kreisumfang (Mathematik). Schüler erkennen aus einer Meßreihe die zugrundeliegende Gesetzmäßigkeit (Physik). Schüler finden aus einer Anzahl von Sätzen, in denen ‚das' und ‚daß' enthalten sind, die Regeln für die unterschiedliche Schreibweise (Deutsch).

Formulieren hinreichender und notwendiger Bedingungen für bestimmte Erscheinungen. Bedingungen oder Merkmale, die notwendig gegeben sein müssen für das Auftreten einer Erscheinung oder für die Charakterisierung eines Sachverhaltes, werden gefunden. Es ist ein Erfassen wesentlicher Bedingungen einer Erscheinung.

Schüler erarbeiten, welche Einrichtungen ein Auto haben muß, welche darüber hinaus angenehm und wünschenswert sind (Sachkunde). Welche physikalischen Vorgänge müssen stattfinden, damit man mit einem Strohhalm trinken kann? (Physik). Schüler beschreiben ein neues Spiel so genau, daß andere Personen mit dieser Beschreibung das Spiel spielen können, ohne daß Unklarheiten oder Streitpunkte entstehen (Deutsch, Sport). Schüler charakterisieren in wenigen Sätzen, wie ein Benzin-Feuerzeug, eine Nähmaschine, eine Fahrradklingel funktionieren, was hierzu notwendig ist (Sachkunde).

Abstrahieren und Herausheben wesentlicher Merkmale von komplexen Erscheinungen nach bestimmten Kriterien oder Vorstellungen.

Schüler stellen den wesentlichen Inhalt eines längeren Zeitungsberichtes in Kurzform dar (Deutsch). Schüler stellen die wesentlichen Erscheinungen des 1. Weltkrieges zusammen (Geschichte). Schüler skizzieren nach der Besichtigung eines Betriebes die wesentlichen Arbeitsvorgänge, wie aus Erdöl Benzin gemacht wird (Chemie). Schüler charakterisieren einen Menschen aus ihrer näheren Bekanntschaft auf sein förderliches Verhalten für andere (Deutsch). Schüler suchen Stellen aus Zeitungsartikeln heraus, die direkt die Meinung des Lesers beeinflussen (Deutsch).

Herstellen von Analogien und Finden von Beispielen. Zu einer Erscheinung oder einem Sachverhalt wird etwas Ähnliches, Entsprechendes aus einem anderen Bereich gesucht. Oder für eine Gesetzmäßigkeit oder allgemeine Regel wird ein konkretes Beispiel gegeben.

Schüler suchen heraus, wie das Prinzip der Dampfmaschine in einem anderen Bereich praktisch genutzt werden kann (Physik). Schüler finden zu einer bestimmten geschichtlichen Situation ähnliche Situationen aus der Geschichte anderer Völker (Geschichte).

Beurteilen, Werten, Treffen von Schlußfolgerungen und Entscheidungen. Eine Aussage, ein Sachverhalt, eine Entscheidung, die Lösung eines Problems werden nach bestimmten Kriterien gewertet. Dabei sind meist andere Denkvorgänge wie Vergleichen, Umstrukturieren oder Abstrahieren vorausgegangen.

Schüler stellen eine Rangordnung staatlicher Ausgaben nach ihrer Wichtigkeit auf (Sozialkunde). Schüler treffen eine Entscheidung, welche Art von Elektromotor sie für eine bestimmte Aufgabe bevorzugen (Physik). Schüler bewerten, ob eine vorhandene Versuchsanordnung geeignet ist für den Nachweis von Traubenzucker (Chemie). Schüler beurteilen, ob das Urteil einer Gerichtsverhandlung, das sie miterlebt haben, ihrer Auffassung nach gerecht ist (Sozialkunde).

Einige Konsequenzen und Anregungen für Lehrer zur Förderung von Denkvorgängen bei Schülern. ▷ Denkvorgänge sind erheblich unterschiedlich von der Aneignung oder Wiedergabe von Wissenskenntnissen, so abstrakt diese auch sein mögen.

▷ Selbständige länger andauernde Denkvorgänge können im allgemeinen dann ausgelöst werden, wenn die Schüler mit relativ komplexen Problemen, Fragestellungen und Situationen konfrontiert werden.

▷ Lehrer können selbständige längerdauernde Denkvorgänge und die Konfrontation mit komplexen Denkproblemen ihren Schülern durch Kleingruppenarbeit ermöglichen. Nur hier, notfalls in Einzelarbeit, sind längerdauernde individuelle Denkprozesse für Schüler möglich. Hier finden sie auch die hilfreichen Bedingungen der Anregung und Unterstützung durch ihre Mitschüler.

▷ Vermeidung von Frontalunterrichtung. Hierbei stellen Lehrer Fragen oder geben kleinere Probleme. Nach einigen Sekunden oder Minuten haben Schüler hierzu einige Antworten und Äußerungen zu geben. Im allgemeinen sind es – wenn überhaupt– reaktive Denkvorgänge, Äußerungen auf Fragen des Lehrers. Denkvorgänge über 10 Sekunden hinaus sind hier allgemein für Schüler nicht möglich. Ein Lehrervortrag, Schülerreferat oder auch im allgemeinen ein Lehrtext kann Schülern Wissensinformationen geben, die die Basis für Denkprozesse sein können. Aber sie fördern selten direkt oder gar nicht Denken. Frontalunterricht zwingt alle Schüler der Klasse, den Weg des Lehrers nachzugehen, und zwar alle Schüler in gleicher Weise fortschreitend auf Fragen vom Lehrer reaktiv tätig zu werden. Dies ist einfach zu demonstrieren durch Tonbandabschriften des Unterrichts. Sehr selten finden Denkvorgänge der vorhin dargestellten Art statt. Wenn überhaupt, so dauern sie nur wenige Sekunden und entscheidenderweise: Fragen und Methoden des Fortschreitens werden meist vom Lehrer gestellt.

▷ Kreatives Denken, das Erfinden von neuen Produkten oder Lösungen, das Finden von Alternativen ist für das persönliche, berufliche und politische Leben von sehr großer Bedeutung. Viele politische, wirtschaftliche und persönliche Angelegenheiten sind vermutlich auch deswegen unbefriedigend, weil Menschen es selten oder gar nicht in der Schule gelernt haben, nach neuen kreativen Lösungen für Schwierigkeiten, Situationen und Konflikte zu suchen. Häufig werden Radikallösungen gefordert, die von irgendwelchen Leuten früher aufgestellt wurden. Lehrer können das kreative Denken ihrer Schüler im Unterricht erheblich fördern, nicht zuletzt dadurch, daß sie selbst den Schülern ein Modell für kreatives Denken und Handeln sind. Gefördert wird kreatives Denken auch, wenn im Unterricht mehr Probleme und Situationen aus der Familie, Partnerschaft und Umwelt gewählt werden.

▷ Denken wird gefördert, wenn auch das Fühlen des Schülers in Anspruch genommen ist, wenn Schüler offen sind für die vielfältigen inneren und äußeren Erfahrungen. Es wird ferner gefördert durch günstiges emotionales Verhalten des Lehrers (z. B. Höder u. a., 1975; Spanhel u. a., 1975).

▷ Lehrer und Dozenten können das Denken ihrer Schüler und Studierenden erheblich fördern, wenn sie in Prüfungen Aufgaben zum Denken stellen statt Aufgaben, die durch Reproduktion von angelerntem Wissen zu beantworten sind. Wochen und Monate lernen manche Studierenden vor Prüfungen gedächtnismäßiges Wissen. Wie könnte diese Zeit sinnvoll genutzt werden, wenn sie nicht Wissen lernen würden, sondern wenn sie denken würden, abstrahieren, Zusammenhänge sehen, kreative Lösungen finden u. a. Eine Möglichkeit hierzu haben wir bei Prüfungen zum Diplom-Examen in Pädagogischer Psychologie und Klinischer Psychologie geschaffen: Die Studierenden können 2–4 Standard-Lehrbücher mitbringen, die wissensmäßig den Inhalt der Prüfung darstellen. So haben wir uns selbst als Prüfer gezwungen, keine Fragen mehr nach angelerntem Wissen zu stellen, denn dies wäre angesichts der vorhandenen Bücher unsinnig. Wir nehmen an, daß die in der Prüfung ausschließlich gestellten Denkfragen die Studierenden in der Vorbereitungszeit Wochen vorher enorm stimulierten, sich persönlich mit dem vorhandenen Wissensmaterial auseinanderzusetzen, es zu durchdenken.

Lehrer und Dozenten werden allmählich feststellen, daß sie bei Berücksichtigung der obigen Konsequenzen selbst mehr Freude an den Denkvorgängen ihrer Schüler und Studierenden im Unterricht haben. Und daß diese Denkvorgänge, dieser Prozeß, einen hohen Wert in sich selbst darstellt, mindestens ebenso viel wie das gefundene Ergebnis. Die Schüler und die Lehrenden selbst werden eine wesentliche Bereicherung durch diese Denkvorgänge anstelle der Reproduktion von Wissen erfahren.

Übersichts- und Einschätzungsskala für Denkvorgänge. Lehrer, Dozenten, Erzieher und Eltern können mit dieser Skala Denkvorgänge bei ihren Schülern, Stu-

Die Art geistiger Prozesse einer Person

Angelernte Wissenskenntnisse	Selbständiges Denken und Urteilen
• eine Person erinnert Gelerntes, etwa gelernte Wissenskenntnisse • sie reproduziert Auswendiggelerntes • sie prägt sich Gesetzmäßigkeiten, Methoden usw. ein • sie übernimmt Denkergebnisse und Urteile anderer • sie wendet eingeprägte oder eingeübte Regeln an • sie stellt unbedeutende Fragen • sie erkennt keine Zusammenhänge	• eine Person erkennt Zusammenhänge • sie ordnet, kategorisiert, gruppiert Erscheinungen nach gewissen Merkmalen • sie stellt Widersprüche fest • sie findet Alternativen • sie kombiniert • sie schafft neue Produkte, sie erfindet • sie stellt bedeutsame Fragen • sie vergleicht Erscheinungen • sie stellt Vermutungen und Hypothesen auf • sie erkennt Gesetzmäßigkeiten • sie bildet Analogien • sie abstrahiert • sie zieht Schlußfolgerungen • sie plant eine Denkarbeit

↑ ↑

Angelernte Wissenskenntnisse	1	2	3	4	5	Selbständiges Denken und Urteilen *)

*) Stufe 1 und 5 = deutliche Ausprägung bei einer Person
Stufe 2 und 4 = schwächere Ausprägung bei einer Person
Stufe 3 = etwa gleich viel angelernte Wissenskenntnisse wie selbständiges Denken und Urteilen.

dierenden und Kindern besser wahrnehmen. Sie werden häufig erstaunt sein, wie schon sehr junge Kinder vielfältige Alltagsprobleme etwa durch Kombinieren denkend bewältigen können. So ein 7jähriger, der auf seinem Einkaufszettel das Wort Pfefferkuchenherzen nicht schreiben kann: „Ach, brauch' ich nicht. Male ich ein Herz hin, dann weiß ich schon!" Andererseits zeichnet sich wortreiches Reden vieler Erwachsener, auch mancher Dozenten in Gesprächen und Diskussionen häufig durch Reproduzieren von angelerntem Wissen aus, weitgehend ohne eigenes Denken, ohne eigene Meinungsbildung und ohne Rückgriff oder Zusammenhang mit persönlichen Erfahrungen.

Lehrer und Dozenten können die Tonaufnahmen ihrer Unterrichtsstunden mit der dargestellten Skala einschätzen. Die hier angeführten Arten geistiger Prozesse sind weitgehend unabhängig vom Lehrinhalt und von der Situation. Bestimmte geistige Prozesse können also sowohl im Unterrichtsfach Deutsch, Mathematik, Geschichte oder in außerschulischen Situationen gegeben sein, bei Schülern der Volksschule oder des Gymnasiums oder in der Hochschule. Bei der Einschätzung ist nicht zu bewerten, ob die Äußerungen einer Person im Inhalt fehlerbehaftet sind. Es geht darum, welche Art der Prozesse überwiegend vorhanden sind.

Inhaltliche Charakterisierung der Einschätzungsskala

Angelernte Wissenskenntnisse (s. a. Aspy, 1972):

Fast alle Äußerungen der Schüler beinhalten gelernte Wissenskenntnisse. Sie erinnern sich an allgemeine Sachverhalte, gelernte Methoden, Begriffe, Fakten, Wissen um Methoden, Kenntnis von Konventionen, von Klassifikationen, Kenntnisse von Kriterien, gelernte Gesetzmäßigkeiten, gelernte Prinzipien, gelernte Verallgemeinerungen, gelernte Theorien. Ihre Äußerungen und Handlungen erfolgen ohne wesentliche eigene Stellungnahme, ohne daß sie mit wesentlichen anderen Kenntnissen und Problemen in Zusammenhang gebracht werden. Urteile, Wertungen und Problemlösungen anderer werden übernommen.

Beispiele: ▷ Die Schüler nennen die Nebenflüsse der Donau, die höchsten Berge von Europa, die einzelnen Staaten der USA, die Einwohnerzahlen von Ländern. ▷ Sie zählen Lebenslaufdaten einer geschichtlichen Persönlichkeit auf. ▷ Sie geben die gelernten Merkmale eines bestimmten Kunststils an. ▷ Sie berichten ihre gelernten Kenntnisse über die Entwicklungsstadien oder Lebensgewohnheiten eines Tieres. ▷ Sie berichten gelernte Kenntnisse oder Gesetzmäßigkeiten in der Mathematik.

Selbständiges Denken und Urteilen:

Fast allen Äußerungen der Schüler liegen Vorgänge des Denkens, Beurteilens, Wertens zugrunde oder sind kreative Neuschöpfungen. Wenn Äußerungen gelernter Wissenskenntnisse erfolgen, dann nur im Zusammenhang mit der Lösung von Problemen durch selbständiges Denken.

Zusätzliche Beispiele zu denen auf den vorangegangenen Seiten: ▷ Aufweisen bedeutsamer Zusammenhänge oder Unterschiede zwischen Erscheinungen, Fakten oder Vorgängen. Oft geschieht das auch in Form von Begründungen, z. B. „Das Kaninchen hat vorne eine Hasenscharte, damit kann es besser die Rüben schaben." Wirkungszusammenhänge werden unterschieden von nur zufällig benachbarten Erscheinungen. ▷ Naturwissenschaftliche, soziale und persönliche Ereignisse und Probleme des täglichen Lebens werden geklärt unter Heranziehung, Veränderung und Kombination von wissenschaftlichen Kenntnissen, Prinzipien und Konzepten. ▷ Schüler stellen bedeutsame Fragen, und zwar bedeutsam für die Klärung und Lösung wesentlicher Erscheinungen, Vorgänge und Daten. Die Schüler erkennen bei Erscheinungen, Informationen oder Daten die darinliegenden bedeutsamen Probleme. ▷ Schüler erkennen die Grenzen der Anwendbarkeit von Prinzipien und Gesetzmäßigkeiten. ▷ Schüler erkennen die Vollständigkeit, Angemessenheit und Bedeutung oder Unangemessenheit von vorhandenen Daten. Sie unterscheiden, welche Einzelheiten bedeutsam für die Bestätigung oder Zurückweisung von Urteilen sind und welche nicht.

Förderung eines günstigen Arbeitsverlaufes im Unterricht

Im folgenden haben wir einige wesentliche psychologische Gesichtspunkte für eine hilfreiche Gestaltung von Unterrichtsstunden und Unterrichtseinheiten zusammengestellt. Durch geeignete strukturierende Bedingungen können Lehrer und Seminarleiter das selbstbestimmte persönliche und fachliche Lernen ihrer Schüler und Studenten erleichtern. Die Gefahr von Planlosigkeit, Konzeptlosigkeit und Chaos wird vermieden. Denn in dieses Extrem gelangen Lehrer leicht, die die Starrheit, Dirigierung und Gängelei des Frontalunterrichtes aufgeben wollen.

Lehrer und Dozenten, die offen sind für ihr eigenes Erleben im Unterricht und für das ihrer Schüler–Studenten und sich damit auseinandersetzen, etwa welche Situationen oft unbefriedigend oder befriedigend und anregend sind, werden meist zu ähnlichen Tätigkeiten in der Gestaltung kommen. Sie werden häufig „spüren", welche Strukturierungen und Organisationsformen das Lernen der Schüler fördern oder beeinträchtigen. Sie werden so im Auseinandersetzen mit sich selbst und in Aussprachen mit Schülern allmählich befriedigende Wege der Strukturierung des Unterrichtsverlaufes finden. So sagte eine junge Lehrerin nach der Teilnahme an einer 17tägigen Encountergruppe: „Nach diesen Erfahrungen in Encountergruppen brauche ich eigentlich viel weniger Didaktik. Ich brauche viel weniger Bücher über das Wie und Was des Unterrichts in den verschiedenen Formen. Ich höre in mich hinein. Ich suche die Schüler zu verstehen, wie sie den Unterricht erleben und was sie haben möchten. Ich sorge mich um den Unterricht. Ich mache Vorschläge und dann ändere ich mich zusammen mit den Schülern in eine Richtung, die für uns alle befriedigend ist."

Die nachfolgend dargestellte Unterrichtsgestaltung möchten wir nicht als starr verstanden wissen, sondern als offen und flexibel. Lehrer und Dozenten sollten davon abweichen, wenn sie und ihre Schüler–Studenten spüren, daß sie bei einem anderen Vorgehen ihre Ziele besser erreichen.

I. Arbeitsbeginn, persönliches Kennenlernen der Aufgabe. Hier sind häufig folgende Aktivitäten zu beobachten, die des öfteren ineinander übergehen: ▷ Begegnung–Konfrontation mit dem Problem, der Aufgabe oder der Arbeit ▷ Spontane Äußerung persönlicher Gedanken und Empfindungen von Schülern und Lehrern ▷ Intuitive Lösungsversuche der Schüler ▷ Planen und Festlegen der zukünftigen Arbeit.

Die Dauer eines derartigen Unterrichtsbeginnes: Etwa 10 % der für das Unterrichtsthema angesetzten Zeit. Also etwa 5 Minuten bei einer Unterrichtsstunde von 45 Minuten oder ca. 1–4 Stunden bei einem 5tägigen Arbeitsseminar.

Begegnung–Konfrontation mit dem Problem, der Aufgabe, der Arbeit. Sie kann durch den Lehrer, die Schüler, durch den Lehrplan der Schulbehörde oder durch andere Personen und Ereignisse erfolgen. Beispiele:

Mittelfristige, längerdauernde Aufgaben und Arbeiten: ▷ 1. Schuljahr: „Wir möchten endlich lesen können!“ ▷ Sportunterricht: „Einige von uns möchten gerne kraulen lernen.“ 2. Schuljahr: „Was wollen wir in den kommenden Wochen im Leseunterricht arbeiten?“ ▷ „Im Erdkunde-Lehrplan für dieses Halbjahr sind die Länder Asiens vorgesehen.“ ▷ „Wie ist das eigentlich mit Revolutionen: Sind sie nützlich oder schädlich?“ ▷ Universitätsseminar bei Semesterbeginn: „Was und wie wollen Sie in diesem Seminar für die Prüfung und Ihren späteren Beruf lernen?“

Kurzfristige Aufgaben, Probleme und Arbeiten: ▷ Schüler: „Wir wollen wissen, wie arbeitet eigentlich ein Benzinmotor?“ ▷ Lehrer: „Ich habe hier ein Experiment vorbereitet und möchte Euch das zeigen.“ ▷ Schüler: „Wie heißt dieser Schlagertext auf deutsch?“ ▷ Schüler: „Wie kann ein Flugzeug überhaupt fliegen?“ ▷ Lehrer: „Wir haben nach unserem Arbeitsplan heute noch ein Rechtschreibtraining von 20 Minuten zu erledigen.“ ▷ Lehrer: „Ich habe Euch hier einen Lehrtext mitgebracht über die Lichtbrechung von Strahlen im Wasser.“ ▷ Lehrer zum 7. Schuljahr: „Das 4. Schuljahr möchte mit Volleyball beginnen. Ich möchte gern jedem Schüler ein einfach verständliches Blatt mit den Spielregeln mit nach Hause geben. Ich bin Euch dankbar, wenn Ihr dies jetzt anfertigen würdet.“ ▷ Schüler: „Viele von uns haben das Schwerkraftgesetz neulich nicht verstanden.“

Die Begegnung–Konfrontation mit Problemen, Aufgaben und Arbeiten wird erleichtert durch folgendes: ▷ Die Unterrichtsziele der einzelnen Fächer für das jeweilige Halb- oder Vierteljahr hängen offen in der Schulklasse aus. Sie wurden von Lehrern und Schülern in einzelne kleinere Teilziele für die einzelnen Wochen und Monate untergliedert. ▷ Je lebensnaher, konkreter und anschaulicher die fachlichen Probleme und Aufgaben gestaltet sind, je mehr der fachliche Inhalt die Lebensumwelt der Schüler einbezieht, um so bedeutungsvoller werden die Aufgaben und Probleme vom Schüler wahrgenommen, um so mehr wird ihr Lernen erleichtert.

Spontane Äußerung persönlicher Gedanken und Empfindungen von Schülern und Lehrern zum Problem, zur Aufgabe und zur Arbeit. Wenn die Konfrontation mit Problemen und der Arbeit nicht nur eine Konfrontation der Schüler vom Kopf bis zum Hals ist, sondern mit ihrer ganzen Person, so werden sie persönliche Gedanken, ihr Fühlen und Empfinden zur Aufgabe äußern. Sie werden sich damit auseinandersetzen, welche Bedeutung die Aufgabe oder das Problem für ihr Selbst hat, wie ihre persönliche Beziehung und Einstellung dazu ist, was sie erhoffen und was sie befürchten. Einige Beispiele:

„Ich kenn' die Geschichte schon, die ist gut!“ „Ich möchte lieber, daß ein neues Land drankommt, ein fremdes, von Deutschland kennen wir doch schon genug!“ „Sein Fell glänzt so, das wäre gut zum Streicheln.“ „Mir kommt das komisch vor!“ „Find' ich blöde, krieg' ich Kopfschmerzen!“ „Ach, schon wieder diese olle Sachkunde, die interessiert mich gar nicht!“ „Darüber habe ich gerade was im Fernsehen gesehen.“ „Ich weiß auch ein Gedicht!“ „Die (Musik von Bach) ist schwer, ernst, kirchlich. Die von Mozart leichter, man könnte dazu tanzen.“ „Ich mach' nicht mit!“ „Wer hilft mir dabei, ich find' das so blöd!“ „Das ist so schwer!“ „Dieses Englischbuch ist vorgeschrieben. Ich selbst möchte gerne moderne Stücke mit Euch lesen. Hier in dem Buch geistert mal wieder die Geschichte von Englands Urzeit herum. Da habe ich wirklich keinen Spaß dran. Aber in Gottes Namen – helft mir, daß wir das hinter uns bringen!“ „Ich kenn' das von meinem Bruder!“ „O. K., das bringt Spaß!“ „Das finde ich echt Klasse, daß wir das machen!“

Intuitive Lösungsversuche der Schüler. Nach den Äußerungen persönlichen Empfindens erfolgen zunehmend Äußerungen zum Problem und der Arbeit selbst: „Ich weiß, woher das kommt, das hängt mit chemischen Stoffen zusammen!“ „Das hat was mit Kläranlagen zu tun.“ „Ich kann schon etwas lesen. Das hier ist ein H, ein A, ein U, und dies ist ein S. Das heißt Haus. So mach ich das!“ „Wir können das so ähnlich berechnen wie neulich bei den Rechtecken. Das ging ganz gut!“

Folgende Vorgänge und Tätigkeiten sind oft bei Schülern vorherrschend: ▷ Versuch- und Irrtum-Lernen, Probieren ▷ Äußerung von Vermutungen ▷ Kreative Einfälle ▷ Intuitive Lösungsversuche, Schätzen und Raten ▷ Sammeln von Erfahrungen durch Betasten, Riechen, Hören u. a. ▷ Urteile aufgrund des Anmutungseindruckes, des ersten Eindruckes ▷ Intuitives, nicht-bewußtes Denken und intuitive Konzeptbildung ▷ Stellungnahme zu den Lösungsvorschlägen der Mitschüler ▷ Ungezwungener und weitgehend unkorrigierter sprachlicher Ausdruck.

Dieses selbständige Probieren, Versuch- und Irrtum-Lernen und intuitive Denken ist sehr bedeutsam für Schüler. Auch in unserem Alltagsleben spielt es eine große Rolle, etwa bei der Arbeit. Arbeiter in einem Betrieb, denen bei neuen Arbeitsaufgaben zunächst selbständiges Diskutieren, Planen und Erproben am Arbeitsplatz gestattet worden war, hatten nach einiger Zeit höhere Arbeitsproduktivität und Arbeitsmoral als Arbeiter, die ohne diesen ersten selbständigen Kontakt mit dem Arbeitsplatz sofort durch Vorgesetzte sorgfältig und sachgemäß instruiert wurden (Coch u. French, 1948). – Auch bei Denk-Experimenten, bei denen die Versuchspersonen laut zu denken hatten, zeigte sich: In großem Ausmaß erfolgte ein geistiges Probieren, viele Lösungsversuche. Die meisten waren „falsch“. Aber viele waren sog. „gute Fehler“. Sie führten dennoch zu Fortschritten, zur endgültigen Lösung (Duncker, 1935).

Lehrer sind in diesem Stadium bemüht, durch geeignete Situationen und Bedingungen das Versuch- und Irrtum-Lernen und die intuitiven Lösungsvorschläge der Schüler zu fördern. Sie stellen ihre eigene Meinung weitgehend zurück. Sie sind überwiegend bemüht, Schülern beim Ausdruck ihrer Vermutungen und Lösungsansätze zu helfen. Gelegentlich werden sie verschiedene Schülermeinungen gegenüberstellen, wichtige Gedanken an der Tafel festhalten. – Im folgenden Beispiele für intuitive Lösungsversuche von Schülern:

Raumlehre, Flächenberechnung von Kreisen: Die Schüler schätzen und raten die Größe der an der Tafel angehefteten Kreisflachen aus Papier. Stark gegensätzliche Schätzurteile der Schüler stehen an der Tafel. Welche Schätzung ist richtig? Schüler schlagen folgende Lösung (Behelfslösung) vor und führen sie durch: Die Fläche der Kreise wird mit Millimeterpapier überdeckt und die Anzahl der Quadrate ausgezählt. Dies bringt eine gewisse Klärung der Schätzungen. Es zeigt jedoch auch den Nachteil der Behelfslösung: Lange Zeitdauer, ungenaue Berechnung und Unmöglichkeit der Durchführung bei großen Kreisflächen. Nach einiger Zeit wird folgender Lösungsversuch vorgeschlagen und durchgeführt: Innerhalb des Kreises müsse man das größtmögliche Quadrat zeichnen. Und um den Kreis herum ein möglichst kleines Quadrat, mit dem Kreisdurchmesser als Seitenlänge. Das Innenquadrat sei dann der Fläche nach zu klein und das Außenquadrat der Fläche nach zu groß. Deshalb müsse man einen Mittelwert zwischen den beiden Größen der Quadrate wählen und habe dann annähernd genau die Kreisfläche berechnet.

Deutsch, Gedicht: Nach dem Vortrag des Gedichtes äußern die Schüler ungezwungen ihre Gedanken und ihr Fühlen über Inhalt und Art des Gedichtes. Der Lehrer ist bemüht, den

Schülern den Ausdruck i h r e r persönlichen Gedanken zu ermöglichen. Die Schüler diskutieren unterschiedliche und voneinander abweichende Auffassungen.

Erdkunde, Jugoslawien: Der Lehrer hat das Wort „Jugoslawien" an die Tafel mit einem Fragezeichen geschrieben. Nach einer Pause des Nachdenkens äußern die Schüler ihr bisheriges Wissen und ihre Erfahrungen, z. B.: Über den Staatschef von Jugoslawien, ihren Urlaub in Jugoslawien u. a.

Raumlehre, Berechnung des Kreisumfanges: An der Tafel sind verschiedengroße Kreise gezeichnet. Problem: Wieviel größer ist der „Rand" des größten Kreises als der des kleinsten? Lösungsvorschlag der Schüler: Um jeden Kreis einen Bindfaden zu legen und die Länge ausmessen. Die Werte werden an die Tafel zu den Kreisen geschrieben. Einige Zeit später erfolgt ein anderer Lösungsvorschlag: Der Umfang der Kreise hängt irgendwie mit ihrem Durchmesser zusammen. Bei großem Umfang ist der Durchmesser groß, bei kleinem Umfang klein. Die Schüler schreiben zu den Kreisen an der Tafel den Durchmesser und den Umfang. Einige äußern dann: „Die Zahlen des Umfanges gehen irgendwie mit den Zahlen der Durchmesser mit." „Sie sind etwa 3–5mal so groß."

Sozialkunde, Verkehrstod (s. a. Hilligen, 1961, S. 110): Die Schüler äußern etwa: „Man muß bessere Straßen bauen." „Der Staat sollte einen Teil der Autos verbieten." „Die Leute sollten mehr mit der Bahn fahren." Die Vorschläge werden an die Tafel geschrieben und zum Teil miteinander konfrontiert.

Planen und Festlegen der zukünftigen Arbeit. Nach den intuitiven Lösungsversuchen der Schüler kommt es häufig zu dem Wunsch oder der Notwendigkeit nach präziseren Lösungen, nach eingehenderer Prüfung der Vermutungen, nach genaueren Kenntnissen und nach besserer Beherrschung von Fertigkeiten. Dies führt zur Planung des weiteren, mehr fachgerechten Vorgehens. Die Planung wird häufig beinhalten: ▷ Aufgliederung des komplexen Problems in einzelne Teilaufgaben oder Teilziele ▷ Planen der Tätigkeiten zur Erledigung der Arbeit ▷ Auswahl der zu benutzenden Informationsquellen, z. B. Informationsblätter des Lehrers, Arbeitshefte, Lehrbücher, Experimente, Filme, Lehrervortrag, Interviews ▷ Wahl der Arbeitsform, so Kleingruppenarbeit, Partner- oder Einzelarbeit, Lehrervortrag sowie Vorschläge, wer wem wo helfen kann.

Wenn die geplanten Teilaufgaben und Teilziele an die Tafel geschrieben werden, ist jeder Schüler im Unterricht fortlaufend hierüber informiert. Er hat die Vorgehensweise jederzeit vor Augen. Dies ist wichtig für die selbstbestimmte und zielgerichtete Tätigkeit von Schülern. Auch verspätet dazukommende oder zeitweise abwesende Schüler können sich selbständig über Stand und Ziele der Unterrichtsarbeit orientieren. Die Schüler sehen gleichsam den roten Faden der zukünftigen Arbeit vor sich. – Einige Beispiele für das Planen und Festlegen der zukünftigen Arbeit:

Erdkunde, von Schülern zu erarbeitende Teilaufgaben für das Land Italien mit entsprechenden Vorgehensweisen: 1. Grenzen feststellen anhand von Atlanten, in Einzelarbeit 2. Großstädte, Flüsse und Verkehrswege feststellen anhand von Atlanten, Lehrbüchern, Arbeitsheften, in Kleingruppenarbeit 3. Hauptwirtschaftszweige, feststellen anhand von Büchern, Lexika, Karten, in Kleingruppenarbeit 4. Hauptfremdenverkehrsgebiete, feststellen anhand von Prospekten und Interviews von Urlaubern, in Partnerarbeit, außerhalb der Schule am Nachmittag (s. R. Tausch, 1975).

Deutsch, Gedicht: 1. Gedanken und Gefühle der Schüler während der Gedichtdarbietung 2. Gefühle, Erlebnisse und Motive verschiedener Personen des Gedichts 3. Landschaft und Zeitverhältnisse 4. Inhaltlicher Aufbau 5. Formaler Aufbau 6. Vergleich mit anderen Gedichten. – Jeweils zuerst in Kleingruppenarbeit, danach Klassengespräch unter Leitung einzelner Schüler.

Naturlehre, Magnetismus: 1. Wirkung von Magneten durch verschiedene Materialien hindurch 2. Wirkung von Magneten in Abhängigkeit vom Gewicht des Materials 3. Abstoßung und Anziehung von Kompaßnadeln.

Naturkunde, Haustier Kaninchen: 1. Bewegungsformen 2. Körperbau 3. Ernährung 4. Lebensgewohnheiten 5. Fortpflanzung 6. Herkunft.

Philosophie, Töten: 1. Töten von Tieren zur Ernährung 2. Töten von schädlichen Tieren 3. Töten von Verbrechern? 4. Töten von Menschen im Krieg 5. Töten von Menschen im Verkehr.

II. Fachgerechtes Erarbeiten und Untersuchen der Teilaufgaben in Kleingruppenarbeit. Hier erfolgt die Arbeit entsprechend den durch Schüler gemeinsam mit dem Lehrer geplanten und festgelegten Teilaufgaben und -zielen. Dieses Stadium des Unterrichts wird die meiste Zeit in Anspruch nehmen, etwa 40–80 % der Unterrichts- oder Seminarzeit. Charakteristisch für dieses Stadium ist: Die Schüler erarbeiten weitgehend selbstbestimmt in Kleingruppen die einzelnen Teilaufgaben, anhand der Lernmaterialien. Am Ende eines Teilzieles erfolgt häufig ein Klassengespräch, ein Zusammenfassen und Ordnen, ein Ergänzen des Erarbeiteten unter fachlichen Gesichtspunkten durch den Lehrer und die Schüler. Einige nähere Gesichtspunkte:

Charakteristische Tätigkeiten der Schüler: ▷ Beschaffen, Lesen und Durcharbeiten von Informationsquellen, z. B. von Informationsblättern und Arbeitspapieren, von Lehrbüchern, Arbeitsheften, Landkarten, Nachschlagewerken. Ferner Auswerten von Filmen, Diapositiven, Lehrervortrag, Beobachtungen in der Umwelt, Besuch von Ausstellungen, selbst durchgeführten Interviews. – Diese Erarbeitung von Wissensinformationen erfolgt von den Schülern weitgehend selbständig, im Gegensatz zum Frontalunterricht, wo die Schüler durch den Lehrervortrag und die Lehrerfragen überwiegend mit Wissen „gefüttert“ werden. Diese weitgehend selbständige Erarbeitung von Wissensinformationen anhand von vielfältigen, überwiegend schriftlichen Lernquellen herrscht auch häufig im Alltagsleben vor.

▷ Arbeit, Diskussion und Denkvorgänge der Schüler in Kleingruppen zu 2–4 Schülern. Diese meist themengleiche Kleingruppenarbeit wird die Hauptarbeitszeit einnehmen, gelegentlich ergänzt durch Einzelarbeit. Hier in der Kleingruppenarbeit werden Informationen ausgetauscht, ergänzt oder neu geordnet. Schüler erhalten viele Anregungen, Rückmeldungen. Sie hören die Auffassungen und das Denken anderer. Sie kommen zu neuen Vermutungen und Klärungen für die Probleme und Aufgaben. Insbesondere leistungsschwächere Schüler erfahren eine bedeutsame Förderung. Hier in diesem Stadium finden auch bedeutsame Denkvorgänge statt, so: Ordnen von Erscheinungen, Feststellen von Beziehungen zwischen einzelnen Erscheinungen, abstrahierendes und schlußfolgerndes Denken, Formulierung von Einsichten und Erkenntnissen. Durch das sehr häufige Miteinander-Reden, durch Anregungen und Austausch sowie gegenseitige Hilfen werden diese Denkvorgänge und die Lösung der Aufgaben erheblich erleichtert.

▷ Gelegentliche Plenumsgespräche, also Gespräch der ganzen Klasse. Dies wird sich des öfteren nach der Bearbeitung einer Teilaufgabe in Kleingruppenarbeit ergeben. Eine Gruppe mag etwa ihr Ergebnis vortragen. Andere Gruppen ergänzen es. Der Lehrer gibt notwendige weitere fachliche Gesichtspunkte. Bei geringer Erfahrung der Schüler in Kleingruppenarbeit wird der Lehrer des öfteren diese Diskussion leiten, später zunehmend die Schüler. Bei selbstdisziplinierten Schülern mit Rücksichtnahme auf andere wird des öfteren eine besondere Leitung nicht erforderlich sein.

Charakteristische, fördernde Tätigkeiten von Lehrern: ▷ Bereitstellen von Informationsmaterial, etwa von gut verständlichen Informationsblättern, Arbeitspapieren und Lehrtexten. So liegt den Schülern häufig der Unterrichtsinhalt, z. B. die Winkelhalbierung oder die Benutzung des Rechenschiebers, in einfach verständlicher schriftlicher Form vor, veranschaulicht durch Zeichnungen und Beispiele. Die vorherige Herstellung dieses Informationsmaterials ist eine wesentliche Tätigkeit des Lehrers. Er kann derartige Informationstexte häufig wiederverwenden, im nächsten Jahr oder in Parallelklassen. Durch Zusammenarbeit mit anderen Kollegen wird seine Vorbereitungsarbeit erheblich erleichtert. Bei häufiger Verwendung wird der Lehrer seine Texte wesentlich in der Verständlichkeit verbessern können. Er erfährt ja unmittelbar, an welchen Stellen die Schüler Schwierigkeiten im Verständnis haben. Dieser Informationsübermittlung durch leichtverständliche Informationsblätter stehen keine wesentlichen materiellen oder personellen Schwierigkeiten im Wege. Durch sie werden die erheblichen Nachteile des Frontalunterrichtes vermieden, bei dem der Lehrer oder Dozent ein Vortrager des Unterrichtsstoffes ist, verbunden mit einer großen Anzahl von Fragen und dirigistischen Lenkungen, mit sehr ungünstigen Auswirkungen auf Schüler. Diese Informationsblätter entlasten den Lehrer erheblich. Es ist für ihn auch einfacher, zu Hause anhand von Unterlagen einen verständlichen Lehrtext zu verfassen, als die Information vor der gesamten Klasse mündlich und häufig ohne Unterlagen geben zu müssen. Vor allem: Bei diesen Informationsblättern können Schüler eher ihr eigenes Tempo wählen, sie sind nicht benachteiligt, wenn sie einmal für kurze Zeit abschweifen. Der Lehrer kann die Texte auch am Vortag austeilen, so daß sie die Schüler zu Hause lesen und in der Schule sofort in eine Diskussion oder Weiterverarbeitung in Form der Kleingruppenarbeit eintreten können.

▷ Bereitstellen von anderen Lernquellen, z. B. Durchführung von Experimenten, Darbietung von Filmen oder Videoaufnahmen, Organisieren von Fahrten oder Besuchen (z. B. von Betrieben und Museen), Kontakt und Einladung an Personen der Umwelt (z. B. Werkmeister, Politiker, Fachmann), Organisieren von Diskussionen und Interviews. Auf Wunsch der Schüler wird der Lehrer auch selbst einen mündlichen Bericht geben, seine Erfahrungen mitteilen.

▷ Ermöglichung von Kleingruppenarbeit der Schüler. Die Planung des gesamten Unterrichtsablaufes in einzelne Teilaufgaben und -ziele ermöglicht ein günstiges Arbeiten in Kleingruppen. Kleingruppen eignen sich ebenfalls sehr gut für das Durcharbeiten von Lehrtexten durch Schüler.

▷ Hilfe und fachliche Unterstützung des Lehrers bei den einzelnen Kleingruppen oder bei der Einzelarbeit. Der Lehrer fördert die Schüler in ihrer weitgehend selbständigen Arbeit in Kleingruppen oder einzeln an schwierigen Stellen, er hilft bei der präzisen Formulierung von Ergebnissen, hilft bei der Klärung von Widersprüchen, wenn dies von den Schülern gewünscht wird. Er kann auch an alle Kleingruppen gewisse Tips für eine bessere Bewältigung geben oder für die Vermeidung von Schwierigkeiten. Er kann eine förderliche Zeichnung an der Tafel anfertigen, einige schwierige Begriffe anschreiben oder das bisher von den Schülern Erarbeitete an der Tafel skizzieren oder bei umfangreicheren Aufgaben einige in Kleingruppen erarbeitete Gesichtspunkte und Zwischenergebnisse zusammenstellen und vervielfältigen.

▷ Bereitschaft des Lehrers zu einem individuellen und persönlichen Gespräch mit einzelnen Schülern. Während der Arbeit der Kleingruppen hat der Lehrer Gelegenheit zu derartigen Gesprächen mit Schülern, etwa mit einem bedrückt aussehenden Schüler. Oder Schüler werden sich an ihn wenden mit persönlichen Fragen.

▷ Gewisse Strukturierung, zum Teil Leitung bei der Zusammenfassung im Plenum. Dies ist häufig eine schwierige Situation für Schüler, hier findet gleichsam eine Zusammenfassung des Abstrahierten statt. Der Lehrer kann hier durch gelegentliche Äußerungen für das Ordnen und Klären sehr hilfreich sein.

▷ Des öfteren wird der Lehrer Zeit haben für seine zukünftige Arbeit in dieser oder in anderen Klassen. So wird er etwa an einem Lehrtext arbeiten, sich in einem Handbuch informieren oder eine Skizze anfertigen.

Bei dieser Unterrichtsgestaltung ist der Lehrer kein „Lehrender". Er weiß, daß das, was er „lehren" würde, von den Schülern nur in geringem Umfang gelernt würde. Es lebt nicht in ihnen. Vielmehr ist er ein Förderer des eher selbstbestimmten Lernens der Schüler, durch Bereitstellung der Lernquellen, durch hilfreiche Strukturierung des Lernmaterials und des Unterrichtsverlaufes, durch fachliche und methodische Auskünfte sowie durch persönliche Hilfen. Eine derartige Arbeit während der Unterrichtsstunden ist für Lehrer wesentlich befriedigender, abgesehen von der günstigen Auswirkung auf Schüler. Der Lehrer kann er selber sein, echt, unmittelbar, persönlich, hilfreich. Er ist ein Helfer, ein Förderer. Er ist kein Dirigierender, kein Dresseur, kein Showmaster, er steht nicht fortlaufend im Schaufenster vor der ganzen Klasse.

III. Abschließen oder weiterführendes Klären, Ordnen, Verwerten und Anwenden. Was soll geschehen, wenn die geplanten Teilarbeiten erledigt wurden? Wenn z. B. Grenzen, Städte, Wirtschaft und Bevölkerung von Italien im Erdkundeunterricht erarbeitet wurden? Eine Möglichkeit ist die *Beendigung der Arbeit.* Dies wird etwa dann häufig der Fall sein, wenn der Lehrtext oder die Informationsblätter sehr verständlich und umfassend waren, die Schüler selbständiges Arbeiten gewohnt sind und der Lehrer während der Kleingruppen- oder Einzelarbeit häufig ergänzend oder helfend tätig war. Dann wird der Abschluß erfolgen, indem einzelne Schüler ihre persönlichen Gedanken über die Unterrichtsarbeit aussprechen, etwa ihre Erfolgsgefühle, Freude über geleistete Arbeit oder etwa „Ich hätte nicht gedacht, daß wir das so schnell schaffen würden". Die Beendigung kann auch erfolgen, indem gelegentlich Probleme im Unterricht offengelassen werden. Auch im Leben bleiben viele Probleme zunächst offen, sie werden nicht jeweils vollständig hintereinander gelöst. Gemäß Untersuchungsbefunden beschäftigen sich Menschen des öfteren eher mit bestimmten offengelassenen Problemen als mit abgeschlossenen. Je mehr ein Lehrer Vertrauen in selbstbestimmtes Lernen der Schüler hat, auch in das außerhalb seines Unterrichtes stattfindende allmählich und unregelmäßig verlaufende Lernen, um so weniger wird er es als notwendig ansehen, eine Unterrichtseinheit „abzuschließen", „zusammenzufassen" oder abschließend zu kommentieren. Derartige „Abschlüsse" können bei den Schülern den irreführenden Eindruck hinterlassen, daß dieser Bereich „erledigt" sei, während fast in jedem Bereich von Zeit zu Zeit ein Lernen und eine Fortentwicklung stattfindet.

Eine Fortsetzung der Arbeit etwa unter neuen Gesichtspunkten wird in Frage kommen, wenn Lehrer und Schüler keine unmittelbare Beendigung wünschen. Etwa weil sie die bisherigen Arbeiten als lückenhaft oder mit zu vielen Fehlern behaftet empfinden, weil sie die Ergebnisse anwenden und verwerten möchten. Die Zeitdauer dieses Endabschnittes von ergänzender Klärung, zusammenfassender Ordnung und Verwertung mag etwa 10–25 % der für das Unterrichtsgebiet angesetzten Zeit betragen. Folgende Möglichkeiten sehen wir für die Gestaltung der Arbeit in diesem Stadium:

▷ Ergänzende Klärung: Lehrer oder Schüler äußern, was sie vermissen, was sie vergessen haben oder was ihrer Auffassung nach falsch ist. Problematische Gesichtspunkte und Inhalte werden diskutiert. Methoden werden ergänzt, vervollkommnet. Es wird diskutiert, warum die Schüler am Anfang derartige Schwierigkeiten empfanden. Neue fachliche oder persönliche Gedanken werden geäußert. Es kann zur Ergänzung ein Film vorgeführt werden oder auf ein Buch oder Manuskript verwiesen werden. Ein Fachmann – etwa Vater oder Mutter eines Schülers oder ein ehemaliger Schüler – kann zu einem Bericht und zur Diskussion eingeladen werden. Oder Schüler wünschen die Überprüfung der Wissenskenntnisse und fachwissenschaftlichen Aussagen durch eigene Beobachtung und Experimente.

▷ Überschauende Ordnung: Schüler wünschen einen gutgeordneten Überblick über das Erarbeitete. Oder der Lehrer kann einen derartigen Wunsch äußern. Der ordnende Überblick kann sich auf die Arbeitstätigkeit, die Erfahrungen und Erlebnisse der Schüler oder auf die erarbeiteten Produkte und Kenntnisse erstrecken. Schüler können das Wesentliche klar und geordnet hören wollen, was sie sich in den letzten Unterrichtsstunden zum Teil mühselig erarbeitet und was sie gelernt haben. Derartige Zusammenfassungen können sehr hilfreich sein, meist dann, wenn sie von den Schülern gewünscht werden. Oder Schüler stellen sich gemeinsam mit dem Lehrer anschaulich vor: Wie sie zuerst fast ratlos vor dem Problem standen, etwa die Berechnung der Kreisfläche vorzunehmen. Wie sie dann zu behelfsmäßigen Lösungen kamen und wie sie sich schließlich in einzelnen Abschnitten genauere Kenntnisse bis hin zur Formel der Berechnung von Kreisflächen erarbeiteten. Diese Überschau braucht nicht immer genau geordnet zu sein. Einzelne Schüler oder der Lehrer können das äußern, was ihnen an der geleisteten Arbeit bedeutsam erscheint. Die Überschau wird erleichtert, wenn die einzelnen Teilarbeiten etwa entsprechend ihrem zeitlichen Ablauf vom Unterrichtsbeginn bis zum Ende in Stichworten an der Tafel stehen. – Schüler können auch ihre geleisteten Arbeiten, Tätigkeiten und Ergebnisse in ein Arbeits- oder Tätigkeitsbuch eintragen.

▷ Verwertung: Schüler und Lehrer fragen sich: Was können wir damit anfangen? Welche Bedeutung hat jetzt das Gelernte für uns? Wie können wir jetzt darauf aufbauen, weiterlernen? Wie können wir die erworbenen biologischen Kenntnisse für das eigene Leben, für die eigene Gesundheitserhaltung verwerten? Hier einige Möglichkeiten: ▷ Schüler entwickeln Aktivitäten, um entsprechend ihrer gewonnenen Kenntnis im Biologieunterricht über Umweltschutz ihre eigene Umwelt besser zu schützen. ▷ Schüler fertigen Berichte und Informationsblätter für jüngere Schüler in anderen Klassen an. ▷ Schüler setzen ihr relativ abstraktes Wissen, etwa mathematische oder chemische Formeln, zur Lösung von Aufgaben ein. ▷ Schüler vergleichen ihre Wissenskenntnisse über die Wirtschaftsform eines Landes mit den Auswirkungen der Wirtschaftsform anderer Länder. ▷ Schüler führen Interviews durch, welche Kenntnisse und Einstellungen Personen in ihrer Umwelt zu bestimmten geschichtlichen und tagespolitischen Ereignissen haben. ▷ Schüler vergleichen ihre durch Arbeit gewonnenen gelernten Kenntnisse mit den Auffassungen anderer. ▷ Schüler schlagen ökonomische Techniken des Trainings zum Erlernen von Fertigkeiten vor und erproben diese, etwa zum Erlernen fremdsprachlicher Vokabeln. ▷ Schüler suchen oder stellen Situationen her, in denen die neuen Kenntnisse hilfreich sind oder notwendig werden.

Bemühungen bei Interessensgegensätzen und Konflikten

Fortlaufende geeignete Bemühungen von Erziehern und Lehrern vermindern die Entwicklung von Konflikten. Viele Konflikte zwischen Erwachsenen und Jugendlichen sowie von Jugendlichen untereinander lassen sich bei geeigneten Bemühungen und Bedingungen vermeiden. Dann nämlich, wenn die Erwachsenen die Grundhaltungen von Achtung, Verstehen und Echtheit häufig gleichzeitig und deutlich leben und so von den Kindern wahrgenommen werden:

▷ Bei Achtung–Wärme wird der Erwachsene die Selbstbestimmung und das Anderssein von Kindern und Jugendlichen eher respektieren und tolerieren, sofern sie nicht ihn selbst oder andere Personen deutlich beeinträchtigen.

▷ Bei einfühlendem Verstehen der inneren Welt von Kindern–Jugendlichen wird der Erwachsene viele Informationen über deren Wünsche, Schwierigkeiten und Beeinträchtigungen erhalten. Er weiß so eher, wie es in anderen aussieht. Nimmt er Rücksicht auf diese innere Welt der jugendlichen Partner, so wird er sich angemessener verhalten, angemessenere Maßnahmen treffen: Eltern werden angemessenere Urlaubsorte für ihre Kinder wählen, einen Bauernhof statt eines Hotels. Sie werden sich bei Langeweile der Jugendlichen eher um geeignete Bücher, Gespräche, Arbeitssituationen oder Spielkameraden bemühen, werden den Eintritt in eine Sportgruppe erleichtern. Sie werden bei Aufteilung und Möblierung ihrer Wohnung auf die Belange ihrer Kinder Rücksicht nehmen. Lehrer, die sich die Langeweile und Inaktivität der Schüler beim Frontalunterricht vergegenwärtigen, werden in jeder Unterrichtsstunde Schülern mehrmals Kleingruppenarbeit ermöglichen. Oder: Wenn Erwachsene ihre jugendlichen Partner achten und respektieren und Kenntnis von ihrer inneren Welt haben, werden sie kleine Schritte der Jugendlichen in schwierigen Situationen eher beachten und anerkennen. Sie tragen so viel zur Verminderung von Spannungen bei. Denn oft gelingt es Kindern und Jugendlichen anfänglich nur teilweise, ihre Wünsche und Interessen zu ändern und Rücksicht auf die Bedürfnisse Erwachsener zu nehmen: Sie vermindern beispielsweise ihren Lärm in der Wohnung nur in begrenztem Ausmaß, sie beteiligen sich manchmal nur teilweise an der Reinigung der Wohnung oder Essenszubereitung. Bei Achtung und Kenntnis der inneren Welt Jugendlicher werden Erwachsene über diesen Beeinträchtigungen nicht die Bedeutung der kleinen Schritte übersehen.

▷ Echte fassadenfreie Lehrer, Dozenten und Eltern werden häufiger ihr eigenes

Fühlen und ihre Auffassungen äußern, mit Respektierung der anderen Person und mit einem gewissen Verständnis für deren innere Welt. Sie werden z. B. äußern: „Ich fühle mich verletzt." „Ich empfinde dies hier als sehr spannungsvoll." „Ich mache mir Sorgen über die Art, wie Du Dich Dir selbst gegenüber verhältst." „Ich kann es nicht mit ansehen, es tut mir einfach weh, wenn Du Dein Leben und Deine Gesundheit durch das Springen vom Boot in das seichte Gewässer leichtfertig aufs Spiel setzt. Mir steht vor Augen, daß schon mancher durch Rückgratverletzungen für immer gelähmt wurde!" „Was mich oft wütend macht und warum ich die Hausarbeit so ungerne mache, ist, daß ich sie meist ganz allein machen muß und niemand mir dabei hilft!" „Ich bin besorgt, was sein wird, wenn Du Dir so selten die Zähne putzt!" „Ich mache mir Sorgen wegen Ingrid. Sie war lange krank und weiß nun nicht, was wir hier in unserer Klasse jetzt machen." „Ich bin sehr in Sorge, wenn Du so schnell mit dem Auto fährst." „Es verletzt mich sehr, was Du sagst, ich fühle mich geringschätzig behandelt." Erwachsene werden auch ihre unterschiedlichen Auffassungen über Politik, Sexualität oder über die Verwendung von Geld äußern. Diese Äußerungen über ihr Fühlen und ihre Auffassungen kennzeichnen sie allerdings als ihre persönlichen Auffassungen und als ihr Fühlen. Sie versuchen, Kindern und Jugendlichen verständlich zu machen, wie sie selbst zu diesen Erfahrungen und Erkenntnissen gekommen sind. Sie lassen den anderen fühlen, daß sie an ihm interessiert sind und ihm deshalb ihre Auffassungen und Erfahrungen mitteilen möchten. Sie hören zugleich die Auffassungen des anderen. Sie lassen dem anderen Zeit, sich allmählich mit anderen Auffassungen auseinanderzusetzen. Bei Beleidigungen oder gänzlich andersartigen Auffassungen verstellen Erwachsene nicht gleichsam ihr Gesicht und schlucken sie mit freundlicher Miene herunter. Sie sind keine freundlichen Fassaden. Sondern sie konfrontieren den anderen mit ihren eigenen Auffassungen, die für ihr Leben und wahrscheinlich auch für das Leben anderer wichtig sind. Da diese Erwachsenen jedoch zugleich achtungsvoll und in gewissem Ausmaß verstehend sind, werden sie den anderen nicht aburteilen oder gar aggressiv auf ihn reagieren. Sie werden ihm die Selbstbestimmung lassen, sich mit ihrer geäußerten Meinung frei auseinanderzusetzen. Echte fassadenfreie Personen werden auch ihre eigenen Fehler Jugendlichen mitteilen, z. B. daß sie jemand ungerecht behandelten oder daß sie ihr Verhalten bedauern. Selbstgeöffnete Personen werden auch ihre Sympathie und positiven Gefühle für andere mitteilen.

„Also ich muß sagen, ich bin unheimlich glücklich, den Beruf zu haben. Ich bin ganz selig. Ich hab' zu den Kindern so ein wirklich nettes Verhältnis. Das geht da ziemlich so – ich würde sagen – warm her. Ich bin in der Klasse einfach echt. Ich spiel' da kein Theater irgendwie groß. Ich bin da sehr stark gefühlsmäßig auch. Teilweise auch aggressiv. Ich kann's da sagen, ich kann's da sein. Ich kann den Schülern sagen, z. B. daß ich wahnsinnig wütend bin. Daß das aber gar nicht so stark auf sie bezogen ist. Sondern daß *ich* einfach sauer bin im Moment. Und das hab' ich gemerkt, daß die Kinder das wirklich unheimlich gut verstehen. Das macht es mir auch leicht. Und das läuft dann eigentlich auch gut. Das ist nicht oft, daß ich da irgendwie wütend werde. Die Klasse ist viel ruhiger geworden. Sie hat eine phantastische Arbeitshaltung. Also, ich bin im großen und ganzen da wirklich sehr zufrieden. Die machen mit. Ja, das ist wirklich schön."

Insgesamt: Leben Erwachsene im allgemeinen mit Kindern und Jugendlichen diese Haltungen, dann werden viele Schwierigkeiten und Gegensätze schon im Anfangsstadium geklärt und häufig nicht zu Konflikten führen. Erwachsene sowie Kinder und Jugendliche werden miteinander in einem geklärten, offenen Beziehungsverhältnis mit häufigen hilfreichen Minutengesprächen und vielfältigen persönlichen Aussprachen leben. Häufige krasse schwerwiegende Konfrontationen und schwere Konflikte werden selten sein. Die Häufigkeit von schweren Konflikten zwischen Personen ist unserer Auffassung nach meist ein Anzeichen dafür, daß keine günstigen grundlegenden zwischenmenschlichen Beziehungen bestehen.

Wenn Erwachsene diese humanen Haltungen im Umgang mit Kindern leben, dann werden sie gleichsam als Folge in vielfältiger Weise förderlich tätig sein. Wir möchten einige dieser Aktivitäten kurz darstellen:

Erwachsene setzen sich mit sich selbst auseinander. Bei Interessensgegensätzen und Spannungen fühlen sich Erwachsene – ebenso wie Kinder und Jugendliche – beeinträchtigt. So sind Eltern in Konfliktsituationen nach Einschätzung 6–16jähriger überwiegend „reizbar" (Popp, 1974). Lehrer und Eltern äußern sich in einfachen Konfliktsituationen, die ihnen schriftlich und bildlich dargeboten wurden, voller Spannungen und z. T. aggressiv (A. Tausch, 1958a). Deshalb ist das Bemühen der Erwachsenen wesentlich, sich nach einer Spannungssituation mit sich selbst auseinanderzusetzen: „Warum errege ich mich eigentlich so sehr?" „Warum will ich unbedingt, daß sie das nicht tun?" „Ist es wirklich so schlimm für mich, diese Beeinträchtigungen hinzunehmen und diesen Lärm zu tolerieren?" „Wie werde ich über diesen Gegensatz in einem Jahr denken und fühlen, wird er dann immer noch für mich wichtig sein?" „Hab' ich nicht selbst als Kind so ähnlich empfunden und gehandelt?" „Was fühle ich wirklich jetzt im Augenblick darüber?" „Warum tun die andern das, wie sieht es bei ihnen aus?" „Was kann ich tun, um diese jungen Menschen mehr zu verstehen?" „Was kann ich tun, daß sie mich mehr verstehen?" Eine derartige offene Auseinandersetzung ermöglicht es dem Erwachsenen häufig, manche seiner erlebten Schwierigkeiten und Beeinträchtigungen in anderer Bedeutung zu sehen und neue Wege zu finden. Dies kann erleichtert werden durch ein Gespräch mit einem verständnisvollen Menschen.

Häufige Gespräche und frühzeitiges verständnisvolles Ansprechen wesentlicher Spannungen. Wenn Erwachsene auf die innere Welt des jugendlichen Partners hinhören und so frühzeitig Informationen über dessen Schwierigkeiten und Spannungen bekommen und dann den Mut aufbringen, mit ihm bei günstiger Gelegenheit verständnisvoll zu sprechen, dann werden sie häufig ein bedrohliches Anwachsen von Spannungen vermeiden. Wichtig ist: Der Erwachsene äußert sich nicht in Form von Urteilen oder Vorwürfen, sondern in akzeptierender Weise über die innere Welt des anderen und über sein Fühlen, z. B.: „Ist es so, daß Dir die Arbeit in der Schule keinen Spaß mehr macht?" „Sehe ich das richtig, daß Du eigentlich Weihnachten nicht mit uns verbringen möchtest?" „Kannst Du mir helfen herauszufinden, warum es Dir nicht gelingt, im Unterricht mitzuarbeiten?" „Ich merke, daß Du viel mit Deiner Freizeit beschäftigt bist. Das ist ja auch in Ordnung. Aber es trifft mich, daß Du so wenig an meine Arbeit denkst."

Entscheidend ist also: ▷ Der Erwachsene hört die Spannungen und Beeinträchtigungen des Kindes oder des Jugendlichen. ▷ Der Erwachsene findet einen Weg zu einem verständnisvollen akzeptierenden Gespräch mit dem Jugendlichen; er spricht ihn zuerst darauf an, weil es für den Jugendlichen häufig zu schwierig ist. ▷ Er bringt den Mut auf, seine eigenen Spannungen und sein Fühlen in verständnisvoller Weise mitzuteilen. Leider fehlt manchen Erwachsenen hierzu der Mut. Und damit fehlt ihm auch die Erfahrung, daß er durch behutsame Bemühungen zu einer Klärung der zwischenmenschlichen Beziehungen und Spannungen beitragen kann. In einer Untersuchung ergab sich z. B.: Kindergärtnerinnen, die die geäußerten Schwierigkeiten und Beeinträchtigungen der Kinder bei einer Aufgabendurchführung (z. B. „Ich habe keine Lust!" „Ich möchte nicht mehr!") in einfühlender Weise aufgriffen statt sie zu ignorieren oder zu verbieten, förderten hierdurch die konstruktive Aktivität und das Bemühen der Kinder um Mitarbeit (A. Tausch u. a., 1976). Meist jedoch unterbleibt das verständnisvolle Ansprechen von Schwierigkeiten im anfänglichen Stadium. Die Spannungen wachsen an. Plötzlich kommt es dann zu Ausbrüchen mit tiefen, unüberbrückbar erscheinenden Gegensätzen. Diese werden als tiefe Entfremdung erfahren, da die Personen sich gegenseitig lange ihre Spannungen miteinander verschwiegen. Viele, die das Ignorieren dieser Spannungen und ihr Verschweigen lange als günstig ansehen, erfahren eines Tages: Ihre Beziehungen zu dem anderen sind zerbrochen. Dies veranschaulicht die nachfolgende Äußerung einer Frau über die Beziehung zu ihrem Mann:

„Ich hab' immer gedacht, es ist für den anderen das Bequemste, wenn ich mich nach ihm richte. Ich hab' auch in mich hineingehört: Es war mir letztlich wirklich egal. Aber jetzt spüre ich, daß ich den anderen dadurch belastet habe. Er mußte für mich mit leben. Er mußte Entscheidungen für mich treffen. Ich bin ihm eine Last geworden. Er hatte an mir keine selbständige Partnerin, keinen Menschen, der für sich denkt, der für sich entscheidet, der seine Gefühle ihm mitteilt. ... Vielleicht hatte ich Angst vor Gegensätzen und Spannungen. Nun spüre ich, ich bin durch alles so unlebendig geworden, so tot, so leer. Ich hab' in all den Jahren gelernt, meine Wünsche und Bedürfnisse nicht zu hören, sie nicht wachzuhalten. Vielleicht bin ich dadurch dem anderen gegenüber nicht wach genug gewesen und kein guter Partner."

Erwachsene ermöglichen Kindern und Jugendlichen selbständige Aktivitäten zur Verminderung ihrer eigenen Spannung. Erwachsene können durch Gewähren größerer Mitbestimmung, fördernder Mithilfe sowie viel Geduld Kindern häufig Gelegenheit geben, ihre Konflikte allein ohne Eingreifen von Erwachsenen zu klären. Ein Lehrer schreibt uns: „Die täglichen Konfliktsituationen in meiner Klasse haben sich entschärft. Ich kann den Schülern einen größeren Freiheitsraum gewähren. Ich habe mich entschlossen, auf die freiwerdenden Kräfte der Selbstentscheidung der Schüler zu sehen und nehme dabei in Kauf, nicht immer den Beifall mancher Schüler und Kollegen zu finden. Es ist allerdings eine große Geduldsprobe, insbesondere, das lange bestehende Mißtrauen auf beiden Seiten abzubauen. Zu oft gerate ich noch in Versuchung, nach nicht unmittelbar eintretenden Erfolgserlebnissen falsche Konsequenzen aus meiner Verunsicherung zu ziehen und die Rolle eines gütigen Diktators zu spielen." Unter günstigen Bedingungen können Kinder und Jugendliche selbständige Konfliktlösungen lernen und werden vermutlich in ihrem späteren Leben eher zu konstruktiven Lösungen fähig sein. Sie werden sich weniger hilflos gegenüber Gewalt und Terror ausübenden Mitschülern, Mitstudenten und Erwachsenen fühlen, sie werden selbst eher aktive Maßnahmen einleiten. Viele Bürger in unserem Staat erwarten ein Eingreifen des Staates, weil sie nicht frühzeitig lernten, Interessensgegensätze selbständig in konstruktiver Weise anzugehen. Die folgenden Beispiele veranschaulichen, wie Kinder und Jugendliche in kreativer Weise eigene Schritte zur Verminderung von Spannungen unternehmen können:

7jährige zur Mutter: „Also mit dem Reden komme ich bei Frau H. (der Lehrerin) nicht mehr weiter. Sie hört einfach nicht drauf. Ich schreib' ihr jetzt einen Brief, den ich mit Ruth und Ulrike zusammen machen werde. Vielleicht, daß sie's dann erlaubt." Dem „Antrag“ auf einem Zettel mit folgendem Wortlaut gab die Lehrerin dann statt: „Liebe Frau Hinris, wir wisen es, Sie möchten es nicht gerne, aber bitte, bitte erlauben sie das wir unts alle 3 zusammensetzen dürfen. Wir bitten sie vielmals das zu machen. Dann weren wir in der Schule ser glucklich. Irhe Schülerinnen ...“ (Unterschriften der 3 Schülerinnen)

Jugendliche: „Ich weiß es jetzt genau. Ich werde ihm einen Brief schreiben und darin auch mal meine Bedürfnisse und Vorstellungen ansprechen. Dadurch will ich klären, welche Erwartungen er eigentlich in diese Beziehung mit mir legt. Ich glaube, nein, ich weiß es jetzt: Das ist der springende Punkt. Da will ich Klarheit schaffen!“

12jährige, die in der Nachbarschaft in einem Garten Äpfel genommen haben und dabei gesehen wurden: „Wir bringen dem alten Mann ein Stück Apfelkuchen hin, den wir jetzt von seinen Äpfeln backen. Schließlich waren es ja seine.“

Förderung von Gesprächen bei Konflikten von Kindern untereinander. Gelegentlich beeinträchtigen sich Kinder und Jugendliche untereinander. Sie haben Konflikte, sie versuchen, diese Konflikte durch Gewalt zu lösen. Oft ist es nicht nötig, daß der Erwachsene dirigierend eingreift und dabei manchmal selbst mit den Jugendlichen in Konflikt gerät. Er bemüht sich vielmehr, Helfer zu sein für alle Betroffenen, so daß diese miteinander sprechen. Dies führt häufig zu konstruktiven Änderungen des Wahrnehmens und Fühlens bei Kindern und Jugendlichen, unter der Voraussetzung: Lehrer oder Erzieher suchen die persönliche Welt der Beteiligten zu verstehen und bringen dies zum Ausdruck. Sie sind anerkennend–sorgend für jeden Konfliktpartner und drücken – wenn es notwendig ist – auch ihre eigenen Wahrnehmungen und ihr eigenes Fühlen aus, mit Rücksicht auf die Partner. Zwei Beispiele für eine derartige Tätigkeit eines Helfers:

Lehrerin: „Ich habe die 2 Schwächsten aus meiner Klasse in der Pause zu mir gebeten und auch die 2 Stärksten. Dann habe ich die 2 Schwächsten gebeten, den anderen zu erzählen, wie sie das so erleben, wenn sie von ihnen geärgert werden. Als dann der eine von seiner furchtbaren Angst erzählt, in der er ständig lebt, die Angst, plötzlich von hinten eins ausgewischt zu bekommen, und wie ihn das quält, da kamen dem einen von den beiden Stärksten plötzlich die Tränen. Dann hab' ich gedacht: Ich muß das in die Klasse reinbringen, ich muß solche Probleme mit der ganzen Klasse angehen. Ich hatte so große Angst, weil das doch so neu für sie alle war. Aber es ist dann doch gutgegangen, und ich habe das Gefühl, daß es die Kinder einander nähergebracht hat.“

Unter hilfreicher Förderung durch Lehrer kommt es zu einer Aussprache der ganzen Klasse über ihre persönlichen Beziehungen. Ein Ausschnitt aus den Tonaufnahmen: Hans zu Niko: „Ich meine, Dein Verhalten, wie soll ich das ausdrücken, das fühle ich so, als ob Du oftmals gerne so Scheiß' machst im Unterricht.“ Niko: „Stimmt auch.“ Hans: „Und dann mag ich Dich nicht unterbrechen. Denn ich komm mir doof vor.“ Niko: „Stimmt schon, wenn ich nun grad so Scheiße bau' mit Stefan, dann ist das irgendwie, daß ich das zwar irgendwie will. Aber trotzdem, wenn Du mir sagen würdest: ‚Hör auf! Paß auf! Hör doch auf irgendwie!‘, dann würd' ich da irgendwie wieder rauskommen. Sonst gerat' ich da so richtig mit rein in den Scheiß. Der Stefan verzaubert mich richtig.“

Der nachfolgende Ausschnitt zeigt, wie ein psychologischer Helfer zur Konfliktlösung beitragen kann, indem er einer Person hilft, mehr von der inneren Welt ihrer Konfliktpartner zu verstehen und sich hiermit, so wie auch mit sich selbst auseinanderzusetzen:

„Ich wollte Ihnen nur sagen, das hat mir geholfen, daß Sie zu mir gesagt haben: ‚Ich versuche mir vorzustellen, wie Ihr Bruder fühlt. Und was es ist, das Claudia so verletzt hat, daß sie so um sich schlägt und Ihnen mit solchem Haß begegnet.‘ Als ich nach Hause fuhr, hab' ich darüber noch viel nachgedacht. Und Sie haben recht. Sie haben etwa so gesagt: ‚Denken Sie doch mal, wie es der andere erlebt.' Und das stimmt. Ich hab' da wohl nur mich gesehen. Aber das ist ganz schön hart. Ich kam zu Ihnen mit dem Gefühl: ‚Wie hab' ich das alles so schön gemacht! Wie ist alles so richtig bei mir!' Und jetzt spür' ich: Ich hab' die anderen viel zu wenig gesehen."

Bemühungen bei eingetretenem Konflikt. Auch bei einem guten Beziehungsverhältnis zwischen Erwachsenen und Jugendlichen und bei günstigen Arbeits- und Lebensbedingungen in Schulen und Familien ergeben sich Konflikte, wenn auch selten. Sie sind für die beteiligten Personen sehr bedeutsam. Kinder und Jugendliche fühlen sich in diesen Konflikten durch die Einschränkung ihrer Selbstbestimmung, ihrer Wünsche sowie ihrer Selbständigkeit bedroht. Sie müssen häufig erst herausfinden, wie weit ihre persönliche Freiheit geht, ohne die Rechte anderer zu beeinträchtigen. Sie benötigen Erfahrungen, um zu lernen, ihre Wünsche mit Rücksichtnahme auf andere in Übereinstimmung zu bringen. Es ist wichtig für sie, daß sie auch in diesen angespannten Situationen die Erwachsenen als Personen erleben, die sie zu verstehen suchen und weiterhin achten, so daß das Beziehungsverhältnis nicht längerfristig belastet wird. Für die Erwachsenen bedeuten Konflikte ein intensives Bemühen, auch in diesen schwierigen Situationen die humanen Haltungen zu leben. Denn auch sie fühlen sich oft betroffen. Sie erfahren Einschränkungen von den Kindern und Jugendlichen, sie werden von ihnen oft nicht unverzerrt wahrgenommen. Wichtig ist: ▷ Erwachsene, die in den Tagen, Monaten und Jahren vor dem Konflikt zu den Jugendlichen unbefriedigende Beziehungen hatten und ihnen gegenüber nicht die humanen Haltungen lebten und nicht so von den Kindern wahrgenommen wurden, werden in diesen Konflikten kaum zu diesen humanen Haltungen fähig sein. Ferner werden die Kinder–Jugendlichen auf sie voreingenommen reagieren. ▷ Das Heranziehen einer hilfreichen Gruppe – einiger oder aller Mitglieder der Klasse, der Familie, des Seminars – kann sehr hilfreich für die Lösung von Konflikten sein, unter folgender Bedingung: Es ist eine wirklich hilfreiche Gruppe, d. h. für ihr bisheriges Zusammenleben waren entscheidend gegenseitige Achtung–Rücksichtnahme, Bemühen um Verstehen sowie Offenheit. In einer derartigen Gruppe findet mindestens ein Mitglied für jeden der Beteiligten ein gewisses Verstehen sowie Anteilnahme und unterbreitet Hilfsangebote.

Nachfolgend haben wir Gesichtspunkte für hilfreiche Bemühungen von Erwachsenen zur Lösung von Konflikten dargestellt, in denen Begrenzungen und Einschränkungen von Kindern–Jugendlichen notwendig werden, weil Kinder–Jugendliche die Rechte anderer Personen, deren Selbstbestimmung und deren seelische und körperliche Gesundheit deutlich beeinträchtigen oder ihre eigene seelische und körperliche Gesundheit gefährden, ohne die Folgen dafür tragen zu können oder zu wollen. Grundlegend für diese Bemühungen ist: Der Erwachsene äußert seine innere Welt und sein Fühlen, er sucht die innere Welt und das Fühlen seines Konfliktpartners zu verstehen, er setzt sich mit beidem auseinander und bemüht sich um hilfreiche Kompromisse.

Äußerungen über die eigene innere Welt, über das eigene Fühlen im Konflikt. Der Erwachsene oder der Jugendliche äußert im Konflikt sein Fühlen, beispielsweise seine Verletztheit, seine Angst, seine Enttäuschung, das, was er empfindet und was er wünscht. Er äußert dies mit Rücksicht auf das Fühlen des anderen. Es sind Äußerungen über s e i n Fühlen, keine Urteile und kein Abwerten des anderen. Es ist keine Verletzung oder Mißachtung des anderen in diesen Äußerungen des Fühlens. Durch derartige Äußerungen wird folgendes bewirkt: ▷ Der Erwachsene oder Jugendliche kommt näher in Kontakt mit dem, was er selbst fühlt, was es ist, das ihn beeinträchtigt. Er kann sich besser damit auseinandersetzen. Denn e r hat diese Gefühle, und sie beeinflussen ihn. Nach der Äußerung des eigenen Fühlens besteht größere Wahrscheinlichkeit, daß eine Person auch dem Fühlen des anderen Beachtung schenkt. ▷ Der andere erhält Informationen, wie er auf die Person wirkte, was er in ihr auslöste. Fühlt er sich durch diese Gefühlsäußerungen nicht angegriffen, kann er das geäußerte Fühlen dieser Person eher zur Kenntnis nehmen und sich damit auseinandersetzen. Das führt des öfteren zu einer größeren Akzeptierung der anderen Person und zu einer Änderung der eigenen Wahrnehmungen und des eigenen Verhaltens. Die Beispiele veranschaulichen dies teilweise:

Die Mutter eines 20jährigen berichtet: „Mein Junge will mich, wie soll ich sagen, manchmal richtig verletzen. Dann sagt er irgend was, das ist richtig verletzend. Dann sag' ich: ‚Warum tust Du das? Was hast Du damit nun erreicht? Du hast mich verletzt. Das kränkt mich innerlich so doll! Findest Du das denn gut?' Dann sagt er: ‚Uch, das mußt Du nicht so verbissen sehen!' Manchmal sagt er dann auch so etwas wie: ‚Gott, das wollte ich gar nicht sagen! Entschuldige!' Aber das ist selten."

Eine Lehrerin aus der 6. Klasse berichtet: „Ich finde es zum Verrücktwerden, in diesem Durcheinander zu leben, in so einem Verhau! Keiner scheint darauf zu achten außer mir. Eines Tages endlich sagte ich den Kindern, daß ich von Natur aus ein reinlicher, ordentlicher Mensch sei, und daß die Unordnung mich zur Raserei bringe. Ob sie eine Lösung hätten? Sie meinten, daß es einige Freiwillige gäbe, die aufräumen könnten ... Ich sagte, daß ich es nicht fair finde, wenn immer dieselben für andere sauber machen müßten, aber daß es das Problem für mich lösen würde. ‚Na ja', antworteten die Kinder, ‚manche Leute putzen halt gerne', und so ist es dann auch." (Shiel, 1966; zitiert nach Rogers, 1974a, S. 109)

Mutter zu ihrem Sohn: „Du, Andreas, ich habe jetzt schon wirklich Angst, Dich überhaupt zu fragen, ob Du Deine Tabletten genommen hast. Wenn meine Angst vor Deinem Arzt nicht noch stärker wäre, ich könnte mich überhaupt nicht mehr überwinden, Dich danach zu fragen. Ich hab' schon wirklich Angst, Dich danach zu fragen. Aber ich weiß auch, wie wichtig das für Deine Gesundheit ist, und das macht es mir so schwer."

Der Ausdruck des Fühlens einer Person ist auch hilfreich, wenn sie an dem Konflikt nicht direkt beteiligt ist. Dies demonstrieren die nachfolgenden Beispiele:

Eine Mutter schreibt uns: „Beim Elternabend gelang es mir bei einem Konflikt, der in einen häßlichen Machtkampf zwischen den anwesenden Schülern und einem Junglehrer auslief, meinem Gefühl nachzugehen und zu sagen, wie furchtbar ich diese Spannungen empfand und wie das auf mich wirkte. Und ich glaube, daß ich damit einen Schritt zur Änderung getan habe. Dies hat mich so froh gemacht, daß ich den Mut hatte, gegen die Masse das einzubringen, was ich spürte."

Eine Arbeiterin über ein Ehepaar in der Nachbarwohnung, das seit 10 Tagen nicht mehr miteinander spricht: „Es ist doch furchtbar bei meinen Nachbarn, diese Maulerei! Die reden schon seit 10 Tagen kein Wort miteinander! Die Kinder leiden richtig darunter. Die Frau kommt zu mir und jammert mir was vor. Ich sag: ‚Fangen Sie doch an zu reden!' Aber sie ist auch so stur. Ich hab' dann überlegt, ob ich mal mit ihm rede. Aber er kann sich so in eine Sache verbohren. Schlimm, nicht? Ich leide richtig mit darunter. Vor allem die Kinder, die tun mir leid. Und dann konnte ich es nicht mehr aushalten. Ich bin rüber gegangen. Da saß sie in der Küche, und er in der Stube. Ich habe gesagt: ‚Was ist los mit Euch! Ihr seid wie die Kinder! Einer sitzt hier, der andere da.' Dann bin ich einfach zu ihm in die Stube gegangen und hab' gesagt: ‚Ich kann schon nachts nicht mehr schlafen, so bedrückt mich das. Ich seh' doch: Erst geht Ihre Frau morgens aus dem Haus alleine und dann Sie hinterher. Niemals mehr geht Ihr zusammen morgens weg. Mich macht das ganz krank!' Nächsten Tag hat mir seine Frau erzählt: Er hat zu ihr gesagt: ‚Komm, laß uns wieder miteinander sprechen, damit Frau Schmidt nachts wieder schlafen kann!'"

Verstehen der inneren Welt des anderen im Konflikt und Bemühen, ihm ein Auseinandersetzen mit sich selbst zu ermöglichen. Der Erwachsene sucht einfühlend die innere Welt des jugendlichen Partners zu verstehen, wie dieser im Augenblick fühlt, mit welchen Bedeutungen dieser die Ereignisse und Personen sieht. Teilt der Erwachsene das, was er jeweils verstanden hat, dem anderen mit, dann tritt folgendes ein: ▷ Durch dieses Bemühen, die innere Welt des anderen zu verstehen, wird der Erwachsene bereiter, den anderen zu akzeptieren, er wird entspannter und kompromißbereiter. ▷ Die jugendlichen Partner erfahren aus den Worten des Erwachsenen dessen Bemühen um Verständnis, eine Beachtung ihrer Welt. Sie fühlen, daß sie zumindest teilweise gehört werden. Sie können sich mit ihrer Welt mehr auseinandersetzen. In dem folgenden mit Funk aufgenommenen Minutengespräch bemüht sich eine Kindergärtnerin, die Erlebniswelt eines Kindes anhand seiner Äußerungen zu verstehen:

Kind, 4 Jahre, singt und erzählt laut vor sich hin, während der Mittagsruhe der anderen.
Erzieherin: „Thorsten, Du kannst heute nicht schlafen und singst deshalb im Bett?"
Kind: „Ja."
Erzieherin: „Ich glaube, das stört die anderen Kinder."
Kind: „Meine Mutti schläft auch immer, wenn ich spiele."
Erzieherin: „Du meinst, Deine Mutti stört es nicht. Sie kann dabei weiterschlafen?"
Kind: „Ja. Die schnarcht."
Erzieherin: „Ist es so, daß sie dann selbst ganz laut ist und Dich dann gar nicht hört?"
Kind: „Nein, ich bin ganz laut. Und dann geh' ich hin und hau' ihr eine runter. Und dann blutet sie. Und dann mache ich ihr ein Pflaster drauf."
Erzieherin: „Du bist so wütend gewesen und hättest Mutti gerne verhauen. Sie würde dann aufwachen und mit Dir spielen?!"
Kind: „Ja! Jetzt sei still, ich will schlafen!"

Gelegentlich ist dieses Verstehen zwischen Erwachsenen und Jugendlichen gegenseitig, wie es das folgende Beispiel zeigt: Lehrerin: „Mensch, eigentlich kannst Du das ja nur nicht annehmen, weil ich es Dir sage!" Jörg: „Ja, das stimmt." Achim: „Aber das hat Ihnen auch ganz schön weh getan, daß er das so zu Ihnen gesagt hat." Lehrerin: „Ja, genau."

Kann der Erwachsene die innere Welt der Kinder und Jugendlichen im Konflikt nicht verstehen, weil sie beispielsweise nichts von ihrer inneren Welt und ihrem Fühlen äußern, so kann er sie mit ihrem geäußerten Konfliktverhalten konfrontieren. Bringt er also das Verhalten der Jugendlichen so, wie er es wahrnimmt, ihnen gegenüber akzeptierend und verstehend zum Ausdruck, so kann dies die Auseinandersetzung der Jugendlichen mit sich selbst fördern und sie dazu bringen, ihr Fühlen und Denken mehr zu äußern. Im folgenden einige derartige Äußerungen aus einer gefilmten Unterrichtsstunde, die einer von uns durchführte. In ihr sollten 17-jährige Berufsschüler den ihnen unbekannten Lehrer gemäß Anweisung des Regisseurs durch unterrichtsfremde Tätigkeiten wie Rauchen, Biertrinken und Skatspielen maximal provozieren:

Der Lehrer konfrontiert die Schüler mit ihrem Verhalten: „Du wolltest das Bild so anmachen, daß keiner von uns es sehen kann." „Du findest es nicht attraktiv, wenn wir über dieses Bild sprechen." „Ihr habt überhaupt kein Interesse, über dieses Bild zu sprechen." „Soll ich hier anschreiben ‚langweilig'? War das Deine Meinung?" „Du würdest sie demütigen und beschämen, diese Mädchen, das wäre Dein Ziel." „Du bist glücklich, daß diese Stunde vorüber ist. Für Dich war's ein Verlust, hier zu sein." „Du magst keine Limonade oder Coca. Es muß richtiges Bier sein." „Du hattest Angst gehabt, Deine Meinung zu äußern, weil einige hier sind, die Dich dann auslachen und demütigen." „Du ärgerst Dich da über Dich selbst."

Der Lehrer konfrontiert die Schüler mit ihrem Verhalten gegenüber ihren Mitschülern: „Du bist anderer Meinung als er." „Deine Meinung ist gegensätzlich zu seiner Meinung." „Du möchtest, daß er Deine Meinung annimmt und auch die Hand hochhebt?!" „Du möchtest, daß gar kein anderer seine Meinung äußert. Nur Deine Meinung soll gelten." „Er sagt, wenn man den Menschen Freiheit gibt, dann muß man ihnen auch gestatten, sich so zu lieben, wie sie wollen. Aber Du meinst, man soll den Menschen nicht diese Freiheit geben." „Du findest es nicht richtig, daß er die Zeitungen einfach in die Gegend schleudert."

Der Lehrer konfrontiert die Schüler mit ihrem Verhalten und seinen eigenen Auffassungen und seinem Fühlen: „Ich soll lauter sprechen, ja. Das ist Euer Wunsch. Aber mir macht das Schwierigkeiten. Ich bin das Brüllen nicht gewöhnt." „Ja, ich glaube, es ist eine gute Idee, wenn wir uns über den Sinn des Bildes unterhalten." „Ich kann schwer verstehen, was Du mit ‚Sauerei' hier meinst." „Ich glaube, jeder von uns hat das Recht, seine Meinung zu äußern. Aber ich denke auch, Beleidigungen sind keine Möglichkeit, Gegensätze auszutragen." „Du meinst, er ist ein blöder Depp. Aber ich glaube, das trägt nicht dazu bei, Gegensätze zu lösen." „Ich frage mich, ob Du das eben mit dem Biertrinken gesagt hast, um uns zu imponieren?" „Dich langweilt es hier, und deshalb haust Du auf den Tisch! Aber ich denke, wenn ein Kamerad von Euch spricht, dann ist das das mindeste an Achtung, daß man jemanden hört – Aber Du meinst, Du brauchst ihm nicht die Achtung und Freiheit zu geben, hier zu reden." „Ich habe mich gefragt, wieso es kommt, daß einige sich an der Diskussion gar nicht beteiligt haben. Und ich habe mich gefragt: Was hätten wir eigentlich mit Euch machen sollen, daß Ihr an der Unterrichtsstunde Interesse gehabt hättet?"

Bemühen um befriedigende Kompromisse, Alternativen, Vereinbarungen und Regelungen: In vielen Konfliktsituationen mit gegensätzlichen Interessen, Wünschen und Bedürfnissen können für beide Seiten annehmbare Kompromisse gefunden werden, wenn die Betroffenen in Gesprächen gegenseitig wesentliche Bereiche der inneren Welt der anderen erfahren, wenn sie sich damit auseinandersetzen und sich aufrichtig um einen Ausgleich bemühen. Bei einem eher kalten feindseligen Gegeneinander, das als Machtkampf erlebt wird, wird ein Kompromiß oder Einlenken als Schwäche und Nachgiebigkeit abqualifiziert und kaum akzeptiert.

Sorgendes Informieren über die Folgen des Verhaltens in Grenzfällen. Wenn sich Erzieher und Jugendliche in Konflikten nicht miteinander verständigen können, so ist die Information über mögliche Konsequenzen ihres Tuns wesentlich. Lehrer: „Wenn Du weiterhin keine Hausaufgaben machst und auch die Klassenarbeiten nicht mitschreibst, muß ich Deine Leistungen in diesem Fach zum Herbst als nicht ausreichend bezeichnen." Mutter: „Wenn es Dir abends zu mühsam ist, Dein Rad einzuschließen, läufst Du Gefahr, daß es gestohlen wird und Du Dir ein anderes von Deinem Geld beschaffen mußt. Es macht mir Sorge, daß Dich das dann viel Geld kostet, ein anderes Rad zu kaufen." Dozent: „Bitte, arbeiten Sie bei dieser Klausur für sich alleine. Wenn Sie sich Vorteile gegenüber den anderen verschaffen, indem Sie unerlaubte Hilfen benutzen, wird Ihre Arbeit nicht gerechnet." – Einige weitere Gesichtspunkte:

▷ Die Informationen sind realistisch, sachlich sowie aufrichtig gemeint. Drohungen anstelle von sachlichen Informationen rufen eher Verteidigung als ein offenes Auseinandersetzen mit den Folgen hervor. Unrealistische Ankündigungen der Folgen machen den Erzieher eher unglaubwürdig.

▷ Erwachsene sehen die sozialen Ordnungen ebenfalls für sich selbst als verbindlich an. Denn sehen Schüler, daß ihre Lehrer rauchen oder unpünktlich sind, merken Schüler oder Studenten, daß ihre Lehrer und Dozenten nicht intensiv arbeiten, beobachten Kinder ihre Eltern bei der bewußten Übertretung sozialer Regeln, beispielsweise im Straßenverkehr, dann spüren sie oft: Das Einhalten oder Übertreten von sozialen Ordnungen ist eine Machtfrage. Sie wehren sich dagegen, daß von ihnen als den Schwächeren die Einhaltung sozialer Regeln verlangt wird, während die Erwachsenen dies nicht tun.

▷ Der Erwachsene bemüht sich, daß die angekündigten nachteiligen Folgen des Verhaltens möglichst im unmittelbaren Zusammenhang mit den Übertretungen von Grenzen und Regeln stehen, gleichsam die natürliche Konsequenz davon sind. Einige Beispiele:

Schüler bezahlen die zusätzliche Arbeitszeit der Reinigungsgesellschaft, wenn sie entgegen den Vereinbarungen einen Raum für ihren Tanz- und Unterhaltungsabend nicht ordnungsgemäß wieder herrichten.

Schüler einer Klasse müssen entsprechend länger in der Schule oder zu Hause arbeiten, wenn ihre Arbeit in der Schule längere Zeit durch Störungen erheblich beeinträchtigt wurde.

Eine Grundschullehrerin zu Schülern, die so wild und lebhaft sind, daß nach Meinung der Lehrerin kein Unterricht mehr stattfinden kann: „Wißt Ihr, wenn Ihr wieder eine Lehrerin braucht, komme ich wieder rein. Ich sitze draußen auf dem Flur." Und die Lehrerin berichtet uns: „Und dann kann ich schon etwas warten. Aber dann kommen sie und sagen: ‚Jetzt brauchen wir wieder einen Lehrer, jetzt haben wir genug gespielt.' Und dieses kleine Krümelvolk kommt von Mal zu Mal schneller zu mir auf den Flur."

Bei Gesetzesübertretungen von Jugendlichen gibt es sinnvolle Formen der Wiedergutmachung anstelle traditioneller und oft unverständlicher Bestrafungen. Beispiele aus der Tätigkeit eines Jugendrichters (Holzschuh, 1957): Jugendliche, die ohne Führerschein mit dem Auto oder Motorrad fuhren, sind an Sonntagen als Helfer in Unfallstationen tätig. Jugendliche, die durch Unvorsichtigkeit einen Waldbrand verursachten, arbeiten bei der Aufforstung eines Waldstückes in den Ferien mit.

Erwachsen die Konsequenzen aus der Übertretung von Regeln und Vereinbarungen nicht der Willkür und persönlichen Gekränktheit der Erzieher, sondern werden sie als notwendig für das soziale Zusammenleben, als natürliche Konsequenz oder Wiedergutmachungsmöglichkeit empfunden, dann sind sie eine bedeutsame Lernerfahrung. Um diese wesentliche Lernerfahrung bringt der Erzieher die Kinder und Jugendlichen, wenn er ihnen gestattet, soziale Regeln und die Rechte anderer Personen ohne nachteilige Konsequenzen zu mißachten. Und zwar oft nur deshalb, weil er zu schwach, zu nachlässig, bequem oder feige ist, zu den angekündigten Konsequenzen zu stehen. Durch ein solches Verhalten, manchmal als „großzügig", „sozial" oder „tolerant" verkleidet, fördert er nicht das Lernen und das soziale Zusammenleben.

▷ Erwachsene machen möglichst f r ü h z e i t i g Einschränkungen, Lenkungen, Kontrollen und Grenzen transparent. Sie legen sie offen dar. Jugendliche können sich dann darauf einstellen. Auch Erwachsene, die die Person des jugendlichen Partners tief achten und ihm weitgehende Selbstbestimmung zugestehen, werden in Situationen, in denen die seelische oder körperliche Gesundheit des Partners oder anderer gefährdet ist, ihm keine freie Entscheidung zubilligen und nicht jede seiner Wahlen akzeptieren. Wir halten es zur Entlastung des gegenseitigen Beziehungsverhältnisses für besser, wenn Einschränkungen, Kontrollen und Grenzen deutlich bekannt sind, und der Erwachsene zu ihnen steht, sich offen mit ihnen auseinandersetzt und sich zu ihnen bekennt. Dies erscheint uns auf die Dauer hilfreicher als das Gewähren von Scheinfreiheiten, die dann in bestimmten Situationen wieder eingeschränkt werden oder Konflikte heraufbeschwören. Scheinfreiheiten können Kinder und Jugendliche verunsichern und das soziale Klima zu den Erwachsenen beeinträchtigen. Kinder und Jugendliche scheinen auch Regelungen, Ordnungen und Kontrollen, die sie nicht für notwendig erachten, dann zu akzeptieren, wenn der Erwachsene ihnen gegenüber damit echt und aufrichtig umgehen kann, also wenn sie in der Diskussion erfahren: Diese Einschränkungen sind der Ausdruck der Sorge des Erwachsenen um sie und sind nicht als persönliche Schikane oder Machtbehauptung zu werten. Wichtig ist: Der Erwachsene äußert offen seine Ängste und Befürchtungen sowie die Gründe für seine Einschränkungen in einer nicht verteidigenden, nicht aggressiven Weise.

Bemühungen bei Übertretung von Regeln und Vereinbarungen. Wenn Kinder und Jugendliche festgesetzte Grenzen, Regeln und Vereinbarungen verletzt haben, die dem sozialen Zusammenleben und dem Schutz der berechtigten Interessen anderer bedeutsam dienen, und wenn eine Untätigkeit wahrscheinlich zur weiteren Schädigung des sozialen Zusammenlebens führt, dann wird sich der Erzieher bemühen, den Jugendlichen Konsequenzen erfahren zu lassen. Wichtig ist hierbei: Der Jugendliche erfährt, daß er vom Erwachsenen weiterhin als eine Person von Wert geachtet wird und daß er ein gewisses Verständnis spürt. Diese Achtung der Person ist keine Billigung des Verhaltens. In einer experimentellen Untersuchung ergab sich (A. Tausch, 1960): Begrenzungen und Regeln von Erziehern, die mit Achtung und mit einem gewissen Verständnis für Jugendliche ausgesprochen wurden, förderten bei 70 % der 11–14jährigen die Bereitschaft, die Regelung künftig zu respektieren. Ein Beispiel: Lehrer: „Es war so schwer für Dich, alleine zu arbeiten. Ich kann Deine Arbeit nicht werten. Es tut mir leid, dies zu tun. Aber es war die gemeinsame Verabredung von uns allen." Ohne solche achtungsvolle Zuwendung gaben jedoch fast 90 % der Jugendlichen offen zu, sich auch zukünftig nicht an Regelungen halten zu wollen. Auch viele Erwachsene haben erfahren: Wenn sie einen Fehler machten, z. B. eine Verkehrsregel übertraten, so akzeptierten sie die Konsequenz ihres Verhaltens eher und einsichtiger, wenn der Polizist sie mit Achtung und einem gewissen Verständnis behandelte.

Welche Schäden in einem jungen Menschen eintreten können, wenn ihn die Eltern wegen seiner Überschreitungen und Verfehlungen nicht mehr als Person achten und annehmen, diesen Schmerz verdeutlichen die Worte eines 26jährigen in einer gefilmten Encountergruppe von uns (Tausch u. Tausch, 1977 b):

Rolf zu Mario, einem Jugendlichen aus dem Gefängnis: „Ich empfind' das auch so, daß Du Dich von Deinen Eltern fallengelassen fühlst. (Mario: „Ja.") Du sagst, Du erkennst auch, Du hast 'ne Dummheit gemacht und hast dafür geradegestanden. Aber warum könnt Ihr mir nicht verzeihen? Warum müßt Ihr mich so verurteilen? So siehst Du's Deinen

Eltern gegenüber und irgendwo tut's Dir sehr weh, daß Du die Erfahrung gemacht hast: Mensch, solange ich alles ordentlich gemacht hab', na ja, wurde ich als Sohn akzeptiert. Jetzt hab' ich was gemacht, was gegen die Normen der Gesellschaft verstößt, da bedeute ich meinen Eltern nichts mehr. Es war nur so: Meinen Eltern gefiel mein Verhalten. Ich als Mensch mit meiner Strafe: jetzt stell' ich ihnen gar nichts mehr dar. Sie lehnen mich ab. Ich war für sie nur 'ne Hülle, 'ne Hülle von Handlungen, von ordentlichen Handlungen. Und ich kann das unwahrscheinlich nachempfinden, und es geht mir unwahrscheinlich nahe, das zu erleben. Vielleicht hab' ich da auch ein unwahrscheinliches Problem zu meinen Eltern" (weint).

Reinhard: „Daß sie nicht an Dich glauben wollen, Deine Eltern?"

Rolf: „Doch, daß sie schon an mich glauben. Aber ich fühl' mich als Mensch nicht angenommen. Wenn ich gut bin, wenn ich stark bin, ja. Wenn ich gute Leistungen bring', dann o. k., dann bejaht man mich ... Aber wenn ich schwach bin, dann: Wer bist Du denn? Ich kann das nicht – das kann ich nicht akzeptieren, daß ein Mensch nur den Wert hat, wenn er die Leistungen bringt. Das kann ich irgendwo nicht. Ich finde, niemand hat das Recht, jemand anders in seinem Wert herabzumindern, nur weil er das eben nicht so macht, wie die anderen es sich vorstellen. Ich wein' jetzt zwar, und das bewegt mich auch unwahrscheinlich stark. Aber ich habe da den unwahrscheinlich festen Willen – und ich hab's bis jetzt auch immer so gemacht, aber es bedrückt mich gleichzeitig – ich bin nicht bereit, nach den Vorstellungen anderer zu leben. Das kann ich nicht akzeptieren!"

Sabine: „Ich glaub', Du hast hier in der Gruppe einen wirklich großen Wert für uns alle."

Rolf: „Das fühl' ich bei Euch auch. Aber es ist in mir ein Gefühl hochgekommen, was vielleicht schon sehr, sehr lange in mir ist. Und was ich irgendwo nie erkannt hab'. Ich hab' das – ich kann das bei Mario so nachempfinden, das ist so klar ersichtlich. Und ich kann ihm das nachfühlen, wie beschissen das ist und wie er das vielleicht auch empfindet. Aus mir ist das bisher auch nie herausgekommen. Aber jetzt in diesem Augenblick bin ich sehr dankbar dafür (weint), daß ich das so fühlen kann, diese Traurigkeit."

Bemühen um Verzicht auf Gewaltanwendung bei Übertreten von Regeln. Wenn es uns trotz intensiven Bemühens nicht gelingt, den Konflikt durch Gespräche, Verständigung und Kompromisse zu lösen oder die natürlichen Konsequenzen einzuhalten, was sollen wir dann tun? Manche Erzieher greifen in dieser Situation auf körperliche Strafen und körperliche Gewalt zurück. Sie mögen dabei denken, daß körperliche Strafen meist eine unmittelbar deutlich sichtbare Wirkung haben. Wir lehnen diese Möglichkeit ab. Wenn nicht die Gesundheit beim Kind und Erwachsenen oder erhebliche Sachwerte beeinträchtigt werden, halten wir es für günstiger und geeigneter, in einem derartigen Konflikt mit Kindern und Jugendlichen zu „verlieren" als durch körperliche Gewalt zu „siegen". Gewaltanwendungen führen meist zu einer tiefen Demütigung und Verletzung des anderen. Der Erwachsene beeinträchtigt die Selbstachtung des jungen Menschen erheblich und seine eigene auch. Schläge bleiben oft in der Erinnerung der Kinder unvergessen und werden häufig durch vielfache liebevolle Zuwendungen nicht aufgehoben. Der nachfolgende Gesprächsausschnitt aus einer gefilmten Encountergruppe von uns zeigt die kaum heilenden Wunden solcher Gewaltanwendung von Eltern und ihre Auswirkung noch Jahre und Jahrzehnte später:

Anke: „Ich bin damals ausgezogen mit 19 Jahren, weil mein Vater sich nicht scheute, mich so windelweich zu prügeln, daß ich nachher zur Jugendbehörde gegangen bin, um ausziehen zu können. Es waren eben viele Vorstellungen da, denen ich mich entweder unterwerfen mußte, wenn Frieden im Hause herrschen sollte oder wo ich dann eben auch ganz massiv geschlagen wurde."

Rolf: „Ich hab' das von meinem Vater auch so erfahren. Der hat mich auch so windelweich geprügelt. Meine Eltern haben – ich hab' mich da in letzter Zeit erst daran erinnert – die hatten früher, als ich so klein war, so 4 Jahre alt, unwahrscheinliche Auseinandersetzungen. Dieses Gefühl der Hilflosigkeit, was ich damals hatte, das ist in mir oft heutzutage in meinem Alter jetzt wieder hochgekommen. Ich empfinde das als solche – vielleicht Rücksichtslosigkeit von meinen Eltern. Daß sie mich da haben stehenlassen und haben ihren Konflikt so ganz brutal ausgetragen. Ich kann sie jetzt aber auch so unwahrscheinlich verstehen. Denn sie waren genauso in ihrem Schmerz drin, wie ich jetzt in meinem Schmerz drin bin. Und mein Vater, der hatte auch einen ziemlich harten Job, der war vollkommen kaputt, gestreßt. Ich weiß heutzutage, wie ich mich verhalte, wenn ich unter Streß stehe. Ich weiß, daß ich ganz anders reagiere als wie ich es richtig empfinde. Ich hab' auch körperliche Auseinandersetzungen gehabt mit meinem Vater. Das war so: Erst hat er mich immer geprügelt. Und eines Tages, na ja, es ergibt sich solch Muster: Ich bin der Unterlegene, er ist der Überlegene. Aber eines Tages, das hat er wohl nicht so richtig mitbekommen, war's andersrum. Und da hab' ich zu ihm gesagt: ‚Mach' das nicht noch mal! Faß mich nicht noch mal an, sonst würdest Du was erleben von mir.' Und ich empfinde das als moralisch unwahrscheinlich minderwertig. Aber ich war in solcher Situation, ich konnte das nicht mehr ertragen. Ich konnte mich nicht mehr treten lassen."

Anke: „Aber ich hab' damals auch zurückgetreten, das einzige Mal, wo ich dann ausgezogen bin. Und ich fand das auch ganz entsetzlich. Es war allerdings – ich will das überhaupt nicht entschuldigen – das war nur so: Mein Vater ist mir, Du kennst ja meine Statur, Du kannst Dir vielleicht vorstellen, daß ich keine Chance hatte. Und ich hab' mich da gewehrt, zum ersten Mal. Und ich find' das ganz entsetzlich. Aber irgendwo bin ich heute froh darüber, daß ich das gekonnt hab'."

Rolf: „Bei mir ist das auch so'n Konflikt: Ich finde körperlichen Konflikt auch sehr entsetzlich." (Anke: „Das ist Horror, wirklich.") „Aber auf der andern Seite sag' ich mir: Irgendwo hatte ich auch das Recht dazu. Ich finde nämlich nicht, daß jemand anders das Recht hat, einem andern seinen Willen, und wenn's nur ein Kind ist oder gerade weil es ein Kind ist, ihm seinen Willen durch irgendwelche Gewalt aufzudrängen. Das finde ich schrecklich." (weint, wird von einem Gruppenmitglied getröstet)

Regine: „Das ist wirklich furchtbar, ganz bestimmt. Aber es gibt auch – bei mir haben sie immer Rücksicht genommen auf meinen Augenfehler und haben mich nicht geschlagen. Aber die Strafen, die ich empfangen habe, die fand ich viel schlimmer. Manchmal hab' ich mir gewünscht, ich hätte mal ein paar gekriegt, denn dann ist es erstmal vorbei. Und mein Leidensweg, der war immer so lang: so Hausarrest bei schönem Wetter, Entzug des letzten großen Geschenkes oder Fernsehsperre ... Und weil ich diese Strafen so gefürchtet habe, bin ich dann einen Weg gegangen, auf den ich heute spucken könnte. Und zwar hab' ich mich entschuldigt für Sachen, die ich überhaupt nicht eingesehen habe. Aber ich wußte: Wenn du jetzt hingehst und du sagst, du entschuldigst dich: ‚Du Papi, ich seh' das zwar nicht ein, aber ich möchte mich hiermit entschuldigen.' Was natürlich wie in die hohle Hand gespuckt ist. Also ich fand das schon unheimlich stark, daß ich das gebracht hab'." (Anke: „Das ist es auch gewesen.") „Aber weißt Du, dieses Bücken, was man gar nicht möchte! Da hätt' ich lieber gedacht, Mensch, wenn die mir mal wenigstens den Hintern versohlt hätten, das wär mir lieber gewesen."

Anke: „Du, aber wenn Du das dann noch obendrein hast!"

Regine: „Ja, das ist natürlich dann echt hart."

Anke: „Ich find' das auch furchtbar, was Du eben erzählt hast. Ich kann das auch sehr gut nachfühlen, weil ich das kenne."

Rolf: „Weißt Du, so hab' ich das nie erfahren. Ich bin da auch dankbar für: Ich hab' mich nie so gebückt. Ich kann mich auch heute nicht bücken. Ich hab' gesagt, was ich dachte. Und dann gab's dieses – daß man mir mit Gewalt entgegenkam. Ich fand das – gelinde gesagt – gemein. Ich so klein und da jemand so groß. Deswegen, ich kann das nicht – ich kann nicht gegen jemanden körperliche Gewalt anwenden. Es sei denn, er bedroht mich ganz massiv. Ich kann meine Eltern verstehen. Aber ich kann ihnen das nicht verzeihen irgendwie."

Regine: „Nein, verzeihen, zu verzeihen gibt's da auch nichts."

Rolf (sehr traurig): „Ich empfinde das als so unfair. Und ich glaube, das ist was, was immer die ganzen Jahre so in mir drin war. Deswegen hab' ich ein sehr distanziertes Verhältnis zu meinen Eltern. Ich hab' nicht dies Problem, gemäß ihren Vorstellungen zu leben. Das Problem hab' ich nicht. Aber ich hab' irgendwo auch das Gefühl, daß ich meine Eltern gern etwas näher gehabt hätte, etwas mehr als Stütze. Aber ich kann nicht näher kommen, und sie können's auch nicht."

Hilfreiches Bemühen nach dem Konflikt. Wie können wir die zwischenmenschlichen Beziehungen, die durch Konflikte des öfteren belastet werden, wieder „heilen"? Einige Gesichtspunkte hierzu:

Bemühen der Konfliktpartner um nachträgliche offene Auseinandersetzung mit ihren Erfahrungen. Jeder Beteiligte setzt sich mit sich selbst auseinander: „Was habe ich falsch gemacht?" „Wie kam es dazu, daß ich so voller Ärger und Zorn war?" „Was kann ich ändern?" „Wie kann ich diese Situation so gestalten, daß es mir und den Schülern nicht noch einmal passiert?" „Wo liegen meine Fehler?" Diese persönliche Auseinandersetzung wird durch ein Gespräch mit einem Freund oder einem vertrauensvollen, verständnisvollen Mitschüler gefördert. Derartige Auseinandersetzungen mit den eigenen Erfahrungen und der eigenen Person werden des öfteren konstruktive Folgen haben: Der Erwachsene spricht z. B. mit dem Jugendlichen einige Zeit später und äußert sich bedauernd und entschuldigend über seine Fehler. Er bespricht mit ihm, was er in Zukunft tun will und was er tun kann, um derartige Konflikte zu vermeiden. Oder er sucht den Jugendlichen in seinen Erfahrungen in diesem Konflikt zu verstehen. Die folgenden Beispiele demonstrieren dieses suchende Sich-Auseinandersetzen einer Mutter und Lehrerin nach einem Konflikt mit ihrem 4jährigen:

„Ja, besonders wenn's zum Abend zugeht, merk' ich richtig, wie ich abbaue. Wie ich richtig wütend werde, wenn er soviel von mir fordert, berechtigt von mir fordert. Das finde ich auch so schlimm von mir. Daß ich einerseits sehe, er braucht das. Daß ich mich aber im Augenblick mit einem Kind überfordert fühle. Also das finde ich so schlimm."

„Ich hab' ihm letztes Mal, da war ich so sauer auf ihn, weil er mit Uhu auf dem Teppich und am nächsten Tag mit dem Pritt-Stift auf dem Teppich rumgeschmiert hat. Da war ich wahnsinnig wütend auf ihn. Oh, da habe ich ihn richtig angebrüllt. Aber ich hab' ihm auch anschließend gesagt: ‚Du, ich bin so nervös. Ich habe mich so wahnsinnig geärgert!' Und ich hab' ihm das auch noch so erklärt. Und ich glaub', daß es auch relativ noch gut geht. Nur, ich merk' das, er ist selber so ungeduldig, das überträgt sich von mir auf ihn. Klar, wenn ich ihm eben ein so schlechtes Vorbild bin, dann kann ich nichts anderes von ihm im Moment erwarten."

Bemühen um ein Hier-und-jetzt-Leben statt Da-und-damals-Denken: Manche zwischenmenschlichen Beziehungen werden durch negative Erfahrungen in früheren Konflikten für längere Zeit oder für dauernd belastet. „Das geht so auf Lebenszeit gar nicht mehr weg von mir." Gewiß: Erfahrene Verletzungen werden schwer vergessen. Aber wenn sie nach einem Konflikt immer von neuem in die Beziehung hineingebracht werden, dann kann das destruktiv sein. Manche Erwachsene neigen dazu, bei neuen Konflikten die alten Konflikte wieder aufleben zu lassen, z. B. „Siehst Du wohl!" „Ich hab's Dir gleich gesagt!" „Ich dachte mir's gleich!"

Hierdurch wird es dem Kind oder Jugendlichen weder möglich, sich in neuen Bedeutungen zu sehen, noch geben die Erwachsenen sich selbst die Chance, mit ihm neue Erfahrungen zu machen. Ist der Erwachsene statt dessen nach Konflikten bereit, im Hier und Jetzt zu leben und bemüht er sich um neue gemeinsame positive Erfahrungen, dann können die Wunden, die die Partner sich gegenseitig zugefügt haben, eher heilen. So wird sich der Erwachsene auch nach Konflikten verstärkt um gemeinsame Tätigkeiten mit Kindern und Jugendlichen kümmern und sich bemühen, die konstruktiven Möglichkeiten in der Begegnung zu sehen und zu fördern. Die Erfahrung der gegenseitigen Hilfe und Bereicherung durch gemeinsame Tätigkeiten und Situationen sowie die Erfahrungen des Sich-Mögens können der Grundstein sein für einen Neuanfang. Dies demonstriert der nachfolgende Gesprächsausschnitt von einer Tonaufnahme, die uns eine Familie freundlicherweise überließ. Dieses Gespräch war in der Familie zustande gekommen, nachdem Mutter und Vater drei Tage vorher an einer Encountergruppe teilgenommen hatten. Der Vater und Kai, 16 Jahre, lebten längere Zeit in Spannungen miteinander. Gegen Ende des längeren Familiengespräches ergibt sich folgendes:

Vater: „Aber ich hatte Angst davor. Ich hab' vor all diesen Sachen so oft Angst. Das geht mir irgendwie so, Kai."

Kai: „Wenn Du zum Beispiel Musik hast, und Dir ist nach Heulen, dann fängt Mutter auch immer an zu tanzen. Dann stört Dich das so richtig. Weil Du merkst, daß Du das nicht kannst. So Deine Gefühle zum Ausdruck bringen." (Vater: „Genau.") „Du, wir schaffen das schon. Ich les' jetzt auch mal traurige Bücher."

Vater: „Ich kann das jetzt auch aushalten. Wenn Du mich manchmal so'n bißchen auffängst. Und vielleicht auch mal tröstest." (Kai: „Mach' ich ganz bestimmt.") „Ich weiß, daß Du das doch so schön kannst. Ich konnte das bloß immer nicht so annehmen. Das ist so schrecklich. Da bin ich fürchterlich traurig drüber."

Kai: „Ich hab' 'ne ganze Weile standgehalten."

Vater: „Du hast viel länger standgehalten als ich."

Mutter: „Ich hab' immer zu Vater gesagt: ‚Der Junge, der hält was aus.'"

Kai: „Und ich hab' früher immer – das wird mir jetzt erst richtig klar – als Du das nicht mochtest, daß ich um Dich wein', vielleicht war ich da innerlich ganz stark. Da konnt' ich ja richtig reden. Mit der Zeit hab' ich mich dann immer mehr verschlossen, immer so richtig die Mann-Rolle angenommen und so. Jetzt ist das weg."

Jan (15 Jahre). „Wenn ich da immer so geweint habe, dann hat der Kai gesagt: ‚Heulsuse!' Und das hat mich dann so geärgert. Weil – ich fand das irgendwie so'n Gefühl doch auch, wenn ich wein'. Und er fing auf einmal an mit Heulsuse und so. Das hat mich so geärgert."

Vater: „Dann hat er so die Mann-Rolle gespielt."
Kai: „Find' ich schade."

Vater: „Scheißrolle!" (Kai: „Ja, aber echt, Du!") „Ich hab' die 30 Jahre gespielt, ich Idiot! Da muß ich erst 40 werden, bevor ich das kapiere."

Mutter: „Das waren nur 30."

Vater: „Ja – wer weiß wie lange! Ich will das gar nicht mehr wissen ... Ja, Kai, Du hast das viel, viel länger durchgehalten als ich. Du hast immer zu mir gestanden. Innerlich wenigstens. Ich hab' das eigentlich nie akzeptieren können. Das ist so'n Scheiß'!

Kai: „Ich bin noch genau so stark wie früher."

Vater: „Ja, ich merk' das auch. Das ist mir unwahrscheinlich hilfreich jetzt. Du hast mir wirklich heute sehr geholfen bei diesem Gespräch. Du hast soviel gesagt, was so aus Dir kam. Das, was mich so hundertprozentig getroffen hat."

Mutter: „Auch so 'ne Erfahrung, daß ein Mensch bei dem einen das treffen kann und beim andern vielleicht nicht so."

Vater: „Ja weißt Du, das ist für mich so' ne Erfahrung, daß mir meine Kinder helfen können. Das ist mir 'ne unwahrscheinlich wertvolle Erfahrung. Das werd' ich auch nie wieder vergessen."

Kai: „Ich kann das noch gar nicht so richtig fassen. So – daß wir uns hier solange im Arm halten. Daß Du das so durchhältst. Aber jetzt, wo wir uns so unterhalten haben, ist mir das ganz klar."

Vater: „Jetzt kann ich gar nicht genug davon kriegen."

Mutter (lacht): „Jetzt ist es umgekehrt. Das find' ich lustig!"

Vater zu Kai: „Du bist so stark. Und ich merk', ich kann jetzt schwach sein. Das tut mir unwahrscheinlich gut. Ich hatte immer so die Rolle des Vaters gespielt, vor allen Dingen bei Dir Kai. Ich habe lange gespürt, daß Du der Stärkere bist, und darum hab' ich Dir das immer streitig gemacht."

Kai: „Ich werd' das nie vergessen, ich bin ja ganz erleichtert. Das ist jetzt unser Familiengedenktag, der wird jetzt jeden Tag gefeiert."

Dörte (12 Jahre): „Heute ist der 27. Der Oktober ist doch ein guter Monat." (alle lachen)

Mutter: „Ein sehr guter Monat."

Kai zum Vater: „Meinst Du auch, daß Du den Durchbruch geschafft hast?"

Vater: „Ja, wenn ich dran denk', wie oft ich darum gerungen hab' und jetzt: ganz einfach. Na ja, einfach nicht. Aber viel einfacher als sonst. Ach Kai, das ist schön, daß Du da bist..."

Mutter: „Da müssen wir aber alle eher aufstehen, damit wir genug Zeit haben zum Klöhnen."

Vater: „Naja, das kann man ja am Wochenende, das ist Zeit genug. Und wenn ich dann mal mit Muttern schlafen will, dann kann ich das ja auch mal abends machen."

Kai: „Oder nachts."

Mutter: „Oder wenn Ihr grade um die Ecke mal guckt, und wir wollen grad schlafen, dann geht Ihr wieder weg."

Kai: „Oder Ihr hängt 'n Schild an die Tür: Bitte nicht stören, wir versuchen zu schlafen."

Vater: „Oder zu bumsen."

Dörte: „Wenn dann aber mal jemand klingelt?"

Kai: „Dann hau'n wir ihm das Schild um die Nase."

Mutter und Dörte wälzen sich am Boden halb zärtlich, halb kämpfen sie miteinander. Mutter: „Ach hier ist es viel zu eng. Alles rausschmeißen! Kissen auf die Erde, daß man sich rollen kann!"

Kai: „Du bist jetzt 'n richtiger Vater."

Vater: „Hast Du Dir so'n Vater gewünscht?"

Kai: „Ja."

Dörte: „Was eine Stunde ausmachen kann!"

Mutter: „Ja, nicht? Das ganze Leben verändern kann."

Dörte: „Nicht alle Stunden, aber einige davon."

Vater: „Ihr meine beiden Söhne." (Er umarmt sie)

Mutter: „Soll'n wir jetzt mal Musik anmachen?"

Vater: „Jetzt darfst Du sie wieder anmachen. Jetzt halt ich's ja wieder aus... Und ich brauch' mich zu nichts zu zwingen. Ich fühl mich himmlisch frei. Jetzt kann ich auch so mal so ganz ich selbst sein und muß Euch nicht immer wen vorspielen, der ich gar nicht bin. Da hör' ich jetzt auf mit."

Kai: „Eine Mozart bitte, Mama!"

Vater: „Das find' ich jetzt auch gut."

Kai: „Ich finde jetzt klassische Musik auch so richtig schön."

Vater: „Das Gefühl, das jetzt da drinsteckt, das kannst Du jetzt besser aushalten."

Kai: „Früher, da konnt' ich das nicht. Da hab' ich denn auch immer so daran gedacht, daß Du dann traurig bist und daß Dir das dann lästig werden muß."

Vater: „Jetzt können wir mal zusammen traurig sein."

Einem Interviewer gegenüber äußert sich der Vater über seine Erfahrungen nach der Encountergruppe: „Und ansonsten ist es so, daß noch viel lebendig ist, wirklich lebendig ist, auch in der Familie. Etwa zu meinem ältesten Sohn kann ich jetzt anders sein. Den kann ich jetzt anders sehen, anders verstehen. Wir haben hier zu Hause ein gutes Gespräch gehabt. Davon ist auch 'ne Menge lebendig geblieben. Irgendwo bin ich beruhigt, daß mir das möglich ist."

Dirigierung – Lenkung, ein wenig förderliches Verhalten

Erwachsene dirigieren Kinder und Jugendliche noch häufig durch eine Vielzahl von Befehlen, Anordnungen, Fragen sowie durch häufiges Reden. Dies steht oft im Gegensatz dazu, wie Lehrer, Eltern und Erzieher sich verhalten möchten.

Häufige starke Dirigierung – Lenkung hat ungünstige Auswirkungen auf Kinder – Jugendliche, sowohl auf das unmittelbare als auch spätere Verhalten. Das Lernen von Selbstbestimmung, Selbstverantwortung, sozialer Ordnung sowie sozial verantwortlichem Gebrauch der persönlichen Freiheit ist stark eingeschränkt. Auch kognitive Leistungen im Unterricht werden in Kreativität und Originalität beeinträchtigt. Zudem: Starke fortwährende Dirigierung – Lenkung entspricht nicht den Grundwerten des sozialen Zusammenlebens: der Selbstbestimmung des einzelnen und der Förderung der seelischen Leistungsfähigkeit.

Durch fortwährende Dirigierung – Lenkung belasten sich auch Lehrer und Erziehende selbst stark. Sie sind ferner wenig Helfer und Förderer der seelischen Entwicklung von Jugendlichen.

Häufige Dirigierung – Lenkung ist wesentlich abhängig von den seelischen Haltungen eines Menschen und weniger von äußeren Bedingungen. Sodann zeigt das Kapitel deutlich den noch unbefriedigenden Ist-Zustand in Erziehung und Unterrichtung und die Notwendigkeit einer wesentlichen Änderung. Eine befriedigende Änderung gelingt allerdings nicht durch Passivität und Gleichgültigkeit. Notwendig ist, daß Lehrer – Erzieher sehr aktiv tätig sind im Schaffen von Bedingungen, die das persönliche und fachliche Lernen der Jugendlichen auch bei geringer Lenkung deutlich erleichtern und fördern.

Schließlich: Auch bei geringer Lenkung – Dirigierung ist es wichtig, daß bestimmte soziale Formen des Zusammenlebens eingehalten und Grenzen beachtet werden, sodaß persönliche Freiheit und Selbstbestimmung nicht zur Rücksichtslosigkeit und Schädigung anderer mißbraucht werden.

Allgemeine Charakterisierung von Dirigierung–Lenkung

Als wir vor 20 Jahren bei der Ausbildung von Lehrerstudenten und Erziehern das Unterrichts- und Erziehungsgeschehen beobachteten, waren wir erschüttert: Erwachsene dirigierten Kinder–Jugendliche in einem hohen, zum Teil fortwährenden und unserer Auffassung nach unnötigem Ausmaß. Wenn wir mit Lehrern und Erziehern darüber sprachen, bestritten sie dies oder fanden ihre Dirigierungen unbedingt notwendig. Unsere Zweifel an der Richtigkeit derartiger Auffassungen einer Erziehung zur Persönlichkeitsentwicklung veranlaßten uns, empirische Untersuchungen zur Prüfung durchzuführen. In zahlreichen Untersuchungen ergab sich dann Dirigierung–Führung als eine Hauptdimension des Verhaltens von Lehrern, Erziehern, Gruppenleitern und anderen Erwachsenen. Charakteristisch für Erziehung und Unterrichtung war ein hohes Ausmaß in dieser Dimension.

Diese seit Jahrhunderten überlieferte Anschauung der Macht und Dirigierung von Erwachsenen über Kinder und Jugendliche ist im vergangenen Jahrzehnt zum Teil erschüttert worden und hat sich teilweise vermindert. Lehrer, Eltern und Erzieher jedoch, die in extremer Weise jede Lenkung zu vermeiden suchten und keine anderweitigen förderlichen Bedingungen für die konstruktive Persönlichkeitsentwicklung der Kinder–Jugendlichen schufen, machten teilweise sehr unbefriedigende Erfahrungen. Daraufhin sahen viele Erzieher keinen anderen Weg als den, die bisherige starke Dirigierung und Lenkung beizubehalten.

Allgemeine Überblicks- und Einschätzungsskala. Dirigierung–Lenkung einer Person gegenüber einem Kind, Jugendlichen oder Erwachsenen kann sich in verschiedenen Formen ausdrücken: In häufigen Befehlen, in häufigen kontrollierenden oder inquirierenden Fragen, in einengenden Maßnahmen, in häufigem monologartigen Reden.

Dirigierung–Lenkung

Keine Dirigierung–Lenkung	Starke Dirigierung–Lenkung
• dem anderen Selbstbestimmung und persönliche Freiheit gewähren • dem anderen nicht befehlen–anordnen, ihn nicht kontrollieren, ihm nicht vorschreiben oder verbieten • ihn nicht belehren, nicht interpretieren, nicht manipulieren, nicht überreden, nicht ermahnen • ihn nicht ausfragen, nicht überprüfen • ihn nicht unterbrechen, nicht ausschließen • nur auf Wunsch des anderen selbst länger reden	• den anderen in seinem Verhalten und Denken bis in Einzelheiten hinein lenken entsprechend den eigenen Vorstellungen • dem anderen befehlen–anordnen, ihn kontrollieren, ihm vorschreiben, ihm verbieten • ihn belehren, ihn interpretieren, ihn manipulieren, ihn überreden, ihn ermahnen • ihn ausfragen, ihn überprüfen • ihn unterbrechen, ihn ausschließen • ohne von dem anderen gebeten worden zu sein, selbst viel reden (Monologe)

Keine Dirigierung–Lenkung	1	2	3	4	5	Starke Dirigierung–Lenkung *)

*) Stufe 1 = keine Dirigierung–Lenkung von anderen
Stufe 3 = mäßige Dirigierung–Lenkung von anderen
Stufe 5 = starke Dirigierung–Lenkung von anderen

Bei der Einschätzung ist die Auswirkung auf den anderen mitzuberücksichtigen:

Manche Befehle, Fragen und Maßnahmen lassen dem anderen nur ein geringes Ausmaß freien Verhaltens, z. B. „Mach das jetzt!“ „Welche Farbe hat der Stoff?“ „So will ich das haben!“ Hier ist das Ausmaß von Dirigierung–Lenkung groß.

Andere Befehle, Fragen und Maßnahmen geben dem anderen größere Freiheit des Handelns, z. B. „Lest zu Hause eine Geschichte aus diesem Buch, jeder kann entscheiden, welche Geschichte!“ „Wer möchte hierzu etwas sagen?“ „Bitte, diskutiert jetzt 5 Minuten lang in Kleingruppen die Unterschiede der Wirtschaft von Deutschland und Italien.“ Durch die letzte Äußerung wird die Aktivität der Lernenden für die nächsten Minuten in bestimmter Weise gelenkt. Aber bei der Ausführung dieser Anordnung haben sie größere Selbstbestimmung und Freiheit.

Zur Einschätzungsskala: ▷ Mit dieser Skala konnten Beurteiler das Ausmaß von Dirigierung–Lenkung auch anhand kürzerer Zeitstichproben mit hoher Übereinstimmung einschätzen, so bei Lehrern (R. Tausch u. a., 1972; Höder u. a., 1975; Spanhel u. a., 1975), bei Müttern (Langer u. a., 1973; Rieckhof u. a., 1976), bei Kindergärtnerinnen (A. Tausch u. a., 1975), bei Pflegern und Krankenschwestern gegenüber Patienten (Gronau u. a., 1976), bei Richtern gegenüber Angeklagten (A. Tausch u. Langer, 1971), bei Strafvollzugsbeamten (Kühne u. a., 1974) sowie bei Arbeitern am Arbeitsplatz (Pungs u. a., 1976). ▷ Das Ausmaß der Dirigierung–Lenkung von Personen nach dieser Skala hing zusammen mit bestimmten Einzelmerkmalen der Lenkung, so mit dem Ausmaß des Sprechens von Lehrern, mit der Anzahl von Lehrerfragen sowie von Lehrerbefehlen (R. Tausch u. a., 1972; Höder u. a., 1975).

Charakterisierung von starker Dirigierung–Lenkung durch Beispiele. Äußerungen, Verhalten und Maßnahmen einer Person gegenüber einer anderen weisen ein starkes Ausmaß und/oder eine große Häufigkeit von Lenkung–Dirigierung auf. Einige Beispiele in Form sprachlicher Äußerungen:

Lehrer, Eltern, Kindergärtnerinnen: „So wird's gemacht und nicht anders!“ „Na, red' doch endlich!“ „Mach' das jetzt sofort! Aber sofort!“ „Nein, jetzt macht Ihr das, was ich möchte!“ „Bißchen schneller, schneller, schneller!“ „Ihr lest Euch das jetzt hier durch, und es herrscht absolute Ruhe! (Nach 2 Minuten absoluter Ruhe flüstern 2 Schüler) Ich hab' absolute Ruhe gesagt!“ „Auch wenn Du fertig bist, bleibst Du hier am Tisch sitzen!“ „Ihr haltet den Mund und räumt weiter auf.“ „Mach' Deinen Mund leer!“ „Spiel nicht immer herum, fang endlich an!“ „Nein, iß mal zu, wie lange willst Du denn hier noch sitzen?“ „Komm mal her, Freundchen! Sag' mal, wieso hast Du das nicht fertig?!“ „Vielleicht geht das mal in Dein Köpfchen rein!“ „Ja, begreifst Du das mal!“ „Um 4 Uhr gehst Du erst los, verstanden!?“ „Der soll voranmachen und sich mehr beeilen!“ „Vor allen Dingen, wenn ich Schule halte, wird nicht mehr gepackt!“ „Finger ab! Ruhe!“ „Hörst Du auf! Hörst Du auf mich! Gar nichts mehr!“ „Red' nicht so'n dummes Zeug, ohne zu überlegen!“ „Mach' Dir mal gleich Gedanken und plapper nicht gleich los wie'n Wasserfall!“

Pfleger–Schwester–Arzt: „Laß das, nimm die Finger weg!“ „Halt mal still und nimm den Kopf hoch!“ „Na ja, eine Zigarette kriegst Du noch. Aber dann gibt's keine mehr!“ „Ziehen Sie sofort die Jacke wieder an. Setzen Sie Ihren Hut auf und melden Sie sich anschließend bei mir!“ „Hören Sie sofort auf, hier so wild herumzuschreien und machen Sie, daß Sie hier herauskommen!“

Richter: „Das kennen Sie ganz genau!“ „Nun werden Sie mal konkret!“ „Reden Sie doch nicht so'n Kohl!“

Arbeiter gegenüber Arbeitskollegen: „Paß auf, Du!“ „Mach doch nicht so'n Krach hier!“ „Frau Holz, kommen Sie mal her!“ „Hol 'nen Zettel, sag ich!“ „Das sollst Du noch messen!" „Zack, zack, drüben rüber, aber nicht hier rumlaufen!" „Mach bloß keinen Ärger, Du!" „Keine Ausrede!"

Ehepartner: „Mach' das mal sofort!" „Wo warst Du schon wieder?" „Mußtest Du da schon wieder hin?" „Geh Du bloß, Du altes Parteischwein!" „Schrei' Du vor Deiner Tür. Ich komm' aus der Arbeit und will meine Ruhe haben!" „Geh' doch nicht immer so viel weg!"

Kinder gegenüber Erwachsenen: „Du hast 'nen Vogel, mach' bloß das Fenster zu!" „Gehen Sie mal weg, Sie mit Ihren Plattfüßen!" „Ach, geh' rein und mach' die Tür zu. Sauf lieber 'ne Flasche Korn leer, dann bist Du wenigstens ruhig!" „Du sollst mir das sofort machen!" „Geht jetzt hier weg, Ihr stört uns beim Spielen!"

Charakterisierung von keiner oder geringer Dirigierung–Lenkung. Die Äußerungen, Maßnahmen oder Gesten einer Person gegenüber einem anderen weisen keine oder nur ein geringes Ausmaß oder eine geringe Häufigkeit von Lenkung–Dirigierung auf. Die Äußerungen und Maßnahmen mögen den anderen beeinflussen, aber sie schreiben ihm nicht in enger Weise eine bestimmte Tätigkeit vor und geben ihm ein größeres Ausmaß an Selbstbestimmung. Einige Beispiele in Form sprachlicher Äußerungen:

Lehrer, Eltern, Kindergärtnerinnen: „Wie wollen wir jetzt das Problem lösen?" „Es ist Eure Entscheidung, ob und wie Ihr das macht!" „Will das mal einer zusammenfassen?" „Entscheidet selbst, ob wir zuerst mit dem einen oder mit dem anderen anfangen." „Es ist sinnvoll, daß Ihr es abzeichnet." „Wenn Ihr die Zähne betrachtet, könnt Ihr's sehen." „Möchtest Du auch malen?" „Wer heute nachmittag Lust hat, der kann sich das anhören." „Ihr könnt selber entscheiden, was Ihr spielen wollt." „Na, Heidi, wollt Ihr denn heute lieber drinnen oder draußen spielen?"

Pfleger–Schwester–Arzt: „Sie können sich gerne einen frischen Schlafanzug anziehen." „Möchten Sie naß oder trocken rasiert werden?" „Hast Du Lust, beim Essenausteilen zu helfen?" „Sie können heute nachmittag aufstehen, wenn Sie wollen."

Richter: „Bitte sagen Sie's, wenn Sie sich zu einem Punkt noch äußern wollen!"

Arbeiter zum Arbeitskollegen: „Denkst Du, Du mußt unbedingt einen Filter davor haben?" „Kannst Du hier mal sehen?" „Können wir ausrechnen, Du." „Meinst Du, daß er was sagen soll?!" „Oder wollen Sie auch noch reingucken?" „Das kannst Du mit der Schiebetür machen." „Hast Du mal einen kleinen Moment Zeit?" „Doch, kannst Du ruhig." „Die will er eingeschaltet haben, weißt Du." „Wenn Du da noch einmal hinfahren willst?!" „Die komische Kanne hast Du auch nicht gesehen, nee?" „Kannst Du mal bei meinem Spind mit beigehen?"

Ehepartner: „Sollen wir da überhaupt hingehen?" „Wann paßt es Dir? Ich könnte um 4 Uhr." „Meinst Du, wir sollten anrufen?"

Kind gegenüber Erwachsenen: „Morgen machen wir das, ja?" „Willst Du mit?" „Ich möchte ja gern da hingehen, aber wenn Du zu wenig Zeit hast, dann kannst Du mich ja ein andermal hinfahren."

Skala für das Ausmaß von Selbstbestimmung einer Person. Dirigierung–Lenkung einer Person gegenüber einer anderen kann auch vom Betrachtungsstandpunkt des anderen, also des Betroffenen, charakterisiert werden. Welches Ausmaß von Selbstbestimmung, eigener Entscheidung und Initiative verbleibt etwa den Schülern im Unterricht? Wie sehr werden sie eingeengt durch die Dirigierung–Lenkung des Lehrers?

Selbstbestimmung einer Person

Keine Selbstbestimmung	Große Selbstbestimmung
• eine Person hat keine Selbstentscheidung • sie hat keine Eigeninitiative • sie hat keine Freiheit des Handelns	• eine Person hat viele Selbstentscheidungen • sie hat viel Eigeninitiative • sie hat große Freiheit des Handelns

Keine Selbstbestimmung	1	2	3	4	5	Große Selbstbestimmung

Die Auswirkungen von starker sowie von geringer Dirigierung–Lenkung einer Person auf den anderen zeigt die folgende Übersicht:

Auswirkung von keiner oder geringer Dirigierung–Lenkung auf den anderen	Auswirkungen von starker Dirigierung–Lenkung auf den anderen
• der andere ist frei in seinem Handeln, er erfährt sich selbst, er ist selbstbestimmt, selbständig	• der andere ist unfrei in seinem Handeln, er ist fremdbestimmt, er ist unselbständig
• er kann sich spontan verhalten, er zeigt Initiativen	• er kann sich nur reaktiv verhalten oder passiv
• er lernt den sozial-verantwortlichen Gebrauch von Freiheit	• er lernt keinen sozial-verantwortlichen Gebrauch von Freiheit
• er ist selbstverantwortlich	• er ist nicht selbstverantwortlich
• er lernt weitgehend selbstbestimmt	• er lernt weitgehend fremdbestimmt
• er ist kreativ und originell	• er ist kaum kreativ und originell, eher konformistisch
• er bildet selbständige Werte aufgrund von Erfahrungen	• er übernimmt die Werte anderer
• er ist selbstdiszipliniert	• er ist fremddiszipliniert
• er lebt in geringen Spannungen zum Übergeordneten (z. B. Erzieher)	• er lebt in Spannungen und Opposition zum Übergeordneten (z. B. Erzieher)
• er lernt wenig dirigierend–lenkend mit anderen umzugehen, er ist eher gewährend und ermöglicht Selbstbestimmung	• er lernt dirigierend–lenkend mit anderen umzugehen, er ist wenig gewährend und ermöglicht wenig Selbstbestimmung
• er lernt, gut mit sich selbst, seiner eigenen Person umzugehen	• er lernt, wenig hilfreich mit sich selbst, mit seiner eigenen Person umzugehen

Ob sich die günstigen Auswirkungen von geringer oder fehlender Dirigierung–Lenkung verwirklichen, hängt in der Erziehung entscheidend davon ab, ob Erwachsene für Kinder–Jugendliche hinreichend förderliche und hilfreiche Bedingungen schaffen. Ob sie also in hohem Maße achtungsvoll–warm, verstehend, echt und selbstgeöffnet sowie nicht-dirigierend fördernd tätig sind. Bei nur geringem Ausmaß in diesen förderlichen Dimensionen werden viele der obengenannten Möglichkeiten nicht Wirklichkeit werden. Und es besteht die Gefahr, daß Jugendliche die gewährte Freiheit mißbrauchen, sich unsozial verhalten oder selbstzerstörerische Aktionen vornehmen. Geringe oder fehlende Lenkung gibt die Möglichkeit konstruktiver Persönlichkeitsentwicklung, allerdings nur bei Gleichzeitigkeit anderer notwendiger Erfahrungen.

Dirigierung–Lenkung im Schulunterricht

Gesamtcharakterisierung des Ausmaßes an Dirigierung–Lenkung von Lehrern im Unterricht (Ist-Zustand). Der Unterricht in Schulen, überwiegend im Frontalunterricht durchgeführt, wird durch die folgenden Befunde eindringlich charakterisiert. Die Werte gelten jeweils für eine durchschnittliche Unterrichtsstunde von 40 Minuten:

▷ Circa 50 Befehle des Lehrers an die Schüler der Klasse.

▷ 50–75 Fragen des Lehrers, überwiegend an alle Schüler der Klasse gerichtet.

▷ 50–80 % der im Unterricht gesprochenen Wörter stammen vom Lehrer. Für den einzelnen Schüler der Klasse verbleibt durchschnittlich 1–2 % der gesamten Sprachkommunikation.

▷ 15–20 Aufforderungen des Lehrers an Schüler, von ihm angefangene Sätze zu Ende zu sprechen.

▷ Seltene Möglichkeiten der Schüler, das Unterrichtsgeschehen fortlaufend mitzuplanen und Entscheidungen zu übernehmen.

▷ Lenkung und Druck, die Gedanken, Wertungen und Auffassungen des Lehrers zu übernehmen.

▷ Häufige Kontrolle und Bewertung der Schüler durch den Lehrer.

Insgesamt herrscht im Schulunterricht häufig eine Situation massiver fortlaufender Lenkung und Bestimmung der Schüler durch den Lehrer vor, obwohl das in diesem starken Umfang weder notwendig noch günstig ist. Diese starke Gesamtlenkung ergab sich auch in Untersuchungen, in denen insgesamt über 100 Unterrichtsstunden nach dem Ausmaß der Dirigierung–Lenkung der Lehrer mit der vorhergehenden Skala eingeschätzt wurden (Höder u. a., 1975; Spanhel u. a., 1975; Höder u. a., 1976). Diese intensive Dirigierung–Lenkung erfolgt meist nicht nur während gewisser Abschnitte des Unterrichts, sondern sie ist charakteristisch für den gesamten Unterrichtsverlauf der täglich 4–6 Unterrichtsstunden und für die durchschnittlich 10jährige Schulzeit von Schülern. So betrug in einer Untersuchung bei 30 % der untersuchten Unterrichtsstunden im 3. Schuljahr die höchste lenkungsfreie Zeit, in der die Schüler ohne lenkende Fragen, Befehle und Aufforderungen ihrer Lehrer arbeiten konnten, 15 Sekunden (R. Tausch, 1962).

Bedeutsamerweise ist diese hohe Dirigierung–Lenkung häufig verbunden mit einem wenig achtungsvollen, warmen und sorgenden Verhalten der Lehrer für die Schüler. Häufig betonen Lehrer in ihren Äußerungen gegenüber Schülern das Ausmaß ihrer Lenkung und Macht, z. B. „Greifen Sie doch das auf, was *ich* Ihnen auf die Zunge lege!" „Weißt Du nicht, worauf *ich* hinauswill?" „Gut, das laß' *ich mir* gefallen." „*Ich* will da noch 2 Aufgaben von der letzten Seite hören."

Beispiele starker Dirigierung–Lenkung im Schulunterricht. Die folgenden Unterrichtsausschnitte zeigen, daß zumindest ein Teil der Lehrer häufig den Schülern kein selbständiges Lernen und Denken ermöglicht, sondern daß sie Schüler in starker Weise dirigieren und gängeln. Die ersten 3 Ausschnitte stammen aus Büchern und Zeitschriften der letzten Jahre und wurden dort als Demonstrationen für ein angemessenes Lehrerverhalten zitiert.

Unterrichtsausschnitt aus einer 6. Volksschulklasse, Thema „Comics" (Kempkes, 1972). Unterrichtsbeginn:

Lehrer: „Wir wollen uns heute über Comics unterhalten. Was sind überhaupt Comics?"
Schüler: „Micky-Maus-Bücher und Asterix, Felix."
Lehrer: „Du nennst schon die einzelnen Titel. Vielleicht können wir das ein wenig allgemeiner sagen. Comics ist ja ein ausländischer Name."
Schüler: „Bildergeschichten."
Lehrer: „Bildergeschichten. Richtig. – Ihr solltet heute einige Hefte mitbringen. Welche waren es denn?"
Schüler: „Felix, Asterix, Superman, mehr weiß ich nicht."
Lehrer: „Wer kann ihr helfen?"
Schüler: „Fix und Foxi, Batman, Asterix, Bessy und Micky Maus."
Lehrer: „Ihr habt noch gesagt: Batman. Ist das eine eigene Serie?"
Schüler: „Batman ist mit Superman in einem Heft zusammen."
Lehrer: „Ja, Batman und Superman sind in einem Heft vereinigt. Wie ich sehe, haben die meisten von Euch diese Hefte mitgebracht. Ich habe auch von jeder Serie ein Heft mitgebracht und will sie mal vorzeigen. Es sind die neuesten Exemplare. (Die Hefte werden still gezeigt. Die Reaktion der Schüler reicht von „Ah" und „Oh" bis zu „Das kenn' ich schon" und „Kann ich das mal lesen?") Ihr hattet auf die Fragebogenzettel geschrieben, welche Serien Ihr am liebsten lest. Ich möchte gerne von Euch jetzt erfahren, warum Ihr sie am liebsten lest. Warum liest Du (zeigt auf eine Schülerin) Bessy am liebsten?"
Schüler: „Ja, im Buch da sind keine Bilder bei und man kann das nicht so richtig sehen, d. h. nicht so richtig verstehen. Aber bei dem Bessy-Heft sind immer Bilder dabei und das Sprechen ist immer dabei gezeichnet, und das finde ich ganz gut."
Lehrer: „Aha. Ist das nur bei den Bessy-Geschichten so?"
Schüler: „Bei allen Bildergeschichten-Heften ist das so."
Schüler: „Ich lese eigentlich alle ganz gerne, aber am meisten lese ich Bessy. Ich – ich hab' – aber eigentlich darf ich keine lesen, meine Mutter möchte das nicht so gerne, weil sie sonst auch immer so 'rumliegen. Und ich finde die Bessy-Geschichten so schön, weil da die Tiere so mitspielen."
Lehrer: „Jens liest sie also gerne, weil sie leicht zu lesen sind."
Schüler: „Ja, ja."
Lehrer: „... und viele Bilder sind drin, und man kann sie leichter lesen. (Lehrer spricht einen anderen Schüler an.) Weswegen liest Du sie gerne? Speziell Bessy."
Schüler: „... weil da soviel, weil da Tiere drin vorkommen. In manchen Heften sind ja auch keine Tiere."
Schüler: „Ich lese Bessy gerne, weil sie so abenteuerlich sind. Und Micky-Maus-Hefte auch – die sind immer so lustig. Das sind aber keine Menschen, sondern auch Tiere."
Schüler: „Aber ich finde Bessy-Hefte gar nicht mal so gut. Die sagen immer alle, Tiere spielen da eine Hauptrolle. In den Micky-Maus-Heften spielen Tiere überhaupt die Hauptrolle. Die Micky Maus ist ja so 'ne Maus, ist ja auch ein Tier."
Lehrer: „Spielen in der Micky Maus nur die Mäuse mit?"
Schüler: „Nein, Hunde auch."
Schüler: „Nee – ich glaub' nicht, deswegen nur Mäuse. Das soll die Leute anziehen, daß das niedlich und lustig ist."
Lehrer: „Hm, niedlich und lustig."
Schüler: „Enten sind da auch mit bei."
Lehrer: „Was für Enten sind das? Haben die etwas Besonderes, diese Enten, die da mitspielen? Beispielsweise im Gegensatz zu Bessy?"
Schüler: „Sie sprechen, und das tun die Tiere bei Bessy nicht. Aber sie sehen auch sehr lustig aus."

Lehrer: „Was sind wohl die Tiere in der Micky Maus?"
Schüler: „Das sind Fantasietiere."
Lehrer: „Sind das ‚Fantasie'-Tiere?"
Schüler: „Die haben sie vermenschlicht."
Lehrer: „Hm, die haben sie vermenschlicht. Wir haben gerade gehört – das sind Enten. Weiß einer die Namen von einigen Enten, die in der Micky Maus vorkommen?"
Schüler: „Donald Duck und Daisy Duck, Dagobert Duck, Tick, Trick und Track, Dussel Duck, Primus von Quack, Daniel Düsentrieb."
Lehrer: „Einer hat gerade gesagt, daß diese Enten eine Eigenart haben. Eine ganz besondere Eigenart, die z. B. Bessy nicht hat. Oh, wer sagt mir nochmal: Was ist überhaupt Bessy?"
Schüler: „Das ist 'n Hund, ein Collie."
Lehrer: „Was haben also die Tiere bei Micky Maus, was die Bessy nicht hat?"

In dieser stark lenkenden Form verläuft die Unterrichtsstunde weiter. Im folgenden ein Ausschnitt aus einem späteren Stadium:
Lehrer: „Darauf wollen wir gleich noch einmal kommen. Was ist bei Bessy?"
Schüler: „Da sind Tiere und Menschen."
Lehrer: „Sind bei Bessy auch die Tiere vermenschlicht, wie bei Micky Maus und Fix und Foxi?"
Schüler: „Nein, da bleiben die Tiere Tiere."
Lehrer: „Richtig. Wie ist es bei Asterix?"
Schüler: „Da sind die Tiere den Menschen doch näher. Da ist ja die Steinzeit."
Lehrer: „Aber Asterix spielt ja nun nicht mehr in der Steinzeit!"
Schüler: „Gucken Sie mal, was die Menschen hier für Nasen haben."
Lehrer: „Das sind ja die Menschen, darauf kommen wir gleich. Laßt uns einmal eben bei den Tieren bleiben. Treten bei Asterix überhaupt Tiere auf? Und wenn ja, sind es ‚richtige' Tiere oder sind sie vermenschlicht?"
Schüler: „Die sind da so richtig als Tiere. Das einzige, was dort viel ist, ist der Idefix."
Lehrer: „Was ist das für ein Tier?"
Schüler: „Das ist ein ganz kleiner Hund."
Lehrer: „Jetzt kommen wir zur letzten Serie: Felix. Was ist da los?"
Schüler: „Die haben die auch in Menschen verwandelt."
Lehrer: „Was haben sie in Menschen verwandelt?"
Schüler: „Die Tiere."
Lehrer: „Was für Tiere treten dort auf?"
Schüler: „Kater und Hunde, die auch vermenschlicht sind."
Lehrer: „Wer kann uns noch einmal kurz sagen, woran wir erkennen können, in welchen Comics vermenschlichte Tiere dargestellt sind?"
Schüler: „Daß sie Zeug anhaben, sie sprechen auch."
Lehrer: „Spricht Bessy auch?"

Es folgen zwei Ausschnitte aus dem Grundschulunterricht (Jeziorsky, 1972, S. 132 u. 160). Sie demonstrieren nach Auffassung des Autors eine wesentliche Aufgabe des Unterrichts: „... den Kindern diese Grundeinstellung anzuerziehen: Selbständig nach Wirkungszusammenhängen zu fragen und sie möglichst selbständig zu klären" (S. 132) sowie „... im Vergleich selbständig Unterschiede herauszuarbeiten und zu begründen" (S. 160). Unserer Auffassung nach demonstrieren die Unterrichtsausschnitte kein selbständiges Denken und geistiges Arbeiten. Dies wird verhindert durch fortwährende erhebliche Dirigierung–Führung des Lehrers.

Schüler: „Ich weiß. Ich weiß." Lehrer: „Weißt es? Das ist schick!" Schüler: „Ich weiß." Lehrer: „Weißt Du's auch? Sag doch!" Schüler: „Die Bürste." Lehrer: „Ja, nun sag mir das, was Du Dir dabei denkst!" Schüler: „Weil die etwas –." Lehrer: „Halt, sag nichts! Weil diese Bürste – schick! Der hat's raus! Oh, der hat's gesagt! Ich nehme diese Bürste, weil die ..." Schüler: „Ich weiß." Lehrer: „Na, na, na?" Schüler: „Weil – weil – weil." Schüler: „Weil die härter ist." Lehrer: „Wer sagt's noch anders? Ist gut. Weil die härter ist." Schüler: „Weil die härtere Borsten hat." Lehrer: „Schick! Noch mehr?" Schüler: „Ich weiß: Weil die besser ist." Schüler: „Weil die besser ist." Lehrer: „Und Du?" Schüler: „Weil die besser schrubbt." Schüler: „Weil die besser schrubbt." Lehrer: „Mm. Kann man noch etwas sagen?" Schüler: „Weil die besser schrubbt." Lehrer: „Noch etwas?" Schüler: „Weil der aus Holz ist und der aus Plastik." Lehrer: „Ah!" Schüler: „Die bricht so leicht ab." Lehrer: „Komm her, komm her! Zeig uns das mal! (Schüler zeigt an der harten Bürste die sperrigen Borsten.) Und diese? Kannst Du dafür ein gutes Wort finden? Kannst Du?" Schüler: „Ja!" Lehrer: „Ja? Na?" Schüler: „Die grüne, die ist nicht so stabil, und die andere, die ist stabiler."

Lehrer (zeigt einen 35 cm langen, dünnen Bambusstock): „Ich denke, da kommen die Finger." Schüler: „Der ist so lang." Lehrer: „Machen wir. (Sägt den Stock auf etwa 15 cm Länge.) Jetzt brauche ich kluge Kinder: Ich gucke mir diesen Stock an." Schüler: „Ah, ich weiß! Der Stock ist blank, der Stock ist zu glatt." Lehrer: „Denkst Du einmal nach? Der Stock ist zu glatt." Schüler: „Da können die Vögel ..." Lehrer: „Halt! Da können die Vögel ... meint Ihr. Nichts verraten, Ralf! Hier habe ich noch einen Stock. (Der Lehrer nimmt einen rauhen Ast zur Hand und läßt ein Kind mit geschlossenen Augen beide Stöcke abtasten.) Sieh mal, wie er die Augen zumacht und beide Stöcke anfaßt." Schüler: „Der ist glatter als der." Schüler: „Ich weiß!" Schüler: „Da an dem großen Stock, da haben die Vögel – mehr Halt haben die." Schüler: „Fest daran anklammern." Schüler: „Wollte ich auch sagen." Schüler: „Es können mehr darauf sitzen." Lehrer: „Nein, das ist es nicht." Schüler: „Da rutschen die Vögel nicht ab. Da können sie, in den glatten können sie reinbeißen." Schüler: „Bei glatten können sie zu leicht abrutschen. Dieser Stock hat so'n paar Haken an der Seite dran." Lehrer: „Ja. Aber auch hier die Rinde angucken!" Schüler: „Da können die Vögel sich besser festhaken." Lehrer: „Ihr sagt: Sie können sich besser festhaken. Kann man das noch etwas anders sagen?" Schüler: „Festkrallen." Schüler: „Anklammern."

Auch bei dem folgenden Unterrichtsausschnitt ist der Lehrer stark lenkend, etwa Stufe 4 auf der 5stufigen Skala. Schülerentscheidungen und Schülerinitiative sind gering, desgleichen selbständiges produktives Denken und Urteilen der Schüler. Auch die Güte der kognitiven Prozesse ist aufgrund der fortdauernden Gängelei des Lehrers nicht hoch.

Erdkunde, 6. Schuljahr, 37 Schülerinnen und Schüler, Lehrer 29 Jahre, 6 Jahre im Schuldienst. Protokollausschnitt aus der Mitte der Unterrichtsstunde:
Lehrer: „Also kann er da vom Rhein weggehen? Wenn der Rhein im Westen liegt?"
Schüler: „Nein."
Lehrer: „Siehst Du? Andreas, komm mitdenken!"
Schüler: „Der Main fließt in den Rhein."
Lehrer: „Genau! Das ist der Zusammenfluß. Statt fließt, er mündet. Seht Ihr und wenn ich das weiß, dann kann ich also ganz genau die Lagebestimmung des Taunus angeben. Kinder, wir dürfen uns den Punkt nicht so klein vorstellen, es ist ja nur eine Hilfe, damit Du gleich weißt, wo liegt der Taunus. Es stimmt nur in groben Umrissen, daß Du, aha, ich muß suchen, wo der Rhein und der Main zusammenfließen. Er liegt nördlich des Mains und östlich des Rheins, also hab ich ihn sofort. – Wir suchen das nächste Gebirge. Ein Gebirge des – – – liegt in unmittelbarer Nähe des Taunus. Ja?!"
Schüler: „Hunsrück."
Lehrer: „Ja, schau auf Deinen Atlas und such' es!"
Schüler: „Herr Lehrer, das ist nicht mehr drauf."
Lehrer: „Also bitte, weißt Du Dir nicht zu helfen?"

Schüler: „Doch." (Allgemeines Gemurmel)
Lehrer: „Sicher!" (Gemurmel der Schüler) „Jetzt müßt Ihr eben die Karte zwei nehmen."
Schüler: „Ich hab's!"
Lehrer: „So. Es sind immer die gleichen. Da drüben möcht ich jetzt mal was hören. Beate, hast Du ihn schon gefunden?"
Schüler: „Ja."
Lehrer: „Bitte, gib eine Lagebestimmung an! Wie heißt das Gebirge?"
Schüler: „Hunsrück."
Lehrer: „Ja, komm und schau einmal hin! No, sag's, wenn's auch verkehrt ist, ist nicht so schlimm. Sag mir einmal was! Er liegt – – – na genauer, Du hast schon richtig, sag's doch! No, sag mal, wie verhält sich dieser Fluß!" (Schülerin murmelt etwas unverständlich) „Also. Wobei wir auch wieder sagen müssen, wir haben die Mosel, glaub ich, nicht herausgeschrieben. Die Mosel hätten wir vielleicht noch mitnehmen können. Die Mosel ist – – –?"
Schüler: „– ein Nebenfluß des Rheins."
Lehrer: „Ein Nebenfluß des Rheins. Jetzt wenn wir natürlich im Verhältnis zum Rhein angeben wollen, dann können wir auch sagen? – – – Hansi?"
Schüler: „Der Hunsrück liegt westlich vom Rhein."
Lehrer: „Ja, so ist es etwa. Haben wir es alle, dann wollen wir es hier draußen auf der Karte noch suchen."

Wir könnten mehrere hundert Seiten mit Unterrichtsprotokollen dieser Art füllen. Sie alle zeigen hohe Dirigierung–Lenkung durch die Lehrer im Unterricht. Und es wird offenbar, daß das, was häufig im Unterricht geschieht, mit „Bildung" wenig zu tun hat. Gewiß gibt es gelegentlich Unterrichtsstunden und einen begrenzten Prozentsatz von Lehrern, die nicht in diesem Ausmaß lenken und dirigieren, die den Schülern mehr selbständiges Denken gewähren. Aber derzeit ist leider intensive Lenkung und Dirigierung im Unterricht noch weit verbreitet.

Befehle und Aufforderungen von Lehrern in größerer Häufigkeit sind ein auffallendes Merkmal der Dirigierung–Lenkung. Einige Beispiele: „Los, reden!" „Rechne noch einmal vor!" „Steht alle auf!" „Weiter!" „Halt mal!" „Halte den Mund!" „Nun paßt doch auf!" „Bringt das in einen Satz!" „Blättert die Seite um!" „Weiterlesen!" „So, macht mal die Lesebücher vorerst zu!" „Geradesitzen!" „Schaut her!" „Hinsetzen!" „So, geh' wieder an Deinen Platz!" „Macht ein bißchen schneller!" „Zur Tafel sehen!"

Der folgende Ausschnitt aus einer Deutschstunde des 2. Schuljahres demonstriert erhebliche Dirigierung–Lenkung der Schüler durch häufige Befehle und Aufforderungen des Lehrers. Beginn der Unterrichtsstunde.

Lehrer: „So nehmt mal die Fibel raus!" Schüler: „Diese?" Lehrer: „Ja, unsere, aus der wir immer lesen, Seite 26. Wer das aufgeschlagen hat, setzt sich hin! Dann seh' ich, wer schon fertig ist. Ach, die Patricia findet es selbst! Der Udo findet es nicht selber? Das ist aber traurig. Ja, da ist es doch! Ach Marion, Seite 26! Da stehen die Zahlen, nicht? Also, jetzt laßt den Udo mal allein suchen! Wenn er's nicht findet, kann er eben nicht mitlesen. Nein! Udo findet das allein! Und ja – Uwe fängt an zu lesen!" Schüler (liest den Text vor): „Mit was du fahren willst." Lehrer: „Nein! Michael!" Schüler: „Womit willst du fahren?" Lehrer: „Schön, Uwe, nochmal! Du guckst auf der falschen Seite. Da mußt Du hinsehen! Lies nochmal die Geschichte!" Schüler: „Womit du fahren willst." Lehrer: „Nein! Der Michael hat's Dir gerade vorgesagt. Hans-Peter!" Schüler: „Mit was willst du –" Lehrer: „Nein! Hat er doch gar nicht gesagt! Jürgen!" Schüler: „Womit willst du fahren?" Lehrer: „Uwe – nochmal!" Schüler: „Womit du fahren willst.“ Lehrer: „Jürgen, nochmal!“ Schüler: „Womit willst du fahren?“ Lehrer: „Uwe!“ Schüler: „Wo willst du mit fahren?“ Lehrer: „Hör mal ganz genau zu, Uwe! Der Jürgen hat es Dir schon zweimal vorgesagt. Jürgen noch einmal!“ Schüler: „Womit willst du fahren?“ Lehrer: „Uwe! Womit –“ Schüler: „Womit du fahren willst.“ Lehrer: „Hans-Peter!“ Schüler: „Womit willst du fahren?“

Die Häufigkeit der Befehle und Aufforderungen ist mit 45–60 Befehlen und Aufforderungen je Unterrichtsstunde von 45 Minuten sehr hoch. Lehrer geben also durchschnittlich alle 50–60 Sekunden einen Befehl, meist an alle Schüler der Klasse gerichtet. Einige Befunde; die Häufigkeit der Befehle–Aufforderungen gilt jeweils für 40 Minuten Unterricht:

52 Befehle–Aufforderungen, festgestellt in 50 Unterrichtsstunden bei 30 Lehrern, 3.–5. Klasse Volksschule (R. Tausch, 1960).

57 Befehle–Aufforderungen, festgestellt in 73 Unterrichtsstunden bei 73 Lehrern der 1.–8. Klasse Volksschule (Wieczerkowski, 1965).

42 Befehle–Aufforderungen, festgestellt in 10 Unterrichtsstunden bei 10 Lehrern, 6. und 7. Klasse Volksschule (R. Tausch, Köhler u. Fittkau, 1966).

33–38 Befehle–Aufforderungen, festgestellt in 30 Unterrichtsstunden bei 30 Lehrern, 1.–8. Klasse Volksschule (Nelles-Bächler, 1965).

28 Befehle–Aufforderungen, festgestellt in 103 Unterrichtsstunden bei 35 Lehrern, 5.–13. Klasse Gymnasium (Tausch, Tausch u. Fenner, 1969).

37 Befehle–Aufforderungen, festgestellt in 41 Unterrichtsstunden bei 34 Lehrern, 1.–6. Klasse Volksschule USA (A. Tausch, 1966).

33 Befehle–Aufforderungen, festgestellt in 57 Unterrichtsstunden, 5.–6. Schuljahr (Diederich, 1973).

96 Befehle–Aufforderungen, festgestellt in 21 Unterrichtsstunden bei 21 Referendaren, 4.–9. Klasse Volksschule (Höder, Joost u. Klyne, 1975).

Ein weiterer Befund: Viele Lehrer lassen in den Unterrichtsstunden eine größere Anzahl der von ihnen begonnenen Sätze von Schülern zu Ende sprechen. In einer Untersuchung waren es 17 Aufforderungen je Unterrichtsstunde (R. Tausch, 1960). Hierdurch wird die kognitive Tätigkeit der Schüler bis ins Detail dirigiert und gelenkt, z. B.: Lehrer: „Bei der Lupine sind auch die Flügel ...“ (Lehrer wartet und zeigt auf einen Schüler) Schüler: „– zusammengewachsen.“ Lehrer: „Die Mosel ist ...?“ Schüler: „– ein Nebenfluß des Rheins.“

Lehrerfragen in größerer Häufigkeit sind ein weiteres Merkmal von Dirigierung–Lenkung, zumal die Lehrerfragen häufig an alle Schüler der Klasse gerichtet sind. Zwei Unterrichtsbeispiele:

Ein Ausschnitt aus dem Chemieunterricht eines 7. Schuljahres, Zerlegung von Wasser durch Magnesium, 12.–14. Minute (Clauß, 1955, S. 243):
Lehrer: „Was ist also heute unsere Aufgabe?“ Schüler: „Das zu beweisen, ob das Wasser zu zerlegen geht.“ Lehrer: „Ja, gut. – Wie nennen wir diesen Versuch?“ Schüler: „Analyse.“ Lehrer: „Nun, ich habe hier Wasser in diesem Gefäß. Wie heißt das Gerät gleich?“ Schüler: „Kochflasche.“ Lehrer: „Oder?“ Schüler: „Kolben.“ Lehrer: „Richtig. Ich habe unter diesem Kolben noch ein Gerät. Wie heißt denn das?“ Schüler: „Bunsenbrenner.“ Lehrer: „Das ist ein Brenner. Und wenn ich jetzt diesen Brenner in Betrieb setze, was geschieht denn da?“ Schüler: „Da strömt Gas aus, und wenn man's anbrennt, da brennt's.“ (Lachen) Lehrer: „Ja, wie kommt das überhaupt? Daß da eine Flamme entsteht?“ Schüler: „Gase brennen.“ Lehrer: „Unter welchen Bedingungen?“ Schüler: „Wenn Sauerstoff dabei ist.“ Lehrer: „Wo kommt der her?“ Schüler: „Aus der Luft.“ Lehrer: „Und was ist noch nötig?“ Schüler: „Hitze, Temperatur.“ Lehrer: „Wodurch ist

die hier erreicht worden?" Schüler: „Durch das Feuerzeug." Lehrer: „Was geschieht nun mit dem Inhalt dieses Kolbens? Mit dem Wasser? Das ist eine Frage für das 2. Schuljahr! Nun, Herr Taraba?" Schüler: „Das Wasser wird angewärmt." Lehrer: „Ja, weiter!" Schüler: „Also, erstens mal, das Glas beschlägt und das Wasser erhitzt und gerät in Bewegung." Lehrer: „Ja." Schüler: „Es verdampft." Lehrer: „Bei welchem Punkt setzt das Verdampfen ein?" Schüler: „Bei 100 Grad."

Deutschunterricht, 3.–4. Schuljahr, Lesestück „Künstlicher Schneefall":
Lehrer: „Wiederhole bitte noch mal, was Du gesagt hast!" Schüler: „Das war ja künstlicher Schneefall." Lehrer: „Ah, ja! Und was heißt das?" Schüler: „Daß es kein richtiger ... ist." Lehrer: „Hm, schön, kannst Du das noch mal anders sagen? Das ist kein richtiger – was ist es denn?" Schüler: „Künstlicher." Lehrer: „Ja, also keiner, der vom Himmel fällt, nicht der, der im Winter vom Himmel fällt, sondern?" Schüler: „Künstlicher." Lehrer: „Ein anderer, ein gemachter, ja? – Ja, wer liest denn mal den ersten Satz?" Schüler (liest vor): „Ich war 6 Jahr alt und lebte mit mei- und lebte mit der Schwester in einem Dachzimmer." Lehrer: „Hm, noch mal!" Schüler: „Ich war 6 Jahre alt und lebte mit meiner Schwester in einem Dachzimmer." Lehrer: „Mit d e r Schwester heißt das. Ja, wo lebte der Kleine?" Schüler: „In einem Dachzimmer." Lehrer: „Hm. Wo sind die Dachzimmer immer? Wer war schon mal im Dachzimmer?" Schüler: „Och, ganz oben ist das." Lehrer: „Ja, ganz hoch oben, und wie sind die Fenster da?" Klasse (Gemurmel): „Klein." Schüler: „Klein und eng." Lehrer: „Wie sind denn meist die Wände, wie sehen die aus?" Schüler: „Och, schräg."

Die Häufigkeit der Lehrerfragen ist mit durchschnittlich 55–85 Lehrerfragen an die ganze Klasse je Unterrichtsstunde sehr hoch. Einige Befunde; die Zahl der Lehrerfragen gilt jeweils für eine Unterrichtsstunde von 40 Minuten:

56 Lehrerfragen, festgestellt in 35 Unterrichtsstunden, bei 30 Volksschullehrern, 3. Klasse (R. Tausch, 1960).
86 Lehrerfragen, festgestellt in 10 Unterrichtsstunden, bei 10 Volksschullehrern, 3.–4. Klasse (R. Tausch, 1962).
88 Lehrerfragen, festgestellt in 73 Unterrichtsstunden, bei 73 Volksschullehrern, 1.–8. Klasse (Wieczerkowski, 1965).
61 Lehrerfragen, festgestellt in 10 Unterrichtsstunden, bei 10 Volksschullehrern, 6.–7. Klasse (R. Tausch, Köhler u. Fittkau, 1966).
56 Lehrerfragen, festgestellt in 103 Unterrichtsstunden, bei 35 Gymnasiallehrern, 5.–13. Klasse (Tausch, Tausch u. Fenner, 1969).
41 Lehrerfragen, festgestellt in 41 Unterrichtsstunden, bei 34 USA-Volksschullehrern, 1.–6. Klasse (A. Tausch, 1966).
80 Lehrerfragen, festgestellt in 73 Unterrichtsstunden, bei 72 Lehrern, 7.–9. Klasse (Weber, 1972).
62 Lehrerfragen, festgestellt in 57 Unterrichtsstunden, 5.–6. Klasse (Diederich, 1973).
92 Lehrerfragen, festgestellt in 21 Unterrichtsstunden, bei 21 Studienreferendaren, 4.–9. Klasse (Höder, Joost u. Klyne, 1975).

Zur Art der Lehrerfragen: ▷ Mehr als die Hälfte aller Lehrerfragen ist an die ganze Klasse gerichtet und lenkt somit die geistige Aktivität aller Schüler in der Klasse (R. Tausch, 1960; Wieczerkowski, 1965; A. Tausch, 1966). ▷ Lehrerfragen lassen sich in vielfältiger Weise untergliedern, z. B. in: 1. Breite oder enge Fragen, also ob sie dem Schüler einen größeren oder geringeren Aktionsraum lassen. 2. Echte Fragen, z. B.: „Wie denkt Ihr darüber?" „Wem ist noch etwas unklar geblieben?" Der Lehrer kennt hierbei nicht die Antwort. Bei sog. unechten Fragen, z. B.: „Welches ist die Hauptstadt Brasiliens?" „Wie lautet die Formel für den Kreisumfang?" weiß der Lehrer die Antwort. Bei einer erheblichen Einschränkung unechter Fragen würden Lehrer sich echter und natürlicher verhalten und vermutlich ihre Unterrichtstätigkeit befriedigender erleben. ▷ Es gibt Lehrerfragen, die gelerntes–erinnertes Wissen oder produktives–kreatives Denken und Urteilen der Schüler erfordern.

Großes Ausmaß des Redens von Lehrern ist ein weiteres Merkmal starker Dirigierung–Lenkung seelischer Vorgänge von Schülern. Durchschnittlich redet der einzelne Lehrer über 50 % aller Worte im Unterricht und somit ca. 30–40mal so viel, wie das dem einzelnen Schüler möglich ist. Dies ist ein Hinweis für eine starke, führende Aktivität und Dominanz von Lehrern in der sprachlichen Kommunikation des Unterrichts. Einige Befunde, Mittelwerte pro Unterrichtsstunde von 40 Minuten:

80 % Lehrerwörter zu 20 % Schülerwörtern (2100 Wörter zu 530), festgestellt in 24 Unterrichtsstunden (Clauß, 1954).
59 % Lehrerwörter zu 41 % Schülerwörtern (3120 zu 2180), festgestellt in 10 Unterrichtsstunden (R. Tausch, 1962).
50 % Lehrerwörter zu 50 % Schülerwörtern, festgestellt in 72 Unterrichtsstunden (Weber, 1972).
60 % Lehrerwörter zu 40 % Schülerwörtern (2200 zu 1460), festgestellt in 57 Unterrichtsstunden (Diederich, 1973).

Diese große Häufigkeit des Redens des Lehrers steht in Übereinstimmung mit folgendem Befund: Gemäß der Erinnerung von Erwachsenen nahm in ihrem Gymnasialunterricht die vortragende Darstellung des Lehrers in 70 % der Unterrichtsstunden mindestens die Hälfte der Unterrichtszeit ein. In nur 6 % der Unterrichtsstunden war Kleingruppenarbeit vorherrschend und in 5 % Einzelarbeit (Nickel u. Dumke, 1970). Vermutlich lernen viele Menschen langes weitschweifiges Reden über äußere Sachverhalte in den vielen Jahren ihres Schulbesuches durch das Verhalten ihrer Lehrer. Vermutlich lernen sie dabei möglichst wenig über ihre innere Erlebniswelt zu reden. Und sie mögen noch etwas anderes lernen: Wer führt, wer vor anderen steht, redet viel, die anderen haben zuzuhören.

Dirigierende–lenkende Maßnahmen und sonstiges Verhalten von Lehrern. Auch hierdurch erhalten Schüler wenig Möglichkeiten eigenen Denkens, Urteilens, Wertens und Handelns. Einige Gesichtspunkte:

▷ Lehrer sind häufig die zentrale Instanz der Wertung fast aller Schüleräußerungen und Schülerleistungen. Lehrer entscheiden, was richtig und falsch ist, was eine gute Leistung ist, welche Auffassung zutreffend oder unzutreffend ist. Wenn Schüler sich nicht nach diesen Wertauffassungen richten, erfahren sie häufig ungünstige Folgen.

▷ Lehrer sind die zentralen Hauptverteiler von Bestätigungen oder Zurückweisungen der Leistungen und Person der Schüler, von „Belohnungen" und „Bestrafungen".

▷ Lehrer bestimmen fast ausschließlich die Themen und Inhalte des jeweiligen Unterrichts. Das Vorgehen im Unterricht wird überwiegend vom Lehrer bestimmt. In der Rückerinnerung ehemaliger Gymnasiasten zu 53 % überwiegend vom Lehrer allein (Nickel u. Dumke, 1970).

▷ Lehrer sind im Unterricht meist die zentrale Vermittlerinstanz, wenn ein Schüler einem anderen etwas sagen möchte.

▷ Lehrer fällen häufig Urteile über die „Intelligenz“ der Schüler, obwohl sie fairerweise nur ein begrenztes persönliches Urteil über die Leistungsfähigkeit der Schüler in einem Fach unter der Unterrichtsbedingung von ihnen selbst als Lehrende abgeben können.

▷ Lehrer geben häufig Urteile und Beurteilungen über die „Persönlichkeit“ der Schüler, obwohl sie häufig weder die „Persönlichkeit“ ihrer Schüler kennen noch über mehr als einen persönlichen Eindruck verfügen.

▷ In Konfliktsituationen greifen Lehrer häufig massiv ein. Sie versuchen, eine Verhaltensänderung der Schüler durch Strafen, Zusatzarbeiten, Provokationen, Angsterregung herbeizuführen. Durch negative emotionale Erfahrungen der Schüler also suchen sie deren Verhalten zu ändern.

▷ Lehrer beurteilen Schülerleistungen häufig so, als ob ihr persönliches Urteil ein absolut gültiges Urteil sei. So werden Schüleraufsätze mit den Noten von 1 bis 5 bewertet, zum Teil mit Zwischennoten. Nach Untersuchungsbefunden jedoch sind derartige Beurteilungen deutlich von der Person des jeweiligen Lehrers abhängig. Verschiedene Lehrer gaben bei dem gleichen Aufsatz des öfteren recht unterschiedliche Beurteilungen (Wieczerkowski, Nickel u. Rosenberg, 1968; Kötter u. Grau, 1965).

Gewiß gibt es auch in anderen Lebensbereichen in unnötig hohem Ausmaß starke Lenkung–Dirigierung einer Person durch andere. Aber es gibt keinen Bereich des zwischenmenschlichen Lebens, in dem die Tätigkeit eines Menschen derart stark fortlaufend gelenkt und bewertet wird, wie das bei Schülern durch Lehrer tagtäglich mehrere Stunden lang im Unterricht über mindestens 10 Jahre hindurch erfolgt.

Ungünstige Gesamtauswirkung starker Dirigierung–Lenkung im Unterricht auf Schüler. Diese Auswirkung in ihrer vollen Breite zu sehen, ist bitter. Denn sie hemmt statt fördert die Persönlichkeitsentwicklung und die Entwicklung der seelischen Leistungsfähigkeit der Schüler im intellektuellen, sozialen und emotionalen Bereich. Durch diese starke Dirigierung–Lenkung werden die von den meisten Lehrern aufgestellten Erziehungsziele nicht erreicht, sondern verfehlt. Ein derartig stark lenkender–dirigierender Unterricht über 10 Jahre hindurch ist ein Grund, warum Erwachsene oft nur in geringem Ausmaß das soziale, intellektuelle und emotionale Verhalten leben, zu dem sie grundsätzlich fähig wären. Ein deutliches Ziel der Erziehung ist selbstbestimmtes Handeln. Aber durch starke Dirigierung–Lenkung lernen Schüler kaum Selbstbestimmung. Überwiegend handeln sie auf Anordnungen und Aufforderungen ihrer Lehrer reaktiv. Sie können sich nicht in ihren Qualitäten, Möglichkeiten und Fehlern selber erfahren. Sie haben keine Gelegenheit, einen sinnvollen Gebrauch gegebener Freiheiten zu lernen. Fällt im späteren Leben der Schüler Fremdbestimmung weg und müssen sie sich selbst die Ziele ihrer Arbeit und des Lebens fortlaufend setzen, zeigen sich deutlich die Nachteile einer derartigen Schulunterrichtung: Durch die fortlaufende hohe äußere Strukturierung der Lehrer haben die Schüler nicht gelernt, internale Strukturierungen vorzunehmen, also bei sich selbst Ordnungen, Gliederungen und Wege zu sehen. Es ist bitter, zu sagen, daß eine derartige Unterrichtung über ein Jahrzehnt hindurch kaum zu dem führt, was weite Kreise der Bevölkerung sich an Positivem und an „Bildung“ von der Schule versprechen.

Gewiß sind die Auswirkungen starker Dirigierung–Lenkung abhängig von dem Ausmaß der förderlichen Dimensionen zwischenmenschlichen Verhaltens. Hohe Achtung–Wärme mindert die ungünstigen Auswirkungen starker Dirigierung–Lenkung, insbesondere im emotionalen Bereich. Aber Achtung–Wärme ist bei Lehrern nicht deutlich ausgeprägt. Bei starker Dirigierung–Lenkung kann in größerem Umfang nur gedächtnismäßiges Wissen und reaktives Denken gefördert werden, aber kaum das zunehmend notwendige kreative, originelle, produktive Denken. – Erschwerend ist auch folgender Sachverhalt: Diese ungünstigen Auswirkungen von intensiver Dirigierung verwandeln sich nicht automatisch in günstige, wenn Lehrer ihre Dirigierung–Lenkung stark vermindern. Sondern hierdurch wird nur die Möglichkeit geschaffen zur Förderung der seelischen Vorgänge bei Schülern durch andere günstige Bedingungen wie Achtung–Wärme, einfühlendes Verstehen, Echtheit und fördernde nicht-dirigierende Tätigkeiten von Lehrern.

Im folgenden haben wir die destruktiven Auswirkungen von starker Dirigierung–Lenkung näher dargestellt.

Ungünstige Auswirkungen starker Dirigierung von Lehrern auf kognitive Vorgänge der Schüler. Lehrer messen meist den kognitiven, intellektuellen Vorgängen der Schüler im Unterricht die entscheidende Bedeutung bei. Viele sehen diese Vorgänge als die eigentliche „Leistung" im Unterricht an. Viele Lehrer argumentieren auch, gerade wegen derartiger intellektueller „Leistungen" oder wegen dieses „Leistungsniveaus" sei ihre starke Dirigierung und Führung der Schüler notwendig. Die vorliegenden Befunde sprechen jedoch für das Gegenteil: Starke Dirigierung der Schüler durch Lehrer im Unterricht hängt zusammen mit geringen kognitiven „Leistungen" der Schüler, mit geringer Qualität ihrer kognitiven Vorgänge. Im einzelnen:

▷ Geringe Qualität kognitiver Vorgänge der Schüler bei starker Dirigierung–Lenkung wurde in Untersuchungen des Unterrichts von fast 250 Lehrern aufgewiesen (R. Tausch u. a., 1972; Höder u. a., 1975; Spanhel u. a., 1975; Höder u. a., 1976; Joost, 1976; Klyne, 1976). Das Ausmaß der Lenkung–Dirigierung von Lehrern im Unterricht hing zusammen mit ▷ geringer Güte kognitiver Unterrichtsbeiträge der Schüler ▷ häufiger Wiedergabe von angelerntem Wissen der Schüler und seltenen Denkvorgängen ▷ unselbständigem–unproduktivem Denken und Urteilen ▷ geringer Häufigkeit der Unterrichtsbeiträge der Schüler ▷ geringem selbständigem–spontanem Verhalten der Schüler. Dies ergab sich bei Tonaufnahmen oder Transkripten der Unterrichtsstunden, die neutrale Beurteilergruppen nach dem Ausmaß der Lenkung–Dirigierung der Lehrer und nach den verschiedenen Schüleraktivitäten einschätzten. Es ist beeindruckend, daß die kognitive Güte der Unterrichtsbeiträge der Schüler gegenläufig zusammenhing mit dem Ausmaß der Lenkung und Dirigierung der Lehrer. Diese Ergebnisse widerlegen, womit manche Lehrer das Ausmaß ihrer Lenkung begründen. Durch ihre hohe Lenkung vermindern sie sogar die Qualität kognitiver Vorgänge ihrer Schüler und lähmen deren intellektuelle Aktivität. – Diese Befunde werden für den skeptischen Außenstehenden verständlicher durch folgendes:

▷ Großes Ausmaß des Redens des Lehrers (ca. 50–60 % aller im Unterricht gesprochenen Wörter) hing zusammen mit geringer Möglichkeit der Schüler zum Reden. Bei der überwiegend üblichen Form des Frontalunterrichtes verbleibt dem einzelnen Schüler nur ca. 1–2 % der gesamten Sprachkommunikation des Unterrichts, also nur wenige Sätze in einer Unterrichtsstunde. Eine weitere Folge des starken Redens der Lehrer sind häufige Einwortsätze der Schüler (Tausch, 1962). 25 % aller Schüleräußerungen waren Einwortäußerungen, wie sich bei einer Analyse von Unterrichtsstunden im 7. Schuljahr ergab (Clauß, 1955). Dieses geringe, bruchstückhafte Reden des einzelnen Schülers führt zu einer erheblichen Erschwerung seiner Denkvorgänge. Denn aus alltäglichen Erfahrungen und Untersuchungsbefunden wird deutlich: Das Aussprechen von Gedanken führt zur Erleichterung und Förderung der Denkvorgänge. So waren die Leistungen von Schülern in Intelligenztests besser, wenn sie gemäß der Instruktion hierbei laut ihre Gedanken äußerten (Franzen u. Merz, 1976). – Schüler des 9.–10. Schuljahres hatten bessere Leistungen bei Problem-Aufgaben, wenn sie bei jedem Schritt laut die Gründe ihres Vorgehens äußerten, im Vergleich zu Schülern ohne diese Aufforderung zum Reden. Anschließend konnten sie auch in größerem Ausmaß die zugrunde liegenden Prinzipien angeben. Interessanterweise waren Inhalt und Form der sprachlichen Äußerungen während der Problemlösungen sehr einfach, wiederholten sich bei einzelnen Aufgaben und gaben die inneren Vorgänge der Schüler nur gering wieder, z. B. „Das ist der einzig mögliche Schritt!“ „Ich versuche es noch einmal!“ „Ich weiß nicht den Grund.“ „Ich mache es, um etwas Platz zu sparen.“ (Gagné u. Smith, 1962). Durch das häufige Reden des Lehrers und durch die Organisationsform des Frontalunterrichtes mit starker Dirigierung des Lehrers ist eine derartige Förderung der Denkvorgänge der Schüler durch lautes Aussprechen ihrer Gedanken nicht möglich. Dies ist eine entscheidende Behinderung der Qualität kognitiver Vorgänge bei Schülern. Im Gegensatz hierzu ermöglicht Kleingruppenarbeit im Unterricht den Schülern fortlaufend den sprachlichen Ausdruck ihrer Gedanken.

▷ Die Häufigkeit der Unterrichtsbeiträge der einzelnen Schüler steht in engem, entgegengesetztem Zusammenhang mit starker Dirigierung–Lenkung des Lehrers. Je mehr der Lehrer lenkt, redet und durch Fragen die Schüler dirigiert, um so geringer ist die Häufigkeit ihrer Unterrichtsbeiträge (z. B. Spanhel u. a., 1975).

▷ Starke Dirigierung der Lehrer, insbesondere große Anzahl von Lehrerfragen an Schüler, steht in entgegengesetztem Zusammenhang mit den Fragen aller Schüler an den Lehrer. Es ist offensichtlich, daß bei hoher Qualität der Denkvorgänge und selbständigen intellektuellen Vorgängen Schüler häufig Fragen an den Lehrer richten würden. Fragen sind für sie eine Möglichkeit, selbständig zu bestimmten Problemen Informationen zu gewinnen. Interessanterweise ist jedoch die Anzahl der Schülerfragen an Lehrer außerordentlich gering. Im Durchschnitt sind es 1–6 Fragen aller Schüler der Klasse an den Lehrer je Unterrichtsstunde. Dies wurde in Untersuchungen über den Unterricht von über 150 Lehrern ermittelt (R. Tausch, 1960; Wieczerkowski, 1965; Nelles-Bächler, 1965; Weber, 1972; Diederich, 1973). Bei ca. 30 Schülern in der Klasse und täglich 5 Unterrichtsstunden stellt somit jeder Schüler jeden Tag oder nur jeden zweiten Tag eine Frage an den Lehrer. Während der Lehrer an einem Tag ca. 250 Fragen an alle Schüler der Klasse richtet. In jeder 4. Unterrichtsstunde gab es keine einzige Schülerfrage an den Lehrer. – Die geringe Anzahl der Schülerfragen hing in den Untersuchungen von Tausch, Wieczerkowski u. Diederich zusammen mit der großen Häufigkeit der Fragen, die die Lehrer an die Schüler stellten. Eine Unterrichtsgestaltung in Form häufiger Lehrerfragen führt also wenig dazu, daß die Schüler sich selbst und anderen Fragen stellen, die für die Lösung von Problemen relevant sind. Dieses selbständige Stellen von bedeutsamen Fragen ist jedoch im alltäglichen Leben und in der Wissenschaft von großer Wichtigkeit.

▷ Denken ist ein Vorgang, der in einer Person in individuell unterschiedlicher Weise stattfindet. So verlaufen Denken und Problemlösungen gemäß den Alltagserfahrungen und Untersuchungsbefunden bei dem einzelnen nicht in gradliniger, schrittweiser Fortentwicklung der Gedanken zum Ziel hin. Sondern in unregelmäßiger, individuell unterschiedlicher Weise. Insbesondere originelles und kreatives Denken und Verhalten ist in hohem Ausmaß individuell. Diese Möglichkeiten des Denkens und kreativer Vorgänge werden jedoch durch starke Dirigierung und Lenkung der Lehrer unmöglich gemacht. Die starke Dirigierung und Lenkung im Frontalunterricht zwingt alle Schüler der Klasse zu weitgehend ähnlichen reaktiven intellektuellen Vorgängen. Daß es sich nur um reaktive Vorgänge und kognitive Vorgänge geringer Qualität handelt, macht etwa folgendes deutlich: Zwischen der Häufigkeit von Lehrerfragen und Einwortsätzen der Schüler ergab sich ein deutlicher Zusammenhang (Weber, 1972). Dieses häufige Reagieren in Form von Einwortsätzen legt nahe, daß die Schüler häufig Lücken zu den Gedanken des Lehrers ergänzen, statt selbständig in größerem Umfang zu denken und kreative Produkte zu schaffen.

▷ Selbständige Wertebildung der Schüler ist bei starker Lenkung–Dirigierung der Lehrer nicht möglich, sondern meist nur konformistische Übernahme von Urteilen und Auffassungen der Lehrer. Schüler müssen überwiegend den Gedanken und Auffassungen ihrer Lehrer bis in Einzelheiten hinein folgen. Sie werden in ihrem Denken zu den von Lehrern beabsichtigten Urteilen und Schlüssen geführt. Ein Zwang zu einem Denken in bestimmter Art ist häufig auch dort zu beobachten, wo sog. objektive Urteile kaum möglich sind, etwa bei der Interpretation von Gedichten, Kunstwerken oder bei der Bewertung gewisser geschichtlicher oder politischer Vorgänge. – Stellen wir uns vor: Im Geschichtsunterricht stellt der Lehrer eine bestimmte historische oder politische Person dar. Etwa daß Bismarck eine Person von hohem Ethos mit überragenden staatspolitischen Leistungen für das Deutsche Reich gewesen sei. Schüler, die andersartige Auffassungen zur Person von Bismarck haben oder andersartige Auffassungen über die Interpretation eines Gedichtes oder Kunstwerkes, werden bei einer Abfragung oder Prüfung meist nicht ihr eigenes Urteil äußern. Sie machen oft die Erfahrung, daß die Äußerung eines von der Lehrereinstellung abweichenden Urteiles ihnen Kritik, Unwillen, schlechte Noten oder Nachteile einbringt, etwa auch die Blamage, vor den anderen als unfähig zu logischer Urteilsbildung hingestellt zu werden. Ferner erleben Schüler häufig, daß viele ihrer Mitschüler das Urteil des Lehrers ohne weiteres nachsprechen und dabei ein gewisses Gefühl der „Richtigkeit" und des Erfolges erfahren. Diese Tendenz zum Konformismus der Schüler bzw. Studenten mit den Urteilen und Auffassungen der Lehrer oder Professoren wird insbesondere beim Frontalunterricht bzw. der Doziermethode gefördert. Bei einem Unterricht in Kleingruppen wagt es dagegen der einzelne Student oder Schüler viel eher, seine Auffassung zu sagen. Auch der einzelne Erwachsene äußert im Rahmen des politischen oder gesellschaftlichen Lebens seine Urteile z. B. über Maßnahmen der Regierung oder Gesetzesvorlagen vermutlich eher in kleinem Kreis als in Massenversammlungen. Für

Leser, denen unsere Auffassungen über konformistisches Denken im Unterricht übertrieben erscheinen, möchten wir zwei experimentelle Befunde darstellen:

Einer Gruppe von 10 Personen wurden Linien und Figuren dargeboten. Sie hatten nacheinander ihre Urteile über die Länge der Linien abzugeben. 9 Personen waren vorher vom Versuchsleiter instruiert worden und gaben einheitlich falsche, nicht der Realität entsprechende Urteile ab. So wurde die jeweils „echte" 10. Person einem Druck zum Konformismus ausgesetzt. Und in der Tat wurden ihre Urteile deutlich beeinflußt durch die (falschen) vorhergehenden Urteile der anderen Personen (Asch, 1952). Etwas Ähnliches ist in der Schulklasse der Fall, wenn ein Lehrer eine bestimmte Antwort im Sinne seiner Auffassungen erwartet. Geben Schüler Urteile im Sinne dieser Auffassungen ab, wagen anschließend Schüler mit andersgearteten Auffassungen häufig nicht, ihre davon abweichenden Auffassungen zu äußern. Diese Tendenz zu konformistischem Denken und Urteilen ist bei komplexen unklaren Sachverhalten viel stärker der Fall als in den Experimenten mit einfachen Wahrnehmungsfiguren.

Gruppen von 5 Erwachsenen beurteilten einzeln in Einblickkästen Bilder durch Drücken eines Schalters. In den Einblickkästen waren zugleich durch aufleuchtende Lampen die Urteile der anderen 4 Erwachsenen zu sehen. Diese Urteile wurden in Wirklichkeit vom Versuchsleiter manipuliert. Während der ersten Darbietungen befanden sich die Personen meist in Übereinstimmung mit den Urteilen der anderen Gruppenmitglieder. Danach richtete es der Versuchsleiter ein, daß den Personen fälschlich und im Widerspruch zur Sachlage angezeigt wurde, wie die anderen Gruppenmitglieder vor ihnen in anderer Weise geurteilt hätten. Die Personen zeigten daraufhin eine erhebliche Tendenz zu konformistischen Urteilen. Ein Kreis z. B. mit einer über 30 % größeren Fläche als ein dargebotener Stern wurde von fast allen Personen aufgrund des manipulierten Urteils der Gruppe als kleiner wahrgenommen. Konformistische Urteile waren um so häufiger, je doppeldeutiger die Sachverhalte waren. Interessanterweise wurde die Tendenz zu konformistischen Urteilen begünstigt durch gewisse Persönlichkeitsmerkmale. Diese waren durch Beobachter und Tests festgestellt worden. Personen mit der Tendenz zu konformistischen Urteilen waren autoritär in ihrem Verhalten, hatten eine geringe Breite ihrer Interessen, eine Überkontrolle eigener Impulse und Hemmungen, waren unfähig, Entscheidungen ohne Verzögerung zu treffen, strebten nach klarer Symmetrie, konnten Doppeldeutigkeiten nicht ertragen, waren weniger spontan, weniger produktiv und originell und hatten mehr Vorurteile. In der Erziehung ihrer Kinder waren konformistische Personen mehr einengend, beschränkend, mehr lenkend und weniger warm. Nicht-konformistische Personen zeigten mehr Vertrauen in die eigene Person, eine gewisse Freiheit von Zwang durch Regeln, ein gewisses Ausmaß an Abenteuerlichkeit. Sie waren gegenüber ihren Kindern mehr gewährend und gaben über ihre eigenen Eltern ein ausgewogeneres Bild hinsichtlich Lob und Kritik (Crutchfield, 1955).

Manche Lehrer werden der Meinung sein, daß Schüler etwa bis zum 12. oder 14. Lebensjahr noch nicht zu angemessenen eigenen Urteilen fähig seien und daher die Urteile der Lehrer übernehmen müßten. Dies steht im Widerspruch zu der Tatsache, daß bei einigen Lehrern mit anderem Unterrichtsverhalten Schüler im Unterricht in hohem Ausmaß selbständige produktive kognitive Prozesse zeigen sowie selbständige Wertebildung. Und zwar zu Unterrichtsinhalten und Themen, bei denen andere Lehrer mit anderem Unterrichtsverhalten überwiegend nur reaktive Denkvorgänge bei Schülern bewirken.

Wenn häufig geklagt wird, daß Erwachsene in ihrem persönlichen beruflichen oder politischen Leben wenig kreativ, originell und denkend produktiv sind, daß sie häufig zu konformistischer Übernahme von Auffassungen und Vorurteilen anderer neigen, dann liegt in einem stark lenkenden–dirigierenden Unterricht über 10 Jahre hindurch eine entscheidende Quelle dieses Verhaltens. Hierdurch konnten

Personen nicht lernen, aufgrund ihres eigenen Erfahrens und der Auseinandersetzung mit ihrem eigenen Erleben selbständig zu Auffassungen und Werten zu kommen. Derart erzogene Personen stellen eine Gefahr dar, zu bereitwillig die Werte und Auffassungen von Führern zu übernehmen.

Ungünstige Auswirkungen starker Dirigierung von Lehrern auf soziale Vorgänge der Schüler. Die starke Dirigierung der Lehrer bedingt auch im sozialen Bereich ein starkes Geführtwerden, ein sehr geringes Ausmaß sozialer Erfahrungen mit sich selbst und anderen. Dies drückt sich etwa aus in dem Zusammenhang zwischen deutlicher Dirigierung des Lehrers und geringem freien Verhaltensraum, geringer Selbständigkeit sowie geringer Spontaneität der Schüler (Spanhel u. a., 1975). Im einzelnen hat diese starke Dirigierung der Lehrer folgende Auswirkungen bei Schüler:

▷ Geringe Selbstbestimmung, geringes Lernen von sinnvollem Gebrauch von Freiheiten, kein selbstbestimmtes Handeln und soziale Ordnung bei gleichzeitiger großer individueller Freiheit sowie notwendiger Leistung, größeres Ausmaß an Fremddisziplin, geringes Ausmaß an Selbstdisziplin. Zu geringe Erfahrungen im sozialen Umgang mit anderen, zu geringe Sensitivität für soziale Beziehungen und Selbstregulierung in sozialen Gruppen. Obwohl Selbstbestimmung ein psychosozialer Grundwert des Lebens unserer Gesellschaft ist, ist diese Selbstbestimmung kaum im Unterricht gegeben. Schüler werden überwiegend tätig in Form der reaktiven Ausführung von Anordnungen und Aufforderungen der Lehrer.

▷ Geringe prosoziale zwischenmenschliche Aktivitäten und entsprechendes Lernen, geringe Befähigung zur Teamarbeit, gewisse Unfähigkeit zu sinnvollen Gruppenaktionen, geringe Möglichkeit gegenseitiger Hilfe, deutliches Rivalitätsdenken. Die Schüler sind überwiegend einzeln in ihrer sozialen Tätigkeit auf den Lehrer, den Führer der Klasse ausgerichtet. Im Frontalunterricht gibt es selten Situationen gegenseitiger Kooperation und Hilfe zwischen den Schülern. Manche Schüler suchen sich auf Kosten der übrigen Schüler gegenüber dem Lehrer zu profilieren. Auch dies wirkt sich auf das zukünftige Verhalten des späteren Erwachsenen aus. Schüler mit sog. „autoritärer" Persönlichkeit lernen nicht, sensitiv für den anderen zu werden und prosozial zu handeln. Dieses völlig unzureichende Lernen prosozialen Verhaltens kann auch nicht annähernd ersetzt werden durch häufige rationale Informationen, daß Menschen prosozial handeln sollten. Im Gegenteil: Es besteht eine starke Kluft zwischen dem „sozialen" Leben in der Klasse und der Art des sozialen Lebens, die vom Lehrer sprachlich empfohlen wird.

▷ Fast fortlaufendes ungünstiges soziales Wahrnehmungslernen der Schüler aufgrund der Wahrnehmung des stark dirigierenden Lehrerverhaltens. Die Schüler lernen, in der Rolle eines Führenden, Mächtigen oder Lehrenden andere häufig zu dirigieren, Zwang auszuüben und ihnen wenig Selbstbestimmung zu ermöglichen. Sie sehen über ein Jahrzehnt hindurch tagtäglich in herausgestellter Form Personen, die andere zu etwas zwingen, zu etwas überreden, sie gängeln, ihnen fortlaufend Anordnungen für ihr Verhalten geben. Aufgrund des Wahrnehmungslernens lernen Schüler somit eine ungünstige dirigistische Machtausübung auf andere. Sie lernen ein größeres Ausmaß an intolerantem Verhalten gegenüber Unterlegenen, Andersdenkenden oder Minoritäten ähnlich dem intoleranten Lehrerverhalten gegenüber leistungsschwächeren oder andersdenkenden Schülern.

▷ Ungünstige Auswirkungen für das spätere soziale Leben in einer nicht-diktatorischen Gesellschaft. Die Unterrichtssituation mit starker Dirigierung des Lehrers ist eine nicht hinreichende Bedingung für angemessenes Lernen des später notwendigen sozialen Verhaltens. Schüler erfahren nicht langjährig ein befriedigendes soziales Leben in der Gruppe, zusammen mit einem Leiter bzw. Helfer. Wir können nicht sehen, wie derart als Schüler erzogene spätere Erwachsene förderliche Mitglieder in einer nicht-diktatorischen Gesellschaftsform sein können. Sie sollen dort etwa Mitbestimmung ausüben, ohne in ihrer Schulzeit hinreichende Selbstbestimmung erlernt und sich darin erfahren zu haben. Sie werden später in größeren, schwer überschaubaren Gruppen leben, ohne langjährig befriedigende Erfahrungen des Zusammenlebens in einer kleinen Gruppe bei anwesendem Helfer gemacht zu haben. Wenn die fortlaufende Fremdbestimmung der Schulzeit wegfällt, so werden sie unzureichend vorbereitet sein sowohl für Selbstbestimmung als auch für notwendige Aktivitäten in einem befriedigenden Gruppenleben. Im Gegenteil: Durch das stark lenkende dirigierende Verhalten von Lehrern werden Schüler in sozialer Hinsicht gut vorbereitet für spätere diktatorische Regierungs- und Lebensformen. Auch dort wird Menschen jeweils gesagt, was sie persönlich und in einer Gruppe zu tun und zu denken haben. Schüler werden erwarten, auch später geführt zu werden. Sie werden ein größeres Bedürfnis nach Anerkennung und Beifall sog. Vorgesetzter und Führer haben. Häufig werden Gruppen ohne strikte Lenkung in einem Chaos mit unsozialem Verhalten der Mitglieder enden.

Durch starke Dirigierung–Lenkung lernen Schüler nicht diejenigen Aktivitäten, die für nicht-diktatorische Gesellschaftsformen notwendig sind: Freiwillige soziale Einordnung, Selbstdisziplin, freiwillige Rücksichtnahme auf andere, Verantwortung des einzelnen gegenüber der Gemeinschaft, Fähigkeit zur Gruppenbildung und zu Gruppenaktionen, deutliches prosoziales Verhalten, teilweise Unabhängigkeit von äußerer Führung, Fähigkeit, eine Zeitlang auch ohne straffe Organisationsformen und Anordnungen zu leben, Ertragen von Mißerfolgen und Ungewißheiten in einer Gruppe, Widerstand gegenüber totalitären und diktatorischen Bestrebungen, soziale Toleranz gegenüber Andersdenkenden, Verzicht auf Mißbrauch von Freiheit und Machtmitteln. Erwachsene, die in ihrer Schulzeit stark geführt wurden, werden in späteren Krisensituationen eher dazu neigen, nach starken Personen oder nach dem Staat zu rufen. Sie werden gegenüber sozialen Problemen, Aufgaben der Allgemeinheit und sozialer Kommunikation zwischen Gruppen häufig apathisch und distanziert sein. Sie haben schon im Schulunterricht eine enorme Diskrepanz zwischen dem realen sozialen Zusammenleben und den ethischen Forderungen und Empfehlungen über soziales und politisches Zusammenleben erfahren. Wenn nicht-diktatorische Regierungs- und Lebensformen oft nicht so funktionieren, wie die meisten von uns es wünschen, wenn sie noch zuviele soziale Ungerechtigkeiten, Unzulänglichkeiten und Ineffektivität haben, wenn des öfteren die Gefahr von Chaos auf der einen oder Diktatur auf der anderen Seite droht, dann liegt dies entscheidend an dem unzureichenden sozialen Lernen und dem unbefriedigenden sozialen Zusammenleben, das die Erwachsenen während mindestens 10 Jahren tagtäglich in ihren Schulklassen erfahren haben.

Ungünstige Auswirkungen starker Dirigierung von Lehrern auf gefühlsmäßige und andere Vorgänge der Schüler. Die Schüler müssen konzentriert und möglichst schweigend den Ausführungen des Lehrers und den Äußerungen einzelner Mitschüler zuhören und im Denken und Handeln in spezifischer Weise auf Fragen und Befehle der Lehrer reagieren. Zu dem weitgehend rezeptiven schweigenden Zuhören kommen das Stillsitzen und die fehlenden körpermotorischen Bewegungsmöglichkeiten, insbesondere bei der Organisationsform des sog. Frontalunterrichtes. Es gibt kaum Möglichkeiten der Selbstbestimmung, Selbsterfahrung, Selbstverantwortung oder zu individueller kreativer Arbeitstätigkeit. Einige Folgen hiervon sind:

▷ Größere gefühlsmäßige Spannungen bei den Schülern. Das ist naheliegend bei dem sehr kleinen Raum freier Bewegung und dem Mangel an Freiheit, selbstbestimmt zu arbeiten und die Situation zu ändern. Derartige Einschränkungen führen bei fast jedem Menschen zu gefühlsmäßigen Spannungen. Stellen wir uns nur vor, daß alle Schüler einer Klasse an einem Vormittag sich auf etwa 200–250 Fragen ihrer Lehrer einstellen müssen. Sie müssen sich sekundenschnell auf entsprechende Antworten vorbereiten, einstellen auf das, was der Lehrer denkt und von ihnen hören möchte. Die meisten Schüler können dann jedoch nicht handeln, da beim Frontalunterricht meist nur 1–2 Schüler von 30–40 in der Klasse die jeweilige Frage beantworten können. Dauernde Anstrengung und dauernde Bereitschaft wird gefordert, aber überwiegend kann diese Bereitschaft nicht verwirklicht werden. Diese Spannungen sind bei Lehrern mit gleichzeitiger geringer emotionaler Wärme–Achtung stark erhöht. So ergab sich ein Zusammenhang zwischen Ausmaß der Lenkung–Dirigierung von Lehrern und der Befürchtung der Schüler, „aufgerufen zu werden und dranzukommen", ferner mit der Empfindung „der Unterricht war zu schwer für mich" (Höder u. a., 1975). Langsamere, leistungsschwächere, schüchterne oder sprachgehemmte Schüler erleben häufig Angst, vor allem bei ungeduldigen unhöflichen und kritisierenden Lehrern. Sie müssen sich auf die fast fortwährenden Fragen und Befehle des Lehrers in schneller, spezifischer Weise einstellen und reagieren, in der andauernden Erwartung, in fast jeder Minute aufgerufen zu werden und vor der ganzen Klasse Mißerfolg, Versagen oder Tadel zu erfahren (R. Tausch, Köhler u. Fittkau, 1966).

▷ Geringe Motivation der Schüler, „Konzentrationsschwäche", geringe Produktivität. Wenn ein Erwachsener in seiner beruflichen Tätigkeit in einer der Schule ähnlichen Form gelenkt würde, sich also etwa während 5stündiger Arbeit auf etwa 200 Fragen einstellen müßte, ca. 200 Befehle und Aufforderungen befolgen müßte, überwiegend schweigend und rezeptiv anderen zuhören müßte und selbst wenig Möglichkeit zum Sprechen oder selbstbestimmten Arbeiten hätte, dann würde seine Arbeitsmotivation außerordentlich gering sein und seine Arbeitsunzufriedenheit hoch. Dies ist auch bei den Schülern der Fall. Aber durch erheblichen Druck, Zwang und Androhung versuchen Lehrer immer wieder, die Motivation der Schüler zu erhöhen. Es ist auffällig, daß manche Schüler an einer „erheblichen Konzentrationsschwäche" leiden sollen, während sie später nach Verlassen der Schule, etwa als Fernfahrer, Taxifahrer oder in Betrieben, sich in hohem Maße konzentrieren können. Ganz offensichtlich ist es doch so, daß sie unwillig und unfähig sind, den sprachlichen Äußerungen des Lehrers und der Mitschüler nur rezeptiv und reaktiv zuzuhören. Sie werden stumpf und inaktiv, weil sie keine größere Möglichkeit der Selbstbestimmung und Mitentscheidung haben.

So waren auch Mitglieder von Gruppen, die bei der Lösung von Aufgaben einen machtorientierten Leiter hatten, erheblich unzufriedener als Mitglieder von Gruppen mit einem Nicht-Machtleiter (Shaw, 1959). Oder: Betriebsabteilungen mit Vorgesetzten, die ihre sog. Untergebenen intensiv kontrollierten und sie in ihrer Freiheit, nach ihrer Eigenart zu arbeiten, deutlich einschränkten, hatten eine geringe Produktion. Dagegen hatten Abteilungen mit hoher Produktionsrate nur in 50 % der Fälle einen Vorgesetzten mit stark kontrollierendem Verhalten gegenüber den Angestellten (Herzberg u. a., 1959). – Bei Arbeitern in einer Motorenfabrik stand das Ausmaß der Beschwerdehäufigkeit und Kündigungshäufigkeit im Zusammenhang mit dem Faktor „Initiating Structure" des Meisters. Dies betraf die Organisation der Arbeit, das Anordnen der Ausführung der Arbeitstätigkeiten, Festlegung der Beziehung des Meisters zu seinen Arbeitern, Drängen auf Produktion u. ä. Ein hohes Ausmaß in dem Faktor „Initiating Structure" war charakterisiert durch folgende Feststellungen des Fragebogens (Fleishman u. Harris, 1962): Er weist Änderungsvorschläge zurück. Er besteht darauf, daß alles so getan wird, wie er es sich vorstellt. Treffen die ihm unterstellten Mitarbeiter selbständig Entscheidungen, so fühlt er sich übergangen und ist verärgert. Seine Anweisungen gibt er im Befehlston. – Je stärker also die Anordnungen und das Vorschreiben von Tätigkeiten des Arbeiters durch den Meister waren, um so unzufriedener waren die Arbeiter, was sich ausdrückte in häufigen Beschwerden und Kündigungen.

Der Wunsch und die gefühlsmäßigen Einstellungen nach Selbstbestimmung und Selbstverantwortung und ihr Zusammenhang mit dem Interesse an der Arbeit kommen auch in den folgenden Interviewantworten von Fabrikarbeitern zum Ausdruck (Pungs u. a., 1976): „Das war schon immer mein Bestreben, solange ich arbeite, daß ich mir möglichst wenig sagen lassen muß." „Ja, man geht dann mit viel mehr Lust ran, wenn man morgens kommt und selber bestimmen tut, als wenn einer kommt und sagt: ‚Das und das ist zu tun!'" „Mir ist das lieber, wenn ich selber meine eigenen Gedanken entwickeln kann. Macht eben mehr Spaß, zu arbeiten, als wenn ich alles vorgesetzt krieg'." „Da fühle ich mich ja viel freier, als wenn immer einer dahintersteht und dann sagt: ‚Mach das! Mach das! Und das mußt Du so machen! Und das hast Du richtig gemacht!'" „Ich bin nicht dafür, daß mir immer einer dahinter ist. Es ist schon besser, selbständig zu arbeiten." „Ich habe Spaß an der Arbeit. Ich kann sie mir selbst einteilen. Es kann keiner groß reinreden. Nur wenn es tatsächlich mal dringend wird, daß ein Artikel zur Neige geht, wo man vorher nicht mit rechnen konnte. Dann kommt schon mal jemand und sagt, daß ich dann das machen muß, was ich nicht geplant hatte. Aber sonst läuft alles nach meiner Planung. Da redet auch keiner rein."

▷ Häufige Unterrichtsstörungen, als Folge von geringer Motivation, gefühlsmäßiger Spannung und Unzufriedenheit. Stellen wir uns vor: wir müßten in der Lage von Schülern täglich 4–5 Stunden an einem Unterricht teilnehmen, in dem wir durchschnittlich in jeder Minute gewärtig sein müßten, zur Beantwortung einer Frage aufgerufen zu werden, und in dem wir in jeder zweiten Minute unser Verhalten nach bestimmten Befehlen ausrichten müßten, oft in sozial unangemessener Form gegeben. Auch wir würden dagegen opponieren und uns des öfteren gegenüber Befehlen und Anordnungen widersetzen wollen. Eine derartige Widersätzlichkeit bei häufigen Befehlen und Anordnungen im Unterricht wurde z. B. schon vor mehr als 30 Jahren von Anderson u. a. (1946) beobachtet. Ferner etwa von Höder u. a. (1975). Hier stand das Ausmaß von Lenkung–Dirigierung des Lehrers in Zusammenhang mit der Häufigkeit nicht-aufgabenbezogener Schüleräußerungen. Bei Freizeitaktivitäten von Schülergruppen hing deutlich lenkendes und eher unfreundliches Verhalten des Gruppenleiters zusammen mit Widersetzlichkeit und starken gefühlsmäßigen Spannungen der Jugendlichen (Lewin u. a., 1939). Gemäß einem Untersuchungsbefund ereignen sich in der Unterrichtsstunde durchschnittlich 15–25 Konfliktsituationen, durchschnittlich also etwa alle 2–3 Minuten eine Konfliktsituation (A. Tausch, 1958b). In diese Konfliktsituationen griffen Lehrer mit starker Lenkung, zum Teil mit Strafen, Unfreundlichkeit, Geringschätzung und Feindseligkeit ein. In 94 % der Situationen wurde das Verhalten der Lehrer in diesen Situationen als sog. autokratisch eingestuft (A. Tausch, 1958b). Und die Gründe dieser Konflikte: In 20 % der Fälle war es Reden der Schüler und Sich-miteinander-Unterhalten, in weiteren 20 % Nicht-Aufpassen, Nicht-Zuhören und geringe Leistungen, in 17 % Unruhe und Lärm und in 13 % Aufstehen und Verlassen des Arbeitsplatzes. Ganz offensichtlich sind die Anlässe zu den Konfliktsituationen in dem begründet, was die Schüler im Unterricht nicht tun können, was jedoch sinnvoll ist: Miteinandersprechen, also nicht nur rezeptiv sein; sich bewegen, auch körperlich.

▷ Keine günstigen gefühlsmäßigen Einstellungen gegenüber der Schule sowie gegenüber Lernen. Die häufig zu beobachtende Apathie und Entmutigung breiter Bevölkerungskreise gegenüber intellektuellen Vorgängen und Bereichen, ihre oft geringe Initiative, selbständig kulturelle Einrichtungen wie Büchereien, Museen und Fortbildungskurse zu nutzen, hängt wahrscheinlich mit der Entmutigung und den unangenehmen Gefühlen während des Schulunterrichtes zusammen. Millionen von Menschen haben insbesondere in Volksschulen ein tiefes Minderwertigkeitsgefühl gelernt. Sie haben erfahren, im intellektuellen, kognitiven Bereich ein Versager zu sein. Millionen Menschen glauben, ihre intellektuellen Fähigkeiten seien nicht ausreichend. Häufig jedoch wurden ihre kognitiven Vorgänge im Schulunterricht nicht gefördert, sondern gelähmt, aufgrund der geringen Selbstbestimmtheit, des fortlaufenden Dirigismus und der fast ausschließlich sprachlich abstrakten und rezeptiven Form.

▷ Geringes Lernen, mit sich selbst angemessen umzugehen und sich richtig zu behandeln. Schüler lernen nicht, sich selbst zu fördern in ihrer Arbeit, Freizeit oder späterem Beruf. Sie lernen im Schulunterricht nicht, offen zu sein für das eigene Erleben und sich damit auseinanderzusetzen. Die ständige Dirigierung und das „Gelebtwerden" verhindern, daß Schüler und später Erwachsene in befriedigender Weise mit sich selbst allein sein können, sich selbst leben können. Schüler machen wenig persönliche Erfahrungen mit sich und über sich. Sie erfahren sich z. B. selten in größeren, länger dauernden Projekten, für die sie sich selbst entschieden haben. Sie lernen so wenig, Verantwortung für die Konsequenzen ihrer Handlungen zu übernehmen, und ihre Handlungen in Einklang zu bringen mit ihren eigenen Fähigkeiten und den vorausschaubaren Konsequenzen. – Insgesamt: Starke Lenkung–Dirigierung des Lehrers im Schulunterricht behindert eine konstruktive Persönlichkeitsentwicklung.

Ungünstige Auswirkungen starker Dirigierung auf Lehrer selbst. ▷ Die seelischen und körperlichen Belastungen von Lehrern, die täglich 4–5 Stunden lang durch ca. 150–200 Befehle, durch ein hohes Ausmaß des Sprechens und 200–300 Fragen das Verhalten fast aller Schüler ihrer Klassen dirigieren, kontrollieren und bestimmen, sind sehr groß. Es ist verständlich, daß manche Lehrer nach einem derartigen Unterrichtstag erschöpft, mißmutig und unbefriedigt sind. Die Belastungen der Lehrer werden vermehrt durch die Reaktionen der Schüler auf die starke Dirigierung ihrer Lehrer, etwa durch Unterrichtsstörungen, „Konzentrationsschwäche", geringe Mitarbeit. Bei diesen Belastungen der Lehrer wird zum Teil verständlich, warum sie häufig wenig achtungsvoll–warm zu Schülern sind und sich in Konfliktsituationen oft wenig verständnisvoll verhalten, obwohl sie dies bei distanzierter Betrachtung ablehnen und zu ändern wünschen (A. Tausch, 1958a). Interessanterweise verhielten sich Lehrer in Konfliktsituationen der zweiten Zeithälfte von Unterrichtsstunden häufiger stark lenkend und geringschätzig-kalt als in Konfliktsituationen der ersten Zeithälfte (A. Tausch, 1958b). ▷ Zu diesen Belastungen kommt hinzu: Lehrer sind bei starker Lenkung–Dirigierung und bei dem üblichen Frontalunterricht meist Aufpasser, Polizisten, Kontrolleure, Abfrager und Stoffdarbieter. Der Unterrichtsstoff, der ihnen aus der eigenen Schulzeit, dem Studium und den vorausgehenden Unterrichtsjahren weitgehend bekannt ist, stellt an sie meist keine größeren kognitiven Anforderungen. Eine derartige Tätigkeit ist für viele Lehrer nicht ausfüllend und nicht bereichernd. Sie steht im Gegensatz zu dem, was manche ursprünglich bei Beginn ihres Studiums von der Lehrertätigkeit erwarteten. Die großen Möglichkeiten vieler Lehrer, die Persönlichkeitsentwicklung und das Lernen ihrer Schüler durch engagierte und kreative Schaffung und Bereitstellung von Situationen, Mitteln und Personen zu fördern, bleiben weitgehend ungenutzt. Das förderliche Potential in der Person der Lehrer kommt kaum zum Einsatz. ▷ Wenn Personen über Jahre hindurch andere fortlaufend in strikter detaillierter Weise lenken und dirigieren, so führt dies bei ihnen selbst leicht zur Rigidität, zu geringer Offenheit gegenüber neuen Erfahrungen, zu geringer Lernbereitschaft. Insgesamt wird durch jahrelange starke Dirigierung–Lenkung die Persönlichkeitsentwicklung von Lehrern deutlich beeinträchtigt.

Gibt es keine günstigen Auswirkungen der intensiven Lenkung–Dirigierung von Lehrern im Unterricht? Neben den massiven destruktiven Auswirkungen intensiver Dirigierung gibt es auch einzelne günstige Auswirkungen. Wir möchten sie nicht verschweigen, obwohl wir auch diese Auswirkungen kaum als „günstig" ansehen:

▷ Formale Trainingsleistungen, etwa in Rechtschreibung, Geschichtszahlen, Gedächtniswissen oder in einigen körperlichen Tätigkeiten können bei starker Dirigierung–Lenkung hoch sein. Diese Leistungen allerdings sind meist auch zu erbringen bei einem geringen Ausmaß an Lenkung des Lehrers und hohem Ausmaß an fördernden nicht-dirigierenden Tätigkeiten, bei gleichzeitiger Förderung der konstruktiven Persönlichkeitsentwicklung der Schüler, etwa ihrer Selbstachtung, ihrer gefühlsmäßigen und sozialen Haltungen.

▷ Schüler mit sehr guten Leistungen, die sich der Person des Lehrers stark anpassen, mögen die starke fortwährende Dirigierung kaum als unangenehm empfinden und akzeptieren sie. Einige wenige Schüler, zum Teil sog. autoritäre Persönlichkeiten, bevorzugen Lehrer, die in strikter Weise alles anordnen, im Vergleich zu Lehrern, bei denen sie ihr Lernen selbst bestimmen müssen.

▷ Bei hoher Lenkung–Kontrolle, oft verbunden mit Tadel, Strafen sowie seelischer und körperlicher Gewalt, treten unmittelbare kurzfristige Effekte ein: Die

Schüler „gehorchen“ dem Lehrer. Solange Lehrer den Druck und die strikte Kontrolle aufrechterhalten, werden ihre Anordnungen von Schülern oft befolgt.

▷ Starke Dirigierung des Lehrers im Unterricht garantiert häufig eine gewisse Ordnung im Klassenraum und ein gewisses Vorwärtskommen im Unterrichtsstoff. Lehrer empfinden dies befriedigender als das Chaos und die Anarchie, die bei nicht-lenkender Passivität von Lehrern entsteht. Unserer Auffassung nach ist aber die Alternative für starke Dirigierung–Lenkung nicht Passivität von Lehrern und Vermeidung jeglicher Lenkung, sondern: ein hohes Ausmaß nicht-dirigierender fördernder Aktivität von Lehrern, so Achtung–Wärme, einfühlendes Verstehen und zahlreiche deutlich fördernde Einzeltätigkeiten.

Dirigierung–Lenkung in Familien und Kindergärten

Folgende Gesamtannahmen über die Dirigierung–Lenkung von Eltern, Kindergärtnerinnen und Heimerziehern ergeben sich aus den Untersuchungsbefunden:

▷ Eltern und Erzieher lenken in hohem Ausmaß Kinder. Die Häufigkeit der Befehle von Müttern gegenüber ihren Kleinkindern beträgt etwa täglich 100–400 Befehle.

▷ Das hohe Ausmaß von Dirigierung–Lenkung – oft bei gleichzeitiger Geringschätzung–Kälte–Härte – führt meist zu ungünstigen Vorgängen bei Kindern und Jugendlichen, so zu Spannungen, Opposition, Unselbständigkeit, Verminderung von Spontaneität und Kreativität, Verstärkung psychischer Störungen.

▷ Eltern und Erzieher belasten und beeinträchtigen sich selbst durch das große Ausmaß an Dirigierung–Lenkung. Sie werden zusätzlich belastet durch die ungünstigen Auswirkungen bei den Kindern.

▷ Dirigierung–Lenkung der Eltern und Erzieher kann erheblich vermindert werden. Bei größerer Achtung–Wärme, einfühlendem Verstehen sowie nicht-lenkenden fördernden Einzelaktivitäten ergeben sich in größerem Umfang die erwünschten konstruktiven seelischen Vorgänge bei Kindern und Jugendlichen auch ohne bedeutsame Dirigierung.

Im letzten Jahrzehnt verminderte sich in der Bundesrepublik Deutschland das Ausmaß der Lenkung von Eltern und Erziehern. Die Gründe hierzu sind unterschiedlicher Art: Manche Eltern verminderten ihre Lenkung als Folge von mehr Respekt und Verständnis für das Kind sowie größerer Einsicht, daß durch Dirigierung die Persönlichkeitsentwicklung ihres Kindes wenig gefördert wird. Andere Eltern verminderten ihre Dirigierung aufgrund der Erfahrung, daß durch ihre Dirigierung nur vermehrt Spannungen auftreten. Sie wurden gleichgültiger und distanzierter sowie passiver, ohne etwas anderes an die Stelle ihrer bisherigen Dirigierung zu setzen.

Dirigierung–Lenkung von Eltern. Beobachtet man Eltern, insbesondere Mütter mit Kindern auf Spielplätzen, in Schwimmbädern, in Supermärkten, in Wartezimmern von Ärzten oder auch im Urlaub, dann ist häufig ein *hohes Ausmaß* an dirigierender–lenkender Aktivität wahrzunehmen: Häufige Befehle–Anordnungen, inquirierende Fragen, Ermahnungen, Verbote, Belehrungen, Bewertungen, Überredungen, gelegentliche Schläge, Drohungen. Dies stimmt mit Untersuchungsbefunden überein. So waren Mütter in außerhäuslichen Situationen überwiegend deutlich lenkend in Form von Befehlen, Ermahnungen und Einschränkungen tätig, mit Ausnahme in öffentlichen Verkehrsmitteln. Hier verhielten sie sich eher passiv und uninteressiert, manchmal gleichgültig gegenüber dem Kind (Langer u. a., 1973). Während der Abendbrotzeit und der abendlichen Freizeitbeschäftigungen mit ihren Kindern waren Mütter in mittlerem Ausmaß lenkend. Die Mütter schienen zu Hause etwas weniger dirigistisch als außer Hause zu sein; möglicherweise fühlen sie sich in der Öffentlichkeit eher unter Druck stehend, z. B. „Jetzt komm bloß, was denken denn die Leute!" Das Ausmaß der Lenkung durch die Mütter konnte durch einen Kursus in psychologisch-hilfreichem Erziehungsverhalten vermindert werden. Dieser Effekt war auch noch ein halbes Jahr später im Verhalten der Mütter vorhanden, sämtlich festgestellt durch Funkmikrophon in der Wohnung, ohne anwesenden Untersucher (Rieckhof, Steinbach u. Tausch, 1976). – In simulierten Erziehungssituationen gaben 40 Mütter sämtliche ihnen spontan einfallenden Erziehungsäußerungen zu Protokoll. Jede zweite Äußerung war lenkender oder befehlender Art (A. Tausch und Langer, 1970).

Wahrscheinlich ist das Ausmaß der Dirigierung und Kontrolle der Eltern gegenüber Jugendlichen geringer als gegenüber jüngeren Kindern. Auf der anderen Seite ruft in diesem Alter nicht notwendige Dirigierung bei Jugendlichen häufig mehr Spannungen und Opposition hervor. Die Jugendlichen fühlen sich erheblich beeinträchtigt in ihrer Selbständigkeit. Erschreckend ist, wie wenig auch in diesem Alter Eltern die Persönlichkeitsentwicklung ihrer Kinder anders als durch Lenkung, Dirigierung und Kontrolle fördern wollen, statt etwa durch einfühlendes Verstehen oder durch größere fördernde nicht-dirigierende Einzeltätigkeiten.

Die folgenden Beispiele demonstrieren die starke Dirigierung–Lenkung von Eltern gegenüber ihren Kindern. Sie demonstrieren zugleich das hohe Ausmaß der Spannungen zwischen Eltern und Kindern, die negativen Gefühle der Kinder sowie ihre erheblichen Einschränkungen von Spontaneität, konstruktiver Aktivität und Kreativität. Ein derartiges Zusammensein ist unbefriedigend für beide Seiten. Auch wird hierdurch das konstruktive Persönlichkeitslernen der Kinder kaum gefördert. Es ist offensichtlich, daß Dirigierung in diesem Ausmaß und in dieser Intensität nicht notwendig für das Zusammenleben ist.

Beispiel für ein stark lenkendes, fast fortwährend befehlendes und eher geringschätziges Mütterverhalten: Eine Mutter, ca. 30 Jahre, betritt mit ihrem ca. 4jährigen Kind das Wartezimmer eines Kinderkrankenhauses. Das Kind möchte sofort spielen. Es nimmt sich einen Baukasten und setzt sich damit vor die Füße der Mutter. Hinter seinem Rücken befindet sich eine Tür.

Mutter: „He, hierhin, spiel hier, komm hierher!" (zeigt auf eine Stelle, die etwas weiter von ihr entfernt ist)
Kind: „Nein, ich spiele da." (hat den Baukasten an sich genommen)
Mutter: „Du darfst nicht alles haben und den anderen Jungen nichts lassen. Einfach wegnehmen, das ist klar für Dich."
Kind: „Kommt hier jemand rein?" (zeigt auf die Tür)
Mutter: „Ja klar, geh hier weg, sonst bekommst Du die Tür vor'n Kopf. Das müßte Dir

doch einleuchten. Schätzchen, kannst Du nicht ein bißchen da oben hingehen?" (schickt das Kind weg)
Kind schreit einen Jungen an, der ihm Klötze wegnimmt.
Mutter: „Dann gib ihm doch Klötze, dann nimmt er auch keine mehr weg."
(Eine Krankenschwester ruft den Namen des Kindes auf)
Kind: „Müssen wir jetzt rein?"
Mutter: „Ja klar, komm, jetzt aber ruhig und kein Geschrei. Ich kann Dir sagen."
Kind läßt sich von der Mutter wegziehen.
(Mutter und Kind kommen nach ca. 10 Minuten zurück)
Kind stürzt sich sofort wieder auf den Baukasten, nimmt ihn einem anderen Kind weg.
Mutter: „Also, wenn du nicht aufhörst, gehen wir gleich nach Hause." (nimmt den Baukasten weg)
Kind nimmt sich den Baukasten wieder.
(Eine andere Mutter: „Da müssen alle mit spielen, Du auch. Komm, die läßt Du stehen, da spielen alle mit.")
Kind schreit wütend.
Mutter: „Komm, Mensch, los, dann spielst Du gar nicht damit, wenn Du nicht abgeben kannst." (heftig, laut) (zieht das Kind weg)
Kind weint.
Mutter (nimmt Kind auf den Schoß): „Das geht nicht, die anderen Kinder sind traurig, wenn sie nichts bekommen. Hast Du das begriffen?"
Kind (weint eine Zeitlang): „Ich möchte auch mal schaukeln."
Mutter: „Das ist nichts für Dich, das Pferd ist zu groß für Dich."
Kind (schreit sofort los – beruhigt sich dann, schweigt eine Zeit): „Mama, was machen die da?" (zeigt auf andere Kinder)
Mutter: „Die bauen eine Mauer."
Kind: „Ich will auch eine Mauer bauen, ich will auch schaukeln."
Mutter: „Weißt Du was, ich hole Dir zu Hause Dein Schaukelpferd vom Boden und Du kannst den ganzen Tag schaukeln. Dann hörst Du nur zum Essen auf. Dann kriegst Du doch wohl endlich genug."
Kind springt plötzlich auf und nimmt einem anderen Kind Bausteine weg.
Mutter: „Der Doktor hat noch eine Station für unartige Kinder. Da kannst Du ja hin."
Kind (spielt ohne etwas zu sagen weiter): „Noch mehr Bausteine möchte ich haben."
Mutter: „Die sind für die anderen Kinder. Laß denen auch etwas. Du hast genug. Mußt nicht immer alles haben."
Kind (wirft die Steine wütend auf die Erde): „Die reichen nicht."

Ein weiteres Beispiel für stark lenkendes Verhalten einer Mutter. Vater, Mutter und ca. 4jähriges Kind sind beim Abendbrot. Die Aufnahme des Gespräches erfolgte durch Funkmikrophon mit Billigung der Eltern:
Mutter: „Komm her, ich helfe Dir heute! – So, junger Mann, so! Fein! Es fehlt noch Käse, aber daran habe ich heute nicht gedacht. – So, Thomas, komm her!"
Vater: „Mama füttert Dich."
Mutter: „Komm mal her! Fein! – Komm her, komm her! – (Kind weint) – Ich glaube, Du gehst ins Bett! – Willst Du nicht? (Kind hustet, weint) Thomas! Ja, zieh' die Schuhe aus, nicht? – Willst Du wirklich nichts essen?"
Kind: „Nein! – Schuhe!"
Mutter: „Ja, zieh' die Schuhe aus!"
Kind: „Nein!"
Mutter: „Nein? Komm, Süßer, komm! Laß das mal! Thomas! Bitte! Jetzt ist aber mal Schluß!"
Kind: „Milch!"
Mutter: „Milch? Du, Milch habe ich keine mehr. Hier iß mal Deine Nudeln! Daß das mit-

ten ins Abendbrot fallen muß! Mami bringt Dir was! (Kind weint) Ach! Was ist denn, mein Süßer? (Kind einige unverständliche Worte) Nein! Wir essen! – Sei mal ein bißchen leiser! – Komm! Der andere Schuh auch!"
Kind: „Meine Schuhe, meine Schuhe!"

Eine Mutter, ca. 35 Jahre, unterhält sich angeregt mit einer Nachbarin. Der Junge spielt mit Bauklötzen, legt sich auf den Rücken und die Klötze auf den Bauch. Er will anscheinend einen Turm darauf bauen:
Mutter: „Stehst Du auf! (Kind reagiert nicht, spielt weiter.) Stehst Du nun auf! (Zieht den Jungen hoch. Der Junge kniet sich wieder hin.) Nein, laß das! (Das Kind wollte einem andern Kind ein Bilderbuch wegnehmen. Das Kind geht wieder zu seinen Bauklötzen.) Andreas, laß das bitte, das fällt gleich um! Jetzt höre! (Das Kind hat einen Turm gebaut, der umfällt. Das andere Kind bekommt von seiner Mutter ein Brot. Das Kind geht zu dieser Frau und bittet um ein Brot.) Was soll das denn! Hat die Welt noch Töne! Ich habe doch selbst Brot für Dich. So etwas habe ich noch nicht erlebt! (Kind legt sich auf die Erde, sagt nichts.) Sag mal, stehst Du auf! Was soll das? Jetzt kommst Du her! (Kind rutscht auf dem Boden hin und her.) Jetzt ist aber Schluß! (Sie zieht den Jungen an sich.) Das andere Kind ist auch artig, Du bist nun auch artig! (Kind läuft herum.) Setz Dich artig hin! Du sollst Dich jetzt artig hinsetzen! (Kind will sich die Bauklötze nehmen.) Laß das, die gehören anderen Kindern. Du mußt nicht immer alles anfassen! (Kind rutscht ohne Beschäftigung auf seinem Stuhl hin und her, läuft dann herum.) Komm her! Hiergeblieben! (Kind bekommt von der anderen Frau Bonbons geschenkt.) Was sagt man denn?"
Kind: „Danke!"
Mutter: „Kommst Du nun hierher! Sag mal, kannst Du nicht stillstehen? (Kind steht hüpfend vor der Mutter.) Mit Dir kann man was erleben! (Kind läßt sich wie ein Sack auf den Boden fallen. Die Mutter zieht das Kind heftig hoch und setzt es hart auf den Stuhl. Das Kind bohrt in der Nase.) Auch das noch!" (Die Mutter zieht dem Kind den Finger weg.)

Beispiel starker Lenkung eines Vaters gegenüber einem Jugendlichen: Ein Vater (50 Jahre) und sein Sohn Thomas (13) besuchen am Ende einer Ferienfahrt eine verwandte Familie. Abends um 22 Uhr sitzen Vater, Sohn Thomas sowie Onkel und Tante zusammen im Wohnzimmer.
Onkel zu Thomas: „Du, Thomas, wir wollten Dich eigentlich diesen Sommer einladen, mit nach England zu kommen. Aber es wurde nichts, wir haben kein Quartier dort bekommen."
Thomas: „Oh, fein, da wär' ich schon gerne mitgekommen mit Euch."
Vater: „Da hättet Ihr Euch aber was Schönes aufgehalst mit ihm!"
Thomas: „Wieso? So ein furchtbarer Mensch bin ich doch nun auch wieder nicht!"
Tante zu dem Vater: „Mir fällt auf, daß Du häufig über Deinen Sohn Äußerungen machst, zu denen Du gar nicht stehst, zu denen Du vielleicht das Gegenteil hören willst."
Vater: „Ja, ich provoziere gerne."
Thomas: „Ich würde gerne hier noch –" (Er wird vom Vater unterbrochen.)
Tante: „Thomas, ich möcht' so gerne wissen, was Du eben sagen wolltest. (Pause) Wolltest Du sagen, daß Du noch ein paar Tage bei uns bleiben möchtest?"
Thomas: „Ja, ich würde gerne noch bei Euch bleiben, wenn ich darf. Ich möchte mir gerne morgen noch die technische Ausstellung ansehen. Es gefällt mir hier. Ja, ich würd' gern noch bleiben." (Onkel und Tante laden Thomas ein, bieten ihm das Rückfahrgeld an, geben ihm aber zu verstehen, daß sie nur am Wochenende Zeit für ihn hätten.)
Vater: „Nein, kommt überhaupt nicht in Frage, daß Du bleibst. Ich möchte nicht die lange Autofahrt zurück alleine machen."
Thomas: „Ach, tu mir doch den Gefallen. Ich bin noch nie alleine gereist. Ich geb' Dir auch die 25 DM von der Oma wieder zurück. Ich kann ja auch mit dem Flugzeug zurückkommen."
Vater: „Bist Du viel zu klein dazu. Du bist noch nie geflogen. Du wirst doch traurig sein, wenn ich morgen alleine abfahre, ohne Dich?"

Thomas: „Ja, das werde ich sein. Aber trotzdem, ich möchte gerne hier noch bleiben, nur ein paar Tage, vielleicht nur das Wochenende. Es gefällt mir hier. Ich möchte doch die Ausstellung mir ansehen und überhaupt."
Vater: „Du fährst morgen mit mir! Alea jacta est. Weißt Du, was das heißt? (Thomas: „Ja!") Wir wollen uns doch auch noch München ansehen und die Umgebung."
Thomas: „Ach, das interessiert mich eigentlich gar nicht so."
Vater: „Doch, das hat Dich zu interessieren. Dich hat bis jetzt alles interessiert, was ich Dir vorgeschlagen habe. Schluß! Aus! Das Problem ist erledigt. Das Beste ist überhaupt, wir fahren gleich, gleich jetzt noch. Keine Diskussion weiter! Ich will nichts mehr davon hören! Das Problem ist überhaupt viel zu unwichtig!"
Thomas: „Oh Du Tyrann, Du Despot, Du Diktator!"
Der Vater nimmt schließlich den weinenden Sohn an die Hand und verläßt nachts um 23 Uhr die Verwandten, um in einem Hotelzimmer zu übernachten, obgleich die Verwandten Gästebetten hergerichtet hatten.

Die ungünstigen Auswirkungen starker Dirigierung von Eltern gegenüber ihren Kindern wurden durch zahlreiche Untersuchungsbefunde aufgewiesen. Wir möchten einige hiervon darstellen. Zu bedenken ist, daß die ungünstigen Auswirkungen starker Dirigierung bei geringer Achtung–Wärme der Eltern für die Kinder und Jugendlichen erheblich erhöht werden.

Feindseligkeit von Kindern sowie Machtpraktiken gegenüber anderen Kindern im Kindergarten, ferner Widerstand gegenüber Beeinflussung durch andere Kinder und durch die Kindergärtnerin standen im Zusammenhang mit dem Ausmaß von Machtpraktiken, die Mütter gegenüber ihren Kindern bei Widerstand gebrauchten. Unter Machtpraktiken sind zu verstehen: Befehle, Drohung, Ausschluß, Entzug, körperliche Gewalt, Maßnahmen ohne Versuch der Erklärung oder ohne Anerkennung der Bedürfnisse des Kindes. Dieser Befund ergab sich aufgrund des Berichtes der Mütter über ihre Erfahrungen mit ihrem Kind vom Vortage sowie durch Beobachtung der Kinder im Kindergarten (Hoffman, 1960).

Trotzreaktionen von 2–4jährigen Kindern gegenüber ihren Müttern und Kindergärtnerinnen sowie geringe emotionale Stabilität der Kinder standen in deutlichem Zusammenhang mit dem strafenden Erziehungsverhalten ihrer Eltern. Das strafende Verhalten der Eltern wurde durch Interviews und Beurteiler ermittelt, die Trotzreaktionen der Kinder durch Beobachtung im Kindergarten, durch Aussagen der Kindergärtnerinnen und Aussagen der Mütter. Die Untersucher nehmen an: Strafende Erziehung ruft nicht nur häufigere und stärkere Trotzreaktionen der Kinder gegenüber den strafenden Eltern hervor, sondern auch gegenüber anderen Erwachsenen (Kornadt u. Wirsing, 1960). – Kinder von stärker lenkenden und gleichzeitig wenig wertschätzenden Müttern waren weniger spontan, weniger lebhaft, konnten sich weniger durchsetzen und waren stärker abhängig. Dies zeigte sich bei der Registrierung des Verhaltens von über 90 Müttern gegenüber ihren Kindern in den Abendstunden durch Funkmikrophonaufnahmen ohne anwesenden Untersucher. Beurteiler schätzten das aufgenommene Verhalten nach Merkmalen ein (Rieckhof u. a., 1976). Auch in einer anderen Untersuchung ergab sich geringes originelles, schöpferisches und prosoziales Verhalten bei Kindern, deren Eltern strenge Disziplin, Kontrolle und Lenkung ausübten (Baldwin, 1948). Allerdings zeigte sich hier auch ein geringes Ausmaß unsozialen Verhaltens. Nach Auffassung des Autors bewirkt strenge Disziplin, Kontrolle und Lenkung bei eher schüchternen oder resignierenden Kindern sowohl die Unterdrückung ihres konstruktiven als auch ihres unsozialen Verhaltens.

Kinder von Müttern mit stärker lenkendem und gleichzeitig eher geringschätzigem und weniger stimulierendem Verhalten waren eher gehemmt und abhängig als Kinder von Müttern mit entgegengesetztem Mütterverhalten. Ferner war die Mutter-Kind-Beziehung gereizter und angespannter. Dies ergab sich bei Protokollierung des Verhaltens von 90 Müttern mit je einem Kind in außerhäuslichen Situationen wie Verkehrsmitteln, Wartezimmern von Ärzten, Spielzeug-Abteilungen oder Restaurants. Das sprachliche und nicht-sprachliche Verhalten zwischen Mutter und Kind wurde von verschiedenen Beurteilergruppen nach Verhaltensmerkmalen eingeschätzt (Langer u. a., 1973).

Mütter, die gemäß ihren eigenen Aussagen ihre Kinder regelmäßig körperlich straften, hatten in 36 % Essensprobleme mit ihren kleinen Kindern. Das war doppelt so häufig wie bei Müttern, die körperliche Bestrafung selten oder nie anwandten (Sears u. a., 1957).

Mütter wurden mit ihren 3–5jährigen Kindern in einem Spielraum durch Spiegelfenster beobachtet. Die Mutter konnte mit dem Kind frei tun, was sie mochte. Ergebnisse: Nicht-kooperatives Verhalten des Kindes gegenüber der Mutter (z. B. „Nein, ich will nicht, daß Du das tust, Mutter!") sowie kritisierend-kooperatives Verhalten (z. B. „Du kannst nicht gut einen Ball werfen, Mutter, nicht?"), Kontrolle des Mutterverhaltens durch das Kind und Verweigerung des Kindes hingen deutlich zusammen mit dem Verhalten der Mutter. Und zwar mit dem Ausmaß von Dirigierung der Mutter (z. B. „Stell das Spielzeug hier auf den Tisch, Toni, so daß es nicht ins Wasser fallen kann!"), mit Verboten (z. B. „Nein, Mary, Du kannst nicht aus diesen Tassen Wasser trinken!"), mit Restriktionen („Spritze nicht so hoch mit dem Wasser!") sowie mit Kontaktmangel (z. B. die Mutter liest im Magazin und kümmert sich nicht um das Kind). Interessanterweise verhielten sich die Kinder bei Zusammenkünften mit einem neutralen Erwachsenen in ähnlicher Art wie gegenüber ihrer Mutter. Kinder lernen wahrscheinlich aufgrund des Verhaltens ihrer Mutter einen bestimmten Verhaltensstil, den sie der Mutter gegenüber, aber auch anderen Erwachsenen gegenüber leben (Bishop, 1951).

Geringe Gewährung von Selbständigkeit und Entscheidungsfreiheit von Müttern hing mit geringer seelisch-sozialer Schulreife ihrer 6jährigen zusammen, etwa bei der Wahl von Freunden der Kinder, ihrer Kleidung sowie beim Verwenden des Taschengeldes (Heckhausen und Kemmler, 1957).

Feindselige Aggression von 9–12jährigen Jungen, Abhängigkeit von der Beachtung durch andere, Sich-Zurückziehen vom freundlichen Zusammensein mit Gleichaltrigen – sämtlich eingeschätzt durch Mitschüler – standen in Zusammenhang mit der Häufigkeit von Bestrafungen, Einschränkungen, Aggressionen und zwiespältigen Gefühlen ihrer Eltern sowie niedriger Selbstachtung der Mutter. Ein entgegengesetztes Elternverhalten, ferner gute Ehebeziehungen der Mütter und anerkennende Einstellung der Väter zur Leistung der Söhne standen in Zusammenhang mit Beliebtheit der Jungen bei ihren Mitschülern (Winder u. Rau, 1962).

Aggressiv-unsoziales Verhalten von 9jährigen Schulkindern, eingeschätzt durch die Mitschüler der Klasse anhand eines Fragebogens, hing zusammen mit deutlich strafendem Verhalten ihrer Mütter und Väter bei Aggressionen ihrer Kinder.

Dieses Elternverhalten wurde erfaßt in einem Test, der Situationen mit aggressivem Kinderverhalten zeigte (Eron u. a., 1963).

Geringe prosoziale Wertungen und Urteile sowie geringes sog. moralisches Verhalten 13jähriger, festgestellt durch Tests und durch Angaben von Lehrern, Eltern und Spielgefährten, stand im Zusammenhang mit häufigen Machtpraktiken ihrer Mütter. Machtpraktiken waren körperliche Strafen, Entzug materieller Objekte oder Vorteile, direkte Anwendung von Gewalt sowie Bedrohung. Dagegen hing Verzicht auf Machtpraktiken der Mütter, Appell an das Gewissen des Kindes, Hinweise auf die Folgen der Handlung des Kindes für andere Kinder, z. B. auf die Bedeutung eines zerstörten Spielzeuges für ein anderes Kind, zusammen mit sog. moralischem Verhalten ihrer Kinder (Hoffman u. Saltzstein, 1967).

Allgemeine Angst sowie Schulangst bei über 300 12jährigen hing zusammen mit deutlichem Ausmaß elterlicher Kontrolle und Leistungserwartungen. Hierzu hatten die 12jährigen ihre Eltern mit einem Fragebogen eingeschätzt. Einige Feststellungen des Fragebogens: Er/sie (Vater/Mutter) will ganz genau wissen, was ich tue. Er/sie möchte, daß ich in der Schule besser bin als andere Kinder. Er/sie legt großen Wert darauf, daß man viel arbeitet. Wenn ich eine schlechte Zensur bekommen habe, sagt er/sie: „Streng Dich das nächste Mal mehr an!“ (Minsel u. Fittkau, 1971).

Allgemeine Ängstlichkeit, soziale Angst, ferner Angstsymptome wie Schlaflosigkeit und Erbrechen hingen bei 9–12jährigen Mädchen zusammen mit dem von ihnen wahrgenommenen Ausmaß mütterlicher Kontrolle. Ferner: Mädchen, die das Erziehungsverhalten ihrer Eltern als feindlich, diktatorisch und von übertriebener Disziplin und Kontrolle charakterisierten, waren besorgt über die verschiedenen Bereiche ihres persönlichen Funktionierens, ferner bevorzugten sie die männliche Geschlechterrolle (Biller u. Zung, 1972).

Geringe Kreativität 10jähriger in Tests stand in Zusammenhang mit starker Kontrolle und rigoroser Gehorsamsforderung der Eltern bei gleichzeitig gefühlsmäßig kalter Atmosphäre. Diese Eltern bejahten z. B. folgende Feststellungen eines Fragebogens: Wenn Kinder gemeinsam etwas tun, ohne die Führung Erwachsener, kommt meist Unfug dabei heraus. Je mehr Freiheit man den Kindern läßt, desto mehr wird man von ihnen enttäuscht. Man sollte den Kindern manchmal mit dem Buhmann Angst machen. Die Meinungen, die ein Kind vertritt, brauchen von Erwachsenen nicht ernst genommen zu werden. Jungen sollten ihre Angst nicht zeigen. Auf kindliche Liebesbezeugungen sollte man sachlich reagieren. Wenn ein Kind eine ausgefallene Idee hat, sollte man es zurechtweisen. Neugier ist genau so eine schlechte Eigenschaft wie Lügen. Kinder, die sich den Anordnungen ihrer Erzieher widersetzen, sollten bestraft werden. Die Schulbildung der Mütter hatte weder Einfluß auf ihr Erziehungsverhalten noch auf die Kreativität ihrer Kinder (Rahm, 1974).

Kreatives Verhalten von Jugendlichen wird durch lenkendes und strafendes Verhalten ihrer Eltern beeinträchtigt. Von 5000 Jungen einer High School, die sich auf einen Aufruf nach wissenschaftlichen Talenten beworben hatten, wurden die Besten in eine Gruppe mit größerer und in eine Gruppe mit geringerer Kreativität eingeteilt. Die kreativeren Jugendlichen beschrieben im Vergleich zu den weniger kreativen Jugendlichen ▷ ihre Väter als weniger autoritär, geringer in Kontrolle und Zwang sowie höher in Zwanglosigkeit und Autonomie ▷ ihre Mütter als weniger bestrafend, weniger Kontrolle und Zwang ausübend sowie niedriger in Feindseligkeit. ▷ Dagegen unterschieden sich beide Gruppen nicht im sozioökonomischen Status ihrer Väter, in wissenschaftlicher Eignung und nicht in wissenschaftlichem Interesse (Datta u. Parloff, 1967).

Geringeres kreatives originelles Verhalten bei über 1000 besonders intelligenten Schülern hing mit strikter lenkender Kontrolle ihrer Mütter zusammen, jedoch auch mit guter Beurteilung der Schüler durch den Lehrer sowie mit guten Schulleistungen (Nichols, 1964).

Leistungsschwache Schüler hatten im Vergleich zu leistungsstarken Schülern Mütter mit 3mal soviel Härte-Maßnahmen (z. B. körperliche Züchtigung, Arrest, Nicht-Beachtung, Verachtung, Essensentzug), mit mehr Strenge-Maßnahmen (z. B. Tadel, Verweigerung der Erfüllung von Wünschen, Verbote) und mit nur einem Viertel an Hilfe-Maßnahmen (z. B. Aussprachen, Bitten, Kompromisse). Den Müttern von leistungsschwachen Schülern (sog. Sitzenbleiber, 1.–8. Schuljahr) und von leistungsstarken Schülern, genannt von den Klassenlehrern aus den gleichen Klassen, waren hierzu bei Hausbesuchen Erziehungssituationen vorgelegt worden. Die Mütter gaben ihr allgemein übliches Erziehungsverhalten zu Protokoll. Einige weitere Einzelbefunde: Mütter leistungsschwacher Schüler reagierten im Vergleich zu Müttern leistungsstarker Schüler mit Härte-Maßnahmen 8mal so häufig, wenn das Kind mit einer ungenügenden Leistung (Note 5) nach Hause kam und 2½mal so häufig mit Härte-Maßnahmen, wenn das Kind die Schule schwänzte. Sie äußerten sich nur halb so häufig lobend und anerkennend wie die Mütter leistungsstarker Schüler, wenn ihr Kind mit einer sehr guten Leistung nach Hause kam (Güldner, 1964). Leistungsschwache Schüler erfahren so wahrscheinlich von ihren Müttern in hohem Ausmaß Lenkung, Bestrafung sowie Härte. Hoffentlich erfahren diese Schüler von ihren Lehrern nicht ebenfalls stärkere Lenkung und Geringschätzung.

Schülerinnen des 10. und 11. Schuljahres mit geringen Leistungen bei überdurchschnittlicher Intelligenz (Underachiever) hatten Mütter mit deutlich größerer „autoritärer" Kontrolle in Tests als Schülerinnen mit guten Leistungen bei gleich hoher Intelligenz. Die Mütter begünstigten abhängiges Verhalten ihrer Töchter, betonten ihre Überlegenheit, neigten zu Märtyrertum, ferner zur Vergötterung der eigenen Eltern, sie vermieden in manchen Bereichen die Aussprache. Die Väter der Schülerinnen mit geringen Leistungen vermieden deutlich das Zeigen von affektiver Zuneigung, waren von ihren Vater- und Ehemann-Aufgaben weniger befriedigt, zeigten mehr Unterdrückung von Sexualität und waren ängstlicher beim Eingestehen von Ehekonflikten (Shaw u. Dutton, 1962).

Verhaltensbeeinträchtigungen und seelische Schwierigkeiten von Kindern und Jugendlichen können mit strikter Kontrolle–Lenkung und gleichzeitiger emotionaler Kälte–Härte ihrer Eltern zusammenhängen. So neigten die Mütter verhaltensgestörter Kinder stärker als die Mütter mit Kindern ohne Beeinträchtigungen dazu, stark dirigistisch zu sein und häufiger gegen das Kind zu arbeiten (Becker u. a., 1959). – Die Eltern von 6–12jährigen mit Verhaltensstörungen waren, im Vergleich zu Eltern von Kindern ohne bedeutsame Erziehungsprobleme, mehr zwangausübend, erklärten ihr Verhalten den Kindern gegenüber weniger, waren emotional weniger geordnet und weniger sozial angepaßt. Ferner war die Eltern-Kind-Beziehung weniger harmonisch. Die Mütter von Kindern mit Verhaltensstörungen waren bei der Erziehung ihrer Kinder häufiger entweder sehr strikt lenkend oder sehr gewährend. Die Väter waren in persönlichen Angelegenheiten häufiger entweder extrem aktiv oder passiv (Peterson u. a., 1959). – Das Ausmaß des feindseligen Verhaltens von emotional gestörten männlichen Jugendlichen im Alter von 16 mit überdurchschnittlicher Intelligenz, eingeschätzt durch ihre sog. Vorgesetzten, hing zusammen mit sog. autoritärer Kontrolle von Vater und Mutter. Unter feindseligem Verhalten ist direkte körperliche Aggression, sprachliche Aggression sowie antisoziales Verhalten zu verstehen (Chorost, 1962).

Kinder aus günstigen achtungsvoll–warmen Familien mit strikter Disziplin wurden verglichen mit Kindern derselben Gemeinde aus ebenfalls günstigen achtungsvoll–warmen Familien, aber mit großer Gewährung an Freiheit. Beide Kindergruppen zeigten keine Unterschiede in Selbstkontrolle, innerer Sicherheit, glücklicher Zufriedenheit, Ängstlichkeit und emotionalen Beeinträchtigungen. Jedoch hatten Kinder von Familien mit großer Freiheitsgewährung größere Spontaneität, Originalität und Kreativität, mehr Initiative und Unabhängigkeit (mit Ausnahme der Erledigung von Schularbeiten), besseres soziales Verhalten und Kooperation, geringere innere Feindseligkeit und mehr freundliche Gefühle gegenüber anderen. Sie hatten in Tests ein mäßiges Ausmaß an Ausdauer und Hartnäckigkeit, während die Kinder von Familien mit strikter Disziplin entweder ungewöhnlich ausdauernd–hartnäckig oder sehr leicht entmutigt waren. Die Kinder mit großer Freiheitsgewährung zeigten eine bessere Qualität von intellektueller Aktivität unter schwierigen Situationen. Die Kinder von Familien mit strikter Disziplin dagegen zeigten gemäß Lehrereinschätzung in der Schule ein höheres Ausmaß an Aktivitäten, die von der Schule und vom Lehrer als wünschenswert angesehen wurden (Watson, 1957).

Dirigierung–Lenkung in Kindergärten. D a s A u s m a ß an Dirigierung ist wahrscheinlich in vielen Kindergärten noch groß. Kindern wird hier in zu geringem Umfang Gelegenheit gegeben, ihre persönlichen Ansichten und Wünsche zu verwirklichen und hierbei sich selbst und die Konsequenzen zu erfahren. Häufig wird ihnen bis ins einzelne vorgeschrieben, was sie tun sollen oder nicht tun dürfen. Diese Annahme großer Dirigierung–Lenkung ergibt sich aus einigen Untersuchungsergebnissen:

In 13 Großstadt-Kindergärten ergaben sich ▷ durchschnittlich 2 Aufforderungen der Kindergärtnerinnen pro Minute ▷ durchschnittlich eine Frage pro Minute an die Kinder, meist vorwurfsvoll und dirigistisch (z. B. „Wo kommst Du jetzt endlich her?“ „Warum hast Du Jutta geboxt?“ „Was machst Du da bloß?“) ▷ durchschnittlich alle 15 Sekunden sprachen die Kindergärtnerinnen eines oder mehrere der 3–6jährigen Kinder unmittelbar an. 80 % dieser Äußerungen waren Befehle oder Fragen, z. B. „Mach’ schnell den Mund zu, ganz schnell den Mund zu!“ „So, Ihr baut mir jetzt beide Schiffe!“ „Wir gehen dann ohne Dich hinaus, lassen Dich drin!“ „Weißt Du es immer noch nicht?“ „Alle Kinder schlagen die Arme ein und halten den Mund!“ „Wenn Ihr ungezogen seid, schlaft Ihr den ganzen Nachmittag, dann geh’ ich nicht mit Euch raus!“ „Brauchst gar nicht zu grinsen, Du!“ ▷ Während eines 20minütigen freien Spiels der Kinder unterbrachen ca. 70 % der Kindergärtnerinnen ihr eigenes Reden niemals für die Dauer von wenigstens einer Minute. Häufig wurden auch in dieser Freispielzeit Befehle gegeben, z. B. „Nun bringt das mal wieder zurück!" „Petra, komm' mal her!" „Setz Dich daneben, Uwe!" „Das gib mir mal!" „Holt Euch das mal raus!" „Guckt Euch noch ein Buch an!" „Thomas, nun hol' mal nicht alles raus!" „So, und Du gehst in die Puppenecke!" ▷ Interessanterweise strebten die Kindergärtnerinnen gemäß ihren eigenen Angaben deutlich selbständiges Handeln ihrer Kinder an und waren der Meinung, ihnen dieses auch durch ihr Verhalten zu ermöglichen (A. Tausch, Barthel, Fittkau u. Hübsch, 1968a).

20 Kindergärtnerinnen waren gemäß Beurteilereinschätzung in gefilmten Spiel-, Gesprächs- und Aufräum-Situationen gegenüber 3–6jährigen in mittlerem Ausmaß dirigierend–lenkend (Meffert, 1976). Eine einfache Vorschul-Lernsituation veranlaßte sie zu intensiverer Lenkung (A. Tausch, Wittern u. Albus, 1976).

Kindergärtnerinnen in 10 Schulkindergärten verhielten sich sehr unterschiedlich. Bei einer Kindergärtnerin war jede zweite Äußerung an die Kinder entmutigend. Bei einer anderen Kindergärtnerin kamen auf 9 ermutigende Äußerungen eine entmutigende. Entmutigung war etwa eine Verhinderung der Spontaneität des Kindes oder seiner Aktivität ohne Erklärung und ohne Anbieten einer Ersatztätigkeit. Zum Beispiel wird ein Junge kritisiert „Du bist kein guter Leiter", ohne den Versuch, ihm ein richtiges Verhalten zu ermöglichen. Ermutigung war etwa, wenn die Kindergärtnerin die Aktivität und die Interessen des Kindes förderte. Ein Kind sagt etwa zur Kindergärtnerin: „Ich habe meinen eigenen Korb gemacht." Die Kindergärtnerin berührt den Korb und sagt: „Oh, das ist nett, es schaut richtig wie ein Korb aus, nicht?" (Reichenberg-Hackett, 1962).

Das dominative Verhalten – größeres Ausmaß an Lenkung, Kontrolle und Bestrafung – war bei Kindergärtnerinnen doppelt so häufig wie ihr integratives Verhalten, nämlich größeres Ausmaß an Gewähren von Selbständigkeit. Das Verhalten der Kindergärtnerinnen hierin war über die Zeit hinweg konstant (Anderson, 1939).

Die Auswirkungen dieser starken Dirigierung–Lenkung sind ähnlich denen der starken Dirigierung von Eltern. So stand befehlendes und lenkendes Verhalten von Kindergärtnerinnen in Zusammenhang mit größerer Spannung der Kinder, geringerer Interessiertheit der Kinder, geringer Selbständigkeit und größerem Bewegungsdrang der Kinder beim Spielen (A. Tausch u. a., 1968a; Meffert, 1976). Mindestens ebenso wichtig wie diese ungünstigen unmittelbaren Auswirkungen auf die Kinder erscheint uns aber folgendes: Die Kinder nehmen in einem lernbereiten Entwicklungsstadium täglich viele Stunden lang Personen mit großer Lenkung, Kontrolle und Führung wahr. Die Kindergärtnerin ist zudem für das Kind in diesem Alter häufig die bedeutsamste Person außerhalb seiner Familie. In einer Situation, in der im Gegensatz zur Schule nichts nach Lehrplan zu lernen ist, in der keine Arbeitsprodukte zu benoten sind, in der es in erster Linie um ein befriedigendes zwischenmenschliches Zusammenleben geht, erfahren die Kinder dieses zwischenmenschliche Zusammenleben im Kindergarten als häufig voller Spannung, Gängelei, Unselbständigkeit und geringer Selbstbestimmung.

Beispiele für Dirigierung–Lenkung von Kindergärtnerinnen. Es handelt sich um zwei Konfliktsituationen zwischen 4–6jährigen Kindern (Funkmikrophon-Aufnahme). Hier wird häufig eine Aktivität der Kindergärtnerin notwendig sein. Aber es ist offensichtlich, daß dieses Ausmaß an Dirigierung–Lenkung weder notwendig noch hilfreich ist und daß andere Aktivitäten der Kindergärtnerin wünschenswerter sind. Diese Beispiele verdeutlichen ferner das hohe Ausmaß an Belastung und Beeinträchtigung, das sich die Kindergärtnerinnen durch ihre starke Dirigierung, so auch durch ihr inquirierendes Fragen, selbst schaffen:

Zwei Kinder streiten sich im Hintergrund.
Kind: „Du sollst das nachlassen!"
Erzieherin: „Martina! Was ist denn da los mit Euch beiden? Was ist denn? Was macht Ihr denn mit dem Andreas? Was ist denn los?"
Kind und Erzieherin unverständlich.
Erzieherin: „Ja, das kann er ja auch nicht machen! Andreas? Andreas! Komm mal her, Andreas! Wir wollen mal gucken, was Du da gemacht hast. Der Hammer ist für's Hammer-Spiel. Und wenn Ihr da nicht mit umgehen könnt –. Och nein! Also jetzt reicht's ja wirklich! Mensch, das Hammer-Spiel wird weggepackt! Da könnt Ihr dann eben alleine nicht mehr mit spielen! Weg mit dem Hammer-Spiel! Weg damit in den Schrank!"
Erzieherin: „Was ist denn los? Komm mal her, Oliver. Komm mal her! Was ist denn los?"
Oliver: „Die hat mich da gekniffen!"
Erzieherin: „Wer? Stefanie? Komm mal her, Stefanie! Wo hast Du den Oliver denn gekniffen? Das mußt Du doch noch wissen. Komm mal her! Warum hast Du den Oliver gekniffen?"
Stefanie: „Der hat mich immer geärgert."
Erzieherin: „Hat er Dich geärgert? Stefanie? Oder hast Du's nur so gemacht? Du?"
Stefanie einige unverständliche Worte.
Erzieherin: „Hat er Dich vorher auch geärgert? – – Was ist denn jetzt los mit Euch beiden? Habt Ihr Euch gestritten? Was denn?"
Stefanie einige unverständliche Worte.
Erzieherin: „Was hast Du gemacht vorher? Hast Du sie denn auch gekniffen?"
Oliver: „Ja."
Erzieherin: „Ja, warum sagst Du mir das denn nicht? Das kannst Du mir doch sagen! Du hast die Stefanie auch gekniffen, nicht? Guck mal, das sieht man noch da. Das sieht man doch, daß Du Stefanie auch gekniffen hast. Stefanie hat sich da ja nicht selbst gekniffen. Oder meinst Du, daß Stefanie sich da selbst gekniffen hat?"
Oliver: „Joo."
Erzieherin: „Nein, das glaub' ich nicht. Du kneifst Dich ja auch nicht selbst, und ich würd' mich auch nicht selbst kneifen. Oliver? – Da muß man sich auch nicht wundern hinterher, wenn man selbst gekniffen wird. Nicht? Oder doch? Nein, nicht? Gut jetzt? Ja? Setz dich mal wieder hin. Und Stefanie läßt das auch sein."

Im folgenden 15 zufällig ausgewählte Sprachäußerungen von zwei Kindergärtnerinnen aus den ersten 10 Minuten einer Freispielzeit (A. Tausch, 1971). Die eine Erzieherin zeigt ein deutlich unterschiedliches Verhalten in Lenkung und Förderung der Selbständigkeit als die andere. Woher kommt das? Kaum von unterschiedlichen äußeren Bedingungen. Eher sind es Unterschiede *in* den Personen, unterschiedliche Grundhaltungen gegenüber Kindern.

Kindergärtnerin mit wenig förderlichem Verhalten gegenüber 3–6jährigen: „Nein, jetzt macht Ihr das, was ich möchte!" „Und bitte wirklich etwas bauen, Sylvia!" „Nein, Du setzt Dich hin!" „Du möchtest Deinen Mund mal zumachen!" „Ihr drüben seid noch leise, Ihr habt noch gar kein Spielzeug." „Aber nichts auf den Fußboden werfen!" „Bleib mal in der Puppenecke!" „Und dann bleib mal am Tisch sitzen!" „Nicht, Rolf Gerhard!" „Das probierst Du mal!" „Sonst macht Ihr das kaputt!" „Reiner, faß den Hammer mal anders an!" „Da braucht Ihr nicht zu schreien!" „So, und Ihr baut mir jetzt beide Schiffe!" „Was gibt es denn bei Euch?"

Kindergärtnerin mit eher förderlichem Verhalten: „Und wißt Ihr was, ich habe Euch die große weiße Kreide mitgebracht!" „Die dürft Ihr nehmen!" „Oder möchtet Ihr gerne

Wachsstifte?“ „Wer gern malen möchte, der setzt sich bitte an diesen Tisch!“ „Selbstverständlich, aber sammle es Dir dann!“ „Was Ihr gern habt, das dürft Ihr!“ „Möchtest Du gerne einen Baum malen?“ „Wollt Ihr alle malen?“ „Aber gern, jedes Kind kann machen, was es gerne möchte.“ „Ihr dürft alles tun, was Euch Freude macht!“ „Wollt Ihr die Bäume so stellen oder wollt Ihr einen so großen Baum?“ „Du malst immer so schön.“ „Da hast Du so schön gesungen.“ „Möchtest Du gerne allein ein Haus bauen?“ „Ich werde die Bilder alle kleben, die Du gemacht hast.“

Weitere Gesichtspunkte zur Dirigierung–Lenkung

Die Gründe für das große Ausmaß von Dirigierung mancher Lehrer, Eltern, Kindergärtnerinnen und Gruppenleiter sehen wir wesentlich in ihren Haltungen und Einstellungen gegenüber anderen Personen und sich selbst gegenüber. Einige Gesichtspunkte:

▷ Geringe Respektierung–Achtung der Schüler durch Lehrer hing in vielen Untersuchungen zusammen mit größerem Ausmaß von Dirigierung der Lehrer. Auf der anderen Seite zeigten Lehrer mit größerer Respektierung–Achtung deutlich geringere Dirigierung–Lenkung gegenüber Schülern im Unterricht (R. Tausch u. a., 1972; Höder u. a., 1975; Spanhel u. a., 1975). Dieser Zusammenhang ist naheliegend: Lehrer und Erzieher, die die Person des Kindes und Jugendlichen nicht achten, respektieren und akzeptieren, die seine innere Welt nicht sehen und hören, werden geneigt sein, Kinder mehr zu lenken und zu dirigieren. Andererseits vermindert großer Respekt vor einem anderen das Bemühen einer Person, diesen anderen nach ihren eigenen Vorstellungen und Auffassungen fortwährend zu dirigieren und zu beeinflussen. Die Einstellungen, andere Menschen zu lenken und zu formen, werden auch aus folgendem ersichtlich:

Abiturienten gaben zu 44 % als zutreffendste Eigenschaft für den Lehrerberuf die „charakterliche Formung von Kindern an“, dagegen nur zu 7 % „Leben mit Kindern in Gemeinschaft“ (Undeutsch, 1964).

Folgende Fragebogenfeststellungen charakterisieren lenkende Einstellungen: Ich lege gern fest, was einzelne in einer Gruppe tun sollen. Ich gebe gern Anordnungen. Ich versuche, Entscheidungen anderer in meinem Sinne zu beeinflussen. Feststellungen für eher nicht-lenkende Einstellungen: Ich versuche, niemanden zu bevormunden. Mir widerstrebt es, andern zu sagen, was sie tun sollen. Ich möchte niemanden in seiner Entscheidungsfreiheit einschränken. Ich strebe nicht danach, das Verhalten anderer meinen Vorstellungen anzupassen. Lehrerinnen an Montessori-Schulen waren nach diesen Fragebogenangaben weniger dirigierend als Lehrer an anderen Volksschulen (Bastine u. a., 1969).

Mehreren hundert Vätern und Müttern wurden alltägliche Konfliktsituationen dargeboten, z. B.: Es gibt mittags etwas zu essen, was das Kind nicht mag; es weigert sich hartnäckig, davon zu essen. Oder: Ihr Kind kommt ohne Grund 2 Stunden zu spät nach Hause Die Eltern gaben durch Ankreuzen auf einer Liste an, ob und welche Art von Strafen sie verwirklichten. Das Ausmaß der Dirigierung–Lenkung–Bestrafung selbst in dieser Situation, die ein gewisses distanziertes Nachdenken gestattete, ist erschreckend im Hinblick auf die geringe Achtung gegenüber der Person. Z. B.: „Da verbiete ich ihm für eine Zeitlang das Fernsehen.“ „Da kürze ich ihm das Taschengeld.“ „Da gebe ich ihm ohne langes Reden eine Ohrfeige.“ „Da lasse ich ihn fühlen, daß er mir Kummer gemacht hat.“

„Da lasse ich ihn eine Zeitlang links liegen." „Da verlange ich, daß sie sich in aller Form entschuldigt." Diese Formen elterlicher Lenkung und Strafens ergaben sich auch, wenn die Kinder das Verhalten ihrer Eltern einschätzten. Das Ausmaß des Strafens der Eltern, insbesondere die Neigung zu körperlichen Strafen, hing in Tests zusammen mit ihren autoritären Einstellungen, mit der nicht-partnerschaftlichen Einstellung des Mannes zur Frau (z. B. „Eine Frau sollte nie vergessen, daß sie sich dem Manne von Natur aus unterzuordnen hat.") sowie mit der Überbetonung erblicher Bedingtheit seelischer Merkmale (Viernstein, 1972).

▷ Die Einstellung vieler Erwachsener, sie selbst und nicht die Kinder–Jugendlichen hätten die Verantwortung für das Lernen, das Arbeiten und die eigene Person, begünstigt ihr Dirigieren. Unserer Auffassung nach ist es unmöglich, daß der Erwachsene die Verantwortung für Verhalten und Erleben des Jugendlichen übernimmt. Er kann nur die Verantwortung für sich selbst übernehmen, für seine eigene Tätigkeit gegenüber dem Kind und Jugendlichen. Inwieweit er etwa achtungsvoll, verstehend und echt handelt, in welchem Ausmaß er nicht-dirigierend förderlich tätig ist. Und erstaunlicherweise fühlen sich dirigierende Lehrer und Eltern für diesen Bereich ihrer Tätigkeit wenig verantwortlich. Das Ausmaß ihrer nicht-dirigierenden förderlichen Aktivität ist gering, ebenso das Ausmaß ihres einfühlenden Verstehens und ihrer Echtheit. So zeigte sich auch, daß Lehrer mit hoher Lenkung–Dirigierung in geringem Umfang nicht-dirigierend förderlich tätig waren (Höder u. a., 1976; Joost, 1976; Klyne, 1976). Bei einer Verantwortung von Erziehern für sich selbst müßte es umgekehrt sein: Viele förderliche nicht-dirigierende Tätigkeiten für Schüler und wenig Dirigierung. Lehrer sind ferner verantwortlich für ihre zum Teil mangelnde Bereitschaft zu praktikablen Alternativen, z. B. Ermöglichung von Kleingruppenarbeit anstelle von Frontalunterricht. Hierdurch kann Dirigierung der Schüler durch Lehrer erheblich gemindert werden, ohne daß das Erreichen sog. Lernziele beeinträchtigt wird.

▷ Geringes Hinhören der Lehrer und Eltern auf ihr eigenes Fühlen, auf ihre eigene Unzufriedenheit und das Bestreben, zu Änderungen zu kommen, führt zur Dirigierung. So hing z. B. bei Grundschullehrerinnen das Ausmaß ihres Redens im Unterricht zusammen mit dem Ausmaß ihrer Unzufriedenheit über ihre Lehrtätigkeit (Greenwood u. Soar, 1973). Aber offensichtlich fühlen sich wenige Lehrer hinreichend verantwortlich, sich mit dieser Unzufriedenheit in ihnen selbst auseinanderzusetzen und Wege zur Änderung zu finden. Vermutlich sind manche Erzieher und Lehrer wenig offen für ihr Erleben und Erfahren, und auch wenig offen für Erfahrungen und Vorgänge, die sie in ihren jugendlichen Partnern auslösen. Gerade dieses Offensein für den Partner wird häufig verhindert durch ein aktives Bemühen, den anderen zu formen, zu lenken und zu dirigieren. Erzieher vertrauen teilweise den Fähigkeiten der Kinder–Jugendlichen zu wenig, sich aufgrund ihrer Erfahrungen und gemachten Konsequenzen verantwortlich selbstbestimmen zu können.

▷ Lehrer können oft das Ausmaß ihrer Lenkung–Dirigierung schwer einschätzen. So unterschätzten Lehrer – im Vergleich zur objektiven Registrierung – das Ausmaß ihrer Befehle um ca. 50 %, die Zahl ihrer Fragen und das Ausmaß ihres Sprechens um ca. 30 %. Zugleich überschätzten sie die Fragen der Schüler um ca. 300 % (Wieczerkowski, 1970; R. Tausch, 1962).

▷ Lehrer und Erzieher erhalten selten offene und ungeschminkte Rückmeldungen von anderen Personen über ihr Verhalten. Sie konfrontieren sich selbst selten mittels Tonband- oder Videoaufnahmen mit ihrer Person.

Diese Einstellungen, andere Menschen zu dirigieren und zu formen, mögen mit folgenden weiteren Bedingungen zusammenhängen: ▷ Erwachsene haben häufig starke Dirigierung–Lenkung bei ihren eigenen Eltern, Lehrern und Erziehern über Jahre hindurch erfahren, wahrgenommen und somit gelernt. ▷ Erwachsene sehen häufig die unmittelbaren Effekte ihrer starken Dirigierung, z. B. daß ein Kind mit einer störenden Tätigkeit aufhört und sich dem Erwachsenen anpaßt. Sie merken ferner: Je stärker Dirigierung, Strafandrohung oder Gewalt, um so deutlicher die Effekte. Sie sehen aber nicht die damit häufig gleichzeitig verbundenen ungünstigen Vorgänge, insbesondere die ungünstigen späteren Folgen. ▷ Mütter müssen den Säugling und das Kleinkind im ersten Lebensjahr stark umsorgen und behüten. Diese Bemühungen setzen sie oft auch noch dann fort, wenn dies nicht mehr notwendig ist. ▷ Lehrer erfahren in ihrer Ausbildung selten günstige konkrete Wahrnehmungsmodelle, in Seminaren, bei Film- und Videoaufnahmen oder bei Mentoren in Schulen. Also ein Lehrerverhalten mit vielen fördernden nicht-dirigierenden Tätigkeiten, etwa häufiger Kleingruppenarbeit, Verwendung von Lehrtexten und Skripten statt Lehrervortrag, insgesamt ein deutliches Lernen von Schülern in Freiheit und Ordnung.

Weitere Hinweise für den Zusammenhang starker Dirigierung mit den Einstellungen einer Person. Wir möchten einige der zahlreichen Befunde darstellen, die zeigen, daß durch äußere Bedingungen die Lenkung–Dirigierung von Lehrern wenig geändert wird:

▷ Das Ausmaß der Lenkung–Dirigierung von Lehrern war innerhalb der gewöhnlichen Anzahl von 18–35 Schülern weitgehend unabhängig von der Anzahl der Schüler in ihrer Klasse (z. B. R. Tausch, 1962; Wieczerkowski, 1965; Höder u. a., 1975; Spanhel u. a., 1975). Durch Verminderung der Schülerzahl in Klassen allein – ohne Änderungen in der Person des Lehrers – ist kaum eine Verminderung der starken Dirigierung der Schüler durch Lehrer zu erwarten. Ferner: 6 Lehrer unterrichteten eine Großgruppe von 120 9–11-jährigen Schülern. Die Anzahl der Schüler eines Lehrers war entsprechend den Plänen der Lehrer unterschiedlich: von 10 Schülern bis über 100 Schüler. Interessanterweise führte die unterschiedliche Anzahl der Schüler bei einem Lehrer nicht zu deutlichen Veränderungen in ihrem Unterrichtsverhalten. Das Ausmaß ihres Sprechens, das Ausmaß ihrer Kontrolle und Disziplinierungen, das Ausmaß und die Vielfalt der Schüleraktivitäten und der Aktionen der Schüler untereinander waren bei einer Unterrichtsgröße von 20–80 Schülern weitgehend ähnlich. Die Untersucher schließen: Der eigene Stil des Lehrers ist die bei weitem bedeutendste Determinante dessen, was im Klassenraum geschieht (Oakley, 1970). Diese Untersuchungen mögen auch einen Untersuchungsbefund von Süllwold (1960) deuten: Die Leistungen der Schüler hingen entgegen üblichen Vermutungen nicht bedeutsam von der Klassenfrequenz ab.

▷ Die Häufigkeit von Konfliktsituationen je Unterrichtsstunde ist bei verschiedenen Lehrern erheblich unterschiedlich. So ereigneten sich bei einem Lehrer in einer Unterrichtsstunde 32 Konflikte, in denen sich der Lehrer sämtlich stark lenkend und eher geringschätzig verhielt. Bei einem anderen Lehrer ereigneten sich je Unterrichtsstunde 2 Konflikte, denen er mit wesentlich geringerer Lenkung begegnete (A. Tausch, 1958b). Man kann annehmen, daß die Zahl der Konflikte eines Lehrers im Unterricht wesentlich durch sein Verhalten, insbesondere durch das Ausmaß seiner Dirigierung, mitbedingt wird.

▷ Bei Lehrern bestehen im Ausmaß ihrer Dirigierung *erhebliche* individuelle Unterschiede, auch wenn sie über ein gleiches Thema in der gleichen Altersstufe unterrichten. So sprachen z. B. hierbei manche Lehrer 5mal so viel wie andere (R. Tausch, 1962; Weber, 1972).

▷ Das unterschiedliche Ausmaß von Lenkung–Dirigierung von Lehrern blieb über die Zeit hinweg sowie beim Unterrichten in verschiedenen Klassen recht konstant: Die Häufigkeit der Befehle und Fragen war weitgehend unabhängig vom Unterrichtsfach, Alter der Schüler, Alter und Geschlecht der Lehrkräfte und von ihrem akademischen Grad (Tausch, Tausch u. Fenner, 1969). Diese Ähnlichkeit im Ausmaß des Fragens konnte auch bei 20 Lehrern in Unterrichtsstunden festgestellt werden, die eine Woche auseinander lagen (Wieczerkowski, 1965). – Auch innerhalb des Verlaufs von Unterrichtsstunden ist das Ausmaß des Fragens sowie das Ausmaß des Redens der Lehrer recht konstant (R. Tausch, 1962).

Diese Befunde weisen in die Richtung: Eine Verminderung der starken Dirigierung–Lenkung von Lehrern könnte vermutlich am ehesten durch eine Änderung von Einstellungen und Haltungen erfolgen.

Die Notwendigkeit der Verminderung von Dirigierung–Lenkung. Hohe Dirigierung–Lenkung fördert nicht das selbstbestimmte bedeutungsvolle Lernen und die konstruktive Persönlichkeitsentwicklung von Kindern und Jugendlichen. Sie fördert nicht selbstbestimmtes verantwortliches Handeln mit Erfahrung der Konsequenzen des eigenen Tuns. Kinder und Jugendliche erfahren nicht die Folgen von Nachlässigkeit, fehlerhafter Planung, unterlassener Arbeit. Sie erfahren die Qualitäten und Mängel ihrer Person zu wenig. Ferner: Fortlaufend nehmen sie andere Personen mit hoher Dirigierung, Kontrolle und Machtausübung wahr und lernen so ein derartiges Verhalten. Die seelischen Grundvorgänge der Jugendlichen, wie Offensein für das eigene Erleben und die Auseinandersetzung damit, selbständige Wertebildung, Selbstachtung, werden nicht hinreichend gefördert. Es erfolgt eine zu geringe Förderung der entscheidenden Grundhaltungen in zwischenmenschlichen Beziehungen, so einfühlendes Verstehen der inneren Welt anderer, Achtung–Wärme sowie Echtheit. Die Qualität kognitiver Prozesse im Unterricht ist gering. Kreativität und Originalität werden wenig gefördert. Es erfolgt keine Selbstregulierung des Gruppenlebens, keine Erfahrung von hoher Freiheit mit gewisser Ordnung in einer Gruppe. Demgegenüber sind die „Vorteile" gering: Bei hinreichender Dirigierung und Zwang passen sich Kinder–Jugendliche den Wünschen der Erwachsenen an.

Erzieher selbst sind in hohem Ausmaß seelisch und körperlich belastet. Sie sind häufig unbefriedigt von ihrem eigenen Verhalten. Ihre zwischenmenschlichen Beziehungen zu Kindern und Jugendlichen sind häufig durch Spannungen und Konflikte erheblich beeinträchtigt.

Lenkung–Dirigierung hat im allgemeinen keinen günstigen Wert in sich, abgesehen von gelegentlichen lenkenden Eingriffen, die ein Kind oder einen Jugendlichen vor unmittelbaren Schäden, etwa im Straßenverkehr oder bei einer Gefährdung seiner Person bewahren.

Wir möchten kein Mißverständnis aufkommen lassen: Manche Lenkungen sind gelegentlich notwendig. Nicht jede Lenkung hat deutlich ungünstige Auswirkungen. Jedoch: Ein starkes fortwährendes Ausmaß von Lenkung–Führung hat ungünstige Auswirkungen. Es wäre also falsch, wenn sich Erzieher ängstlich bemühen würden, jegliche Lenkung unbedingt zu vermeiden. Wenn dies möglich ist, dann ist dies günstig. Aber manche Lehrer versuchen ängstlich, selbst kleine Strukturierungen, Lenkungen und Anordnungen im Unterricht zu vermeiden. So werden manchmal kleine unbedeutende Schritte im Unterricht Gegenstand längerer Diskussion. Hierbei können sich Schüler und Lehrer in Nebensächlichkeiten verlieren. Daraus folgende Frustrationen und zum Teil Chaos führen bei vielen Lehrern häufig zu dem Eindruck, Unterricht sei nur bei strikter Führung möglich. Lehrer, Dozenten und Eltern sollten sich nicht scheuen, gelegentlich einzelne Bitten oder Anordnungen zu äußern, die es Kindern, Schülern oder Studenten ermöglichen, selbständig zu arbeiten. – Ein Mißverständnis ist es auch, wenn Lehrer oder Erzieher meinen, sie müßten ihre eigenen Auffassungen, Werte und Urteile verschweigen. Wichtig ist, daß sie ihre Auffassungen als Auffassungen ihrer Person kennzeichnen und daß sie Jugendliche nicht zu den gleichen Auffassungen zwingen. Insgesamt: Es geht nicht darum, jegliche Lenkung unbedingt auszuschalten. Das wäre für viele unmöglich. Es geht darum, das weitgehend hohe fortwährende Ausmaß des Dirigismus zu vermindern und Kindern und Jugendlichen deutliche Selbstbestimmung zu ermöglichen.

Verminderung der Dirigierung–Lenkung durch zahlreiche nicht-dirigierende Tätigkeiten von Erziehern. Die Auffassung mancher Lehrer und Erzieher, es wäre nur notwendig, ihre Dirigierung–Lenkung zu vermindern, dann würde sich ein bedeutungsvolles Lernen und eine konstruktive Persönlichkeitsentwicklung von Kindern und Jugendlichen ergeben, führt in der Praxis meist zu Enttäuschung, Unbefriedigung, Chaos und geringem Lernen. Entscheidend ist vielmehr, daß Lehrer und Eltern durch ihre nicht-dirigierenden Tätigkeiten zahlreiche sehr günstige Möglichkeiten und Bedingungen für das selbstbestimmte Lernen und die konstruktive Persönlichkeitsentwicklung der Kinder und Jugendlichen schaffen. Wir möchten im folgenden eine kurze Zusammenstellung der Möglichkeiten und Notwendigkeiten geben. Überwiegend haben wir sie in den vorangegangenen Kapiteln dargestellt.

▷ Aktivität der Erwachsenen in der Förderung eines befriedigenden förderlichen Beziehungsverhältnisses, gekennzeichnet durch hohe Achtung–Wärme, einfühlendes Verstehen sowie Echtheit. Dieses Beziehungsverhältnis ist eine entscheidende Bedingung dafür, daß Jugendliche ohne erhebliche Dirigierung–Lenkung in angemessener Weise selbstbestimmt handeln. Denn diese förderlichen Bedingungen in dem Beziehungsverhältnis ermöglichen dem Jugendlichen Selbstachtung, Offensein für sein Erleben und Auseinandersetzung damit, und somit selbständige Wertebildung, verantwortliches Handeln u. a. Ferner ist in diesem Beziehungsverhältnis der Jugendliche aufgeschlossen gegenüber den Wünschen und Bedürfnissen des erwachsenen Partners, die dieser ihm in echter Weise mitteilt.

▷ Zahlreiche nicht-dirigierende fördernde Einzeltätigkeiten. Diese ergeben sich aus dem einfühlenden Verstehen der inneren Welt des Jugendlichen durch den Erwachsenen, ferner aus seiner Anteilnahme–Sorge an der Person des Jugendlichen. Gewiß stellen diese nicht-dirigierenden förderlichen Tätigkeiten eine gewisse Beeinflussung des Jugendlichen dar. Aber er hat die Freiheit, diese anzunehmen oder abzulehnen. Es sind Angebote und Möglichkeiten, die ihm nahegelegt werden. Sie entsprechen weitgehend seiner inneren Welt.

▷ Echtheit und Selbstöffnung des Erwachsenen kann in vielen Situationen und Konflikten Lenkung und Dirigierung erübrigen. Beispiele: „Ich habe heute so schlecht arbeiten können, es war so laut in der Wohnung. Ich bin richtig zermürbt, daß ich so wenig geschafft habe.“ Diese Selbstöffnung über den eigenen Zustand fördert wahrscheinlich eher selbstbestimmtes Handeln als dirigierende Äußerungen des Erwachsenen in der Art: ‚Wenn dieser Lärm in Zukunft nicht aufhört, dann sollt Ihr mal was erleben!‘ Mutter zum Sohn: „Ich wage es schon gar nicht mehr, Dich zu erinnern, daß Du alle 2 Stunden eine Tablette nimmst.“ Dies ist ein Ausdruck ihres inneren Zustandes, und vermutlich besser als Vorwurf und Dirigierungen folgender Art: ‚Du hast mal wieder Deine Tablette nicht genommen.‘

▷ Bitten und somit größere Achtung–Respekt für den jugendlichen Partner anstelle von Befehlen. „Bitte, kannst Du den Fernseher leise stellen, das stört mich sehr beim Lesen.“ Oder: „Es tut mir leid, daß ich Dich in Deiner Arbeit unterbreche. Kannst Du mir bitte einen Gefallen tun?“

▷ Unterlassen unnötiger Lenkung und größere eigene Zurückhaltung. So greifen manche Lehrer und Erzieher bei leichteren Streitigkeiten und Auseinandersetzungen der Schüler nicht ein, solange die Schüler hiermit in prosozialer Weise fertig werden. Kinder und Jugendliche lernen so eher, die Lösung derartiger Schwierigkeiten als ihre Aufgabe anzusehen. – Oder Lehrer hielten sich im Anschluß an das Vorlesen eines Gedichtes schweigend zurück, anstelle häufiger Fragen von andern Lehrern, z. B. „Was wollte der Dichter damit ausdrücken?“ oder „Wer sagt etwas dazu?“ – Eltern unterlassen es, die Aufmerksamkeit ihrer Kinder auf modische oder schöne Kleidung zu richten. Sie drängen sie auch nicht, reichlich und schnell zu essen oder ihre Furcht vor dem Baden rasch zu überwinden. Später wirkt sich derartiges Dirigieren und Drängen oft ungünstig aus, etwa in zu reichlicher oder zu hastiger Nahrungsaufnahme im Erwachsenenalter, in dem Wunsch nach zu teurer Kleidung, in unvorsichtigem Hineinstürzen in Badegewässer.

▷ Vermeidung unnötiger Konflikte durch vorsorgende Aktivität. So z. B. vermeidet die Wahl eines geeigneten Urlaubsquartiers bei einer kinderreichen Familie, etwa die Wahl eines Bauernhofes, zahlreiche Konfliktmöglichkeiten im Vergleich zu einem Urlaub in einer Hotelpension. Oder: Wenn Eltern von Einzelkindern auf Ausflügen oder Reisen 1–2 Mitschüler ihres Kindes mitnehmen, so werden sie häufig für sich und die Kinder bessere Erholungsbedingungen haben, den Ehepartnern wird mehr Zeit für sich selbst zur Verfügung stehen.

▷ Deklarierung von Zonen und Möglichkeiten freien Verhaltens. In manchen Schulklassen wurden Arbeits- und Lesestunden durchgeführt, bei denen jeder Schüler den Gegenstand seines Arbeitens und Lesens frei wählen konnte. – In Turnstunden konnten Schüler in den ersten 10 Minuten frei turnen und spielen unter der Bedingung, bei bestimmten schwierigen Übungen den Lehrer oder eingeteilte Schüler um Aufsicht und Hilfestellung zu bitten. – Kinder dürfen in bestimmten Räumen der Wohnung oder in bestimmten Gebieten außerhalb des Hauses ungestört von Erwachsenen spielen. Grenzen dieser Bereiche freien Verhaltens sind etwa Schlägereien der Kinder, die über ein gewisses Maß hinausgehen, Beschädigung der Gegenstände von anderen Personen, jedoch nicht unbedingt Beschädigung eigener Spielsachen. – Gesunden Kindern wird Wahl und Ausmaß des Essens der bei den Mahlzeiten angebotenen Speisen in frühem Alter freigestellt. Grenzen sind die Rücksichtnahme auf die Wünsche anderer und auf die finanziellen Verhältnisse bei teuren Speisen. – Die Wahl der täglichen Kleidung kann Kindern freigestellt werden unter der Voraussetzung der Berücksichtigung wesentlicher gesundheitlicher Gesichtspunkte. – Kinder bestimmen den Zeitpunkt des Zubettgehens selber. Sie haben Gelegenheit, an jedem Tag Zeit einzusparen oder die Zeit zu überziehen. Nur im Wochendurchschnitt dürfen sie die mit ihnen verabredete Schlafenszeit nicht unterschreiten. – An Sommertagen wird die tägliche Gesamtbadezeit vereinbart; die Kinder können den Zeitpunkt und die Aufteilung selber bestimmen.

▷ Gemeinsame Festlegung von Regeln oder Regelungen für Arbeiten, z. B.: „Wir machen einen Helferplan, wer jeden Tag beim Mittagessen abräumt." „Ich gehe jetzt nach hinten in ein ruhiges Zimmer zum Arbeiten. Wenn Ihr das nächste Mal hier vorne spielen wollt, sagt es mir bitte vorher oder macht es abends."

▷ Sachliche Informationen anstelle von Befehlen, z. B. Mutter: „Wenn Du die Tasse mit Deiner Milch mehr in die Mitte stellst, kann sie nicht so leicht umkippen" anstelle von dirigistischem: „Nun stell doch bloß Deine Tasse mit Milch vom Rand weg! Sie fliegt ja gleich um!" Dies ergibt sich naturgemäß bei größerer Respektierung des Partners. Lehrer (zu den nahe am Objekt stehenden Schülern): „Die andern hinten können kaum etwas sehen!" statt dirigistisch: „Tretet doch hier zurück, die andern sehen ja gar nichts!" Oder Lehrer: „In 5 Minuten ist Arbeitsschluß!" anstelle von „Beeilt Euch und seid nicht so langweilig!"

▷ Angebote und Vorschläge anstelle von Befehlen. Kindergärtnerin: „In der Bastelecke ist noch Platz oder hier am Tisch." anstelle eines Befehls: „Komm, spiel hier!"

Humane Haltungen und Persönlichkeitsförderung von Erwachsenen

Wie können Lehrer und Erzieher achtungsvoller, einfühlsamer und aufrichtiger werden? Denn hierdurch fördern sie das persönliche und fachliche Lernen von Kindern und Jugendlichen deutlich.

Wissenskenntnisse und starke Motivation sind wichtig, aber nicht hinreichend.

Ein wesentlicher Weg ist: Lehrer und Erzieher bemühen sich, ihre eigene persönliche Entwicklung zu fördern. Denn die Haltungen Achtung–Wärme, Einfühlung und Aufrichtigkeit in menschlichen Beziehungen hängen mit wesentlichen Persönlichkeitsmerkmalen und Haltungen zusammen.

In diesem Kapitel haben wir Möglichkeiten aufgezeigt und veranschaulicht.

Die Notwendigkeit der Förderung humaner Haltungen von Lehrern und Erziehern. Zahlreiche Untersuchungsbefunde dieses Buches legen folgende Annahme nahe: ▷ Derzeit sind die zwischenmenschlichen Haltungen vieler Lehrer, Eltern und Erzieher noch nicht hinreichend förderlich für Kinder und Jugendliche. ▷ Viele Lehrer und Erzieher mit ungünstigen zwischenmenschlichen Haltungen sind von sich selbst und ihrer Erziehungs- und Unterrichtstätigkeit unbefriedigt (z. B. Joost, 1976; Greenwod u. Soar, 1973). ▷ Lehrer, Erzieher und Eltern sehen ihr eigenes Verhalten und ihre Haltungen im Klassenraum, im Kindergarten und in der Familie gegenüber Kindern und Jugendlichen oft als unzureichend an. Sie wünschen, mit den Jugendlichen anders leben zu können. Hierzu einige Untersuchungsbefunde:

Lehrer gaben in wörtlicher Rede ihr alltägliches Verhalten in konfliktfreien Situationen an, in denen sich Schüler vertrauensvoll mit ihren Sorgen an Lehrer wenden. Z. B. erzählt ein Junge vertrauensvoll dem Lehrer, er mache sich Gedanken, ob er von seinem Taschengeld seiner Mutter ein Geschenk zum Muttertag kaufen solle oder sich eine Fahrradbereifung. Jede zweite Lehreräußerung war charakterisiert durch Verständnislosigkeit, Vorwürfe und Anschuldigungen. In einer späteren Untersuchung sahen die Lehrer bei distanzierter Betrachtung derartige verständnislose Äußerungen überwiegend als nicht hilfreich an. Sie bevorzugten Äußerungen mit einfühlendem Verständnis für die seelischen Vorgänge des Kindes, was sie jedoch im Alltag erst wenig lebten (A. Tausch, 1963).

Lehrer lehnten zu 90 % ihr eigenes Erziehungsverhalten in alltäglichen Konfliktsituationen bei distanzierter Betrachtung ab. Dieses Erziehungsverhalten, wie sie es überwiegend im Klassenraum lebten, hatten sie zuvor selbst angegeben. Es war charakterisiert durch Dirigierung sowie Mißachtung. Dagegen sahen sie Erziehungsformen, die sie gemäß ihren eigenen Angaben nur selten lebten, als förderlich an, charakterisiert durch Achtung, Verständnis, fördernde nicht-dirigierende Aktivität sowie geringe Dirigierung (A. Tausch, 1958 a).

Kindergärtnerinnen sahen geringe Dirigierung, deutliche Achtung–Wärme und Förderung der Selbständigkeit ihrer Kinder als wünschenswert an, lebten dies jedoch nur wenig in ihren Kindergruppen. Sie schätzten ferner ihr eigenes Verhalten hierin deutlich günstiger ein, als dies von Beobachtern wahrgenommen wurde (A. Tausch u. a., 1968 a).

Lehrer wünschten unterstützender, ausgleichender und weniger streng gegenüber Schülern zu sein, als sie von ihren Schülern hierin wahrgenommen wurden (Masendorf u. Tscherner, 1973).

Die Notwendigkeit der Förderung der Persönlichkeitsentwicklung von Lehrern und Erziehern ergibt sich aus folgendem: ▷ Die Haltungen von Achtung/Mißachtung, Echtheit/Unechtheit, Verstehen/Mißverstehen der inneren Welt anderer sind wesentliche Bereiche einer Person. Sie existieren in Unterrichts- und Erziehungssituationen nicht gleichsam losgelöst von der Persönlichkeit. Dies demonstrieren folgende Befunde: Geringe Unterstützung der Schüler von seiten ihrer Lehrer, eingeschätzt durch ihre Schüler in Hauptschulen sowie in Sonderschulen für Lernbehinderte, hing zusammen mit folgenden Vorgängen in Lehrern gemäß Persönlichkeitstests: Nervosität der Lehrer (z. B. Beschwerden mit Atmung, Verdauung und Kreislauf sowie Schlafstörungen, Erschöpfung), Depressivität (z. B. mißgestimmt, stimmungslabil, traurig, niedergedrückt, pessimistisch, schlecht aufgelegt, einsam), ferner teilweise mit Gehemmtheit, Erregbarkeit und geringer emotionaler Stabilität (Kretschmann, 1976). Starke Dirigierung und geringes Verständnis der Eltern gegenüber ihren Kindern hingen mit Starrheit und geringer Flexibilität der Eltern in Persönlichkeitstests zusammen (Hoff, Minsel, Minsel u. Grüneisen, 1973).

▷ Wahrscheinlich können nur Erwachsene die Persönlichkeitsentwicklung eines Jugendlichen, dessen Selbstachtung, günstiges Selbstkonzept und offene Auseinandersetzung mit dem eigenen Selbst fördern, die diese wesentlichen Vorgänge in ihrer eigenen Persönlichkeit entwickelt haben und leben, die also sich selbst achten, die ein günstiges Selbstkonzept haben und die sich fortwährend mit sich selbst offen auseinandersetzen, die mit ihrem eigenen Fühlen in Kontakt sind. Wir können uns schwer vorstellen, daß Lehrer und Eltern mit geringer Selbstachtung, ungünstigem Selbstkonzept und geringer offener Auseinandersetzung mit sich selbst, ohne deutlichen Kontakt zu ihrem Fühlen, diese seelischen Grundvorgänge bei Jugendlichen deutlich fördern können. Das wird beispielsweise durch folgende Untersuchungen demonstriert: Lehrer mit günstigem Selbstkonzept hatten Schüler, deren Selbstkonzept sich von Beginn bis Ende eines Schuljahres in günstiger Weise änderte. Lehrer mit wenig günstigem oder ungünstigem Selbstkonzept dagegen hatten Schüler, deren Selbstkonzept sich nur wenig oder ungünstig änderte (Edeburn u. Landry, 1974). – Schüler des 3. Schuljahres von Klassenlehrern mit günstigem Selbstkonzept hatten einen bedeutsam größeren Zuwachs an kognitiven Entwicklungsleistungen als Schüler von Klassenlehrern mit ungünstigem Selbstkonzept (Aspy u. Bühler, 1975). Wesentliche Persönlichkeitsvorgänge bei Lehrern, so günstiges Selbstkonzept, wirken sich also auf die seelischen Grundvorgänge ihrer Schüler aus, auf deren günstiges Selbstkonzept und Leistungsfähigkeit.

Lehrer und Erzieher mit geringer Selbstachtung, ungünstigem Selbstkonzept und größeren inneren Schwierigkeiten werden kaum im Klassenraum und in ihrer Familie durch deutliches Verstehen, Echtheit und Wärme sehr förderlich für andere sein können: „Irgendwo hab' ich Angst, so vor mir, vor meinen Reaktionen, so was in mir steckt. Wenn ich ehrlich bin, muß ich sagen: Ich kenne mich überhaupt gar nicht selbst." „Mein Problem ist, daß meine Ehe an meiner seit Jahren andauernden Gefühlskälte zu zerbrechen droht. Manchmal habe ich das Gefühl, daß ich selbst gar nicht mehr da bin. Ich kann dann weder lachen noch weinen und muß mich an meinen Haaren zieh'n, um mich zu vergewissern, daß ich noch existiere." Derartige Schwierigkeiten der Lehrer und Erzieher behindern die Persönlichkeitsentwicklung anderer. Lehrer, Erzieher, ferner auch Psychologen, Krankenschwestern und Ärzte können in Schulklassen, Familien und Krankenzimmern dann nicht die innere Welt eines anderen einfühlend verstehen, ihm Sympathie und Achtung entgegenbringen sowie selbstgeöffnet sein, wenn sie selbst sich durch Schwierigkeiten und Krisen in ihrer eigenen Person stark beeinträchtigt fühlen. So gaben Lehrer unter anderem folgende persönlichen und beruflichen Probleme an (Wittern u. a., 1977): „Ich bin persönlich unsicher." „Ich bin so wenig erwachsen." „Ich bin kontaktscheu." „Ich bin nachtragend." „Ich bin oft innerlich ‚muffig'." „Ich bin so abhängig von der Meinung anderer über mich." „Ich habe Angst vor negativen Erfahrungen." „Ich bin oft gehemmt und blockiert." „Ich bin lieblos." „Ich habe sexuelle Probleme." „Ich kann positive Gefühle gegenüber anderen Personen nicht ausdrücken." „Ich möchte oft fröhlich sein können und viel weniger angespannt." „Ich fühle mich gefühlsmäßig leicht überfordert." „Ich bin nervös und ungeduldig." „Ich habe das Gefühl, als Mensch bei meinen Schülern nicht anzukommen." „Ich werde leicht aggressiv." „Ich bin zu ungeduldig." „Ich lenke zu stark und rede zu viel."

Diese persönlichen Schwierigkeiten der Lehrer, unter denen sie meist seit Jahren deutlich leiden, wirken sich auf ihre zwischenmenschlichen Beziehungen mit ihren Schülern und deren Persönlichkeitsentwicklung beeinträchtigend aus.

▷ Wesentliche Haltungen der Lehrer im Klassenraum sind häufig auch in ihrem sonstigen Leben vorhanden. Lehrer z. B., die im Klassenraum wenig freundlich, wenig verständnisvoll–warm, wenig verantwortungsvoll–geschäftig sowie wenig stimulierend–ideenreich waren, waren auch außerhalb der Schule gegenüber Personen ihrer Umwelt wenig großzügig, hatten weniger Freude an menschlichen Beziehungen, bevorzugten Aktivitäten ohne persönliche Kontakte mit anderen, waren gefühlsmäßig weniger geordnet, restriktiver und kritischer in der Einschätzung anderer Menschen als Lehrer mit günstigen Werten in den obengenannten Haltungen im Klassenraum (Ryans, 1960). Lehrerstudenten verhielten sich gegenüber Schülern im Unterricht und gegenüber Personen außerhalb der Schule ähnlich; Studenten, die sich selbst außerhalb des Unterrichts als ruhig, beharrlich, großzügig und ausgeglichen einschätzten, waren dies ihrem Urteil nach auch im Klassenraum (Popp, 1974).

▷ Das Verhalten der Lehrer im Unterricht hängt mit Einstellungen und Persönlichkeitszügen zusammen. So hing das Ausmaß von Achtung–Wärme/Mißachtung–Kälte sowie von Dirigismus bei Schweizer Volksschullehrern des 7.–9. Schuljahres, festgestellt im Unterricht durch Beobachter, mit ihren gefühlsmäßigen und sozialen Einstellungen Kindern gegenüber gemäß Einstellungstests zusammen (Bickel u. Signer, 1975). Lehrerstudenten mit hoher Qualität in der Unterrichtspraxis, festgestellt am Ende der Ausbildung durch mehrere Mentoren, waren weniger furchtsam, weniger spannungsvoll, sicherer, ruhiger sowie beharrlicher als Lehrerstudenten mit geringer Unterrichtsqualität (Davis u. Satterly, 1969). Amerikanische Lehrer, die in Persönlichkeitstests einfallsreicher, risikobereiter, spannungsfreier und durchsetzungsfähiger waren, waren nach dem Urteil ihrer Kollegen aufgeschlossener für neue Ansätze im Unterricht (Zimmerman u. Williams, 1971).

▷ Nur Lehrer mit einer Persönlichkeitsentwicklung, die sich weitgehend offen und verteidigungsfrei mit ihrer eigenen Person und Tätigkeit auseinandersetzen können, werden die Erfahrungen ihrer Erziehungs- und Unterrichtstätigkeit konstruktiv zu nutzen verstehen und aus Fehlern lernen. Es ist notwendig, daß sie in sich selbst hineinhören können, Fragen an sich stellen, z. B. „Warum tue ich es nicht?" „Was fürchte ich?" „Wieweit liegt es an mir selbst?" Nur so werden sie die wahren Gründe finden und nicht die Schuld für das eigene Verhalten anderen anlasten. Nur so werden sie fähig, zu lernen und sich zu ändern.

Die Förderung humaner Haltungen und der Persönlichkeitsentwicklung von Lehrern–Erziehern ist auch bei einer Änderung äußerer Bedingungen notwendig. Sind die oft wenig humanen Haltungen nicht entscheidend die Folge ungünstiger äußerer Bedingungen in Schulklassen und Familien? Ist es nicht naheliegender und einfacher, diese äußeren Erziehungsbedingungen zu ändern? Zumal dies leichter erscheint als die Änderung der eigenen Person. Im folgenden möchten wir einige Gesichtspunkte diskutieren:

Geänderte äußere Unterrichts- und Erziehungsbedingungen ermöglichen kaum die notwendige Förderung humaner Haltungen von Lehrern und Erziehern. Die Verbesserung bestimmter äußerer Bedingungen sehen wir als wünschenswert an. Dies würde die Tätigkeit mancher Lehrer, Dozenten und Eltern angenehmer machen und das Leben humaner Haltungen etwas erleichtern. Aber diese äußeren Bedingungen sind selten der reale Grund für die unzureichenden zwischenmenschlichen Haltungen von Eltern und Lehrern. Die Zahl der Schüler in einer Klasse, die Zahl der Kindergartenkinder pro Gruppe, die Zahl der Kinder in einer Familie, das Alter der Schüler sowie das Unterrichtsfach erwiesen sich innerhalb üblicher Grenzen als gar nicht oder nur wenig bedeutsam für das Ausmaß der förderlichen zwischenmenschlichen Haltungen von Lehrern, Kindergärtnerinnen und Eltern. Es ist auch schwer einsehbar, warum Lehrer bei größeren Schülergruppen unechter–fassadenhafter und weniger fördernd nicht-dirigierend werden sollten, z. B. seltener verständliche Texte und Skripten herstellen oder weniger oft Kleingruppenarbeit durchführen sollten. Um kein Mißverständnis aufkommen zu lassen: Wenn Lehrer in ihren zwischenmenschlichen Haltungen sehr förderlich für Jugendliche sind, dann werden äußere Bedingungen wie kleinere Klassen noch günstigere Auswirkungen haben. Aber weniger Schüler pro Klasse allein führen zu keinem bedeutsam förderlichen Wechsel der zwischenmenschlichen Haltungen der Erwachsenen. Die Gründe für die oft unzureichenden förderlichen Haltungen und Aktivitäten von Lehrern, Erziehern und Eltern sehen wir im wesentlichen *in* ihrer Person, und weniger abhängig von äußeren Bedingungen. Zur Stützung dieser Annahme einige Befunde:

Achtung–Wärme und nicht-dirigierende fördernde Aktivität hing nicht bedeutsam mit der Zahl der Schüler in einer Klasse zusammen (z. B. Höder, Tausch u. Weber, 1976; Höder, Joost u. Klyne, 1975; Spanhel, Tausch u. Tönnies, 1975; R. Tausch, 1960; Ryans, 1960).

Lehrer waren sehr unterschiedlich achtungsvoll–warm und dirigierend, obwohl sie zu gleichen Erziehungssituationen ihr übliches Erziehungsverhalten zu Protokoll gaben. Das Verhalten des einzelnen Erziehers war jedoch bei den verschiedenen Erziehungssituationen recht gleichbleibend (A. Tausch, 1958 a).

Achtung–Wärme von Kindergärtnerinnen war in größeren Kindergruppen nicht unterschiedlich zum Verhalten in kleineren Kindergruppen. Auch das Alter der Kindergruppe war ohne Einfluß auf das Erziehungsverhalten (A. Tausch u. a., 1968 a; A. Tausch, Wittern u. Albus, 1976). Das soziale und gefühlsmäßige Verhalten von Kindergärtnerinnen hing nicht bedeutsam mit äußeren Bedingungen wie Gruppengröße oder Raumgröße zusammen (Nickel u. a., 1976).

Lehrer, die in den gleichen Klassen unterrichteten, unterschieden sich erheblich in den bedeutsamen Grundhaltungen (Tausch, Tausch u. Fenner, 1969).

Lehrer wurden bei ihrem Unterricht in verschiedenen Klassen beobachtet. Obwohl die Lehrer erheblich unterschiedliche Klassen und jeweils andere Schüler unterrichteten, blieb das Ausmaß der Achtung–Wärme und Dirigierung–Lenkung der einzelnen Lehrer recht konstant. Offensichtlich werden Lehrer nur begrenzt durch die Schüler ihrer Klasse beeinflußt (Tausch, Tausch u. Fenner, 1969).

Lehrer unterrichteten jeweils in einem 3.–4. Schuljahr ein gleiches Unterrichtsthema. Sie wiesen dabei enorme Differenzen in Achtung–Wärme sowie in Dirigierung–Lenkung auf (R. Tausch, 1960; Höder, Tausch u. Weber, 1976).

Lehrerstudenten und Lehrer sollten in kurzer schriftlicher Form Schülern einfache Sachverhalte erklären, z. B. den Gebrauch des Rechenschiebers oder Begriffe wie Inflation oder Universität. Die Verständlichkeit ihrer Erklärungen war erheblich unterschiedlich, obwohl sie sämtlich die gleichen Aufgaben zu bearbeiten hatten (Langer u. a., 1974; Steinbach, 1973).

Das Ausmaß von einfühlendem Verstehen, Achtung–Wärme sowie Echtheit von Psychotherapeuten war weitgehend in ihrer Person begründet und nur in geringem Ausmaß abhängig von der Art der Klienten. Dies wurde festgestellt, indem mehrere Psychotherapeuten Gespräche mit den gleichen Klienten durchführten (s. R. Tausch, 1974).

Lehrer wurden im Abstand von mindestens einer Woche noch einmal in ihren Schulklassen aufgesucht. Das Ausmaß ihrer Achtung–Wärme und Dirigierung war hierbei recht ähnlich, obwohl ihr Verhalten meist nur anhand kleiner Zeitstichproben eingeschätzt wurde (Wieczerkowski, 1965; Tausch, Tausch u. Fenner, 1969).

Achtung–Wärme in Stimme, Mimik, Gestik und Sprachinhalt von Kindergärtnerinnen war bei einer erneuten Einschätzung 3 Wochen später ähnlich der ersten Einschätzung (A. Tausch u. a., 1968 a).

Mütter waren beim Abendbrot und gemeinsamer Freizeit mit ihrem Kind – aufgenommen durch Funk – erheblich unterschiedlich achtungsvoll–warm und dirigierend–lenkend. Diese Unterschiede waren wenig situationsbedingt: Bei einer späteren Aufnahme verhielten sich die einzelnen Mütter ähnlich (Rieckhof u. a., 1976).

Diese Befunde legen die Auffassung nahe: Die notwendigen fördernden zwischenmenschlichen Haltungen Erwachsener hängen häufig mit ihrer eigenen Person zusammen. Sie können durch eine Änderung der äußeren Bedingungen nicht erheblich gefördert werden. Zum Beispiel können Erwachsene auch bei günstigsten äußeren Bedingungen in Familien und Wohngemeinschaften nicht deutlich die förderlichen zwischenmenschlichen Haltungen leben. Also auch dort nicht, wo sie der Staat mit Reglementierungen oder Anforderungen nicht einengt. Auch dann ist häufig kein humanes Zusammenleben möglich, keine deutliche Selbstbestimmung der einzelnen Mitglieder, keine Achtung ihrer Person, keine soziale Ordnung, keine Förderung der Funktionsfähigkeit des einzelnen. Oder: Manche Familien verleben im Urlaub trotz günstigster äußerer Bedingungen beeinträchtigende Tage und Wochen, während andere Familien unter schlechten, beeinträchtigenden äußeren Bedingungen in humaner und befriedigender Weise zusammenleben.

Die Auffassung mancher Lehrer und Eltern, ihre geringe Achtung und ihr fehlendes Verständnis ihren Kindern gegenüber sowie die Fassadenhaftigkeit ihrer eigenen Person sei die Folge des Verhaltens der Kinder und Jugendlichen, wird durch die obigen Befunde nicht gestützt. Das Verhalten der Kinder und Jugendlichen ist nicht der entscheidende äußere Grund für die noch wenig günstigen Grundhaltungen mancher Lehrer und Erzieher. Gewiß erleichtert ein günstiges Verhalten von Kindern und Jugendlichen in mancher Situation, daß Erwachsene mit gering ausgeprägten humanen Haltungen eine gewisse Zeitlang in begrenzter Weise achtungsvoll, verständnisvoll, echt–selbstgeöffnet sowie wenig lenkend sind. Jedoch: Lehrer mit ausgeprägt förderlichen zwischenmenschlichen Haltungen werden weniger oder gar nicht durch zeitweilig ungünstiges Schülerverhalten beeinflußt und können ihren schwierigen Partnern günstige Bedingungen geben (z. B. Good u. Grouws, 1975). Zweifellos kommen alle Lehrer, Professoren oder Eltern gelegentlich in deutliche Interessensgegensätze und Konflikte mit Schülern, Studenten und Kindern. Auch wir wurden durch Verständnislosigkeit, Mißachtung oder Fassadenhaftigkeit unserer Partner gelegentlich erheblich beeinträchtigt und waren dann nicht fähig, deren innere Welt zu verstehen und zu achten. Hier jedoch steht das alltägliche Verhalten der Erwachsenen über Jahre hindurch mit Jugendlichen zur Diskussion. Und hierbei sind unserer Auffassung nach die förderlichen Grundhaltungen mehr durch die Person der Lehrer und Erzieher bedingt und nur zeitweilig in Grenzen durch die Art ihrer jugendlichen Partner.

Entscheidenderweise werden Lehrer und Erzieher, die die wesentlichen Haltungen häufig leben, durch die konstruktive Persönlichkeitsentwicklung ihrer jugendlichen Partner gefördert und bereichert. Sie begegnen häufiger Jugendlichen, die echt, selbstgeöffnet, achtungsvoll–anteilnehmend und einfühlend verstehend für die innere Welt der Lehrer und Erzieher sind. Sie haben es häufiger mit Jugendlichen zu tun, die sich fortlaufend mit ihrem Fühlen und Denken auseinandersetzen, die dieses anderen mitteilen und die weitgehend selbstbestimmt leben. Wir selbst wurden sehr durch einige Jugendliche, Studierende sowie durch viele Encountergruppen-Teilnehmer bereichert. Wir hatten sie zunächst durch unsere eigenen Haltungen in ihrer Persönlichkeitsentwicklung gefördert. Ihre Echtheit, Anteilnahme, ihr Verstehen unserer inneren Welt und ihre Selbstöffnung waren sehr hilfreich für unser eigenes bedeutsames Lernen.

Das Herstellen hilfreicher äußerer Bedingungen ist eher die Folge als die Voraussetzung wesentlicher Haltungen der Erzieher. Mehrmalige Durchführung von Kleingruppenarbeit in jeder Unterrichtsstunde, Ermöglichung von selbstbestimmtem Lernen durch Herstellen leichtverständlicher Informationspapiere und Skripten, häufiger Einsatz von Schülern als Tutoren für jüngere Schüler, Diskussion der Schüler mit ihren Lehrern über ihre Wahrnehmungen und Empfindungen sind z. B.

hilfreiche äußere Bedingungen. Aber diese äußeren Bedingungen können viele Lehrer nicht oder nur selten herstellen, auch nicht auf Anordnung der Schulverwaltung. Dies gelingt meist nur Lehrern, die die innere Welt ihrer Schüler einfühlend verstehen, die voller Achtung, Sorge und Anteilnahme für ihre Schüler sind und die sich offen mit sich selbst auseinandersetzen. Voraussetzung ist also ein deutliches Hinhören der Lehrer auf die Erlebniswelt der Schüler und auf ihr eigenes Fühlen. Bei einer Diskussion mit Lehrern schlugen wir ihnen auf ihre Frage, wie sie bereits am nächsten Schultag förderlich sein könnten, vor, ihre Schüler um eine anonyme schriftliche Rückmeldung zu bitten, wie sie sich im Unterricht fühlen und wie sie den Lehrer wahrnehmen. Darauf entgegnete ein Teilnehmer: „Das ist es ja gerade, was so schwer ist. Natürlich, äußerlich ist das sehr einfach. Aber Sie müssen wissen, daß das so furchtbar schwer ist, uns der Kritik der Schüler zu stellen und zu hören, wie sie uns wirklich sehen." Heute wissen wir: Nur Lehrer mit größerer Selbstachtung und dem Wunsch nach offener Auseinandersetzung mit sich selbst sowie größerer Anteilnahme–Fürsorge für ihre jugendlichen Partner werden sich im allgemeinen um eine offene Rückmeldung von seiten der Schüler bemühen und sie fruchtbar verwerten können. Die günstige äußere Situation der Kleingruppenarbeit im Unterricht können meist nur Lehrer herstellen, die ihren Schülern Selbstbestimmung ermöglichen und die bereit sind, Macht abzugeben und gelegentliche Ungewißheiten zu ertragen.

Die Bedeutung von Selbstachtung, Vertrauen in die Schüler und in die eigenen Fähigkeiten sowie die Bedeutung der offenen Auseinandersetzung mit der eigenen Person demonstriert die Äußerung eines Lehrers: „Aber wenn da in der ganzen Klasse was nicht läuft, dann komme ich ins Schleudern. Und dann merke ich, daß ich in Verhaltensebenen zurückfalle, die ich gerne loswerden möchte. Ich zieh' mich dann auch zurück, wenigstens gefühlsmäßig. Und ich denke: Wie kriegst du das jetzt strukturell in den Griff? Was machst du jetzt methodisch? Und damit trenne ich mich immer stärker von den Schülern. Und das spüren sie dann ganz deutlich. Nach meiner Encountergruppe wurde mir das sehr klar: Ich hab' die Schüler dann alleine gelassen. Den Schülern fällt es aber schwer, daß sie mir das schnell und spontan sagen können. Aber ich wünsche mir das sehr, daß ich eine Rückmeldung schneller kriegen kann. Weil es mir dann auch leichter fallen würde, jetzt endlich anders zu werden."

Viele äußere Bedingungen, die heute ein befriedigendes Zusammenleben zwischen Lehrern, Erziehern, Professoren und Lernenden erheblich beeinträchtigen, werden dann gesehen und geändert, wenn Lehrer und Erzieher sich offen und ernsthaft mit ihrem Erleben, mit ihrem Fühlen, mit der Vielfalt ihrer Gedanken, mit ihren Erfahrungen und denen ihrer Partner auseinandersetzen. Wenn Lehrer und Erzieher keine berufsmäßige Rolle spielen oder Fassaden haben. Einige Beispiele:

Lehrer und Professoren werden viele Unterrichtsinhalte als nicht bedeutungsvoll für die spätere Berufstätigkeit ihrer Schüler ansehen. Sie werden dies äußern und sich für einen Fortfall dieses bedeutungslosen Lernens einsetzen. Sie werden Schüler kaum mehr zwingen, Wissen zu erlernen, das für die Qualität ihrer späteren Berufstätigkeit und ihres Privatlebens ohne wesentliche Bedeutung ist oder das sie notfalls später relativ leicht nachlernen können. Circa 40 % der Unterrichtsinhalte an Schulen und manchen Fachbereichen der Hochschulen könnten so fortfallen.

Lehrer befürworten die Unterlassung der belastenden, unnötigen Zensurierung von Leistungen mit den Noten von 1 bis 5. Sie befürworten eine Bewertung nach „ausreichend" und „nicht ausreichend". Sie befürworten ferner eine Trennung ihrer Helfertätigkeit von entscheidenden Prüfungsfunktionen, wo dies möglich ist.

Sie bemühen sich um eine Verminderung der Getto-Atmosphäre in Schulen und Hochschulen, um eine Verminderung der Isolierung von der übrigen Umwelt, die das soziale Klima und die Arbeit beeinträchtigt. Sie fördern die Teilnahme körperbehinderter Kinder an den üblichen Schulklassen zumindest stundenweise und das Zusammenleben körperlich und geistig behinderter Schüler mit anderen Schülern in gemeinsamen Schulgebäuden. Sie befürworten, daß ein Teil des Lernens der Schüler abends zusammen mit der Fortbildung Erwachsener in Schulen stattfindet. Professoren befürworten die räumliche Lage Philosophischer, Psychologischer, Pädagogischer und Soziologischer Hochschulinstitute in unmittelbarer räumlicher Nachbarschaft von Altersheimen, Schulen, Kindergärten, Betrieben.

Lehrer befürworten und fördern eine polytechnische Ausbildung und häufige Werktätigkeit der Schüler.

Lehrer und Professoren fördern die Durchführung eines Teils des Studiums bei gleichzeitiger halbtägiger Berufsarbeit der Studierenden, ermöglicht durch leichtverständliche Textbücher und Anschauungsmaterialien sowie durch Tutoren und Kleingruppen.

Lehrer und Professoren neigen nicht zu einer Überbetonung des Wertes einer langen Schul- und Ausbildungszeit und unterstützen den Wunsch der Jugendlichen nach Verkürzung. Sie erkennen an, daß auch das Leben außerhalb der Schule die sog. Bildung und die Ausbildung erheblich fördert. Die offene Auseinandersetzung mit sich selbst ermöglicht Tausenden von Lehrern und Professoren zuzugeben, daß das, was in unseren Schulen und Hochschulen geschieht, kaum „Bildung" ist.

Lehrer und Professoren setzen sich dafür ein, daß an Hochschulen und Universitäten etwa 25–30 % der zugelassenen Studenten aus dem Kreis der Nicht-Abiturienten kommen, z. B. Kranken- und Operationsschwestern oder Angestellte und Arbeiter mit hervorragender beruflicher und persönlicher Bewährung.

Lehrer und Professoren setzen sich dafür ein, daß eine längere Schulausbildung und ein akademisches Studium, finanziert weitgehend auf Kosten der Allgemeinheit, nicht mit einer entscheidend höheren Besoldung verbunden sind, verglichen mit körperlich und seelisch beeinträchtigenden Berufen ohne derartige Ausbildung, z. B. der Arbeit auf dem Bau oder am Fließband.

Eine geänderte „Gesellschaft", ein geändertes „System" ersetzt nicht die notwendige Förderung der humanen Haltungen ihrer Bürger. Nehmen wir an: In einem Land erfolgte eine umfassende Gesellschafts- und Systemveränderung. Und diese entspräche wirklich den wesentlichen Grundbedürfnissen der meisten Menschen, und dies würde ohne wesentliche neue Nachteile in humaner Weise, ohne fortlaufende Dirigierung, Zwang, Brutalität, Einschränkung der Bevölkerung vollzogen. Dennoch würde hierdurch eine Förderung der humanen Haltungen von Lehrern und Erziehern nicht unnötig. Wieso?

Wenn sich Gesellschaften in Richtung größerer Selbstbestimmung des einzelnen, größerer Freiheit und weitgehend gleicher menschlicher Rechte bewegen möchten, so erscheint uns dies dauerhaft nur bei folgender Bedingung möglich: Die zwischenmenschlichen Haltungen und die Persönlichkeitsentwicklung der Mehrheit der Bevölkerung wurde erheblich gefördert. Möglichst viele Mitglieder der Gesellschaft sind zu offener ehrlicher Auseinandersetzung mit sich fähig, zu Selbstbestimmung, zu selbständiger Wertebildung, haben Selbstachtung und ein günstiges Selbstkonzept. Dies kann wesentlich durch die humanen Grundhaltungen von Lehrern und Erziehern in der Schul- und Familienerziehung erfolgen, da alle Heranwachsenden in frühem Alter diesen Personen durch lange Jahre hindurch viele Stunden täglich begegnen.

Wir sehen gelebte, humane zwischenmenschliche Haltungen einer Bevölkerung gleichsam als eine notwendige Bedingung für erfolgreiche, hilfreiche und humane

Gesellschaftsänderungen an. Erfolgen Änderungen der Gesellschaft oder des „Systems", ohne daß ihre Mitglieder in ihren seelischen Grundvorgängen, in ihrer Persönlichkeit entwickelt werden und die humanen Haltungen leben, so werden diese Änderungen im allgemeinen scheitern oder nur mit Zwang und großen Nachteilen für die Bevölkerung aufrechterhalten werden können. Institutionen und äußere gesellschaftliche Bedingungen können schwer die Persönlichkeit von Menschen ändern, und wenn überhaupt, dann häufig nur an der Oberfläche. Aber in ihrer Persönlichkeit und in ihren humanen Haltungen geförderte Personen werden häufig ihre äußeren gesellschaftlichen Bedingungen so ändern, daß andere und sie darin befriedigender leben können. Personen, die offen–aufrichtig sind, die die innere Welt der anderen verstehen und voller Achtung und Sorge Anteil nehmen, werden die realen Schwierigkeiten sehen und diese ändern, und nicht Bedingungen, die in unechter, fassadenhafter und nicht aufrichtiger Weise vorgeschoben werden.

Sie werden folgenden Regelungen zustimmen und sie fördern: ▷ Das finanzielle Einkommen des einzelnen darf wesentlich nur aus seiner geleisteten Arbeit bzw. seinen Ersparnissen daraus bestehen und nicht aus erheblicher Einbehaltung von Anteilen der Arbeit anderer oder Gewinnen ohne eigene fortlaufende Arbeit. ▷ Der Besitz von Grund und Boden ist begrenzt auf die Fläche, die jemand für sich selbst und seine Familie zum Wohnen erwirbt. ▷ Sie werden ein gesetzliches Verbot der Werbung für gesundheitsbeeinträchtigende Nahrungs- und Genußmittel wie Alkohol und Nikotin sowie ein Verbot der Darstellung von Gewalttätigkeit und Grausamkeit in Fernsehen, Rundfunk, Zeitungen und Zeitschriften fördern, weil hierdurch die seelische Gesundheit und das zwischenmenschliche Zusammenleben beeinträchtigt werden. – Manche mögen die obengenannten Gedanken utopisch nennen. Wir sehen es jedoch als utopisch an, durch eine Änderung äußerer institutioneller Bedingungen die Persönlichkeit und das humane Zusammenleben der Bevölkerung tiefgreifend und dauerhaft zu fördern.

Wir sehen gelebte humane Haltungen und eine konstruktive Persönlichkeitsentwicklung von Lehrern und Erziehern mit ihrer Auswirkung auf Millionen von Heranwachsenden gleichsam als d i e Vorbedingung für konstruktive Änderungen einer Gesellschaft an. Zwar einer langsamen Änderung, z. T. über Generationen, aber einer realen, umfassenden Änderung i n Personen. Leben vollzieht sich in Personen, nicht in Institutionen. Nur Personen, die Gesellschaftsänderungen in Richtung Diktatur, Zwang, Unselbständigkeit und eingeschränkter Selbstbestimmung wünschen, werden eine Erziehung mit den Haltungen von Achtung, einfühlendem Verstehen der inneren Welt anderer und Echtheit sowie mit den Grundwerten Selbstbestimmung, Achtung der Person und Förderung ihrer seelischen Funktionsfähigkeit für unnötig halten oder zu verhindern suchen. Sie werden sich durch derartige Haltungen und durch die größere „Menschlichkeit" in der millionenfachen Begegnung von Person zu Person bedroht fühlen und fürchten, daß ihre rigiden, doktrinären Zielsetzungen nicht akzeptiert werden, weil sie nicht human sind.

Wir möchten nicht mißverstanden werden: Erziehung und humanes Zusammenleben von Menschen ist kein Ersatz für politische Entscheidungen einer Bevölkerung, z. B. über gerechte Verteilung ihrer ökonomischen Mittel. Bestimmte politische Entscheidungen und Maßnahmen können in begrenztem Ausmaß die Erziehung, die Unterrichtung und das humane Zusammenleben erleichtern, wenn sie die Konsequenz von Verstehen der inneren Welt anderer, von Achtung–Anteilnahme und von Echtheit–Aufrichtigkeit sind. Das Lernen eines humanen Zusammenlebens in den ersten zwei Jahrzehnten jedes heranwachsenden Bürgers gibt allerdings die notwendigen Grundbedingungen für eine humane politische Gesellschaft und entsprechende humane Änderungen.

Ein humanes Zusammenleben in Kindergärten, Schulen und Familien ist eine Gesellschaftsänderung. Wenn in der Bundesrepublik Deutschland 500 000 Lehrer in ihren Schulklassen anteilnehmend–achtungsvoll–sorgend, echt–fassadenfrei sowie einfühlend verstehend für die innere Welt ihrer Schüler sind, wenn dies bei Zehntausenden von Kindergärtnerinnen und Erziehern ebenfalls der Fall ist und zumindest teilweise bei Millionen von Eltern, dann ist dies eine soziale Revolutionierung unserer Gesellschaft. Eine zwar langsame, leise, gleichsam heimliche Revolution, aber eine reale und stetige Revolution. Es ist eine Revolution, wenn 9 Millionen Schüler 9–10 Jahre lang tagtäglich in Schulen sich mit ihrem Selbst und ihrem Erleben auseinandersetzen, wenn sie in ihrer selbständigen Wertebildung gefördert werden, wenn sie offen für ihr Erleben sind, echt zu anderen und einfühlend verständnisvoll für die innere Welt anderer. Es ist eine Revolution, wenn 9 Millionen Schüler in Schulen und Familien durch die unmittelbare Erfahrung, von anderen geachtet zu werden, Selbstachtung entwickeln. Es ist eine Revolution, wenn in unseren Schulen und Familien nicht Macht über andere, sondern weitgehende Selbstbestimmung des einzelnen im Vordergrund steht. Und der einzelne Macht über sich selbst erhält. Es ist eine Revolution, wenn 9 Millionen Menschen tagtäglich eine einfache, verständliche, konkrete Ausdrucksweise erfahren und lernen, auf eine gestellte, hochgeschraubte, unverständliche Sprache zu verzichten.

Diese Revolution vollzieht sich – wenn Lehrer und Erzieher es wünschen und sich darum bemühen – tagtäglich in Klassenzimmern, in Kindergärten, in Familien, in Hochschulen. Und innerhalb von 10 Jahren findet diese lautlose innere Revolution bei ca. 9 Millionen Menschen in der Bundesrepublik statt. Diese Menschen fördern, unterstützen und ändern wiederum durch ihre zwischenmenschlichen Haltungen einen zunehmend größeren Teil der Bevölkerung in deren Persönlichkeitsentwicklung. So wird die humane Entwicklung der Bevölkerung von Jahrzehnt zu Jahrzehnt umfassender.

In dem Ausmaß, wie diese soziale Revolution mit den Jahren fortschreitet, tritt auch eine äußere Bedingung ein, die die zwischenmenschlichen Haltungen von Lehrern und Erziehern erleichtert: Der soziale Lebensstil, die Art des Zusammenlebens der Bevölkerung ändert sich. Lehrer und Erzieher sehen und erfahren in ihrer Umgebung mehr Selbstbestimmung zwischen Personen, mehr Achtung, mehr Verstehen und Echtheit. Bis dahin allerdings sind Lehrer, Kindergärtnerinnen und Erzieher gleichsam die Pioniere dieses humanen Zusammenlebens. Und deshalb ist ihre Tätigkeit und die Art ihrer Ausbildung und Fortbildung so bedeutungsvoll.

Das persönliche Auseinandersetzen mit der eigenen Unterrichts- und Erziehungserfahrung fördert die humanen Haltungen der Lehrer und Erzieher. Im folgenden möchten wir einige Möglichkeiten aufzeigen, wie Lehrer und Erzieher aus ihren Erfahrungen in Unterricht und Erziehung bedeutsam lernen und sich ändern können. In Seminaren und Kursen, in denen ein Teil dieser Lernbedingungen den Teilnehmern geboten wurde, erwies sich diese Annahme über das Lernen der Teilnehmer als zutreffend, verglichen mit Personen ohne Teilnahme an einem derartigen Kurs: ▷ Lehrerstudenten nahmen nach einem erziehungspsychologischen Kurs unangemessenes und angemessenes Erzieherverhalten besser wahr und wurden in ihrem Unterrichtsverhalten von Beurteilern positiver eingeschätzt (Barres, 1976). ▷ Kindergärtnerinnen waren am Ende eines Kurses sowie Monate später einfühlend verstehender für die innere Welt ihrer Kinder. Sie förderten die konstruktive Aktivität, Interessiertheit und Sensitivität ihrer 3–6jährigen Kinder stärker (Meffert, Steinbach u. Tausch, 1976). ▷ Mütter waren am Ende eines Kurses sowie Monate später mehr wertschätzend und weniger lenkend gegenüber ihren Kindern (Rieckhof, Steinbach u. Tausch, 1976; B. Minsel, 1976). Bei den Untersuchungen berichteten die Erzieher in Nachbefragungen, durch den Kurs in ihrer Persönlichkeit gefördert worden zu sein, z. B. sich ermutigt und zuversichtlicher zu fühlen. Sie empfanden ihre Erziehungstätigkeit als weniger belastend und sahen ihre Beziehung zu den Kindern positiver.

Allerdings werden Lehrer und Erzieher nur bei folgender Persönlichkeitsentwicklung ihre Erfahrungen im Unterricht und in der Erziehung nutzbringend verwerten und daraus lernen können: ▷ Sie sind offen und weitgehend verteidigungsfrei für ihre Erfahrungen und Erlebnisse. Sie empfinden größere Selbstachtung und brauchen sich deshalb nicht zu rechtfertigen und verzerrt wahrzunehmen. ▷ Sie können in sich hineinhören und das eigene Fühlen zur Klärung von Bedeutungen und für ihr Handeln heranziehen. ▷ Sie können neben ihrer eigenen Welt auch die Welt anderer hören. ▷ Sie sind bereit, sich mit ihrer eigenen Welt und der Welt anderer ernsthaft auseinanderzusetzen. ▷ Sie fühlen sich für sich selbst und ihr Handeln verantwortlich. – Wie Lehrer und Erzieher in diesen Grundvorgängen ihrer Persönlichkeit gefördert werden können und somit die Voraussetzungen für ein fruchtbares Lernen mit sich selbst und aus ihren Erfahrungen erfüllen, haben wir einige Seiten später dargestellt.

Auseinandersetzen mit dem Unterrichts- und Erziehungsverhalten anderer Lehrer und Erzieher. Circa 10 % der Lehrer und Erzieher leben deutlich die förderlichen Haltungen im Klassenraum, im Kindergarten und in der Familie (z. B. Joost, 1976; Rieckhof u. a., 1976). Wenn Lehrer, Erzieher und Studierende diesen Erziehern bei ihrer Tätigkeit des öfteren zusehen, dann können sie bedeutsam lernen. Wesentlich ist, daß sie sich mit dem Wahrgenommenen intensiv persönlich auseinandersetzen, etwa: „Ich fürchte, daß ich das nicht kann.“ „Was hindert mich eigentlich, auch so offen und verständnisvoll in meinen Unterrichtsstunden zu sein?“ „Meine Schüler verhalten sich ganz anders, wieso denn eigentlich?“ Eine derartige Auseinandersetzung mit sich selbst ist fruchtbarer als ein kritisierendes Feststellen von belanglosen Einzelheiten der wahrgenommenen Erzieher-Kind-Interaktionen. Wir selbst haben viel dadurch gelernt, daß wir zusahen, wie sich human hochqualifizierte Lehrer und Erzieher gegenüber Kindern und Jugendlichen verhielten. Soweit es uns gestattet wurde, haben wir auch unser eigenes Unterrichtsverhalten auf Videoband oder Film aufzeichnen lassen (R. Tausch, 1975).

Diskutieren und persönliches Auseinandersetzen mit Schülern über die eigene Unterrichts- und Erziehungstätigkeit. Schüler füllen von Zeit zu Zeit anonym einen freien oder vorstrukturierten Bogen mit ihren Empfindungen und Wahrnehmungen im Unterricht aus. Hierdurch erhält der Lehrer Einblick in die innere Welt seiner Schüler. Er erfährt, was er in Schülern durch seine Person auslöst. Ist er fähig, darüber mit seinen Schülern nicht verteidigend, sondern mit einem gewissen Verstehen ihrer Welt zu diskutieren sowie sich mit sich selbst verteidigungsfrei auseinanderzusetzen, so werden derartige Gespräche für Lehrer und Schüler sehr fruchtbar sein. Diese Gespräche werden das Lernen von Schülern und Lehrern fördern und sie häufig einander näherbringen. Es gibt auch spezielle Fragebögen, sog. Feed-back-Bögen. Wir sehen allerdings die spontan auf einen Zettel geschriebenen Empfindungen und Wahrnehmungen der Schüler mit ihrer großen Vielfalt an persönlichem Erleben für die konstruktive Auseinandersetzung von Lehrern und Schülern als günstiger an.

Besteht zwischen Lehrern und Schülern eine offene, anteilnehmende und gegenseitig fördernde Beziehung, dann werden auch diese Zettel mit niedergeschriebenen Empfindungen und Wahrnehmungen häufig unnötig. Fortlaufend im Unterricht ergeben sich dann Aussprachen darüber, was die Lernenden empfinden, wie sie den Lehrer, die Mitschüler und sich selbst wahrnehmen, was sie wie zu ändern wünschen. Ferner auch, wie sich der Lehrer im Unterricht fühlt, ob er die Wahrnehmungen der Lernenden als zutreffend oder unzutreffend empfindet. Die nachfolgenden Ausschnitte demonstrieren die Anregungen und Einflüsse, die Lehrer durch Diskussionen mit Schülern erfahren können:

Lehrer: „In der Klasse gibt es da einige Mädchen, die ganz gut verstehen, mir deutlich ihre Meinung zu sagen, ohne dabei verletzend zu sein. Die haben mir auch gesagt: ‚Ja, Ihr Unterricht ist irgendwie langweilig. Wenn Sie aber das und das machen, dann ...‘ Allein schon diese Einstellung, mir helfen zu wollen, fand ich großartig! Ich hab' dann auch versucht, nach den methodischen Hilfen, die sie mir angeboten haben, zu unterrichten. Ich hab' dann eine Stunde gemacht, wo ich anfange, etwas vorzuspielen oder irgendso etwas. Das brachte mir selber Spaß. ‚Ja‘, haben sie gesagt, ‚das war schon gut. Das war schon besser!‘ Dann in der nächsten Stunde: ‚Das war wieder Mist!‘ Speziell bezogen auf die Unterrichtsmethode. Ja, dann haben sie auch gemeint: ‚Ja, nun haben Sie's übertrieben. Wenn Sie nur für 5 Minuten so'n kleines Spiel einführen. Das brauchen Sie ja nun nicht die ganze Stunde zu machen!‘ Und solche Sachen haben sie mir gesagt.“

Lehrer: „Ich möchte mehr Heiterkeit für mich gewinnen. Das ist ein ganz wichtiger Punkt für mich. Das haben mir auch die Schüler oft gesagt. Ich bin zu angestrengt, zu verbissen oft. Daher auch sehr lenkend, wenig flexibel. Ja, das möchte ich eigentlich gewinnen, mehr Heiterkeit.“

Lehrerin: „Meine Schüler sagen mir öfters: Das ist so sprunghaft, sagen sie. Mal arbeiten wir ganz viel und mal plätschert das so hin. Sie möchten beides nicht gern. Aber ich bring' das oft nicht so in Einklang, weil ich selbst oft auch so sprunghaft arbeite. Das wirkt sich dann aus. Und das mögen sie nicht ... Meine Schüler sagen mir auch oft: ‚Sie sind so vergeßlich!‘ Das liegt daran, daß mir so viele Dinge einfallen, was ich machen kann. Was man anpacken kann. Dann versuchen wir das mal eine Woche und dann merken wir irgendwo, das ist eigentlich nicht so richtig, das müssen wir ändern. Das sieht dann aber für die Schüler so aus, als machten wir die Sache nicht weiter, und als hätte ich das andere vergessen. Für mich geht das auf einer anderen Ebene weiter. Aber das merken sie nicht. Und ich denke, das empfinden sie als sprunghaft. Ich möchte mich auch gern ändern, aber es ist so schwer. Ich hab' ewig im Hintergrund: Das muß geschafft werden! Und dies muß geschafft werden! Das jetzt! Und dann jenes! Das ist etwas, was mich verfolgt. Und ich kann mich nicht darüber hinwegsetzen. Da sind andere Kollegen, und die sagen: ‚Ich bin in Geschichte schon soweit!‘ Und dann, mein Gott, ich bin 2 Kapitel zurück! Und das entsetzt mich irgendwie. Und schon drehe ich auf. Jetzt geht's aber los!“

Einschätzen des eigenen Verhaltens nach den wesentlichen Dimensionen. Lehrer, Erzieher und Studierende lassen ihr eigenes Unterrichts- und Erziehungsverhalten nach den 4 Dimensionen Achtung, Verstehen, Echtheit und fördernde nicht-dirigierende Einzeltätigkeiten einschätzen, z. B. von Kollegen, Studierenden oder Beobachtern. Zugleich schätzen die Lehrer und Erzieher sich selbst ein. Sie erfahren so, ob ihre eigenen Wahrnehmungen von sich selbst übereinstimmen mit den Wahrnehmungen anderer. Denn oft schätzen Lehrer und Erzieher ihre Tätigkeit deutlich günstiger ein als es der Wahrnehmung anderer oder einer objektiven Registrierung entspricht (R. Tausch, 1962; Wieczerkowski, 1970; A. Tausch, 1958 a; A. Tausch u. a., 1968 a). – Entscheidend ist: Lehrer, Erzieher und Studierende setzen sich mit diesen Fremdeinschätzungen und Selbsteinschätzungen auseinander, beispielsweise: „Wie kommt es, daß mich andere anders wahrnehmen?" „Wie habe ich mich in meiner Unterrichtsstunde eigentlich gefühlt?" „Was muß ich tun, um dies zu ändern?" „Ich bin wirklich entsetzt, wie lieblos ich die Schüler behandle!" „Es stimmt schon, ich bin so aufgeregt und habe Angst, daß ich alles aus der Hand verliere. Aber warum eigentlich nur?" Dieses Sich-selber-Fragen und Nach-Antwort-Suchen kann gefördert werden, wenn Lehrer, Erzieher und Studierende neben der Videoaufnahme und den Einschätzungen ihrer eigenen Erziehungs- und Unterrichtstätigkeit die Aufnahmen hochqualifizierter Lehrer und Erzieher sehen (Rutherford, 1973).

Auseinandersetzen mit den eigenen Einstellungen zu Kindern und Jugendlichen. Gleichsam zusätzlich zu der Klärung und eigenen Erfahrungen in der Praxis kann die Auseinandersetzung mit den eigenen Erziehungseinstellungen und -haltungen in begrenzter Weise durch folgendes gefördert werden: In Seminaren oder Kursen schreiben die Teilnehmer (z. B. Student, Lehrer oder Eltern) Situationen auf, die sie im eigenen Unterricht oder gegenüber den eigenen Kindern als schwierig und beeinträchtigend erlebt haben, z. B.: Ein Lehrer kündigt in einer Klasse zwei Vertretungsstunden einer Fachlehrerin an. Ein Mädchen schreit: „Die machen wir fertig. Nach diesen Stunden kann sie sich pensionieren lassen!" Oder: Im Geschichtsunterricht einer Hauptschulklasse ruft ein Schüler im Unterricht ziemlich laut in die Klasse: „Also, mich interessiert das überhaupt nicht. Ich finde das langweilig! Wir sollten lieber Fußball spielen!"

Die Teilnehmer setzen sich in Kleingruppen zunächst mit einer Erziehungssituation auseinander. Alle Gruppen mit derselben Situation. Jeder Teilnehmer schreibt in wörtlicher Rede auf, was er in einer derartigen Situation üblicherweise sagt und wie er handelt. Anschließend diskutieren die Teilnehmer in den Kleingruppen ihr Verhalten. Jeder wird so mit seinen eigenen Einstellungen und Haltungen konfrontiert und mit denen der anderen. Bei der Diskussion der meist unterschiedlichen Äußerungen und Handlungen kommt es zu überwiegend gefühlsmäßigen Auseinandersetzungen der Mitglieder der Kleingruppe. Wichtig ist: Kein Teilnehmer fühlt sich bedroht. Jeder einzelne kann sich so möglichst ohne Verteidigung mit seinem eigenen Verhalten und mit der Wahrnehmung anderer Möglichkeiten auseinandersetzen. Ein Druck in Richtung sog. „richtiger" Äußerungen und Tätigkeiten behindert seine Auseinandersetzung mit sich selbst. Er lernt dann höchstens verstandesmäßig, was er besser in einer Situation sagen könnte.

Die Auseinandersetzung der Teilnehmer kann durch folgendes gefördert werden: Die Äußerungen und Maßnahmen der einzelnen Teilnehmer werden eingeschätzt: ▷ nach dem Ausmaß der Achtung–Wärme, Verstehen, Echtheit und fördernder nicht-dirigierender Tätigkeit ▷ inwieweit die Selbstachtung, die offene Auseinandersetzung und das günstige

Wahrnehmungslernen bei Kindern und Jugendlichen gefördert oder beeinträchtigt werden ▷ inwieweit die psychosozialen Grundwerte Selbstbestimmung, Achtung der Person, Förderung ihrer Funktionsfähigkeit und soziale Ordnung vorhanden sind. Eine weitere Möglichkeit: Die Teilnehmer schreiben auf, was das betroffene Kind oder der Jugendliche in der Ausgangssituation erlebt oder der Erzieher in dieser Situation fühlt und denkt, z. B. „Ich bin wütend, daß ich immer alles machen muß.“ „Ich fühle mich herausgefordert.“ Auch psychodramatisches Nachspielen der Situationen kann hilfreiche Erfahrungen vermitteln.

Erfahrungs- und Lernmöglichkeiten im Verstehen der inneren Welt anderer haben wir schon im Kapitel über das einfühlende Verstehen dargestellt. Teilnehmer eines Seminars schreiben Situationen der Begegnung von Erwachsenen mit Kindern–Jugendlichen auf, z. B.: Ein 9 Jahre alter Junge sagt zum Lehrer auf dem Schulhof: „Die andern Kinder lachen immer über mich. Sie sind immer schadenfroh. Der Bernd sagt immer: ‚Man muß kameradschaftlich sein.‘ Frage ich, darf man mal mitmachen, sagt er ‚Nein‘. Ja ist denn das Kameradschaft?“ Die Teilnehmer schreiben auf einen Zettel, wie sie die innere Welt des Kindes in einer derartigen Situation verstehen und was sie gegenüber dem Kinde äußern würden. Sie diskutieren dann in Kleingruppen miteinander darüber, unter dem Gesichtspunkt, ob sie sich in der Situation des Kindes durch derartige Äußerungen verstanden fühlen würden. Die Auseinandersetzung mit ihren Erfahrungen und Empfindungen kann bei den Teilnehmern zu einer größeren Berücksichtigung der inneren Welt Jugendlicher führen (A. Tausch, 1963). Eine günstigere Möglichkeit: Teilnehmer eines Seminars führen gegenseitig personenzentrierte Gespräche, jeweils zwei Teilnehmer miteinander. Der eine öffnet sich dem anderen, während der andere sich bemüht, dessen innere Welt zu verstehen und sie ihm mitzuteilen. Inhalte der Gespräche können sein: „Wie ich selber bin“ „Womit ich mit mir nicht zufrieden bin“ „Wo mir meine Person im Unterricht Schwierigkeiten macht“ „Was ich gerne bei mir ändern möchte“. So kann ein Studierender oder Lehrer–Erzieher das einfühlende Verstehen des anderen Gesprächspartners unmittelbar bei sich selbst erfahren.

Auseinandersetzen mit der Verständlichkeit der eigenen Informationsgestaltung im Klassenraum. Eine befriedigende Arbeit der Schüler im Klassenraum und damit ein günstiges Zusammenleben kann erheblich durch eine hohe Verständlichkeit der Informationen des Lehrers erleichtert werden. Aber viele Studierende und Lehrer können sich nicht einfach und verständlich ausdrücken. Häufig haben sie eher das Gegenteil während ihrer Gymnasial- und Studienzeit gelernt (z. B. Kramp, 1973). Wenn ein Lehrer in den Schülern nicht Objekte seiner Lehr- und Doziertätigkeit sieht, sondern mit ihnen zusammenlebt, ihre innere Welt, ihre Empfindungen in den Unterrichtsstunden einfühlend versteht und dies des öfteren mit ihnen diskutiert, dann hat er die Chance, von seinen häufig zu kompliziert, zu langatmig und zu ungeordnet gegebenen Informationen wegzukommen, hin zu einer einfach verständlichen Informationsübermittlung. Die Bedeutung dieser Informationsübermittlung und Übungsmöglichkeiten haben wir in einem früheren Unterkapitel dargestellt. Von der Notwendigkeit der Verbesserung der Informationsübermittlung können sich Lehrer und Studierende auf einfache Weise überzeugen: Sie schreiben wörtlich nieder, wie sie z. B. den Rechenschieber im Unterricht anhand einer einfachen Multiplikationsaufgabe erklären. Oder welche Antwort sie einem Schüler auf seine Frage nach einer Erklärung der Begriffe Inflation oder Revolution geben.

Erleichternde äußere Unterrichts- und Erziehungsbedingungen für Lernende. Oft werden Lernende durch ungünstige äußere Bedingungen am Beginn ihrer Tätigkeit in der Nutzung und Auswertung ihrer Erfahrungen überfordert. Viele der üblichen Situationen sind so, daß sie den noch unerfahrenen Lehrer eher rigider und starrer machen, ihn nicht aus seinen Erfahrungen und Fehlern lernen lassen, ihn dirigieren–lenken lassen statt in flexibler Weise seine Tätigkeiten auf die Schüler abzustimmen. Dies läßt sich beispielsweise durch folgende Bedingungen vermeiden:

▷ Lehrer-Studenten führen ihren Unterricht zunächst in einer Kleingruppe von 3–4 Schülern durch. Sie sind dann weniger belastet mit Problemen der Disziplin und können mehr auf den einzelnen Schüler hören und ihr eigenes Fühlen für ihr Handeln berücksichtigen. 5–8 Studenten können so eine Schulklasse in 5–8 Kleingruppen unterrichten. Sie können sich ferner gemeinsam auf den Unterricht vorbereiten und gemeinsam ihre Erfahrungen auswerten, z. B. anhand von Tonaufzeichnungen. ▷ Ehe ein Student ein Unterrichtsgebiet mit einer ganzen Klasse durchführt, führt er diesen Unterricht zumindest einmal zuvor mit einer Kleingruppe in einer anderen Klasse durch. ▷ Ein Team von 2–3 Studierenden unterrichtet eine Klasse oder ein Studierender gemeinsam mit einem für ihn hilfreichen Lehrer.

Das Auseinandersetzen mit der eigenen Person fördert die Persönlichkeitsentwicklung der Lehrer und Erzieher. Die Bedeutsamkeit und Notwendigkeit haben wir schon zuvor an Untersuchungsbefunden dargelegt. Wir möchten einen Gesichtspunkt herausstellen: Nur Erwachsene, die sich mit sich selbst auseinandersetzen, die offen und weitgehend verteidigungsfrei auch für ihre ungünstigen Erfahrungen mit ihrer eigenen Person sind und die auf das eigene Fühlen hinhorchen, werden aus ihren Erfahrungen im Umgang mit Kindern und Jugendlichen lernen. Nur Personen mit einer derartigen Persönlichkeitsentwicklung werden sich selbst und ihr konkretes Verhalten immer wieder in Frage stellen, etwa: „Wo lebe ich das, was ich von andern und von mir als Ideal ansehe?“ „Was ist mein Weg?“ „Habe ich alles dafür getan, um ihn zu fördern?“ „Kann ich meine Tätigkeit wirklich verantworten?“ „Ist die Art, wie ich mich verhalte, wirklich hilfreich für andere?“ „Was läuft falsch in meinen Unterrichtsstunden, daß sie so unbefriedigend für mich und für die Schüler sind?“ „Habe ich zu geringes Selbstvertrauen?“

Wie kann die Persönlichkeit Erwachsener gefördert und weiter entwickelt werden, wie kann ihre Selbstachtung, ihre offene Auseinandersetzung mit ihrem Selbst und ihr Kontakt zum eigenen Fühlen gefördert werden? Unsere Antwort: In ähnlicher Weise wie die Persönlichkeitsentwicklung der Jugendlichen. Also im wesentlichen durch erfahrene und wahrgenommene humane Haltungen von Personen, die offen–echt, warm–achtungsvoll sind und die innere Welt ihrer Partner zu verstehen suchen. Dies fördert die Persönlichkeitsentwicklung und die seelischen Grundvorgänge der Lehrer, Erzieher und Studierenden und ermöglicht ihnen ein Wahrnehmungslernen der humanen Haltungen.

Diese zur Persönlichkeitsentwicklung notwendigen Erfahrungen werden Studenten oder Lehrern–Erziehern wesentlich während der Aus- und Fortbildung in personenzentrierten Unterrichtsveranstaltungen und personenzentrierten Encountergruppen zuteil.

Techniken und sog. Verhaltenstraining führen kaum zu einer Förderung der Persönlichkeitsentwicklung, z. B. der Selbstachtung, des Hinhörens auf das eigene Fühlen sowie der

Haltungen von Achtung–Wärme und Echtheit–Fassadenfreiheit. Dies äußerten auch Lehrer nach ihrer Teilnahme an personenzentrierten Encountergruppen (Wittern u. a., 1977).

Wissenschaftliche Forschungen und Erkenntnisse als solche ermöglichen oder ersetzen nicht die Förderung der Persönlichkeitsentwicklung und der humanen Haltungen von Lehrern und Erziehern. So ergab sich bei Lehrern des 2. und 5. Schuljahres aus 3 Bundesländern in USA kein bedeutsamer Zusammenhang zwischen ihren Kenntnissen über Lernvorgänge und Lerntheorien mit ihrem Ausmaß an Achtung–Wärme, einfühlendem Verstehen und Echtheit im Klassenraum (Aspy, 1972). Wissenschaftliche Kenntnisse können Lehrer und Erzieher bestenfalls über geprüfte Annahmen informieren, welche Vorgänge z. B. bei einer Person bedeutsam sind und durch welches Verhalten von Erwachsenen bestimmte Vorgänge bei Kindern gefördert werden.

Körperliches Fitneßtraining kann die seelische Gesundheit und Persönlichkeitsentwicklung zusätzlich unterstützend fördern (Collingwood, 1972). Wir sehen es als wichtig an, daß sich Lehrer und Erzieher um die Erhaltung und Förderung ihrer körperlichen Funktionsfähigkeit durch ausreichende körperliche Betätigung bemühen, z. B. durch ein tägliches kurzes Bewegungstraining (Cooper, 1974). Angebote an körperlichen Betätigungen wie Laufen, Schwimmen, Ballspiele usw. während der Ausbildungs- und Fortbildungsveranstaltungen halten wir für wesentlich. Die humanen Haltungen der Lehrer im Unterricht scheinen in gewisser Weise mit ihrer Leistungsfähigkeit bei einfachen körperlichen Fitneßtätigkeiten zusammenzuhängen (Bühler u. Aspy, 1975).

Personenzentrierte Unterrichtsveranstaltungen können die Persönlichkeitsentwicklung ihrer Teilnehmer fördern, und zwar dann, wenn Professoren, Mentoren, Ausbilder oder Tutoren ihren Studierenden oder Lehrern fortlaufend als Personen begegnen und ihr Zusammensein charakterisiert ist durch Echtheit–Fassadenfreiheit, Achtung–Sorge, fördernde nicht-dirigierende Aktivität sowie einfühlendes Verstehen. Diese Professoren, Ausbilder oder Tutoren suchen das Lernen der Teilnehmer in breitem Umfang intensiv zu fördern. Sie regen die Teilnehmer an und fördern sie, sich persönlich mit den wissenschaftlichen Befunden und Erkenntnissen auseinanderzusetzen: Was beispielsweise die dargelegten Befunde, Wissensinformationen oder verschiedenartigen Auffassungen für das Selbst des einzelnen Teilnehmers bedeuten. Ob er sich fähig fühlt, entsprechend diesen Erkenntnissen zu leben oder nicht. Diese Professoren, Ausbilder und Tutoren fördern das Hinhören der Teilnehmer auf ihr eigenes Fühlen. Sie fördern es, daß die Teilnehmer die innere Welt anderer zu verstehen und zu berücksichtigen suchen. Hierbei ist wesentlich: Der Professor, Ausbilder oder Tutor handelt als Person und nicht als Vortragender oder Übermittler von Wissen, das ihn persönlich nichts angeht, horcht auf sein eigenes Fühlen und setzt sich damit auseinander.

Bei personenzentrierter Haltung der Professoren, Ausbilder und Dozenten wird ein Seminar allmählich eine hilfreiche Gruppe. Eine Gruppe, die ohne Machtausübung über andere lebt, die darauf hört, was in anderen vor sich geht, in der jeder hört, was in ihm selbst vor sich geht, was er fühlt. Es ist eine Gruppe, in der der einzelne geachtet wird, hohe Selbstbestimmung hat und in der ein befriedigendes, förderliches Klima herrscht. Eine Gruppe von 15 oder 80 Personen erlebt dann, wie sie in befriedigender Weise Pläne macht und sich auf Arbeitsziele zubewegt, sich in ihrer Persönlichkeit gefördert fühlt, häufig ohne formale Abstimmungsprozeduren oder ohne den Versuch, Entscheidungen aufgrund von formalen Regeln zu treffen. So wie Lehrer in einer Schulklasse die seelischen Grundvorgänge der Schüler entscheidend fördern und aus der Klasse allmählich eine „gute Gruppe“ wird, so fördern Professoren, Mentoren oder Tutoren die seelischen Grundvorgänge ihrer Teilnehmer und ihr befriedigendes Zusammenleben in der Gruppe.

Wir sehen dieses personenzentrierte Zusammenleben während der Ausbildung als sehr bedeutungsvoll an. Zukünftige Lehrer, Erzieher, Psychologen und Eltern lernen, diese humanen Haltungen während der Studienzeit untereinander zu leben. Sie fördern die Persönlichkeitsentwicklung ihrer Partner in der Gruppe und ihre eigene. Sie werden bei ihren Partnern in der späteren Berufstätigkeit oder in ihrem privaten Leben meist nur das fördern und gleichsam lebendig machen können, was in ihnen gefördert wurde und was sie selbst leben.

Gelegentlich mag die Auseinandersetzung der Seminar- oder Kursteilnehmer mit sich selbst und mit dem Selbst der anderen zu anfänglichen Schwierigkeiten führen. Dozenten oder Professoren, die routinemäßig „lehren", haben derartige Schwierigkeiten kaum. Aber eine derartige „Lehr"-Tätigkeit fördert auch nicht die tiefe Auseinandersetzung der Lernenden mit sich selbst und ihre konstruktive Persönlichkeitsentwicklung. Im Gegenteil, sie beeinträchtigt häufig die Persönlichkeitsentwicklung.

Viele personenzentrierte Unterrichtsveranstaltungen werden so sein, daß Studenten sagen: „Ich fühle, daß mich das persönlich voranbringt." So schrieben Studierende der Erziehungswissenschaften und der Psychologie sowie Lehrer am Ende einer einsemestrigen personenzentrierten Vorlesung über Erziehungspsychologie, die in einem Hörsaal mit über 400 Teilnehmern stattfand, ihre Erfahrungen anonym auf einen Zettel. In dieser Vorlesung hatte sich der Dozent bemüht, die persönliche Auseinandersetzung der Studenten mit den wissenschaftlichen Befunden zu fördern und setzte sich selbst persönlich mit diesen Befunden auseinander. Beeindruckend ist die Vielfältigkeit der Vorgänge, die die Teilnehmer angeben, ein Zeichen für ihr individuelles, persönliches Lernen:

„Ich fühlte mich in der Vorlesung angesprochen als Mensch." „Es ist eine Vorlesung, in der für mich selbst manches durch Sie ausgedrückt wurde, das ich selbst schon oft gefühlt und gedacht habe, auch wenn ich bestimmt nicht in allen Punkten mit Ihnen übereinstimme." „Ich habe gefühlt, daß mir wesentliche Bereiche menschlichen Zusammenlebens bisher verschlossen waren oder verschlossen sind." „Mir ist die Oberflächlichkeit vieler Beziehungen unter Menschen, besonders an der Universität, deutlich geworden. Ich habe viele Sachen bestätigt gesehen, die ich bisher ungeordnet in meinen Erfahrungen gesammelt hatte." „Ich fühle, daß ich in dieser Unterrichtsveranstaltung sehr Bedeutendes für mich gelernt habe. Was das im einzelnen konkret ist, vermag ich zu diesem Zeitpunkt noch nicht zu sagen. Eine Tatsache habe ich an mir mit Sicherheit feststellen können: Es fällt mir nicht mehr so schwer, mit völlig fremden Menschen zu reden bzw. auf sie zuzugehen. Diesen Erfolg führe ich u. a. auf die kurzen Diskussionen in der Vorlesung in Kleingruppen mit den übrigen Studenten zurück, zu denen wir direkt aufgefordert wurden, was bei mir anfangs großes Mißfallen auslöste."

„Trotz vieler Hinweise glaube ich nicht, daß man sich als Lehrer in der Schule ‚offenbaren' kann. Ich möchte es aber nicht ganz ausschließen, daß es an meiner eigenen Person liegt." „Ich konnte meine eigenen Gefühle zu dem Gehörten in Augenschein nehmen. Und ich habe das Gefühl, daß mich diese Veranstaltung an Erfahrungen bereichert hat." „Diese Veranstaltung hat mir teilweise Mut gemacht, da ich selber sehr verschlossen und ruhig bin." „Bei vielen Dingen, die Sie gesagt haben, hatte ich ein sehr positives Gefühl. Allerdings habe ich mich unangenehm verpflichtet gefühlt, zu hohe Ansprüche an mich zu stellen, zu hoch deshalb, weil ich sie nicht erfüllen kann. So bemühe ich mich zwar, einem anderen Achtung entgegenzubringen und ihn zu akzeptieren, aber ich werde ihm meine Gefühle nicht sagen, weil ich Angst vor Kränkungen habe." „Mir hat diese Vorlesung sehr viel gebracht. Sehr viele Werte wurden ausgedrückt, und ich merkte, daß diese Werte stark zu meiner Person gehören." „Ich muß meinen eigenen Unterrichtsstil überprüfen. Ich bin bereits Lehrer. Ich muß die Gruppenarbeit und die Selbsterfahrung der Schüler wahrscheinlich mehr in meinen Unterricht einbauen."

„Die Vorlesung hat mir gutgetan. Ich fühlte so etwas wie seelische Nahrung. Sie gab mir ein Gefühl der inneren Wärme. Meine Gefühle wurden stark angesprochen. Ich fühlte mich schon in meiner praktizierten Offenheit und Ehrlichkeit gestärkt. Fast jedesmal erwarb ich neue Kenntnisse bezüglich meiner zwischenmenschlichen Beziehungen." „Trotz dieser zahlenmäßig ungeheuer großen Vorlesung ist mir in der ‚Masse' einiges in meinem persönlichen Bereich klar geworden, z. B. wodurch Schwierigkeiten in meinem Partnerschaftsverhältnis entstanden sein können und wie ich mir selbst gegenüber offener sein kann." „Ich sehe in meinen Schülern jetzt Menschen, nicht mehr nur ein Material, das ich bearbeiten muß. Ich sehe Menschen, die fühlen und denken. Und ich versuche, sie zu verstehen."

Personenzentrierte Encountergruppen können die Persönlichkeitsentwicklung und die humanen Haltungen ihrer Teilnehmer fördern. Was sind personenzentrierte Encountergruppen? 10–15 Personen treffen sich für etwa 2½ Tage, zusammen mit 1–2 Helfern. Im Vordergrund steht die Auseinandersetzung jedes Mitgliedes mit sich selbst. Es ist eine Reise der Mitglieder in ihre innere Welt, eine Erforschung des eigenen Selbst und ein Kennenlernen der inneren Welt anderer. Ermöglicht wird dies vor allem durch die hilfreichen Haltungen des Gruppenhelfers und der übrigen Gruppenmitglieder. Carl Rogers, der diese Form intensiver zwischenmenschlicher Begegnung entwickelte: „Die Gruppe ... ist relativ unstrukturiert und sucht sich ihre eigenen Ziele und persönlichen Richtungen. ... In fast allen Fällen besteht die Verantwortlichkeit des Leiters in erster Linie darin, den Ausdruck von Gefühlen und Gedanken seitens der Gruppenmitglieder zu erleichtern. Der Gruppenleiter und die Gruppenmitglieder konzentrieren sich auf den Prozeß und auf die Dynamik der unmittelbaren persönlichen Begegnung. ... In einer Gruppe läßt sich ein psychologisches Klima der Sicherheit herstellen, in dem sich nach und nach die Freiheit des Ausdrucks und die Verminderung der Abwehr einstellen. ... Ein Klima gegenseitigen Vertrauens entwickelt sich aus dieser wechselseitigen gemeinsamen Freiheit, echte positive wie negative Gefühle auszudrükken. Jedes Mitglied gelangt zu größerer Akzeptierung seines totalen emotionalen, intellektuellen und physischen Seins, so wie es *ist*, einschließlich seiner Möglichkeiten. ... Mit verminderter Abwehr Rigidität können Personen einander besser verstehen und in größerem Maße voneinander lernen. ... Die größere Freiheit und verbesserte Kommunikation führt zu neuen Ideen, neuen Konzepten und neuen Richtungen. ... Das Lernen in der Gruppe wirkt sich nach der Gruppenerfahrung zeitweilig oder auch dauerhaft auf die Beziehungen zu Ehegatten, Kindern, Studenten, Untergebenen, Ebenbürtigen und sogar Überlegenen aus. ... Der Stil des Leiters und sein eigenes Konzept des Gruppenprozesses sind für die Erfahrung und das Verhalten der Gruppe ausschlaggebend" (Rogers, 1974 b, S. 14 u. 15).

Wir kennen derzeit keine andere Möglichkeit, durch die die Persönlichkeitsentwicklung und die zwischenmenschlichen Haltungen von Personen derartig gefördert werden, vorausgesetzt: Der Gruppenhelfer lebt gleichzeitig und in hohem Ausmaß die förderlichen Haltungen von Echtheit, Verstehen der inneren Welt der Mitglieder sowie Achtung–Wärme. Diese Erfahrungen führen zu einer tiefen Begegnung und Auseinandersetzung der Mitglieder mit sich selbst, zu größerem Kontakt mit dem eigenen Fühlen, zum Verstehen der inneren Welt anderer, zu Echtheit sowie Achtung–Wärme miteinander. Encountergruppen sind für viele Personen der Beginn einer deutlichen Persönlichkeitsentwicklung, die sich danach fortsetzt. Inhomogene Encountergruppen sind meist besonders förderlich, also Gruppen mit größerem Altersgefälle, stark unterschiedlicher Schul- und Berufsausbildung (Arbeiter, Akademiker) und mit Personen verschiedenartiger psychischer Beeinträchtigungen oder Körperbehinderungen[1]). Die Auswirkungen personenzentrierter Encountergruppen auf die Persönlichkeitsentwicklung möchten wir hier nicht in Form detaillierter empirischer Befunde darstellen (z. B. Rogers, 1974 b; Bruhn u. a., 1976; Westermann u. a., 1976; A. Tausch u. a., 1975; Tausch u. Tausch, 1977). Danach ermöglichen personenzentrierte Encountergruppen mit hochqualifizierten Helfern bei ca. 80–90 % der Teilnehmer den Beginn einer konstruktiven Persönlichkeitsentfaltung.

Wir möchten im folgenden einige Vorgänge einer derartigen konstruktiven Persönlichkeitsentwicklung von Lehrern, Erziehern und Eltern aufzeigen in Form wörtlicher Aussagen. Diese machten sie einige Wochen nach ihrer Teilnahme an einer Encountergruppe gegenüber einer fremden Person in einem Interview (Wittern u. a., 1977) oder in Briefen an uns. Vereinzelt ziehen wir auch Äußerungen von Personen aus anderen Berufsgruppen heran. Sie verdeutlichen, wie notwendig eine derartige Persönlichkeitsentwicklung für jede hilfreiche Person-zu-Person-Beziehung ist. Die Äußerungen haben wir unter dem Gesichtspunkt wesentlicher Vorgänge geordnet. Viele Äußerungen jedoch lassen sich auch anderen Vorgängen zuordnen.

Verminderung von gefühlsmäßigen Einengungen und Verödungen. Personen achten mehr auf ihr Fühlen, sie erfahren ihr Fühlen unmittelbar und reicher. Lehrer: „Ich glaube, daß ich da so 'ne neue Stufe für mich erreicht habe. Ich war in diese Gruppe gekommen mit dem Gefühl, irgendwo hast du vielleicht noch Probleme, aber im Grunde bist Du ganz in Ordnung. Ich hatte so ziemlich verdrängt, daß ich früher gespürt hatte, so irgendwie so 'nen Eisenreifen ums Herz. Also ich erinnere mich da immer so an die Geschichte ‚Der Eiserne Heinrich'. Und da heißt es als Antwort: ‚Es war ein Eisenreifen, der um sein Herz geschmiedet war, weshalb er nicht aus sich herauskommen konnte.' Und so'n Gefühl hatte ich oft in vielen Situationen, wenn's darum ging, Gefühle zu zeigen; daß ich irgendwo eingeengt war. Und das Gefühl war in der Gruppe weg. Und da fühlte ich mich wirklich total frei, ich selbst. Ich kann nicht sagen, daß es jetzt in jeder Situation noch so ist. Aber ich glaube, es ist sehr wichtig, daß ich das einmal so erlebt habe."

---

[1]) Sprachliche Beschreibungen geben ein unzureichendes Bild von Encountergruppen. Eine 1stündige Zusammenfassung einer 2tägigen personenzentrierten Encountergruppe von uns ist in den III. Fernseh-Programmen Südwest, Bayern und West unter dem Titel „Reise zum unbekannten Ich" im März 1976, Januar 1977 sowie April 1977 ausgestrahlt worden. Die Sendung wird wahrscheinlich über das Institut für Film und Bild, Göttingen, sowie über den Medienverbund Bayerischer Universitäten, Bereich Klinische Psychologie, für Ausbildungsinstitutionen ausleihbar sein. Es handelt sich um eine Gruppe von bisher einander unbekannten Mitgliedern im Alter von 17–70 Jahren, darunter nur 1 Mitglied mit akademischer Ausbildung. Personen, die diese Aufzeichnung sahen, wurden häufig angeregt, sich mit sich selbst in einer hilfreichen Gruppe auseinanderzusetzen (Tausch u. Tausch, 1977 b).

Lehrer: „Ich hab' das deutliche Gefühl, mein Unterricht heute ist sehr, sehr viel besser. Ich habe vor der Encountergruppe sicher einen guten Unterricht gemacht. Der wäre sicherlich von Seminarleitern gut beurteilt worden. Aber es war von mir persönlich nichts drin. Ich habe einen hervorragenden Kopf-Unterricht gemacht, auch für die Schüler. Und das ist heute ganz anders, wirklich anders."

Lehrerin: „Also meine Person im Unterricht und der Kontakt zu den Schülern, das ist persönlicher geworden."

Lehrer: „Die Gespräche mit den Schülern waren schon immer offen. Aber ich kann jetzt gefühlsmäßig offener sein. Meine eigenen Empfindungen so reingeben in die Klasse. Ich hab' z. B. sehr ausführlich von meinen Erlebnissen in der Encountergruppe erzählt. Das hat die Schüler ganz stark berührt. Ich kann jetzt weniger kontrolliert sein, wirklich. Ich kann mich eher reingeben und hab' damit automatisch positive Erfahrungen gemacht."

Personen werden echter, sie wagen es mehr, sie selbst zu sein, ohne Fassade und ohne Maske. Lehrer: „Ich selbst hatte sehr intensive Erlebnisse in der Gruppe. Das hing damit zusammen, daß ich anderen gegenüber so 'ne Fassade aufbaue, so'n starken Mann spiele. Und mich eigentlich nicht traue, mich in meiner Verletzlichkeit oder Schwäche zu zeigen. Und das hat einer in der Gruppe sehr gut gespürt. Und hat mir das immer vorgehalten. Ich hab' das aber überhaupt nicht kapiert, was damit gemeint war. Das haben mir zwar vorher auch schon mal Leute gesagt, daß ich irgendwie so nach außen wie ein Eisberg wirke. ... Also, das war für mich nun ein sehr wichtiges Ereignis, daß mir das gefühlsmäßig gelungen ist, das aufzubrechen."

Wie dieses geschah, beschreibt dieser Lehrer selbst und gibt damit einen tiefen Einblick in die Vorgänge der menschlichen Begegnung in der Gruppe:

„Ja, der eine empfand mich also als unheimlich unecht und aufgesetzt. Ich würde ja nicht mich selbst äußern und mich selbst darstellen, sondern mich eben immer so über andere Sachen aufregen und so, ob das nun politische oder Schulprobleme sind. Also über solche Aufhänger erst aktiv werden, ohne tatsächlich mich selbst zu zeigen und darzustellen. Ich fühlte mich stark angegriffen und ging dann auch gleich in Alarmhaltung, wie ich das bei mir so bezeichne. Ich merkte das auch körperlich: Blutdruck, hellwach, total, bin voll da. Richtig so gespannt, jetzt auf Zurückschlagen-Wollen. Und da war nun das Tolle von der Gruppe, auch verstärkt durch die psychologische Helferin, daß die sagten: ‚Nein, auf die Masche, da spielen wir nicht mit. Auf die Masche fallen wir nicht rein.' Ich sagte nämlich so was von Reinkämpfen und so. Daß ich das so'n bißchen bräuchte. Wenn dann einer angreift, dann O. K. Dann können wir ja einen ausboxen, nicht? Und dann stellen wir mal fest, wer Sieger bleibt. Ich bin auch bereit zu verlieren, aber erstmal wird gekämpft. Und das ist, glaube ich, auch so meine Haltung immer. Auch jetzt noch teilweise. Erst auf Abwehr zu gehen. Wenn einer auf mich zukommt, ja mißtrauisch zu sein. Na ja, die Gruppe sagte: ‚Wir wollen nicht so angreifen, daß Du zurückschlägst.' Sondern sie haben immer wieder darauf beharrt, mir das zu sagen, wie sie mich sehen. Und nachdem der eine das gesagt hat, haben das offensichtlich mehrere gemerkt, daß das nicht so ist. Sondern daß ich mich sehr stark verstecke, statt mich zu zeigen. Na ja, irgendwann kam ich nicht weiter. Ich sagte: ‚Also mir reicht's jetzt. Ich seh' das jetzt, wie Ihr das versteht. Aber ich kann damit nichts anfangen so. Ich glaub', Ihr verschwendet weiter Zeit.' Und dann gingen sie auch auf ein anderes Problem ein. Ich merkte aber die ganze Zeit, daß das unheimlich in mir arbeitete. Und dann klingelte es zum Mittagessen, und die waren eigentlich auch fertig mit ihrem Gespräch. Und einige wollten schon aufstehen, da sagte ich nur, daß alle sitzenbleiben: Ich wollte der Gruppe gerne mitteilen, wie ich mich jetzt fühle. Irgendwie merkte ich: Irgend etwas ist jetzt anders geworden. Du kannst Dich tatsächlich hier mal einer Gruppe zeigen. Ich sah, daß ich keine Angst haben müßte, daß die mich ablehnen deswegen.

Das stieg dann in mir hoch. Da kam eigentlich ein unheimlicher Schmerz auf mich zu. Ich hatte so in dem Moment den Gedanken, als kleiner Junge auf dem Stein zu sitzen, unheimlich verlassen. Ich hab' dann wahnsinnig geheult, was ich einerseits als eine Erleichterung empfunden habe, weil ich gar nicht mehr wußte, daß ich noch so weinen kann. Ich hab' geschluchzt wie so'n Kind. Daß man so wie so'n Kind noch weinen kann, das war mir neu. Wenn dann der Schmerz wieder nachließ, dann guckte ich wieder hoch und in die Gesichter der andern. Und wenn ich wieder hochguckte, kam eigentlich dieser Schmerz wieder. Und ich fing wieder an zu weinen. Aber dann konnte ich es eigentlich ertragen, daß ich die andern anguckte. Und dann ging auch dieses Schluchzen und Weinen, das ging dann auch so in Lachen über. Das war so ganz seltsam. Derselbe Rhythmus also im Grunde, den man beim Schluchzen und Geschütteltwerden hat, der ging in so ganz schönes und befreiendes Lachen über. Ich fühlte mich sehr wohl und geborgen. Es kam auch ein – und das war sehr wichtig – ein Gruppenmitglied auf mich zu, als ich so weinte. Also ich merkte das gar nicht, wer das war. Ich spürte nur, daß so jemand da war. Es war auch sehr gut, so Haare und wuschlig und so. Das war der zweite Helfer in der Gruppe, den ich bisher gar nicht so akzeptierte... Als ich dann hochguckte und merkte, daß er es war, war ich unheimlich erstaunt. Ich hätte nie gedacht, daß der es war. Ich hatte sowieso vermutet, daß es nur 'ne Frau war. Das ist vielleicht auch typisch, daß ich in diesem Moment höchstens Hilfe, also Mitgefühl von einer Frau erwartet hab' und überhaupt nicht von einem Mann."

Personen setzen sich mit sich selbst auseinander, auch mit ihren ungünstigen Bereichen und Erfahrungen. Sie sehen neue Bedeutungen ihrer Person, sie lernen und wachsen. Kapitän: „Ich habe meine Menschlichkeit verdrängt durch mein Strebertum... Ich war so einer, der alles leisten wollte, was man von außen von ihm erwartet. Ich machte alles Mögliche. Ich bin noch nach N.... gegangen und hab' da noch Prüfungen abgelegt. Das waren alles nur Selbstbestätigungen. Wenn ich feststellte, wie die ausgefallen waren, dann war ich wieder für kurze Zeit befriedigt. Aber dann setzten wieder die Zweifel ein. Nur in meinem Job, da war ich erfolgreich. So im Menschlichen, da war ich voller Hemmungen... Ich hab' mir 'n ziemlich dickes Schild aufgebaut. Ich brauch' da einen dicken Bohrer, um ein Loch reinzukriegen... Mitgefühl, das kenn' ich nicht, aber in der Gruppe, da fand ich das richtig erleichternd."

Lehrer: „Das ist mir da zum erstenmal klar geworden: Daß sich schwach zeigen eine Stärke bedeutet. Daß dieses, was bei uns so allgemein an Stärke gezeigt wird, eigentlich recht wenig echte Stärke ist. Weil sie eben nur mehr oder weniger auf Kraftmeierei beruht. Nicht eigentlich darauf, wirklich Schmerz empfinden zu können, verwundbar sein zu können und eben auch ertragen zu können. Irgendwie war es dann auch 'ne logische Sache, daß man als Schwächling tatsächlich eben auch stark sein kann. So unlogisch das vernunftmäßig zwar klingt. Aber gefühlsmäßig ist das schon logisch. Ich glaube auch, daß ich das danach meinen Schülern vermitteln konnte. Zumindest haben einige sehr stark darauf reagiert. Bei anderen gab's Schwierigkeiten, bei denen, die sonst ganz andere Männlichkeitsbilder als Vorbilder haben. Ja, und immer provozieren, um zu sehen, wann haut der nun doch zurück."

Lehrer: „Ich hatte diese aggressiven Seiten in mir in den letzten Jahren eingemauert. Ich machte immer nur in Verstehen und in Wertschätzung anderen gegenüber. Ich wollte das. Ich sah, daß das gut war. Aber die anderen sagten mir, da stimmt doch was nicht bei Dir. So wie Du z. B. Deine Freundin behandelst, da bist Du doch ganz anders. Und ich hab' erkannt, daß ich diese aggressiven Seiten jahrelang versteckt habe. Sie kamen zwar nicht offen raus, aber sie kamen überall so dünn mit hinein. Und allmählich lerne ich, auch diesen Teil meiner Person zu sehen und mich damit auseinanderzusetzen."

Lehrerin: „Viele Dinge, die ich bisher so störend an mir fand, brauchte ich da gar nicht mehr in der Gruppe: Mich so in den Vordergrund zu drängen, was mir so liegt. Viel zu reden. Ich hab' mich da in der Rolle immer sehr wohl gefühlt, viel zu reden. Aber die andern nicht. Ich brauchte das hier in der Gruppe nun auf einmal gar nicht mehr zu tun. Ich war anteilnehmend an den anderen und konnte so gut stille sein. Ich war so in dem – ja so im Gefühlsbereich so aufmerksam. Während ich sonst immer nur aufmerksam bin im sachlichen Bereich. Es sind sehr viele Dinge da persönlich von mir zum Klingen gebracht worden. Und ich habe mich in vielen Teilaspekten meiner Person in den anderen wiederfinden können."

Arzt: „Manchmal merk ich richtig, es liegt an mir, ich kann diese Anteilnahme nicht bringen. Manchmal ist die Visite völlig daneben. Ich meine, so am Patienten vorbei. Ich war dann einfach zu unkonzentriert. Ich hab dann nicht genug gehört, was der Patient mir noch sagen wollte. Ich spürte doch, da war noch was, was er mir sagen wollte. Das klappt manchmal ganz gut. Dann kann ich auf ihn eingehen. Aber manchmal gibt's so Situationen, da läuft es dann nicht. Oder aber auch: Es gibt Patienten, die so weitschweifig ausholen. Heute kann ich ihnen schon sagen: ‚Ich habe Zeit für Sie, aber nur eine bestimmte Zeit. Da sind noch andere Patienten, die mich sprechen wollen.' Und das können die eigentlich ganz gut akzeptieren, wenn ich ihnen das so sage."

Kindergärtnerin: „Ich habe viel gelernt. Ich fühle, mein inneres System hat sich geändert."

Dozent an einem Lehrer-Fortbildungsinstitut: „Was mich persönlich am meisten bewegt, ist die Chance, für mich zu wachsen, mich zu entwickeln, zu lernen."

Das offene, weitgehend verteidigungsfreie Auseinandersetzen der Lehrer mit der eigenen Person im Unterricht, ihre wachsende Verantwortlichkeit für die eigene Person veranschaulichen die folgenden Äußerungen; Probleme werden weniger als äußere Objekte, sondern eher als gewisse Arten des Erfahrens und Erlebens gesehen. Lehrer: „Das macht mir eigentlich noch immer sehr viel Mühe. Das war auch heute wieder so in der Schule. Ich war schon sehr viel lockerer als früher. Aber ich muß mich da auch noch immer sehr anstrengen. Es ist noch nicht so selbstverständlich. Ich ertappe mich oft dabei, daß ich das Geschehen der anderen, was dort geschieht, zu angestrengt verfolge. Sicher, ich muß als Lehrer in der Klasse darauf achten, was geschieht. Aber das krieg' ich noch nicht richtig mit meinem persönlichen Bedürfnis in Einklang, auch locker, leichter und heiterer die Dinge zu sehen. Ich hab' immer so das Gefühl: Immer irgendwie so verantwortlich sein zu müssen für das, was geschieht. Ich muß ehrlich sagen, daß ich mich sehr schwer davon losmachen kann. Ich spüre sehr den Wunsch der Schüler an mich, ihre Forderung an mich, daß ich etwas für sie tue. Und je mehr ich das spüre, desto mehr bedrückt es mich auch. Und dann entgeht mir so meine Leichtigkeit, die geht mir im Grunde dabei verloren."

Lehrer: „Die Schüler erleben mich jetzt anders. Sie haben mich früher immer als sehr mürrisch empfunden, was ich gar nicht verstehen konnte. Ich hab' mich nie als mürrisch empfunden. Ich hab' das für mich selbst gar nicht so richtig registriert. Ich bin eigentlich ein Mensch, der 'ne Menge aushält. Auch psychisch, glaube ich. Ich halt' das schon aus, auch mal anstrengen. Aber trotzdem, es ist wohl irgendwo so in meinem Gesicht gewesen, daß ich mich unwahrscheinlich anstrengen muß. Das war lange, das haben die immer so empfunden. Ich komm' rein in die Klasse, und ich fühl' mich ebenso, na ja: ‚Guten Tag!' und so. Aber da muß wohl irgendwo so in meinem Gesicht gestanden haben: So, jetzt muß ich dies tun. Jetzt geschieht das wieder! Was mache ich nun? Wie bring' ich das in den Griff? So! Im

Grunde so wie jemand, der handeln muß, der das in den Griff kriegen muß, der Verantwortung hat. Wenn ich handelte, wenn ich meinte, die Dinge jetzt für die andern in den Griff kriegen zu müssen, dann kann ich eine Sprache sprechen, sehr bestimmt, sehr beherrscht, sehr laut. Die Schüler wurden im Grunde genommen durch die Sprache in den Griff genommen. Und das merken die Schüler natürlich genau, was da mit ihnen geschieht. Sie können das zwar nicht richtig zum Ausdruck bringen, aber sie sagen es auf andere Weise, so: ‚Du bist mürrisch.' Na ja, das hat mir einen Stich versetzt. Ich wollte nicht mürrisch sein und ich empfand mich nicht als mürrisch. Und trotzdem war es so. Und das ist anders geworden. Das hab' ich jetzt auch ganz stark von den Schülern als Rückmeldung bekommen, daß ich anders in die Klasse gehen kann. Und die Sache auch leichter sehe. Und auch anders aussehe, in der Mimik, in der Sprache. Ganz entscheidend meine Sprache spielt dabei offenbar eine große Rolle."

Größere Kontaktbereitschaft, Fähigkeit zu größerer Nähe mit Menschen, Beziehungen zu anderen mehr auf der Basis unmittelbarer gegenwärtiger gefühlsmäßiger Erfahrungen. Lehrer: „Ich hab' mich danach sehr wohl gefühlt. Ich hatte den Eindruck, daß ich allen Menschen erstmals offen und frei begegnen konnte. Nicht mehr Angst haben zu müssen. Ich kann nicht sagen, daß ich früher nicht auf Menschen zugehen konnte. Aber immer mit so einer gewissen Abwehrhaltung von vornherein mit dabei. Erstmal gucken: Was tut der mit mir? Also immer mit der Angst, irgendwie verletzt zu werden, daß mir igendeiner zu nahe kommt und mich verletzen könnte."

Arzt: „Ich denk' da so an Gespräche mit Leuten, die sterben müssen. Diesen Gesprächen bin ich früher immer ausgewichen. Ich hör' immer noch meinen Chef sagen: ‚Nur nicht drüber reden, sonst dreht der Patient durch.' Meine Erfahrung ist, daß solche Gespräche durchaus 'ne Hilfe für den Patienten sein können. Nicht für alle Patienten. So'n bißchen glaub' ich aus den Kranken herausspüren zu können, was sie hören können. Es ist ein Vertrauen, das man da geschenkt bekommt. Es ist ein anderes Vertrauen als sonst. Was man sonst so bekommt, das ist so die Frage: ‚Tut die Spritze weh?' Das ist so 'ne andere Sache, während hier das auf menschlicher Ebene ist. So von Mensch zu Mensch."

Lehrerin: „Ich hab' jetzt die Erfahrung gemacht, daß ich auf andere zugehen kann. Das war, glaube ich, für mich das Entscheidendste. Und daß die anderen Leute mich offenbar dann auch freundlicher behandeln. Mir kommt das so vor. Offensichtlich habe ich jetzt irgendwie so einen offeneren Ausdruck für andere."

80jähriger: „Ich beurteile die jungen Leute doch ein bißchen anders, verstehe das ein bißchen mehr, wenn die anders denken als ich. Denn sonst sagt man ja immer, die haben doch heute alle Fehler, bloß wir nicht. Und wir haben wieder Fehler in den Augen der jungen Leute. Ich schätze sie heute anders ein, und ich bin froh darüber."

Rentnerin: „Ich bin großzügiger geworden, auch der Jugend gegenüber, auch den Kindern gegenüber. Früher habe ich immer vom Balkon herunter geschimpft. Da bin ich anders geworden."

Ärztin: „Da war so manchmal die Überlegung, mehr Psychologen an unsere Klinik zu holen. Aber ich meine, das ist dann für uns als Ärzte eine Alibi-Funktion. Es entbindet uns davon, uns um mehr Menschlichkeit im Kontakt mit den Patienten zu bemühen."

Förderlichere Beziehungen zu anderen in Beruf und Ausbildung. Lehrerin: „Ich hätte also nie erwartet, daß ich so umgekrempelt würde in einer Encountergruppe. Das hat sich unwahrscheinlich ausgewirkt, so auf alle möglichen Leute. So z. B. mit einer Kollegin, mit der war sonst immer so 'ne Wand zwischen uns." Ein Dozent schreibt uns: „Vielleicht ist es interessant für Euch zu erfahren, welche Wirkungen Ihr bei uns ausgelöst habt. Ich sehe positive Auswirkungen, freiere Personen und geänderte Beziehungen bei allen Professoren, die daran teilgenommen haben. Was ich aber täglich erfahre, ist, mit mir selbst und anderen besser auszukommen. Davon bin ich einfach nach wie vor begeistert."

Lehrer: „Zu den Kollegen, glaube ich, daß sich da schon einiges geändert hat. Auch daß man jetzt offener spricht über die Probleme, die man hat. Das merkt man auch. Gerade heute wieder, als ich nach der 6. Stunde reinkam ins Lehrerzimmer, da saß noch eine Kollegin. Wir haben noch 'ne halbe Stunde geklöhnt. Weil sie einfach so fertig war. Sie hat mit einer speziellen Klasse Schwierigkeiten."

Lehrer: „Also es waren jetzt 3 Kollegen von unserem Kollegium im Encounter. Ich muß sagen, in unserem Kollegium hat das sehr viel ausgelöst. Es ist direkt eine Revolutionierung der Beziehungen. Obwohl, wie gesagt, von 22 Leuten nur 3 da waren, hat das sehr viel aufgebrochen. Nicht in der Beziehung zu allen, aber es hat doch mindestens die Hälfte des Kollegiums mit erfaßt. Für die Beziehungen innerhalb der Kollegen, da sehe ich jetzt direkt einen großen Fortschritt."

Sozialarbeiter, der Schwerbehinderte in einer Wohngemeinschaft betreut: „Leute, ich weiß jetzt endlich, wo es hingeht. Ich lege jetzt die Entscheidung darüber, was läuft, bei den Leuten und nicht bei mir. Bisher hab' ich den Experten herausgekehrt. Ich hab' keine andere Möglichkeit gesehen, als die anderen zu führen und ihnen erst später mal Selbstbestimmung zu geben. Aber jetzt weiß ich: Wenn etwas wirklich laufen soll, dann muß die Führung bei den anderen liegen. Dann müssen sie sagen: ‚Das wollen wir.' Ich hab' bisher schon einige Trainings und so was mitgemacht. Aber erst in diesem Encounter ist mir klar geworden, die andern über ihr Leben bestimmen zu lassen."

Lehrer-Studentin: „Wir haben da einen Professor, der ist immer sofort beleidigt, wenn wir Studenten anderer Meinung sind als er. Wir wissen dann beim nächsten Seminar gar nicht, wie wir uns ihm gegenüber verhalten sollen. Da bin ich zu ihm hingegangen. Es fiel mir verdammt schwer, aber ich hab's gewagt. Ich sagte zu ihm: ‚Ich mach' mir Gedanken über Sie. Sie sind immer so leicht gekränkt, wenn wir Studenten etwas gegen Sie sagen. Wie kann ich Ihnen helfen, daß Sie dann nicht immer gleich so gekränkt sind. Wir wollen Sie gar nicht kränken, aber wir merken es erst, wenn es zu spät ist. Ich hab' mir überlegt, ob Sie uns ein Zeichen geben könnten, ob Sie vielleicht Ihre Hand heben könnten, wenn es Ihnen zuviel wird. Dann hören wir auf!?' Und denkt Euch, bei den nächsten Seminaren lief es dann ganz gut mit ihm und uns. Ich weiß nicht, wie das kommt, aber es gab kaum Spannungen."

Lehrer: „Die Eltern haben auf mich zunächst auf dem Elternabend mit Stirnrunzeln reagiert. Das war für sie etwas Fremdes. Das hab' ich so bei ihnen beobachtet. Und das hab' ich auch zum Ausdruck gebracht. Und ich hab' ihnen gesagt: ‚Ich möchte Ihnen mal einfach so erzählen, was ich erlebt habe.' Denn ich wollte den Eltern klarmachen, was jetzt in der Klasse anderes passiert. Und dann habe ich einfach losgelegt. Wie mir das so kam. Und je mehr ich davon erzählte, desto interessierter wurden die Eltern, betroffener, ja emotional berührter. Und das Gespräch, was danach in Gang kam zwischen den Eltern, das war plötzlich ganz anders, als was es sonst immer war. Und ich konnte manchen Eltern auch so Dinge sagen, die sie sich vielleicht noch nie haben anhören müssen. Das ist mir eigentlich erst nachher klar geworden. Da war so ein Vater, der zum erstenmal auf 'nem Elternabend war. Und der war so unwahrscheinlich aggressiv. Als der so losschoß! Na ja, und dem hab' ich gesagt, wie ich das so empfand. Daß er auch versuchte, andere Eltern fertigzumachen und so. Und danach war er ganz anders. Er war völlig anders. Und er sagte nachher auch: ‚Das will ich natürlich gar nicht. Ja, und das berührt mich, daß ich so bin, daß Sie mich so empfinden.' Nachher kam seine Frau zu mir: ‚Ach', sagte sie, ‚das war ja ein Erlebnis für mich. So hab' ich ja meinen Mann noch nie verändert gesehen.' Also die andern Eltern, die waren plötzlich so interessiert. ‚Wir wollen uns doch mal treffen und so.' Oder die sagten: ‚Das möchte ich auch mal gern machen.'"

Lehrer: „Ich hab' jetzt eine unwahrscheinlich hohe Toleranzschwelle. Das, was mich sonst also schon genervt hätte, das kann ich jetzt noch gut ertragen. Und auch den Schülern sagen: ‚Du, jetzt gehst Du mir auf die Nerven!' Also, sie rechtzeitig ansprechen. Früher konnte ich manchmal gar nicht anders als schreien. Das wirkte dann wie so'n Keulenschlag, und die Schüler waren dann entsprechend sauer. Aber wenn die Schüler permanent auf gerade so einem bloßgelegten Nervenstrang herumtraten, das tat mir dann sehr weh."

Lehrerin: „Also meine Ruhe beeinflußt sie doch sehr günstig. Die Schüler haben sich selber auch viel wohler gefühlt die letzten 14 Tage nach der Encountergruppe. Es war so irgendwie eine ganz andere Atmosphäre. Bei einem Schüler, da hat sich's deutlich gezeigt. Mit dem liege ich eigentlich schon seit 2 Jahren, eigentlich liegt jeder mit dem seit 2 Jahren im Klinsch. Er hat irgendwie so'n Lehrerhaß, so'n Autoritätshaß. ... Ich hab' wohl einfach wahrscheinlich den richtigen Ton gefunden. Ich hab' ihm auch gezeigt: Ich halte was von Dir, was Du machst. Und ich hab' gesehen, daß Du Dich angestrengt hast. Ja, das ist wichtig, daß ich das tue. ... Ich seh' jetzt mehr die Bemühungen der Schüler, ihr persönliches Engagement. Und das ist da ganz deutlich geworden, daß ich das besser erkennen konnte und ihnen auch sagen konnte."

Diese Äußerungen demonstrieren die Bedeutung der Persönlichkeitsentwicklung für hilfreiche zwischenmenschliche Beziehungen. Lehrer, Erzieher, Eltern und andere Personen beginnen reichere, funktionsfähigere Personen im Umgang mit anderen zu sein. Diese vielfältigen Änderungen kommen bei einer Lehrerin so zum Ausdruck: „Ich habe immer gedacht, wenn ich vor der Klasse stehe, ich müßte ein Lehrer sein. Und hier habe ich erfahren, ich kann Kindern ein Mensch sein. Und diese Echtheit fasziniert mich."

Förderlicher Umgang mit Streß-Belastungen

Möglichkeiten für Erwachsene und Jugendliche

Dieses Kapitel über den Umgang mit Streß-Belastungen ist eine wesentliche Ergänzung der bisherigen Auflage dieses Buches. Aus folgenden Gründen:

1. Viele Lehrer–Eltern scheitern bei ihren Bemühungen um einen partnerschaftlichen Umgang mit Kindern–Jugendlichen. Häufig ist dies dadurch bedingt: Sie empfinden Situationen in Unterricht und Erziehung, die nur etwas schwierig sind, als streßvoll und emotional belastend und können damit nicht förderlich umgehen. Um den Belastungen zu entgehen, geben z. B. Lehrer ihren partnerschaftlichen Umgang mit Schülern auf.

2. Auch viele Schüler erleben während ihres Heranwachsens seelische Streßbelastungen: Ängste, Enttäuschungen, Ärger, Sinnlosigkeit und Verluste. Wie können sie mit diesen Situationen und Gefühlen besser umgehen? Aufgrund zahlreicher Befunde und Erfahrungen bin ich zur Einsicht gekommen: Das Erlernen angemessener Bewältigungsformen von schwierigen Situationen in Kindheit und Jugend ist eine hilfreiche Voraussetzung, um im späteren Leben mit den unvermeidbaren Enttäuschungen, Verlusten und Schwierigkeiten angemessen umzugehen und sie zu bewältigen.

Aus diesen Gründen habe ich die 10. Auflage der Erziehungs-Psychologie um dieses Kapitel ergänzt. Es ist eine Zusammenstellung wichtiger Gedanken aus dem Buch: Reinhard Tausch, Hilfen bei Streß und Belastung, 5. Aufl., Rowohlt-Taschenbuch, 1998.

In den letzten sieben Jahren habe ich mich intensiv mit der Frage beschäftigt: Wie können Menschen förderlicher mit ihren seelischen Belastungen umgehen? Einige Hauptgedankten möchte ich Ihnen hier mitteilen.

Wie bin ich dazu gekommen?

Als meine Lebensgefährtin Anne-Marie vor 11 Jahren an Krebs erkrankte, da erlebte ich es bei ihr mit, wie sie sehr viel unternahm, um trotz der seelischen Belastungen durch die Krankheit und durch medizinische Behandlungsmethoden seelisch heil zu bleiben. Ich sah z. B. bei ihr den Wert von intensiven Entspannungsübungen, die ihr viele unangenehme Gefühle nahmen, auch vor Operationen. Und ich sah bei ihr die Wichtigkeit von Gedanken und Einstellungen: Bald nach ihrer Erkrankung erarbeitete sie sich eine Einstellung, offen und annehmend zu sein für die Wahrscheinlichkeit des Sterbens, aber auch offen zu sein für ein sehr bewußtes Leben.

Auch meine Gefühle im Zusammenhang mit ihrer Krankheit und ihrem schließlichen Sterben vor 7 Jahren hingen sehr davon ab, welche Gedanken, Einstellungen und Bewertungen ich zum Leben und Sterben hatte, in welcher Bedeutung ich sie wahrnahm. Ich erfuhr eindringlich, daß es wesentlich von meinen Einstellungen und Gedanken abhing, welche Gefühle ich hatte: tiefe Traurigkeit, seelische Schmerzen oder Dankbarkeit und Gelassenheit.

So wurden meine Augen offener, wie Menschen mit belastenden Gefühlen umgehen und wie bedeutsam die Selbsthilfe bei der Bewältigung von seelischen Schwierigkeiten ist.

Ferner wurde mir die *Notwendigkeit des Lernens eines förderlichen Umgangs mit Gefühlen* durch folgendes klarer:

▷ Menschen, die sehr offen und sensibel für ihr Fühlen sind, besonders Frauen, erleben einen großen gefühlsmäßigen Reichtum. Jedoch – sie spüren so auch beeinträchtigende Gefühle wie Ängste und Traurigkeit intensiver, sie sind verwundbarer für seelische Verletzungen in Partnerschaft, Familie und Beruf. So beschäftigte ich mich damit: Wie können wir offen sein für unsere Gefühle, ohne zu sehr verletzbar zu werden, ohne von ihnen überwältigt zu werden?

▷ Für LehrerInnen und ErzieherInnen ist der förderliche Umgang mit seelischen Belastungen besonders bedeutsam. Viele erleben tagtäglich belastende Situationen und Streß in der Schulklasse: Spannungen, Ärger, Enttäuschung, Ängste. Viele fühlen sich im Umgang mit verhaltensschwierigen Schülern, bei Lärm oder Chaos in der Schulklasse überfordert. Nach Untersuchungen fühlen sich 90% von Lehrern im Unterricht häufig belastet, über 80% fühlen sich abgespannt und erschöpft, wenn sie von der Schule nach Hause kommen.

▷ Viele LehrerInnen, ErzieherInnen und Eltern haben heute den Wunsch, partnerschaftlich, nichtautoritär mit Kindern umzugehen. Aber trotz des großen Wunsches gelingt dies vielen nur begrenzt. Sie scheitern; sie erleben zuviel Ärger, Streß und Schwierigkeiten, besonders wenn sie erst wenig Erfahrung haben und im Kollegium wenig unterstützt werden. Ein größerer Teil dieser Lehrer und Erzieher wird dann autoritärer und lenkender. In Unterrichtsbeobachtungen wurde mir zunehmend deutlich: Lehrer und Erzieher, die im Umgang mit Kindern schon bei geringen Schwierigkeiten Streß empfinden, die sich durch etwas Lärm beeinträchtigt und belastet fühlen, die Mißgeschicke und Fehlschläge schwer ertragen können, scheitern zwangsläufig mit einem partnerschaftlichen Unterrichtsstil.

▷ *Auch Schüler und Jugendliche* erleben gefühlsmäßige Belastungen in ihrem Alltag. Sie haben Angst vor Klassenarbeiten, Angst nicht versetzt zu werden, Angst vor der Ablehnung anderer. Bei vielem empfinden sie in der Schule ein Gefühl der Sinnlosigkeit. Und sie fühlen sich belastet mit Schwierigkeiten oder Krankheiten in der Familie, mit Partnerproblemen ihrer Eltern. Wie sollen sie mit ihren Ängsten und Belastungen umgehen?

Oft ist dieser Umgang wenig günstig: Ein größerer Teil der Schüler leidet an psycho-vegetativen Körperstörungen, Schlafstörungen, Übererregtheit. Es wird angenommen, daß im Alter von 12 Jahren etwa jedes 8. Kind in der Bundesrepublik zur Ruhigstellung Psychopharmaka erhält. Ältere Jugendliche suchen sich von den Belastungen durch Alkohol, Nikotin und Drogenkonsum zu befreien, durch Zusammenschluß zu Banden oder durch verwegene Aktionen, etwa bei Motorradfahrten. –

So sehe ich es heute als *sehr* bedeutsam an, daß junge Menschen während des Heranwachsens lernen, günstig mit seelischen Belastungen umzugehen. Sie werden hierdurch auch fähiger, mit den späteren Belastungen umzugehen, mit denen sie meist unausweichlich konfrontiert werden, mit Schwierigkeiten und Fehlschlägen im Beruf, in der Partnerschaft und bei Krankheiten. Auch eine unterstützende liebevolle Erziehung und ein harmonisches Familienlieben erspart ihnen das kaum.

▷ Die Art, wie Erwachsene seelische Belastungen, Streß und Ängste bewältigen, ist wenig angemessen, mit den Folgen starker Beeinträchtigung der seelischen und körperlichen Gesundheit durch einen ungünstigen Lebensstil. Einige Beispiele aus der Bundesrepublik:

Wir haben 2 Millionen Alkoholabhängige, mit Folgekosten von ca. 20 Milliarden jährlich!
Durch den Nikotingebrauch entstehen aufgrund der Herz-Kreislauf-Folgeschäden und von Krebserkrankungen ca. 25 Milliarden jährliche Folgekosten; ⅓ aller Krebserkrankungen könnte durch den Verzicht auf Nikotin entfallen!
Durch Überernährung, Fehlernährung und Bewegungsmangel entstehen jährlich 18 Milliarden Folgekosten!
Wir haben 800 000 Tablettenabhängige; ferner werden zum Beispiel 60% aller chronischen Kopfschmerzen durch langdauernden Tablettengebrauch bedingt! –

Ist dieser gesundheitsschädigende Lebensstil, dieser unangemessene Umgang mit seelischen Belastungen ein Ergebnis unserer Erziehung und Unterrichtung? Was haben wir in der Schule und in der Erziehung getan, um dem vorzubeugen?

Hier sehe ich die *große Herausforderung für LehrerInnen und ErzieherInnen,* Jugendliche zu befähigen, seelisch widerstandsfähiger, belastbarer, fähiger im Umgang mit Enttäuschungen, Versagungen und Fehlschlägen zu werden. Es ist entscheidend wichtig, daß wir unser Augenmerk im Zusammensein mit ihnen darauf richten: Wie bewältigen sie Fehlschläge, Enttäuschungen? Wie können wir ihnen bei einem angemessenen Umgang mit ihren Belastungen helfen?

In den vergangenen Jahren habe ich mich intensiv damit beschäftigt. Ich habe zusammen mit Diplomanden und Doktoranden der Universität Hamburg Hunderte von Menschen befragt: Was belastet Euch in Eurem Leben? Was hilft Euch dabei? Ferner habe ich alle neueren wissenschaftlichen Untersuchungsbefunde dazu, besonders aus den USA, herangezogen, wie Menschen sich bei Belastungen, Ängsten und Verletzungen selber helfen können. So entstand eine große Sammlung persönlicher Erfahrungen von Menschen und wissenschaftlicher Befunde. Ich habe sie geordnet und leicht verständlich in dem Buch „Hilfen bei Streß und Belastung" dargestellt. Ich habe jeweils auch erklärt, warum bestimmte Verhaltensweisen, Übungen oder Techniken wirksam sind, was dabei psychologisch geschieht.

Was sind Streß-Belastungen?

Es sind gefühlsmäßige Empfindungen von unangenehmer Spannung, Erregung – Unruhe, Ärger, Ängsten, Enttäuschung. Sie treten auf, wenn äußere und/oder innere Reize als bedrohlich wahrgenommen oder bewertet werden, als einschränkend für das Wohlbefinden.

Da sind zunächst die *kürzeren Beeinträchtigungen,* die nur wenige Minuten bis zu einer halben Stunde dauern. Da ist ein Experiment im naturwissenschaftlichen Unterricht, das dem Lehrer nicht gelingt, das ihn frustriert. Oder es ist knappe Zeit und Hetze, Termine zu erreichen, nicht zu spät zu kommen, vieles in kurzer Zeit schaffen zu wollen.

Oder da ist ein Junge, der eine Papierkugel auf den Lehrer schießt, der sich dadurch in seiner Arbeit oder seinem Ansehen bedroht fühlt. – Diese Belastungen sind zwar kurz, jedoch meist intensiv. Entscheidend ist, wie häufig im Alltag sich derartige Belastungen ereignen. Ihre Effekte summieren sich gleichsam auf.

Da gibt es *Belastungen, die ein oder zwei Stunden* dauern. Wir müssen mit Menschen zusammensein, die wir nicht mögen, wir führen ein unangenehmes Gespräch mit Kollegen, wir haben Schwierigkeiten in der Schulklasse. „Ich fühle mich manchmal in der Klasse überfordert, und reagiere dann gereizt. Ich kann auch den Lärm nicht ausstehen." „Oft klingen diese schwierigen Gefühle bei mir nicht ab, manchmal verfolgen sie mich bis in die Nacht hinein."

Sodann gibt es die *Belastungen von längerer Dauer,* die einige Tage bis zu einigen Wochen anhalten. Das können fortlaufende Schwierigkeiten mit den Schülern der Klasse sein, aber auch Auseinandersetzungen mit dem Partner, der Beginn einer neuen Arbeitsstelle oder die Beeinträchtigung der seelischen und körperlichen Gesundheit eines nahen Angehörigen.

Bei der *leichten bis mittleren Dauerbelastung,* bei chronischem Streß, sind Menschen Wochen, Monate und zum Teil Jahre hindurch andauernd gespannt, nervös und belastet. Diese Spannung bildet den Hintergrund ihres Erlebens. Da werden schon Kleinigkeiten als belastend empfunden. Menschen sind leichter verletzt, leicht erregbar. So haben uns Menschen gesagt: „Im Grunde empfinde ich immer nur Streß."

Schließlich gibt es die *starke Dauerbelastung, den schweren Lebensstreß.* Das sind Lebensereignisse, seelische Krisen, die uns über Monate oder auch Jahre stark belasten. Das kann der Fall sein beim Tod eines nahen Angehörigen, bei der Trennung oder Scheidung vom Partner, bei schwerer körperlicher Erkrankung oder starker Einsamkeit. So zum Beispiel hat eine körperliche Krebserkrankung häufig starke beeinträchtigende Gefühle und Streß zur Folge, durch die Behandlungsprozeduren, die Einschränkung der Berufstätigkeit, die Ungewißheit über die Dauer des weiteren Lebens u. a.

Wie entstehen belastende Gefühle?

Häufig haben wir die Auffassung, unsere Gefühle werden von außen, durch andere verursacht („Du hast mich geärgert!", „Ihr nervt mich.").

Aber das ist fehlerhaft. Verschiedene Menschen in einer gleichen Situation haben recht unterschiedliche Gefühle. Während ein Lehrer in einer Klasse viel Ärger und Mißmut erlebt, fühlt sich ein anderer in der gleichen Klasse wohl. Manche mögen gern mit lebhaften Kindern zusammensein, andere fühlen sich dadurch beeinträchtigt. Und: zu verschiedenen Zeiten reagieren wir unterschiedlich. Wenn wir gut aufgelegt sind, sind wir belastbarer, empfinden vieles nicht als Schwierigkeit.

Es hängt also entscheidend von uns ab, welche Gefühle wir empfinden. Gewiß ist auch die Situation bedeutsam. Aber *wie* wir fühlen, in welchem Ausmaß wir etwa betroffen sind, das hängt von uns ab.

Was in uns ist entscheidend?

▷ *Wie wir die Umwelt bewerten* und einschätzen, welche Gedanken wir hierzu haben, das beeinflußt eindeutig unsere Gefühle. Wenn wir z. B. einen Hund als gefährlich bewerten, dann haben wir Angst. Sehen wir ihn als ein freundliches Geschöpf an, empfinden wir eher Freude. – So schätzen wir alle Personen, Gegenstände und Ereignisse unseres Lebens ein, bewerten sie, sehen sie in gewisser Bedeutung. Und entsprechend sind auch unsere Gefühle.

Woher kommt es, daß wir so unterschiedlich wahrnehmen, bewerten? Einmal sind es die unterschiedlichen Erfahrungen, die wir gemacht haben, mit einem Hund, mit Schulkindern oder Ereignissen. Dann: wir übernehmen Bewertungen von anderen, z. B. religiöse, politische Auffassungen von Menschen. Ferner bilden wir uns persönliche Erklärungstheorien, so etwa, ob Mädchen oder Jungen intelligenter, durchsetzungsfähiger seien u. a.

▷ *Wie wir uns selbst bewerten,* das wirkt sich ebenfalls deutlich auf unsere Gefühle aus. Sehen wir uns selbst als einen Versager an, voller Fehler und Schwächen, dann fühlen wir uns eher belastet, im Gegensatz zu einem Menschen, der sich als selbstwirksam ansieht und sich trotz vorhandener Schwächen akzeptiert. Auch das hängt mit unterschiedlichen Erfahrungen zusammen, die wir mit uns selbst machen. Haben wir ungünstige Erfahrungen mit uns in Mathematikunterricht gemacht, so empfinden wir häufig auch später diesem Fach gegenüber unangenehme Gefühle. Wichtig ist ferner: In welchem Ausmaß haben wir Hilfsquellen? Welche Bewältigungsformen haben wir gelernt? Welche Bewertungen über uns selbst übernehmen wir von anderen Menschen?

Wie entstehen belastende Gefühle und Stress?

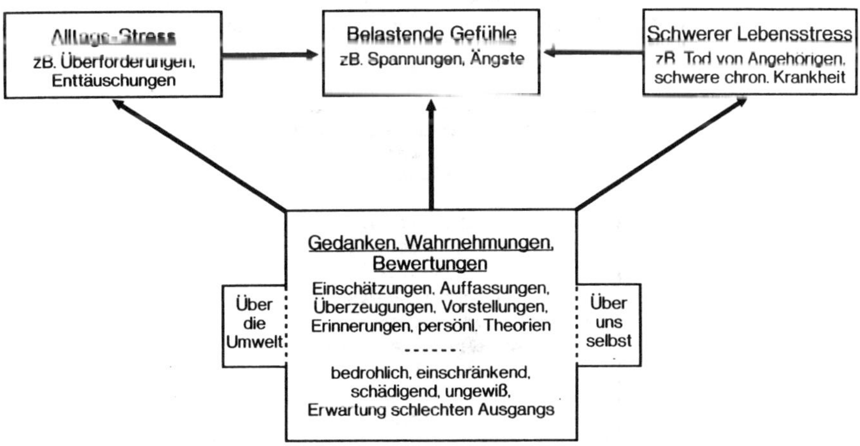

▷ *Die Art, wie wir uns bewerten, beeinflußt unsere Bewertungen über die Umwelt.* Sehen wir uns als Lehrer oder Erzieher als minderwertig und schwach an, dann schätzen wir viele Situationen des Unterrichts als schwieriger ein, wir sind eher belastet durch Fehler, Kritik.

Unsere Bewertungen – Gedanken – Auffassungen beeinflussen körperliche Vorgänge

Wenn wir ein Ereignis oder Personen als bedrohlich, einschränkend und ungewiß wahrnehmen, einschätzen und bewerten, dann wird jeweils unser sympathisches Nervensystem aktiviert. Muskelspannungen nehmen zu, Puls und Blutdruck werden erhöht, es erfolgen Hormonausschüttungen, z. B. Adrenalin, die Atmung wird flacher und schneller.

Das war für unsere Vorfahren biologisch sehr sinnvoll: Wurden sie von Feinden oder wilden Tieren bedroht, so bewirkte die Alarmierung des sympathischen Nervensystems eine schnelle Ermöglichung von Kampf oder Flucht. Heute jedoch ist diese Alarmierung körperliche Kräfte nicht nötig, ja häufig sogar hinderlich.

Haben wir häufig bedrohliche, einschränkende Gedanken und Wahrnehmungen – etwa wenn wir über ein sehr verletzendes oder bedrohliches Ereignis grübeln, wenn wir uns selbst ablehnen – dann erfolgt die Aktivierung des sympathischen Nervensystems sehr häufig. Daraus kann sich eine gewisse Dauererregung bilden. Die Folgen sind: Leichtere Erschöpfung, chronisch werdende Muskelspannungen z. B. Schulter-Nacken-Verspannungen, hormonale Imbalance, Veränderung biochemischer Prozesse.

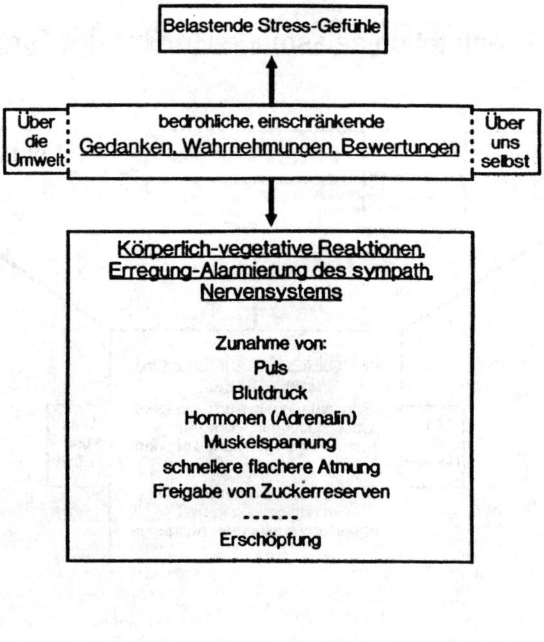

Schließlich hängen seelisch-körperliche Streßbelastungen auch mit seelischen Erkrankungen zusammen. Häufiger intensiver Streß fördert und erleichtert – bei Vorliegen genetischer Bedingungen – seelische Erkrankungen wie Depressionen und Psychosen. Umgekehrt haben Depressionen und Psychosen deutliche Streßbelastungen zur Folge: Menschen finden sich in ihrem Alltag schwerer zurecht, fühlen sich auch bei leichteren Aufgaben eher belastet.

Was können wir tun?

Seelisch-körperliche Streßbelastungen sind eine Antwortreaktion des Organismus auf bedrohlich wahrgenommene äußere oder innere Reize. Diese Antwortreaktionen sind änderbar. Es gibt drei große Bereiche von Möglichkeiten:

I. Situations-Problem-orientierte Handlungsbewältigung.
II. Wir vermindern unsere Erregbarkeit, leben entspannter.
III. Wir bewerten uns und die Umweltereignisse anders, sehen sie in anderer Bedeutung.

Durch Änderungen in diesen drei großen Bereichen können wir unmittelbar ein anderes Fühlen, geringere Belastung und günstigere Körpervorgänge erreichen.

Wichtig ist:

▷ Die alten Reaktionsweisen sind zu Gewohnheiten geworden. Wenn wir unsere Gedanken, unsere Erregbarkeit oder unsere Handlungsart ändern wollen, so bedeutet dies: kleine bewußte Schritte sind notwendig, ferner Zeit.

▷ Die 3 Bereiche stehen in Wechselwirkung: Wenn wir entspannter sind, so sehen wir eher andere Bedeutungen und können Schwierigkeiten eher durch Handlungen vermindern. Und umgekehrt.

▷ Die Wege der Bewältigung sind bei dem einzelnen unterschiedlich. Günstig ist, einen einfachen Einstieg zu wählen, dort, wo jemand den besten Zugang hat. So erhöht sich auch die Selbstwirksamkeit, „ich kann etwas tun".

Handlungs- und Problem-orientierte Bewältigung

Eigentlich ist es naheliegend, daß wir bei Belastungen schwierige Situationen oder einige der äußeren Bedingungen ändern oder erleichtern. Jedoch ist es eine Tatsache, daß Menschen in Streß- und Belastungssituationen eher emotional reagieren:

Sie schimpfen, geben anderen die Schuld, klagen, ärgern sich, machen anderen Vorwürfe. So ergab sich, daß psychoneurotische Personen in Schwierigkeiten mehr emotional reagieren als seelisch sog. gesunde Personen.

Einige Möglichkeiten, Situationen und Probleme erleichternd zu gestalten:

▷ *Informationssuche* erwies sich bei der Bewältigung von Schwierigkeiten, z. B. bei Krebserkrankten, als sehr hilfreich. Lehrer etwa mit Schwierigkeiten im Unterricht können sich informieren, daß eine kurzzeitige Kleingruppenarbeit innerhalb des

Frontalunterrichts sehr entlastend wirkt. Verständlich gestaltete Lehrtexte oder Skripten erübrigen einen Lehrervortrag oder Tafelzeichnungen, die bei manchen Schülern zu Unruhe führen. Oder: bei manchen Schwierigkeiten in den Grundschulklassen sind von Lehrern erfolgreich Eltern um Mitarbeit gebeten worden.

Jedoch: so offensichtlich diese Möglichkeiten bei geeigneter Informationssuche existieren, so ist meist erforderlich, daß wir unsere innere Einstellung ändern, um sie zu realisieren. Lehrer etwa, die alles allein machen möchten, die bei Kleingruppenarbeit ein Gefühl von Ohnmacht und Kontrollosigkeit empfinden, oder die unflexibel sind und nicht aufgeschlossen für Veränderungen, werden die obigen Möglichkeiten kaum durchführen.

▷ *Angemessene Zeitplanung* wurde in unseren Untersuchungen häufig als deutlich entlastend erfahren, wenn sie praktiziert wurde. Allerdings setzt das voraus, daß wir Prioritäten setzen können, daß wir „Leer-Freizeiten“ für uns einsetzen und daß wir uns durch zu enge zeitliche Planung nicht in Streß bringen.

▷ *Problemklärung* und entlastende Änderungen. Wenn wir Situationen, die für uns mit Bedrohung und Einschränkung verbunden sind, durch sachliches und kreatives Denken klären, dann können wir Schwierigkeiten besser bewältigen. Und: unsere belastenden Gefühle vermindern sich. Eine sehr gute Möglichkeit hierzu ist der Problemklärungsbogen, der nebenstehend abgedruckt ist. Wenn Sie ihn auf einen Kopierer legen und etwa auf DIN A4 vergrößern, so haben Sie und Ihre Schüler eine günstige Möglichkeit des Lernens, schwierige Situationen besser zu bewältigen. Nähere Anweisungen finden Sie in dem Buch „Hilfen bei Streß und Belastung“, S. 98. Hilfreich ist es, wenn Sie und die Schüler den Bogen zunächst bei kleineren, überschaubaren Schwierigkeiten und Belastungen verwenden, so daß er allmählich zur Gewohnheit wird.

▷ *Mentale (geistige) Vorbereitung* auf schwierige Situationen. Ein positives mentales Training ist heute für Sportler zur Erreichung guter Leistungen fast unerläßlich. Man schätzt, daß 60–90% des Erfolges großer Athleten auf mentale Faktoren zurückzuführen sind. – Wenn etwas in der Wirklichkeit schwierig ist – eine sportliche Leistung, eine Unterrichtsstunde für den Lehrer oder eine Klassenarbeit für den Schüler – wenn die Situation vorher als belastend und bedeutungsvoll erlebt wird, dann ist es naheliegend, daß wir uns in der Vorstellung vorher trainieren. Das, was manche unserer Schüler später in ihrem Sportverein zur Erreichung von Höchstleistungen oder in ihrem Betrieb machen werden: warum wollen wir dies nicht schon heute in der Klasse einsetzen und damit uns und ihnen die Arbeit erleichern?

Ein derartiges mentales Training erfordert die Fähigkeit zur Entspannung. Bei regelmäßigem Üben kann eine derartige Entspannung in ca. 2–4 Minuten erreicht werden. Danach stellen sich die Schüler die schwierige Situation vor, etwa die Klassenarbeit, stellen sich vor, wie sie diese schwierige Situation sicher, gelassen und intelligent bewältigen. Diese gesamte Vorstellungsübung nimmt nicht mehr als 5 Minuten in Anspruch. Der Lehrer kann sie eine Woche, drei Tage und dann einen Tag vor der Klassenarbeit durchführen. So können wir bessere Leistungen und ein besseres Lernen erreichen, bei geringerem Einsatz von Energien und verminderten Belastungen.

Was mich belastet

Die Situation, die Schwierigkeiten, das Problem

Welche Möglichkeiten des Änderns gibt es?

○ Mein Denken, Verhalten und Fühlen zu ändern
○ Die Situation, Personen und Bedingungen zu ändern

Wann werde ich was tun?

Streßverminderung durch Ent-Spannung

Regelmäßige Entspannungsübungen von täglich etwa 15 Minuten bewirken: wir fühlen uns seelisch wohler und weniger belastet, wir haben positivere Gedanken und Auffassungen, können klarer denken und unsere Körpervorgänge verlaufen besser. Sehr geeignet sind die Muskel-Entspannung nach Jacobson, Atem-Entspannung, Hatha-Yoga, Autogenes Training sowie ein Bewegungs-Training, z. B. langsames Laufen.

Warum ist Ent-Spannung so wichtig? Warum ist sie oft hilfreicher als eine lange Psychotherapie? Wenn wir uns bedroht fühlen, Angst, Streß und Überforderung fühlen, dann wird unser sympathisches Nervensystem aktiviert, mit der Folge von Muskelspannungen, schnellerer Atmung, Hormonausschüttungen, erhöhtem Puls und Blutdruck. Diese ursprünglich sinnvolle biologische Reaktion zwecks Kampfes oder Flucht vor einem Feind oder wildem Tier ist heute meist hinderlich. Ja, die Aktivierung dieser Körpervorgänge engt unsere Wahrnehmung und unser Denken ein, macht uns weniger flexibel und führt nach einiger Zeit zur Erschöpfung.

Bei manchen Lehrern und Schülern findet in und außerhalb des Unterrichts häufig eine Daueraktivierung statt. Lehrer, die sich unsicher vor der Klasse fühlen, voller Spannungen sind, oder Schüler, die ängstlich ein Leistungsversagen erwarten, haben diese Daueralarmierung, verbunden mit einer körperlich-vegetativen Übererregbarkeit. Ferner führt die Muskelspannung zu einem unangenehmen Gefühl seelischer Spannung. Manche suchen diese unangenehmen Gefühle mit Nikotin, reichlichem Essen, Alkohol oder dämpfenden Tabletten zu ändern.

Eine zusätzliche muskulär-körperlich-seelische Anspannung erfolgt, wenn z. B. Lehrer ihre seelischen Spannungen oder ihre Impulse zu Wutausbrüchen, Gewalt- oder Fluchtreaktionen stark beherrschen, notwendig zum Schutz anderer oder aus eigenem Interesse. Auch ein Verbergen solcher Gefühle und Impulse hinter einer Fassade ist mit körperlich-seelischen Spannungen verbunden.

Wir haben jedoch einen unmittelbaren Zugang zur Änderung unseres sympathischen Nervensystems. Wenn wir *einen* Vorgang des gesamten Systems normalisieren, also etwa die Muskeln entspannen oder die Atmung normalisieren, dann ändert sich das gesamte System, einschließlich Hormonausschüttungen sowie Puls. Und als Folge davon werden die Gedanken ruhiger, wir können klarer denken, die Gefühle werden positiver.

Die Wirkungen von Entspannungsübungen treten unmittelbar ein. Allerdings werden erst bei regelmäßigen Übungen die Effekte so stark, daß wir uns danach nicht nur wohler fühlen, sondern auch längere Zeit gelassener reagieren, belastbarer sind.

Eine sehr geeignete Möglichkeit für die Schulklasse ist die Atem-Entspannung. Hierbei lenken wir unsere Aufmerksamkeit auf den Atemvorgang; dadurch vermindern sich unsere Gedanken und Unruhe stark, und der Atem normalisiert sich, und mit ihm das sympathische Nervensystem. Eine Anweisung dazu finden Sie in dem Buch „Hilfen bei Streß und Belastung“, S. 287ff.

Wenn Sie in jeder Unterrichtsstunde eine Atem-Entspannung von nur 2 Minuten machen, dann wird die Streßbelastung Ihrer Schüler geringer und ihre Leistungsfähigkeit größer. Ferner erlernen die Schüler dadurch etwas, was für ihr ganzes Leben

Stress - Spannung

Körperlich-vegetative Reaktionen, Erregung-Alarmierung sympath. Nervensystem

Zunahme von:
Puls
Blutdruck
Hormone (Adrenalin)
Muskelspannung
schnellere flachere Atmung
Freigabe von Zuckerreseven
.....
Erschöpfung

Förderliche Ent-Spannung

Wenn ein Teilvorgang des alarmierten sympathischen Nervensystems normalisiert wird, fördert dies die Normalisierung des ganzen Systems.

Wirksam sind besonders:

- o Muskelentspannung (nach Jacobson)
- o Atem-Entspannung
- o Sanfte Hatha-Yogaübungen
- o Bewegungstraining (langsames Laufen, Sport, Spiel)
- o Autogenes Training
- o Andere Entspannungsformen

Regelmäßiges Üben bzw. Trainieren führt nach einiger Zeit zu deutlich größeren körperlich-seelischen Auswirkungen. Die Effekte werden schon nach kurzer Zeit erreicht.

Falls Sie keine Zeit haben: 1 Minute Entspannung ist besser als keine Entspannung.

Vitamine u. Mineralien evt. förderlich.

nutzbringend sein kann. Und Sie selbst vermindern durch die 2 Minuten während des Unterrichts stark Ihre eigenen Streßbelastungen – und das innerhalb Ihrer Dienstzeit!!

Es gibt etliche andere wirksame Entspannungsmöglichkeiten, so sanfte Hatha-Yoga-Übungen. Oder Muskelentspannung. Ich wünschte, ich hätte diese beiden Formen und die Meditation während meiner Schulzeit gelernt. Mein Leben wäre weit weniger belastet gewesen, ich hätte mehr geleistet und klarer denken können. – Wenn Sie also in einem Volkshochschulverzeichnis oder in einem Fortbildungskurs für Lehrer und Erzieher von derartigen Entspannungsformen hören, dann können Sie sicher sein, daß hier eine wirksame Möglichkeit zur deutlichen Verminderung Ihrer Belastungen besteht. –

Falls Sie immer noch skeptisch sind: Internationale Schachspieler praktizieren regelmäßig ein Bewegungstraining, z. B. Laufen, und Entspannungsübungen. Man hat festgestellt, daß die Schachspieler bei Turnieren Spitzenwerte in Blutdruck, Puls usw. erreichen. Es ist eine hohe seelische Spannung vorhanden, ohne die Möglichkeit des Ausagierens: sondern im Gegenteil, es ist höchste Konzentration erforderlich. Körpertraining und Entspannungsübungen befähigen Schachspieler, diese belastenden Situationen gelassener und mit weniger Irritierung ihres Denken zu überstehen.

Sport und Spiel, besonders in der Gruppe, sind ferner hervorragende Möglichkeiten sowohl zur körperlich-seelischen Entspannung als auch zum Lernen des förderlichen Umgangs mit Enttäuschungen und Niederlagen.

Entspannende Übergänge: Bei einer Befragung stellten wir fest, daß viele Menschen, so Lehrer und Mütter sich am ganzen Tag keinen entspannenden Übergang gönnen, sondern von einer Tätigkeit zur anderen übergehen. Lehrer gaben häufig an, daß sie auch in der Pause zu keiner Entspannung kämen, sei es durch intensive Diskussionen mit Kollegen, durch Rauchen, Vorbereitung für die nächste Stunde u. a. Wo gibt es die Schule oder die pädagogische Institution, wo sich Lehrer und Erzieher während der Pause für einige Minuten in ein ruhiges, etwas abgedunkeltes Zimmer zurückziehen können, etwa um auf einer Matte einige Entspannungsübungen zu machen?

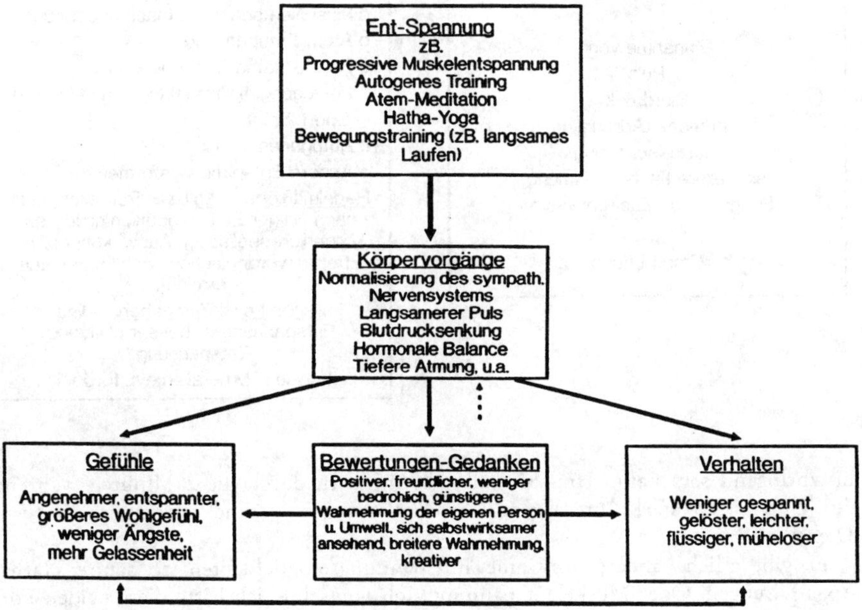

Durch andere Gedanken und Bewertungen über uns und die Umwelt andere Gefühle erleben

Wie wir unsere Umwelt, Ereignisse und uns selbst bewerten, in welcher Bedeutung wir sie sehen, das beeinflußt deutlich unsere Gefühle. Sehen wir ein Ereignis in der Schulklasse oder in unserem privaten Leben als gegen uns gerichtet an, als einschränkend und bedrohlich, dann sind wir als Folge dieser Bewertung niedergeschlagen, belastet, voller Spannungen. Gelingt es uns dagegen, derartige Ereignisse weniger negativ zu bewerten, sie etwa als Herausforderung zu sehen, dann sind unsere Gefühle anders, wir sind gelassener, weniger erregt.

Manche Situationen in unserem Leben können wir nicht ändern, etwa wenn wir den Partner durch Tod verlieren oder von einer schweren Krankheit betroffen sind. Dann bleibt uns fast nur die eine Möglichkeit: Uns selbst zu ändern. Und zwar, indem wir die Ereignisse anders bewerten und anders sehen. Ich möchte einige Möglichkeiten kurz nennen:

▷ *Verminderung von negativen Selbstgesprächen und Grübeln.* Wenn wir vor einer schwierigen Prüfung stehen, vor einer schwerwiegenden ärztlichen Diagnose oder vor einem Ereignis, das wir fürchten, dann denken wir im voraus oft daran, machen uns sorgende Gedanken. Oder wenn wir tagsüber schwierige Situationen erlebt haben, wenn wir etwa in der Schulklasse seelisch sehr verletzt wurden und Erregung, Ärger oder Angst empfanden, dann denken wir häufig noch stundenlang darüber nach.

Durch negative Selbstgespräche und grübelndes Sorgen beeinträchtigen wir uns sehr. Immer wieder werden durch die Gedanken die Gefühle von Angst, Erregung und Ärger neu erlebt. Und das sympathische Nervensystem wird aktiviert. Da wir aber bei diesen grübelnden Gesprächen, etwa vor dem Einschlafen, körperlich gar nicht aktiv sind, wirkt sich diese Aktivierung der Körpervorgänge ungünstig aus. Schlaflosigkeit, Unruhe, „rasende Gedanken" sind die Folge.

Was können Schüler und Lehrer tun, um negative Gedanken und sorgenvolles Grübeln zu vermindern? Einige Möglichkeiten: 1. Immer, wenn wir uns bei derartigen Gesprächen ertappen, geben wir uns ein „Stop"-Zeichen. Wenn wir uns dieses Stopzeichen 20mal an einem Nachmittag oder Abend geben müssen – seien wir froh, daß wir uns durch unsere Aufmerksamkeit so häufig bei einer schädlichen Tätigkeit ertappten und sie verminderten. 2. Wir können auf ein Blatt Papier schreiben: „Was kann ich noch an der Situation ändern und tun?" Und auf einen anderen Teil des Papiers: „Was kann ich nicht mehr ändern?" Diesen Zettel hängen wir in unser Arbeitszimmer oder Schlafzimmer. 3. Wir rufen einen Freund oder Kollegen an oder – wenn wir niemand haben – die Telefonseelsorge. Indem wir aussprechen, was uns bedrückt, vermindert sich unser Grübeln. Auch das Schreiben eines Tagebuches ist hilfreich. 4. Wir konfrontieren uns mit andersartigen Erfahrungen, machen einen „Tapetenwechsel". Ablenkung vermindert negative Gedanken. 5. Wenn wir vor dem Einschlafen grübeln, ist eine Atem-Entspannung sehr hilfreich, vorausgesetzt, daß wir regelmäßig trainiert haben. Oder wir stehen auf und machen irgend etwas, was wir uns schon lange vorgenommen hatten. Auch wenn wir dadurch weniger Schlaf haben sollten – dies ist weniger beeinträchtigend als grübelndes Wachliegen im Bett.

▷ *Wir sehen in unserem Alltag mehr das Wesentliche* und trennen es vom Unwesentlichen. So oft halten wir ja manches für wichtig, für bedeutsam, engagieren uns sehr und erleben bei einem ungünstigen Verlauf viel Spannungen. Denken wir einige Tage oder Wochen später an die Situation zurück, dann finden wir unsere Ängste, Sorgen und Spannungen ziemlich unnötig. Das Bewußtsein der Endlichkeit unseres Lebens kann uns dabei helfen. In einer schwierigen Situation frage ich mich häufig: Wie wichtig werde ich es ansehen, wenn ich bei meinem Sterben darauf zurückblicke? Dann haben wir gleichsam größere Distanz, einen Abstand zu den Ereignissen.

▷ *Loslassen können, nicht verhaftet sein,* gibt uns mehr Freiheit von beeinträchtigenden Gefühlen. Die Atem-Entspannung wie auch jede andere Meditation ist eine vorzügliche Möglichkeit, das Loslassen zu lernen.

▷ *Ereignisse, andere Menschen und uns selbst weniger bewerten.* Das ist für viele in unserer westlichen Welt schwer vorstellbar. Und doch ist es in östlichen Lebensphilosophien seit Jahrtausenden eine Möglichkeit, in schwierigen Situationen befriedigender zu leben. So oft bewerten wir uns und unsere Erfahrungen negativ: Wenn uns ein Zug davongefahren ist, wenn uns etwas in der Schulklasse nicht gelungen ist, wenn wir von einer Krankheit betroffen werden. Je weniger wir Ereignisse bewerten, negativ oder positiv, um so weniger belasten wir uns gefühlsmäßig, um so bewußter können wir wahrnehmen. Und dadurch intelligenter handeln.

▷ Können wir uns zu der Einstellung durchringen, *nicht gegen etwas zu kämpfen* und andere möglichst nicht ändern zu wollen, sondern nur uns selbst, dann erleichtert und entspannt dies schwierige menschliche Beziehungen. Der einzige, den wir wirklich ändern können, sind wir selbst. Wenn Schüler sich nicht so verhalten, wie wir dies gerne möchten, wenn sie zu wenig lernen, sich unangemessen verhalten: Wenn wir uns ändern, wenn wir für die Schüler bessere Bedingungen geben, dann ändern sie sich auch, und damit unsere Gefühle.

▷ *In belastenden Ereignissen auch die günstigen förderlichen Aspekte sehen.* In Schwierigkeiten und Belastungen sehen wir oft nur das Negative, Einschränkende. Wir sehen gleichsam nur das halb leere Glas Wasser, aber nicht das halb volle. Die günstigen Aspekte übersehen wir. Sie werden uns meist erst nach einiger Zeit nachträglich bewußt. In der Situation selbst sind wir zu sehr mit unseren enttäuschten Erwartungen, mit den Belastungen beschäftigt. Wir können uns dazu erziehen, uns während einer Belastung zu fragen: Welche förderlichen Aspekte hat – neben den Nachteilen – diese Situation auch für uns? Ist sie etwa eine Herausforderung? Was können wir durch sie lernen? Welche günstigen Folgen kann sie auch haben?

Wie können wir dahin kommen, Ereignisse und uns selbst anders zu bewerten? Was ist hilfreich dabei?

Es gibt etliche Möglichkeiten, durch die wir Schritte auf dieses Ziel hin machen können:

▷ Gespräche mit einfühlsamen Menschen sind eine hilfreiche Möglichkeit. Indem wir unsere belastenden Gedanken und Gefühle aussprechen und die Erfahrung des Verstanden-Werdens machen, kommen wir zu einer gewissen Entlastung und Entspannung. Nach einiger Zeit merken wir, daß wir das Ereignis und uns selbst etwas anders sehen.

▷ Die Konfrontation mit anderen Schicksalen, so etwa die Begegnung mit einem gelähmten oder krebskranken Menschen und die Kenntnis seiner seelischen Innenwelt gibt uns die Chance, persönlich zu lernen und uns und unsere Umwelt anders zu sehen. So war es für Jugendliche sehr förderlich, in den Ferien behinderte Jugendliche zu betreuen und mit ihnen zusammen zu leben.

▷ Die Begegnung mit der Endlichkeit unseres Lebens ist eine entscheidende Möglichkeit, andere Werte in unserem Leben zu sehen, weniger verhaftet zu sein und weniger Spannungen und Belastungen zu empfinden. Das ergab sich bei der Befragung von über 200 Personen in unserem Buch „Sanftes Sterben". Diejenigen, die einen Sterbenden begleitet hatten und der Auseinandersetzung mit dem Tod nicht ausgewichen waren, sagten, sie hätten viel durch die Begleitung und die Konfrontation mit dem Sterben für sich gelernt. Sie hätten Leben anders sehen gelernt. Sie konnten deutlicher das Wesentliche sehen.

▷ Religiöse-philosophische Einstellungen lassen uns unser Leben anders bewerten, auch Belastungen wie Krankheit und Sterben oder die Belastungen des Berufsalltages. Aus Untersuchungen und Befragungen weiß ich, daß einem größeren Teil von Menschen diese Einstellungen einen starken Halt im Strudel des Lebens geben. – Entscheidend für die religiöse Entwicklung von Kindern scheint mir, daß wir Erwachsenen eine Sprache finden, die ihrem Leben und Verständnis angemessen ist, die jedoch nicht dazu führt, daß sie sich davon später als Erwachsene abwenden, weil diese früheren Schilderungen dem naturwissenschaftlichen Verständnis widersprechen. – Ich habe sehr viel gelernt aus den Lehren des Buddha sowie aus den Schriften Albert Einsteins, der keinen grundsätzlichen Gegensatz zwischen Religion und Naturwissenschaft sah.

▷ Ein Zustand der Entspannung erleichtert sehr eine Änderung unserer Bewertungen. Schon seit 50 Jahren ist gesichert festgestellt worden: Ein Zustand von Entspannung ist unverträglich mit Ängsten, negativen Gefühlen, hält sie dem Bewußtsein fern; wir empfinden sie nicht. Auf der anderen Seite: Körperliche und seelische Spannungen lassen uns überwiegend das Negative sehen, sowohl beim Blick in die Gegenwart, Vergangenheit oder Zukunft. In den letzten Jahren haben wir mehrere Untersuchungen über die Änderung von Bewertungen durch Entspannungen gemacht.

Durch förderliche Gedanken, Bewertungen, Vorstellungen über die Umwelt und über uns selbst zu anderen Gefühlen, Verhalten und Körpervorgängen kommen

Weniger negative Gedanken
Sorgenvolles Grübeln stoppen
Belastungen in anderer Bedeutung sehen
Das Wesentliche sehen
Weniger Fehler bei Bewertungen
Unsere guten Seiten bei uns sehen
Philosophische - religiöse - spirituelle Auffassungen
Hilfreich dabei sind:
Formen der körperlich - seelischen Entspannung
Gespräche mit verständnisvollen Menschen
Suche nach sachlicher Information
Weniger bewerten, weniger beurteilen
Grübelstop - Techniken, Ablenkung
Mehr positive Erfahrungen,
z.B. befriedigendere Kontakte mit anderen,
Natur, freudvolle Aktionen, Humor
Weniger Verhaftet - sein, Loslassen
Weniger Erwartungen haben
Größere Bewußtheit - Achtsamkeit
Uns weniger identifizieren
Konfrontation mit anderen Schicksalen
Engagierte soziale Hilfe für andere
Das Gute sehen - Empfindung von Dankbarkeit

Auch Sie können etwas Ähnliches mit Ihren Schulkindern durchführen. Eine Möglichkeit ist (Hilfen bei Streß, S. 202): Sie ermöglichen den Schülern eine Entspannung von etwa 3–4 Minuten. Danach bitten Sie die Schüler im entspannten Zustand bei geschlossenen Augen darüber nachzudenken, was ihnen im Leben Gutes widerfährt, was sie an Gutem erhalten und erhielten, worüber sie Dankbarkeit empfinden. Nach etwa 5 Minuten bitten Sie die Schüler, zu zweit oder dritt über die Erfahrungen miteinander zu sprechen. Anschließend können Sie mit der gesamten Klasse noch etwas darüber sprechen. Diese einfache Vorstellungsübung ist gemäß unseren Untersuchungen von großer förderlicher Auswirkung auf Gedanken und Gefühle.

Abschließende Gesichtspunkte

Ich habe einige wesentliche Möglichkeiten in kurzer Form dargestellt, die geeignet sind, seelisch-körperliche Streßbelastungen von Lehrern, Erziehern und Jugendlichen deutlich zu mindern. In dem Buch „Hilfen bei Streß und Belastung" habe ich eingehender diese und andere Möglichkeiten dargestellt, ihre Auswirkung wissenschaftlich begründet und Hilfen zur praktischen Verwirklichung gegeben.

Ich hätte mich mit diesen Möglichkeiten in den vergangenen Jahren nicht so intensiv beschäftigt, in Seminaren in den USA, in vielen eigenen Untersuchungen, in intensivem Studium amerikanischer Forschungen sowie in der Durchführung eigener Seminare zur Streß-Verminderung, wenn ich nicht die Überzeugung hätte, daß hier zwei entscheidende Möglichkeiten liegen: 1. Die Streßbelastungen vieler Lehrer und Erzieher am Arbeitsplatz wesentlich zu vermindern. 2. der Herausforderung zu begegnen, unseren Schülern zu helfen, bei derzeitigen und vor allen Dingen späteren Belastungen nicht mit Depression, Resignation, Neurosen oder mit Nikotin, Alkohol, Tabletten, Drogen oder Gewalttätigkeit zu reagieren.

Natürlich wird es nicht möglich sein, daß Sie Ihre langjährigen Gewohnheiten gleichsam über Nacht ändern. So habe ich zum Beispiel Jahre gebraucht, um regelmäßig morgens oder abends Entspannungs- und Hatha-Yoga-Übungen zu machen.

Vielleicht mögen manche von Ihnen denken: Warum muß ich mich so bemühen, um nicht so viele beeinträchtigende Gefühle zu erleben? Vielleicht hilft es Ihnen, daran zu denken, daß die meisten unserer Vorfahren, die vor hundert Jahren oder früher lebten, tagtäglich überwiegend damit beschäftigt waren, keine beeinträchtigenden Gefühle von Hunger, Durst, Bedrohung durch Feinde, Kälte und Hitze zu erleben. Diese Bemühungen haben wir heute meist nicht mehr nötig. Unser „Existenzkampf" hat sich verlagert. Wir müssen uns nicht mehr um die Verminderung von Hunger oder Kälte sorgen, sondern darum, nicht von Gefühlen der Depression, der Bitterkeit, der Resignation und der Streßbelastung überwältigt zu werden, uns nicht durch Alkohol, Tabletten oder Drogen selbst zu zerstören oder das Leben durch Freitod zu beenden.

Vielleicht hilft es Ihnen auch, wenn Sie wissen: Wenn wir in einem Bereich einen kleinen Schritt machen, daß dadurch Schritte in den anderen Bereichen erleichtert werden. Wenn wir etwa Entspannungsübungen machen, daß wir dadurch gelassener werden und dann die Ereignisse nicht mehr so bedrohlich oder hektisch sehen und handlungsfähiger werden. Oder wenn wir eine andere Einstellung-Bewertung zu bedrohlichen Ereignissen oder zu uns haben, daß wir dadurch entspannter werden und angemessener handeln können.

Die Schwierigkeiten, Enttäuschungen und Belastungen des Lebens angemessen zu bewältigen, ist sowohl für Erwachsene als auch Jugendliche wichtig und notwendig. Beide haben mit Ängsten zu kämpfen, erfahren Enttäuschungen, Verluste und Gefühle von Ohnmacht und Resignation. Somit ist es ein gemeinsames Lernen.

Literatur

Tausch, Reinhard (1998): Hilfen bei Streß und Belastung. 5. Aufl., Reinbek: Rowohlt-Taschenbuch.

Literatur- und Namenverzeichnis*

Abramowitz, S. I., Weitz, L. S., and James, C. R. Supervisor self-concept deterioration among psychotherapy trainees. Journ. clin. Psychol., 1974, 30, 300—302. — [*62*]

Ahrbeck, B., s. Pixa-Kettner, U.

Albus, J., s. Tausch, A.

Anderson, C. O., Denenberg, V. H., and Zarrow, M. X. Effects of handling and social isolation upon the rabbit's behavior. Behavior, 1972, 43, 165—175. — [*157*]

Anderson, H. H. Domination and social integration in the behavior of kindergarten children and teachers. Genet. Psychol. Monographs, 1939, 21, 289—385. — [*365*]

Anderson, H. H., Brewer, J. E., and Reed, M. F. Studies of teacher's classroom personalities, III. Follow-up studies on the effects of dominative and integrative contacts on children's behavior. Applied Psychol. Monographs, 1946, 11, 3—156. — [*353*]

Andry, R. Delinquency and parental pathology. London, 1960. — [*154*]

Argyle, M., Gardner, G., and Cioffi, F. The measurement of supervisory methods. Human Relations, 1957, 10, 23—40. — [*251*]

Asch, S. E. Social psychology. New York, 1952. — [*349*]

Aspy, D. N. An investigation into the relationship between teacher's factual knowledge of learning theory and their classroom performance. Journ. Teacher Education, 1972, 23, 21—24. — [*126, 127, 184, 192, 224, 226, 229, 305, 389*]

Aspy, D. N. Toward a technology for humanization education. Second printing, Champaign, 1974. — [*196, 234*]

Aspy, D. N., and Bühler, J. H. The effect of teachers' inferred self concept upon student achievement. Journ. educ. Research, 1975, 68, 386—389. — [*375*]

Aspy, D. N., and Roebuck, F. N. From humane ideas to humane technology and back again many times. Education, 1974, 95, 163—171. — [*101, 104*]

Aspy, D. N., s. Bühler, J. H.

Axline, V. M. Play therapy. Boston, 1947. — In deutscher Übersetzung: Kinder-Spieltherapie. München, 1972. — [*107, 199, 203, 205*]

Baldwin, A. L. Socialization and parent-child relationship. Child Development, 1948, 19, 127—136. — [*360*]

Bales, R. F. Interaction process analysis. Cambridge, 1951. — [*160*]

Bandura, A., Blanchard, E. B., and Ritter, B. Relative efficacy of desensitization and modeling approaches for inducing behavioral, affective, and attitudinal changes. Journ. Personality and soc. Psychol., 1969, 13, 173—199. — [*43*]

Bandura, A., Grusec, J. E., and Menlove, F. L. Vicarious extinction of avoidance behavior. Journ. Personality and soc. Psychol., 1967, 5, 16—23. — [*42*]

---

*) Die hinter einer Literaturangabe in eckigen Klammern kursiv gedruckte Zahl gibt an, auf welcher Seite des vorliegenden Buches die Arbeit zitiert wurde.

BANDURA, A., and KUPERS, C. J. Transmission of patterns of self-reinforcement through modeling. Journ. abnorm. soc. Psychol., 1964, 69, 1—9. — [*44*]

BANDURA, A., and MISCHEL, W. Modification of self-imposed delay of reward through exposure to life and symbolic models. Journ. Personality and soc. Psychol., 1965, 2, 698—705. — [*43*]

BANDURA, A., ROSS, D., and ROSS, S. A. Imitation of film-mediated aggressive models. Journ. abnorm. soc. Psychol., 1963 a, 66, 3—11. — [*36*]

BANDURA, A., ROSS, D., and ROSS, S. A. Vicarious reinforcement and imitative learning. Journ. abnorm. soc. Psychol., 1963 c, 67, 601—607. — [*32, 39*]

BANDURA, A., and WALTERS, R. H. Adolescent aggression. New York, 1959. — [*38, 154*]

BANDURA, A., and WALTERS, R. H. Social learning and personality development. New York, 1963. — [*54*]

BANDURA, A., and WHALEN, C. The influence of antecedent reinforcement and divergent modeling cues on patterns of self-reward. Journ. Personality and soc. Psychol., 1966, 3, 373—382. — [*44*]

BARON, R. A., s. LIEBERT, R. M.

BARRES, E. Zur Effektivität erziehungspsychologischer Trainingsseminare. Im Manuskript, 1976. — [*384*]

BARRETT-LENNARD, G. T. Dimensions of therapist response as causal factors in therapeutic change. Psychol. Monographs, 1962, 76, Whole No. 562. — [*117, 125, 131, 185*]

BARTHEL, A. Mikroportregistrierung in Kindertagesheimen zur Erfassung der sozialen Interaktion. Im Manuskript, 1974. — [*136*]

BARTHEL, A., s. TAUSCH, A.

BASTINE, R., CHARLTON, M., GRÄSSNER, D., und SCHWÄRZEL, W. Konstruktion eines „Fragebogens zur direktiven Einstellung" von Lehrern (FDE). Zeitschr. f. Entwicklungspsychol. u. Päd. Psychol., 1969, 1, 176—189. — [*367*]

BASTINE, R., s. SANDER, K.; s. WIECZERKOWSKI, W.

BECKER, M., s. RÖNNECKE, B.

BECKER, W. C., PETERSON, D. R., HELLMER, L. A., SHOEMAKER, D. J., and QUAY, H. C. Factors in parental behavior and personality as related to problem behavior in children. Journ. consult. Psychol., 1959, 23, 107—118. — [*363*]

BECKER, W. C., PETERSON, D. R., LURIA, Z., SHOEMAKER, D. J., and HELLMER, L. A. Relations of factors derived from parent-interview ratings to behavior problems of five-year-olds. Child Development, 1962, 33, 509—535. — [*151*]

BECKER, W. C., s. PETERSON, D. R.

BEDZEK, W. E., s. SOLOMON, D.

BEEK, B. v., BÖDIKER, M.-L., KULUS, A., und TAUSCH, R. Förderung konvergenten und kreativen Denkens durch kurzfristige Kleingruppenarbeit in Schulen, im Vergleich zur Einzelarbeit. Im Manuskript, 1976. — [*262*]

BEL-BORN, B. VAN, BÖDIKER, M.-L., MAY, P., TEICHMANN, U., und TAUSCH, R. Erleichterung des Lernens von Schülern durch Kleingruppenarbeit in Erdkunde, Biologie und Physik, im Vergleich zur Einzelarbeit. Psychol. in Erz. u. Unterricht, 1976, 23, 131—136. — [*262, 263*]

BELSCHNER, W., HOFFMANN, M., SCHOTT, F., und SCHULZE, C. Verhaltenstherapie in Erziehung und Unterricht. Stuttgart, 1973. — [*13*]

BENJAMIN, J. D., s. RUEGAMER, W. R.

BERGEEST, H.-G., STEINBACH, I., und TAUSCH, A. Psychische Hilfe für Besucher von Altentagesstätten durch Teilnahme an personenzentrierten Encountergruppen. aktuelle gerontologie, 1976, im Druck. — [*67, 208, 212*]

BERGEEST, G., s. RÖNNECKE, B.

BERGER, E. M. The relation between expressed acceptance of self and expressed acceptance of others. Journ. abnorm. soc. Psychol., 1952, 47, 778—782. — [*62, 63*]

BERGER, E. M. Relationships among acceptance of self, acceptance of others and MMPI Scores. Journ. abnorm. soc. Psychol., 1955, 2, 279—283. — [*63*]

BERGHES, M. V., s. SCHULZ v. THUN, F.

BERKOWITZ, L. Experimental investigations of hostility catharsis. Journ. couns. clin. Psychol., 1970, 35, 1—7. — [*41*]

BERNSTEIN, L. The effects of variations in handling upon learning and retention. Journ. comp. physiol. Psychol., 1957, 50, 162—167. — [*157*]

BERNSTEIN, L., s. RUEGAMER, W. R.

BICKEL, P., und SIGNER, R. Beziehungen zwischen Fremd- und Selbstbeurteilung des Unterrichtsverhaltens. Zeitschr. f. Entwicklungspsychol. u. Päd. Psychol., 1975, 7, 247—253. — [*377*]

BIEBER, B. Untersuchungen über die Beeinflussung des Rauchverhaltens von Beobachtern durch Life- und Video-Modelle. Dissertation, Universität Hamburg, 1974. — [*43, 44*]

BIERHOFF-ALFERMANN, D., und HÖCKE, B. Kindererziehung aus der Sicht von Eltern zweier antiautoritärer und evangelischer Kindergärten: Eine Erkundungsstudie. Zeitschr. f. Entwicklungspsychol. u. Päd. Psychol., 1974, 6, 139—145. — [*19*]

BILLER, H. B., and ZUNG, B. Perceived maternal control, anxiety, and opposite sex role preference among elementary school girls. Journ. Psychol., 1972, 81, 85—88. — [*362*]

BINGEL, R., s. TAUSCH, A.

BISHOP, B. M. Mother-child interaction and the social behavior of children. Psychol. Monographs, 1951, 65, Nr. 328. — [*361*]

BLAKE, R. R., s. LEFKOWITZ, M. M.

BLANCHARD, E. B., s. BANDURA, A.

BÖDIKER, M. L., MEINECKE, K., STOLT, P., STOLT, U., und TAUSCH, R. Lernen mit Lehrtexten in Kleingruppenarbeit vs. Einzelarbeit. Zeitschr. f. Entwicklungspsychol. u. Päd. Psychol., 1976, 8, 135—141. — [*262*]

BÖDIKER, M.-L., s. BEEK, B. v.; s. BEL-BORN, B. VAN; s. TAUSCH, A.; s. TAUSCH, R.

BÖLLNER, G., TAUSCH, A., und TAUSCH, R. Selbstkommunikation von psychiatrischen Patienten, körperlich Erkrankten und gesunden Personen, Zusammenhang mit Persönlichkeitsmerkmalen. Zeitschr. f. Klinische Psychol., 1975, 4, 101—111. — [*54, 154*]

BOMMERT, H., BUSEN, A., GOGOLLA, H., KLEIN, D., LÜTKEMEIER, P., und PLESSEN, U. Untersuchung zur Förderung lernbehinderter Sonderschüler durch klienten-zentrierte Verhaltensmodifikation. Psychol. in Erz. u. Unterricht, 1975, 22, 129—136. — [*189*]

BOMMERT, H., s. TAUSCH, R.

BOUTHILET, L. The measurement of intuitive thinking. Ph. D. Thesis, University of Chicago, Library, 1948. Nach: STEVENS, S. S. Handbook of experimental psychology. New York, 1951. — [*300*]

BOVARD, E. W. Interaction and attraction to the group. Human Relations, 1956, 9, 481—489. — [*279*]

BRANAN, J. M. Negative human interaction. Journ. couns. Psychol., 1972, 19, 81—82. — [*13*]

BRANDSTÄTTER, J., s. LOHMANN, J.

Brewer, J. E., s. Anderson, H. H.

Bridges, C. M., s. Tocco, T. S.

Brown, M., s. Walters, R. H.

Bruce, P. Relationship of self-acceptance to others variables with sixth grade children oriented in self-understanding. Journ. educ. Psychol., 1958, 49, 229—238. — [*63*]

Bruhn, M., Tausch, R., und Westermann, B. Psychische Änderungen bei seelisch beeinträchtigten Personen in personenzentrierten Encountergruppen. Im Manuskript, 1976. — [*107, 392*]

Bryan, J. H., and Test, M. A. Models and helping: Naturalistic studies in aiding behavior. Journ. Personality and soc. Psychol., 1967, 6, 400—407. — [*33*]

Bühler, J. H., and Aspy, D. N. Physical health for educators. Denton, 1975. — [*389*]

Bühler, J. H., s. Aspy, D. N.

Busen, A., s. Bommert, H.

Butler, J. H., and Haigh, G. V. Changes in the relation between selfconcepts and idealconcepts consequent upon client-centered counseling. In: Rogers, C. R., and Dymond, R. F. Psychotherapy and personality change. Chicago, 1954, 55—75. — [*58*]

Carkhuff, R. R. Helping and human relations. Vol. II, New York, 1969. — [*75, 88, 126, 183, 223*]

Carkhuff, R. R., s. Truax, C. B.

Carota, N., s. Rosenthal, R.

Caspari, E., und Tausch, R. Unechtheit—Fassadenhaftigkeit und Beeinträchtigung der seelischen Funktionsfähigkeit. Im Manuskript, 1976. — [*225, 229, 232*]

Chambers, J. A. College teachers: Their effect on creativity of students. Journ. educ. Psychol., 1973, 65, 326—334. — [*250*]

Charlton, M., Liebelt, E., Sültz, J., und Tausch, A. Auswirkungen von Verhaltensmodellen aus einem Fernsehwestern auf Gruppenarbeitsverhalten und Aggressionsbereitschaft von Grundschülern. Psychol. in Erz. u. Unterricht, 1974, 21, 164—175. — [*36, 39*]

Charlton, M., s. Bastine, R.

Chittenden, G. E. An experimental study in measuring and modifying assertive behavior in young children. Monographs of the Society of Research in Child Development, 1942, 7, 1, Serial No. 31. — [*34*]

Chorost, S. B. Parental child-rearing attitudes and their correlates in adolescent hostility. Genetic Psychol. Monographs, 1962, 66, 49—90. — [*364*]

Christensen, C. M. Relationships between pupil achievement, pupil affect need, teacher warmth, and teacher permissiveness. Journ. educ. Psychol., 1960, 51, 169—174. — [*148*]

Cioffi, F., s. Argyle, M.

Clarke-Stewart, K. A. Interactions between mothers and their young children: Characteristics and consequences. Monographs of the Society for Research in Child Development, 1973, 38, 6—7, Serial No. 153. — [*249*]

Clauss, G. Zur sprachlichen Struktur des Unterrichtes. Wiss. Zeitschr. Universität Leipzig, 1954, 4, Gesellschafts- und Sprachwissenschaftliche Reihe, 3/4, 361—368. — [*344*]

Clauss, G. Über die Unterrichtssprache von Lehrern der Grundschule. Schule u. Psychol., 1955, 2, 236—245. — [*342, 347*]

Clifford, C., s. Wattenberg, W. W.

COCH, L., and FRENCH, J. R. P. Overcoming resistance to change. Human Relations, 1948, 1, 512—532. — [*309*]

COLLINGWOOD, T. R. The effects of physical training upon behavior and self attitudes. Journ. clin. Psychol., 1972, 28, 583—585. — [*66, 389*]

COMBS, C. F. Self-perception and scholastic underachievement in the academically capable. The Personnel and Guidance Journal, 1964, 43, 47—51. — [*61*]

CONKLIN, R. C., and NAKONESHNY, M. The influence of counselor empathy, student sex, and grade level on perceived counselor role. Canad. Counsellor, 1973, 7, 206—212. — [*187*]

COOPER, K. H. Bewegungstraining. 7. Aufl., Frankfurt, 1974. — [*389*]

COOPERSMITH, S. The antecedents of self-esteem. San Francisco, 1967. — [*52, 55*]

CORDT, W. Zur „Beleuchtung" der Arbeit des Lehrers. Hessische Lehrerzeitung, Frankfurt, 1964, 8, 196. — [*255*]

CRANDALL, V. J., PRESTON, A., and RABSON, A. Maternal reactions and the development of independence and achievement behavior in young children. Child Development, 1960, 31, 243—251. — [*175*]

CROWDER, J., s. WILLIS, J.

CRUTCHFIELD, R. S. Conformity and character. Amer. Psychologist, 1955, 10, 191—198. — [*349*]

DATTA, L.-E., and PARLOFF, M. B. On the relevance of autonomy: Parent-child relationships and early scientific creativity. Proceedings 75th Annual Convention, APA, 1967, 149—150. — [*363*]

DAVIDS, A., and LAWTON, M. J. Self-concept, mother concept, and food aversions in emotionally disturbed and normal children. Journ. abnorm. soc. Psychol., 1961, 62, 309—314. — [*61*]

DAVIS, E. E., und VIERNSTEIN, N. Eine Skala zur Messung der Lehrereinstellung zu Kind und Unterricht. Zeitschr. f. Entwicklungspsychol. u. Päd. Psychol., 1972, 4, 194—216. — [*140*]

DAVIS, T. N., and SATTERLY, D. J. Personality profiles of student teachers. Brit. educ. Psychol., 1969, 39, 183—187. — [*377*]

DENENBERG, V. H., s. ANDERSON, C. O.

DIEDERICH, J. Fördern im Kernunterricht. Hannover, 1973. — [*342—344, 347*]

DIETRICH, G., und WALTER, H. Die Abhängigkeit der Schülerleistung, des Schülerverhaltens und der Schülereinstellung von verschiedenen Variablen der Unterrichtsgestaltung. In: DIETRICH, G. (Hrsg.) Unterrichtspsychologie der Sekundarstufe. Donauworth, 1972, 172—210. — [*169, 248*]

DINITZ, S., s. SCARPITTI, F. R.

DITTES, J. E. Attractiveness of group as a function of self-esteem and acceptance by group. Journ. abnorm. soc. Psychol., 1959, 59, 77—82. — [*54*]

DOLEZAL, V., s. NICKEL, H.

DOLL, G., FEINDT, K., KÜHNE, A., LANGER, I., STERNBERG, W., und TAUSCH, A. Klientenzentrierte Gespräche mit Insassen eines Gefängnisses über Telefon. Zeitschr. f. Klinische Psychol., 1974, 3, 39—56. — [*189*]

DOSSMANN, A., s. TAUSCH, A.

DÜKER, H., und TAUSCH, R. Über die Wirkung der Veranschaulichung von Unterrichtsstoffen auf das Behalten. Zeitschr. f. exper. angew. Psychol., 1957, 4, 384—400. — [*289*]

DÜKER, H., und TAUSCH, R. Die Auswirkung von Stegreifdarstellungen auf anschließend angefertigte Schulaufsätze. Psychol. Beiträge, 1960, 5, 343—363. — [*289*]

DUMKE, D., s. NICKEL, H.

DUNCKER, K. Zur Psychologie des produktiven Denkens. Berlin, 1935. — [*309*]

DUNCKER, K. Experimental modification of children's food preferences through social suggestion. Journ. abnorm. soc. Psychol., 1938, 33, 489—507. — [*43*]

DUTTON, B. E., s. SHAW, M. C.

EDEBURN, C. E., and LANDRY, R. Self-concept of students and significant other, the teacher. Psychol. Reprints, 1974, 35, 505—506. — [*375*]

EISEN, M. Characteristic self-esteem, sex, and resistance to temptation. Journ. Personality and soc. Psychol., 1972, 24, 68—72. — [*54*]

ELLIS, G. T., and SEKYRA, F. The effect of aggressive cartoons on the behavior of first grade children. Journ. Psychol., 1972, 81, 37—43. — [*37*]

EMMERLING, F. C. A study of the relationships between personality characteristics of classroom teachers and pupil perceptions of the teachers. Dissertation, University of Auburn, 1961. — [*105*]

ENKEMANN, J., s. SCHULZ v. THUN, F.

ERON, L. D., HUESMANN, L. R., LEFKOWITZ, M. M., and WALDER, L. O. Does television violence cause aggression? Amer. Psychologist, 1972, 27, 253—263. — [*37*]

ERON, L. D., WALDER, L. O., TOIGO, R., and LEFKOWITZ, M. M. Social class, parental punishment for aggression and child aggression. Child Development, 1963, 34, 849—867. — [*362*]

FEINDT, K., s. DOLL, G.

FELKER, D. W. The relationship between anxiety, self-ratings, and ratings by others in fifth-grade children. Journ. genet. Psychol., 1969, 115, 81—86. — [*54, 61*]

FELKER, D. W., s. KAY, R. S.

FENNER, H.-J. Beurteilungsskalen zur quantitativen Erfassung des Unterrichtsverhaltens von Lehrern und Untersuchung ihrer Verwendbarkeit für die Erforschung psychologischer Prozesse im Unterricht. Dissertation, Universität Hamburg, 1972. — [*108, 134, 173, 174*]

FENNER, H. J., s. NICKEL, H.; s. TAUSCH, R.

FEYER, D., s. SMART, R. G.

FICHTLER, H., ZIMMERMAN, R. R., and MOORE, R. T. Comparison of self-esteem of prison and non-prison groups. Perceptual and Motor Skills, 1973, 36, 39—44. — [*67*]

FINKEL, N. J., s. MCWILLIAMS, S. A.

FITS, W. H. Tenessee self-concept scale. Nashville, 1965. — [*58*]

FITTKAU, B. Dimensionen des Lehrerverhaltens und ihre Bedeutung für die Auslösung von Angst und Sympathie bei Schülern. Zeitschr. f. Entwicklungspsych. u. Päd. Psychol., 1969 a, 1, 77—92. — [*109, 148, 248*]

FITTKAU, B. Bereiche des Lehrerverhaltens und ihre Bedeutung für die Mitarbeit, Sympathie und Angstreaktionen von Schülern bei „Video"- und „Life"-Lehrern. Dissertation, Universität Hamburg, 1969 b. — [*109, 117*]

FITTKAU, B., und LANGER, H. Auswirkungen schriftlicher Ermutigungen unter Klassenarbeiten auf Angst und Leistungen der Schüler. Psychol. in Erz. u. Unterricht, 1974, 21, 15—21. — [*174*]

FITTKAU, B., s. FITTKAU-GARTHE, H.; s. MINSEL, B.; s. MÜLLER-WOLF, H.-M.; s. TAUSCH, A.; s. TAUSCH, R.; s. WIECZERKOWSKI, W.

FITTKAU-GARTHE, H., und FITTKAU, B. Fragebogen zur Vorgesetzten-Verhaltens-Beschreibung (FVVB). Göttingen, 1971. — [*109, 155, 251*]

FLEISHMAN, E. A., and HARRIS, E. F. Patterns of leadership behavior related to employee grievances and turnover. Personnel Psychol., 1962, 15, 43—56. — [*109, 155, 353*]

FODE, K. L., s. ROSENTHAL, R.

FRANZEN, U., und MERZ, F. Einfluß des Verbalisierens auf die Leistung bei Intelligenzprüfungen: Neue Untersuchungen. Zeitschr. f. Entwicklungspsychol. u. Päd. Psychol., 1976, 8, 117—134. — [*264, 347*]

FRENCH, J. R. P., s. COCH, L.

FREYTAG, C., s. RÖNNECKE, B.

FRIEDMAN, P. Student imitation of a teacher's verbal style as a function of natural classroom reinforcement. Journ. educ. Psychol., 1973, 267—273. — [*33*]

FRIEDRICH, L. K., and STEIN, A. H. Aggressive and prosocial television programs and the natural behavior of preschool children. Monographs of the Society for Research in Child Development, 1973, 38, 4, Serial No. 151. — [*33*]

FROMMBERGER, H. Wird die Freiheit des Schülers durch die Ganztagsschule eingeengt? In: Päd. Erwägungen über die Ganztagsschule. Tagesheimschule, Frankfurt, 1962, 9—15. — [*255*]

GAGNÉ, R. M., and SMITH, E. C. A study of the effects of verbalisation on problem solving. Journ. exper. Psychol., 1962, 63, 12—18. — [*347*]

GARDENER, G., s. ARGYLE, M.

GECAS, V. Parental behavior and dimensions of adolescent self-evaluation. Sociometry, 1971, 34, 466—482. — [*56*]

GIRONA, R. Changes operated in institutionalized children as a result of controlled interaction with a „significant adult". Journ. educ. Research, 1972, 65, 343—346. — [*292*]

GLUECK, S., and GLUECK, E. T. Unravelling juvenile delinquency. New York, 1950. — [*106, 154*]

GOEBEL, G., s. SCHULZ v. THUN, F.

GOGOLLA, H., s. BOMMERT, H.

GOOD, T. L., and GROUWS, D. A. Teacher rapport: Some stability data. Journ. educ. Psychol., 1975, 67, 197—182. — [*379*]

GÖTZ, W., s. SCHULZ v. THUN, F.

GRAF, R. G. Induced self-esteem as a determinant of behavior. Journ. soc. Psychol., 1971, 85, 213—217. — [*54*]

GRÄSSNER, D., s. BASTINE, R.

GRAU, U., s. KÖTTER, L.

GRAUDENZ, I. Selbstwahrnehmung und Wahrnehmung mütterlichen Verhaltens 5- bis 6jähriger Vorschulkinder. Psychol. in Erz. u. Unterricht, 1974, 21, 203—211. — [*56*]

GREENFIELD, P. M., s. ROSENTHAL, R.

GREENWOOD, G. E., and SOAR, R. S. Some relationships between teacher morale and teacher behavior. Journ. educ. Psychol., 1973, 64, 105—108. — [*158, 368*]

GRONAU, H., OSTERMANN, R., SCHULZ v. THUN, F., und TAUSCH, A. Art der emotionalen und sozialen Interaktion von Krankenpflegepersonal und psychiatrischen Patienten. Im Manuskript, 1976. — [*140, 194, 334*]

GROUWS, D. A., s. GOOD, T. L.

Grüneisen, V., s. Hoff, E.-H.

Grusec, J. E., s. Bandura, A.

Güldner, K. Über Beziehungen zwischen mütterlicher Erziehungshaltung und Leistungsverhalten des Kindes in der Schule. Wiss. Zeitschr. Universität Rostock, 1964, 13, Gesellschafts- u. Sprachenwissenschaftl. Reihe, 4, 523—527. — [*363*]

Haigh, G. V., s. Butler, J. H.

Hamachek, D. E. Encounters with the self. New York, 1971. — [*61*]

Hammer, B. Grade expectations, differential teacher comments, and student performance. Journ. educ. Psychol., 1972, 63, 454—458. — [*175*]

Harlow, H. F., and Zimmermann, N. R. Affectional responses in the infant monkey. Science, 1959, 130, 421—432. — [*157*]

Harris, E. F., s. Fleishman, E. A.

Hart, F. W. Teachers and teaching. 1934. Nach: Pressey, S. L., and Robinson, F. P. Psychology and the new education. New York, 1944. — [*161*]

Heckhausen, H., und Kemmler, L. Entstehungsbedingungen der kindlichen Selbständigkeit. Der Einfluß der mütterlichen Selbständigkeitserziehung auf die seelisch-soziale Schulreife der Söhne. Zeitschr. f. exper. angew. Psychol., 1957, 4, 603—622. — [*361*]

Hellmer, L. A., s. Becker, W. C.; s. Peterson, D. R.

Helper, M. M. Parental evaluations of children and children's self-evaluations. Journ. abnorm. soc. Psychol., 1958, 56, 190—194. — [*56*]

Henke, M., s. Seitz, W.

Herrmann, T., s. Stapf, K.

Herzberg, F., Mausner, B., and Snyderman, B. B. The motivation to work. New York, 1959. — [*353*]

Hicks, D. J. Imitation and retention of film-mediated aggressive peer and adult models. Journ. Personality and soc. Psychol., 1965, 2, 97—100. — [*36*]

Hilligen, W. Sehen, Beurteilen, Handeln. 3. Aufl., Frankfurt/M., 1961. — [*310*]

Hocke, B., s. Bierhoff-Alfermann, D.

Höder, J., Joost, H., und Klyne, P. Zusammenhänge zwischen Hauptdimensionen des Lehrerverhaltens und Merkmalen des Erlebens von Schülern im Unterricht. Psychol. in Erz. u. Unterricht, 1975, 22, 88—96. — [*120, 134, 135, 147, 248, 255, 276, 334, 337, 342, 343, 346, 352, 353, 367, 369, 378*]

Höder, J., Joost, H., Klyne, P., und Tausch, R. Kognitive Prozesse bei Schülern und ihr Zusammenhang mit wesentlichen Dimensionen des Lehrerverhaltens. Im Manuskript, 1976. — [*104, 120, 192, 229, 251, 337, 346, 368*]

Höder, J., Tausch, R., und Weber, A. Förderliche Dimensionen des Lehrerverhaltens und ihr Zusammenhang mit der Qualität der Unterrichtsbeiträge der Schüler. Im Manuskript, 1976. — [*103, 120, 134, 192, 226, 245, 246, 251, 255, 378*]

Hoff, E.-H., Minsel, W.-R., Minsel, B., und Grüneisen, V. Beziehungen zwischen Erzieherverhalten und Persönlichkeitsmerkmalen von Eltern und ihren Kindern. Psychol. in Erz. u. Unterricht, 1973, 20, 163—175. — [*375*]

Hoffman, M. L. Power assertion by the parents and its impact on the child. Child Development, 1960, 31, 129—143. — [*360*]

Hoffman, M. L., and Saltzstein, H. D. Parental discipline and the child's moral development. Journ. Personality and soc. Psychol., 1967, 5, 45—57. — [*362*]

Hoffmann, M., s. Belschner, W.

Hokanson, J. I., s. Megargee, E. I.

HOLZSCHUH, K. Aber ihr klagt uns an. Frankfurt, 1957. — [*324*]

HOPE, L. H., s. MARTIN, C. J.

HORROCKS, J. E., s. PRESSEY, S. L.

HOWARD, A., s. MCCORD, J.

HOWARD, J. L., s. WHITE, K.

HÜBSCH, H., s. TAUSCH, A.

HUELMANN, W., s. TAUSCH, A.

HUESMANN, L. R., s. ERON, L. D.

HURLEY, J. Parental malevolence and children's intelligence. Journ. consult. Psychol., 1967, 31, 199—204. — [*152*]

HURLEY, R. B., s. PALLONE, N. J.

ISRAEL, H. E., s. REES, H. J.

ISSING, L. J., und ULLRICH, B. Einfluß eines Verbalisierungstrainings auf die Denkleistung von Kindern. Zeitschr. f. Entwicklungspsychol. u. Päd. Psychol., 1969, 1, 32—40. — [*264, 291*]

JACOBSON, L., s. ROSENTHAL, R.

JAFFE, P. E., s. JOURARD, S. M.

JAMES, C. R., s. ABRAMOWITZ, S. I.

JARMAN, B. O., s. MCGOWAN, R. W.

JEZIORSKY, W. Einführung in die Unterrichtslehre der Grundschule. Heilbronn, 1972. — [*339*]

JOHANNESSON, I. Über die Wirkungen von Lob und Tadel auf Leistungen und Einstellungen von Schulkindern. In: NIELSON, G. S. (Ed.) Proceedings of the XIV International Congress of Applied Psychology. Vol. III: Child and Education. Copenhagen, 1962. — Deutsch in: WEINERT, F. (Hrsg.) Pädagogische Psychologie. Köln, 1967, 336—345. — [*174*]

JOHNSON, M. Verbal influences on childrens behavior. University of Michigan Press, Ann Arbor, 1939. — [*175*]

JOHNSON, S., s. POE, C. A.

JONES, M. C. The elimination of children's fears. Journ. exper. Psychol., 1924, 7, 382—390. — [*42*]

JOOST, H. Zusammenhänge zwischen Merkmalen des Lehrer- und Schülerverhaltens. Im Manuskript, 1976 — [*103, 117, 134, 192, 226, 245, 246, 248, 251, 346, 368, 371, 381*]

JOOST, H. Tagebuchaufzeichnungen von Heimkindern und psychotherapeutische Hilfe. Im Manuskript, 1977. — [*297*]

JOOST, H., s. HÖDER, J.

JOURARD, S. M., and JAFFE, P. E. Influence of an interviewer's disclosure on the self-disclosing behavior of interviewees. Journ. couns. Psychol., 1970, 17, 252—257. — [*228*]

JOURARD, S. M., and REMY, R. M. Perceived parental attitudes, the self, and security. Journ. consult. Psychol., 1955, 19, 364—366. — [*53, 56*]

JÜRGENS, G., s. RÖNNECKE, B.; s. TAUSCH, A.

KALEEM, G. A., s. QADRI, A. J.

KAY, R. S., FELKER, D. W., and VAROZ, R. O. Sports interests and abilities as contributors to self-concept in junior high school boys. Research Quarterly, 1972, 43, 208—215. — [*66*]

KEMMLER, L. Erziehungshaltungen von Müttern vierzehnjähriger Jungen. Psychol. Rundschau, 1960, 11, 197—218. — [*137*]

KEMMLER, L., s. HECKHAUSEN, H.

KEMPKES, W. Comics im Unterricht, Stundenprotokolle. Erziehung u. Wissenschaft, 1972, 24, Beiblatt Jugendschriften-Warte, 2—3. — [*338*]

KERN, R., and KIRBY, J. H. Utilizing peer helper influence in group counseling. Elementary School Guidance and Counseling, 1971, 6, 70—75. — [*293*]

KETTNER, U., s. TAUSCH, A.

KIPNIS, D., s. LAHAT-MANDELBAUM, B.

KIRBY, J. H., s. KERN, R.

KLAUER, K. J. Lernen und Intelligenz. Weinheim, 1969. — [*291*]

KLAUER, K. J. Intelligenztraining im Kindesalter. Weinheim, 1975. — [*291*]

KLEIN, D., s. BOMMERT, H.

KLYNE, P. Dimensionen des Lehrerverhaltens in ihrem Zusammenhang mit Vorgängen der Schüler. Im Manuskript, 1976. — [*104, 113, 117, 134, 192, 245, 246, 346, 368*]

KLYNE, P., s. HÖDER, J.

KÖHLER, H., s. TAUSCH, A.; s. TAUSCH, R.

KOHLER, I., und TESAR, E. Eine experimentelle Untersuchung zur Psychotherapie. Im Manuskript, 1976. — [*190*]

KOHN, P., s. ROSENTHAL, R.

KORNADT, H.-J., und WIRSING, M. Erziehungsmethoden und frühkindliches Verhalten. Psychol. Beiträge, 1960, 5, 383—392. — [*360*]

KÖTTER, L., und GRAU, U. Zur Bedingtheit der uneinheitlichen Benotung von Schüleraufsätzen (Nacherzählung). Zeitschr. f. exper. angew. Psychol., 1965, 12, 278—301. — [*345*]

KRAMP, W. Studien zur Theorie der Schule. München, 1973. — [*387*]

KREMER, J., s. WESTERMANN, B.

KRETSCHMANN, R. Zusammenhänge zwischen Persönlichkeitseigenschaften von Lehrern und ihrem von Schülern perzipierten Unterrichtsverhalten. Im Manuskript, 1976. — [*375*]

KROLL, A. The teacher's influence upon the social attitude of boys in the twelth grade. Journ. educ. Psychol., 1934, 25, 274—280. — [*45*]

KÜHNE, A., RASCHTA, F., und TAUSCH, A. Fremd- und Selbsttraining von künftigen Vollzugsbeamten in psychologisch-hilfreichem Verhalten gegenüber Gefängnisinsassen. Kriminologisches Journal, 1974, 6, 105—116. — [*334*]

KÜHNE, A., s. DOLL, G.; s. TAUSCH, R.

KULUS, A., s. BEEK, B. v.

KUO, Z. Y. The genesis of the cat's response to the rat. Journ. comp. Psychol., 1930, 11, 1—30. — [*39*]

KUPERS, C. J., s. BANDURA, A.

LAHAT-MANDELBAUM, B., and KIPNIS, D. Leader behavior dimensions related to students' evaluation of teaching effectiveness. Journ. applied Psychol., 1973, 58, 250—253. — [*149*]

LANDRY, R., s. EDEBURN, C. E.

LANGER, H., s. FITTKAU, B.

LANGER, I., RIECKHOF, A., STEINBACH, I., und TAUSCH, A. Mutter-Kind-Interaktionen in außerhäuslichen Situationen. Psychol. in Erz. u. Unterricht, 1973, 20, 361—376. — [*106, 137, 150, 249, 251, 334, 357, 361*]

LANGER, I., und SCHOOF-TAMS, K. Auswirkungen von Lehrerfrontalunterricht, Schülereinzelarbeit und Kleingruppenarbeit nach Lehrtexten unterschiedlicher Verständlichkeit auf die Wissens- und Behaltensleistungen von Hauptschülern verschiedener Leistungsgruppen. Psychol. in Erz. u. Unterricht, 1976, 23, 21—28. — [*262*]

LANGER, I., und SCHULZ v. THUN, F. Messung komplexer Merkmale in Psychologie und Pädagogik. Beiheft d. Zeitschr. Psychol. in Erz. u. Unterricht, 68, 1974. — [*117*]

LANGER, I., SCHULZ v. THUN, F., und TAUSCH, R. Förderungen leistungsschwacher Schüler durch kurzzeitige Kleingruppendiskussion im Anschluß an das Lesen eines Lehrtextes. Psychol. in Erz. u. Unterricht, 1973, 20, 156—162. — [*262*]

LANGER, I., SCHULZ v. THUN, F., und TAUSCH, R. Verständlichkeit in Schule, Verwaltung, Politik und Wissenschaft. München, 1974. — [*269, 271, 276, 378*]

LANGER, I., und TAUSCH, A. Familien-Helferspiel (Art.-Nr. 605 5840 X). Ravensburg, 1977. — [*209*]

LANGER, I., und TAUSCH, R. Faktoren der sprachlichen Gestaltung von Wissensinformationen und ihre Auswirkungen auf die Verständnisleistungen von Schülern. Schule und Psychol., 1972, 18, 72—80. — [*275*]

LANGER, I., s. DOLL, G.; s. RUDOLPH, J.; s. SCHULZ v. THUN, F.; s. TAUSCH, A.; s. TAUSCH, R.

LARDER, D. L. Effect of aggressive story content on nonverbal play behavior. Psychol. Reports, 1962, 11, 14. — [*37*]

LAWTON, M. J., s. DAVIDS, A.

LEAT, M., s. WALTERS, R. H.

LEBLANC, R. F., and TOLOR, A. Alienation, distancing, externalizing, and sensation seeking in prison inmates. Journ. consult. clin. Psychol., 1972, 39, 514. — [*85*]

LEFCOURT, H. M. Internal versus external control of reinforcement. Psychol. Bulletin, 1966, 65, 206—220. — [*85*]

LEFKOWITZ, M. M., BLAKE, R. R., and MOUTON, J. S. Status factors in pedestrian violation of traffic signals. Journ. abnorm. soc. Psychol., 1955, 51, 704—706. — [*38*]

LEFKOWITZ, M. M., s. ERON, L. D.

LESSMANN, H., s. SCHULZ v. THUN, F.

LEVIN, H., s. SEARS, R. R.

LEWIN, K. Group decision and social change. In: MACCOBY, E. E., NEWCOMB, T. M., and HARTLEY, E. L. (Eds.) Readings in social psychology. 3. edit., London, 1958, 197—211. — [*264*]

LEWIN, K., LIPPITT, R., and WHITE, R. K. Patterns of aggressive behavior in experimentally created „social climates". Journ. soc. Psychol., 1939, 10, 271—299. — [*111, 160, 249, 279, 354*]

LIEBELT, E., s. CHARLTON, M.

LIEBERT, R. M., and BARON, R. A. Some immediate effects of televised violence on children's behavior. Developmental Psychol., 1972, 6, 469—475. — [*37*]

LIENERT, G. A., und PATERKIEWICZ, D. Der Einfluß der Turnstunde auf die Konzentrationsfähigkeit der Schüler in nachfolgenden Unterrichtsstunden. Schule u. Psychol., 1960, 7, 129—135. — [*296*]

LIPPITT, R., s. LEWIN, K.

LIPSITT, L. P. A self-concept scale for children and its relationship to the children's form of the manifest anxiety scale. Child Development, 1958, 29, 463—472. — [*61*]

LOHMANN, J., und BRANDSTÄTTER, J. Temperamentskorrelate von Kreativitäts- und Intelligenzfaktoren. Zeitschr. f. Entwicklungspsychol. u. Päd. Psychol., 1976, 8, 81—90. — [*89*]

LÜCK, H. E. Prosoziales Verhalten. Köln, 1975. — [*38*]

LÜCK, U., s. TAUSCH, R.

LURIA, Z., s. BECKER, W. C.

LÜTKEMEIER, P., s. BOMMERT, H.

MACCOBY, E. E., s. SEARS, R. R.

MANIS, M. Social interaction and the selfconcept. Journ. abnorm. soc. Psychol., 1955, 51, 362—370. — [*62*]

MARPLE, C. H. The comparative suggestibility of three age levels to the suggestion of groups vs. expert opinion. Journ. soc. Psychol., 1933, 4, 176—186. — [*45*]

MARTIN, C. J., and HOPE, L. H. Effects of practice and mode of presentation upon the comprehension of telegraphic prose. Proceedings of the Annual Convention of the American Psychological Association, 1972, 7, 521—522. — [*39*]

MASENDORF, F., und TSCHERNER, K. Aspekte des Interaktions- und Unterrichtsstils von Lehrern aus der Sicht der Schüler. Zeitschr. f. Entwicklungspsychol. u. Päd. Psychol., 1973, 5, 73—90. — [*375*]

MATTESON, R. Adolescent self-esteem, family communication and marital satisfaction. Journ. Psychol., 1974, 86, 35—47. — [*56*]

MAUSNER, B., s. HERZBERG, F.

MAY, P., s. BEL-BORN, B. VAN

MAYO, E. Probleme industrieller Arbeitsbedingungen. Frankfurt, 1950. — [*156*]

MCCORD, J., MCCORD, W., and HOWARD, A. Family interaction as antecedent to the direction of male aggressiveness. Journ. abnorm. soc. Psychol., 1963, 66, 239—242. — [*38, 106*]

MCCORD, W., MCCORD, J., and ZOLA, I. K. Origins of crime. New York, 1959. — [*106, 154*]

MCGOWAN, R. W., JARMAN, B. O., and PEDERSON, D. M. Effects of a competitive endurance training program on self-concept and peer approval. Journ. Psychol., 1974, 86, 57—60. — [*66*]

MCWILLIAMS, S. A., SPENCER, A., and FINKEL, N. J. High school students as mental health aides in the elementary school setting. Journ. consult. clin. Psychol., 1973, 40, 39—40. — [*292*]

MEFFERT, H.-J. Empirische Überprüfung der Effekte zweier psychologischer Trainingskurse für Erzieherinnen an Kindertagesheimen. Dissertation, Universität Hamburg, 1976. — [*212, 365*]

MEFFERT, H.-J., STEINBACH, I., und TAUSCH, A. Änderungen bei Kindergärtnerinnen und deren Kindergruppen durch einen Erzieherkurs. Psychol. in Erz.- u. Unterricht, 1976, 23, 328—336. — [*105, 136, 152, 193, 384*]

MEFFERT, J., s. TAUSCH, A.

MEGARGEE, E. I., and HOKANSON, J. I. The dynamics of aggression. New York, 1970. — [*41*]

MEINECKE, K., s. BÖDIKER, M.-L.

MENLOVE, F. L., s. BANDURA, A.

MERZ, F. Der Einfluß des Verbalisierens auf die Leistung bei Intelligenzaufgaben. Zeitschr. f. exper. angew. Psychol., 1969, 16, 114—137. — [*264*]

MERZ, F., s. FRANZEN, U.

METZGER, W. Stimmung und Leistung. Praktische Arbeits- und Bildungspsychologie. Hrsg. vom Städt. Forschungsinstitut für Psychologie der Arbeit und Bildung in Gelsenkirchen, 1957, 1. — [*156*]

MEZEI, L., s. WALTERS, R. H.

MILGRAM, S. Einige Bedingungen von Autoritätsgehorsam und seiner Verweigerung. Zeitschr. f. exper. angew. Psychol., 1966, 13, 433—463. — [*34*]

MINSEL, B. Veränderungen der Erziehungseinstellungen von Eltern durch Trainingskurse. Dissertation, Universität Hamburg, 1976. — [*384*]

MINSEL, B., und FITTKAU, B. Konstruktion und Validierung eines Fragebogens zum Elternverhalten. Zeitschr. f. Entwicklungspsychol. u. Päd. Psychol., 1971, 3, 73—88. — [*109, 153, 362*]

MINSEL, B., s. HOFF, E.-H.

MINSEL, W.-R., s. HOFF, E.-H.

MISCHEL, W., s. BANDURA, A.

MOELIS, J., s. SCHULMAN, R. E.

MONTADA, L., und THIRION, C. Auswirkungen unterschiedlicher Reaktionen des Modells nach Bestrafung einer Übertretung auf die Übertretungstendenz des Beobachters. Zeitschr. f. Entwicklungspsychol. u. Päd. Psychol., 1972, 4, 221—234. — [*38*]

MOORE, R. T., s. FICHTLER, H.

MOUTON, J. S., s. LEFKOWITZ, M. M.

MOWRER, O. H. Authoritarian versus „self-government" in the management of children's aggressive (antisocial) reactions as a preparation for citizenship in a democracy. Journ. soc. Psychol., 1939, 10, 121—126. — [*285*]

MÜLLER-WOLF, H.-M., und FITTKAU, B. Lehrverhalten von Hochschullehrern und seine Bedeutung für Einstellungen und Verhalten von Studenten. Zeitschr. f. Entwicklungspsychol. u. Päd. Psychol., 1971, 3, 165—180. — [*149, 250*]

MURRAY, E., s. SCARPITTI, F. R.

MUSSEN, P. H., and PORTER, L. W. Personal motivations and self-conceptions associated with effectiveness and ineffectiveness in emergent groups. Journ. abnorm. soc. Psychol., 1959, 59, 23—27. — [*54*]

MUSSEN, P. H., and RUTHERFORD, E. Effects of aggressive cartoons on children's aggressive play. Journ. abnorm. soc. Psychol., 1961, 62, 461—464. — [*37*]

NAGEL, K., s. SANDER, K.

NAKONESHNY, M., s. CONKLIN, R. C.

NELLES-BÄCHLER, M. Einige Merkmale des Lehrerverhaltens im Unterricht. Die Deutsche Schule, 1965, 4, 224—229. — [*136, 342, 347*]

NEUMANN, K., s. SCHULZ V. THUN, F.

NICHOLS, R. C. Parental attitudes of mothers of intelligent adolescents and creativity of their children. Child Development, 1964, 35, 1041—1049. — [*363*]

NICKEL, H. Untersuchungen über den Einfluß verschiedener Formen der Stoffdarbietung und Rückmeldung auf die Rechtschreibleistungen von Volksschülern. Schule und Psychol., 1968, 11, 336—345. — [*290*]

NICKEL, H., und DUMKE, D. Unterrichtsformen und Unterrichtsstile auf der Oberstufe des Gymnasiums in retrospektiver Sicht von Studienanfängern. Die Deutsche Schule, 1970, 62, 457—468. — [*255, 344*]

NICKEL, H., und FENNER, H. J. Direkte und indirekte Lenkung im Unterricht in Abhängigkeit von fachspezifischen und methodisch-didaktischen Variablen sowie Alter und Geschlecht des Lehrers. Zeitschr. f. Entwicklungspsychol. u. Päd. Psychol., 1974, 6, 178—191. — [*255*]

NICKEL, H., UNGELENK, B., SCHENK, M., und DOLEZAL, U. Das Verhalten von Erzieherinnen in traditionellen Kindergärten und nicht-autoritären vorschulischen Einrichtungen. Psychol. in Erz. u. Unterricht, 1975, 22, 51—56. — [*136, 252*]

NICKEL, H., UNGELENK, M., SCHMIDT, U., WOLLSCHLÄGER, P., und ZIETZSCHMANN, H. Empirische Untersuchungen zur Auswirkung von Erziehermerkmalen auf das Verhalten von Kindern verschiedener vorschulischer Einrichtungen in Konfliktsituationen und Erprobung angemessener erzieherischer Verhaltensformen. Im Manuskript, 1976. — [*378*]

NICKEL, H., s. TAUSCH, R.; s. WIECZERKOWSKI, W.

NOBLE, G. Film-mediated aggressive and creative play. Brit. Journ. soc. clin. Psychol., 1970, 9, 1—7. — [*37*]

OAKLAND, T., s. SNAPP, M.

OAKLEY, K. A. The stability of teacher behaviour in conditions of varying class size. Brit. Journ. educ. Psychol., 1970, 40, 353. — [*369*]

ORENDI, B., s. TAUSCH, A.

OSTERMANN, R., s. GRONAU, H.

PAGE, E. B. Teacher comments and student performance: A seventy-four classroom experiment in school motivation. Journ. educ. Psychol., 1958, 49, 173—181. — [*175*]

PALLONE, N. J., RICKARD, F. S., HURLEY, R. B., and TIRMAN, R. J. Work values and self-meaning. Journ. couns. Psychol., 1970, 17, 376—377. — [*54*]

PARLOFF, M. B., s. DATTA, L.-E.

PASCHEN K. Bewegungszeit in der Grundschule. Stuttgart, 1971. — [*296*]

PATERKIEWICZ, D., s. LIENERT, G. A.

PEDERSON, D. H., s. MCGOWAN, R. W.

PERSINGER, G. W., s. ROSENTHAL, R.

PETERSON, D. R., BECKER, W. C., HELLMER, L. A., SHOEMAKER, D. J., and QUAY, H. C. Parental attitudes and child adjustment. Child Development, 1959, 30, 119—130. — [*364*]

PETERSON, D. R., s. BECKER, W. C.

PFÖRTNER, W., s. WITTERN, O.

PHILLIPS, E. L. Attitudes toward self and others: A brief questionnaire report. Journ. consult. Psychol., 1951, 15, 79—81. — [*63*]

PIXA-KETTNER, U., AHRBECK, B., SCHEIBEL, B., und TAUSCH, A. Personenzentrierte Einzel- und Gruppengespräche mit psychisch beeinträchtigten Hauptschülern aus 5./6. Klassen. Im Manuskript, 1976. — [*140, 165, 184, 188, 193, 198*]

PLESSEN, U., s. BOMMERT, H.

POE, C. A., and JOHNSON, S. Psychologist's conception of optimal adjustment. Journ. clin. Psychol., 1972, 28, 449—451. — [*161*]

POPP, M. Analyse elterlichen Erziehungsverhaltens. München, 1974. — [*317, 376*]

PORTER, L. W., s. MUSSEN, P. H.

PRESSEY, S. L., ROBINSON, F. P., and HORROCKS, J. E. Psychology in education. New York, 1959. — [*148*]

PRESTON, A., s. CRANDELL, V. J.

PUNGS, M., STEINBACH, I., und TAUSCH, A. Befindlichkeit, Erleben und Kommunikation von Arbeitern am Arbeitsplatz. Im Manuskript, 1976. — [*334, 353*]

QADRI, A. J., and KALEEM, G. A. Effect of parental attitudes on personality adjustment and self-esteem of children. Behaviorometic, 1971, 1, 19—24. — [*56*]

QUAY, H. C., s. BECKER, W. C.; s. PETERSON, D. R.

QUITMANN, H., TAUSCH, A., und TAUSCH, R. Selbstkommunikation von Jugendlichen und ihren Eltern, Zusammenhang mit Psychoneurotizismus und elterlichem Erziehungsverhalten. Zeitschr. f. Klinische Psychol., 1974, 3, 193—204. — [*54, 56, 154*]

RABSON, A., s. CRANDALL, V. J.

RADIN, N. Maternal warmth, achievement motivation and cognitive functioning in lower-class preschool children. Child Development, 1971, 42, 1560—1565. — [*150*]

RAHM, D. Untersuchung über den Zusammenhang von repressiver Erziehungseinstellung und Kreativität. Psychol. in Erz. u. Unterricht, 1974, 21, 259—269. — [*362*]

RASCHTA, F., s. KÜHNE, A.

RAU, L. C., s. WINDER, C. L.

RECKLESS, W. C., s. SCARPITTI, F. R.

REECE, M. M. „Climate" and temporal verbal reinforcement. Journ. clin. Psychol., 1964, 20, 284—286. — [*157*]

REED, M. F., s. ANDERSON, H. H.

REES, H. J., and ISRAEL, H. E. An investigation of the establishment and operation of mental sets. Psychol. Monographs, 46, 1935. Nach: MILLER, J. G. Unconsciousness. New York, 1942, 195. — [*300*]

REICHENBERG-HACKETT, W. Practices, attitudes and values in nursery group education. Psychol. Reports, 1962, 10, 151—172. — [*365*]

REMY, R. M., s. JOURARD, S. M.

RICKARD, F. S., s. PALLONE, N. J.

RIECKHOF, A., STEINBACH, I., und TAUSCH, A. Mutter-Kind-Interaktionen in häuslichen Situationen vor und nach einem personenzentrierten Erzieher-Kurs. Im Manuskript, 1976. — [*106, 117, 137, 152, 251, 334, 357, 360, 378, 384*]

RIECKHOF, A., s. LANGER, I.; s. TAUSCH, A.

RITTER, B., s. BANDURA, A.

ROBINSON, F. P., s. PRESSEY, S. L.

ROEBUCK, F. N., s. ASPY, D. N.

ROEDLER, J. M. Schulbauten und seelische Vorgänge bei Schülern. Im Manuskript, 1976. — [*256, 264*]

ROGERS, C. R. Counseling and psychotherapy. Boston, 1942. — In deutscher Übersetzung: Die nicht-direktive Beratung. München, 1972. — [*179, 182*]

ROGERS, C. R. Client-centered therapy. Boston, 1951. — In deutscher Übersetzung: Die klient-bezogene Gesprächstherapie. München, 1973 a. — [*19, 58, 61, 178, 179, 182, 188*]

ROGERS, C. R. The necessary and sufficient conditions of therapeutic personality change. Journ. consult. Psychol., 1957, 21, 95—103. — [*101*]

ROGERS, C. R. On becoming a person. Boston, 1961. — In deutscher Übersetzung: Entwicklung der Persönlichkeit. Stuttgart, 1973 b. — [*68*]

ROGERS, C. R. Freedom to learn. Ohio, 1969. — In deutscher Übersetzung: Lernen in Freiheit. München, 1974 a. — [*81, 321*]

Rogers, C. R. Carl Rogers on encounter groups. New York, 1970. — In deutscher Übersetzung: Encounter Gruppen. München, 1974 b. — [*67, 208, 391, 392*]

Rogers, C. R. Gemeinsam alles verstehen. psychologie heute, 1976, 3, 23—27. — [*92*]

Romine, S. Student and faculty perceptions of an effective university instructional climate. Journ. educ. Research, 1974, 68, 139—143. — [*250*]

Rönnecke, B., Becker, M., Bergeest, G., Freytag, C., Jürgens, G., Steinbach, I., und Tausch, A. Gespräche über Telefon zwischen alten Menschen und gesprächspsychotherapeutisch vorgebildeten Psychologen oder Laienhelfern. Zeitschr. Gerontologie, 1976, 9, 455—462. — [*189*]

Rosenberg, L., s. Solomon, D.; s. Wieczerkowski, W.

Rosenberg, M. Society and the adolescent self-image. Princeton, 1965. — [*52*]

Rosenfeld, H. M. Nonverbal reciprocation of approval: An experimental analysis. Journ. exper. soc. Psychol., 1967, 3, 102—111. — [*160*]

Rosenthal, R. On the social psychology of the psychological experiment: The experimenter's hypothesis as unintended determinant of experimental results. Amer. Scientist, 1963, 51, 268—283. — [*64, 175*]

Rosenthal, R., and Jacobson, L. Teachers' expectancies: Determinants of pupils' IQ gains. Psycholog. Reports, 1966, 19, 115—118. — [*175*]

Rosenthal, R., Kohn, P., Greenfield, P. M., and Carota, N. Data desirability, experimenter expectancy, and the results of psychological research. Journ. Personality and soc. Psychol., 1966, 3, 20—27. — [*175*]

Rosenthal, R., Persinger, G. W., Vikan-Kline, L. L., and Fode, K. L. The effect of experimenter outcome-bias and subject set on awareness in verbal conditioning experiments. Journ. verbal Learning and verbal Behavior, 1963, 2, 275—283. — [*175, 177*]

Ross, D., s. Bandura, A.

Ross, S. A., s. Bandura, A.

Rudolph, J. Psychische Änderungen durch Gesprächspsychotherapie und deren Bedingungen in der Sicht der Klienten. Dissertation, Universität Hamburg, 1975. — [*107*]

Rudolph, J., Langer, I., und Tausch, R. Wesentliche Bedingungen psychischer Änderungen von Personen in Gesprächspsychotherapie. Im Manuskript, 1976. — [*107, 125*]

Ruegamer, W. R., Bernstein, L., and Benjamin, J. D. Growth, food utilization and thyroid activity as a function of handling. Science, 1954, 120, 184—185. — [*157*]

Ruppert, H. Soziale Beziehungen und Sozialerziehung in der Schulklasse (II). Ganzheitliche Bildung, 1959, 353—368. — [*161*]

Rutherford, E., s. Mussen, P. H.

Rutherford, R. B. The effects of a model videotape and feedback videotapes on the teaching styles of teachers in training. Journ. exper. Education, 1973, 42, 64—69. — [*386*]

Ryans, D. G. Characteristics of teachers. Washington, D. C.: American Council on Education, 1960. — [*376, 378*]

Ryans, D. G. Some relationships between pupil behavior and certain teacher characteristics. Journ. educ. Psychol., 1961 a, 52, 82—90. — [*109, 147, 248*]

Ryans, D. G. Inventory estimated teacher characteristics as covariants of observer assessed pupil behavior. Journ. educ. Psychol., 1961 b, 52, 91—97. — [*109, 248*]

Saltz, R. Effects of past-time „mothering“ on IQ and SQ of young institutionalized children. Child Development, 1973, 44, 166—170. — [*150*]

Saltzstein, H. D., s. Hoffman, M. L.

Sander, K., Tausch, R., Bastine, R., und Nagel, K. Die Auswirkung experimenteller Änderung des Psychotherapeutenverhaltens auf Klienten in psychotherapeutischen Gesprächen. Zeitschr. f. exper. angew. Psychol., 1969, 16, 334—344. — [*112*]

Satterly, D. J., s. Davis, T. N.

Saxe, R. M., and Stollak, G. E. Curiosity and the parent-child-relationship. Child Development, 1971, 42, 373—384. — [*152*]

Scarpitti, F. R., Murray, E., Dinitz, S., and Reckless, W. C. The „good" boys in a high delinquency area: Four years later. Amer. soc. Review, 1960, 25, 555—558. — [*54*]

Scheibel, B., s. Pixa-Kettner, U.

Schenk, M., s. Nickel, H.

Schick, A., s. Tausch, A.

Schiefelbein-Heitmann, M., s. Tausch, A.

Schmalohr, E. Frühe Mutterentziehung bei Mensch und Tier. München, 1968. — [*157*]

Schmerder, W., und Tausch, R. Programmierte Instruktion oder personenzentrierte Informationsgestaltung? Im Manuskript, 1976. — [*276*]

Schmidt, U., s. Nickel, H.

Schmidtchen, S. Effekte von klientenzentrierter Spieltherapie bei mehrfach gestörten Kindern. Dissertation, Universität Kiel, 1971. — [*107*]

Schneider, W. Sprachliches Verhalten von Fahrlehrern als Prädiktor des Unterrichtserfolges. Zeitschr. f. Entwicklungspsychol. u. Päd. Psychol., 1972, 4, 271—281. — [*169*]

Schoof-Tams, K., s. Langer, I.

Schott, F., s. Belschner, W.

Schulman, R. E., Shoemaker, D. J., and Moelis, J. Laboratory measurement of parental behavior. Journ. consult. Psychol., 1962, 26, 109—114. — [*154*]

Schulz v. Thun, F., Berghes, M. V., Langer, I., und Tausch, R. Überprüfung einer Theorie der Verständlichkeit: Verbesserung der Verständlichkeit von Kurzzusammenfassungen wissenschaftlicher Veröffentlichungen. Zeitschr. f. Entwicklungspsychol. u. Päd. Psychol., 1974, 6, 192—206. — [*275*]

Schulz v. Thun, F., Enkemann, J., Lessmann, H., und Steller, W. Verständlich informieren und schreiben. Freiburg, 1975. — [*276*]

Schulz v. Thun, F., Goebel, G., und Tausch, R. Verbesserung der Verständlichkeit von Schulbuchtexten und Auswirkungen auf das Verständnis und Behalten verschiedener Schülergruppen. Psychol. in Erz. u. Unterricht, 1973, 20, 223—234. — [*274*]

Schulz v. Thun, F., u. Götz, W. Mathematik verständlich erklären. München, 1976. — [*276*]

Schulz v. Thun, F., Steinbach, I., Tausch, A., und Neumann, K. Das Werbefernsehen als Erzieher von Millionen Zuschauern — eine vergleichende Studie BRD-DDR. Psychol. in Erz. u. Unterricht, 1974, 21, 355—364. — [*49*]

Schulz v. Thun, F., s. Gronau, H.; s. Langer, I.; s. Tausch, R.

Schulze, C., s. Belschner, W.

Schwab, R., und Tausch, A. Die Fernsehreihe „Das Wort zum Sonntag". Publizistik, 1975, 794—802. — [*229*]

Schwab, R., s. Tausch, A.; s. Tausch, R.

Schwartz, M., and Tongri, S. S. A note on self-concept as an insulator against delinquency. Amer. soziological Review, 1965, 30, 922—926. — [*54*]

SCHWÄRZEL, W., s. BASTINE, R.

SEARS, R. R. Relation of early socialization experiences to self-concept and gender role in middle childhood. Child Development, 1970, 41, 267—289. — [*56, 61*]

SEARS, R. R., MACCOBY, E. E., and LEVIN, H. Patterns of child rearing. Evanston, 1957. — [*150, 361*]

SEIFERT, K. H. Schülererwartungen und Lehrerverhalten und ihre Bedeutung für die schulisch-berufliche Sozialisation. Die Deutsche Berufs- und Fachschule, 1974, 70, 3—27. — [*148, 161, 248*]

SEITZ, W., WEHNER, E. G., und HENKE, M. Zusammenhänge zwischen elterlichem Erziehungsstil und Persönlichkeitszügen 7—8jähriger Jungen. Zeitschr. f. Entwicklungspsychol. u. Päd. Psychol., 1970, 2, 165—180. — [*154*]

SEKYRA, F., s. ELLIS, G. T.

SELG, H. Menschliche Aggressivität. 3. Aufl., Göttingen, 1974. — [*41*]

SHAW, M. C., and DUTTON, B. E. The use of the Parent Attitude Research Inventory with parents of bright academic underachievers. Journ. educ. Psychol., 1962, 53, 203—208. — [*363*]

SHAW, M. E. Acceptance of authority, group structure, and the effectiveness of small groups. Journ. Personality, 1959, 27, 196—210. — [*353*]

SHERIF, M. The psychology of social norms. New York, 1936. — [*45*]

SHOEMAKER, D. J., s. BECKER, W. C.; s. PETERSON, D. R.

SHOSTROM, E. Manual: Personal Orientation Inventory. San Diego, Educational and Industrial testing service, 1966. — [*52, 54, 62*]

SIEGEL, C. L. Changes in play therapy behavior over time as a function of differing levels of therapist-offered conditions. Journ. clin. Psychol., 1972, 28, 235—236. — [*107*]

SIGNER, R., s. BICKEL, P.

SIMON, A., and WARD, L. O. Variables influencing the sources, frequency and intensity of worry in secondary school pupils. Brit. Journ. soc. clin. Psychol., 1974, 13, 391—396. — [*13*]

SKEELS, H. M. Some Iowa studies in the mental growth of children in relation to differentials of the environment. In: National Society for the Study of Education, 39th Yearbook, Bloomington, 1940. — [*150*]

SKINNER, B. F. The behavior of organisms: An experimental analysis. New York, 1938. — [*162*]

SMART, R. G., and FEJER, D. Drug use among adolescents and their parents closing the generation gap in mood modification. Journ. abnorm. Psychol., 1972, 79, 153—160. — [*43*].

SMITH, E. C., s. GAGNÉ, R. M.

SNAPP, M., OAKLAND, T., and WILLIAMS, F. A study of individualizing instruction by using elementary school children as tutors. Journ. School Psychol., 1972, 10, 1—8. — [*292*]

SNYDER, E. E., and SPREITZER, E. A. Involvement in sports and psychological well-being. Intern. Journ. Sport Psychol, 1974, 5, 28—39. — [*296*]

SNYDERMAN, B. B., s. HERZBERG, F.

SOAR, R. S., s. GREENWOOD, G. E.

SOLOMON, D., ROSENBERG, L., and BEDZEK, W. E. Teacher behavior and student learning. Journ. educ. Psychol., 1964, 55, 23—30. — [*249*]

SPANHEL, D., TAUSCH, R., und TÖNNIES, S. Hauptdimensionen des Lehrerverhaltens und ihr Zusammenhang mit konstruktivem Schülerverhalten in 41 Unterrichtsstunden. Psychol. in Erz. u. Unterricht, 1975, 22, 343—350. — [*104, 120, 147, 334, 337, 346, 347, 350, 367, 369, 378*]

SPAULDING, R. Achievement, creativity, and self-concept correlates of teacher-pupil transactions in elementary schools U. S. Office of Education Cooperative Research Project No. 1352. Urbana III: University of Illinois, 1963. — [*62*]

SPENCER, A., s. MCWILLIAMS, S. A.

SPREITZER, E. A., s. SNYDER, E. E.

STÄCKER, K., s. STAPF, K.

STAPF, K., HERRMANN, T., STAPF, A., und STÄCKER, K. Das zweidimensionale Bekräftigungskonzept der elterlichen Erziehung. Psychologie des elterlichen Erziehungsstils. Stuttgart, 1972. — [*109, 126*]

STEIN, A. H., s. FRIEDRICH, L. K.

STEINBACH, I. Dimensionen der mündlichen Informationsübermittlung. Im Manuskript, 1973. — [*274, 378*]

STEINBACH, I. Üben alltäglicher Unterrichtsinhalte in Kleingruppen. Dissertation, Universität Hamburg, 1975. — [*258, 263, 265, 279*]

STEINBACH, I., s. BERGEEST, H.-G.; s. LANGER, I.; s. MEFFERT, H.-J.; s. PUNGS, M.; s. RIECKHOF, A.; s. RÖNNECKE, B.; s. SCHULZ v. THUN, F.; s. TAUSCH, A.; s. THIEL, G.

STELLER, W., s. SCHULZ v. THUN, F.

STEPHAN, E. Beziehungen zwischen Variablen des Unterrichtsverhaltens und persönlichen Einstellungen bei Lehrern der Grund- und Hauptschule. Dissertation, Universität Freiburg, 1973. — [*117, 170*]

STERNBERG, W., s. DOLL, G.

STOLLAK, G. E., s. SAXE, R. M.

STOLT, P., s. BÖDIKER, M.-L.

STOLT, U., s. BÖDIKER, M.-L.

STOPPERAM, L. Beziehungen zwischen Persönlichkeitsmerkmalen erfolgreicher Lehrer. Wiss. Zeitschr. Universität Rostock, 1972, 21, Gesellschafts- und Sprachwissenschaftl. Reihe, 7, 795—800. — [*161*]

STRUPP, H. H., WALLACH, M. S., and WOGAN, M. Psychotherapy experience in retrospect: Questionnaire survey of former patients and their therapists. Psychol. Monographs, 1964, 78, 11, Whole No. 588. — [*109*]

SUINN, R. M. The relationship between self-acceptance and acceptance of others: a learning theory analysis. Journ. abnorm. soc. Psychol., 1961, 63, 37—42. — [*63*]

SÜLLWOLD, F. Eine empirische Untersuchung über die Beziehung zwischen Klassenfrequenz und Schülerleistungen. Schule u. Psychol., 1960, 7, 193—204. — [*369*]

SÜLTZ, J., s. CHARLTON, M.

TAUSCH, A. Der Erwachsene im Erlebnis des Kindes. Zeitschr. f. exper. angew. Psychol., 1956, 3, 472—498. — [*140*]

TAUSCH, A. Empirische Untersuchungen über das Verhalten von Lehrern gegenüber Kindern in erziehungsschwierigen Situationen. Zeitschr. f. exper. angew. Psychol., 1958 a, 5, 127—163. — [*13, 317, 355, 375, 378, 386*]

TAUSCH, A. Besondere Erziehungssituationen des praktischen Schulunterrichts, Häufigkeit, Veranlassung und Art ihrer Lösungen durch Lehrer; eine empirische Untersuchung. Zeitschr. f. exper. angew. Psychol., 1958 b, 5, 657—686. — [*134, 145, 354, 355, 369*]

TAUSCH, A. Die Auswirkung der Art sprachlicher Verbote erziehender Erwachsener auf das Verhalten von Schulkindern; eine experimentelle Untersuchung. Zeitschr. f. Psychol., 1960, 164, 215—254. — *[325]*

TAUSCH, A. Ausmaß und Änderung des Merkmals Verständnis im Sprachverhalten von Erziehern und Zusammenhänge mit seelischen Vorgängen in Kindern. Zeitschr. f. exper. angew. Psychol., 1963, 10, 514—539. — *[180, 187, 374, 387]*

TAUSCH, A. Merkmale des Erziehungsverhaltens deutscher und amerikanischer Lehrer. Kölner Zeitschr. f. Soziologie u. Sozialpsychologie, 1966, 18, 516—531. — *[342, 343]*

TAUSCH, A. Einige Auswirkungen von Märcheninhalten. Psychol. Rundschau, 1967, 18, 104—116. — *[41]*

TAUSCH, A. Anatomie einer empirischen Untersuchung. Zeitschr. f. Pädagogik, 1971, 17, 709—710. — *[366]*

TAUSCH, A. Personenzentrierte Gespräche mit emotional und sozial beeinträchtigten Menschen (Kindergartenkinder, Schüler, Sozialrentnerinnen, Gefängnisinsassen) durch ausgebildete und unausgebildete Helfer. In: JANKOWSKI, P., TSCHEULIN, D., FIETKAU, H.-J., und MANN, F. (Hrsg.) Klientenzentrierte Psychotherapie heute. Göttingen, 1976, 342—345. — *[107, 140, 184, 187, 188, 193, 198, 281]*

TAUSCH, A., BARTHEL, A., FITTKAU, B., und HÜBSCH, H. Variablen und Zusammenhänge der sozialen Interaktion in Kindergärten. Psychol. Rundschau, 1968 a, 19, 267—279. — *[105, 109, 136, 152, 168, 173, 365, 375, 378, 386]*

TAUSCH, A., BARTHEL, A., FITTKAU, B., und HÜBSCH, H. Verhaltensunterschiede von Erzieherinnen gegenüber angepaßten und unangepaßten Kindern in standardisierter Interview-Situation. Praxis der Kinderpsychologie u. Kinderpsychiatrie, 1968 b, 17, 225—227. — *[136]*

TAUSCH, A., BARTHEL, A., FITTKAU, B., LANGER, I., und THEUNISSEN, R. Die Auswirkung ermutigender Lehreräußerungen auf die Leichtathletikleistungen von Schülern. Zeitschr. f. Entwicklungspsychol. u. Päd. Psychol., 1969, 1, 241—248. — *[175]*

TAUSCH, A., KETTNER, U., STEINBACH, I., und TÖNNIES, S. Effekte kindzentrierter Einzel- und Gruppengespräche mit unterprivilegierten Kindergarten- und Grundschulkindern. Psychol. in Erz. u. Unterricht, 1973, 20, 77—88. — *[107, 165, 187, 189]*

TAUSCH, A., KÖHLER, H., MEFFERT, J., RIECKHOF, A., und STEINBACH, I. Erzieher-Kind-Interaktionen in Kindergärten und Familien. Bericht über den 29. Kongreß der Deutschen Gesellschaft für Psychologie, Göttingen, 1975, Bd. 2, 81—85. — *[106, 136, 137, 152, 334]*

TAUSCH, A., und LANGER, I. Merkmale des Erziehungsverhaltens von Müttern und Kindergärtnerinnen und Art der Änderung durch eine Fortbildungsveranstaltung. Zeitschr. f. Entwicklungspsychol. u. Pädag. Psychol., 1970, 2, 269—283. — *[357]*

TAUSCH, A., und LANGER, I. Soziales Verhalten von Richtern gegenüber Angeklagten; Merkmale, Auswirkungen sowie Änderungen durch ein Selbsttraining. Zeitschr. f. Entwicklungspsychol. u. Päd. Psychol., 1971, 3, 283—303. — *[168, 174, 226, 334]*

TAUSCH, A., LANGER, I., BINGEL, R., ORENDI, B., und SCHICK, A. Entwicklung, Erprobung und Anwendung einer Einschätzungsskala mit Trainingsserien und Beurteilungstests zur Erfassung ermutigender/entmutigender Erzieheräußerungen gegenüber Kindern-Jugendlichen. Die Deutsche Schule, 1970, 62, 728—740. — *[173, 174]*

TAUSCH, A., LANGER, I., HUELMANN, W., und FITTKAU, B. Zur Charakterisierung von Verhaltensmodellen in Spielfilmen des Fernsehens. Zeitschr. f. Sozialpsychologie, 1972, 4, 345—353. — *[40]*

TAUSCH, A., LANGER, I., KÖHLER, H., und BÖDIKER, M.-L. Das Helferspiel (Art.-Nr. 00—55005 1) Vertragen und nicht schlagen (Art.-Nr. 00—55006—X) Weinen, Wüten, Lachen. Ravensburg, 1975. — *[209]*

TAUSCH, A., LANGER, I., RÖNNECKE, B., JÜRGENS, G., und STEINBACH, I. Lebenszufriedenheit und erlebter Sozialkontakt älterer verwitweter Frauen. Zeitschr. f. Entwicklungspsychol. u. Päd. Psychol., 1973, 5, 200—214. — [*158*]

TAUSCH, A., SCHIEFELBEIN-HEITMANN, M., SCHWAB, R., und DOSSMANN, A. Psychische Änderungen und Gesprächsverhalten in personenzentrierten Encountergruppen mit Gefängnisinsassen, Richtern, Psychotherapieklienten und Psychologen. Psychol. in Erz. u. Unterricht, 1975, 22, 161—171. — [*67, 94, 113, 208, 226, 232, 238, 392*]

TAUSCH, A., TAUSCH, R., und FITTKAU, B. Merkmalszusammenhänge der verbalen Interaktion und kritische Überprüfung typologischer Verhaltenskonzepte. Zeitschr. exper. angew. Psychol., 1967, 14, 522—541. — [*109, 111, 148, 174*]

TAUSCH, A., WITTERN, O., und ALBUS, J. Erzieher-Kind-Interaktionen in einer Vorschul-Lernsituation im Kindergarten. Psychol. in Erz. u. Unterricht, 1976, 23, 1—10. — [*105, 189, 193, 211, 252, 277, 318, 365, 378*]

TAUSCH, A., s. BERGEEST, H.-G.; s. BÖLLNER. G.; s. CHARLTON, M.; s. DOLL, G.; s. GRONAU, H.; s. KÜHNE, A.; s. LANGER, I.; s. MEFFERT, H.-J.; s. PIXA-KETTNER, U.; s. PUNGS, M.; s. QUITMANN, H.; s. RIECKHOF, A.; s. RÖNNECKE, B.; s. SCHULZ v. THUN, F.; s. SCHWAB, R.; s. THIEL, G.; s. WITTERN. O.

TAUSCH, C. Erfahrung mit einer Grundschullehrerin und ihrer Klasse. Im Manuskript, 1977. — [*213*]

TAUSCH, C., s. WITTERN, O.

TAUSCH, R. Das Ausmaß der Lenkung von Schulkindern im Unterricht; eine empirische Untersuchung der Fragen, Befehle und Aufforderungen von Lehrern. Psychol. Beiträge, 1960, 4, 127—145. — [*136, 255, 342, 343, 347, 378*]

TAUSCH, R. Merkmalsbeziehungen und psychologische Vorgänge in der Sprachkommunikation des Unterrichts. Zeitschr. f. exper. angew. Psychol., 1962, 9, 474—508. — [*255, 337, 341, 347, 368 370, 386*]

TAUSCH, R. Gesprächspsychotherapie. 6. Aufl., Göttingen, 1974. — [*61, 186, 187, 189, 378*]

TAUSCH, R. Modell einer Unterrichtsstunde, Erdkundeunterricht mit einem 6. Schuljahr, 1975 (kommentiert von R. Tausch). Super 8 Tonfilm, 30 Minuten. Erhältlich: Landeszentrale für politische Bildung, 4 Düsseldorf 1, Völkingerstr. 49. — [*310, 384*]

TAUSCH, R. Ergebnisse und Prozesse der klientenzentrierten Gesprächspsychotherapie bei 550 Klienten und 115 Psychotherapeuten. Eine Zusammenfassung des Hamburger Forschungsprojektes. Zeitschr. f. praktische Psychol., 1975, 13, 293—307. — s. a. In: JANKOWSKI, P., TSCHEULIN, D., FIETKAU, H.-J. und MANN, F. (Hrsg.) Klientenzentrierte Psychotherapie heute. Göttingen, 1976, 60—73. — [*106, 187, 189*]

TAUSCH, R., BÖDIKER, M.-L., und SCHWAB, R. Förderung rechtschreibeschwacher Schüler durch Anwendung einfacher technischer Trainingsmethoden. Psychol. in Erz. u. Unterricht, 1974, 21, 303—309. — [*290*]

TAUSCH, R., KÖHLER, H., BOMMERT, H., und SCHULZ v. THUN, F. Zur Charakterisierung des Lehrer- und Schülerverhaltens. Westermanns Päd. Beiträge, 1972, 24, 119—128. — [*105, 109, 334, 346, 367*]

TAUSCH, R., KÖHLER, H., und FITTKAU, B. Variablen und Zusammenhänge der sozialen Interaktion in der Unterrichtung. Z. exper. angew. Psychol., 1966, 13, 345—365. — [*108, 109, 117, 134, 148, 168, 169, 211, 255, 342, 343, 352*]

TAUSCH, R., LANGER, I., KÜHNE, A., und LÜCK, U. Merkmalszusammenhänge bei hilfreichen Gesprächen von Erziehern und Psychologen mit Jugendlichen. Zeitschr. f. Entwicklungspsych. u. Pädag. Psychol., 1971, 3, 121—135. — [*200*]

TAUSCH, R., und NICKEL, H. Aufsatzniederschriften und vorhergehende zeichnerische Tätigkeit. Schweiz. Zeitschr. f. Psychol. u. ihre Anwendungen, 1964, 23 230—242. — [*289*]

TAUSCH, R., und TAUSCH, A. Kinderpsychotherapie in nicht-directivem Verfahren. Göttingen, 1956. — [*30*]

TAUSCH, R., und TAUSCH, A. Reversibilität/Irreversibilität des Sprachverhaltens in der sozialen Interaktion. Psychol. Rundschau, 1965, 16, 28—42. — [*168, 169, 211*]

TAUSCH, R., und TAUSCH, A. Intrapersonelle Kommunikation. Bericht über den 28. Kongreß der Deutschen Gesellschaft für Psychologie. Göttingen, 1974. — [*53*]

TAUSCH, R., und TAUSCH, A. Gesprächspsychotherapie: Hilfreiche Einzel- und Gruppengespräche. 7. Aufl., im Manuskript, 1977 a. — [*392*]

TAUSCH, R., und TAUSCH, A. Reise zum unbekannten Ich. Zusammenfassung einer personenzentrierten Encountergruppe im Süd-West-Fernsehen. In Vorbereitung zur Ausleihe: Institut für den wissenschaftlichen Film, Göttingen, 1977 b. — [*208, 325, 392*]

TAUSCH, R., TAUSCH, A., und FENNER, H.-J. Zur intraindividuellen Konstanz einiger Sprachmerkmale des sozialen Verhaltens von Lehrern an Gymnasien. Zeitschr. f. exper. angew. Psychol., 1969, 16, 184—193. — [*112, 120, 134, 168, 169, 173, 342, 343, 370, 378*]

TAUSCH R., und WIECZERKOWSKI, W. Generelles Ordnungskonzept von Verhaltensweisen und seelischen Vorgängen im Verlauf von Unterrichtsstunden. Zeitschr. f. Erziehungswissenschaft u. Gestaltung der Schulwirklichkeit, 1968, 60, 163—173. — [*264*]

TAUSCH, R., s. CASPARI, E.; s. BEEK, B. v.; s. BEL-BORN, B. VAN; s. BÖDIKER, M.-L.; s. BÖLLNER, G.; s. BRUHN, M.; s. DÜKER; s. Höder, J.; s. LANGER, I.; s. QUITMANN, H.; s. RUDOLPH, J.; s. SANDER, K.; s. SCHMERDER, W.; s. SCHULZ v. THUN, F.; s. SPANHEL, D.; s. TÖNNIES, S.; s. WESTERMANN, B.; s. WIECZERKOWSKI, W.

TEICHMANN, U., s. BEL-BORN, B. VAN

TESAR, E., s. KOHLER, I.

TEST, M. A., s. BRYAN, J. H.

TEWES, U., s. WIECZERKOWSKI, W.

THEUNISSEN, R., s. TAUSCH, A.

THIEL, G., STEINBACH, I., und TAUSCH, A. Hilfreiche Einzelgespräche jugendlicher Schülerhelfer mit psychisch beeinträchtigten Schülern aus 5./6. Klassen. Im Manuskript, 1976. — [*189, 194, 238, 293*]

THIRION, C., s. MONTADA, L.

THOMAS, E. L., s. WALTERS, R. H.

TIRMAN, R. J., s. PALLONE, N. J.

TOCCO, T. S., and BRIDGES, C. M. The relationship between the self-concepts of mothers and their children. Child Study Journal, 1973, 3, 161—179. — [*61*]

TOIGO, R., s. ERON, L. D.

TOLAR, A., s. LEBLANC, R. F.

TONGRI, S. S., s. SCHWARTZ, M.

TÖNNIES, S., und TAUSCH, R. Dimensionen des Elternverhaltens und seelische Funktionsfähigkeit ihrer Kinder im Erwachsenenalter. Im Manuskript, 1976. — [*105, 106, 116, 245, 246*]

TÖNNIES, S., s. SPANHEL, D.; s. TAUSCH, A.

TORRANCE, E. P. Stimulation, enjoyment, and originality in dyadic creativity. Journ. educ. Psychol., 1971, 62, 45—48. — [*264*]

TRENT, R. D. Socioempathic ability in a group of institutionalized delinquent boys. Journ. genet. Psychol., 1957, 91, 99—108. — [*63*]

TROWBRIDGE, N. Socioeconomic status and self-concept of children. Journ. Teacher Education, 1972, 23, 63—65. — [*61*]

TRUAX, C. B., and CARKHUFF, R. R. Toward effective counseling and psychotherapy: Training and practice. Chicago, 1967. — [*101, 106, 112, 188*]

TSCHERNER, K., s. MASENDORF, F.

ULLRICH, B., s. ISSING, L. J.

UNDEUTSCH, U. Motive der Abiturienten für die Wahl oder Ablehnung des Volksschullehrerberufes. Frankfurt, 1964. — [*367*]

UNGELENK, B., s. NICKEL, H.

VAROZ, R. O., s. KAY, R. S.

VIERNSTEIN, N. Entwicklung eines Instruments zur Messung punitiver Einstellungen von Eltern (Punitivitätsdifferential). Zeitschr. f. Entwicklungspsychol. u. Päd. Psychol., 1972, 4, 235—248. — [*368*]

VIERNSTEIN, N., s. DAVIS, E. E.

VIKAN-KLINE, L. L., s. ROSENTHAL, R.

VONDRACEK, S. I., and VONDRACEK, F. W. The manipulation and measurement of self-disclosure in preadolescents. Merrill-Palmer Quarterly, 1971, 17, 51—58. — [*228*]

WAGGENER, R. R. The effects of a structured group experience on teachers' empathy, regard, and genuineness in the classroom. Dissertation, University of Illinois, 1971. — [*185*]

WALDER, L. O., s. ERON, L. D.

WALLACH, M. S., s. STRUPP, H. H.

WALSH, A. M. Self-concepts of bright boys with learning difficulties. New York, 1956. — [*61*]

WALTER, H., s. DIETRICH, G.

WALTERS, R. H., and BROWN, M. Studies of reinforcement of aggression: III. Transfer of responses to an interpersonal situation. Child Development, 1963, 34, 563—571. — [*41*]

WALTERS, R. H., LEAT, M., and MEZEI, L. Inhibition and disinhibition of responses through empathetic learning. Canad. Journ. Psychol., 1963, 17, 235—243. — [*38*]

WALTERS, R. H., and THOMAS, E. L. Enhancement of punitiveness by visual and audio-visual displays. Canad. Journ. Psychol., 1963, 17, 244—255. — [*36*]

WALTERS, R. H., s. BANDURA, A.

WARD, L. O., s. SIMON, A.

WATSON, G. Some personality differences in children related to strict or permissive parental discipline. Journ. Psychol., 1957, 44, 227—249. — [*364*]

WATTENBERG, W. W., and CLIFFORD, C. Relation of self-concepts to beginning achievement in reading. Child Development, 1964, 35, 461—467. — [*61*]

WEBER, A. Verbales Verhalten im Unterricht. Essen, 1972. — [*343, 344, 347, 348, 369*]

WEBER, A., s. HÖDER, J.

WEHNER, E. G., s. SEITZ, W.

WEITZ, L. S., s. ABRAMOWITZ, S. I.

WELCH, A. S., and WELCH, B. L. Reduction of norepinephrine in the lower brainstem by psychological stimulus. Proceedings of the National Academy of Sciences, 1968, 60, 478—481. — [*32*]

WESTERMANN, B., KREMER, J., und TAUSCH, R. Unterschiedliche Änderungen bei Mitgliedern von personenzentrierten Eincountergruppen. Im Manuskript, 1976. — [*107, 189, 392*]

WESTERMANN, B., s. BRUHN, M.

WHALEN, C., s. BANDURA, A.

WHITE, K., and HOWARD, J. L. Failure to be promoted and self-concept among elementary school children. Elementary School Guidance and Counseling, 1973, 7, 182—187. — [*61*]

WHITE, R. K., s. LEWIN, K.

WIECZERKOWSKI, W. Einige Merkmale des sprachlichen Verhaltens von Lehrern und Schülern im Unterricht. Zeitschr. f. exper. angew. Psychol., 1965, 12, 502—520. — [*136, 255, 342, 343, 347, 369, 370, 378*]

WIECZERKOWSKI, W. Unmittelbare und distanzierte Einschätzung von Unterrichtsgesprächen durch die beteiligten Lehrer. Zeitschr. f. Entwicklungspsychol. u. Päd. Psychol., 1970, 2, 86—95. — [*368, 386*]

WIECZERKOWSKI, W., BASTINE, R., FITTKAU, B., NICKEL, H., TAUSCH, R., und TEWES, U. Verminderung von Angst und Neurotizismus bei Schülern durch positive Bekräftigungen von Lehrern im Schulunterricht. Zeitschr. f. Entwicklungspsychol. u. Päd. Psychol., 1969, 1, 3—12. — [*174*]

WIECZERKOWSKI, W., NICKEL, H., und ROSENBERG, L. Einige Bedingungen der unterschiedlichen Bewertung von Schulaufsätzen. Psychol. Rundschau, 1968, 19, 280—295. — [*345*]

WIECZERKOWSKI, W., s. TAUSCH, R.

WILLIAMS, F., s. SNAPP, M.

WILLIAMS, J. D., s. ZIMMERMAN, R. E.

WILLIS, J., and CROWDER, J. Does tutoring enhance the tutor's academic learning? Psychology in the Schools, 1974, 11, 68—70. — [*292*]

WINDER, C. L., and RAU, L. C. Parental attitudes associated with social deviance in preadolescent boys. Journ. abnorm. soc. Psychol., 1962, 64, 6, 418—424. — [*361*]

WIRSING, M., s. KORNADT, H.-J.

WITTERN, O., PFÖRTNER, W., TAUSCH, C., und TAUSCH, A. Auswirkungen von personenzentrierten Encountergruppen auf die Persönlichkeit von Lehrern und ihren Unterricht. Im Manuskript, 1977. — [*376, 389, 392*]

WITTERN, O., s. TAUSCH, A.

WITTY, P. An analysis of the personality traits of the effective teacher. Journ. educ. Research, 1947, 40, 662—671. — [*161*]

WOGAN, M., s. STRUPP, H. H.

WOLLSCHLÄGER, P., s. NICKEL, H.

YOUNGLESON, M. I. The need to affiliate and self-esteem in institutionalized children. Journ. Personality and soc. Psychol., 1973, 26, 280—286. — [*67*]

ZAJONC, R. B. Some effects of the „space" serials. Publ. Opin. Quart., 1959, 18, 365—374. — [*34*]

ZARROW, M. X., s. ANDERSON, C. O.

ZIETZSCHMANN, H., s. NICKEL, H.

ZIMMERMAN, R. E., and WILLIAMS, J. D. Personality characteristics of innovative and non-innovative teachers. Psychol. Reports, 1971, 29, 343—346. — [*377*]

ZIMMERMAN, R. R., s. FICHTLER, H.

ZIMMERMANN, N. R., s. HARLOW, H. F.

ZOLA, I. K., s. MCCORD, W.

ZUNG, B., s. BILLER, H. B.

Sachverzeichnis

Achtung-Wärme, 118—177
— Ausmaß in der Erziehung, 133—137
— Auswirkung auf Partner, 147—156
— Auswirkung auf Selbstkommunikation, 64
— und Dirigierung, 367, 369, 337
— und Echtheit, 227
— Förderung, 146
— gebunden an Bedingungen, 130—132, 163
— bei Konflikten, 315, 325—326
— Übersichtsskala, 120
— von Versuchsleitern, 156—157
— und Wahrnehmungslernen, 161
— Zusammenhang mit Erfahrungen und Einstellungen, 140—146, 376—377
— Zusammenhang mit Jugendlichen, 378, 379
Achtung der Person, psychosozialer Grundwert, 22
Aktivität
— Faktor, 109—110
— s. Nicht-dirigierende fördernde Einzeltätigkeiten
Arbeit
— materielle Entlohnung, 22, 172, 381, 382, 54
und Selbstachtung, 54
Arbeitsziele, 291
Auseinandersetzen mit dem eigenen Erleben, 68—98
— und Echtheit, 231
und eigene Unterrichts- u. Erziehungstätigkeit, 384—388, 394—395
— und Förderung durch Encountergruppen, 394—398
— und Förderung der Persönlichkeit bei Lehrern, 391—398
— Förderung durch Verstehen des Partners, 184—189, 295
— in Konflikten, 317
Äußere Schulbedingungen, 12, 226, 227
Autokratisches Verhalten, s. Typen des Verhaltens

Bekräftigungen, 162, 177, 231
Betrieb
— Achtung-Wärme von Gruppenleitern, 155—156
— Aktivität von Gruppenleitern, 251
— Dirigierung von Gruppenleitern, 353
— Selbständigkeit von Arbeitnehmern, 309, 353
Bildung, sog. 23, 345, 381

Demokratische Lebensformen, s. Gesellschaftsformen
Denkvorgänge im Unterricht, 297—306
— Behinderung durch Dirigierung, 347—350
— und Kleingruppenarbeit, 264
— s. Kognitive Schulleistungen
— und Wahrnehmungslernen, 45
Dimensionen (Haltungen, Aktivitäten) in zwischenmenschlichen Begegnungen
— Achtung-Wärme, 118—177
— Echtheit, 214—242
— Einfühlendes Verstehen, 178—213
— gegenseitige Beeinflussung, 113—114, 244—245, 346, 379
— Nicht-dirigierende förderliche Einzeltätigkeiten, 243—331
— Überblick, 99—117
Dirigierung-Lenkung, 332—373
— Einschätzungsskala, 333
— Gesamtcharakterisierung, 301
— individuelle Unterschiede bei Lehrern, 334—335, 369—370, 378
— und Zahl der Schüler in Klassen, 369, 377—378
Diskrepanz erstrebtes und reales Verhalten, 374—375

Echtheit (Unechtheit), wesentliche Haltung, 214—242
— und Bekräftigungen, 162, 177
— und Einfühlendes Verstehen des Partners, 188
— und Erlebnisaktivierung, 94
— Fernsehen, 49
— Förderung durch Encountergruppen, 393—394
— und Konflikte, 315—316
— und Offensein für eigenes Erleben, 89
— und Rollenverhalten, 398
— und seelische Beeinträchtigungen, 225, 229

— und Selbstachtung, 55, 236
— und Verteidigungshaltungen, 227, 229
— und Zusammenhang mit anderen Dimensionen, 234—235
Einfühlendes Verstehen, s. Verstehen
Einschätzungsskalen
— Achtung-Wärme, 120
— Echtheit, 215
— Einfühlendes Verstehen, 181
— Denkvorgänge im Unterricht, 305—306
— Dirigierung, Lenkung, 333
— Nicht-dirigierende Einzeltätigkeiten, 247
— psychosoziale Grundwerte, 25
— Selbstbestimmung, 336
Elternverhalten, s. Erzieherverhalten
Encountergruppen
— Definition, 391
— empirische Befunde, 107, 392
— Förderung der Persönlichkeitsentwicklung von Erziehern, 391—398
— Förderung von Selbstachtung und Selbstkonzept, 94, 67
— und unterrichtsdidaktische Regeln, 307
— Verstehen anderer und eigene Selbstöffnung, 208
Ermutigung, 172—177
Erzieher (Lehrer, Eltern, Kindergärtnerinnen, Sozialpädagogen)
— Achtung-Wärme, 118—177
— Auseinandersetzung mit eigener Person, 388—395
— Auseinandersetzung mit eigener Tätigkeit, 384—388, 394—395, 328—331
— Ausmaß verständnisvollen Verhaltens, 374
— und äußere Bedingungen, 377—383, 288—291, 12, 114
— Echtheit, 214—242
— Einfühlendes Verstehen, 178—213
— eigene Persönlichkeitsentwicklung, 374—378
— eigene seelische Beeinträchtigungen, 375—376
— Einschätzungsskalen, 115—117
— Einzelmerkmale, 108
— erleichternde äußere Bedingungen, 379—381, 388, 277—288, 288—291, 307—315
— Erleichterung des Lernens von Schülern 287—288
— erstrebtes und verwirklichtes Verhalten, 13, 374—375
— erwünschtes Verhalten von Jugendlichen, 161
— Faktoren, 108—110
— Förderung durch Encountergruppen, 391—398
— Förderung durch Jugendliche, 379
— Förderung durch personenzentrierten Unterricht, 389—391
— Förderung eigener Persönlichkeitsentwicklung, 377—398
— gemeinsame Erfahrungen mit Jugendlichen, 284, 281—284
— gemeinsames Lernen und Arbeiten mit Jugendlichen, 287—288
— und Grundwerte menschlichen Zusammenlebens, 20—25
— Haltungen, 374—379
— Haltung des Lernens, 287—288
— Haltungen und Zusammenhang mit eigener Funktionsfähigkeit, 113
— Herstellen günstiger äußerer Bedingungen, 379—383, 288—291, 307—315
— und Konflikte, 315—331, 375
— körperliche Fitneß, 389, 296, 66
— Maßnahmen bei Einfühlendem Verstehen, 190
— Maßnahmen, sozial reversible, 170—172
— Nicht-dirigierende fördernde Einzeltätigkeiten, 248—331
— Offensein für eigenes Erleben, 68—98, 375, 377, 380, 384—386, 388, 392
— Perfektionismus, 52, 288
— und Persönlichkeitscharakteristika, 375—377
— Schwierigkeiten, 13, 374—377
— soziale Reversibilität/Irreversibilität, 167—172
— Techniken, 388
— Training, 388
— und Verständlichkeit in der Wissensübermittlung, 266—277, 387
— und Wahrnehmungslernen, s. Wahrnehmungslernen
— Zusammenhang statt Auswirkung auf Partner, 112, 378—379, 113
Erziehung
— Definition, 28—29
— und gesellschaftliche Bedingungen, 27—28, 381—383
Erziehungsziele, 19—20

Fassade, s. Echtheit/Unechtheit
Fernsehen, 33, 36, 37, 39, 40, 43, 45, 48, 49, 175, 176, 225, 226, 382
Filme, s. Fernsehen
Fragestellungen der Erziehungspsychologie, 9—13
— und Beantwortungsmethoden, 14—16

— und Wertauffassungen, 16—19
Forschung
— bedeutsame Fragestellungen, 12—14, 7
— Brauchbarkeit und Gültigkeit von Aussagen, 16
— Einschätzungsskalen, 117
— kontrollierte planmäßige Beobachtung, 14
— Prüfung von Befunden auf Richtigkeit, 15—16
— statistische Prüfung von Befunden, 15
Fördergroßeltern, 149—150
Frontalunterricht, 253, 254, 259—261, 279, 298, 304, 312, 347, 352
Fühlen
— und Echtheit/Unechtheit, 216—217, 230—231
— Förderung durch Einfühlendes Verstehen des Partners, 187—188
— Förderung durch Encountergruppen, 392—394, 94
— Förderung gefühlsmäßiger Nähe zu anderen durch Gruppen, 396, 390
— Hinhören auf eigenes Fühlen, 91, 368
— in Konflikten und entsprechende Äußerungen, 316—318, 320—321, 398, 234
— Kontakt zum eigenen Fühlen, 72 ff., 69, 94, 96, 188, 219
— und Offensein dafür, 221, 236, 96
— und Verantwortung einer Person hierfür, 85, 133, 141
— Unterdrückung, 90, 142—146

Gesellschaftsformen, nicht-diktatorische humane
— und Erziehung, 10, 13, 27—28, 381—382
— und Haltungen-Einstellungen, 381—383, 351
— und offenes Auseinandersetzen mit eigenem Erleben, 96—97
— und selbständige Wertebildung, 80
— ungünstige Bedingungen bei Dirigierung in Erziehung, 345, 348, 349 bis 350, 351
Gespräche, s. Verstehen
Gleichheit von Personen in Grundrechten, 26, 382
Grundwerte menschlichen Zusammenlebens, 20—28
— Achtung der Person, 22
— Förderung der Funktionsfähigkeit, 22—25
— und Gesellschaftsformen, 27—28
— praktische Einschätzung, 25
— und seelische Prozeßqualitäten, 26
— Selbstbestimmung, 21—22
— soziale Ordnung, 25
— Zusammenhang mit philosophischen Auffassungen, 25—26
Gruppe, hilfreiche, 277—288, 320

Höflichkeit, 163

Informationsgestaltung, s. Wissensvermittlung
Innere Freiheit, s. Selbstbestimmung

Jugendkriminalität, 54, 63, 106, 154

Kindergärtnerin
— Achtung-Wärme, 150—151, 168, 375, 378
— Auswirkungen auf Kinder, 105, 365
— Dirigierung, 356, 364—367, 375, 378
— Einfühlendes Verstehen, 184, 193
— Ermutigungen, 174
— erwünschtes und reales Verhalten, 375
— Nicht-dirigierende Aktivität, 252
— verständliche Wissensübermittlung, 277
Kinderheim, Regeln, 285
Kleingruppenarbeit, 253—266, 251, 279, 298, 304, 311—313, 348
Kognitive Schulleistungen
— und Kleingruppenarbeit, 260—262
— Zusammenhang mit Lehrerverhalten, 103, 104, 127, 184, 248, 346, 375 bis 376
Konformistisches Verhalten, 54, 55, 165, 348—350, 221
— und Auseinandersetzen mit dem Selbst, 78
— Förderung durch Dirigierung, 348 bis 350
— Verminderung durch Echtheit, 228, 232
Konflikte, 315—331, 354, 379, 234, 353
Krankenpfleger, 139, 194, 335, 395, 396
Kreativität, 89, 336, 349—350, 362 bis 363, 346, 147
Kritik, 171, 234—236, 95

Lebenswerte, s. Grundwerte
Lehrerverhalten, s. Erzieherverhalten
Lehrtexte, 269—276, 284, 289
Leistungen der Schüler, 22—25
— und Ermutigungen, 174—175

— und Kleingruppenarbeit, 261—264, 256
— s. Kognitive Prozesse
— und Lehrerverhalten, 148, 249, 274 bis 276, 346—348, 352, 64—65
— und Selbstkonzept, 61
— Zulassung zum Studium ohne Abitur, 381
Leistungsbeurteilungen, 23, 24, 171, 380 bis 381, 391
Lenkung, s. Dirigierung
Lernen, Erleichterung
— Anschauungsmaterial, 289
— Eltern, 293
— s. Kleingruppe
— s. Kognitive Prozesse
— Lehrer, 288—297, 266—277, 253 bis 266
— materielle Lernquellen, 289—290
— Notwendigkeit bedeutsamer Erfahrungen, 294—295, 82
— Schüler-Tutoren, 292—293
— s. Wissensübermittlung
Lernen durch Wahrnehmungen, 31—50
Lob und soziale Reversibilität, 176—177

Maßnahmen von Erziehern
— und Einfühlendes Verstehen, 190, 243 ff.
— und soziale Reversibilität, 170 bis 172
Mißachtung, s. Achtung
Mitbestimmung, 83, 97, 315
— s. Kleingruppenarbeit
— s. 307—315

Nicht-dirigierende fördernde Einzeltätigkeiten, 243—331
— Einschätzungsskala, 247
— Folge der 3 Grundhaltungen, 243 bis 245
— Gegensätzlichkeit zu Dirigierung, 245, 246, 248, 371—373
— Untersuchungsbefunde über Auswirkungen, 248—251
Nicht-diktatorische Gesellschaftsformen s. Gesellschaftsformen

Offensein für eigenes Fühlen, 69—74, 142—145
— s. Auseinandersetzen mit eigenem Erleben

Passivität, 246—248
Politik, Politiker
— und Achtung von Personen, 131 bis 132
— Äußerungen in Massenmedien, 48, 176
— ermutigende/entmutigende Äußerungen, 175—176
— und Fühlen, 238
— Gefahr bei Unechtheit, 230, 232, 216 bis 218
— und humanes Zusammenleben, 382
— s. nicht-diktatorische Gesellschaftsformen
— und Nicht-Offensein für eigenes Erleben, 95—97
— politische Regelungen als Folge humaner Haltungen, 382
— und Revolution humaner Haltungen durch Erziehung, 383
— sachlicher vs. personenzentrierter Stil, 239—242
— und Schulunterricht, 294
— schwer verständliche Äußerungen, 267
— sozial irreversible Maßnahmen, 171
— s. totalitär-dogmatische Heilslehren
— unpersönliche Äußerungen, 240
— verantwortliche Maßnahmen, 170
— und Wahrnehmungslernen, 48—49
Programmierte Instruktion und verständliche Lehrtexte, 275
Prozeßqualitäten, seelische, s. Grundwerte, 26—27
Prüfungsziele, 284—285, s. Leistungen
Psychotherapeutische Helfer, 106—107, 125—126, 171, 184—186, 189, 192, 278, 62

Rollenverhalten, 55, 97, 142, 145, 214 bis 218, 221, 229, 230

Selbstachtung, 51—56, 63—67, 92, 160, 165
Selbstaktualisierung, 77
Selbstbestimmung, 21, 78, 83, 190, 345, 350, 353, 389
— Einschätzungsskala, 336
— und Gesellschaftsform, 27
— Mißbrauch, 336, 286
— Notwendigkeit offener Auseinandersetzung mit eigenem Erleben, 78, 83 bis 87
— Schulleistungen, 24—25
— Voraussetzung humaner Gesellschaftsformen, 381
Selbstexploration, 75—79, s. Auseinandersetzung mit eigenem Erleben, 187
Selbstentfremdung, 92, 229, 392—393, 237

Selbstkommunikation, 53, 54, 153—154
Selbstkonzept, 57—68, 89, 355, 160, 236
Selbstöffnung, 87—89, 187, 191, 196, 221, 228, 281—284, 318, 329—331, 391, 171
Selbstverantwortung, 85, 141, 142, 170, 252, 351, 353, 147
Soziale Reversibilität/Irreversibilität, 166 bis 172
Soziales Verhalten
— Auseinandersetzung mit eigenem Fühlen, 71
— und Wahrnehmungslernen, 33—42
Soziale Ordnung, psychosozialer Grundwert, 25
Sozialintegratives Verhalten, s. Typen
Sportliche Betätigung, 23, 24, 66, 94, 295 bis 296, 389
Systemänderungen und Haltungen von Erziehern, 381—383, 165

Tests, 211—213, 228
Theorie zwischenmenschlicher Beziehungen, 101—103
Typen und Stile des Verhaltens, 110 bis 111, 278—279
Totalitär-dogmatische Heilslehren, 10, 20, 55, 80, 92, 97, 165, 230
Tutoreneinsatz, 292, 359

Umgang mit sich selbst, 354
Unechtheit, s. Echtheit
Unterricht
— Angst, 362, 104, 148
— Anzahl der Schüler, 375—377, 369, 256
— Definition, 29—30
— s. Denkvorgänge
— Dirigierung-Lenkung, 337—356
— s. Lernen
— förderliche Unterrichtsgestaltung, 307—315
— finanzielle Aufwendungen, 14, 12
— s. Frontalunterricht
— s. Kleingruppenarbeit
— s. Kognitive Schulleistungen
— Lehrerbefehle, 341—342
— Lehrerfragen, 342—343
— s. Leistungen
— Mitarbeit von Eltern, 293
— polytechnische Arbeit, 294, 381
— Rückmeldungen der Schüler an Lehrer, 384
— Tutoreinsatz, 292, 359
— Verminderung der Getto-Atmosphäre, 361
Unterrichtsinhalte, 24, 213, 380
Unterrichtskonflikte, s. Konflikte

Vereinbarungen, 323, 373, 291
Verstärkung, positive und negative, 231
Verstehen, einfühlendes, 178—213
— Ausmaß bei Erziehern, 374
— Erfahrungs- und Lernvorgänge, 387
— Förderung beim Erzieher, 207—212
— hilfreiche Gespräche, 93, 196—206, 66—67, 188—189, 281—284, 296—297
— und Konflikte, 315, 317—319, 322
— und Handlungen, 206, 243—245
— und Sonderschüler, 189

Wahrnehmungslernen, 31—50, 54, 65, 141, 161, 175, 212, 226, 246, 253, 350
Werbung, 45, 49
Wertauffassungen
— und psychologische Fragestellungen, 16—19
— Persönlichkeitscharakteristika, 19 bis 20
— philosophische Zusammenhänge, 25 bis 26
— psychosoziale Grundwerte des Zusammenlebens, 20—25
— seelische Grundvorgänge, 26
Wertebildung, selbständige, 79—82, 86, 348
Wissensvermittlung, Verständlichkeit, 266 bis 277, 312, 387, 249